L'AFRIQUE AU MIROIR DES LITTÉRATURES, DES SCIENCES DE L'HOMME ET DE LA SOCIÉTÉ

Publication du Centre d'Études et de Diffusion de la Littérature Congolaise (CÉDILIC), Kinshasa, (RDC)

Archives et Musée de la Littérature
4, bd de l'Empereur
B-1000 Bruxelles
aml@cfwb.be – www.aml.cfwb.be

Centre Wallonie-Bruxelles de Kinshasa
21, avenue de l'Équateur
B.P.12143 Kinshasa-Gombe (RDC)

Diffusion internationale :
L'Harmattan
5-7, rue de l'École Polytechnique
F-75005 Paris
Diffusion.harmattan@wanadoo.fr – www.editions-harmattan.fr

Couverture :
Dessin : Sarah Kaliski/doc. AML
Maquette : Césure (Liège)

Portrait : V. Y. Mudimbe, Bruxelles, Archives et Musée de la Littérature, Fonds Afrique centrale, reproduction Marc Trivier

Suivi éditorial : Yves De Bruyn/AML
Mise en page : Marie-Christine Duchêne

Bd de l'Empereur, 4 - 1000 Bruxelles - Belgique
courriel : aml@cfwb.be
site internet : www.aml.cfwb.be
D/ 6123/2002/1
ISBN 2-87168-022-1

Publié avec l'aide de la Communauté française de Belgique et de son Commissariat général aux Relations internationales

L'AFRIQUE AU MIROIR DES LITTÉRATURES, DES SCIENCES DE L'HOMME ET DE LA SOCIÉTÉ

Préface de Mukala KADIMA-NZUJI

Mélanges offerts à
V. Y. Mudimbe

Édités par
Mukala Kadima-Nzuji et Sélom Komlan Gbanou

COLLECTION PAPIER BLANC ENCRE NOIRE

Archives et Musée de la Littérature

L'Harmattan	**L'Harmattan Hongrie**	**L'Harmattan Italia**
5-7, rue de l'École-Polytechnique	Hargita u. 3	Via Bava, 37
75005 Paris	1026 Budapest	10214 Torino
FRANCE	HONGRIE	ITALIE

ISBN : 2-7475-3684-X

AVANT-PROPOS

Qu'il nous soit permis, ici, de remercier le Professeur János Riesz, titulaire du Lehrstuhl für Romanische Literaturwissenschaft und Komparatistik de l'Université de Bayreuth (Allemagne) de nous avoir offert un cadre propice à la réalisation de ces Mélanges à l'occasion du soixantième anniversaire de V. Y. Mudimbe. Au-delà de ce cadre, nous avons tiré profit de sa connaissance de l'écrivain congolais ainsi que de sa longue expérience de chercheur en littératures et civilisations africaines.

Nous tenons également à remercier Marc Quaghebeur, Directeur des Archives et Musée de la Littérature à Bruxelles, Commissaire au Livre au Ministère de la Communauté française de Belgique et Professeur à l'Université catholique de Louvain, d'avoir immédiatement accepté d'éditer le présent ouvrage.

Toute notre reconnaissance à Charles Djungu-Simba K., écrivain et chercheur à l'Université d'Anvers et à Nyunda ya Rubango de l'Université de Creighton (USA) qui ont soutenu de leurs suggestions et de leurs conseils ce projet.

Nos remerciements, enfin, à Madame Christiane Yandé Diop, Directrice de Présence Africaine, pour son intérêt tout particulier à l'œuvre de V. Y. Mudimbe, et surtout pour ses vifs encouragements à la réalisation de ces Mélanges.

PRÉFACE

Le 8 décembre 2001, V. Y. Mudimbe a fêté ses soixante ans. À cette occasion, le CÉDILIC – Centre d'Études et de Diffusion de la Littérature Congolaise – a préparé ce volume de Mélanges par lequel disciples, amis et collègues rendent hommage à l'homme, à l'écrivain, à l'intellectuel et à l'universitaire qui, en moins de trente-cinq ans, a bâti une œuvre littéraire et théorique considérable et contribué au renouvellement du discours africain dans les domaines des sciences sociales et humaines.

Né à Likasi, au Katanga, dans l'ancien Congo belge, V. Y. Mudimbe s'inscrit, en 1961, à l'Université Lovanium de Kinshasa. Il y obtient, en 1966, sa licence en philologie romane avec mention. Nommé assistant à la Faculté de Philosophie et Lettres, il entreprend la rédaction d'une thèse de doctorat consacrée au champ sémantique du mot « Air » en latin, grec et français. Un séjour en Europe lui permet de compléter sa formation de romaniste par l'étude de la linguistique et de la sociologie auprès de grands maîtres à Paris et d'achever sa thèse de doctorat à l'Université de Louvain, en Belgique.

De retour au Congo en 1970, V. Y. Mudimbe est promu au grade de professeur à l'Université Lovanium de Kinshasa où il enseigne notamment la lexicologie. C'était l'année où le gouvernement congolais avait lancé un vaste programme de développement économique et socioculturel et s'était fixé comme terme l'horizon 1980.

Attentif aux efforts des autorités congolaises et aux mots d'ordre politiques, et désireux de contribuer de manière exemplaire à l'avancée de la pensée et de l'écriture littéraire dans son pays, V. Y. Mudimbe s'entoure de quelques amis – le Révérend Père Pierre Detienne, le Professeur Georges Ngal et Mukala Kadima-Nzuji alors étudiant, mais déjà connu comme poète – et crée, en

1971, les Éditions du Mont Noir/Collection « Objectif 80 ». L'expression « Objectif 80 » était en fait une reprise du slogan politique des autorités congolaises d'alors, auquel avaient adhéré, avec enthousiasme, bon nombre d'intellectuels et de cadres nationaux.

Les Éditions du Mont Noir mirent sur le marché du livre plusieurs plaquettes de poèmes et des textes en prose d'auteurs déjà confirmés tels Paul Lomami-Tshibamba, Clémentine Faïk-Nzuji, Jean-Baptiste Tati Loutard, Élisabeth Mweya, Georges Ngal, Mukala Kadima-Nzuji... ; ainsi que ceux de nouveaux talents : Lambert Kabatantshi, Mayengo, Botuli Bolumbu... V. Y. Mudimbe lui-même fit son entrée en littérature en y publiant son premier recueil de poèmes *Déchirures* (1971) et ses premiers essais *Réflexions sur la vie quotidienne* (1972) et *Autour de la Nation* (1972).

Depuis son retour au Congo en 1970 jusqu'à son départ en exil en 1979, il mène de front ses enseignements, ses recherches et sa création littéraire. Il publie à Paris, à Lausanne et à Bruxelles romans, poésies et essais et participe à des rencontres scientifiques et culturelles internationales. Son discours l'impose à l'attention de ses pairs et peu à peu fait de lui une figure emblématique de l'université et des lettres congolaises.

Aujourd'hui, installé aux États-Unis, V. Y. Mudimbe poursuit sa triple carrière de professeur, de chercheur et d'écrivain. Traduit dans plusieurs langues, invité dans plusieurs universités – Berlin, Bruxelles, Paris, Vienne, Londres, etc. – il jouit d'une large audience internationale. Sa production littéraire et théorique suscite des approches variées, sensibles et réfléchies et compte de nombreux spécialistes connus et reconnus.

Ces Mélanges rassemblent des études, des réflexions et des témoignages sur divers aspects de ce qu'il convient, peut-être, d'appeler désormais le « mythe de Mudimbe ». Mais faut-il pour autant croire, comme Mudimbe le suggère lui-même dans *Les Corps glorieux des mots et des êtres*... (1994), que le destin du fils d'ouvrier devenu l'un des intellectuels africains les plus en vue, serait inscrit dans le corps glorieux de son nom ?

MUKALA KADIMA-NZUJI
SÉLOM KOMLAN GBANOU

PREMIÈRE PARTIE

ÉTUDES SUR L'ŒUVRE DE V. Y. MUDIMBE

DE L'ORDRE DU SAVOIR À L'ORDRE DU DISCOURS DANS L'ŒUVRE DE MUDIMBE

Érudite, délibérément paradoxale[1] et habilement travaillée, l'œuvre de Mudimbe n'en fascine pas moins le lecteur. Car le foisonnement de ses idées, indissociable du caractère protéiforme des sujets abordés, se matérialise dans une écriture ample qui prospecte les liens emmêlés du savoir et du discours. Son discours critique se caractérise par cette écriture extraordinairement réalisée, débitrice tout autant de la rhétorique classique dans les essais que des pratiques narratives contemporaines dans les romans. Aussi, je voudrais examiner, dans cette étude, les stratégies textuelles (narratives et discursives) mises en œuvre dans les essais et les romans de l'auteur, saisir les visées de l'épistémologie du philosophe et montrer qu'elles sont indissociables du travail de l'écriture.

Pour cela, il s'agit, dans un premier temps, de saisir l'intention scientifique de Mudimbe à travers l'enjeu énonciatif de l'auteur. La thèse centrale défendue par l'écrivain stipule que l'ordre du savoir n'existe pas indépendamment des modalités énonciatives du discours qui le supportent. Tous les savoirs ne sont alors que des interprétations, c'est-à-dire des constructions plus ou moins habiles. Cette proposition est paradoxale par rapport à la norme selon laquelle le savoir relève de l'objectivité des faits existant en eux-mêmes en dehors de toute médiation discursive. En jouant sciemment sur cette assertion, Mudimbe assume le travail sur le discours et en fait le fondement de son approche critique. Le travail de Mudimbe relève alors de l'art du dire plutôt que de la recherche de la vérité. Car, au lieu de construire un système de représentations gnoséologiques, cette approche paradoxale peut prendre la forme d'une activité ludique du langage reconnaissable dans des

---

[1] Bernard Mouralis, *V. Y. Mudimbe ou le discours, l'écart et l'écriture*, Paris, Présence Africaine, 1988.

textes divers allant de l'essai au roman. Cette démarcation vis-à-vis de la norme scientifique prend sa source dans l'écart de l'auteur par rapport à l'institution scientifique : il veut « penser autrement ».

Cette perception globale du propos de Mudimbe sera analysée à partir de son ouvrage autobiographique *Les Corps glorieux des mots et des êtres...*[1] afin de montrer comment ce texte se lit sous l'éclairage d'autres textes qu'il reprend et élargit, si bien que l'ensemble de l'œuvre de l'auteur se lirait comme un seul texte constamment remanié[2]. Car ce texte dont le fondement est de se soustraire à l'enjeu de vérité de la parole du savant accuse, par ce fait même, son appartenance à l'ordre interprétatif du discours, ordre selon lequel tous les savoirs ne sont que des interprétations du monde au même titre que les fictions. En outre, en insistant sur l'autobiographie, je voudrais poser les balises d'une lecture de l'œuvre de Mudimbe, d'abord à partir de ce que l'auteur lui-même en dit, afin de mettre au jour, ensuite, la façon dont ce dire révèle la spécificité du raisonnement critique de l'auteur. Il s'agit moins d'une étude biographique à partir de l'autobiographie faite par l'auteur lui-même que d'un parcours d'une œuvre riche et variée à partir du « je » de l'auteur, ce dernier « non pas entendu, bien sûr, comme l'individu parlant qui a prononcé ou écrit un texte, mais l'auteur comme principe de groupement du discours, comme unité et origine de leurs significations, comme foyer de leur cohérence »[3]. C'est à partir de là que je voudrais dégager les modes analytiques privilégiés, examiner les groupements effectués et identifier les principes de cohérence de l'œuvre de Mudimbe.

---

1 Le titre complet est *Les Corps glorieux des mots et des êtres. Esquisse d'un jardin africain à la bénédictine*. Dans la suite, je désigne ce texte par *Les Corps glorieux des mots et des êtres...* Ce livre est paru en 1994 aux Éditions Présence Africaine à Paris et Humanitas à Montréal.

2 J'analyserai rapidement quatre romans : *Entre les eaux* (1973), *Le Bel immonde* 1976), *L'Écart* (1979) et *Shaba deux* (1989) et je ferai référence à deux essais : *L'Autre Face du royaume* (1973) et *L'Odeur du père* (1982). D'autres textes qui n'auront pas fait l'objet d'analyse systématique pourront être évoqués pour l'un ou l'autre aspect intéressant cette étude.

3 Michel Foucault, *L'Ordre du discours*, Paris, Gallimard, 1971, p. 28. Voir également du même auteur : *Les Mots et les Choses*, Paris, Gallimard, 1966.

Auparavant, rappelons que si l'écriture autobiographique repose sur la vraisemblance d'une vie racontée dans son déroulement quotidien et sous-entend, par là, le principe de relater la totalité des faits vécus, à ce principe de l'inventaire s'oppose celui qui veut que l'autobiographie littéraire soit un genre qui amène l'écrivain à choisir et à arranger les événements en leur donnant un sens précis. C'est par là que le récit autobiographique devient, comme toute écriture littéraire, une tricherie salutaire, une esquive, un leurre magnifique qui permet de lire l'autobiographie hors-pouvoir de la véracité des faits.

Sous cet angle, les éléments autobiographiques, même s'ils participent à la construction d'un simulacre sous forme d'une vie réalisée, participent de la logique de la fiction narrative : une histoire imaginaire racontée selon le mode vraisemblable. Ainsi envisagée, l'autobiographie fonctionne comme une forme conventionnelle, un contrat entre le narrateur et le lecteur, qui consiste à la lire comme une référence à l'expérience humaine sans perdre de vue que, comme toute convention, le genre n'implique pas que l'on cherche nécessairement une adéquation entre les éléments de l'histoire et la réalité vécue.

Un tour d'horizon rapide des récits autobiographiques permet de se rendre compte d'un trait récurrent : le héros reçoit toujours une sanction positive dans un récit de nature autobiographique. Du point de vue strictement narratif l'autobiographie est un récit d'autoglorification, car malgré les obstacles rencontrés, le héros finit par gagner comme dans les récits d'édification idéologique ou morale. Et ainsi le récit autobiographique vient après coup pour sanctionner la performance du sujet écrivain. C'est-à-dire que, dans une autobiographie littéraire, l'écrivain parle de sa vie à partir de son œuvre. Elle est, en ce sens, un récit sur d'autres récits, un *métarécit* et un *métadiscours*. Saisir à travers le jeu du « je » qui se raconte les visées de l'épistémologie critique de l'auteur permet de montrer qu'elles sont indissociables de l'esthétique en tant que travail sur l'écriture.

Voici comment se présente le schéma narratif du récit autobiographique. À la mise en route initiale, il y a un sujet sans écriture. C'est souvent une période pénible, du moins est-elle présentée de cette façon par le narrateur. À cette situation initiale de manque correspond un désir, une volonté d'apprendre et de maîtriser l'écriture. Cette phase virtuelle de l'écriture correspond au parcours initiatique du sujet qui, par l'apprentissage des signes culturels de son milieu, acquerra la maîtrise de l'écriture générale. Généralement, ce moment coïncide avec la période de l'enfance, moment jugé propice à l'acquisition d'un ensemble de connaissances et de valeurs sur lesquelles il compte pour réussir sa carrière d'écrivain. La phase suivante correspond effectivement à la performance du sujet écrivant dans la mesure où celui-ci réalise une écriture variée allant de la fiction à l'essai théorique ou philosophique. En se réalisant comme sujet de quête comblé, il peut alors essayer de faire une rétrospection pour comprendre sa propre vie en usant des mêmes concepts que ceux qu'il a forgés pour comprendre le monde environnant. Enfin, vient l'autosanction pour donner un sens à sa vie et se justifier auprès de ses lecteurs. C'est le récit autobiographique proprement dit. Voyons maintenant comment l'écriture autobiographique révèle cette double quête de la science et de la parole dans l'œuvre de Mudimbe.

FICTIONS SCIENTIFIQUES, FICTIONS NARRATIVES OU L'ÉCRITURE DES *CORPS GLORIEUX DES MOTS ET DES ÊTRES...*

Divisé en trois parties, *Les Corps glorieux des mots et des êtres...* se présente sur le plan tant narratif que discursif, comme un récit de conquête du statut d'écrivain, dans la mesure où le narrateur « je » y raconte de façon extensive comment le personnage « je-Valentin Yves Mudimbe » est devenu écrivain. Au départ, le narrateur construit un récit des origines de sa réussite, de manière à pouvoir affirmer que le poids de la double appartenance culturelle, africaine et occidentale, n'entrave ni sa liberté créatrice ni sa réalisation individuelle et sociale.

Les Corps glorieux des mots et des êtres... repose ainsi sur une stratégie rhétorique bien précise. Le récit produit une autobiographie idéale dans laquelle l'auteur-narrateur cherche à projeter une image de lui-même qui convienne au lecteur de son œuvre, de sorte que ce pacte entre le narrateur et le lecteur se dévoile d'entrée de jeu. Le texte se lit comme un « parcours » intellectuel et non comme une autobiographie au sens strict, même si ce parcours est celui de Mudimbe et non de quelqu'un d'autre car, pour écrire son récit, le narrateur « affronte » en « toute rigueur les secrets de ses propres aléas » en recourant à ses écrits antérieurs.

Le narrateur ne raconte pas seulement sa vie, il sélectionne également, parmi les événements vécus, ceux qui correspondent à son propre « projet », même si celui-ci reste, en sourdine, « infléchi » par ses « maîtres bénédictins » dont l'aide s'avère capitale dans le parcours d'apprentissage du héros. On verra que cette fidélité aux maîtres, fidélité qui atteste l'effacement de l'élève au profit de ses maîtres, se renverse à la fin. Et c'est en cela que ce récit est une narration au sens sémiotique du terme. Son contenu final – je suis devenu libre et écrivain – est l'inverse du contenu initial – je me conforme aux règles du maître –. De cette manière, l'autobiographie, récit qui entend raconter les faits réellement vécus, se présente, en définitive, comme une fiction, récit qui, ouvertement, affiche son caractère de fable. Comme toute écriture, l'autobiographie est un processus de sélection à partir d'un point de vue sur le monde et sur les événements vécus. Le récit du témoignage qui, habituellement, entend dire la vérité se fictionnalise dans une narration autobiographique.

Au début du récit, le narrateur parle de sa période d'apprentissage et des difficultés rencontrées dans cette conquête de l'écriture. C'est généralement la période de l'enfance qui voit le sujet acquérir un ensemble de connaissances et de valeurs sur lesquelles il compte pour réussir sa carrière d'écrivain. Indubitablement, le héros-narrateur est en quête d'une liberté créatrice et fondatrice de son sens de la vie. « Au lendemain de mon doctorat, je croyais retrouver une liberté. Je n'étais plus soumis à mes maîtres et je pouvais, enfin, parler librement »[1]. Sa famille biologique et sa famille spirituelle – les bénédictins – l'y encouragent. Ses « parents admirent l'aisance avec laquelle » il a appris le français et Dom Thomas Nève de Mervignies, curé de la paroisse Saint Joseph de Panda à Jadotville, « [l'] avait élu bien avant [s]a première communion »[2]. En devenant enfant de chœur, il

[1] *Les Corps glorieux des mots et des êtres...*, p. 160.
[2] *Idem*, p. 13.

se prépare à être prêtre. La description détaillée de ses brillantes études au petit séminaire constitue cette phase de préparation du narrateur aux connaissances et aux valeurs qui vont marquer à jamais sa vie[1]. Ses maîtres, à l'université, continuent à l'initier à la façon de bien écrire. Il rappelle les cours suivis et les conseils reçus de ses professeurs sans oublier les injustices commises par d'autres comme ce professeur de néerlandais qui lui a donné zéro sous prétexte qu'il avait copié, sans le démontrer autrement que par le préjugé qu'il ne pouvait pas maîtriser cette langue au point de faire un travail d'une telle qualité. Sa reconnaissance va vers son ancien professeur, Dom Maur, qui l'a initié aux œuvres d'idées[2] et qui lui « a appris à rédiger des essais philosophiques »[3]. Ses thèses sont évoquées pour souligner le rôle qu'elles ont joué comme exercice à la fois de style et de raffinement intellectuel[4]. C'est la philologie qui lui a appris la patience et le souci du détail. Et des enseignements qu'il a suivis à Lovanium (Congo), Louvain (Belgique) et Paris (France), des grands maîtres comme Lacan, Dumézil, Lévi-Strauss, Bal ou Foucault sont constamment conviés à ce récit de soi[5]. À maintes reprises, il rappelle que la philologie et la philosophie sont deux disciplines auxquelles il doit beaucoup pour son sens critique et sa résistance à la « bigoterie universitaire et politique ».

Vient ensuite la phase cruciale dans la formation du narrateur : la maîtrise des signes de la culture et le passage à l'écriture. Variée, celle-ci va de la fiction à l'essai théorique ou philosophique. Le narrateur convoque ici et là les textes déjà écrits comme le roman *Entre les eaux*[6] et s'explique sur son écriture : « Ainsi, par exemple, la patience de mon écriture à dépeindre des héros torturés ou le récit, par le détail, des fausses géométries de l'identité africaine et de ses faux-semblants relèvent, tous, de l'analyse »[7]. Et, plus loin, il évoque également des essais comme *Parables and*

---

1 *Idem*, p. 131.
2 *Idem*, p. 21.
3 *Idem*, p. 159.
4 *Idem*, pp. 18, 151, 159.
5 *Idem*, pp. 151, 153.
6 *Idem*, pp. 78, 102.
7 *Idem*, p. 20.

Fables[1], *The Surreptitious Speech*[2], *L'Autre face du royaume*[3] et *L'Odeur du père*[4]. Tous ces textes sont « critiques » de toutes les mythologies et de la tradition des disciplines et de leurs contextes, en Afrique comme en Europe[5]. De manière plus générale le narrateur rappelle qu'il est déjà écrivain et que c'est à partir de ce statut qu'il entreprend l'écriture de son autobiographie : « Afin de clarifier des points de résistances et certaines de mes constructions, il me fallut recourir à des cahiers antérieurs, à certaines de mes publications de circonstance ; et, même, en certains cas, à des textes publiés, subrepticement présentés comme scientifiques. Je les ai utilisés et intégrés à cette quête »[6]. C'est ainsi que débute le récit. C'est parce qu'il s'est déjà réalisé comme écrivain qu'il entreprend l'écriture de son autobiographie, c'est-à-dire une rétrospection pour comprendre sa propre vie en usant des mêmes concepts que dans ses textes antérieurs. Tout y est présenté de telle manière que le lecteur perçoive Mudimbe comme un intellectuel qui expose librement ses idées à partir d'un principe appris chez Foucault, mais qu'il adapte habilement au cas de l'Afrique : penser « autrement ».

Cette phase de l'auto-sanction correspond à l'autobiographie au sens strict du mot dans *Les Corps glorieux des mots et des êtres...* L'entreprise critique de Mudimbe se révèle comme un souci de réinterpréter les événements et de leur imposer une signification par un « je » qui justifie ses choix. Et dans une telle énonciation narrative, le héros se donne le beau rôle et donne de temps en temps, à travers des gants de velours, un coup de griffes à ses détracteurs. En précisant que ce texte « relève de l'autobiographie sans en être réellement »[7], le héros-narrateur insiste sur le fait que la liberté intellectuelle de penser « autrement », comme ici la notion de genre, demeure le thème central de son œuvre. Il s'agit du parcours narratif d'un sujet qui lutte contre l'embrigadement

---

1 *Idem*, pp. 82, 158.
2 *Idem*, pp. 155, 161.
3 *Idem*, pp. 154, 160.
4 *Idem*, p. 154.
5 *Idem*, p. 161.
6 *Idem*, p. 9.
7 *Idem*, p. 9.

intellectuel, la bigoterie académique et la mainmise idéologique. On peut parler d'un tel parcours intellectuel comme d'une succession de caracoles qui empruntent un cheminement circulaire. On peut en relever quatre : la caracole religieuse, la caracole marxiste, la caracole humaniste et la caracole académique. Comme l'objectif demeure la saisie des visées critiques de l'auteur dans ses relations avec l'écriture, l'étude de son œuvre en révèle également l'esthétique.

La caracole religieuse

Élément central dans la compréhension de l'autobiographie de Mudimbe, la caracole religieuse, qui débute très tôt avec ses maîtres bénédictins et l'Église en général, se déroule sur trois plans et occupe l'essentiel du récit. Tout d'abord, le prêtre s'empare du petit Mudimbe qu'il forme et éduque à sa guise. Avant même que l'enfant n'ait atteint l'âge de dix ans, le curé Dom Thomas de Mervignies avait décidé que celui-ci serait prêtre[1]. Vidé de ses caprices d'enfant, car il est l'élu que l'on surveille, le héros-narrateur se limite à jouer des jeux différents correspondant aux projections de ses maîtres sur lui. En retour, ces derniers le protègent contre la vie réelle, par exemple contre les autres enfants qu'il regarde avec un air de supériorité : « À l'école, je me mis à éviter mes condisciples forts en gueule et bons au football. Fantaisie de gamin ? La rupture fut, en tout cas, réelle et irrémédiable : j'avais rejeté un monde pour une quête »[2].

Dans une deuxième phase, le prêtre sert de modèle intellectuel à l'enfant. Celui-ci veut, comme ses maîtres, devenir religieux. Et finalement, ce modèle est contesté, puis supplanté par le narrateur qui, à la fin de son récit, a acquis son statut d'intellectuel africain, professeur dans les plus prestigieuses universités américaines et père de famille. Et non sans humour, il raconte comment ses maîtres ont pris progressivement la place de l'enfant qu'il fut : « Ces hommes admirés durant des années se détruisaient et reniaient les signes auxquels ils m'invitaient depuis mon

---

1 *Idem*, p. 13.
2 *Ibidem*.

enfance »[1]. Le narrateur s'emploie à démontrer que le prêtre n'est pas libre, car il regrette d'avoir choisi la vie monacale contre la vie laïque. Il donne plusieurs exemples de ses maîtres bénédictins qui le dissuadent de son choix de devenir moine. Dom Maur, son ancien professeur d'histoire, lui avoue sur le ton de la confidence que « s'il lui fallait recommencer sa vie, il ne serait ni moine, ni prêtre »[2]. « Va à l'université, deviens médecin, fonde une famille [...] Une vie de moine est une vie de chien »[3], lui confiera un autre prêtre. Assurément, il est « comblé » ou peut-être libéré pour avoir vu ses maîtres faiblir. Il peut alors envisager une autre vie. Car, se demande-t-il, à quoi sert d'adopter un style de vie et une esthétique que ses maîtres récusent ? Le récit adopte un ton d'autojustification sur l'esthétique de vie du narrateur.

Remarquons que la caracole religieuse lui fait également découvrir le côté théâtral de la vie. La relation entre l'enfant et ses maîtres est théâtrale à plus d'un titre. Tout d'abord avec sa famille. Le clergé éprouve le besoin presque fantasmatique de faire du jeune garçon un prêtre. Pour l'intégrer à cette nouvelle famille, l'enfant est arraché à sa famille biologique : « Je passe, donc, sans choc, de ma famille au petit séminaire. Ce lieu devient ma famille »[4]. Le prêtre prend les jeunes garçons à :

> un âge tendre, les choisissant entre dix ans et treize ans, les soumet à une clôture complète de huit à dix ans et les propose ensuite au grand séminaire de Baudouinville. À cette étape, ils devraient, en principe, être physiquement forts et en bonne santé ; intellectuellement et spirituellement bien formés, solides et autonomes, mais parfaitement intégrés dans l'ordre de l'Église catholique et marqués par l'esprit bénédictin.[5]

Le prêtre croit apporter la bonne nouvelle aux Africains, et il est presque un acteur qui joue au Dieu le Père. Sa vie de missionnaire semble être une mise en scène perpétuelle. Et l'enfant se conforme

---

1 *Idem*, p. 21.
2 *Ibidem*.
3 *Idem*, p. 22.
4 *Idem*, p. 32.
5 *Ibidem*.

aux attentes du Père spirituel. La date est déjà choisie pour son ordination ; il s'initie alors à son futur sacerdoce par plusieurs jeux. Il participe, par exemple, à la célébration de la messe à la paroisse et, le soir, dans un coin de la concession parentale, il célèbre sa propre messe, se promet de combattre l'orgueil et d'acquérir l'humilité[1]. Car le missionnaire réduit sa vie à un rituel quasi fantasmatique, le jeune garçon découvre qu'il suffit, pour le séduire, d'accepter le rituel.

Devenu adolescent, il part pour le monastère de Gihindamuyaga, au Rwanda. Durant son escale à Bujumbura, il loge à la procure des Pères Blancs d'Afrique dont « les mielleuses prières » ont l'air d'une « pieuse plaisanterie »[2]. Dès lors, son projet de devenir moine s'annule dans un regard ironique sur cette « banalité d'un cheminement » qui le mène à n'être qu'un « bon moine et missionnaire parmi les siens »[3]. Il commence à rêver de « vivre un scénario différent ». « Après la grand-messe, Frère Hildebrand me met en scène [...] je suis conscient du jeu à jouer : les mains sous le scapulaire, la tête humble, le regard droit, et le sourire de rigueur »[4]. Ce motif du jeu participe de l'ironie du héros-narrateur qui juge et rend comique tout le projet missionnaire. C'est lui le héros, et non ses maîtres. Dans ce jeu avec ses maîtres, il réalise que le tragique de l'homme vient de son irrésistible envie de se mettre continuellement en scène. Et le comique devient plus fort quand on sait que l'humilité est la règle d'or des Bénédictins et, en principe, de tous les religieux.

Mais son jeu avec le maître ne va pas sans ambiguïtés. Car le missionnaire a les moyens d'imposer son projet aux Africains ; l'enfant, en devenant son allié ou son complice, participe de cette domination. Une telle ambivalence des relations entre le missionnaire et l'enfant, présente partout dans le texte, est l'archétype même de l'ordre colonial, un ordre que l'enfant va supplanter de manière décisive plus tard. Dès lors, le rapport réel avec l'Occident est évacué au profit d'un affrontement intellectuel dont l'enfant est sûr de sortir vainqueur. Pour affirmer son

---

1 *Idem*, p. 28.
2 *Idem*, p. 22.
3 *Idem*, p. 23, 60.
4 *Idem*, p. 53.

indépendance intellectuelle, il commence par régler ses comptes avec le christianisme en l'accusant notamment de répéter les stéréotypes de l'Occident quand il prétend convertir les « sauvages »[1]. En fusionnant le culturel et le sacré, l'Occident prétend viser l'universel alors qu'il répète inlassablement le discours de sa propre culture, clame le narrateur. Et si l'ironie y est constante, c'est que Mudimbe, narrateur de son autobiographie, n'est pas dupe des valeurs de l'Occident bien qu'il reconnaisse qu'elles sont devenues siennes. Ne rappelle-t-il pas qu'il est un chrétien de la troisième génération ? « Mes grands-parents, écrit-il, se convertissent au christianisme. Mes parents naissent chrétiens. Et me voici moine au Rwanda. Le crédible et le mémorable tendent en mon expérience, à s'ordonner dans ce qui nie l'ancien »[2]. Faute d'affronter l'Occident sur le plan affectif, car l'odeur du père y est toujours sentie, Mudimbe lui livre un combat sur le plan intellectuel. Cette tradition familiale chrétienne apparaît comme une « violence » à comprendre et à « penser »[3]. Et ce conflit se déroule sur deux axes.

De prime abord, il sépare la croyance en Dieu qui, selon lui, est une forme de l'existence humaine, du christianisme. Et bien que né dans une tradition chrétienne, il s'interroge sur le sens de la conversion au christianisme en Afrique[4] avant d'ajouter qu'on est chrétien par « reproduction » culturelle et que, de ce fait, l'influence de la culture sur le sens du message chrétien est incontestable. De là, il déduit qu'être chrétien par conversion tient du mystère. Et, après avoir réfuté des arguments de type théologique et historique de cette conversion massive au christianisme en Afrique, il retient l'argument sociologique selon lequel la propagation et le succès des sectes syncrétiques et des chapelles ésotériques confirment une attitude morale et universelle. C'est qu'en temps de crise, « il y a une propension à nier une réalité atroce et à se réfugier dans le domaine du sacré »[5]. Il en profite pour écorcher certains penseurs africains qui tentent d'indigéniser le christianisme tels Fabien Eboussi Boulaga,

---

1 *Idem*, p. 55.
2 *Idem*, p. 54.
3 *Idem*, p. 55.
4 *Idem*, p. 86.
5 *Idem*, p. 87.

John Mbiti ou l'abbé Vincent Mulago. Une telle tentative de resituer « le Dieu de nos ancêtres dans l'accomplissement de la mort et de la résurrection de Jésus » est d'un comique sans égal : « Quelle audace ! Le rêve d'intégrer cette passion juive à l'histoire africaine s'ancre ainsi en notre présent, notre aujourd'hui, notre modernité »[1]. Cette autodérision rappelle en quelque sorte *L'Écart* où, en s'attaquant au christianisme, Mudimbe ranime un débat longtemps ressassé dans les milieux africanistes : celui des rapports du christianisme, soit avec la tradition africaine, soit avec la colonisation. C'est ce thème qui est renouvelé ici avec un accent ironique sur le syncrétisme de surface qui prétend fusionner le christianisme et la tradition africaine. En se fondant sur le sémantisme des dénominations des sectes religieuses dont l'originalité est exagérée, l'ironie a pour fonction de parodier et de se distancier de ce discours du salut par l'Église :

> Voyez le nombre de sectes, dit-il. Il en naît chaque jour [...] Des dénominations à faire rêver : l'Église des Ancêtres, l'Église du Dieu révélé par le prophète Kazouki, les Apôtres des Adorateurs des clous de la Sainte Croix [...] Et je vous en fonderais, si vous le voulez, une Église des Cruciverbistes du Saint Sang de Jésus [...] C'est que Dieu console, pardonne, efface les larmes.[2]

En annonçant l'espérance au peuple et la venue de Canaan, le « clown pathétique » éloigne Nara de l'Église : « Le ministre battait les mains. L'assistance s'embrassa, inspirée, fondant dans l'enthousiasme. J'étais ému et me sentais étranger à la proclamation du Christ »[3]. L'ironiste s'en prend à cette parole qui entend dire les Évangiles et dont les pratiques ritualisées et autres dogmes tendent à occulter le message. Le Jésus-Christ de ce ministre n'est pas un Jésus-Christ originel ; il s'agit d'un Jésus-Christ « enculturé » qui ne peut rien dire aux « païens ». Cette réflexion se trouve également dans *L'Odeur du père*[4] où l'auteur soutient que le missionnaire ne peut rien annoncer aux « païens », car

---

1 *Ibidem*.
2 V. Y. Mudimbe, *L'Écart*, Paris, Présence Africaine, 1976, p. 92.
3 *Idem*, p. 134.
4 V. Y. Mudimbe, *L'Odeur du père*, Paris, Présence Africaine, 1982.

> ce qu'il estime avoir entendu et qu'il voudrait communiquer n'est pas la Parole du Christ, mais une lecture culturelle et historique. Le Christ qui constitue l'objet de son monologue face aux « païens » n'existe et n'a pu exister, pour lui, que par le relais des formulations indéfinies, contradictoires, d'une généalogie intellectuelle et spirituelle moulée dans le commentaire permanent et discret d'un temps historique et d'un territoire géographique.

Sa parole est donc très marquée par sa culture et sa réception par l'étranger, en l'occurrence l'Africain, pose un problème de décentrement du point de vue. En second lieu, il considère que si « la croyance en Dieu ne devrait pas surprendre, tout au moins en principe, l'adhésion au christianisme étonne »[1]. Car il prétend que « La Bonne nouvelle », comme parole, n'est, intellectuellement, point crédible »[2]. Il évoque les travaux d'un certain Oliver qui « se demandait dans quelle mesure l'Afrique noire s'était réellement convertie au christianisme »[3]. Et pour fermer la boucle de la critique du christianisme et de ses tentations, il souligne le manque de fraternité et le racisme de la part d'une religion qui prêche l'amour de l'autre[4]. Cependant, la caracole religieuse fait partie intégrante de sa vie d'adulte et son style de vie « s'infléchit » dans la devise de saint Benoît.

De cette caracole religieuse, retenons deux éléments. Tout d'abord, la narration adopte le ton de l'essai et se situe au temps présent de l'énonciation. Ce mélange de l'autobiographie et de l'essai interpelle le lecteur sur un débat aussi actuel que l'indigénisation de la religion chrétienne en Afrique à tel point qu'il suscite un certain nombre de questions. Pourquoi tant d'insistance sur des faits aussi évidents que l'irrationalité de la croyance à la vie après la mort ? En quoi la conversion au christianisme en Afrique tient-elle du mystère alors que le narrateur affirme par ailleurs qu'elle se comprend sociologiquement ? Et, en effet, dans les moments de crise aiguë

---

1 *Les Corps glorieux des mots et des êtres...*, p. 88.
2 *Idem*, p. 88.
3 *Idem*, p. 88.
4 *Idem*, p. 102.

comme ceux que vivent les sociétés africaines, le recours à l'utopie n'est-il pas un comportement universel ? Cela ne pourrait-il pas se comprendre culturellement aussi dans la mesure où les civilisations africaines ayant implosé au contact de l'Occident, la religion traditionnelle est entrée dans l'ombre et le christianisme est devenu une pratique religieuse de la lumière ? Cela d'autant plus que, du moment où la recherche de l'utopie demeure une nécessité dans une société en crise, n'importe quelle religion ne peut-elle pas faire l'affaire ? Beaucoup de chrétiens africains croient très sincèrement, et cela peut surprendre, non pas parce qu'il s'agit d'Africains, mais parce qu'il est rationnellement incompréhensible de croire à la vie après la mort. Mais le constat est là, ils croient. En quoi ? Eux le savent-ils ? Peut-être est-ce sans importance du moment où ils y trouvent un peu de baume aux blessures de leur vie ? N'est-ce pas là ce que l'essayiste lui-même affirme d'une autre manière lorsqu'il annonce que « le christianisme sait bien entretenir le rêve impossible d'une autre vie »[1] que ce soit en Afrique ou ailleurs. Et pince-sans-rire, le héros-narrateur d'ajouter : « J'ai beau avoir, par testament, choisi d'être incinéré à ma mort, de ne pas avoir de cérémonie religieuse, je me soumets encore aux rites catholiques ». Pourquoi alors ? « Ce n'est ni le spectacle, ni même une commémoration possible de mon passé qui m'y attire. Mais, plutôt ce je ne sais quoi qui prétend affirmer une fraternité inimaginable, comme aime à le dire mon ami Fernando Lambert »[2].

En somme, ce jeu sur la critique de la croyance religieuse montre l'enjeu fondamental qui sous-tend l'œuvre de Mudimbe : comment établir une adéquation parfaite entre une pensée critique et une formulation d'une méthode pour en rendre compte sans que l'auteur soit jamais dupe des limites de son entreprise. De plus, on voit ici les limites d'une écriture autobiographique qui se veut en même temps une méthode d'interprétation, mais où, en même temps, la volonté de se justifier et de se disculper l'emporte sur la rigueur de l'analyse. Car la revendication d'un point de vue épistémologique à propos d'un texte autobiographique qui dissimule mal ses prétentions d'autojustification sous couvert

---

[1] *Idem*, p. 99.
[2] *Idem*, p. 101.

d'analyse semble inconfortable. Aussi la visée analytique qui sous-tend la culture de ce texte s'avère-t-elle souvent en équilibre instable entre le scepticisme et la fascination.

La caracole marxiste

De ses interrogations sur le christianisme, le « je » narrateur Mudimbe glisse doucement vers le marxisme afin d'étudier les sociétés africaines, en commençant par dénoncer avec vigueur l'amateurisme du discours occidental quand celui-ci parle de l'Afrique ou d'autres sociétés non-occidentales. Au sujet du discours occidental, il insiste sur le « préjugé de supériorité racique des Blancs » qui le scandent à un tel point que la « barbarie du Noir » et son « atavisme millénaire » deviennent des slogans justifiant l'ordre colonial[1]. L'auteur s'interroge également sur la façon de se débarrasser de « l'odeur du père » et d'ailleurs, un de ses essais porte le même titre[2]. À la manière de Michel Foucault, mais de son propre point de vue, il s'assigne l'impératif de penser « autrement ». De là, il commence par se poser la pertinente question de la vérité dans les sciences humaines pour finir par affirmer que toute construction du savoir est une interprétation destinée à expliquer un fait, mais non à établir une connaissance, une vérité quelconque. Et ces réflexions nous mettent en présence d'un Mudimbe soucieux de se livrer à une investigation approfondie à travers ses essais critiques et philosophiques. C'est le Mudimbe qui élabore une méthode d'analyse, qui explique le monde, décode le discours du savoir en sciences humaines et en signale les apories de telle sorte que *Les Corps glorieux des mots et des êtres...* peut être lu dans une perspective politique. La caracole marxiste se double, en fait, de la caracole politique. À cette époque des rêves sur la cité africaine à construire, le socialisme semblait être une arme efficace. Selon nombre d'intellectuels, souligne-t-il, « le marxisme paraissait, en effet, être l'inspiration utile pour un renouvellement du continent »[3]. Sur ce parcours marxiste, l'auteur donne trois arguments.

---

1 *Idem*, p. 155.
2 *L'Odeur du père*, p. 178.
3 *Les Corps glorieux des mots et des êtres...*, p. 89.

Durant les années soixante, le marxisme était une arme contre le colonialisme et, en cela, il permettait de recouvrer la liberté et de travailler sur les données concrètes de l'existence. Des acteurs politiques africains sensibles à ce pouvoir de conversion de la pensée marxiste concevaient la libération de l'Afrique en termes de révolution marxiste. La philosophie marxiste était l'opposé de l'exil spirituel d'une vie monacale qu'avait vécue jusqu'alors Mudimbe. Sur le plan scientifique, l'approche marxiste secouait, depuis la Deuxième Guerre mondiale, le dogmatisme des sciences coloniales. C'est grâce à ce principe que Mudimbe construit l'image de l'Occident comme celle du père. Et il élabore cette figure à sa mesure pour pouvoir l'attaquer sur le plan de son discours. En montrant que tout le discours de l'Occident tenu sur l'Afrique ou sur les autres sociétés dites primitives est faux, Mudimbe a choisi pour l'affrontement un lieu où il est sûr de gagner la bataille : la vie intellectuelle. En ce sens, *Les Corps glorieux des mots et des êtres...* semble moins une autocritique que la défense et la justification d'un parcours intellectuel dont la caracole marxiste scande ici le tempo. Mais la déception ne tarde pas :

> En tout cas, avec Yves Person, Endre Sik, Jean Suret-Canale et bien d'autres, ils étaient devenus des figures d'un africanisme militant qui, progressivement, transforma les visées et les méthodes de l'anthropologie, de la sociologie, de l'histoire et de l'économie politique. C'est, seulement, après coup, de longues années après que la méprise devait me foudroyer.[1]

La méprise tient du fait que ce projet politique se dédoublait d'une volonté de renverser l'équation coloniale de la domination par le pouvoir économique et par la race et d'installer le socialisme en Afrique. Cependant, ces « socialismes africains » ne paraissent, aux yeux de Mudimbe, que comme des textes marqués par des fantasmes d'un recommencement illusoire de l'histoire. Il rejoint le point de vue de Frantz Fanon qui qualifiait la négritude de manichéisme délirant. Et par ailleurs Mudimbe puisera aussi dans

---

[1] *Idem*, pp. 89-90.

le langage psychanalytique pour nommer « l'irrationalité africaine » qui, selon lui, tient du « complexe de l'enfant naturel ». L'auteur explique que seule la référence à ce complexe pourrait expliquer le comportement d'un certain nombre d'Africains. Dans ce complexe, il y a d'abord le refus de grandir qui, le plus souvent, au moins chez les intellectuels, s'illustre par un verbiage infantile à propos de la tradition africaine perçue comme une entité et comme une essence aux valeurs permanentes. Et cet infantilisme conduit à une crise de la personnalité, c'est-à-dire que, tout en prenant conscience de sa double identité issue des cultures africaines traditionnelles et de l'Occident, l'Africain y oppose un refus dans l'action.

Dans cette perspective, la distance prise avec le marxisme autorise Mudimbe à critiquer certaines pratiques politiques et scientifiques inspirées du marxisme et à se poser comme étant celui qui a raison de penser « autrement ». Appliquées sur le terrain, soutient-il, ces théories marxistes furent désastreuses sur le plan politique, qu'il s'agisse des tentatives d'un Sékou Touré, d'un Nkrumah ou d'un Nyerere. Ces leaders politiques ont tous pensé « qu'il était possible et absolument indispensable de concevoir l'avenir comme mariage entre la tradition africaine et la technologie occidentale »[1]. Et ils ont tous échoué. Comment « sommes-nous passés de l'état d'enfants prodiges à celui de déchus »[2] ?

Pour y répondre, l'auteur évoque le caractère irrationnel du monde politique africain et la mise en place des mots d'ordre qui ont dominé les études africaines comme la négritude, *Black personality* et autres recours à l'authenticité. Car ce culte de l'altérité et le manque de rigueur dans l'analyse de l'histoire ont conduit à l'échec du paradigme marxiste, au point de relativiser l'entreprise coloniale[3]. À ce sujet, il prétend que le projet colonial entendait indiquer les moyens de réduire les différences régionales afin que s'impose une nouvelle organisation plus rationnelle, mieux centralisée, tandis que les indépendances dans les années 1960 entendaient, dans leurs expressions les plus pertinentes,

---

1 *Idem*, p. 60.
2 *Ibidem*.
3 *Idem*, p. 92.

rétablir la réalité des conflits et des tensions sociaux[1]. Le narrateur ajoute que ce projet qui pouvait aussi signifier l'instauration d'une société politique, à la place de l'administration coloniale, tourna court. Car « l'activisme irréfléchi de certains hommes politiques, l'inconscience ou l'incompétence d'autres [...] sapèrent la cohésion d'organisations jeunes et faibles »[2].

Ayant prévu la contestation de son analyse, il s'empresse d'ajouter que le régime colonial demeure inacceptable et inexcusable comme projet politique avant de s'interroger sur l'échec des gens de sa génération qui pourtant avaient beaucoup d'énergie et étaient plus formés : « Pourquoi en sommes-nous au point où quelques-uns d'entre nous en viennent à considérer la période coloniale comme un paradis perdu ? »[3]. L'autocritique concerne l'intellectuel africain qu'il est devenu. Mudimbe écorche par ailleurs tous les milieux. Il accuse les intellectuels de n'avoir pas su inventer la cité africaine et de s'être soumis à des valeurs ambiguës comme la négritude et autres recours à l'authenticité :

> Les indépendances africaines, rappelle-t-il, nous ont fait vivre une rupture remarquable vis-à-vis de l'Occident [...]. Les projets de construction de nos nouveaux États ont été portés par le désir généreux et naïf de recommencer l'histoire et l'angoisse de ne savoir à partir de quels lieux précis exprimer les modalités de cette nouvelle raison[4].

Et il s'en distancie en prônant la responsabilité de son destin. Son goût prononcé pour la conquête de la liberté individuelle le conduit à mettre fin à la caracole politique et à fuir aux États-Unis quand le régime de Kinshasa a voulu le « coopter » au bureau politique du parti unique[5], car il estime que « des chapelles secrètes n'avaient pas le droit de manipuler le pouvoir d'un État démocratique »[6].

---

1 *Idem*, p. 96.
2 *Idem*, p. 97.
3 *Ibidem*.
4 *Idem*, p. 103.
5 *Idem*, p. 131.
6 *Idem*, p. 77.

Pour clore la critique du marxisme et surtout de ses déviations africanistes, il milite pour la responsabilité individuelle car, soutient-il, « invoquer la richesse du dépôt originel de l'expérience africaine et, au nom de cet appel mythique, renvoyer l'hérétique dans la marge, en usant principalement de l'injure, si ce n'est pas la prison ou même la mort, dans le cas des débats politiques » est un signe du refus de grandir[1]. En effet, « de pieux poncifs sur la valeur de nos traditions n'ont aucun poids face à la nécessité d'affronter l'avenir »[2]. Aussi, la caracole marxiste donne au héros-narrateur l'occasion de régler ses comptes avec les auteurs de la philosophie de la négritude dont les travaux majeurs sont représentés par Cheikh Anta Diop et ses disciples en histoire, en anthropologie et en philosophie. Du point de vue strictement narratif, la caracole marxiste pose Mudimbe comme un véritable héros dans la pensée africaine moderne. La voie choisie de penser « autrement » l'a conduit à adopter une réflexion paradoxale qui porte ses fruits actuellement. Et, effectivement, le héros-narrateur distribue le mérite à ceux qui partagent sa vision moderne de l'Afrique – le passé ne nous est d'aucun secours – et démolit les africanistes pour qui les temps anciens demeurent justement l'âge d'or qu'il faut faire revivre pour construire la cité africaine moderne. En cela, le récit polémique permet au narrateur de régler ses comptes avec ses adversaires sans toutefois montrer comment accéder à la responsabilité politique qu'il préconise.

La caracole humaniste

Cette caracole humaniste est une des caractéristiques majeures de la pensée de Mudimbe et, peut-être, la plus généreuse. La façon dont Mudimbe insiste sur la nécessité de dialectiser ses rapports avec l'Occident marque la volonté de se construire un espace de liberté pour l'homme en général et pour l'homme africain en particulier. Dans cette perspective, il cherche un point de chute possible pour penser l'Africain d'aujourd'hui à travers la réflexion sur le passé de son continent et sa rencontre avec l'Occident. On retrouve ici le projet fondamental de l'œuvre de Mudimbe :

---

1 *Idem*, p. 197.

2 *Ibidem.*

constituer une méthode d'analyse de « l'homme africain » dans la société d'aujourd'hui. À partir de son expérience personnelle il propose, pour l'Afrique, de « réfléchir sur les modèles et les structures susceptibles de concourir à la promotion humaine et spirituelle du peuple... »[1]. Cette foi humaniste se justifie, selon lui, par le fait que l'intellectuel africain qu'il est vit à cheval entre plusieurs cultures et que, dans toutes ses rencontres, c'est l'être humain qu'il retrouve. Il se demande, avec raison, si, en « essayant de rendre simplement compte de nos misères et de nos déchirements en Afrique, il ne pourrait pas témoigner pour la promotion de l'homme [...] »[2]. Pour cela, il recourt aussi bien à Sartre et à Descartes qu'à Levinas pour tenter de comprendre l'être humain. Tout comme il s'intéresse également à la libération de la femme africaine et évoque le malentendu avec les féministes des universités américaines qui le soupçonnent de faire partie d'un complot international contre la femme !

Même si ses arguments sur le rôle que la femme africaine jouera dans le développement du continent ne convainquent pas toujours le lecteur, il a au moins le mérite de poser le problème de façon plus générale, si bien que les rapports entre tous les êtres humains sont pris en considération. Et il a raison de contester le modèle dualiste homme-femme à la manière « des chapelles de Chicago, Harvard, Yale et autres féministes américaines »[3] et de souligner également le tort que l'on fait à l'intelligence quand on limite la valeur de l'être humain à ses accidents de naissance comme le sexe, la race, etc. Mais, en prenant position dans le débat actuel sur la pensée féministe, le récit cesse d'être autobiographique pour devenir carrément essai. Avec sa narration prospective de l'Afrique, cette partie du récit apparaît, en effet, comme un essai, d'où le dialogue inévitable avec le lecteur sur un sujet aussi actuel que le féminisme. Et le lecteur se demande pourquoi l'essayiste se contente d'annoncer le salut par la femme africaine sans indiquer suffisamment comment celle-ci pourrait relever le défi d'un continent en pleine décomposition. Quand la loi du plus

---

1 *Idem*, p. 104.
2 *Idem*, p. 105.
3 *Idem*, p. 120.

fort semble être la seule règle du jeu, comment la femme pourrait-elle jouer un tel rôle ? Comment la femme africaine serait-elle « l'élément le plus apte à susciter le passage de notre société actuelle, scandaleusement inégalitaire, à un modèle autogéré plus juste » ? Que l'homme africain ait lamentablement échoué, tout le monde peut en convenir, jusqu'à un certain degré. Est-ce pour cela que la femme, elle, réussira là où l'homme a échoué ?

Toutefois, l'auteur propose des pistes à explorer qui, dans une perspective de recherches à entreprendre, semblent valables du point de vue scientifique. Et l'on peut être d'accord avec l'auteur lorsqu'il ajoute que le devenir de l'Afrique passe par le développement de la responsabilité individuelle. Or, dans une telle perspective, il n'y a plus ni femme ni homme, il y a l'être humain en tant que citoyen. À quoi serviraient des études sur les systèmes de parenté et le rôle de la femme si nous continuons à nous enfoncer dans le sous-développement ? Cette question qui rappelle celle que Soum adresse à Nara dans *L'Écart* pourrait être posée également au narrateur des *Corps glorieux des mots et des êtres...* Ne serait-il pas judicieux de commencer par se pencher sur la question générale de la responsabilité individuelle et sur le sens des valeurs qu'elle implique avant de poser le problème particulier du rôle de la femme dans le développement du continent ? Agir autrement ne serait-il pas lui confier une mission impossible qui, actuellement, la conduirait tout droit à un « échec aussi lamentable » que celui de l'homme africain ? Par contre, pour la question plus urgente de la violence faite à la femme, il faudrait distinguer les cas et les pays. Certains problèmes comme la polygamie et l'excision étant particuliers à certaines sociétés plutôt qu'à d'autres, il est fort hasardeux de l'aborder dans un vaste programme de la mission salvatrice de la femme africaine. Par ailleurs, si les trois traits majeurs de la société africaine, développés par l'auteur, et qui touchent autant l'homme que la femme étaient résolus, cette « mission » périlleuse de la femme africaine ne serait plus nécessaire : « l'esprit sorcier », la « sacralisation de la modernité » et la réflexion sur les valeurs[1].

---

1 *Idem*, pp. 62-63.

La quête de liberté issue de cette écriture humaniste apparaît ainsi comme un impératif guidant Mudimbe dans son parcours intellectuel, dont les diverses caracoles convergent vers la carrière académique. Il affirme, par exemple, que même si tout le monde croit en une chose, il s'y oppose s'il est convaincu du contraire[1]. Pour acquérir une telle liberté, il fait de la critique une « exigence intellectuelle »[2]. En cela, Mudimbe met à distance son ascendance intellectuelle et entreprend une critique systématique du savoir des sciences humaines pour pouvoir poser les jalons d'un discours « autre », susceptible de rendre plus digne l'être humain. Il montre toutefois moins d'assurance dans son passé intellectuel : « En somme je cultive l'analyse plus que le doute, et vis de quelques rares certitudes, simples, solides, claires, cartésiennes »[3]. Et la connaissance des sciences humaines le conduit à privilégier les valeurs d'enracinement contre son goût de l'universel. « Comment échapper totalement à l'aliénation si vivre implique « nécessairement se saisir en fonction d'un lieu »[4] et en dépendre ? Il en arrive ainsi à la conclusion qu'il doit s'assumer comme Africain et comme intellectuel dans son enseignement et dans ses recherches.

La caracole académique

Commencée dans les années soixante-dix, au Congo-Zaïre, avec des difficultés découlant de la fallacieuse politique de l'africanisation des institutions publiques[5], la carrière universitaire de Mudimbe connaît son sommet aux États-Unis. Et ici toutes les caracoles se rejoignent pour faire de cet intellectuel un habile chercheur et professeur d'université. *Les Corps glorieux des mots et des êtres...* raconte l'origine et le développement d'une carrière illustre. C'est pour cela que le texte apparaît comme une histoire édifiante. Car, par ailleurs, le ton critique qui y est développé présente Mudimbe comme un sujet qui doute et qui s'interroge sur son statut d'intellectuel africain. Cette interrogation, elle-même, ponctue son enseignement et ses recherches. Ses travaux consistent

---

1 *Idem*, p. 20.
2 *Idem*, p. 82.
3 *Idem*, p. 20.
4 *Idem*, p. 101.
5 *Idem*, pp. 203 et suivantes.

à « repenser l'Afrique » avec les connaissances acquises au cours de sa formation intellectuelle, et notamment à partir de deux disciplines : la philologie et la philosophie. Ce côté mécanique du travail académique s'inscrit dans d'autres caracoles. Par exemple, le style de vie bénédictin « infléchit » sa vie d'adulte malgré sa volonté de rompre avec ce passé encombrant :

> L'aveuglement est simplement une conception de la vie et de l'activité humaine, solidement marquée et infléchie, dès mon enfance, par mes maîtres bénédictins. J'ai dû me rendre à l'évidence : l'agnostique que je suis devenu, aujourd'hui, dans ses réflexes les plus quotidiens et les plus ordinaires, comme dans ses illusions, se réfléchit fidèlement en une lointaine éducation, en un jardin bénédictin.[1]

Même s'il affirme que sa quête pour la liberté fait qu'il peut rejeter « du jour au lendemain, même des fidélités qui l'enchaînent »[2], il n'en demeure pas moins fidèle à toutes les caracoles qui rythment son parcours intellectuel. C'est, par exemple, à partir du marxisme qu'il élabore la critique des discours sur l'altérité et de leurs rapports avec la dignité humaine. À partir de ce parcours intellectuel à plusieurs caracoles, il y a la volonté de persuader le lecteur du caractère exemplaire de l'auteur, volonté qui s'accompagne du souci d'exactitude visant à représenter l'Afrique dans les cours et à prendre en considération toutes les données de l'expérience humaine dans ses recherches et publications[3].

Par ailleurs, même s'il affirme ne partager avec les autres intellectuels africains que le seul fait de « repenser la tradition et l'histoire africaines »[4], il n'en reste pas moins que cette conquête de la liberté, matérialisée sous forme de parcours académique, reste au centre de ses rencontres humaines. De temps en temps, le ton est celui du juge qui enquête et condamne la mauvaise foi des collègues, comme l'expliquent l'anecdote d'une féministe du Minnesota l'accusant d'appartenir à un complot international

---

1 *Idem*, pp. 9, 128.
2 *Idem*, p. 20.
3 *Idem*, pp. 130 et suivantes.
4 *Idem*, p. 78.

contre la femme et celles d'autres qui voient dans sa réussite une faveur du système universitaire à l'égard des Noirs !

ENTRE LE DISCOURS ET LA VÉRITÉ DANS LES ROMANS ET LES ESSAIS

Le passage à l'écriture romanesque permet à Mudimbe de prolonger sa réflexion sur le rôle du sujet qu'il développe dans ses essais. C'est en cela que son écriture romanesque devient autobiographique. Mais se pose ici la question de savoir si la création romanesque de Mudimbe serait une entreprise autobiographique visant à dire autrement la vérité sur le monde. Comment peut-on comprendre le monde à partir d'un sujet situé socialement et historiquement comme l'énonciation romanesque le laisse voir ? Cette question prend chez l'auteur une coloration autobiographique devant la « déchirure » des sociétés africaines actuellement en pleine transformation au contact de la civilisation occidentale. Chercher à comprendre cette situation complexe par l'invention de règles morales et de pratiques susceptibles de sauver l'Afrique, telle est la quête de l'auteur. Parlant de son roman, *Le Bel immonde*[1], Mudimbe condamne les complicités qui existent entre les milieux du pouvoir et les milieux du plaisir en Afrique : « Que signifie ce genre de vie pour nous-mêmes, et pour nos enfants ? »[2] Il formule la même quête dans *L'Odeur du père* :

> En somme, il nous faudrait nous défaire de « l'odeur » d'un père abusif : l'odeur d'un ordre, d'une région essentielle, particulière à une culture, mais qui se donne et se vit paradoxalement comme fondamentale à toute l'humanité[3].

À cette subjectivité du narrateur assumant le récit s'ajoute une autre réflexion à propos du genre romanesque dans ses rapports avec l'essai philosophique ou critique sur la réalité socioculturelle de l'Afrique moderne, sans que le lecteur puisse distinguer ce qui relève de l'autobiographie intellectuelle du sujet Mudimbe et ce

---

1 V. Y. Mudimbe, *Le Bel immonde*, Paris, Présence Africaine, 1976.

2 Gasana Ndoba, « Entretien avec Vumbi-Yoka Mudimbe », dans *Présence Africaine*, n° 136, 1988, pp. 219-235.

3 *L'Odeur du père*, p. 35.

qui appartient à la fiction : « En une phrase *Entre les eaux* est une création, totalement imaginaire, bien que je me sois inspiré d'un fait divers [...]. Dans cette construction, j'ai aussi fait appel à mon expérience personnelle de jeune écolier ou de jeune pour meubler le récit [...] »[1]. Dès lors, il ne saurait nullement être question de rechercher des éléments de la vie privée de l'auteur susceptibles d'éclairer la lecture des textes de Mudimbe. Il s'agit plutôt de cerner, par l'ouverture aux essais, la façon dont le projet autobiographique de Mudimbe lui impose le choix d'une écriture romanesque. Certes, les romans de Mudimbe ne sont pas des autobiographies au sens strict du mot, car il ne s'agit pas des aventures personnelles du sujet Mudimbe. À partir des traces de l'énonciation tendant à constituer l'auteur comme sujet de son discours au « je » et à faire de ce sujet le seul responsable de son discours, il s'agit de montrer qu'un espace autobiographique se construit dans les romans et les essais de Mudimbe. Ses romans et ses essais sont en fait une quête africaine « pour que nos discours nous justifient comme existences singulières engagées dans une histoire, elle aussi singulière »[2]. Ils prolongent les sujets analysés dans les essais.

ENTRE LES EAUX, LE MARXISME ET LA THÉOLOGIE DE LA LIBÉRATION

C'est dans cette double perspective que se lit *Entre les eaux* en particulier, court récit d'un prêtre catholique engagé dans un mouvement marxiste. Dérouté par les conditions nouvelles de l'Afrique, Pierre Landu tente de les vivre le plus honnêtement possible en assumant les contradictions idéologiques qu'il perçoit sur le plan social et sur le plan économique. C'est également un personnage tiraillé, comme d'autres héros de Mudimbe, entre son expérience occidentale et son expérience africaine. Il tente de renouer avec la tradition tout en se situant par rapport au moment présent, moment marqué par de fortes tensions entre l'Église et la société, entre le pouvoir et le peuple.

---

1 Gasana Ndoba, *op. cit.*, p. 224.

2 *L'Odeur du père*, p. 35.

Pierre Landu a longtemps vécu en Europe où il a fait de brillantes études de théologie et il est rentré dans son pays à la veille de l'indépendance. À son retour il s'intègre dans des structures existantes sans difficultés majeures et trouve normal le type de collaboration établie entre l'Église et le pouvoir colonial. Pour lui, comme pour d'autres membres du clergé, l'indépendance ne peut être que l'œuvre du Diable. Mais, progressivement, une transformation s'opère en lui et ses yeux s'ouvrent sur un certain nombre de problèmes de la société et sur la nature de la collaboration entre l'Église et l'administration coloniale. Il se trouve devant un dilemme : soit il continue de soutenir l'Église et le pouvoir colonial, soit il s'engage aux côtés des siens pour lutter contre la colonisation. « Tu n'es pas marxiste, Pierre ? », lui demande un collègue qui a remarqué son changement[1].

Par la suite, il gagne le maquis tout en restant prêtre et devient traître vis-à-vis de son Église. Mais il ne tarde pas à quitter le maquis, car ses « camarades » le soupçonnent de travailler pour le pouvoir colonial et il ne s'habitue pas au rituel de la mort disciplinaire en vigueur chez les résistants au pouvoir politique : « Ils ont fusillé quelqu'un. Par bonheur, je me rends compte que je ne m'habitue pas. Ou pas encore. J'accepte mal une mort disciplinaire »[2]. Il se marie et tente de vivre normalement. Mais là aussi il échoue. Finalement, il retourne dans un monastère où il attend un Messie qui, dit-il, ne viendra probablement jamais.

À travers l'ambiguïté du personnage, repérable dans ces différents parcours narratifs, le roman comporte également une réflexion sur l'engagement de l'intellectuel africain. À partir de cette réflexion sur les possibles rencontres entre le marxisme et le christianisme et sur le statut du prêtre catholique en Afrique, le roman intègre à certains moments le ton de la réflexion sur cette rencontre, semblable au ton de l'essai que l'on rencontre dans l'autobiographie stricto sensu, *Les Corps glorieux des mots et des êtres...* Certes, *Entre les eaux* n'est pas une autobiographie au sens strict du mot, mais, comme l'admet Mudimbe lui-même, « il va de soi que j'ai tiré de ma propre expérience personnelle un certain

1 *Entre les eaux*, p. 84.
2 *Idem*, p. 73.

nombre d'éléments, de données, pour l'invention du roman »[1], il en a certaines caractéristiques formelles.

Le parcours intellectuel de Pierre Landu serait-il celui du sujet Mudimbe ? Celui-ci révèle plutôt une écriture basée sur l'adéquation entre le « je » écrivant la fiction et le « je » écrivant les essais. Car les différents récits du roman sont relayés par un commentaire narratorial à saveur d'un essai dans la mesure où, dans ce récit autobiographique, le narrateur « je » et le personnage ne sont qu'une même instance. Cela à cause de la vraisemblance du thème développé par un narrateur homodiégétique tel qu'on le retrouve également dans les essais *L'Autre Face du royaume* ou *L'Odeur du père*. En effet, la réflexion sur la possibilité de concilier sa double identité, d'Africain et d'intellectuel, est pour Mudimbe un thème majeur qui traverse ses autres textes de telle manière que, dans *Entre les eaux*, ce thème donne au récit un caractère de sincérité à cause de la réflexion d'un narrateur s'interrogeant sur la possible cohabitation de ces deux philosophies.

Voici comment Mudimbe perçoit à travers le personnage de Landu ce paradoxe identitaire de l'intellectuel africain :

> Il est africain, et viscéralement africain. Mais en même temps, il est occidentalisé, qu'il le veuille ou non. Ce qui fait de lui ce qu'il est, comme intellectuel, réside, justement, dans la complémentarité de ce double caractère : d'être, à la fois, africain et occidentalisé. Son problème est, ainsi, de parvenir à assumer heureusement ce qu'impliquent ces deux caractères.[2]

Et Mudimbe ajoute que tout intellectuel africain est « d'une certaine manière un Pierre Landu »[3] dans la mesure où il tente, avec plus ou moins de bonheur, de vivre la symbiose de deux cultures[4].

Dans ce roman, le narrateur se superpose au personnage principal et devient le protagoniste de l'histoire, car il raconte le récit au « je ». Et ce « goût de la trahison » n'est-il pas en quelque sorte l'itinéraire intellectuel de Mudimbe, itinéraire ponctué par

---

1 Gasana Ndoba, *op. cit.*, p. 224.
2 *Idem*, p. 223.
3 *Idem*, p. 222.
4 *Entre les eaux*, p. 99.

diverses caracoles ? C'est d'ailleurs pour cela que cette forme réduit la vision du narrateur aux seuls événements vécus par Pierre Landu. Et c'est en cela que le roman évolue sous la forme d'une autobiographie. Par exemple la scène où Pierre Landu rappelle, sur un ton ironique, comment il a appris du Père Howard à apprécier la « douce pureté d'un café sans mélange »[1], est une réplique des relations entre le narrateur dans *Les Corps glorieux des mots et des êtres...* et ses maîtres bénédictins. Si, en effet, le roman autobiographique est un récit où le ton confidentiel est lié à l'emploi de la première personne, *Entre les eaux* construit sans conteste un espace autobiographique, car non seulement le narrateur ne se distingue pas du personnage « je » qui parle dans le roman, mais il s'agit aussi de sa vie intime à laquelle seul son moi intérieur a accès. De plus, ce récit est constitué de réflexions du narrateur sur le monde à la manière de l'auteur, Mudimbe, qui, par des réflexions sur le dilemme du prêtre africain et de la rencontre impossible entre le marxisme et le christianisme adressées au lecteur-destinataire du message romanesque[2], s'affiche comme un « foyer » à partir duquel se construit l'écheveau de sens des romans, des essais et du récit de soi. Toute sa réflexion romanesque sur le christianisme en Afrique évoque celle qui est développée dans ses essais *Les Corps glorieux des mots et des êtres...* et dans *L'Odeur du père*. De ce fait, *Entre les eaux* comme *L'Odeur du père*, et *Les Corps glorieux des mots et des êtres...* s'inscrivent dans le parcours intellectuel de l'auteur en tant que sujet décidé à assumer son indifférence face au discours de l'Occident. Cette indifférence est « cette capacité de pouvoir assumer dans la virginité d'une parole et la folie d'un espoir, l'activité et la force de la subjectivité face à l'histoire »[3].

« Le Bel immonde » ou la quête d'une éthique politique pour l'Afrique

Le roman s'ouvre sur une scène confuse où Ya, l'héroïne, fille d'un chef rebelle, en quête d'une compagnie masculine pour la soirée, rencontre Stefan, un technicien américain, au bar du coin

---

1 *Idem*, p. 61.
2 *Idem*, pp. 45, 135.
3 *L'Odeur du père*, p. 202.

d'une ville où elle mène une vie errante. Ce dernier insiste sans succès pour connaître le nom de sa compagne. Et Stefan de dire, après la danse : « Merci, ma petite fille sans nom »[1]. Ce refus de nom va poursuivre l'héroïne car, tout le long du récit, elle sera connue sous la simple appellation de « Ya », ce qui signifie « Sœur ». Elle va passer d'un homme à l'autre avant de rencontrer un ministre dont elle devient la maîtresse attitrée. Ce récit de la liaison entre le ministre et la putain rencontrée dans un bar est l'occasion, pour le narrateur, d'opérer très rapidement une intersection entre la série des faits relevant de l'ordre privé ou intime et la série relevant de l'ordre politique.

Mais en cette liaison sentimentale du ministre et de la putain, ni l'un ni l'autre ne fonde un espoir particulier. Il s'agit pour la « Belle » – comme aime l'appeler son protecteur – du plaisir de fréquenter un des grands du régime et de connaître ainsi une expérience nouvelle qui l'attire, tandis que, pour le ministre, il s'agit d'échapper, l'espace de quelques heures, de quelques jours peut-être, aux contraintes qu'imposent à un personnage officiel le rythme et les exigences de la vie publique ; d'échapper aussi au cadre monotone de la vie familiale.

Les deux personnages anonymes vont évoluer dans une atmosphère de carpe diem, fréquenter des bars, des boîtes de nuit ainsi que d'autres milieux du plaisir. Ya finira par fasciner cet homme politique qui commence à accuser des défaillances face à ses obligations officielles et familiales. Ainsi, en pleine réunion, pendant que le secrétaire de séance lit un rapport relatif à la rébellion qui mine le pays, le ministre se met à écrire une lettre galante à sa maîtresse : « Amie, Très chère amie, tendre et amoureuse... »[2].

Le ministre est un Seigneur épicurien sans scrupules pour qui seuls comptent le pouvoir et la jouissance, de sorte qu'il abandonne sa famille et n'hésite pas à offrir au sorcier chargé de veiller à son succès politique une amie de sa maîtresse. De temps en temps, la voix du narrateur se fait entendre. Par exemple, lorsqu'il est

---

1 *Le Bel immonde*, p. 20.

2 *Idem*, p. 40.

question de fustiger la corruption dans l'entourage du ministre[1]. Le ministre gaspille beaucoup d'argent et, paradoxalement, il se plaint de la présence des membres de sa famille chez lui : « Ils sont plus de vingt, à cette heure-ci, chez moi, à attendre encore mon retour... à attendre des billets de banque que je distribue chaque jour [...]. Des oncles, des tantes, des cousins, des... des... des porcs, des pourceaux... Tu vois ? »[2].

Un tel regard sarcastique déconstruit aussi bien le cliché de l'hospitalité africaine incarnée par la famille élargie, qu'il présente comme une forme de parasitisme social, que l'individualisme, qu'il juge scandaleux pour le ministre : « Je jouis simplement des privilèges des Princes et j'en suis heureux. La musique et les filles sont belles [...], veillons donc sur nos désirs »[3].

Par ailleurs, le ministre verse dans la sorcellerie pour chercher un remède à ses soucis et accepte la proposition de son maître : « Pour entrer définitivement dans la société, comme tous les novices, offrir une victime : une jeune fille ou, à titre de substitution, dix chèvres. Et pour consacrer l'initiation qui te fera pleinement des nôtres, selon la coutume séculaire, c'est un homme qu'il faudra immoler ou dix bœufs »[4]. Toutefois, l'homme politique pratique la sorcellerie tout en la condamnant, car elle constitue « la vérité d'un autre univers spirituel qui n'empêche ni massacre ni assassinats à grande échelle pour l'équilibre du monde parfois, la possession et l'accumulation des richesses souvent »[5]. Et, conformément au vœu du sorcier, au lieu d'immoler les dix chèvres, le ministre sacrifie l'amie de sa maîtresse dans un contexte qui évoque la trahison de Judas : « Prenez cette jeune femme [...]. La grande en blanc qui paraît protéger la jeune fille que j'ai embrassée tout à l'heure [...]. Oui, celle-là, je vous l'offre : elle n'est pas de ma famille, elle est mon ennemie »[6]. Et malgré la pitié qu'elle implorait, le ministre la drogua avant de la livrer aux mains du sorcier-assassin :

---

1 *Idem*, p. 55.
2 *Idem*, p. 71.
3 *Idem*, p. 69.
4 *Idem*, p. 78.
5 *Idem*, p. 85.
6 *Idem*, p. 79.

> Un autre assistant, petit vieux tout en os et aux cheveux blancs, vint se mettre à gauche de la victime ; en chantant, il lui appliqua les mains sur les yeux et sur la bouche, puis lui fit tendre la gorge en avant. Elle se laissait faire, la jeune femme, possédée par l'atmosphère des mystères qu'elle contemplait ou totalement soumise grâce à une drogue. Le prêtre leva au ciel le contenu qu'il tenait fermement par le manche. L'hymne sacré éclata.[1]

Ya commence à s'inquiéter de la disparition de son amie et, ne connaissant pas les circonstances dans lesquelles elle était partie, pria son protecteur de l'aider à la retrouver : « Elle est partie, mon amie [...] Elle a disparu depuis deux jours [...]. Elle ne rentre pas à la maison, elle ne vient plus au bar. Aidez-moi »[2]. Et le ministre la menace de la dénoncer à la police : « Le commissaire de police qui s'en occupe... se demande si ton amie n'a pas simplement regagné son village [...] Comment le savoir puisque votre région est en pleine rébellion [...]. J'espère que tu ne penses pas la rejoindre chez les rebelles ? »[3].

Malgré le sacrifice humain qu'il a accompli selon les directives du sorcier, son bonheur reste hypothétique et il commence à mettre en cause la sorcellerie. Il retourne chez son Maître pour lui demander des comptes : « J'ai accompli tous mes devoirs à l'égard des Ancêtres et de la société. Même plus que mes devoirs. Dites-moi pourquoi j'ai l'impression que tout se brise au fur et à mesure que j'avance »[4].

Avec cette question, il commence à découvrir les mensonges des sorciers. Il en assumera les conséquences en assistant à sa propre déchéance. Ici le roman fait écho au discours des essais de Mudimbe sur le rôle de la magie dans les pratiques sociales en Afrique, pratiques qu'il considère comme un frein à la pensée libre qu'il oppose à ce qu'il appelle la pensée magique. C'est en cela que la dimension autobiographique de ce roman se révèle, non dans sa forme, puisque le « je » du récit homodiégétique est absent,

---

1 *Idem*, p. 87.
2 *Idem*, p. 93.
3 *Idem*, p. 111.
4 *Idem*, p. 143.

mais dans les thèmes abordés – la corruption, la sorcellerie et la magie – dans la mesure où ces thèmes se rencontrent dans d'autres textes portant la même signature : V. Y. Mudimbe. Ce roman s'inscrit donc dans la thématique de Mudimbe sur la question de la morale et de la responsabilité individuelle. Et en cela, il annonce *Les Corps glorieux des mots et des êtres...*

L'ÉCART OU LA RECONQUÊTE DU SAVOIR PAR L'INVENTION D'UNE PAROLE AUTRE

Nara, le personnage principal de *L'Écart*, s'exprime à la première personne. Est-ce à dire que ce parcours renvoie au parcours intellectuel de Mudimbe lui-même, sujet qui a signé ce texte ? Il est en tout cas visible que le pacte autobiographique[1] est le plus affirmé dans ce livre. Celui-ci est divisé en deux parties formellement distinctes : l'Avertissement et le journal intime. L'Avertissement qui raconte la genèse du journal que le lecteur va lire se manifeste comme une mise en abyme de tout le récit. Même si par sa transcription en italique, cette partie est décalée organiquement par rapport au texte, le pacte autobiographique y est conclu par un narrateur, délégué de l'auteur, qui informe le lecteur de la mort du personnage principal, Nara, et des circonstances dans lesquelles celui-ci a vécu.

La deuxième partie du roman – le journal intime – prend la forme d'une réécriture des faits contenus dans l'Avertissement. Comme Samba Diallo, Nara s'en va en Europe pour apprendre comment les Blancs ont pu « vaincre sans avoir raison »[2]. Il se propose d'étudier les structures et le fonctionnement des sociétés européennes avant de revenir dans son pays pour se consacrer à l'étude de l'histoire de l'Afrique. En Europe, ses recherches en histoire politique européenne portent alors sur « la politique de

---

1 À propos de la notion de « pacte autobiographique », il faut se reporter à l'ouvrage de Philippe Lejeune intitulé *Le Pacte autobiographique*, Paris, Le Seuil, 1975. On peut aussi consulter avec intérêt le livre du même auteur *Je est un autre : l'autobiographie, de la littérature aux médias*, Paris, Le Seuil, 1980.

2 Ce sont les paroles de la Grande Royale dans le roman *L'Aventure ambiguë*, de Cheikh Hamidou Kane (Paris, Julliard, 1961, p. 53).

l'acquisition des Pays-Bas par le cardinal Mazarin »[1]. C'est à la lumière de ce « savoir nouveau » que Nara entreprend le projet d'écrire la « vraie histoire de l'Afrique » et se propose de réfuter les « mensonges honteux » des Toubabs[2].

À l'instar de Prométhée, il ramène de chez les Blancs le feu sacré destiné à lui permettre de sortir de l'ombre le tableau des recherches sur l'Afrique :

> L'Afrique vierge et sans archives reconnues par leurs sciences est, dit-il, un terrain idéal pour tous les trafics. La discipline à laquelle m'avaient habitué leurs propres normes me donnait le droit d'exiger autre chose que de belles broderies à propos des civilisations à tradition orale.[3]

Il travaille sur l'histoire des Kouba et fait ses recherches à « la Bibliothèque nationale »[4] où il tente de faire le point sur les études faites sur l'Afrique « en parcourant plusieurs fois les travaux des ethnologues en les reprenant sur toutes leurs sources »[5]. Et pour acquérir cette compétence critique, il va jusqu'à « forcer même les portes secrètes d'articles ésotériques rédigés en néerlandais »[6]. Les lexèmes néerlandais et ésotériques avec leur arrière-plan connotatif de difficultés s'inscrivent dans ce parcours. En effet, le néerlandais n'étant pas une langue de grande diffusion scientifique, le texte peut suggérer qu'il existe relativement peu de gens qui ont lu les articles en question. C'est aussi un clin d'œil à l'histoire de l'Afrique, car ces lexèmes convoquent un fait historique : la colonisation belge au Congo ; d'où un clin d'œil à l'expérience personnelle de Mudimbe dans *Les Corps glorieux des mots et des êtres...* quand il rappelle sa mésaventure dans l'apprentissage de la langue flamande.

Une telle thématique de l'africanisation du savoir et l'ironie qui s'y lit fait de *L'Écart* un roman à saveur autobiographique, si l'on tient compte des restrictions imposées à ce terme, à savoir qu'il s'agit du parcours intellectuel de l'auteur et non de sa vie privée.

---

1 *L'Écart*, p. 72.
2 *Idem*, p. 66.
3 *Idem*, p. 67.
4 *Idem*, p. 24.
5 *Idem*, p. 26.
6 *Ibidem*.

Ce roman est en effet une réflexion critique sur les limites du savoir occidental sur les sociétés africaines et sur les limites de l'ethnologie en général comme pratique scientifique, thème que développent *Les Corps glorieux des mots et des êtres...* et d'autres essais philosophiques. Le narrateur souligne en effet que l'ethnologie n'est pas une science, dans la mesure où elle ne respecte pas les paradigmes d'un discours scientifique :

> Pour me distraire de mon fichier, j'ai parcouru le livre de J. Dansine, *Les Anciens Royaumes de la Kavana* [...]. Ce qu'il écrit, sous couvert de la réserve scientifique, est parfaitement étonnant. Il n'y a qu'en histoire africaine que l'on peut considérer l'exercice du silence et l'art de l'allusion comme témoignage de prudence. Je me suis amusé [...] à remplacer les Lélé par les Espagnols et les Kouba par les Portugais. Cette substitution produit un texte d'un haut comique qui donne la mesure du sérieux des savants occidentaux versés dans les choses africaines [...]. Salim jubilait. Ses yeux riaient de plaisir [...]. Continue. Traduis ainsi un chapitre entier. Et essaie de le publier dans une revue européenne. On verra s'ils oseront accepter de pareilles approximations.[1]

Mais *L'Écart* est également une réflexion sur le combat qu'un individu se livre à lui-même, ses ambiguïtés, ses lâchetés et sa mauvaise conscience, réflexion qui se rencontre dans d'autres textes de Mudimbe. La division entre l'être pensant et l'être d'action est si marquée chez Nara que l'on pourrait se demander s'il ne s'agit pas de deux personnages distincts. Cela traduit l'état schizophrénique d'un certain type de chercheur africain qui tente de recommencer le monde et la science. Et comme tous les personnages de Mudimbe, Nara est un intellectuel qui réfléchit sur le devenir de l'Afrique à la manière de l'écrivain dans les essais comme *L'Odeur du père* et dans son autobiographie, *Les Corps glorieux des mots et des êtres...* Interrogé à ce sujet, Mudimbe précise qu'il s'agit de s'attaquer « à quelque chose d'autre, un

---

[1] *Idem*, pp. 64-65.

aspect de notre folie collective en Afrique aujourd'hui »[1]. Cet aspect de Nara comme personnalité non intégrée et non autonome se retrouve dans *Les Corps glorieux des mots et des êtres...* sous la figure du « complexe de l'enfant naturel ». Le propos est par ailleurs repris dans *The Invention of Africa*[2] où Mudimbe pose la question du regard de l'Occident sur l'Afrique et met en doute, entre autres discours, la neutralité du regard du savant occidental quand celui-ci parle de l'Afrique. Comment parler de l'Afrique sans nécessairement reconduire l'exclusion de l'Occident dans le discours africain ? De fait, *L'Écart*, par le comportement de son héros, est en interaction textuelle avec *The Invention of Africa* ou *L'Odeur du père* dans la mesure où, pour contourner l'écueil du discours de l'altérité africaine – négritude, *Black Personality*, recours à l'authenticité... –, il insiste sur le discours tenu sur l'Afrique, afin de faire apparaître en creux le continent noir comme le lieu d'absence de langage autonome. Cette archéologie du savoir occidental entend montrer, en effet, que la modernité africaine exige non seulement une réorganisation en profondeur des connaissances sur l'Afrique, mais aussi la possibilité d'un discours rigoureux en sciences humaines.

SHABA DEUX OU LES LIMITES DE L'ÉVANGÉLISATION AFRICAINE PAR L'OCCIDENT

Dans *Shaba deux*[3], l'espace autobiographique existe dans la mesure où le « je » qui raconte, Sœur Marie-Gertrude, une Franciscaine africaine de Kolwezi, expose les idées de Mudimbe sur un certain nombre de problèmes traités dans ses essais philosophiques et, plus tard, dans *Les Corps glorieux des mots et des êtres...* Sœur Gertrude affirme sa foi humaniste et africaniste en se démarquant de ses consœurs européennes qui se prélassent dans les couvents pendant que les paroissiens meurent de faim et de maladie. Elle est responsable d'un dispensaire en pleine guerre du

---

1 Gasana Ndoba, *op. cit.*, p. 231.

2 V. Y. Mudimbe, *The Invention of Africa : Gnosis, Philosophy and the Order of Knowledge*, Bloomington, Indiana University Press, 1988.

3 V. Y. Mudimbe, *Shaba deux. Les Carnets de Mère Gertrude*, Paris, Présence Africaine, 1989.

Shaba au sud-est du Congo-Zaïre ; d'où le titre du livre. Comme elle est autant attachée à son dispensaire qu'à son catéchisme à la paroisse Saint-Jean-d'Emmaüs, elle tente de concilier, à sa façon, progrès matériel de l'homme et cheminement spirituel. Au plus fort de la guerre, elle est nommée Mère supérieure du couvent en désintégration, car déserté par ses consœurs européennes qui quittent la ville sous la protection militaire dépêchée sur les lieux par l'ancienne métropole. Restée seule à s'occuper du couvent, des malades et des blessés, Marie-Gertrude sera assassinée par les soldats de l'armée gouvernementale. Jeté dans la rivière Lualaba, son cadavre mutilé sera découvert par deux adolescents qui pêchaient. Une telle fin ne contredit-elle pas le projet humaniste – le salut de l'homme par lui-même ou par Dieu – que, par ailleurs, l'œuvre déploie ? Dans ce cas, peut-il y avoir véritable révélation de sens ? *Shaba deux* serait-il un roman de l'absurde ?[1] Bien qu'on ne puisse pas répondre de manière satisfaisante à cette question, l'absurde apparaît comme une composante de cette œuvre dans sa tentative d'exploration et d'explicitation du monde. Comment peut-on s'arracher au non-sens ? Cette question prend dans cette œuvre une dimension inquiétante devant la « déchirure » des sociétés africaines actuellement en pleine transformation au contact de la civilisation occidentale[2]. Chercher à dépasser le non-sens par

1 Dans le roman de l'entre-deux-guerres, en France notamment, il s'agit d'un thème constant visant à démontrer l'absurdité du monde à travers un personnage, une histoire et une écriture qui, dans son ambiguïté même, relevait d'une vision philosophique. L'absurde se présente comme une antinomie fondamentale entre le monde quotidien et ses valeurs, d'une part, et le désir de l'homme d'échapper, par le rêve, à cette contingence, d'autre part. De là découle un certain style de vie, c'est-à-dire une manière de se situer et une façon d'être d'un sujet incapable d'établir entre lui et le monde un autre rapport que d'étrangeté. Sur le plan strictement littéraire, l'absurde se caractérise par l'ambivalence axiologique et sémantique qui neutralise toute évaluation morale et donne lieu à des personnages tiraillés et angoissés comme Pierre Landu, Ahmed Nara et Sœur Marie-Gertrude.

2 À la lecture des textes de Mudimbe se dégage, en effet, une idée permanente, presque un leitmotiv : la nécessité impérieuse d'inventer un style de vie nouveau qui permette de repenser la vie à partir d'une situation historique : la colonisation occidentale en Afrique (Mudimbe, *The Invention of Africa*, Bloomington, Indiana University Press, 1988).

l'invention de règles et de pratiques devient une quête qui aboutit à la formulation d'une nouvelle morale.

À cette dimension de l'ambiguïté phénoménologique de l'être, qui s'analyse assez aisément comme un contenu explicite, s'ajoute une autre réflexion sur l'écriture romanesque elle-même. Sœur Marie-Gertrude vit l'absurdité du monde résultant de la banalité de la vie faite de conformismes, surtout religieux, comme la passion la plus déchirante qui puisse exister. La morale du « refus » qu'elle adopte à l'égard de conformismes lui permettra-t-elle de dépasser ceux-ci sans tomber dans un autre conformisme aussi niveleur que les autres, la « morale du devoir » ? Est-ce qu'une telle morale guérit du non-sens et de la banalité existentielle ? Un sujet soumis à l'absurde peut-il acquérir une morale susceptible de le sauver de la tentation nihiliste qui le guette ?

Dans *Shaba deux*, le message de l'Évangile, message vrai, reste tout seul comme une explication à laquelle le narrateur et Mudimbe font référence. L'Église, en Afrique, en sa recherche d'un œcuménisme aussi large que possible, amalgame folklore africain et liturgie occidentale. Et elle se trouve ainsi confrontée à toutes sortes de tendances. Elle se trouve face à un dilemme. Soit elle va se transformer radicalement au point de laisser altérer ses dogmes, de devenir infidèle aux traditions qui ne sont qu'une explication historique engluée dans les pratiques culturelles de l'Occident, sans rien à voir avec le message de l'Évangile ; soit elle va rester étrangère aux cultures africaines. Comment intégrer les mythes de l'Occident à l'Afrique ? Car sans le mythe et l'utopie, tout sens de la vie s'efface. Sans recourir à l'expérience, l'illusion nous égare et nous abuse. Cette réflexion de Sœur Marie-Gertrude dans *Shaba deux* semble être celle de Mudimbe dans *Les Corps glorieux des mots et des êtres...* où la réflexion sur la religion occupe une place centrale.

Entre les eaux et, plus tard, *Shaba deux* permettent de suivre l'autobiographie intellectuelle de Mudimbe sur la religion et de relever certaines de ses caractéristiques. On remarque notamment un certain dilemme chez Pierre Landu et chez Sœur Marie-Gertrude. À l'effort de surmonter leurs propres doutes, de concilier des vues singulières d'une religion à laquelle ils entendent demeurer fidèles, s'oppose le dogmatisme du christianisme en tant qu'ensemble de textes racontant strictement l'aventure de l'Occident dans le monde, aventure qui n'a rien à voir avec le message de l'Évangile. Cette tentative de concilier de redoutables antinomies semble relever également de l'aventure intellectuelle de Mudimbe. Comment inventer un discours pour parler de l'Afrique sans absoudre l'Occident ? Comment vivre sans l'odeur du père ? Ces deux romans racontent, en effet, d'une part, l'histoire d'un apôtre missionnaire ou autochtone, telle que les Évangiles nous la présentent, faisant avancer l'œuvre de Dieu dans l'amour et l'abnégation ; et, d'autre part, l'apôtre livré à ses instincts, submergé par les vices. À travers la figure du missionnaire et de son aventure en Afrique, ces romans racontent l'aventure de l'homme dans le monde ; et celui-ci apparaît comme un monstre de duplicité, en état de guerre permanente de temps en temps avec lui-même, le plus souvent avec les autres. Cet aspect rapproche le roman des essais de l'auteur car la question de l'évangélisation de l'Afrique y est traitée de la même manière dans *Les Corps glorieux des mots et des êtres...* que dans *L'Odeur du père* ou encore dans *L'Autre Face du royaume*.

DE L'ORDRE DU SAVOIR À L'ORDRE DU DISCOURS

Au terme de cette réflexion sur le parcours autobiographique de l'œuvre de Mudimbe, retenons trois éléments. En premier lieu, il faut noter que l'écriture adoptée par l'auteur dans son texte autobiographique au sens strict du mot, *Les Corps glorieux des mots et des êtres...*, est la même que dans les romans. En adoptant une autobiographie intellectuelle sur « la science et la vie » en Afrique, Mudimbe innove dans la façon de présenter les récits. Le « je » étant le narrateur principal à partir duquel la focalisation des événements se fait, le lecteur établit facilement des rapprochements entre les textes traitant du même thème chez Mudimbe. Et il perçoit très vite que c'est à partir du propre point de vue de l'auteur que les problèmes sont décrits. Car les personnages de Mudimbe réfléchissent sur le sens de la vie, se posent la question des valeurs et rejoignent par là les préoccupations de l'écrivain dans ses essais.

La révolution de Mudimbe est d'avoir donné la parole aux personnages réfléchissant sur le sens de la vie de la même manière que l'auteur lui-même réfléchit sur les possibilités de tenir un discours autre sur l'Afrique. Et, contrairement à de nombreuses autres autobiographies, *Les Corps glorieux...* n'adopte pas une présentation linéaire et continue du récit. Comme dans les romans, les retours en arrière dominent. Ce qui d'ailleurs demande beaucoup d'efforts de lecture. Dès lors, l'originalité des romans n'est pas dans le thème de la réflexion sur le devenir de l'Afrique ; elle est dans la tension qui s'établit entre ce thème et la quête de la liberté individuelle de l'intellectuel africain en tant que sujet de l'écriture.

De plus, le fait que les personnages ne réussissent pas à organiser une action et une pensée susceptibles de sauver l'Afrique donne à ces romans, en apparence réalistes, une dimension métaphysique comme dans l'autobiographie. Mais si les personnages sont des marginaux par rapport à leur milieu d'origine, ils n'acquièrent jamais la figure messianique. Ce sont des révoltés dont l'action ne réussit jamais à résoudre le problème contre lequel ils s'insurgent.

Ensuite, le récit à la première personne rappelle la forme autobiographique, car le « je » autorise le ton de la confidence et garantit la capacité de convaincre le véritable destinataire de l'œuvre : le lecteur. En restant dans la subjectivité, les différents narrateurs veulent peut-être témoigner de leur vie d'intellectuels, mais certaines affirmations qui attestent la présence des traces de l'énonciation dans le récit soulignent également l'engagement de l'auteur.

Aussi, quand il s'agit de la religion, de la science et de la politique, le ton subjectif cède-t-il la place aux considérations incisives qui, en élargissant la distance de l'auteur par une narration le plus souvent au présent, prennent une dimension de vérité générale concernant divers domaines de la vie en Afrique. C'est à partir de ce jugement que se justifient les instances de narration comme la focalisation qui opère un choix dans l'enchaînement des éléments à raconter. Quels points communs peut-on constater entre ces thèmes et ceux d'autres textes de Mudimbe ? La contiguïté des romans de Mudimbe avec ses essais a une valeur exemplaire. En effet, le texte philosophique qui examine le rapport entre le christianisme et le marxisme dans *Entre les eaux* est une interrogation sur la méthode qui permettra de mener à bien une analyse de la réhabilitation de la réalité humaine en évitant tout dogmatisme simplificateur, dans le dessein d'inventer l'Afrique. Les romans se penchent sur l'une de ces réalités africaines : comment peut-on être écrivain africain ?

Dans les essais, le même problème est posé, concernant Mudimbe lui-même. Les romans démontrent encore davantage l'ambiguïté et l'épaisseur d'une situation vécue que l'auteur tente de comprendre. De sorte que derrière la voix du narrateur, se trouve une deuxième voix portant le même nom et s'exprimant à la première personne du singulier, comme s'il s'agissait d'un personnage fort passif qui, s'étant retiré à l'écart de l'action, se borne à commenter de façon désabusée les événements et les actions où cette seconde voix est personnage. C'est la voix que nous rencontrons dans l'avertissement au début de *L'Écart*, avant même de connaître Nara, le vrai protagoniste de l'histoire. Ce sont ces voix, celles de Pierre Landu, d'Ahmed Nara, de Sœur Marie-Gertrude et du « je » qui sont les registres de l'action. C'est la distance entre ces deux paliers du récit qui permet le détachement ironique qui fait que, dans chaque roman, le « je » est le spectateur et le juge avisé de sa propre action. Mais le cas se complexifie aussi. Si l'on considère que le « je » est l'intellectuel qui se dédouble, les romans de Mudimbe et ses essais ont un même espace autobiographique. En plus de deux instances – celle de l'action et celle de l'énonciation – il y a celle de l'auteur Mudimbe qui dialogue avec ses personnages. À ce niveau, l'auteur adopte aussi bien dans ses essais que dans ses autobiographies un point de vue qui résume ceux de ses personnages et les élargit aux siens propres. À ce troisième plan où se focalisent les points de vue de l'écriture de Mudimbe, le narrateur-ironiste rend les analyses du « je » tout aussi inefficaces que les velléités de Pierre Landu, d'Ahmed Nara et de Sœur Marie-Gertrude qu'il observe.

Mais en fin de compte, il serait vain de croire que les romans de Mudimbe sont des autobiographies romancées. Toutefois, il y a un thème dominant et structurant l'ensemble de l'œuvre : l'aventure intellectuelle. Et, par là, on pourrait dire que les liens qui unissent Mudimbe à ses héros sont très forts. Chacun des personnages incarne à sa manière les visées intellectuelles et les déceptions de l'auteur, de même que les positions des essais mettent en évidence le propre parcours intellectuel de Mudimbe. Pour celui-ci, la fiction n'est jamais loin de l'autobiographie, et les éléments autobiographiques ne sont jamais absents de la fiction. Car le masque dans le « je » de la fiction met en valeur les thèmes des essais en les identifiant à des personnages types. Peut-on évoquer pour autant le complexe de Narcisse pour décrire un auteur qui a fait de l'observation de soi le centre de son œuvre ? Certes, non. Le narcissisme présuppose une admiration de soi que l'on ne trouve pas dans l'œuvre de Mudimbe. Son autobiographie le montre certes comme un héros – comme dans toute autobiographie d'ailleurs – mais un héros qui doute de lui, de la vie et qui érige la quête du savoir en un impératif absolu de penser « autrement ». Si certains éléments narcissiques existent, c'est que tous les héros des récits autobiographiques parlent d'eux-mêmes. C'est le propre du genre et non le propre du sujet Mudimbe. Dans tout ce parcours, les éléments de la vie privée sont limités au minimum exigé par le genre. Cette rétention des éléments de la vie privée s'explique par le fait que ceux-ci comptent moins que les réalisations dans le domaine du savoir et de la création. Cependant, des bribes de la vie privée sont évoquées pour expliquer sa réussite sociale ultérieure. Par exemple, de son échec de la vie religieuse, Mudimbe fait une narration où le lecteur découvre un regard critique qui se manifeste également dans ses romans et dans ses essais. Son aspect polémique souligne son attaque contre la démission de l'intelligence et son réquisitoire contre la bigoterie universitaire.

Quant à la critique que l'auteur fait de la technique de l'amalgame pratiquée par des idéologies douteuses comme la négritude, elle tire quelques conclusions sur ces systèmes. Malgré sa fausseté, la négritude a quand même connu un succès foudroyant. Bernard Mouralis[1] trouve l'origine de ce succès dans le fait que la négritude, en s'attaquant au discours dominant, a acquis le rôle de contre-discours idéologique. On peut penser, à la suite de Mudimbe, que les causes sont internes au discours de la négritude lui-même. En effet, la négritude s'est renforcée plus par le succès et la sagacité intellectuels de ses ténors comme Senghor, Césaire ou

---

[1] Bernard Mouralis, *op. cit*.

Cheikh Anta Diop que par la justesse de ses thèses. Car, à partir du moment où un système de pensée, même faux, s'adjoint des intellectuels brillants, il renforce ses prémisses et s'autogénère. Et Mudimbe a raison de faire de son œuvre une chasse au sophisme en général et dans les études africaines en particulier. Cette œuvre constitue en définitive un seul texte où l'essai sert de matériau au roman et les deux enrichissent l'autobiographie. Et cette écriture promène un regard rétrospectif et prospectif sur l'Afrique où l'autobiographie adopte les mécanismes de l'essai. À travers les différentes caracoles de son parcours intellectuel, Mudimbe revient constamment sur les éléments d'une méthode d'analyse de l'homme africain dans la société d'aujourd'hui, grâce à laquelle l'auteur projette une vision critique, voire contestataire, sur son propre cheminement et sur celui des autres chercheurs.

À la question de savoir si cette analyse dépasse celle que l'auteur a faite lui-même dans son autobiographie, il faut répondre oui et non comme Mudimbe lui-même. Oui, dans la mesure où en confrontant le dire et le dit, j'ai montré certaines contradictions dans le raisonnement de l'auteur. Non, si l'on tient compte du fait que mon analyse ne révèle ni la source des idées de l'auteur ni le mobile de la preuve. Car une démarche critique de l'œuvre de Mudimbe devient ardue du fait de la ruse de l'auteur qui, de manière un peu perverse, déjoue systématiquement les stratégies du lecteur en précisant ses sources. Du coup, la tâche se complique : vouloir piéger un discours déjà piégé par les ruses de son auteur n'est pas chose aisée. Sans cesse, il a fallu prêter attention à ce que Mudimbe entendait prouver, par exemple le décentrement du sujet ou la fictionnalité de sa propre parole, et tenter de déconstruire ses textes à la lumière de ses propres mots.

JOSIAS SEMUJANGA
Université de Montréal

L'INSTITUTION LITTÉRAIRE AU CONGO/ZAÏRE : LE CAS V. Y. MUDIMBE

> Le degré d'autonomie du champ (et, par là, l'état des rapports de force qui s'y instaurent) varie considérablement selon les époques et selon les traditions nationales. Il est à la mesure du capital symbolique qui a été accumulé au cours du temps par l'action des générations successives (valeur accordée au nom d'écrivain ou de philosophe, licence statutaire et quasi institutionnalisée de contester les pouvoirs, etc.). C'est au nom de ce capital collectif que les producteurs culturels se sentent en droit et en devoir d'ignorer les demandes ou les exigences des pouvoirs temporels, voire de les combattre au nom de leurs principes et de leurs normes propres : lorsqu'elles sont inscrites à l'état de potentialité objective, voire d'exigence, dans la raison spécifique du champ, les libertés et les audaces qui seraient déraisonnables ou tout simplement impensables dans un autre état du champ ou dans un autre champ deviennent normales, voire banales.
>
> *Pierre Bourdieu*[1]

Pour une citation liminaire, celle-ci, bien à la sauce de la phraséologie entortillée de Bourdieu, pourrait paraître quelque peu longue et abstruse, mais elle circonscrit parfaitement bien notre propos. L'institution littéraire congolaise[2] est bel et bien le produit

---

1 Pierre Bourdieu, *Les Règles de l'art. Genèse et structure du genre littéraire*, Paris, Le Seuil, 1992, pp. 306-307.

2 Nous ne perdons pas de vue le rejet catégorique par Pierre Bourdieu des termes comme « institution » qui, selon lui, galvaudent le sens et l'efficacité heuristique du concept de « champ ». Néanmoins, nous pensons qu'une lecture aussi restrictive fausse quelque peu la réalité littéraire. « Champ » et « institution », sans être interchangeables, rendent compte de deux versants de cette réalité. La notion de champ, écrit Jacques Dubois (*L'Institution de la littérature. Introduction à une sociologie*, Bruxelles, Nathan-Labor, 1978, pp. 31, 34), permet « d'insister sur le caractère interne et interactionnel des phénomènes de production et de reproduction », alors que celle de l'institution permet d'appréhender la littérature « à la fois comme organisation

de son histoire, une histoire de qualification de ses productions et de ses producteurs, une histoire surtout d'émancipation vis-à-vis des instances tutélaires. Ce processus, qui est encore loin d'aboutir, a de tout temps bénéficié de l'engagement en termes de « révolution subreptice », pour reprendre l'expression qu'utilise Albert Gérard[1] à propos de la poésie d'Antoine-Roger Bolamba, plutôt que de stratégie de subversion proprement dite, ou tout simplement, et plus couramment, en termes d'actions d'éclat. Jamais, cependant, il n'aura été aussi près de son but, à savoir sa relative autonomie, qu'avec les « sorties » de V. Y. Mudimbe que nous rappellerons et analyserons ici.

Après les deux décennies 1970-1990 qu'Alphonse Mbuyamba Kankolongo[2] a qualifiées « d'âge d'or de la littérature congolaise », les lettres congolaises traversent aujourd'hui une période plutôt creuse, celle des vaches maigres au niveau de la production et de l'activité littéraires en général. Néanmoins, si l'on interrogeait producteurs et consommateurs congolais de cette littérature, il ne serait pas surprenant de les entendre dénoncer avant tout la démission des pouvoirs publics. C'est que, à quelque époque de l'histoire congolaise que l'on se réfère, force est de constater que la promotion des lettres congolaises a toujours été ponctuée par de nombreuses interventions des pouvoirs. Parmi ceux-ci, on citera d'abord les missions catholiques (et protestantes, dans une moindre proportion), auxquelles l'État colonial a pendant longtemps concédé le monopole de l'organisation de l'enseignement et qui ont contribué à l'éclosion de la presse et de la littérature (Bibliothèque de l'Étoile, Librairie évangélique du Congo, Éditions Saint-Paul Afrique, etc.), conçues surtout comme des outils d'évangélisation. Vient ensuite l'administration publique, tant coloniale que post-coloniale, qui a eu à organiser ou à parrainer de nombreux concours littéraires (Concours de la Foire coloniale de

---

[relativement] autonome, comme système socialisateur et comme appareil idéologique ».

1 Albert Gérard, « Antoine-Roger Bolamba ou la révolution subreptice », dans *Revue nouvelle*, n° 22, 1966, pp. 286-298.

2 Alphonse Mbuyamba Kankolongo, *Guide de littérature zaïroise de langue française (1974-1992)*, Kinshasa, Éditions Universitaires Africaines, 1993, p. 9.

Bruxelles, Concours littéraire Léopold Sédar Senghor, Concours littéraire Joseph-Désiré Mobutu, etc.), à créer des structures d'édition et de diffusion (Service d'Éducation de la Force publique congolaise, La Voix du Congolais, Les Éditions Belles-Lettres, Lokole, etc.), ou à favoriser la constitution des corporations regroupant les producteurs culturels ou protégeant leurs intérêts (Union des Femmes coloniales, Association des Écrivains et Artistes coloniaux belges, Commission pour la Protection des Arts et Métiers indigènes, les Amis de l'Art indigène, Union des Écrivains zaïrois, etc.).

Autre spécificité congolaise dont il convient de tenir compte, c'est la perpétuation sur le sol congolais d'un État particulièrement autoritaire et répressif, exception faite (et encore !) de la période d'anarchie généralisée qui a caractérisé les cinq premières années de l'indépendance de ce pays. L'État léopoldien (1885-1908) et la colonisation belge (1908-1960) se sont à un tel point illustrés par un régime de répression et de violence que le Congo devint un « Empire du silence »[1]. L'historien belge Jean Stengers[2] a cependant raison d'affirmer que la peur de la répression ne peut seule expliquer « la longue atonie politique des Congolais ». Selon lui, l'absence des revendications politiques découlerait de la conjonction des facteurs à la fois intellectuel (formation rudimentaire dispensée aux Congolais), psychologique (mythification du Belge à qui le Congolais devait tout) et socio-politique (absence d'un véritable leadership chez les évolués, taraudés qu'ils étaient par l'acquisition des brevets de civilisation, c'est-à-dire, en fait, l'illusion de se rapprocher de l'Européen et de se distinguer des masses tout en prétendant être leur porte-parole).

Ce sombre tableau, le régime dictatorial de Mobutu (1965-1997) le reproduira mutatis mutandis et ira même jusqu'à vanter l'absence de revendications politiques comme l'une de ses plus grandes réalisations. Les ressemblances entre les régimes colonial belge et néo-colonial congolais ne s'arrêtent cependant pas là.

---

[1] En référence au document du reporter belge, Oscar-Pierre Gilbert, *L'Empire du silence. Congo 1946*, Bruxelles, Éditions du peuple, 1947.

[2] Jean Stengers, *Congo. Mythes et réalités : 100 ans d'histoire*, Paris-Louvain-la-Neuve, Duculot, 1989, p. 228.

L'historien congolais Isidore Ndaywel[1] a démontré comment même sur le plan de l'imaginaire politique et du rituel vestimentaire, le monarque belge, Léopold II, a servi de modèle au tyran congolais Mobutu.

On retiendra donc qu'il existe au Congo :

1° une vieille tradition nationale qui veut que les pouvoirs, et notamment les pouvoirs publics, prennent en charge l'activité culturelle ;

2° une continuité historique dans la politique de répression et de violence.

On comprend pourquoi dans un tel conditionnement et un tel environnement ce serait de la témérité, voire du suicide, pour un producteur culturel évolué de l'époque coloniale ou citoyen du régime dictatorial, et qui ne peut déjà pas vivre de son art, d'imaginer une quelconque croisade contre « les demandes ou les exigences des pouvoirs temporels ». Pourtant, certains ont eu l'audace de le faire...

Un beau pavé dans la mare

Lorsqu'en juin 1970, V. Y. Mudimbe fait paraître dans la revue parisienne *L'Afrique littéraire et artistique* son article sur « La Littérature de la République démocratique du Congo », beaucoup n'y voient qu'« un propos malencontreux et anodin »[2] ou, tout au plus, un papier d'humeur d'« un critique littéraire dont l'aisance de plume s'accompagne d'une remarquable pugnacité »[3].

En fait, V. Y. Mudimbe qui, la manière en moins, disait tout haut ce que tous pensaient bas[4], nourrissait une tout autre ambition.

---

1 Isidore Ndaywel, *Histoire générale du Congo. De l'héritage colonial à la République démocratique*, Paris-Bruxelles, De Boeck et Larcier, 1999, pp. 681 et suivantes.

2 M. Kadima-Nzuji, « La République démocratique du Congo : un demi-siècle de littérature », dans *Présence Africaine*, n° 158, 1998, pp. 63-79.

3 Robert Cornevin, « République démocratique du Congo : une littérature en plein essor », dans *L'Afrique littéraire et artistique*, août, 1970, pp. 17-22.

4 Il suffit pour s'en convaincre de relire la réplique de Robert Cornevin : à la stérilité de la production littéraire, il propose de remédier par des « écrits politiques et sociaux », reconnaissant au passage l'affligeante maîtrise du français dont font montre les écrivains de l'ancienne Afrique belge.

Après avoir accumulé suffisamment de capital symbolique (rédacteur en chef de *Présence Universitaire*, la revue des étudiants de l'Université Lovanium ; critique de talent et essayiste remarqué dont les contributions sont sollicitées par maintes revues scientifiques et culturelles ; sur le point d'être fait docteur en philosophie et lettres de l'Université de Louvain ; etc.), l'homme s'apprête à investir, par ses œuvres, le champ littéraire congolais. Pour y occuper une position dominante, il éprouve le besoin de faire en quelque sorte le vide autour de lui, de décrier la production des anciens ou d'éventuels concurrents et placer ainsi la sienne propre. Pierre Bourdieu attribue ce comportement à une volonté de « se faire un nom » :

> Du fait que les prises de position, écrit-il, se définissent, pour unė grande part, négativement, dans la relation avec d'autres, elles restent souvent presque vides, réduites à un parti pris de défi, de refus, de rupture : les écrivains les plus jeunes, structuralement (qui peuvent être à peu près aussi vieux biologiquement que les « anciens » qu'ils prétendent dépasser), c'est-à-dire les moins avancés dans le processus de légitimation, refusent ce que sont et font leurs devanciers plus consacrés, tout ce qui définit à leurs yeux la « vieillerie », poétique ou autre (et qu'ils livrent parfois à la *parodie*), et affectent aussi de repousser toutes les marques de *vieillissement* social, à commencer par les signes de consécration interne (académie, etc.) ou externe (succès, etc.).[1]

Dix ans plus tard, lorsque bardé de distinctions scientifiques et littéraires[2], il aura acquis la stature du « plus grand romancier congolais », on le découvrira, dans le bilan qu'il dresse de « la

---

[1] Pierre Bourdieu, *op. cit.*, p. 333.

[2] Ancien doyen de la Faculté des Lettres à l'Université de Lubumbashi, ancien directeur du Centre d'Étude de Linguistique Théorique et Appliquée, secrétaire général du Centre de Sémiologie et du Congrès International des Études Africaines, professeur visiteur et boursier de plusieurs fondations universitaires, directeur du Programme belge de coopération universitaire, membre correspondant de l'Académie Royale des Sciences d'Outre-Mer de Belgique, lauréat du Prix Catholique de littérature, etc.

Culture »[1] au Congo/Zaïre, étonnamment généreux, consensuel, voire élogieux. Si l'on considère à présent l'effet produit dans le champ littéraire congolais par l'article de Mudimbe, l'on s'aperçoit que celui-ci a surtout amené les critiques à s'intéresser au mode de production des textes congolais. D'une part, des revues locales proposent de plus en plus des billets culturels à visée pédagogique qui, sur un ton souvent très docte, donnent aux jeunes littérateurs des conseils sur la manière de bien écrire. Notons en passant que la multiplication de ces revues a joué un rôle très important dans la constitution et la structuration du champ littéraire congolais. En effet, comme l'écrit Josias Semujanga, les revues « jouent [...] une fonction autonomisante de la littérature en tant qu'institution en imposant ou en précisant les normes selon lesquelles se fait la sélection des écrits qui sont publiés au cours d'une période donnée de l'histoire »[2].

D'autre part, l'on entend de plus en plus opposer, dans le champ littéraire congolais, deux modes de production bien distincts : le premier pour un public nombreux et populaire, le second pour un public plus restreint, celui des lettrés avertis. Même si la lecture n'a jamais atteint au Congo l'ampleur d'un phénomène de masse, il est possible qu'une telle fracture existe effectivement au sein du lectorat congolais. Elle correspondrait sans doute aux attentes des lecteurs, le doute demeurant, cependant, sur la validité de la répartition que l'on a l'habitude de faire des écrivains (et de leurs œuvres) pour tel ou tel public[3].

---

[1] V.-Y Mudimbe, « La Culture », dans Vanderlinden, J. (dir.), *Du Congo au Zaïre. 1960-1980. Essai de bilan*, Bruxelles, CRISP, 1980, pp. 311-398.

[2] Josias Semujanga, « Le Rôle des revues littéraires et des maisons d'édition dans la spécification de la (des) littérature(s) de l'Afrique subsaharienne francophone », dans *Études littéraires*, vol. 24, n° 2, 1991, p. 101.

[3] Un bel exemple nous est fourni dans l'étude de S. Muzang-a-Mukaleng, « Les Littératures zaïroises d'écriture française. Essai de sociologie de lecture : le cas de la ville de Mbujimayi », dans *Congo-Meuse*, n° 1 1997, pp. 59-69. Se basant uniquement sur la *doxa* et appliquant à la lettre la grille bourdivine, il en arrive à poser ainsi son hypothèse de recherche : « à côté de la littérature lettrée zaïroise pratiquée par des universitaires pour d'autres universitaires existe une autre branche, un autre niveau de pratique d'écriture auquel peuvent être rattachés les écrits de Zamenga, de Tshibanda [...] ». Comme si les universitaires congolais (qui lisent !) ignoraient les romans de Zamenga et Tshibanda, tous deux universitaires par ailleurs.

Quoiqu'il en soit, on retiendra de cette première sortie de V. Y. Mudimbe qu'elle a eu le mérite d'introduire et de raviver la compétitivité au sein du champ littéraire congolais et, par ricochet, de souligner le rôle de juge et de destinataire par excellence que le public congolais joue dans cet espace de luttes pour la conquête de la légitimité littéraire.

Les choses n'ont pas toujours été ainsi perçues. Certes, les littérateurs congolais, par leur passage dans les petits et grands séminaires missionnaires – seuls établissements qui dispensaient alors un enseignement de niveau supérieur –, par leur présence active dans les différents cursus qu'offrait le régime colonial, ont pu accumuler un certain capital symbolique, mais celui-ci ne pouvait rien autoriser dans la conjoncture d'alors sous la mouvance d'un champ politique omnipotent. Dès lors l'exercice de style auquel ils s'adonnaient n'avait très souvent d'autre visée, d'une part, que d'impressionner le Blanc (d'où ce dévolu général sur l'écriture ethnologique : on écrivait pour le Blanc ![1]) ou alors qu'à pratiquer une écriture alimentaire, pour les concours, dont les prix en espèces, révèle Kadima-Nzuji, « l'emportaient sur un quelconque souci de promotion littéraire que seules des œuvres de réelle valeur esthétique procurent »[2].

La leçon des pionniers

Deux faits, insignes par leur exemplarité, méritent d'être ici évoqués. Ils interviennent tous les deux pendant la période coloniale, mais leur impact est demeuré entier. Le premier concerne l'exil à Brazzaville de Paul Lomami-Tshibamba, auteur en 1948 de *Ngando* (*Le Crocodile*), prix de la Foire coloniale de Bruxelles (1948). Un certain flou subsiste à propos du début exact

---

1 Il y eut, certes, de timides correctifs, notamment avec la création en 1943 de la Bibliothèque de l'Étoile dont l'objectif premier était, souligne Ndaywel (1999, p. 479), « de fournir une lecture adaptée aux Congolais » et, d'une manière générale, « d'exhorter les Africains à produire des écrits qui puissent répondre aux aspirations de leur public ».

2 Mukala Kadima-Nzuji, *La Littérature zaïroise de langue française (1945-1965)*, Paris, ACCT-Karthala, 1984, pp. 216-217.

de cet exil : « vers 1955 » selon Ngandu Nkashama[1] ; « de 1950 à 1960 » affirment d'autres dont Kadima-Nzuji[2], ce qui, du même coup, jette un doute sur l'autre renseignement que donne Ngandu Nkashama concernant le terme de son mandat à la tête du périodique *Liaison* qui aurait duré de 1950 à 1958. Se serait-il agi d'un séjour ininterrompu ou entrecoupé de quelques traversées de l'autre côté du fleuve ? On ne le sait pas ; tout comme on ignore si, pour aller représenter officiellement le Congo belge avec Bolamba au premier Congrès International des Écrivains et Artistes Noirs, du 19 au 22 septembre 1956 à Paris, il est parti de Léopoldville ou de son exil, à Brazzaville...

Quant aux raisons de cet éloignement, deux versions circulent. Selon Joseph-Marie Jadot, il serait volontaire : « par une sorte de préférence donnée à ses origines maternelles oubanguiennes comportant renoncement à ses origines paternelles belgo-congolaises, [Paul Lomami-Tshibamba a] quitté la rive belge du Stanley Pool pour aller s'établir à Brazzaville, où il est directeur d'un périodique intitulé *Liaison* [...] »[3]. C'est cette version-là que reprendra, plus de dix ans après, Ngandu Nkashama.

L'autre version, la plus couramment avancée et que, vraisemblablement, l'auteur a lui-même contribué à échafauder, voudrait, écrit Kadima-Nzuji, qu'il se soit « exilé à Brazzaville par suite des vexations commises par l'administration coloniale à son égard »[4]. De quelles vexations s'agit-il ?

Il est évident qu'à l'instar d'autres colonisés, évolués ou non, et davantage qu'eux, Paul Lomami-Tshibamba, qui se reconnaît volontiers comme un « hypocondriaque »[5], a dû subir des vexations. On pourrait même dire que c'est le contraire qui aurait étonné ! De vexations, il en parle d'ailleurs dans maintes

---

1 Pius Ngandu Nkashama, « La Littérature au Zaïre avant 1960 », dans *Zaïre-Afrique*, n° 68, 1972, p. 485.

2 Mukala Kadima-Nzuji, *op. cit.*, p. 226.

3 Joseph-Marie Jadot, *Les Écrivains africains du Congo belge et du Ruanda-Urundi. Une histoire, un bilan, des problèmes*, Bruxelles, ARSC, 1959, p. 102.

4 Ce qui deviendra sous la plume de Mbuyamba (*op. cit.*, pp. 75-76) : « À la suite d'un *différend* avec [l'administration coloniale], il s'exile à Brazzaville de 1950 à 1960 [...] ». C'est nous qui soulignons.

5 *Cf.* Gaston-D Périer, « Explication de Ngando » dans *Ngando (Le Crocodile)*, Bruxelles, Éditions Georges A. Denys, 1948, p. 16.

interviews, notamment celle qu'il accorde peu de temps avant sa mort à Pierre Haffner[1]. S'agirait-il alors, comme le suggèrent certains, des retombées de son fameux article paru dans la seconde livraison de *La Voix du Congolais*[2] ? L'hypothèse est tentante, mais elle résiste mal à une simple investigation historique. En effet, que cet article ait été mal vu dans certains milieux coloniaux, cela relève de l'évidence, même s'il ne fit pas l'unanimité chez tous les évolués (au nom desquels il s'exprimait) comme le prouve le débat houleux qu'il suscita et que la revue répercuta dans ses colonnes. Ce qui, soit dit en passant, ne pouvait que conforter l'administration coloniale, laquelle, en lançant ce périodique maintenu malgré tout sous haute surveillance, tenait justement à faire parler les Noirs, à les sonder. Mais ce qui paraît spécieux, si l'on accepte cette version, c'est que Lomami-Tshibamba (le protégé, ne l'oublions pas, de Jean-Marie Domont, éditeur responsable de *La Voix du Congolais* et chef de service de l'Information pour Indigènes) aura dû attendre cinq bonnes années avant de songer à s'enfuir, et il le fera juste au lendemain de son couronnement par le jury du prix de la Foire Coloniale de Bruxelles.

L'explication que nous proposons, si elle nous paraît simple, n'a point, cependant, la prétention de se substituer aux autres. Elle résulte simplement d'une lecture du champ littéraire, dans sa configuration d'alors, un champ, nous l'avons dit, totalement sous la coupe du champ du pouvoir. Cette lecture nous permet d'évoquer, par ailleurs, le second fait annoncé. Parmi les écrivains autochtones de la colonie, deux ont su émerger du lot : Bolamba et Lomami-Tshibamba. On imagine aisément l'esprit de rivalité qui les anime et qui les pousse à chercher à amasser le capital symbolique nécessaire partout où ils peuvent, dans le champ culturel d'une manière générale (dans le journalisme notamment), mais également dans le champ dominant, celui du pouvoir politique.

---

[1] Pierre Haffner, « Une mémoire singulière. Entretien avec Paul Lomami-Tshibamba (1914-1985) », dans Marc Quaghebeur (dir.), *Papier blanc encre noire. Cent ans de culture francophone en Afrique centrale (Zaïre, Rwanda et Burundi)*, Bruxelles, Labor, 1991, pp. 301-323.

[2] Paul Lomami-Tshibamba, « Quelle sera notre place dans le monde de demain ? », dans *La Voix du Congolais*, n° 2, mars-avril 1945, p. 49.

Nés à une année d'intervalle, les deux protagonistes suivent un parcours presque identique. Encore en formation chez des missionnaires, ils manifestent tous les deux une passion pour la lecture, et s'initient à l'écriture par le biais du journalisme. Les fonctions de rédacteur en chef et d'éditorialiste à *La Voix du Congolais* confèrent une posture importante à Bolamba, devenu une personnalité d'envergure incontournable. Il a un mot à dire sur tout, et il ne s'en prive pas ! Sur le plan littéraire proprement dit, même s'il ne s'impose à aucune des éditions du prestigieux prix de la Foire Coloniale de Bruxelles, il parvient, par le nombre de ses publications dont certaines sont préfacées par des personnalités intellectuelles (Olivier de Bouveignes, Robert Godding et Léopold Sédar Senghor), à se distinguer et à obtenir la reconnaissance de ses pairs.

Le profil est tout autre pour Lomami-Tshibamba. Le prix littéraire l'a certes sorti de l'anonymat, mais, desservi par son tempérament introverti qu'une surdité précoce a aggravé, il ne dispose pas encore d'autant de capital symbolique que son concurrent. La création de *Liaison*[1] constituera ainsi pour lui une belle occasion de revanche, la rampe qui pourrait lui permettre de se hisser à la même position que Bolamba[2]. On connaît la suite : *La Voix du Congolais* à Léopoldville (Kinshasa) et *Liaison* à Brazzaville deviendront certes des pépinières d'où sortiront de nombreux littérateurs, mais les deux personnalités, happées par le démon de la politique, vont sacrifier quasiment leur carrière littéraire. Seul Lomami-Tshibamba retrouvera, mais sur le tard, sa muse d'écrivain... En caricaturant, nous pourrions présenter Bolamba comme l'écrivain institutionnel qui choisit d'évoluer, d'investir le champ du pouvoir politique, tandis que Lomami-Tshibamba incarnerait l'écrivain qui se définit comme contestataire du pouvoir établi, d'où son (auto-) éloignement de son pays. Entre

---

1 On ignore malheureusement comment et par qui il a été contacté pour s'occuper de la direction de ce périodique !

2 C'est du moins ce qu'il espère, mais dans le champ culturel congolais (de Brazzaville), il ne sera alors perçu que comme un allogène, originaire « de l'autre rive du Fleuve du Congo », aux dires de Tati Loutard cité par Midiohouan (*L'Idéologie dans la littérature négro-africaine d'expression française*, Paris, L'Harmattan, 1986, p. 34).

ces deux postures, il y aurait au moins une autre, médiane, celle où le producteur culturel, dont l'écrivain, ne se refuse pas à frayer avec les différents camps possibles, quitte simplement à s'y aménager un espace de liberté[1]. C'est en quelque sorte la posture de « l'exil intérieur », selon l'expression de Nadine Fettweis[2], posture qu'on ne peut assumer qu'en pratiquant constamment l'autocensure.

ENTRE MANDARINS ET FRONDEURS

Ainsi évolueront *grosso modo* les écrivains congolais de l'après-indépendance : un Witahnkenge ronéotypant des cahiers poétiques au sein du ministère de la Culture, un Matala Mukadi Tshiakatumba vociférant dans les flammes de son exil en Belgique ou un Kompany-wa-Kompany tissant sa délirante fable d'un ogre au pouvoir. La création en 1971 de l'Union des Écrivains Zaïrois (UEZA) marquera, cependant, le triomphe du mandarinat littéraire au Congo, le champ littéraire devenant plus que jamais une simple excroissance du champ du pouvoir politique. C'est précisément dans cette ambiance délétère que V. Y. Mudimbe va tenter d'administrer une thérapeutique de rectification, la seule à même de le mettre à l'abri des compromissions. Sa formation intellectuelle et religieuse y est pour beaucoup, comme il l'avouera plus tard :

> Par la force des choses, j'appris l'art des demi-mots. Mon éducation bénédictine m'avait appris une réserve contenue et, surtout, le sens d'indépendance du solitaire. Je pus, ainsi, pendant des années, voguer sans allégeances politiques, agir

---

1 Il s'agit, évidemment, d'une perception simpliste des choses ! En réalité, comme l'affirme Jacques Dubois (« L'Institution littéraire : autonomie relative et facteurs de déstructuration », dans *Revue de l'Institut de Sociologie*, vol. II, 1980, p. 644), « les agents de l'institution que sont écrivains et critiques ne perdent pas toutes leurs caractéristiques sociales en participant au champ littéraire : ces caractéristiques sont simplement réfractées ou retraduites en fonction de la logique du champ ».

2 Nadine Fettweis, « Les Écrivains du silence. Présentation des écrivains zaïrois non exilés », dans Pierre Halen et János Riesz (éd .), *Littératures du Congo-Zaïre. Actes du colloque de Bayreuth (22-24 juillet 1993)*, Amsterdam-Atlanta, Rodopi, pp. 93-105.

> en essayant de dépasser les politiques des chapelles antagonistes.[1]

La thérapeutique débutera, on l'a vu, avec le sévère réquisitoire de 1970 qui constitue en fait une manière pour lui d'inaugurer sa carrière d'écrivain. Par la suite, face à l'UEZA qui s'érige en unique et seule instance de légitimation et s'institue, selon le constat d'Ambroise Kom en « [dispensatrice] de pouvoir : pouvoir de parole et pouvoir d'intégration et de consécration dans l'ordre du discours [dominant] »[2], il va falloir à V. Y. Mudimbe et à tous ceux qui refusent de s'embrigader dans une littérature de service, de s'investir dans une tout autre aventure, faite de naïvetés, d'audaces et de défis. Le défi de l'édition est lancé en 1971, avec la création des Éditions du Mont Noir. Quelle finalité leur assigne-t-il ? Selon lui, « ce projet et ce risque se [veulent] être des signes d'une qualité et d'une maturité poétiques »[3], ambition que l'on retrouve dans l'appellation même de la principale collection de la maison, « Objectif 80 », un vrai pied de nez à l'endroit des scribes de Kinshasa, gestionnaires attitrés de la terminologie et du discours officiels[4].

Par un curieux concours de circonstances, ces « contestataires » vont presque tous se retrouver en un même lieu, victimes d'une mesure d'éloignement, une sorte d'exil intérieur. En effet, à la suite des troubles d'étudiants, le pouvoir décide en 1971 de fusionner en une seule entité toutes les universités et écoles supérieures du Congo, avec comme corollaire une délocalisation des unités d'enseignement. Les études considérées comme « dangereuses », telles les sciences politiques mais surtout la philosophie et les

---

1 V. Y. Mudimbe, *Les Corps glorieux des mots et des êtres. Esquisse d'un jardin africain à la bénédictine*, Paris-Montréal, Présence Africaine-Humanitas, 1994, p. 164.

2 Ambroise Kom, « Littératures nationales et instances de légitimation. L'exemple du Cameroun », dans *Études littéraires*, vol. 24, n° 2, 1991, pp. 65-75.

3 V. Y. Mudimbe, « La Culture », dans J. Vanderlinden (dir.), *op. cit.*, p. 356.

4 Lors du remplacement des noms d'origine occidentale par des noms autochtones, Mudimbe fera preuve du même désir de narguer le pouvoir en conservant les initiales de ses prénoms chrétiens, V. Y. , devenant pour les besoins de la cause « Vumbi-Yoka. »

lettres, pépinières naturelles des écrivains, sont ainsi confinées à Lubumbashi, à plus de deux mille kilomètres de la capitale. Du coup, le champ littéraire congolais se voit innerver par deux pôles de production concurrents, l'un entre les mains des professionnels de l'écriture littéraire, et l'autre entre celles de tous les amateurs. Aux uns et aux autres, il incombera de se situer face au champ du pouvoir qui se déploie alors d'une façon exceptionnelle. Parlant de cette période, V. P. Bol évoque le cas de tous ces nombreux jeunes gens attirés par la littérature et qui

> découvraient que leur effort créateur devenait sensible aux Pouvoirs, et l'on doit entendre, par ce mot, non seulement l'Autorité politique mais aussi ceux qui disposent d'une manière ou d'une autre, d'un moyen de persuasion sur l'esprit public.[1]

On verra ainsi le champ du pouvoir politique se doter d'infrastructures culturelles considérables destinées à asseoir le discours idéologique de l'Authenticité. Aux écrivains institutionnels (UEZA) reviendra la tâche de l'illustrer et de le propager, ainsi qu'ils le proclameront officiellement eux-mêmes lors du colloque national sur l'Authenticité :

> L'Union des Écrivains Zaïrois a acquis une maturité qui la rend apte à la mission que lui confie la Révolution. Elle est à même de participer à la régénérescence de l'homme zaïrois nouveau, engagé dans l'œuvre de transformation de la société, par l'affirmation des valeurs humaines et sociales de [l']Authenticité.[2]

Quant au champ du pouvoir religieux, on citera volontiers le lancement à cette même période, en 1970, d'une collection littéraire aux éditions Saint-Paul Afrique. L'option « propagande religieuse » est déjà présente dans l'une de toutes premières

---

1 V. P. Bol, « Introduction », dans Masegabio M. Nzanzu (éd.), *Le Zaïre écrit. Anthologie de la poésie zaïroise de langue française*, Kinshasa, Dombi Diffusion, 1982, pp. 11 [Tübingen, Erdmann Verlag, 1976].

2 UEZA, *Actes du Colloque national sur l'Authenticité*, Paris, Présence Africaine, 1982, p. 41.

plaquettes[1] à être mises sur le marché, *Les Hauts et les bas* (1971) de Zamenga Batukezanga qui deviendra l'auteur fétiche de la collection.

LE CHAMP LITTÉRAIRE EN QUESTION

Certains critiques[2] ont voulu voir dans l'intense activité littéraire enclenchée par « la bande à Mudimbe » depuis Lubumbashi les jalons d'une littérature qui serait spécifique au Shaba-Katanga. C'est assurément aller vite en besogne ! En effet, outre le fait que cette présumée spécificité shabienne (ou katangaise) n'a jamais été démontrée par rapport aux écrits des autres régions du Congo, les écrivains concernés, que l'on pourrait tout au plus considérer en situation d'association momentanée[3], se positionnaient avant tout par rapport aux auteurs dont la production est totalement dépendante des demandes extérieures, celles du champ de pouvoir (politique et religieux). C'est donc dans une perspective de luttes pour la conquête de la légitimité[4] à l'intérieur d'un même et unique champ qu'il sied de lire cette production.

La lecture de maints billets culturels rédigés depuis Lubumbashi par certains membres de la bande montre suffisamment que recherche de légitimité va de pair avec volonté d'exclusion ou de dévalorisation des concurrents.

Ngandu Nkashama, par exemple, fustige l'amateurisme et la superficialité dont ferait montre une certaine catégorie d'écrivains congolais :

---

1 Il y en a eu depuis une quarantaine, presque exclusivement des textes narratifs sous forme de récits.

2 Lire la série d'articles publiés dans *Mwana Shaba Junior* : « Littérature du Shaba 87-88 », n° 351-352, mai-juin 1988, p. 2 ; « La Littérature francophone du Shaba », n° 368, octobre 1989, pp. 11 et 15 ; *Idem*, n° 373, mars 1990, p. 11 ; *Idem*, n° 375, mai 1990, pp. 11 et 15.

3 Encore que tous ne résidaient pas forcément au Shaba-Katanga et la plupart de ceux qui y séjournaient dans le cadre de l'enseignement universitaire ne s'y trouvaient plus au début des années 80.

4 Concept ainsi défini par Pierre Bourdieu (*op. cit.*, p. 311) : « le monopole du pouvoir de dire avec autorité qui est autorisé à se dire écrivain [...] ou même à dire qui est écrivain et qui a autorité pour dire qui est écrivain ».

> Il s'impose pour nos jeunes écrivains, un devoir impérieux de raffiner leur art, de produire des œuvres littéraires de valeur. Nous ne renions pas la littérature des salons, mais nous croyons qu'elle ne peut constituer le seul apanage de « the happy few » de Stendhal. Il faut donc que nos jeunes auteurs comprennent bien que la littérature n'est pas affaire d'amateurs. L'engagement qu'elle exige, leur impose un choix judicieux des thèmes, une technique sûre, une sympathie réfléchie à l'égard du public auquel ils s'adressent, et une acceptation généreuse de la réalité zaïroise.[1]

Ailleurs, il s'en prend directement aux « khalifes », aux « pontifes » et « législateurs de droit divin » [*sic*] qui ont pris la littérature en otage pour satisfaire leurs ambitions politiques : « La conciliation du poétique et du politique, telle qu'elle avait été posée par le groupe de l'UEZA, affirme-t-il, ne devait aboutir (et elle n'a abouti d'ailleurs) qu'à une impasse. L'engagement politique, mal compris, devait finir par des hypostases »[2].

Pour sa part, Kadima-Nzuji dénie tout professionnalisme à ceux qui prétendent faire de la critique en inondant les journaux de recensions de complaisance :

> De nos jours, nous comptons plus de chroniqueurs sentimentalistes et d'amateurs du dimanche que des critiques avertis. Il n'est que de parcourir chaque semaine les chroniques « Arts et Lettres » dont se gavent nos quotidiens pour s'en convaincre. Cependant, quelques noms s'élèvent au-dessus du poncif et tendent à s'imposer sur le plan tant national qu'international : Ngal Mbwil a Mpaang, Mudimbe, Ngandu Nkashama, Muanda Nzuzi, Kadima-Nzuji, etc. La critique pour eux n'est pas coups d'encensoirs, ni congratulations de mauvais goût, mais plutôt une recherche

---

1 Pius Ngandu Nkashama, « La Littérature au Zaïre avant 1960 », dans *Zaïre-Afrique*, n° 68, 1972, pp. 621-632.

2 Pius Ngandu Nkashama, « Problématique de la littérature zaïroise », dans *Présence Francophone*, 1978, pp. 79-88.

> « d'une compréhension toujours plus pénétrante des œuvres et des écrivains considérés comme un tout indissoluble »[1].[2]

L'appel au professionnalisme et l'affirmation de l'indépendance de l'écrivain qui sous-tendent ces pétitions ne sont donc qu'une autre façon de souligner ce qui distingue et valorise le sous-champ de production restreinte du sous-champ de grande production. Dans le contexte congolais (et africain, en général), l'activité littéraire, au sens où on l'entend dans le monde occidental, étant déjà réservée à une infime minorité de gens (producteurs et consommateurs), le clivage se fait essentiellement en fonction du travail de création au niveau de l'expression, des pratiques d'écriture spécifiques de chaque écrivain.

Ainsi pour le sous-champ de grande production, comme l'affirme à juste titre Sylvain Muzang-a-Mukaleng[3], « le souci de toucher le plus de lecteurs semble être le mobile de la création [...] et l'emporte sur les exigences d'ordre esthétique. Aussi la forme simple que justifient les articulation du récit rappelle celle des contes traditionnels, des récits populaires ayant prise sur les mœurs, sur la vie en société ». On comprend en tout cas pourquoi les accointances entre ce sous-champ et le champ du pouvoir (politique et religieux) sont plus fréquentes et plus faciles.

On le sait, tant que ces accointances subsistent, tant que le champ de production culturelle dans son ensemble est subordonné à une hiérarchisation extérieure, reçoit ses directives des instances étrangères, aucune autonomie, aucune indépendance, toute relative soit-elle, n'est possible aux producteurs culturels. Ne peuvent s'exposer à couper ces liens de dépendance que des producteurs ayant atteint un haut degré de légitimité et de consécration. C'est ce que va faire V. Y. Mudimbe lorsque le pouvoir décide en 1980 de le coopter parmi ses dignitaires :

---

1 J.-C. Carloni et J.-C. Filloux, *La Critique littéraire*, Paris, P.U.F., 6e édition, 1969, p. 105.

2 Mukala Kadima-Nzuji, « Évolution littéraire en République du Zaïre depuis l'indépendance », dans *Zaïre-Afrique*, n° 76, 1973, pp. 378-395.

3 Sylvain Muzang-a-Mukaleng, « Les Littératures zaïroises d'écriture française. Essai de sociologie de lecture : le cas de la ville de Mbujimayi », dans *Congo-Meuse*, n° 1, 1997, pp. 59-69.

> Un monarque, il y a une dizaine d'années, a voulu me mettre au pas et me soumettre aux règles de son État. J'aurais préféré continuer à pratiquer mon métier : enseigner à mes étudiants de Lubumbashi à lire des textes latins et à en analyser, rigoureusement, les structures grammaticales. J'ai décliné l'offre et je me suis exilé.[1]

Quelle retombée cette sortie a-t-elle eu sur l'institution littéraire congolaise ? Il est évident que la « promotion encombrante » [*sic*] concernait l'homme dans toutes ses facettes, même s'il ne réagit que comme professeur d'université ; et c'est sans doute l'une des raisons pour lesquelles il décide de s'exiler puisque en tant qu'enseignant engagé et payé par l'État, son refus ne pouvait que signifier défi, voire outrage à l'autorité. Par ailleurs, le mutisme que l'UEZA réserva à cet événement nous semble tout à fait normal car il montre clairement dans quel camp se situait la corporation.

La gifle de Mudimbe au pouvoir eut malgré tout un profond impact dans le champ littéraire : elle a apporté une valeur ajoutée considérable aux écrits du rebelle et exilé, jusqu'alors très peu lus et qui sont ainsi devenus ni plus ni moins patrimoine national. On comprend mieux ce phénomène de réappropriation – sans aucun rapport avec la consommation de l'œuvre (l'auteur de *Entre les eaux* garde toujours la réputation d'un écrivain d'accès difficile) – si l'on compare le cas de Mudimbe à celui de Zamenga qui, nommé en 1984 Directeur général de la Société nationale des Éditeurs, Compositeurs et Auteurs (SONÉCA), se désista quelques mois après son entrée en fonctions. Pour une fois, la formule bateau « démission pour convenance personnelle » eut tout son sens : tant la promotion que le désistement ne modifièrent en rien la perception que l'on pouvait avoir et de l'auteur et de son œuvre. Tout au plus, connaissant la droiture de l'homme Zamenga, nombreux étaient ceux qui espéraient que la SONÉCA allait bénéficier d'une bonne gestion.

---

[1] V. Y. Mudimbe, *Les Corps glorieux des mots et des êtres. Esquisse d'un jardin africain à la bénédictine*, Paris-Montréal, Présence Africaine-Humanitas, 1994, p. 141.

L'EXIL POUR CONCLURE

La gestion chaotique des ressources publiques et une dérive autoritaire renforcée par une idéologie sulfureuse, le mobutisme, ont provoqué au Congo dès le début de la décennie 1970 une crise généralisée, dénommée « le mal zaïrois ». L'une des conséquences de cette situation sera le départ en exil de nombreux Congolais, dont surtout des intellectuels. Selon Albert Gérard, « pour se soustraire à la dialectique de l'oppression, à l'insécurité et à la misère généralisée, plusieurs parmi les plus doués des écrivains zaïrois se joignirent à [ce] massif exode de cerveaux »[1]. Et le critique africaniste belge de citer V. Y. Mudimbe, Clémentine Faïk-Nzuji, Mukala Kadima-Nzuji, Georges Ngal et Pius Ngandu Nkashama. La liste a certainement dû s'allonger depuis ; mais à présenter les choses ainsi, on banalise la réalité de l'exil en la confondant avec une simple présence à l'étranger pour diverses raisons, notamment professionnelles.

Toujours, pour expliquer le départ en exil des écrivains congolais, Albert Gérard avance l'idée de la recherche de meilleures conditions de publication et de diffusion à l'étranger. Le cas de Zamenga, le plus prolifique des écrivains congolais, dont toute l'œuvre a été publiée et massivement diffusée au Congo, permet déjà de relativiser cet argument. On le rejettera, par contre, si l'on se réfère à V. Y. Mudimbe dont l'essentiel de l'œuvre a toujours été édité à l'étranger, même avant son départ en exil. Par ailleurs, rien ne permet de lier la prolixité des auteurs tels que Kama Kamanda et Ngandu Nkashama, qui ne se sont vraiment révélés comme écrivains qu'en exil, à leur seule situation d'exilés. D'autres écrivains partis en exil, tel Kawata Ashem Tem, n'ont plus rien publié ; pendant que certains autres rentrés au Congo, après un long et pénible exil, tels Claude Kiswa et Matala Mukadi Tshiakatumba, se sont quasiment tus...

Qu'est-ce à dire ? L'expérience de l'exil est si complexe et si personnelle qu'il faut bien se garder de la galvauder par des

---

[1] Albert Gérard, « Spécificités zaïroises », dans Marc Quaghebeur (dir.), *Papier blanc, encre noire. Cent ans de culture francophone en Afrique centrale (Zaïre, Rwanda et Burundi)*, Bruxelles, Labor, « Archives du futur », 1991, pp. 433-447.

généralisations. Le plus important, c'est de voir, d'une part, comment chaque écrivain la vit, la réaménage dans son imaginaire et comment il l'écrit, et, d'autre part, ce qui nous intéresse ici, ses retombées sur le plan institutionnel.

On aura déjà retenu que la rébellion et l'exil de Mudimbe ont fétichisé son œuvre jusqu'à en faire un bien patrimonial congolais, mais ils n'ont pu réussir à la sortir tout à fait du carcan qu'est son lectorat élitaire[1]. En outre, le fait pour l'écrivain d'avoir choisi de s'installer non en France, mais aux États-Unis, n'aura guère permis à l'institution littéraire du Congo (même si celle-ci ne pouvait pas l'adopter) de tirer profit de son immense capital symbolique pour mieux se positionner au sein du champ francophone. Dans cet ensemble, le Congo littéraire végète dans les marges, victime d'un passé colonial qui s'est scellé non à Paris, mais à Bruxelles. Il reste que pour l'autre Francophonie, celle des politiques, il existe un Congo-Zaïre, deuxième pays francophone du monde, après la France[2]...

CHARLES DJUNGU-SIMBA
Université d'Anvers

---

1 Un effort de vulgarisation en ce sens est en train de se faire au niveau des manuels scolaires en usage dans l'enseignement secondaire, au Congo. Dans les anthologies de Babudaa Malibato, par exemple, une place de choix est réservée aux textes de V. Y. Mudimbe : *cf. Anthologie. Textes choisis d'auteurs zaïrois. 5e - 6e secondaires*, Kinshasa, E.C.A., 1988, 283 p. [3 extraits présentés et analysés] et *Fleurs et Lueurs. Littérature francophone en République démocratique du Congo*, Kinshasa, C.R.P., 1999, 224 p. [4 extraits présentés et analysés].

2 Lire Nyunda ya Rubango, « Le Congo et l'Afrique face aux enjeux et aux paradoxes de la Francophonie », dans *Revue Canadienne des Études Africaines*, vol. 33, n° 2 et 3 [numéro spécial sur l'Afrique centrale francophone : « Dynamiques politiques des idéologies et des représentations »], 1999, pp. 571-583.

AUTOBIOGRAPHIE ET ANTHROPOLOGIE CHEZ V. Y. MUDIMBE

Que ce soit dans ses poèmes, dans ses romans ou dans les essais consacrés aux sciences humaines, un fil court tout au long de l'œuvre de V. Y. Mudimbe : la question de la validité et de la légitimité du discours, « littéraire » ou « scientifique », qu'il est possible de tenir sur l'Afrique. Une telle préoccupation implique d'emblée une interrogation sur la nature de l'Afrique et le niveau de réalité auquel l'écrivain ou le savant entend situer cet objet. Celui-ci existe-t-il en soi ou n'est-il que l'expression d'une subjectivité, européenne ou africaine, qui tente de traduire en discours une expérience plus ou moins consciente ?

Il était donc prévisible que Mudimbe, parallèlement à la réflexion qu'il a menée sur la question des sciences humaines, s'intéressât à l'autobiographie et qu'il tentât de cerner sa propre personnalité et de décrire son itinéraire. Dans ce cadre, il a publié principalement deux ouvrages : *Carnets d'Amérique*[1] et *Les Corps glorieux des mots et des êtres*[2].

---

1 V. Y. Mudimbe, *Carnets d'Amérique. Septembre-novembre 1974*, Paris, Librairie Saint-Germain-des-Prés, 1976. Cet ouvrage, à vrai dire, est plus un journal qu'une autobiographie. À cet égard, on se souviendra de la définition que Philippe Lejeune donne de l'autobiographie, lorsqu'il la distingue des mémoires, du roman, des vers, des autres formes de la littérature intime. (Philippe Lejeune, *L'Autobiographie en France*, Paris, Armand Colin « U2 », 1971, pp. 12-41) et qu'il écrit : « Nous appelons autobiographie le récit rétrospectif en prose que quelqu'un fait de sa propre existence, quand il met l'accent principal sur sa vie individuelle, en particulier sur l'histoire de sa personnalité. » (Philippe Lejeune, *op. cit.*, p. 14). Le projet impliquant par ailleurs que l'auteur précise bien « le pacte autobiographique » qu'il signe avec son lecteur (Philippe Lejeune, *Le Pacte autobiographique*, Paris, Seuil, 1975, pp. 25-30). Le journal ne relève pas véritablement du genre autobiographique dans la mesure où il lui manque en particulier la dimension du récit.

2 V. Y. Mudimbe, *Les Corps glorieux des mots et des êtres. Esquisse d'un jardin africain à la bénédictine*, Paris-Montréal, Présence Africaine-Humanitas, 1994.

En effet, cette démarche, au demeurant largement présente déjà dans ses romans de forme autobiographique, *Entre les eaux*[1], *L'Écart*[2], *Shaba deux*[3], ouvre sur une interrogation fondamentale concernant la relation qui peut être établie entre prise en compte de l'expérience par un sujet, production d'un discours et constitution éventuelle d'un savoir.

LA QUESTION DE LA VÉRITÉ

Dans les premiers textes qu'il consacre à la question de la validité des sciences humaines à propos du monde africain, Mudimbe s'inscrit, apparemment sans problème, dans l'histoire de l'anthropologie. On le voit en particulier dans *L'Autre Face du royaume*[4] par la façon dont il suggère qu'il pourrait y avoir un progrès de celle-ci quand elle passe de l'évolutionnisme, qui avait constitué le cadre de sa naissance avec Tylor et Morgan, mais aussi Durkheim et Lévy-Bruhl, au fonctionnalisme, puis du fonctionnalisme au structuralisme, horizon théorique par rapport auquel ont été écrits les articles réunis dans le livre. À cette époque, Mudimbe est relativement peu sensible à la contestation que Sartre conduit en opposant l'Histoire à la Structure, dans *Critique de la raison*[5]. En revanche, il est davantage réceptif à l'enjeu que représente l'entreprise d'Althusser visant à montrer que la « lutte des classes » est un principe qui doit être présent au cœur de la « théorie », dans son opposition à l'« idéologie » définie de la sorte dans son célèbre article, « Idéologies et appareils idéologiques d'État » : « les hommes se représentent sous une forme imaginaire

---

1 V. Y. Mudimbe, *Entre les eaux. Dieu, un prêtre, la révolution*, Paris, Présence Africaine, 1973.

2 V. Y. Mudimbe, *L'Écart*, Paris, Présence Africaine, 1979.

3 V. Y. Mudimbe, *Shaba deux. Les Carnets de Mère Marie-Gertrude*, Paris, Présence Africaine, 1989.

4 V. Y. Mudimbe, *L'Autre Face du royaume. Une introduction à la critique des langages en folie*, Lausanne, L'Âge d'Homme, 1973.

5 Jean-Paul Sartre, *Critique de la raison dialectique*, précédé de *Questions de méthode*, texte établi et annoté par Arlette Elkaïm-Sartre, Paris, Gallimard, 1960.

leurs conditions d'existence réelles »[1]. Ainsi, il parle de la nécessité d'« abandonner, comme le dit Althusser, le domaine où l'idéologie croit avoir affaire au réel »[2].

En procédant ainsi, Mudimbe pense que l'Afrique peut être l'objet d'une approche scientifique. Mais que signifie ce terme ? Doit-on le comprendre comme renvoyant à une démarche qui cernerait toujours d'un peu plus près l'Afrique ? Mudimbe n'écarte pas totalement cette possibilité qui implique dans son principe une nette distance entre le sujet et l'objet et, de ce point de vue, le structuralisme, tel que l'œuvre de Lévi-Strauss en a tracé le paradigme, semble représenter une voie décisive. En effet, en mettant l'accent sur les mécanismes qui, selon lui, caractérisent le fonctionnement des sociétés dont relève l'anthropologie, ce dernier propose un modèle dont la rigueur scientifique paraît complètement tourner le dos à la subjectivité et à l'idéologie. À cet égard, le structuralisme peut être considéré comme un cas limite de l'objectivation.

Néanmoins, Mudimbe perçoit très vite aussi ce que peut avoir de naïf et de scientiste l'idée selon laquelle l'anthropologie aurait correspondu à une purification progressive du savoir sur l'Afrique. Car, au moment même où il prend conscience de ce progrès de l'objectivation, il découvre que ce savoir ne peut être dissocié des discours qui l'expriment. Ce qui le conduit à envisager ceux-ci dans une double perspective : le contexte historique, social et politique de leur énonciation, d'une part ; les propriétés rhétoriques et formelles qui caractérisent leur fonctionnement et sont susceptibles d'expliquer leurs effets, d'autre part.

C'est à ce travail que se livre plus spécialement Mudimbe dans *L'Odeur du père*[3]. Par rapport à *L'Autre Face du royaume*, l'ouvrage marque en effet une évolution sensible dans la mesure où l'attention, cessant de se porter en priorité sur la question de l'objet et de sa représentation scientifique, se centre désormais sur les énoncés qui constituent et expriment cette représentation. Le modèle structuraliste cède la place à une préoccupation assez nette-

---

1 Louis Althusser, « Idéologie et appareils idéologiques d'État » [1970], dans Louis Althusser, *Positions*, Paris, Éditions Sociales, 1976, p. 115.

2 V. Y. Mudimbe, *L'Autre Face du royaume*, p. 114.

3 V. Y. Mudimbe, *L'Odeur du père. Essai sur des limites de la science et de la vie en Afrique noire*, Paris, Présence Africaine, 1982.

ment inspirée de la démarche de Foucault, mettant l'accent sur la notion d'« archéologie du savoir » et reconnaissant aux formations discursives de chaque époque une autonomie qui interdit de les situer dans une évolution significative.

En procédant ainsi, Mudimbe dépasse tout d'abord l'aporie d'un progrès possible dans la connaissance de l'Afrique. Ce qui compte désormais, c'est de déterminer la signification et la validité des énoncés. Ce travail permet, bien sûr, de montrer les limites de la science en faisant apparaître, par exemple, les liens qui ont existé entre l'anthropologie occidentale et le processus de domination coloniale. On sait que dans bien des cas la volonté de connaître a été subordonnée à une volonté de mieux administrer les peuples et les pays soumis à la domination coloniale. Mais il ouvre aussi sur des perspectives qui dépassent cette question, souvent envisagée de façon réductrice[1]. Ainsi, il faut s'interroger sur le sens que revêt chez de nombreux chercheurs africains leur adhésion aux méthodes et aux catégories de l'anthropologie occidentale. Le fait ne s'explique qu'en partie par le rôle qu'a joué ou que continue de jouer l'Occident dans l'administration de la science, notamment à travers l'attribution des titres universitaires. Il s'explique aussi par le fait que le chercheur africain trouve ou croit trouver dans la tradition scientifique occidentale la valorisation d'une différence africaine. C'est pourquoi, il convient de s'interroger sur la pertinence des discours visant à exprimer cette différence et à déve-

[1] « L'anthropologie est fille de l'impérialisme » : on connaît la formule. Elle rappelle effectivement que la colonisation a fourni un « terrain » à l'anthropologie occidentale. Cela dit, dans quelle mesure l'africanisme, par exemple, a-t-il été subordonné aux seuls impératifs politiques ? L'étude de l'itinéraire de nombreux africanistes montre une volonté de se détacher du cadre de la colonisation et de chercher une reconnaissance académique internationale, notamment de type universitaire. Le processus est intéressant car il montre que ce qui était recherché, c'était la légitimation par la Science et non par le Politique. On se trompe, si l'on ignore la part de *libido sciendi* qui a pu exister chez Delafosse, Griaule, ou même Hardy. Par ailleurs, sur le plan de l'histoire des disciplines, je pense que l'anthropologie est moins une « fille de l'impérialisme » qu'une sœur de la psychiatrie, dans la mesure où elle tente de répondre à une question théoriquement sans réponse : « Une science de l'Autre est-elle possible ? ». Sur cette question, *cf.* B. Mouralis, *L'Europe, l'Afrique et la folie*, Paris, Présence Africaine, 1993.

lopper notamment une thématique de type afrocentriste. L'Africain se bat sur un terrain qu'il n'a pas véritablement choisi :

> Échapper réellement à l'Occident suppose d'apprécier exactement ce qu'il en coûte de se détacher de lui ; cela suppose de savoir jusqu'où l'Occident, insidieusement, s'est approché de nous ; cela suppose de savoir, dans ce qui nous permet de penser contre l'Occident, ce qui est encore occidental ; et de mesurer en quoi notre recours contre lui est encore peut-être une ruse qu'il nous oppose et au terme de laquelle il nous attend, immobile et ailleurs.[1]

Mais, en même temps, Mudimbe voit bien qu'on ne peut établir une totale symétrie entre discours occidental et contre-discours africain. Ce dernier, en effet, ne peut être « mesuré » qu'en fonction des prétentions du discours occidental. Ainsi, on peut bien contester le projet de Cheikh Anta Diop, mais on ne peut nier son refus fondamental de la logique raciste :

> Cette fausse attribution des valeurs d'une Égypte qualifiée de blanche à une Grèce également blanche, révèle une contradiction profonde qui n'est pas la moindre preuve de l'origine nègre de la civilisation égyptienne. Comme on le voit, l'homme de couleur, loin d'être incapable de susciter la technique, est celui-là même qui la suscita le premier en la personne du Nègre à une époque où toutes les races blanches, plongées dans la barbarie, étaient tout juste aptes à la civilisation. En disant que ce sont les ancêtres des Nègres, qui vivent aujourd'hui principalement en Afrique Noire, qui ont inventé les premiers les mathématiques, l'astronomie, le calendrier, les sciences en général, les arts, la religion, l'agriculture, l'organisation sociale, la médecine, l'écriture, les techniques, l'architecture ; [...] en disant tout cela on ne dit que la modeste et stricte vérité, que personne, à l'heure actuelle, ne peut réfuter par des arguments dignes de ce nom. Dès lors le Nègre doit être capable de ressaisir la continuité de son passé historique national, de tirer de celui-ci le bénéfice moral nécessaire pour reconquérir sa place dans le

---

[1] V. Y. Mudimbe, *L'Odeur du père*, p. 44.

> monde moderne, sans verser dans les excès d'un nazisme à rebours, car la civilisation dont il se réclame eût pu être créée par n'importe quelle autre race humaine – pour autant que l'on puisse parler d'une race – qui eût été placée dans un berceau aussi favorable, aussi unique.[1]

L'impossibilité d'établir une parfaite symétrie entre ces énoncés conduit Mudimbe à déplacer la question du sens et de la validité de ceux-ci. En effet, ce qu'une telle opération fait ainsi apparaître, c'est l'importance du contexte dans lequel ils sont produits et, plus encore peut-être, les motivations qui en sont la source profonde et qui renvoient essentiellement à l'expérience d'un sujet de l'énonciation, envisagée dans une double dimension, psychologique et intellectuelle :

> Le missionnaire [...] n'a strictement rien à dire au païen. Je ne vois pas non plus ce que pourrait me dire le théologien ou le prêtre africain. J'affirme mon irréductibilité face à leurs existences et aimerais m'attendre à ce qu'ils fassent de même. La différence, une différence essentielle, me situe et me pose comme existence face au missionnaire, mais également face à mes frères de race, prêtres ou chrétiens : nous n'avons rien à nous communiquer si ce n'est la pesanteur et la confusion du silence qui nous condamnent au repli sur nous-mêmes.[2]

SCIENCE ET EXISTENCE

En posant l'« irréductibilité » du sujet comme une « différence essentielle », Mudimbe cerne ainsi une des difficultés que rencontrent les sciences humaines depuis leur naissance. Celles-ci, en effet, à la différence des sciences expérimentales, font porter leur attention sur un objet – l'homme – qui se confond largement avec l'observateur. Il y a là une limite évidente qui fait que

---

1 Cheikh Anta Diop, *Nations nègres et culture. De l'antiquité nègre égyptienne aux problèmes culturels de l'Afrique noire d'aujourd'hui* [1954], Paris, Présence Africaine, 1979, pp. 400-401.

2 V. Y. Mudimbe, *L'Odeur du père*, p. 71.

l'anthropologue ne se trouvera jamais exactement dans la même situation que l'astronome ou le physicien[1]. C'est pourquoi, il convient de tirer toutes les conséquences de ce fait et prendre en compte cette subjectivité, en admettant qu'elle est en définitive le seul terrain à partir duquel peut parler le chercheur ou l'écrivain : « Quels que soient les ordres de considération, le problème fondamental, insistant, est de savoir à quelles conditions, dans les sciences sociales, un décri peut exprimer la vérité et l'authenticité d'une expérience »[2].

C'est à ce projet que tente de répondre l'autobiographie, *Les Corps glorieux des mots et des êtres*..., qui peut se lire comme l'expression d'une volonté de s'arracher au domaine de l'activité scientifique en assumant pleinement désormais sa propre subjectivité. En effet, ce texte qui retrace l'itinéraire de l'écrivain, depuis les années de formation jusqu'à la situation qui est aujourd'hui la sienne dans le monde universitaire américain entend mettre l'accent sur une cohérence biographique et intellectuelle, non sur cette expérience de la « déchirure », centrale dans les recueils de poèmes[3] et les romans. Cette cohérence se lit dans l'évocation des différents cadres institutionnels qui ont constitué le contexte de la prise de parole de l'écrivain ainsi que dans les problématiques auxquelles il s'est trouvé confronté et qu'il a tenté

---

1 Cette thèse est classique en philosophie des sciences. Il convient cependant de la nuancer dans la mesure où les sciences humaines peuvent en fait dégager des lois dont la régularité est comparable aux lois construites par les sciences expérimentales. Notamment, sous la forme de statistiques. C'est d'ailleurs sur une étude statistique que se fonde l'ouvrage fondateur de la sociologie, *Le Suicide* de Durkheim (1897). Sur cette question, voir l'ouvrage d'Alain Desrosières, *La Politique des grands nombres, histoire de la raison statistique*, Paris, La Découverte, 2000. De même, l'explication de certains faits historiques, parce qu'elle se fonde sur des procédures de vérification méthodiques, ne peut sérieusement être mise en doute : quel historien, par exemple, peut contester aujourd'hui l'idée que la crise financière de l'État monarchique dans les dernières années du XVIIIe siècle est une des causes de la Révolution française ?

2 V. Y. Mudimbe, *L'Odeur du père*, p. 179.

3 Voir en particulier *Déchirures* (Mudimbe, 1971) et *Entretailles* (Mudimbe, 1973). Pour une analyse du motif de la « déchirure » dans les recueils poétiques, voir B. Mouralis, *V. Y. Mudimbe ou le discours, l'écart et l'écriture*, Paris, Présence Africaine, 1988, pp. 45-76.

de dépasser : Sartre, Lévi-Strauss, Marx, « le reniement de maîtres aimés »[1].

Parallèlement, en tant que texte autobiographique, *Les Corps glorieux des mots et des êtres...* expriment, d'un bout à l'autre, une tension entre la prégnance d'une mémoire, à la fois construite et à construire, et une pensée : « J'étais le produit d'un milieu, celui de mon enfance et de mon adolescence. L'un et l'autre m'avaient appris le sens de l'ordre du discours et m'avaient ouvert, directement, à mon droit à la subjectivité et, à ce titre, sensibilisé à celui des autres, de tous mes compatriotes »[2]. L'exercice de ce droit apparaît ainsi comme la condition primordiale qui rend possible une « lecture nouvelle, critique, radicale, du passé, de la tradition, de ses pompes mythiques et de leurs réseaux de sens »[3] et une éthique de la solidarité humaine.

Mais, comme dans toute autobiographie, n'y a-t-il pas, dans *Les Corps glorieux des mots et des êtres...*, une distance, difficile à franchir, entre le projet d'élucidation d'une histoire individuelle et la volonté de restaurer le sujet dans ses droits et prérogatives ? En effet, ce que dit Mudimbe, par exemple, du champ universitaire et des stratégies qu'il y faut déployer montre suffisamment, au demeurant non sans humour et dans une écriture superbe, les contraintes, notamment d'ordre institutionnel, qui pèsent sur le sujet. En ce sens, l'autobiographie a valeur de diagnostic. Mais le diagnostic, par définition, ne peut suffire à constituer le moyen permettant de réaliser le projet visant à produire une pensée autonome. Sans doute, la découverte par le sujet des conditions dans lesquelles s'inscrit son énonciation peut-elle apparaître comme un début de libération, en vertu du principe selon lequel la prise de conscience constitue toujours un progrès de la pensée. On le voit bien avec l'œuvre de Pierre Bourdieu dans laquelle la mise en évidence des déterminations sociales et la nécessité d'en prendre conscience peuvent constituer, parce qu'on ne peut faire l'économie des réalités sociales, le fondement d'une philosophie de la liberté. Mais le diagnostic, quelle qu'en soit la précision, ne

---

1 V. Y. Mudimbe, *Les Corps glorieux des mots et des êtres...*, p. 160.
2 *Idem*, p. 162.
3 *Idem*, p. 120.

permet pas pour autant le passage à une praxis, sans laquelle cette pensée autonome serait condamnée à demeurer dans le champ stérile de la spéculation. De ce point de vue, on pourrait parler d'une « limite » de l'autobiographie comme il y avait dans *L'Odeur du père* l'affirmation d'une « limite » de la science.

SUJET, OBJET, FOLIE

La théorie littéraire nous invite à prendre en compte la notion de genre et à faire la différence, en particulier, entre autobiographie et roman à la première personne : *La Vie de Henry Brulard* de Stendhal doit être distinguée du roman *Le Rouge et le noir* et les *Carnets* de Camus de *L'Étranger*. Sans aucun doute cette distinction est fondée. Mais elle laisse de côté la question de ce que l'on pourrait appeler la vérité du sujet : dans quel genre le sujet s'exprime-t-il le plus, se dévoile-t-il le plus ? Poser cette question, c'est se demander si la fiction n'est pas en définitive, dans la mesure où elle est un travail de métaphorisation et de symbolisation, plus « vraie » que le texte autobiographique. Ainsi, constater que *L'Étranger* est peut-être le texte le plus audacieux que Camus ait écrit sur l'Algérie, tout simplement parce que ce récit retrace l'histoire d'un homme qui est condamné à mort pour avoir tué un Arabe, c'est probablement cerner une profonde culpabilité qui était au centre de la pensée de Camus, habité par la tragédie de la colonisation.

Mudimbe, probablement, n'échappe pas à cette règle et, à cet égard, *L'Écart* peut apparaître comme le texte où il est allé le plus loin dans cette problématique du sujet. J'en rappellerai rapidement l'argument : ce roman se présente sous la forme de cahiers écrits par le protagoniste, dans les semaines qui précèdent sa mort – suicide ? – à partir du moment où il rentre dans son pays, quelque part en Afrique centrale – on reconnaît aisément le Zaïre – pour terminer la rédaction d'une thèse – anthropologie ou histoire, on hésite – sur les Kouba. Nara, le narrateur, note dans ses cahiers trois ordres de préoccupations : les réflexions de type épistémologique sur sa recherche, les souvenirs de sa vie en Europe, les rencontres qu'il fait et la vie qui est la sienne au moment où il rédige son journal.

Nara pense pouvoir « décoloniser les connaissances établies »[1] et produire un autre discours que celui qu'a tenu l'anthropologie occidentale. Un épisode illustre en particulier ce projet lorsqu'il se livre à un jeu consistant à transposer ce que dit J. Dansine dans son livre, *Les Anciens royaumes de la Kavana*, et à l'appliquer aux peuples de la péninsule ibérique :

> Pour me distraire de mon fichier, j'ai parcouru le livre de J. Dansine, *Les Anciens royaumes de la Kavana,* aux environs de onze heures. Quelle affaire ! Ce qu'il écrit, sous couvert de la réserve scientifique, est parfaitement étonnant. Il n'y a qu'en histoire africaine que l'on peut considérer l'exercice du silence et l'art de l'allusion comme témoignages de prudence. Je me suis amusé pour faire rire Salim, à remplacer les Lélé par les Espagnols et les Kouba par les Portugais. Cette substitution produit un texte du plus haut comique qui donne la mesure du sérieux des savants occidentaux versés dans les choses africaines : « On groupe Espagnols et Portugais sous une même rubrique, non pas parce qu'ils ont des systèmes politiques semblables, loin de là, mais parce qu'ils ont une origine commune, parlent pratiquement la même langue et partagent une même culture. Les traditions des Espagnols, tout comme celles des Portugais, du moins celles des Portugais du centre, prétendent que ces peuples remontent à une même origine commune et sont issus d'un ancêtre Woot... ».[2]

L'exercice ruine la validité de l'énoncé anthropologique en faisant ressortir que l'Occident ne tient pas le même discours selon qu'il s'agit des peuples africains ou des peuples européens. Nara, de la sorte, montre les limites d'une approche qui, dans ses méthodes comme dans le lexique qu'elle emploie, ne réussit pas à être universelle. Salim encourage Nara à poursuivre :

> Salim jubilait. Ses yeux riaient de plaisir... Continue. Traduis ainsi un chapitre entier. Et essaie (?) de le publier dans une revue européenne. On verra s'ils oseront accepter de

---

1 *L'Écart*, p. 27.

2 *Idem*, p. 64.

pareilles approximations... – Oui, dis-je. La dérision... Sur l'Africain, sur l'Afrique, tout est possible, tout est pertinent. Et sans appel... Quelle blague ! J'en oubliais ma gêne : ces illustres africanistes comme ils se dénomment entre eux, ne seraient donc que de braves gens en mal de célébrité ? L'Afrique leur permettrait de rêver... Toutes les mystifications aussi : « ... la tradition espagnole prétend que le peuple espagnol, qui serait identique au peuple français, serait venu d'abord de la partie méridionale du territoire pour ne remonter que lentement vers le Nord. Mais il se pourrait qu'antérieurement ils soient venus de l'Ouest. Le clan aristocratique... serait un groupe issu de Woot... »[1].

Mais le comique qui se dégage de ce travail de démystification rencontre rapidement une limite. Nara, en effet, se rend compte que le jeu auquel il se livre concerne aussi sa propre recherche, dans la mesure où sa façon d'écrire l'histoire comporte la même attitude d'extériorité et probablement aussi d'arbitraire que celle qu'il cherche à tourner en dérision chez Dansine : « Il y a des surprises amollissantes. Je voulais rire. Et je m'étais inventé une arme. Elle se transformait sous mes yeux. J'étais devenu ma propre victime : les phrases de Dansine m'assiégeaient. Des murailles de sable. Mais étendues sur des kilomètres, à perte de vue »[2].

Car ce qui apparaît soudain ici à l'esprit du narrateur, c'est la vanité du projet anthropologique lui-même, de cette « envie » qui le « rive aux ethnies »[3] depuis si longtemps. Sans doute, est-il légitime de vouloir substituer aux « mensonges » des « Toubabs »[4] un discours de vérité sur l'Afrique et de restaurer une réalité niée ou bafouée. Ainsi, on comprend que Nara veuille, dans la perspective « égyptienne » ouverte par Cheikh Anta Diop, éclairer à son tour quelques symboles fondamentaux : « Du premier au dernier, comme dans tout procès initiatique, il y aurait approfondissement de la signification des symboles, ceux de l'échec et du sacrifice, de la mort et de la vie. Au cœur du chemin, une divinité révélerait la

---

1 *Idem*, p. 65.
2 *Ibidem.*
3 *Idem*, p. 26.
4 *Idem*, p. 66.

parodie de la fraternité : Khépri, dieu solaire à tête de scarabée, immortalisé dans le tombeau de Ramsès Ier, dévoilerait le mystère de l'extase du Roi, symbolisé dans le temple de Séthi Ier en Abydos : ce que reconnaît l'œil aveuglé du seigneur dans l'allégorie de la lumière céleste »[1]. Mais il ne s'agit là en définitive que d'un « exercice masturbatoire de l'identité à sauvegarder » qui n'a de sens que dans la mesure où Nara veut rivaliser avec « l'opiniâtre tentation de [ses] maîtres comme de [ses] condisciples »[2]. De plus, Nara sait trop bien, même s'il est enclin à la concevoir ainsi, que la science ne peut se réduire à être « une mémoire »[3]. Il ne peut ignorer en effet qu'elle est d'abord une construction.

Parallèlement, Nara est pleinement conscient de ce que son projet visant à « décoloniser les connaissances établies » peut avoir de marginal aux yeux du monde académique, mais il ne renonce pas pour autant à se situer au sein de celui-ci et il en attend, aujourd'hui ou demain, la reconnaissance de son activité de chercheur. Il n'y a chez lui aucune volonté particulière d'être un écrivain ou un chercheur « sauvage » et son projet se situe à l'intérieur des procédures scientifiques admises comme telles par la discipline qui est la sienne, même si, bien évidemment, il sait qu'il apparaîtra à beaucoup comme un hérétique : « J'aimerais être un historien nègre. Je ne peux le devenir en vérité sans être méchant à mon tour »[4]. Il adhère ainsi au principe selon lequel la violence de son propre discours ne serait que le symétrique de celle du discours anthropologique occidental. Mais Salim, à ce moment-là, introduit une notion d'un tout autre ordre en répliquant : « Oui, si tu as la grâce du martyre »[5]. L'emploi de ce terme déplace complètement le problème en rappelant que le sacrifice de soi-même n'a, dans son principe, aucune valeur de preuve et ne saurait donc contribuer à l'établissement d'une quelconque vérité.

Du coup, Nara se trouve renvoyé à lui-même et à la motivation qui est à la source de sa recherche. Celle-ci se trouve sans doute à situer dans le rapport qu'il entretient avec la figure du Père, victime

---

1 *Ibidem.*
2 *Ibidem.*
3 *Ibidem.*
4 *Idem*, p. 67.
5 *Ibidem.*

de la colonisation – ouvrier sur un chantier, il est mort d'un accident du travail – et dans son désir de montrer que, tout en devenant « le fils d'un savoir nouveau »[1], il demeure celui qui n'a pas trahi les siens. Mais peut-on bâtir la science sur de tels fondements ? Celle-ci ne doit-elle pas reposer en définitive sur la simple volonté de connaître les faits en soi, sur une sorte de *libido sciendi*, qui tente de faire de la connaissance en soi, quel que soit le lieu auquel on appartienne, une finalité dont le caractère gratuit demeure proche de celui qui marque l'activité artistique ?

Mais au moment où le débat pourrait s'engager sur cette question, Nara l'abandonne. Son esprit soudain se focalise sur un objet. Un objet d'une étonnante banalité :

> La clarté de la cour m'aspirait. Un petit vent. Le soleil se réfléchissant sur les murs en béton. J'entrai dans un océan. Il était chaud et bon. Enfoui, je sentis la montée de la marée. J'allais être englouti, ruisselant de sueur. Je pensai résister aux courants. Non, ce n'était pas une noyade. Peut-être une purification... Je me sentais riche d'une révélation. À mes pieds, je découvris le seau aperçu depuis la salle de lecture, il y avait quelques jours. Il était sale, plein de petits trous... J'éclatai de rire. Aminata m'avait rejoint. Il était donc midi. Elle avait une heure de répit. « Tu ris ? – Tu le vois bien, non ? Il a des trous, le seau. Regarde-le bien... » Je m'enflammai quand je compris qu'il me suffirait de tourner le dos pour l'oublier le plus naturellement du monde. Et pourtant, ce seau était, dans sa noirceur, une vie impérative... harcelée par le temps. Plus : il me faisait accéder au rire... « Viens, Aminata, que je t'explique... » J'étais une joie. Prêt à tout : éclater ou fondre, fusionner ou couler. Sous le soleil de midi, dans cette petite cour comblée de chaleur, j'étais un bonheur vivant. « Viens, Aminata, je vais t'embrasser, t'accabler de tendresse. Je suis heureux, tu comprends ? Je suis heureux... Donne-moi la main, chantons, veux-tu ? » Je lui avais pris le bras fermement : « Je ris, Aminata. Il y a le soleil... Je me sens bien. Et puis, ce seau qui m'introduit à la

[1] *Idem*, p. 31.

> puissance... Il a des trous... C'est une nasse... J'ai envie de la prendre. Vas-tu la nettoyer ? » Une symphonie. La sensibilité vague des cases blanches. La triste splendeur des carrés noirs... Et mon jeu arrêté. Elle paraissait intriguée par mes propos : « Ça ne va pas, Nara ? – Si, ça va même très bien. Salim m'a dit que la science est un jardin sacré. Et ce seau me fait une leçon de générosité. II me réapprend, dans le soleil, la capacité du rire. Et du coup, j'ai envie de l'embrasser... Tu ne comprends pas ? Je suis heureux, Aminata... ».[1]

Nous touchons là à l'autre versant de la pensée de Nara : l'homme qui réfléchit à la question de la production d'un discours – nouveau, parce que décolonisé – sur l'Afrique est aussi le même que celui qui se perd, et peut-être trouve son salut, dans une sorte de fusion mystique avec cet objet trivial[2].

En imaginant cette scène extraordinaire, Mudimbe a mis l'accent sur un phénomène essentiel concernant la folie de son protagoniste. D'un côté, il montre les limites d'une pensée dès lors qu'elle n'arrive pas à sortir du cadre tracé par le discours occidental : Nara, en effet, inscrit sa réflexion la plus lucide – mais quel sens peut avoir ce terme si on le rapporte à ses motivations ? – dans une situation de concurrence dont les règles sont tracées d'avance. De l'autre, il met en évidence une sorte de tentation éprouvée par Nara et qui consiste à essayer d'abolir toute pensée, tout essai de pensée, en cherchant à se noyer dans le monde extérieur. Tentation qui conduit Nara – et cela est essentiel – à un sentiment de bonheur et de plénitude qu'il arrive à peine à exprimer, et qui semble à l'opposé complet de l'angoisse que suscite en lui son travail de chercheur.

---

1 *Idem*, pp. 68-69

2 On notera au passage que Mudimbe, en décrivant l'expérience que vit Nara, se souvient probablement du fameux *Mémorial* de Pascal : « Joie, joie, joie, pleurs de joie » (Pascal, *Pensées et opuscules*, avec une introduction, des notices, des notes par Léon Brunschvicg, 1897, p. 142). Le *Mémorial* est un écrit trouvé dans l'habit de Pascal après sa mort et dans lequel Pascal a transcrit l'illumination mystique qu'il a connue au cours de la nuit du 23 novembre 1654.

Cette façon d'échapper à l'angoisse pourrait être interprétée comme une sorte d'illustration de la formule fameuse de l'Écclésiaste : « Qui accroît sa science accroît sa douleur » (*L'Écclésiaste*, 1, 18). En effet, le drame de Nara réside bien en un sens dans l'insatisfaction profonde que provoque en lui la *libido sciendi*. Mais, à la différence du mouvement de conversion que le texte biblique ou Pascal, lorsqu'il présente, dans les *Pensées*, la science comme un « divertissement » qui détourne l'homme de son salut, cherche à susciter chez le lecteur, cet épisode de *L'Écart* se contente de décrire deux états successifs du rapport que Nara peut entretenir avec le monde. Le premier, apparaît dans les déclarations du narrateur parlant de son projet de recherche, de la méthode qu'il entend suivre, de son désir de devenir un « historien nègre », de sa volonté de concevoir la « réalité » de l'Afrique comme une « mémoire » à retrouver ou à restaurer. Bref, ce qui domine ici, comme dans de nombreux autres passages des cahiers de Nara, c'est l'idée qu'il existe nécessairement une Afrique en soi qu'il faudrait mettre au jour comme l'archéologue fait apparaître la statue enfouie depuis des millénaires. Mais – et c'est là ce qui échappe à Nara –, cette Afrique, loin d'être un objet n'existe en fait que dans la pensée, la subjectivité de Nara. Le deuxième état, lui, est tout différent : Nara voit sa pensée, et ce qu'elle implique d'individualité et de distance par rapport au monde extérieur, lui échapper complètement. Il se fond dans celui-ci, il en devient une partie. L'objectivité a triomphé de la subjectivité.

La description par Mudimbe de ces deux régimes par lesquels passe successivement son héros rappelle le principe que formule Auguste Comte lorsqu'il pose, comme préalable au progrès et à l'avènement du positivisme, le nécessaire équilibre entre le subjectif et l'objectif :

> L'intelligence se trouve placée constamment entre deux obligations opposées, dont l'une tend à la rendre trop passive et l'autre trop active. Car, elle doit à la fois s'efforcer de refléter fidèlement le monde extérieur, et former le lien sans lequel les impressions qu'elle reçoit de lui resteraient incohérentes. Or, cette indispensable conciliation deviendrait

> fréquemment impossible, si les souvenirs pouvaient acquérir autant d'énergie et de netteté que les sensations.[1]

Ce principe fondamental permet en particulier à Comte de définir deux grandes formes de la pathologie mentale :

> La folie proprement dite, toujours caractérisée par l'excès de subjectivité [et] l'idiotisme par le défaut. Le dehors ne cesse point alors de fournir tous les matériaux des constructions du dedans. Dans les rêves et les délires les plus prononcés, on peut toujours démêler l'origine extérieure des éléments propres aux conceptions cérébrales. La perturbation consiste seulement en ce que les souvenirs deviennent plus vifs et plus nets que les sensations, par suite de la surexcitation interne. Dès lors, le dehors ne peut plus régler le dedans, quoiqu'il continue de l'alimenter et même de le stimuler.[2]

Le trouble qui affecte Nara semble bien avoir sa source dans une difficulté à trouver la bonne distance entre lui-même et le monde extérieur. On sera sensible, à cet égard, à la façon dont on peut relier le désir de connaître l'Afrique, de produire sur celle-ci un discours qui, enfin, ne soit pas mensonger ou dicté par l'intérêt politique, à l'histoire individuelle du narrateur et à son rapport à l'instance parentale. Mais aussi à la façon dont ce désir prend la forme d'un impératif moral que le héros s'impose à lui-même, quel que soit le déplaisir qu'il en éprouve. En effet, pas un seul instant, il n'envisage qu'il pourrait en tant que chercheur travailler sur un autre objet que l'Afrique. De la sorte, comme Pierre Landu, le narrateur de *Entre les eaux*, il se trouve prisonnier de la dialectique de ce que l'on pourrait appeler le « dedans/dehors » : de même que Pierre Landu reste à l'intérieur de l'Église parce qu'il croit qu'il est possible de la réformer, Nara ne conçoit pas qu'il puisse y avoir un autre champ que celui de l'anthropologie pour exprimer son esprit révolutionnaire. Ainsi, ni l'un ni l'autre ne prennent conscience de la limitation que représente un combat à l'intérieur d'un espace

---

1 Auguste Comte, *Système de politique positive ou traité de sociologie instituant la Religion de l'Humanité*, Paris, chez l'Auteur et Carillioen-Goeury et Dalmont, t. 3, 1853, p. 20.

2 *Idem*, p. 20.

institutionnel ou disciplinaire que, par principe – obsession, aliénation ? –, ils ne songent jamais à remettre en question[1].

L'AUTOBIOGRAPHIE, STADE SUPRÊME DE L'ANTHROPOLOGIE ?

En écrivant *L'Écart*, Mudimbe semble ainsi condamner le principe même selon lequel il serait possible de construire un discours anthropologique. Il le fait en posant deux questions essentielles. La première est d'ordre général et concerne le fondement de la discipline : Y a-t-il quelque chose à dire sur l'Autre en tant que tel ? Et, en outre, de quel droit faudrait-il s'autoriser pour estimer qu'on peut le faire ? La deuxième concerne plus spécialement le cas des Africains : pourquoi le chercheur Africain devrait-il, parce qu'il est africain, vouloir à tout prix parler de l'Afrique, alors qu'il pourrait tout aussi bien faire des mathématiques, de la physique ou s'intéresser à la culture japonaise ?

En formulant ce double questionnement, Mudimbe ne nie pas pour autant l'existence de l'Autre, ne serait-ce que parce que la prise en compte de celui-ci est nécessaire pour échapper à l'engluement dans l'imaginaire et accéder au stade du symbolique, processus absolument nécessaire dans la construction de la personnalité du sujet et dans la mise en place des conditions permettant l'élaboration d'une pensée. Mais cet Autre n'est autre que dans la mesure où le sujet renonce à le concevoir comme une altérité irréductible – et source par là de maints fantasmes – et prend conscience de ce qu'il peut avoir de commun avec lui. Le rapport ainsi instauré suppose en particulier une capacité à entendre, de façon en quelque sorte immédiate, la parole de cet Autre, ou, pour le dire autrement, à adopter comme principe que cette parole est intelligible.

---

1 C'est cette question du dedans/dehors qui m'a conduit à établir un rapprochement entre *L'Écart* et les deux textes autobiographiques d'Althusser, *L'Avenir dure longtemps* et *Les Faits* (Stock-IMEC, 1992) et à suggérer qu'on pouvait lire *L'Écart* comme une première « version » de ces textes posthumes. *Cf.* Bernard Mouralis, *L'Europe, l'Afrique et la folie*, Paris, Présence Africaine, 1993, pp. 219-227.

De la sorte, il devient peut-être possible de considérer autrement l'anthropologie en lui donnant une signification nouvelle que n'exclut pas au demeurant son étymologie. En effet, traditionnellement définie comme un discours sur l'homme, l'anthropologie pourrait être tout aussi bien le discours produit par l'homme lui-même. C'est ce que suggère Mudimbe lorsqu'il envisage, dans un passage de *The Invention of Africa*, l'anthropologie comme discours de l'homme :

> The only answer which can bring us back to reality would consider the condition of existence of African *gnosis* and of its best sign, anthropology, as both a challenge and a promise. Perhaps this *gnosis* makes more sense if seen as a result of two processes : first, a permanent reevaluation of the limits of anthropology as knowledge in order to transform it into a more credible *anthropou-logos*, that is a discourse on a human being ; and, second, an examination of its own historicity. What this *gnosis* attests to is thus, beyond its will for power and its conceptual apparatus, a dramatic but ordinary question about its own being : what is it and how can it remain a pertinent question mark ?[1]

En formulant ces remarques, Mudimbe manifeste ainsi sa méfiance à l'égard de l'idée – naïve – selon laquelle il serait possible de produire un savoir anthropologique absolu.

Mais son propos ne se situe pas pour autant dans la perspective d'un pyrrhonisme post-moderniste mettant tout sur le même plan. Il lui paraît plus intéressant au contraire de mettre l'accent sur les conditions historiques dans lesquelles ce savoir, sous des formes diverses, s'est développé. Et, en procédant ainsi, il est amené à souligner l'importance qu'il convient d'accorder à la notion de discours et au sujet qui le produit. Dès lors, on peut considérer que tout texte a nécessairement une dimension et une motivation autobiographiques. Mais – et c'est là tout le problème –, certains auteurs, parce qu'ils croient se situer dans le champ de la science ou de la stricte rationalité, refusent d'admettre que le discours

---

[1] V. Y. Mudimbe, *The Invention of Africa. Gnosis, Philosophy, and The Order of Knowledge*, Bloomington, Indiana University Press, 1988, p. 186.

qu'ils produisent est celui d'un sujet et tentent d'apparaître, comme le dit Bourdieu, sous la figure du « créateur incréé ». D'autres, en revanche, acceptent de se situer dans le champ de l'écriture personnelle et de l'autobiographie. Et, dans ce cas, le projet ainsi explicitement assumé répond à une volonté de faire apparaître avant tout la parole d'un sujet.

Cette parole n'est pas nécessairement pure subjectivité. En effet, le sujet ne peut s'appréhender en tant que tel que dans la mesure où il est capable de penser l'Autre, de saisir en quoi il est constitué par la présence de celui-ci, de se souvenir constamment que, comme le dit Montaigne, « tout homme porte en lui la forme de l'humaine condition ». C'est pourquoi ce discours d'un seul qu'est l'autobiographie est aussi cet opérateur qui ouvre à la compréhension des mécanismes sociaux ou de l'histoire des sociétés.

BERNARD MOURALIS
Université de Cergy-Pontoise

VERS LA TRANSPARENCE FRAGILE LE STYLE DE V. Y. MUDIMBE

Nonobstant l'intérêt spécifique qu'y peut trouver le chercheur curieux d'analyser l'image des États-Unis que se fait, au milieu des années 70, un des plus brillants intellectuels africains de la génération qui a plus ou moins vingt ans à l'heure des indépendances, les *Carnets d'Amérique*[1] de V. Y. Mudimbe laissent affleurer plus d'un élément qui constitueront, vingt ans plus tard, les lignes de faîte d'un ouvrage écrit en terre américaine, et publié conjointement à Montréal et à Paris, *Les Corps glorieux des mots et des êtres...*[2].

UNE ESQUISSE : LES « CARNETS D'AMÉRIQUE »

Dès le liminaire des *Carnets...* – il est daté du 11 février 1975 –, apparaît la formule des « corps glorieux des êtres et des choses ». Elle concerne l'espace nord-américain que l'écrivain s'attend alors à ne jamais revoir. Or, sous l'interpellation « Alors, et l'Amérique ? », ce liminaire décrit, subtilement mais discrètement, un processus d'écriture et de pensée sur soi et sur les autres qui trouvera sa forme dans un sous-titre, *Esquisse d'un jardin africain à la bénédictine*, lorsque l'auteur, établi depuis une dizaine d'années aux USA, décidera de faire retraite pour son cinquantième anniversaire et de reprofiler sa vie à l'enseigne d'une devise où les « mots » remplacent les « choses » – terme utilisé dans la formule des années 70.

---

[1] Imprimés à Kinshasa par l'imprimerie Saint-Paul et portant le copyright de l'auteur avec le numéro de sa boîte postale à Lubumbashi, les *Carnets d'Amérique* ont été publiés à Paris aux éditions Saint-Germain-des-Prés en 1976. Ils couvrent un séjour effectué de septembre à novembre 1974.

[2] Le livre paraît en 1994 aux éditions Humanitas et Présence Africaine.

La préface au volume de 1994 commente son titre mais le fait sans référence aucune à l'ouvrage de 1976. Elle se contente d'une « référence reconnaissante » à la pensée de Maurice Merleau-Ponty et au fait que l'association « les mots et les choses » n'est plus utilisable dans un titre alors qu'elle est devenue emblématique de la pensée de Michel Foucault. Le hasard a donc permis à l'auteur de « retrouver, presque scandaleusement, l'extraordinaire projet de *La Phénoménologie de la perception* et d'aboutir à ce livre dont le projet est ni plus ni moins de décrire les conditions et les modalités qui ont fait de V. Y. Mudimbe un homme, un intellectuel et un universitaire africain »[1].

Or cette synthèse entre rigueur phénoménologique et exigences bénédictines de travail, les *Carnets...* en élaborent, dès 1974, comme la matrice. À l'occasion d'un épisode de vie qui semble clos, ils entendent « construire une liturgie à partir de quelques images »[2] – seule attitude qui paraît possible à celui qui entend mettre en œuvre « l'exercice de sa liberté ». Aux assurances de l'objectivité, il préfère donc le choix de sa vulnérabilité. Rendre compte d'une expérience d'« étranger étonné et ému face aux univers » qu'il croise, ouvrir sa « liberté à l'offrande continuelle des apparences de la réalité et à la vigueur de (s)es propres phantasmes »[3] mais le faire en cherchant à « dépasser, en le niant, l'écart entre la grâce et le poids des joies de la nature »[4] offertes par le destin, voilà ce qui mène un intellectuel africain engagé à une capacité de restitution du réel sous le vocable, très chrétien, de la métamorphose et de l'accomplissement des corps glorieux.

L'écrivain ne manque pas de signaler le contexte qui a vu naître cette certitude et cette propédeutique : la visite, au retour des USA, de la cathédrale de Cologne et du musée romain-germanique[5]. De même, il n'omet pas de mentionner le fait que l'opération spirituelle de transsubstantiation met « dans l'ombre, sans le

---

1 V. Y. Mudimbe, *Les Corps glorieux des mots et des êtres...*, p. III.
2 V. Y. Mudimbe, *Carnets d'Amérique*, p. 11.
3 *Idem*, pp. 12-13.
4 *Idem*, p. 12.
5 Une des dernières pages des *Carnets* (p. 197), celle qui concerne les adieux de Mudimbe et de son cicérone américain, rappelle leur commun amour du génie gréco-latin.

vouloir, le sang et la sueur qui, autrefois, avaient rendu possibles ces corps glorieux ».

L'espace mental et charnel de celui qui, à la fin du XXe siècle, va donner en français une des plus surprenantes autobiographies qui soient – elle rompt absolument avec la flatulence et les complaisances du « je » romantique[1] – se dessine donc dès la décennie qui voit paraître trois romans majeurs de Mudimbe ainsi que les essais de *L'Autre Face du royaume*. La spécificité dans la démarche critique qu'il révèle allie distance et célébration.

Les *Carnets...* esquissent également un portrait d'intellectuel africain préoccupé des devenirs de l'Afrique après les indépendances, mais que ne satisfont pas les formules à l'emporte-pièce de « certains nationalismes africains »[2]. Ils révèlent en outre son inquiétude devant les conséquences concrètes de la violence prônée par d'aucuns[3] et leur préfèrent des solutions de « tension heureuse ». À l'image de ce que croit l'auteur en matière de politique linguistique en Afrique ou d'expériences culturelles.

Mudimbe émaille par ailleurs ses propos de considérations notoires sur Dieu et le christianisme. Du premier, il dit qu'il est « une logique »[4]. Du second – positivement –, qu'« il ne peut qu'instaurer une manière de déséquilibre dans l'être »[5]. Face aux diverses théologies qui tentent d'insister sur – et d'accroître – la présence au monde, il demande : « à quand une théologie de Dieu ? »[6]. Mais l'intellectuel qui s'interroge sur le fait de savoir s'il faut vraiment que « le prêtre se désacralise »[7] s'intéresse par ailleurs à l'empereur Julien, dit l'Apostat, celui qui préféra le soleil

---

1 Dans les *Carnets* (pp. 168-169), Mudimbe évoque les *Antimémoires* d'André Malraux et la prise de distance de l'auteur de *L'Espoir* avec ce qui relève dans les *Confessions* ou les *Mémoires* du personnage de comédie ou/et de la recherche du secret. Mudimbe clôt sa séquence par la maxime latine qui constitue une des clefs de sa future autobiographie *etiam omnes, ego non*. On l'y retrouve mentionnée dès la page 20.

2 *Carnets*, *op. cit.*, p. 159. Pour Mudimbe, le bonheur, non plus, ne se réduit pas aux formules simplistes. Il ne peut être dit que par les « expressions concrètes de nos déséquilibres » (p. 901).

3 *Idem*, p. 81.

4 *Idem*, p. 155.

5 *Idem*, p. 189.

6 *Idem*, p. 161.

7 *Idem*, p. 163.

aux symboles « de la mort véhiculés par le christianisme »[1]. La même personne se demande enfin si le Christ est vraiment présent dans l'explosion de musique foraine qu'elle découvre au centre universitaire de Madison au cours d'une messe œcuménique[2].

Ainsi s'affirment pas mal de ces « tensions heureuses » qui vont structurer le propos des *Corps glorieux des mots et des êtres*, au mitan de ce que l'on peut considérer comme la troisième phase de la vie de l'écrivain. Sans faire preuve d'irénisme, mais sans les dénier ou les méconnaître, le discours de Mudimbe se situe loin des clichés divers qui ont feint de structurer le siècle. Il atteste une pensée complexe qui n'exclut pas la réceptivité. Il tend à un style de vie étranger aux fureurs intolérantes de pensées déconnectées du rapport à l'altérité et au monde, comme à l'histoire. Ces « tensions heureuses » se déclinent à l'enseigne de « l'architecture de réponses » par laquelle Cheikh Hamidou Kane définit la civilisation, comme du rappel de l'ignorance des lois du monde chère à Boèce. Elles se déclament sous une double dédicace : aux parents et à l'épouse, mais aussi à l'inconnu lumineux et sans nom. Celui que désigne si bien la formule latine « Etenim apud te est fons vitae, et in lumine tuo, video lumen ».

CRITIQUE ET TRANSCENDANCE

Trois parties, démunies de titres – et divisées elles-mêmes en trois parties tout aussi abstraites –, renvoient à la fois à un mode de pensée qui paraît conjuguer gaiement les canons des formations monastique et française tout en instaurant quelque chose de plus circulaire et d'inextricable. Tout d'abord, très classiquement, les enfances. Avec la scolarisation chez les Pères à Jadotville-Panda (aujourd'hui Likasi) ; la vie en Centre extra-coutumier ; puis le noviciat au Ruanda[3], dans les années qui précèdent les indépendances, au cœur d'une abbaye bénédictine. À ces déterritorialisations-reterritorialisations en Afrique centrale succèdent, de la première vie adulte, ses virages et ses affrontements. Ils occupent

---

[1] *Idem*, p. 111.

[2] *Idem*, p. 180.

[3] Remarque : graphie actuelle « Rwanda ».

la seconde partie du livre. Études universitaires (Lovanium, Louvain, Paris) et débuts en littérature ; rencontre de l'épouse et, à travers elle, relation de l'expérience des femmes africaines dans les sociétés urbaines ; installation, enfin, aux USA comme apatride et nécessité de maîtriser une langue nouvelle, l'anglais, dont les *Carnets...*[1] laissaient entendre que l'auteur n'en avait qu'une connaissance rudimentaire. La dernière partie, elle, s'attache aux idéologies qui ont contribué à forger les indépendances – particulièrement le marxisme ; aux mythes qui ont ruiné les Afriques d'après les indépendances ; et aux rôles que peuvent jouer les femmes des Afriques subsahariennes pour tirer leurs pays des impasses où ils s'enfoncent de plus en plus.

Une vie donc. Elle n'est pas hypostasiée pour elle-même mais articulée au devenir d'un continent et à sa spécificité. La relation de vie que cette vision implique n'entend fonctionner ni sur la dénégation ni sur les modes forains chers à une partie des intelligentsias du XXe siècle. « L'agnostique que je suis devenu, aujourd'hui, dans ses réflexes les plus quotidiens et les plus ordinaires, comme dans ses illusions, se réfléchit fidèlement en une lointaine éducation, en un jardin bénédictin »[2], affirme très calmement et très lucidement un auteur qui a dépassé les tabous et les carcans des croyances et des idéologies. Il peut donc entrer dans une forme de libération glorieuse et douce du sujet. La conviction de la prégnance de cet ordre et de ce modèle, comme de sa validité relative, amène dès lors Mudimbe à récuser le vain jeu de la collection d'anecdotes personnelles. Il privilégie, en revanche, l'inscription des éléments autobiographiques dans une perspective plus large : historique, sociologique et phénoménologique.

L'écrivain débouche ainsi sur un « mélange de genres » (p. II), dont les littératures francophones sont souvent le lieu. À travers

---

[1] Mudimbe considère qu'il en est de la sorte à sa troisième langue. Mais, en fait, à l'anglais, au français et au latin s'ajoutent ses langues africaines (luba - swahili - songye) entre lesquelles il joue très jeune, à l'instar d'« une caresse esquissée, jamais achevée » (p. 30).

[2] V. Y. Mudimbe, *Les Corps glorieux des mots et des êtres. Esquisse d'un jardin africain à la bénédictine*, Paris-Montréal, Présence Africaine-Humanitas, 1994. Toutes les citations non référencées en notes et portant une indication de pagination renvoient désormais à ce volume.

leur cheminement, *Les Corps glorieux des mots et des êtres*... dégagent dès lors un chemin qui suscitera sans doute d'autres formes de culture que celles qui nous bipolarisent dans des tensions qui, souvent, ne sont plus de saison. Avec son livre, en tous les cas, Mudimbe passe outre aux catégories de la confession et de l'essai pour les imbriquer d'une manière originale. Celle-ci situe son entreprise à part entière. Notamment à l'égard d'autres tentatives singulières d'immersion dans ce qui fait le moi mais le transcende telles que celles de Malraux dans les *Antimémoires* ou de Yourcenar dans *Le Labyrinthe du monde*, par exemple.

Sans doute est-ce cela que l'auteur qualifie de « style » (p. II) lorsqu'il définit un projet qui s'écarte foncièrement de la « fiction autobiographique ». Le fait que l'ouvrage soit écrit dans la cinquantième année de son auteur – à l'heure où, par ailleurs, l'Afrique entre très ouvertement en crise –, marque bien les ancrages d'une démarche qui commence par expliciter calmement les lieux, les hommes, les moments et les structures qui l'ont fondée en « quête » (p. 13).

Celle-ci passe par ce qui se joue, d'une part, entre le jeune enfant et le désir de ses parents ; et, d'autre part, entre ce même enfant, le désir et la férule de ses maîtres ecclésiastiques – et cela, jusqu'à son intégration dans l'abbaye bénédictine de Gihindamuyaga au Rwanda. Significativement, ce versant du parcours de Mudimbe occupe le premier chapitre de son livre alors que l'autre face – biologiquement originaire[1] – se déploie dans le second chapitre – lequel s'achève, comme le premier, à Gihindamuyaga. En ce lieu, Mudimbe est doublement « étranger »[2].

Cette distance n'est pas vécue comme un drame mais comme une chance. Elle provient d'un fait, que l'enfant n'a bien sûr pas choisi, mais qu'il a assumé ; où il fut élu, en conformité avec le désir de ses parents. Cette « élection » « accomplissait (s)es humeurs » et le « soustrayai(t) d'un lieu » (p. 13). Elle le prépara

---

1 Mudimbe dira de ses parents qu'ils ont constitué « une absence obligée pour (s)a conversion et (s)a promotion » (p. 47).

2 Outre le fait qu'il y devient Frère Matthieu, il est Congolais au Ruanda-Urundi – ce que lui indique tout de suite le Père Prieur (p. 25). Le Liminaire des *Carnets* reprend cette définition de soi que l'auteur a fini par réactualiser concrètement lorsqu'il fut contraint de s'installer aux États-Unis, à Haverford.

au « goût des marges » (p. 25) et à une propension aux attitudes d'analyse plus que de doute (p. 20). Celles-ci caractérisent sa démarche d'intellectuel et d'écrivain : « la patience de (s)on écriture à dépeindre des héros torturés ou le récit, par le détail, des fausses géométries de l'identité africaine » (p. 20). Formés au « regard permanent sur (s)oi » (p. 15) – lequel se noue dans un « régime critique débrouillant les moindres évasions de la Règle et leurs équivoques » (p. 17) – comme au « culte des symboles de la lettre » (p. 14), l'enfant et le jeune homme sont pris très tôt dans une coupure originaire et dans une structure transcendantale : un escalier raide mais vers quels cieux ? (p. 16).

Cette structure transcendantale imprègne profondément le rythme du quotidien. Elle instaure une habitude de distance vis-à-vis des pulsions[1] et de « l'obscénité du monde » (p. 17). Cette discipline à l'ombre de la croix – laquelle est vécue comme « le symbole d'un pari » et perçue « comme un simple repère de la permanence d'un cours » (p. 26) – permet au jeune pupille de se mouvoir très tôt dans ce qui constituera plus tard la transsubstantiation laïque de sa vie. Les *Carnets...* le formulaient déjà : « Je me meus dans la gloire des figures les plus belles des mots et des choses » (p. 26). La vie ultérieure y joindra celle des êtres. Ils se seront substitués aux choses.

Cette éducation et cette formation n'ont pas été le fait d'une violence mais d'une « insistance contenue vers un appel silencieux » (p. 27). Celui-ci ne contredit en rien le désir du père, lequel souhaitait maîtriser le pouvoir de manière symbolique (p. 28). Il se joue dans le contexte colonial belge des Centres extra-coutumiers de la province minière du Katanga. Ceux-ci rassemblent des individus d'origine ethnique différente « tous étrangers, sans racines évidentes en ce nouveau bourg » qui constitue le lieu de « passage obligé entre la mémoire africaine et le pouvoir d'un renouveau radical » (p. 35). Dans ces nouveaux espaces urbains s'incarne et se saisit « un ordre de conversion » (p. 36). Or les parents du jeune Mudimbe sont en partie « en porte-à-faux en ce milieu » dont ils ne partagent pas les mythes. Qui plus est, ils ne jouissent pas massivement des avantages qui en

---

[1] Celles-ci nourriront le roman *Le Bel immonde*, Paris, Présence Africaine, 1976.

découlent. Auprès d'eux et en eux, l'enfant vit « la tension des deux mémoires en conflit ». Il comprend très tôt que *l'extase*[1], comme le pouvoir, se disait comme extraction de la coutume ancienne et « comme interrogation prudente des nouvelles normes » (p. 39).

Aussi l'adulte qui procède de cette histoire, alors qu'il évoque les contacts de civilisations, peut-il écrire : « baptisé dans une religion "étrangère" à mon Afrique, tôt introduit dans un système scolaire et culturel dont les normes provenaient de l'Occident, j'ai appris, grâce à des maîtres admirables, à penser et à vivre les ressources extraordinaires d'un univers complexe et métissé. À partir de lui, je peux rêver d'élucider les contradictions majeures de mon appartenance à deux cultures, l'africaine et l'européenne ; mais aussi, sans prétendre développer des *théories*[2], réfléchir sur les modèles et les structures susceptibles de concourir à une promotion humaine et spirituelle du peuple d'où je suis sorti » (p. 104).

LOIN DES MYTHES. LOIN DU RECOMMENCEMENT ABSOLU

Un « style » découle de cette histoire singulière et de la façon qu'a un sujet de l'assumer. Il est assez exceptionnel dans les corpi français et francophones pour qu'on s'y arrête. Il tranche sur les certitudes orgueilleuses qui ont fait et défait le siècle. On ne peut, pour autant, jamais l'accuser d'hagiographisme ou de criticisme vain.

C'est qu'il conjoint, sans coller à ce que leur doxa peut avoir de stérilisant, et l'humilité critique et analytique de la démarche philologique, et le pouvoir de lumineuse restitution des êtres et des choses qui découle de la règle bénédictine. De la première, l'auteur écrit qu'elle « enseigne un entêtement intellectuel, une logique sans faille » et qu'elle n'a « que faire des facilités que sont les raccourcis » (p. 171). De la seconde, il tient à rappeler que « l'art typiquement bénédictin de discrétion » (p. 210) lui a ouvert les voies de la « reservatio mentis » ; et que l'« ora et labora » qui

[1] C'est moi qui souligne.
[2] C'est moi qui souligne.

préside à la vie bénédictine « pour le service et le règne d'un Maître » invisible lui a « appris (s)es limites comme individu et comme mortel, mais aussi les droits de (s)a liberté » (p. 198). Bref, le « sens d'indépendance du solitaire » (p. 164).

Sans éclat mais à l'instar d'un tissu fait de connexions à la fois fermes et subtiles, le style de Mudimbe accomplit ainsi, d'une façon singulière pour le siècle qui n'a cessé d'en proférer le vocable, l'exercice d'une liberté – et non de la liberté. Celle-là ne laisse jamais empiéter sur les prérogatives de son quant à soi. « Etiam omnes, non ego », dit le texte dès la page 20 – et cela, en relais à ce qu'affirmaient déjà les *Carnets*…

Cette liberté se méfie des mythes comme des déclarations fracassantes. Elle préfère « être toujours en décalage d'un rôle ou d'une parole » (p. 49). Aussi n'hésite-t-elle pas à prendre le contre-pied de bien des attitudes ou propos tenus depuis les indépendances. C'est que, dans le double écart où il se trouve dès Gihindamuyaga, Mudimbe comprend, au tout début des années 60, « qu'en tout cas, le règne de la confusion morale commence toujours avec une pratique politique prétendant dissocier le « citoyen » de la « personne », le « national » de l'« étranger ». C'est qu'à partir de telles prémisses – et, pour Mudimbe, l'histoire du Congo/Zaïre en est un des plus beaux exemples – on en vient à « célébrer le vol comme exemplaire » ; et à « traiter ses opposants comme des non-personnes ou vice-versa » (p. 65).

L'analyse de l'Afrique que Mudimbe donne dans *Les Corps glorieux des mots et des êtres...* s'écarte dès lors de bien des clichés en vogue, au Sud comme au Nord de la planète .

> Que la philosophie, au nom d'une authenticité mystificatrice ou sous prétexte d'une altérité culturelle africaine absolue, abandonne le lieu de notre modernité et de notre réification qu'indiquent dans notre histoire deux dates (celles du début de l'esclavage et de l'instauration de la colonisation) pour se réfugier dans les replis illusoires d'une tradition mythique, me paraît simplement scandaleux en termes d'urgence et de stratégies de survie. En somme, je le pense sincèrement : notre avenir ne réside, ni dans la célébration des gloses sur des antiquités nègres, ni dans le culte des épopées

> muséifiées, mais plutôt dans la conscience de ce que nous sommes aujourd'hui comme femmes et hommes. Nous pouvons et devons nous opposer à la raison néo-coloniale. Cela est juste. Notre misère actuelle (économique, humaine et spirituelle) en témoigne. Il n'en demeure pas moins que nous sommes des produits d'une raison coloniale. Le nier serait enfantillage. L'ignorer, en nous plongeant en des mythologies auxquelles personne ne croit réellement, serait à la fois un luxe inutile et une fuite en arrière. Faisons donc face à la réalité, maîtrisons de manière critique la raison qui nous définit et inventons notre futur (p. 179).

Ce constat d'une « banalité navrante : savoir que la colonisation belge faisait partie de l'histoire de l'Afrique Centrale et que les discours de la différence, promouvant une authenticité culturelle, ne pouvaient ni s'articuler hors de ce fait brut, ni le nier » (p. 78) amène Mudimbe à se situer à l'égard de Mabika Kalanda, l'auteur de *La Remise en question. Base de la décolonisation mentale*, qui entendait jouer un rôle de prophète. Mudimbe affirme se contenter, lui, du rôle d'acteur ; mais avec l'affirmation du « droit du fils à toutes les transgressions » dès lors qu'il ne se veut ni guide ni prophète.

Mudimbe entend dès lors se situer « hors de tous les clans imaginaires ou réels » et œuvrer à un travail de fond sur la tradition et l'histoire africaines confrontées à l'entrée dans la modernité. Les manipulations de l'histoire auxquelles se livrent, selon lui, les disciples de Cheikh Anta Diop soucieux de forger des mythes positifs sont elles aussi mises à distance. Les commentaires que l'auteur leur consacre procèdent des considérations sur la grandeur de la philologie, et sur le « peu d'instruction » (p. 169) de la plupart des colonels et généraux au pouvoir en Afrique.

La conception qu'il a du sens de la responsabilité amène l'auteur à des analyses décapantes sur les régimes d'après les indépendances. Préoccupés de maintenir « un ordre de discours » dont le fondement est « totalitaire », ceux-ci s'offrent « comme un recommencement absolu » (p. 191). De tels discours, qui n'ont aucune « prise sur le réel », sont « élision et négation de la réalité ». Ils ne font qu'opérer « dans l'imaginaire » (p. 192). Pour féconder « le mensonge et la décomposition », ils renvoient à quelque trésor originel qui empêche le développement et la critique de toute « pensée novatrice » (p. 197). Ce désastre, qui est le fait des hommes et non d'une fatalité, paraît, pour l'auteur, ouvrir la voie aux femmes africaines. Du moins pour ce qui est de l'Afrique subsaharienne.

Pour Mudimbe, « les mémoires africaines, les anciennes et la coloniale, loin de s'opposer se complètent plutôt ». L'écrivain considère d'une part qu'il « les incarn(e) » (p. 59) et, d'autre part, qu'elles doivent s'épouser et être maintenues en tension dialectique si l'Afrique veut affronter son destin. L'authenticité mobutiste comme « alternative à une modernité exigeante, critique, post-coloniale » (p. 59) ne pouvait donc qu'être rejetée même si elle doit être interrogée[1]. Pour celui qui considère que « l'intégration forcée, grâce à l'expérience coloniale, de tout un continent dans la modernité permet des espoirs inouïs », les Africains des dernières décennies du siècle sont passés de « l'état d'enfants prodiges à celui de déchus » (p. 60) développant le « complexe de l'enfant naturel ». Avec, d'une part, son « verbiage à propos d'une tradition africaine mystifiée » donnée comme « entité permanente avec des valeurs éternelles ». Et, d'autre part, avec son goût pour des « personnalités confuses et à la psychologie troublée » (p. 61).

À ces analyses inclassées et courageuses, on en ajoutera une qui définit assez bien jusqu'où va ce style de travail et de pensée. On y trouve à l'œuvre, autour de ces mêmes questions, le philologue et l'élève des fils de saint Benoît. Mudimbe estime ainsi que, dans le vocable Congo belge, « l'adjectif qui disparaît ce 30 juin 1960, est un objet parfait. Le vide qu'il laisse est, dès ce moment, inscrit dans l'histoire qui s'ouvre. Toutefois, il est un fait clair que l'évidence de la rupture, si elle est un fait, n'est nullement dans la nature de l'adjectif, ni même dans les signes nouveaux que cette suppression pourrait autoriser, mais dans le corps qui (sur)vit comme terme et lettre de la métamorphose » (p. 43).

---

[1] « Qu'au Zaïre, par exemple, les thèmes de l'authenticité aient pu, sérieusement, être entonnés et aient survécu de 1970 à 1990, au moment même où le pays se dégradait progressivement et glissait dans l'incohérence, n'est simplement pas compréhensible ». Et l'auteur d'ajouter : « [...] c'est au niveau individuel qu'il nous faudrait agir pour toute transformation future » (p. 63).

UNE TRANSFIGURATION INCARNÉE

La vie paraît liée chez Mudimbe à ces formes de métamorphose. Loin des hystéries collectives, elles passent par des pertes et des transformations ; par une opération qui concerne le système individuel du sujet, de sa prise en charge de lui-même et du monde. Chez Mudimbe cela s'opère au travers de l'écriture.

À cet égard, le titre du volume autobiographique *Les Corps glorieux des mots et des êtres...* doit être pesé dans toutes ses composantes. Les *Carnets...* et la préface aux *Corps glorieux des mots et des êtres...* ont permis de repérer le passage des choses aux êtres, terme qui consonne bien mieux avec le vocable « corps glorieux » et renvoie à une vision du monde qui n'est pas celle du positivisme réifiant. L'attaque – le syntagme nominal initial – est tout aussi forte et rare, en ce siècle. On y retrouve bien des éléments sur lesquels s'achève la précédente citation. Pour celui qui estime que « nous pouvons décider de transformer un pan de forêt en jardin érigé en transcendance » (p. 194), l'existence ne peut que ressortir à une forme de « transparence fragile » (p. 166). Celle-ci se défie aussi bien des pièges de la classification que d'une croyance en l'immortalité, laquelle paraît « indécente » à Mudimbe et contraire aux lois de la nature.

C'est donc par une imprégnation profonde et une métamorphose tout aussi notoire que se signifie l'expérience du christianisme de Mudimbe. L'agnostique marqué dans son comportement et son mode de pensée par le « modèle écrasant et multiséculaire » (p. II) de la tradition bénédictine est l'homme qui continue de se soustraire à certaines apparences ou à certaines contingences : de s'annuler. Il est en mesure de se mettre dans une perspective régie par une sorte de grand Autre : tout sauf terrifiant ou monomaniaque, mais fonctionnel et métamorphosant. Celui-ci ouvre – il lui est nécessaire – à l'ouverture de cette perspective même ; de ce point de fuite où peut s'opérer la glorification des mots et des êtres, leur épure et relance par l'écriture dans une espèce de vie nouvelle. L'homme qui provient de cet héritage est aussi celui qui « accepte de manière critique certes, mais sans honte, l'architecture historique où s'est coulé et moulé le Message ». Il « ne trouve aucune raison de douter de l'Évangile du fait qu'il a été, dans le passé, assumé de manière exemplaire par une culture et une civilisation » (p. 103).

Pour lui, le Credo demeure « une question ouverte » ; il agit « comme choc et comme invitation à interroger la vie réelle, ses batailles et ses stridences » (p. 101). L'homme Mudimbe ne considère dès lors pas essentiel de savoir s'il est, ou non, encore catholique. Il craint fort, en revanche, de n'avoir jamais pris le Christ, qu'il admira, « pour un dieu » (p. 85). Sa foi ne fait « éclore qu'un drame : celui d'une exigence face à une hypothèse. Dieu comme possibilité et Jésus comme une voie possible » (p. 101). Très logiquement, son paradis se trouve donc en ce monde où il s'épuise, et qui est sa lumière. Mais ce qu'il y fait advenir relève de la lumière symbolique – et de ses modes – qu'il découvrit tout au long de ses années d'apprentissage intellectuel et spirituel que relate *Les Corps glorieux des mots et des êtres*...

Avec ce livre, on se trouve donc bien en présence d'une pensée nouvelle, synthétique plus que syncrétique. Elle ne pouvait, assez logiquement, advenir que d'au-delà de l'Europe et de l'Amérique du Nord ; mais au travers de quelqu'un qui en maîtrise à la perfection les codes constitutifs[1] les plus fonciers tout en appartenant aussi à un autre héritage. Un double écart[2] réussi donc.

Que Mudimbe considère par ailleurs[3] que le christianisme lui paraisse, « pour l'instant, la seule idéologie et le seul système qui, en Afrique non islamique, peut nous aider à maintenir l'intégrité spirituelle et morale des croyants et, en même temps, leur donner le courage et les raisons de persévérer avec une certaine dignité dans leurs rêves humains et, surtout, de surmonter les calamités et l'irrationalité que nous créent les politiques » (p. 99) constitue un avis logique, plus subtil que bien des manichéismes ou des formes nouvelles de bonne conscience. Il faut le mettre en relation avec les analyses de l'Afrique contemporaine qui surgissent du volume

---

1 Legendre et Gauchet l'ont fort bien explicité dans les deux décennies écoulées.

2 Ce titre d'un roman de l'auteur y parle d'un écart non dialectisé dont se faisaient déjà l'écho les *Carnets*.

3 Ce propos n'est pas unique puisqu'il répond, en 1976/1977, à un jésuite africain qu'il aimerait que ses étudiants soient « enracinés dans leurs traditions africaines et critiques de leurs faiblesses » et, d'autre part, « presque athées, mais bien nourris de la sagesse judéo-chrétienne » (p. 89).

mais ne point y limiter le commentaire sur les relations entre l'œuvre et le style de Mudimbe et le christianisme.

Car une telle assertion ne répond que latéralement, et conjoncturellement, aux questions de l'empreinte du christianisme sur l'auteur comme de la métaphore concrète des corps glorieux sous laquelle s'écrit et se subsume son propos. Celui qui crut longtemps avoir à exercer une œuvre de salut[1] telle qu'on l'entend dans la perspective religieuse mais qui n'y croit plus en tant que tel est fondamentalement marqué, d'une part, par un besoin de transcender[2], de l'autre, par le besoin de « rétablir des liens » (p. 163). Toutes opérations qui passent par une capacité à se vivre comme « sujet et objet », à se « percevoir détaché » et « soumis à des attentes d'autrui » (p. 127) tout en gardant en fait un lien propre. Celui qui se forme dans le lieu même de la métamorphose : l'écriture.

À la différence du paradigme marxiste en Afrique qui croisa, un temps, les discours des missionnaires – l'auteur l'a bien connu lui aussi – et dont il stigmatise le caractère « d'objet vague, indécis, proposé mais jamais réellement nommé ; indiqué, mais toujours absent ; dramatisé mais, à chaque fois, couvert sous des adjectifs qui le voilaient » (p. 92) et qui se masque dans le « corps des discours novateurs », Mudimbe tente, tout au long des *Corps glorieux des mots et des êtres...*, de mettre en œuvre un langage précis qui repasse, autrement et à maintes reprises, sur des sillons qu'il a déjà tracés. C'est la démarche circulaire dont je parlais au début de cette contribution.

Cette phrase et cette construction ne recherchent pas l'éclat d'une formule mais sa pertinence, son adéquation. Cela suppose de pouvoir à la fois se fondre dans l'objet et de s'y transcender, tout en le transcendant. Lié à la liberté et à la singularité du sujet, l'écart n'a rien à voir avec l'individualisme ou l'égotisme chers à la tradition occidentale des derniers siècles. C'est aussi bien elle

---

1 Au moment de son départ en exil du Zaïre, il s'entend dire par son vieux maître louvaniste, le remarquable linguiste Willy Bal : « vous savez, ce n'est pas vous qui allez sauver le Congo » (p. 161).

2 Il peut le vouloir même contre l'acharnement de collègues à l'Université de Lubumbashi qui firent le lit du régime et plongèrent l'université dans le marasme (p. 165).

d'ailleurs que la tradition monacale qui se trouvent métamorphosées dans l'opération littéraire mudimbéenne. Et cela, à partir de sa conscience tensionnelle pluriculturelle et de son rapport d'Africain au monde naturel. Les corps glorieux de la transcendance chrétienne ne se trouvent dès lors ni dans l'au-delà de cette tradition ni dans sa négation mais dans une forme d'immanence distanciée, transsubstantiée.

Elle va de pair avec cette volonté de transparence fragile par lequel le sujet a entendu se définir et définir son projet. Un projet qui se situe dans la droite ligne de la vulnérabilité et de la mise en jeu annoncée dans les *Carnets...* L'œuvre passe donc par la distance et la célébration. Cette opération, différente de celle du mélancolique, consiste à reprendre ce que l'on croit, parfois à tort, ne jamais devoir revoir.

Une telle opération est mémoire, mais dans ce que la grâce a de donné, et non d'enjolivé. Elle est cette caresse esquissée qui est extase et extraction prudente – les mots n'offrant la liberté qu'à condition de conserver le suspens qui les fait naître et être malgré notre volonté de saisie.

MARC QUAGHEBEUR
Archives et Musée de la Littérature
et Université catholique de Louvain

V. Y. MUDIMBE, INTELLECTUEL AFRICAIN ET « ANTHROPOPHAGE » CULTUREL

La théorie du Brésilien Oswald de Andrade, l'anthropophagie culturelle, formulée en 1933, reste encore de nos jours provocatrice. Il faut reconnaître que beaucoup sont bloqués par le sens courant d'anthropophagie, le fait de manger de la chair humaine. De Andrade n'ignore pas ce sens premier, mais il fait de l'anthropophagie une métaphore volontairement percutante ; il tend par là, à définir la réaction de l'homme qui est confronté à une culture nouvelle, et encore plus une culture que l'on tente de lui imposer dans une situation de domination. Il inverse la perspective : l'homme que l'on tente de dominer culturellement ne se laisse pas manger, il mange et ingère lui-même ce qu'il veut bien manger et ingérer, ce qui lui plaît et lui convient dans la culture de l'Autre. Le mouvement est dynamique et l'attitude du « colonisé », vue sous cet angle, devient active et sélective.

Parler de métissage culturel, comme le fait L. S. Senghor lorsqu'il dit des intellectuels africains : « Nous sommes tous des métis culturels », n'a pas, il faut le reconnaître, la même force ni le même impact que le modèle du théoricien brésilien. Toutefois, le sens profond des deux formules n'est pas si éloigné. Comme aime à le répéter Henri Lopes, le métis est fort de ce qu'il y a de meilleur dans chacune de ses composantes. En lisant l'affirmation de Senghor à la lumière d'Oswald de Andrade, on prend conscience que la rencontre des cultures comporte un potentiel positif. Il ne faut toutefois pas confondre assimilation et métissage. L'assimilation opère à sens unique : son objectif est de rendre semblable au dominant, niant par le fait même à celui que l'on veut assimiler, toute identité et tout système de valeurs. Pour qu'il y ait métissage culturel, il faut au moins la rencontre de deux cultures qui interagissent l'une sur l'autre et pour qu'il y ait métissage réussi, les deux cultures ne doivent pas se détruire l'une l'autre mais bien s'enrichir réciproquement.

En situation coloniale, la première étape de la rencontre des cultures est négative, il faut le reconnaître clairement et sans équivoque. Cependant, le peuple africain bien ancré dans sa culture a vécu cette rencontre de façon un peu moins dramatique peut-être que ceux qui ont été profondément scolarisés à l'occidentale. L'intellectuel colonisé a vécu plus intensément cette rencontre et il est le seul à pouvoir inverser le mouvement dans sa prise de conscience, par le rééquilibrage de sa nouvelle personnalité, composite mais viable dans la mesure où elle repose sur son identité première, l'africaine.

C'est dans la perspective positive et dynamique du métissage culturel ou de l'anthropophagie culturelle qu'il faut situer la démarche intellectuelle et humaine, consciente et à l'occasion sans doute aussi inconsciente, de V. Y. Mudimbe. Cet intellectuel africain a été et est toujours le lieu de multiples rencontres qui ont façonné en lui une personnalité séduisante et il n'y a pas que les intellectuels africains qui se reconnaissent en lui. Ce qui importe au premier chef, c'est l'orientation prise par le développement de sa personnalité et qu'indique clairement le sous-titre de son autobiographie intellectuelle : *Esquisse d'un jardin africain à la bénédictine*[1].

Ce que l'auteur nous livre dans son dernier ouvrage, c'est bien son « jardin africain ». Toute son histoire intellectuelle est l'aménagement de ce « jardin africain », la culture de ce jardin tout au long de son aventure personnelle unique. Reste le déterminant, « à la bénédictine », qui précise la manière – on pourrait dire la « façon », au sens artisanal du mot –, dont il a « cultivé » son jardin africain : à un premier niveau de sens, un travail de bénédictin, c'est-à-dire avec patience, minutie même, soin et constance ; à un sens second qui colle à une partie de son passé, un travail selon un modèle et une méthode qu'il a pratiqués pendant la période où il a été Frère Matthieu, c'est-à-dire le développement de son pouvoir de réflexion et de son champ de conscience de soi et du monde.

---

[1] V. Y. Mudimbe, *Les Corps glorieux des mots et des êtres. Esquisse d'un jardin africain à la bénédictine*, Montréal-Paris, Humanitas-Présence Africaine, 1994, 228 p.

Il faut dire en toute vérité, que ce « jardin africain » ne paraît pas occuper une place significative au point de départ du cheminement de V. Y. Mudimbe. On peut penser ici au *Candide* de Voltaire qui éclaire en partie l'histoire humaine et je dirais par analogie et avec des nuances, l'histoire de Mudimbe. Dans un premier temps, Candide part à la découverte du monde, le monde de l'Autre. Il croyait y trouver un homme meilleur que ceux qui l'entouraient chez lui. Mais la seconde partie du conte de Voltaire se démarque de l'histoire de Mudimbe. On sait que Candide rencontre au cours de son voyage, le côté bestial de l'homme : cruauté, tortures, massacres, etc. Il revient à la maison, ayant perdu toutes ses illusions sur l'homme, et il ne trouve rien de mieux à faire, sinon qu'« il faut cultiver notre jardin ». Le jardin de Mudimbe, on le verra, ne sera pas un repli sur soi, faute de mieux, mais bien sa référence fondamentale et le fondement de son être.

L'enfant, plus ou moins jeune, se lance dans la vie avec autant de générosité, d'ardeur que de naïveté. Cela est vrai aussi et peut-être davantage pour le jeune colonisé. Dans ce rapport vertical, l'Autre dominant et le jeune dominé, la première phase du cheminement de tout colonisé est celle du détour : maîtriser à fond la langue de l'Autre, acquérir sa science, faire sienne sa culture. De ce point de vue, on peut dire que Mudimbe est en quelque sorte exemplaire. Il s'est engagé totalement. Il a été, comme beaucoup d'autres Africains, le « Blanc » de sa famille, de son village, de son milieu. L'étudiant, le jeune intellectuel, le chercheur, le penseur Mudimbe ne fait aucun secret de ses maîtres à penser : Marx, Althusser, Freud, Lacan, Jung, Sartre, Claude Lévi-Strauss, Cioran, Michel Foucault, Michel de Certeau, Michel Serres et tant d'autres. Marxisme, psychanalyse, phénoménologie, structuralisme et existentialisme ont contribué à la formation et au développement de sa pensée. Il a su s'approprier les outils et les modèles intellectuels et culturels de l'Autre, mais en n'étant jamais prisonnier de ces systèmes de pensée qu'il a assimilés, je dirais avidement, et en tirant de la fréquentation de ses maîtres, des instruments pour l'approfondissement de sa propre pensée et la mise au jour de sa propre perception de sa culture, de l'Afrique, de l'Occident et du monde.

Le penseur et chercheur Mudimbe est aussi écrivain. Ses réflexions et ses recherches intellectuelles accompagnent et donnent forme à son œuvre romanesque. Dans ses *Carnets d'Amérique*, il raconte qu'un de ses amis belges commençait ses cours sur l'Afrique de façon volontairement provocante, en disant : « L'Afrique est un énorme hôpital psychiatrique »[1]. L'affirmation est évidemment excessive et ne peut être appliquée au peuple africain dans son ensemble.

Mais la figure de l'intellectuel, chez beaucoup d'écrivains, prend les traits de la folie et plus particulièrement de la schizophrénie. Quelques-uns des personnages africains de Mudimbe représentent effectivement des figures de la folie. Pierre Landu, dans *Entre les eaux*[2], est un prêtre catholique aussi mal à l'aise dans l'Église à laquelle il appartient que dans le maquis où il a voulu se joindre à la révolution. Il trahit à la fois l'une et l'autre. Le monastère cistercien où il se retire ne lui permet pas de se retrouver. Il ne réussit à s'inscrire ni dans le monde africain, ni dans le monde religieux occidental. Il n'a aucune prise sur lui-même, ni sur le milieu où il vit. Cette première figure de l'intellectuel – celui-ci a fait un doctorat en théologie –, possède les traits du schizophrène déconnecté du monde. On peut lui opposer Sœur Marie-Gertrude, personnage principal de *Shaba deux*[3]. L'appartenance de cette dernière à une communauté religieuse européenne la place, elle aussi, entre deux mondes : les sollicitations de l'Afrique, de sa famille d'une part, et d'autre part, les règles et les obligations de sa vie religieuse. Ses relations avec sa nouvelle « famille » ne vont vraiment pas de soi, d'autant qu'elle habite Kolwezi et que sévit la guerre du Shaba. Mais elle continue à servir son peuple comme infirmière, de sorte que même si elle devient victime de la guerre civile, elle transcende son déchirement intérieur par la fidélité à ses engagements. La figure extrême de la folie est Ahmed Nara, dans *L'Écart*[4], un jeune historien, qui fait

---

1 *Carnets d'Amérique*, Paris, Éditions Saint-Germain-des-Prés, 1976, p. 22.

2 *Entre les eaux. Dieu, un prêtre, la révolution*, Paris, Présence Africaine, 1973, 184 p.

3 *Shaba deux. Les Carnets de Mère Marie Gertrude*, Paris, Présence Africaine, 1989, 152 p.

4 *L'Écart*, Paris, Présence Africaine, 1979, 159 p.

une thèse de doctorat, afin de réécrire l'histoire de l'Afrique. Plus ses recherches avancent, plus il prend conscience de la fausseté du discours européen sur l'Afrique et de sa propre incapacité à cerner le monde africain. Son impuissance intellectuelle et affective le conduit au suicide. De ces trois figures, seule la figure féminine reste en lien avec la société. Pierre Landu et Ahmed Nara choisissent la fuite, marquant ainsi leur échec.

Les transes des personnages ne sont visiblement pas celles de l'auteur. Ses romans posent, il est vrai, le problème de l'identité et de l'intégration de l'intellectuel africain formé dans les universités occidentales et cela vaut même jusqu'à un certain degré pour ceux qui ont été formés dans les universités africaines. Même la fiction devient pour Mudimbe un laboratoire où il cherche à expérimenter, en quelque sorte, les idées qui naissent de ses réflexions.

Il est signifiant de mettre en présence ces trois romans, plus particulièrement *L'Écart*, et trois autres textes de Mudimbe, *L'Autre Face du royaume*[1], *Carnets d'Amérique* et *L'Odeur du Père*[2]. On découvre que dans le monde imaginaire des romans, surtout avec Ahmed Nara, sont répercutées les préoccupations du penseur et de l'essayiste. Une des grandes questions que se pose Mudimbe dans les années 1970, porte sur la pertinence et les limites des sciences humaines et sociales occidentales en Afrique et parmi ces dernières, l'anthropologie. Les hommes de sciences occidentaux ont utilisé ces modèles pour construire un discours sur l'Afrique. Ces sciences humaines et sociales échappent-elles à toute subjectivité, à toute domination ? En économiste de la « première heure » – Mudimbe a étudié en premier lieu l'économie –, il reprend le modèle marxiste des dépendances économiques. Ces sciences occidentales n'ont-elles pas été contaminées par les idéologies dominantes, mettant par là en danger l'objectivité dont on prétend qu'elles sont porteuses ? Mudimbe le croit et la question devient pour lui : comment tenir un discours sur l'Afrique et les Africains qui soit un discours pertinent et conforme à son objet ?

---

[1] *L'Autre Face du royaume. Une introduction à la critique des langages en folie*, Lausanne, L'Âge d'homme, 1973, 155 p.

[2] *L'Odeur du père. Essai sur des limites de la science et de la vie en Afrique noire*, Paris, Présence Africaine, 1982, 207 p.

Après avoir mis en lumière les paradoxes des sciences humaines et sociales héritées de l'Occident, il propose aux Africains la tâche de construire eux-mêmes un discours théorique sur l'Afrique, ce qui suppose une transformation importante des instruments d'analyse et une épistémologie nouvelle. Les intellectuels doivent se réapproprier le discours sur l'Afrique et faire en sorte qu'il soit un discours authentique qui traduise les réalités de l'Afrique et qu'il puisse générer des pratiques dans toutes les sphères de la vie. Cette position de Mudimbe sera nuancée ou revue de façon importante dans ses travaux ultérieurs, tout particulièrement en ce qui concerne le structuralisme, mais il conservera toujours une place au doute et à l'interrogation systématiques.

L'observation du cheminement de Mudimbe permet de constater, à travers ses écrits des années 1970, que la deuxième phase du parcours du colonisé, le retour, selon Edouard Glissant, s'amorce rapidement. En fait, détour et retour se révèlent plutôt les deux faces d'un même phénomène avec un certain décalage entre les deux, ce que confirme le modèle de l'anthropophagie culturelle d'Oswald de Andrade. On ne « mange » pas le savoir de l'Autre pour devenir l'Autre, mais bien pour se donner progressivement les moyens de mieux se connaître soi-même et assumer son devenir et le devenir de son monde. C'est bien ce que fait Mudimbe.

L'objet fondamental de tous les écrits de Mudimbe, aussi bien fictions qu'essais, c'est l'Afrique et cela depuis le début de sa carrière d'intellectuel et d'écrivain. Sa première préoccupation a été le regard porté sur l'Afrique et les Africains par les ethnologues tout spécialement. Il s'amuse un peu de tous ces africanistes en herbe qui, en une courte mission de quelques mois, produisent des discours à prétention scientifique sur des coutumes, des cultures, des populations dont ils n'ont que des connaissances fragmentaires. Cette question est pour lui très importante. Elle occupe une grande place dans ses trois premiers textes de réflexion : *L'Autre Face du royaume* (1973), *Carnets d'Amérique* (1976) et *L'Odeur du père* (1982). À la lecture de ces essais, on peut constater le chemin parcouru entre 1973 et 1982. Le premier essai a été écrit à Genève, alors que le jeune intellectuel est aux prises avec un mauvais diagnostic de santé, mais il ne saura que plus tard que celui-ci est mauvais. L'enthousiasme dont cette étude est porteuse est le reflet de la vie intellectuelle intense que son auteur a connue autour de et pendant l'année 1968, alors qu'il partageait son enseignement entre la Belgique et la France, entre Louvain et Paris-Nanterre.

Le dernier de ces trois essais a été écrit après un séjour d'une dizaine d'années en Afrique où le professeur-chercheur s'est beaucoup investi auprès de ses étudiants africains et des jeunes chercheurs. Au Centre de linguistique appliquée de l'Université de Lubumbashi, entre autres, il s'est employé à animer la recherche et à développer la réflexion théorique, en privilégiant les apports encore nouveaux du structuralisme. Dans *L'Odeur du père*, titre au relent psychanalytique pour certains qui n'en connaissent pas les véritables enjeux, la pensée du chercheur est toujours en construction, mais plusieurs pistes sont examinées et des lignes directrices se dégagent clairement. Il y réclame, entre autres, l'introduction du sujet africain dans des sciences qui de toute façon comportent une bonne dose de passion. Il faut donc redonner à la subjectivité ses droits. Il rêve d'une pratique scientifique qui se conjuguerait avec une pratique politique. En un mot, les sciences humaines et sociales doivent être mises au service du peuple et de l'Afrique. Pour cela, l'Africain doit donc reprendre la parole et il doit repenser les sciences et les modèles par lui-même et pour lui-même. Autant de propositions dont l'évidence est criante, mais qui étaient nécessaires dans la décennie 1970-1980 et gardent encore aujourd'hui beaucoup de leur pertinence.

On croise tout au long de ces textes une autre question qui a été au centre de sa réflexion philosophique, l'altérité. Mudimbe nous fait passer du regard de l'Autre sur l'Afrique à la relation obligée à l'Autre, question hautement philosophique, existentialiste et existentielle. L'altérité, dans une société colonisée ou dans une société hétérogène, est vécue beaucoup plus difficilement et surtout plus dangereusement que dans une société largement homogène. Les conséquences de cette altérité vont bien au-delà du discours de la différence qui demeure à la surface des choses. C'est l'être même qui est en cause et qui doit réussir à bâtir ou rebâtir son identité ou à tout le moins la retrouver. Dans la perspective de l'altérité, il s'agit sans doute de dire l'Autre, mais plus encore de se dire à l'Autre, de dire l'Autre comme différent, mais aussi de se dire comme spécifique, car il ne faut pas dissocier le couple identité/altérité.

Dans son introduction et sa conclusion à *The Surreptitious Speech*[1], recueil de textes rassemblés et publiés sous sa direction, à l'occasion du 40e anniversaire de la maison d'édition Présence Africaine, Mudimbe identifie comme discours sous-jacent de la politique éditoriale et des publications de la maison, une « politique de l'altérité ». On y retrouve en effet « un discours sur l'Afrique et un discours par les Africains », reposant sur le « droit universel de pensée ». Présence Africaine a été le lieu où plusieurs composantes du discours sur l'Afrique ont pu s'exprimer : la négritude, le Panafricanisme, la libération politique, l'esthétique négro-africaine, etc. Elle a permis aussi la constitution des études africaines et africanistes, développant un ensemble de connaissances sur l'Afrique. Elle a contribué de façon particulière à promouvoir le concept d'une histoire africaine. Tout cela a servi l'objectif d'Alioune Diop et de son équipe : rendre à l'Africain sa dignité. Présence Africaine a rempli une tâche importante au fil de son existence : sortir l'Afrique de la marge de l'Occident où on la confinait depuis le XIXe siècle, en construisant un espace qui lui est propre.

Avec son étude magistrale, *The Invention of Africa*[2], Mudimbe entreprend précisément la démarche qu'il a proposée aux intellectuels africains, produire un « discours théorique » sur l'Afrique. Dans cet ouvrage, il analyse les systèmes africains de pensée, afin d'établir un cadre théorique à ce discours sur l'Afrique. Évitant d'affirmer l'existence d'une philosophie africaine formelle, il parle plutôt de « gnose », au sens premier de recherche de la connaissance, examinant les « conditions de possibilité de philosophie » et prenant en compte l'origine socio-historique de cette « gnose » et le contexte épistémologique de sa recherche. Dans sa démarche, il analyse les discours produits sur l'Afrique en donnant la première place à ce qui a rendu ces discours possibles. Son objectif est de dégager, selon le modèle de

---

1 *The Surreptitious Speech. Présence Africaine and the Politics of Otherness.* Chicago, The University of Chicago Press, 1992, 463 p.

2 *The Invention of Africa. Gnosis, philosophy, and the order of knowledge*, Bloomington and Indianapolis, Indiana University Press, 1988, 241 p.

Michel Foucault, une archéologie de la « gnose » africaine comme système de connaissance. Il s'intéresse à la fois au « statut des systèmes traditionnels de pensée » et à « leur possible relation au genre normatif de connaissance ».

Pour atteindre ses objectifs, Mudimbe met au jour le « discours de pouvoir et de connaissance de l'altérité », en interrogeant les images occidentales de l'Afrique. Conscient du pouvoir de tout discours, et encore plus du discours produit dans un contexte colonial par les représentants de ce système, il analyse les pouvoirs des anthropologues, des missionnaires, des idéologues sur la philosophie, afin d'identifier les processus de transformation des types de connaissance. Il conclut en proposant « la géographie d'un discours ». La « gnose » africaine est un discours à la fois scientifique et idéologique sur l'Afrique. Cette proposition reprend, d'une part, la thèse de l'anthropologie marxiste et du structuralisme « d'une logique originale et d'une pensée trans-historique », donc l'existence d'une rationalité originelle ou de base. Elle touche, d'autre part, le concept d'histoire, en tant que travail intellectuel de classement des activités humaines et des événements sociaux, et aussi en tant que discours de connaissance et discours de pouvoir. Ajoutons que l'ouvrage comporte une bibliographie volumineuse et très riche des multiples discours tenus sur l'Afrique.

Mudimbe poursuit l'étude du discours de l'altérité et la construction d'un discours théorique sur l'Afrique dans un autre ouvrage de la maturité, *Parables and Fables*[1], en travaillant cette fois-ci sur des textes oraux du peuple luba de l'ex-Zaïre. Le choix de cette culture s'explique par l'existence de nombreux travaux qui portent sur la culture de ce peuple, en particulier les ouvrages de Luc de Heusch. Un autre point de référence pour cette étude est l'expérience même de Mudimbe, catholique, intellectuel formé dans l'école coloniale et les universités occidentales, dont il tente de faire une re-lecture la plus objective possible, grâce aux modèles de la phénoménologie et du structuralisme. Au départ, il pose deux préalables. Le premier, on ne peut parler d'altérité sans en avoir solidement établi les caractéristiques ou particularités. Le

[1] *Parables and Fables. Exegesis, Textuality, and Politics in Central Africa*, Madison, The University of Wisconsin Press, 1991, 238 p.

second, dans le contexte africain, on ne peut parler de la tradition et de ses pratiques contemporaines, sans tenir compte de nombreux discours produits pendant la période coloniale et qui ont « inventé » les identités africaines. Transparaît aussi en toile de fond de cet ouvrage la « passion » de Mudimbe pour les concepts : « l'identité », « le même » et « l'autre » ou « l'altérité ».

La démarche qu'adopte Mudimbe pour sa réflexion, tout au long de cet essai, est éclairante. La première question qui ouvre son exposé est la « problématique de la Révélation religieuse » comme « performance politique ». L'auteur montre d'abord les effets politiques de l'arrivée des missionnaires et de leur façon de se comporter à l'endroit des autorités africaines. Ces mêmes missionnaires entraînent ensuite la mise en présence d'un discours africain sur Dieu et d'un discours extérieur ou étranger sur Dieu. La conséquence qui résulte de cette rencontre, a consisté à décentrer le système de signes sur Dieu par rapport au système africain. Dans un deuxième temps, il pose la toile de fond d'où procède le concept de philosophie africaine qu'il rapproche dès le départ de la théologie africaine telle qu'entrevue par les missionnaires catholiques de l'Afrique centrale. Il passe ensuite en revue les événements qui ont fondé de façon mythique une philosophie et une théologie africaines : par exemple, le péché originel comme mythe historique. Ces données sont longuement confrontées à l'expérience abondamment étudiée des Luba : le mythe de l'origine, certaines pratiques de la vie quotidienne, etc. L'analyse s'accompagne, tout au long de son développement, d'une réflexion constante sur la méthodologie, marquant ainsi, chez Mudimbe, le souci d'une démarche scientifiquement fondée.

Le parcours de l'ensemble de la production scientifique et romanesque de Mudimbe met au jour un certain nombre de caractéristiques qui attirent l'attention. C'est d'abord l'unité dans la continuité qui marque la totalité de sa recherche et de son œuvre. C'est aussi l'objet central de ses préoccupations, l'Afrique, l'Afrique d'hier et ses cultures, l'Afrique colonisée et l'Afrique contemporaine avec ses nombreux problèmes et ses difficultés à prendre en charge son présent et son avenir, tous ces moments constituant l'histoire de l'Afrique. C'est également sa réflexion sur la question des méthodes et des modèles théoriques en lien direct avec des pratiques. Un autre trait, parmi d'autres, est le fait que Mudimbe, intellectuel africain, est avec l'Afrique, l'objet et le sujet de ses recherches. Il suffit de lire son autobiographie intellectuelle, *Les Corps glorieux des mots et des êtres...*, pour constater jusqu'à quel point ses recherches sont liées à sa propre expérience et à son questionnement personnel.

L'œuvre, on le sait, révèle l'homme. La polyvalence de l'esprit de Mudimbe soulève l'admiration. Il se meut avec la même aisance en philologie, philosophie, anthropologie, sociologie, histoire, littérature, etc. Il revêt selon les besoins, les habits du poète, du romancier, de l'essayiste, du philosophe, du linguiste, du théoricien. Et il le fait sans dogmatisme ni prétention, et en étant toujours aux prises avec le doute salutaire qui oblige à remettre constamment en question les acquis de sa recherche.

Si l'on cherche un modèle de cet esprit « universel », il suffit d'examiner certains coins cachés de son « jardin » où l'on découvre un esthète d'une rare qualité. Un des secrets de ce jardin est la passion de Mudimbe pour la Renaissance italienne. Non seulement il connaît la langue italienne, mais plus encore l'art et les œuvres admirables de cette période. Il en parle dans *Entre les eaux*, Pierre Landu ayant fait ses études de théologie à Rome, et dans ses *Carnets d'Amérique* où il rapporte quelques-unes de ses visites dans les grands musées américains. Lorsqu'il parle du XVIe siècle italien, il le fait avec admiration, passion, pertinence et profondeur.

On peut donc dire métaphoriquement que Mudimbe est un « homme de la Renaissance », non pas qu'il soit un esprit d'un autre siècle, mais bien au sens où il est un homme assoiffé de connaissances dans tous les domaines du savoir et des arts, prenant appui sur la philosophie, « mère de toutes les sciences », pour interroger constamment les modèles des sciences humaines et sociales, afin de parler de façon de plus en plus pertinente de l'homme et prioritairement de l'homme africain, et pour discuter de la méthode la plus appropriée pour le faire. Pour demeurer dans le XVIe et aussi dans le modèle d'Oswald de Andrade, disons que Mudimbe a fait son « miel » de tout ce qu'il a croisé sur sa route, selon la belle expression de Montaigne.

Tout n'a pas été dit de l'homme et intellectuel Mudimbe, ni de son œuvre. Loin de là, mais il est possible cependant, à la suite de ces quelques coups de projecteur sur sa production scientifique et ses œuvres de fiction, de prendre conscience de l'apport exceptionnel que les études et la littérature africaines lui doivent et du modèle exemplaire qu'il représente pour les Africains, pour ses lecteurs et pour la communauté scientifique internationale.

FERNANDO LAMBERT
Université Laval, Québec

DIALECTIQUE DE LA PAROLE ET DU SILENCE CHEZ V. Y. MUDIMBE

À Bogumil Jewsiewicki

« Parole et silence » : mon propos, au fond, est de donner à comprendre l'émergence et l'inscription du texte de Mudimbe dans le champ littéraire actuel, lequel lui a dicté les contraintes en délimitant ce que Bourdieu appelle dans *Les Règles de l'art*[1] un « espace des possibles ». Il s'agit donc de démêler, dans la trajectoire de Mudimbe, mais aussi dans sa conception et sa pratique de l'écriture, ce qui relève dialectiquement d'un *ars inveniendi* et d'un *ars obligatoria*, toujours pour reprendre la terminologie de Bourdieu. Cette façon d'interroger la genèse d'un texte dans son histoire me paraît explicative d'un ensemble de phénomènes congruents à la fois internes (l'écriture, les choix rhétoriques et stylistiques) et externes (la valeur *marchande* du texte) en ceci qu'elle propose non pas un schéma déterministe ou mécaniste des causes et des effets (l'histoire déterminant le sujet et le projet créateur), mais une intelligibilité autre qu'intuitive ou idéaliste de ce qu'on appelle romantiquement *l'originalité* d'un écrivain, laquelle ne serait le fruit que de *l'inspiration* ou du *génie*.

Ma lecture de Mudimbe voudrait donc indexer le caractère métatextuel et réflexif de l'œuvre sur cette nécessaire biffure de l'écrit dans un contexte d'avant-garde qui met à l'avant-plan l'écriture non pas comme énoncé mais comme énonciation, c'est-à-dire comme un acte de parole qui récuse, du moins en représentation, son inscription dans l'histoire pour s'avouer dans sa pure profération. Toute l'originalité de Mudimbe tient dans ce pari-là : faire de la littérature sur un déni de littérature, parler en feignant de ne rien dire ou de dire les riens de l'existence. Comme

---

[1] Pierre Bourdieu, *Les Règles de l'art. Genèse et structure du champ littéraire*, Paris, Le Seuil, 1992, p. 326.

on le voit, cela relève d'une façon habile de déporter le verbe littéraire vers un sens pluriel, en corrélation avec la masse d'autres savoirs et discours sociaux, qui échappe à son énoncé et qui fait se confronter, comme l'observait déjà judicieusement Josias Semujanga, une double lecture du texte[1], ici immédiate et littérale (mais aussi dérisoire et futile : les petits riens qui font l'argument de chaque texte – une situation, un personnage, une parole envolée), là, allégorique et réflexive, interrogeant l'acte d'écriture à la source même de son avènement, dans un lancinant questionnement : « Que choisir ? ». Je vais m'efforcer de montrer que la poétique de Mudimbe, telle qu'elle s'illustre et se déploie au cœur de son œuvre, participe d'une inscription textuelle de l'histoire. Celle-ci doit se concevoir doublement. D'une part, l'histoire de la littérature africaine, avec ses impasses et son discours sur l'impossibilité d'être, mais aussi avec son train-train académique et interdisciplinaire. D'autre part, l'histoire personnelle, « bio-graphique » de Mudimbe lui-même considérée comme un ensemble de faits prédisposants et disposants, de nature à donner du sens à la naissance (mais aussi à la facture, ce que je ne pourrai qu'évoquer ici, faute de place) de l'œuvre.

Dans l'espace qui m'est imparti et qui est, tout autant que l'écriture de Mudimbe, marqué par l'impossible, je ne pourrai que baliser la trajectoire de l'écrivain en repérant quelques-uns des traits pertinents de sa sociographie. Toute la problématique que j'ai développée ailleurs dans le détail[2] peut se résoudre en une formule, à savoir : ce que dit le texte de Mudimbe et la manière dont il le dit relève d'une appropriation et d'un déchiffrement singulier et « original » de l'histoire, au double sens que je viens de préciser. La biographie sociale et littéraire de Mudimbe est placée sous le

---

1 Josias Semujanga, dans son excellent livre sur la *Configuration interculturelle dans le roman francophone* (Québec, Nuit blanche Éditeur, 1996) analysant l'énonciation ironique dans *L'Écart* de Mudimbe, a confronté les deux lectures et a montré, en examinant la fonction pragmatique de l'ironie, comment celle-ci surdétermine la lecture du roman, et comment, à partir de cette ironie, le texte investit l'histoire et les autres discours sociaux (pp. 63-98).

2 Justin Bisanswa, *Conflit de mémoires. V. Y. Mudimbe et la traversée de l'écriture*, Francfort, Iko-Verlag, 2000. Lire également J. Bisanswa, « V. Y. Mudimbe et la réflexion des sciences humaines et sociales », dans *Cahiers d'Études africaines*, n° 160, Paris, 2000, pp. 705-722.

signe de l'excentricité. L'itinéraire est marqué par un nomadisme et un multiculturalisme perpétuels dont la mouvance géographique et sociale est la traduction : les lieux mudimbéens changent constamment, au point qu'aucun ne parvient à lui garantir un maximum de stabilité sociale. Toutefois, cette position instable confère paradoxalement à l'œuvre et à la parole une spécificité littéraire et esthétique. L'œuvre s'origine dans une position d'énonciation doublement excentrée. D'un côté, par rapport au modèle social qui ne parvient pas à se transmettre, ce qui produit une vision du monde à la fois adolescente, moqueuse et désenchantée ; de l'autre, en rapport avec les lignes de force de la littérature africaine, Mudimbe faisant, par exemple, du roman un commerce incessant entre la théorie et la fiction. Cette œuvre fait ainsi figure d'œuvre atypique, s'entoure d'une aura à la fois maudite et magique, engendrant même une petite mythologie mudimbéenne qui se construit progressivement : une enfance esseulée, vouée tôt au sacerdoce et passée dans des couvents, une vocation sacerdotale et monacale brisée, une prestigieuse carrière littéraire, une brillante activité académique dans un nouveau monde, un chantre et un admirateur infatigable de l'antiquité classique, une œuvre diversifiée qui rend l'auteur inclassable et qui captive pour ses promesses. Cette excentricité constitue le soubassement discursif de la parole de Mudimbe : elle génère, en effet, tous les déphasages (pragmatiques, thématiques, rhétoriques) qui confèrent le ton et la couleur à l'œuvre. « L'originalité » de l'œuvre se confond, dès lors, avec « l'originarité » de sa parole. C'est ainsi que le texte de Mudimbe absorbe en la métamorphosant l'histoire de sa naissance.

Dans *Déchirures*, Mudimbe souligne qu'il ne voudrait être que le « verbe ». C'est également par la parole que Pierre Landu exprime le dégoût de son sacerdoce et l'envie de servir « réellement » ses compatriotes en s'engageant dans le maquis. C'est par la puissance de la parole qu'Ahmed Nara et Marie-Gertrude décident de confier chacun dans un pseudo-journal leurs angoisses, leur schisme intérieur, leurs déchirements.

Le plaisir que je ressens en lisant Mudimbe réside donc dans la symbolique même de la parole. Il me semble que l'œuvre de Mudimbe a quelque chose de très barthésien, c'est incontestable, ou, disons plus simplement, qu'elle a un très fort plaisir : Mudimbe inscrit une jouissance et un amusement, avec des clins d'œil au lecteur qui en font vraiment un acte d'agrément, un acte de plaisir et de charme, autant qu'un acte de connaissance qui fait du savoir une fête. Alors, pourquoi ?

Que je sois dans la séduction, dans cette œuvre, cela va de soi. Or, je ne suis pas simplement séduit par le mythe comme par la théorie, par l'insolite même, par la surprise féconde de leur mise en rapport imprévue ; je ne suis pas simplement séduit : je prends le parti, dans cette œuvre, de me laisser séduire, tout en tâchant de garder une distance critique, une rigueur théorique. La séduction est donc, dans cette œuvre, non pas simplement du sujet, mais aussi du parti d'écriture : un parti d'écriture qui postule qu'il n'existe pas, de toute façon, de dehors de la séduction ; un parti d'écriture par lequel je laisse donc le sujet se jouer et jouer les signes – m'impliquant, impliquant le lecteur, comprenant que nous sommes dedans. Or comment mieux caractériser ma démarche que par le parti pris de cette « monstration » aux antipodes d'une attitude contemplative et de chastes caresses s(t)ex(t)uelles. Non, mon désir est évident et je prends le parti de jouir de ce corps qui m'est offert, de le découvrir et de le recevoir à ma fantaisie, et c'est délibérément que je m'associe à cette relation érotique, que je m'immisce dans ce corps à corps physique de l'écrivain et graphique de l'écrit. Mudimbe expose au regard médusé de son décrypteur les organes de la langue, montre les mots qui se frottent aux sens et, par la conjonction du corps qui la produit et de l'érectile instrument qui la transcrit, touche à une certaine érotique de la création. Le corps est donc pris à la lettre, et Mudimbe nous convie une fois de plus à un retour sur sa matérialité. Interrogé un jour sur la signification de son premier roman, *Entre les eaux*, Mudimbe répondait en ces termes :

> *Entre les eaux*, c'est aussi un jeu de ma parole. Un jeu qui, je le crains, n'est pas tout à fait innocent dans la mesure où il esquisse un projet de dissolution dans une prière impossible. Pourquoi ? Peut-être parce que je m'imagine, parce que je vous imagine entre les eaux comme les noyés. Et je me demande si, par delà nos angoisses et nos altérités, nous [...] ne sommes pas une mystérieuse attente, comme ce

> malheureux prêtre que j'ai brisé en Dieu. Mais attente de quoi ?[1]

Je ne sais si je pourrais dire, à tel ou tel moment : j'interviens précisément comme sujet de la séduction ou comme victime de la séduction d'un personnage... Je pense que le propre de la séduction, c'est qu'on ne sait pas justement, par quoi on est séduit, ni à quel moment la fascination l'emporte et égare l'analyse.

L'ÉROTISME DE LA THÉORIE : LA TRAVERSÉE

Je vais cependant essayer de répondre en suggérant que ce qui m'a – pour autant que je sache – séduit chez Mudimbe, c'est l'excentrement de la parole, l'excentricité stylistique, son irréductibilité littéraire : l'irréductible d'un style dont l'humour et les connotations s(t)ex(t)uelles dépassent constamment les besoins de l'exposition théorique, problématisant cette exposition par une sorte de surcharge érotique, ironique, à travers laquelle la « théorie » se démystifie comme savoir mais se joue, en revanche, comme désir : comme désir de la théorie. Je peux donc parler ici d'un érotisme de la théorie, qui, dans le même souffle, s'offre, séductivement, comme promesse du désir et, ironiquement, comme la fatalité d'une désillusion (théorique) à venir. C'est cette complexité vitale, cet irréductible excès rhétorique de l'énonciation sur le simple énoncé, ce constant pervertissement littéraire de la transparence théorique qui m'a ici séduit : le fait que la théorie, elle aussi, se joue par le biais littéraire, non pas comme promesse de vérité, mais comme une sorte de promesse d'amour, probablement intenable... Il y a toujours, chez Mudimbe, un reste, un au-delà ou un en deçà de la théorie. Il y a toujours dans son texte un jeu de la vie, de la mort, de l'amour, entre Éros et Thanatos, jeu qui habite le langage mais qui ne se laisse pas réduire à sa maîtrise théorique.

C'est la même dynamique qui se joue chez Mudimbe : la plupart de ses personnages dissertent. Là encore, nous avons affaire – par ce même biais du langage – d'une part à la séduction, et d'autre part, à l'immaîtrisable. L'œuvre de Mudimbe est un acte

---

[1] Mukala Kadima-Nzuji, « Aperçu sur la création romanesque », dans *Notre Librairie*, n° 44, Paris, Clef, 1978, pp. 74-75.

politique, une volonté politique de bousculer, de subvertir l'ordre de la société. Avec Mudimbe nous allons opérer une transgression : si *L'Écart*, par exemple, est réellement subversif, c'est dans la mesure où il fait jouer jusqu'au bout, contre la conscience licite, le corps inconscient (je ne m'attarderai pas sur la profusion du vocable « corps » dans le roman) de celui qui écrit aussi bien que le corps de celui qui lit. Et quand bien même (ce qui n'est pas le cas) il ne s'agirait que d'une littérature « mineure » faite d'abord pour exciter, le seul fait qu'on ne puisse en parler sans avouer cette excitation qui nous met « hors de nous » participe déjà de la subversion.

Pourtant *L'Écart* ne participe pas d'une telle littérature mineure. Il s'agit même en l'occurrence d'une écriture supérieure dont le scandale est d'autant plus grand puisque, lorsque nous en parlons, nous ne saurions passer sous silence que nos réactions devant elle ne sont ni légères ni calmes. C'est là que le bât blesse et que nous devons prendre toute la mesure du « silencieux complot » qui continue de se faire entendre autour du nom de Mudimbe. Cette fiction, texte apocryphe encore une fois, n'est pas une analyse, mais elle ressemble à l'analyse (à une analyse écrite) en ce qu'elle met en scène, dans un récit très maîtrisé et fratrisé, une matrice pulsionnelle et fantasmatique ; elle met en jeu, d'une manière exemplaire, le noyau le plus inconscient du désir. Cette matrice, ce noyau, elle ne les montre pas, elle les fait travailler. Certes, l'écriture de Mudimbe témoigne d'une certaine sexualité, disons même d'une certaine attitude devant la sexualité. Il est clair, en particulier, que Mudimbe est quelqu'un qui prend la sexualité au sérieux ; et il peut même sembler à première lecture que ses récits sont très marqués, historiquement et idéologiquement très datés, avec cette insistance en eux d'une vieille thématique de la prostituée (dans *Le Bel immonde* et *L'Écart*), de la femme de mauvaise vie (*Entre les eaux*), de la souillure, de la faute, du péché (*L'Écart* ; *Shaba deux*). Mais qu'il la prenne au sérieux ou non, veut-il dire qu'il la sacralise et qu'en somme il y croit comme le croyant croit en son Dieu ? Si cela était, ces récits ne seraient pas bien scandaleux.

Il y a, en effet, dans les romans de Mudimbe, quelque chose que ses personnages ne maîtrisent pas, ni concrètement ni théoriquement. C'est pour cela qu'ils meurent toujours. La « morale » de ses romans pourrait bien être celle-ci : « Seul le pire arrive », que Mudimbe traduit même dans son essai autobiographique par l'expression répétée de frustration, de désespoir (notamment à propos de l'Afrique), et son pessimisme foncier, puis son catholicisme devenu mystique, peut servir de clé à son univers. Mais ce(s)tte clé(s) n'ouvre(nt) pas toutes les portes, et d'autres éléments peuvent être trouvés afin de, non pas dresser le portrait psychique du créateur, mais faire converger en une signifiance sans doute parcellaire des textes épars. Le roman imaginé par Mudimbe est fondé sur ce principe que nous croyons essentiel : une structure défaite vient trouver sa cohérence dans la mort. Celle-ci, apparemment absente, apparaît rétroactivement comme le ciment de la narration, point de suture. La souffrance, la maladie, les couleurs récurrentes de la mort et l'effacement se présentent ici comme des signes à déchiffrer, qui s'associent dans des souvenirs d'enfance et de guerre civile superposés dans ce questionnement que sous-tend l'ambiguïté de l'amour. Lorsqu'ils viennent s'inscrire, ces éléments génèrent des signes ambivalents qui parlent un langage familier, rassurant et lointain, qui est partout celui de la disparition des choses et des êtres. Ces alibis de la mort ont une force d'attraction ambivalente dont il n'est pas toujours aisé de définir l'effet. Mais, singuliers, intéressants, bizarres ou effrayants, ils signifient. De toute évidence, lorsqu'ils affectent le corps – même métaphorique – ils manifestent avant tout l'immondice éplorée des corps, affirmée ou difficilement vaincue. Montrer le néant des formes vaut pour tout ce qui en a, ou voudrait en avoir, et les formes littéraires ne font pas exception, puisqu'elles ont un corps. Le travail de l'écrivain, tel que le conçoit Mudimbe, n'échappe donc pas à ces principes. Il consiste d'abord à lire les signes d'une société monstruante, monstrueuse et mortifère. Ce regard, qui ne se contente pas d'enregistrer, est aussi et surtout un regard qui interroge. À l'affût des pathologies sociales, il se heurte au mystère qui met en jeu des polarités fondamentales et met en œuvre la création. Mudimbe a le goût de l'énigme et de la recherche. Il ne s'agit pas de déployer une démarche systématiquement heuristique, mais de repérer les incohérences, les contradictions, les opacités, de les questionner, d'apporter du savoir et d'en montrer les failles :

déployer ce qui sera, in fine, inexplicable, faire coïncider les zones troubles du réel et les zones d'ombre de la connaissance. Et la mort qui est au centre de la création est une mort exquise, de la même nature que la douleur exquise qui par sa violence même permet de chercher l'origine du mal, et toucher au plus près de la Vérité. Cela, nulle figure ne pouvait le traduire en dehors de l'oxymore.

Cette figure de l'absolument incompréhensible et immaîtrisable, je l'appellerai la « déchirure de l'écart », pour en généraliser la portée et par allusion aux énigmatiques titres de Mudimbe : *Déchirures*, *Entre les eaux*, *L'Écart*, *Shaba deux*. Pourtant, considérer non seulement le propos de Mudimbe comme un système d'énoncés, mais comme la production d'une écriture, d'un style, c'est, en effet, toucher à ce qui lui permet de traverser tous les codes, tant celui de la philosophie, que celui des sciences humaines et sociales, ou celui, peut-être aussi, de la psychanalyse. Si, avec *Le Bel immonde* et *L'Écart*, Mudimbe s'engage résolument bien dans une théorie de l'expérience érotique, il fait en même temps travailler la scène sexuelle à partir de laquelle il parle dans le procès d'une écriture. S'il lui arrive, évoquant notamment la logique de la castration, de parler comme un psychanalyste, il n'est certainement pas analyste[1]. Il est celui qui a pu écrire *Déchirures*, *Entretailles*, *Entre les eaux*, *L'Autre Face du Royaume*, *Carnets d'Amérique*, *The Invention of Africa, The Idea of Africa*, *Parables and Fables*, etc.

Je m'étonne souvent que des commentateurs pourtant éclairés et sympathisants soient demeurés, pour parler de Mudimbe, dans l'enceinte rassurante de la philosophie. D'*Entre les eaux*, on ne voit que la révolte contre l'Église catholique. *Le Bel immonde* n'est que l'autre face du pouvoir africain. *L'Écart* ne met aux nues que les controverses de l'ethnologie, le statut du nègre, sa misère, sa solitude, sa réification, la réévaluation et la revalorisation de l'histoire africaine.

Pourtant, les récits de Mudimbe sont aussi peut-être des textes érotiques assez aboutis, ceux en tout cas qui se révèlent capables d'aller jusqu'au bout de leur propos. D'aucuns les négligent : Mudimbe aurait trop osé dans une description froide de l'obscène.

---

[1] On sait que, dans *L'Écart*, Ahmed Nara fait une analyse avec le docteur Sano.

Son texte est subversif, sans s'expliquer vraiment sur la répugnance et l'attrait inavouables que sa lecture fait naître. Et l'Église catholique ne pourrait pas en fin de compte reconnaître Mudimbe pour l'un des siens. Or, ces textes restent scandaleux, et il faut comprendre pourquoi. Si Mudimbe maintient obstinément la parenté de son expérience érotique avec l'ascèse mystique, c'est qu'il prend au sérieux la jouissance, sa jouissance. Mais une jouissance sans rémission, sans excuse, et qui n'a de fin qu'elle-même : « L'expérience de la jouissance est l'expérience de la perte. »[1]

C'est pour cela que rien n'est plus étranger à Mudimbe qu'une banalisation de la vie érotique, sous la forme, par exemple, d'une « obscénité » codée et normalisée, qui se donne l'illusion d'en contourner le vif insupportable. La banalisation du plaisir est la défense la plus rassurante contre ce qui, de la jouissance sexuelle, demeure intolérable. Le monde de Mudimbe, à cet égard, n'est pas le monde « lourd » du désir déchiré et de l'impossible jouissance. Je vois dans l'œuvre de Mudimbe plutôt la quête de l'absolu. Pierre Landu, Ahmed Nara, à travers chaque étape de leur itinéraire, recherchent en réalité la même chose, mais chaque fois ils sont déçus ; finalement, ils vont voir ce qui se passe de l'autre côté. Si la figure de l'érudit attire si fortement Mudimbe, c'est que, de même que l'artiste, l'érudit est une sorte d'égaré dans le monde moderne. Baudelaire, avec son image de l'albatros, « Ses ailes de géant l'empêchent de marcher », est comme la figure emblématique du poète rejeté par la société bourgeoise et marchande. Dans ses romans, Mudimbe aura tendance à développer, parallèlement, une image de l'érudit quelque peu ridicule, souffreteux et poussiéreux. La quête érudite apparaît alors comme une sorte de cheminement initiatique, et l'on pourrait peut-être lire à cette lumière les longues errances de ses personnages. L'érudition contemporaine est présente chez Mudimbe lui-même dans la façon dont il réinterprète et adapte la règle bénédictine « ora et labora »[2]

---

1 Julia Kristeva, *La Révolution du langage poétique*, Paris, Seuil, 1974, p. 248.

2 Mudimbe note dans *Les Corps glorieux des mots et des êtres...* : « Une journée bénédictine est divisée en trois : huit heures de prière, huit heures de travail et huit heures de repos. Une laïcisation de *l'ora et labora* avait, depuis de nombreuses années, permis de revoir le contenu des trois composantes de la grille sans en altérer la signification. Il pouvait, de ce fait, compter chaque jour

'inceste (réalisé dans ses récits par le biais justement de l'écriture), mais dans la représentation de ce sur quoi, dans l'inconscient de out homme, porte l'interdit œdipien : la jouissance qui est celle de a mère, le corps de la mère en train de jouir. Sans le vouloir ni le avoir, Nara possède Aminata. Ce qui donne aux récits de Mudimbe leur coloration perverse toute particulière est préci-ément ce qui touche à un tel aveu de la jouissance maternelle, et lus généralement féminine. Qu'elle soit active ou subie, qu'elle oit celle de Kaayowa, de Ya, d'Isabelle, d'Aminata, de amwanya, de Marie-Gertrude, c'est elle qui est le véritable enjeu e la fiction.

C'est là, en effet, le nucleus à partir duquel tout peut se omprendre : et la position de Mudimbe à l'égard de l'ethnologie, e l'histoire, de la religion, à l'égard de l'antiquité classique, de la ience, des récits des voyageurs, de la philosophie africaine, et sa apacité à en bouleverser l'économie au nom d'une remise en uestion intégrale sans jamais venir occuper lui-même la place un Maître (rien n'est plus étranger à Mudimbe qu'un quelconque ésir de pouvoir : en 1980, on le nomme membre du Comité ntral du MPR, parti-État, organe suprême du Zaïre, pour lequel battaient ses collègues professeurs d'université. Pour toute action, il s'exile, refusant, comme il l'écrit, cette « charge combrante », sans jamais non plus céder à l'infantilisme de la volte obsessionnelle contre le Père :

> Je n'ai fait que réunir des questions susceptibles d'éclairer les liens complexes qui, aujourd'hui plus fortement qu'hier, arriment l'Afrique à l'Occident, déterminant ainsi non seulement les attitudes d'être, mais aussi l'exercice de la pensée, les pratiques de connaissance et les manières de vivre [...].
>
> Pour l'Afrique, échapper réellement à l'Occident suppose d'apprécier exactement ce qu'il en coûte de se détacher de lui... C'est de cette entreprise que dépend aujourd'hui et dépendra demain la pertinence des attitudes que nous pouvons développer face aux endémies qui nous viennent

de saint Benoît sous les deux aspects de « bénédictin continue à réciter le bréviaire romain quotidiennem moine continuateur de la tradition savante de l'antiq romaine. Au portrait du savant moine, parfaitement d vaines gloires de ce monde, on peut opposer les am succès et le prestige académiques et scientifiques.

L'écriture de Mudimbe représente une traversée c érotique comme elle était une traversée de la scène phi des sciences humaines et sociales : elle est à la fois éc castration (de la perte de l'objet) et de l'évanouissem dans la jouissance. Masturbatoire, si l'on veut, cette écı bien autour d'une matrice œdipienne, elle est comı l'éminence d'un premier objet inaccessible, absolu et vient en somme à la place occupée, dans le discours c Dieu. Nara considère Aminata comme sa « mère », le mère absolument frappé d'interdiction. Dans ce réc noyau du désir masculin, est figuré comme à la fois impossible, proche et rejeté, consommé et barré, téı l'interdit radical porté sur la jouissance de la Mère (d sens de ce « de »). Nara vit dans cet écart. Tous les (ils ne manquent pas dans les récits de Mudimbe) peu lors considérés comme des objets substitutifs de ce p impossible et dérobé, d'équivalents déplacés comme On comprend dès lors que cet ancien moine, dont cheveu est restée bénédictine, continue à travailler a grégorien comme musique de fond, à réciter le cre église catholique américaine, à se soumette enco catholiques à l'occasion des baptêmes, mariages, fu aller à la messe[1].

Pourtant, si Mudimbe inscrit bien un principe dan et un interdit primordial de l'objet maternel, ce n remise en cause. Tout se passe, en effet, comme si l'é dans sa capacité « illimitée », était représentation possession de la mère par le fils, de l'accomplisseme

sur huit heures de travail intellectuel personnel, huit h administratif et d'enseignement, huit heures de loisir et de rep

1 V. Y. Mudimbe, *Les Corps glorieux des mots et des êtres…*,]

> d'ailleurs ou que nous créons nous-mêmes, qu'elles soient de nature économique, politique ou idéologique.[1]

L'économie inconsciente du désir commande tout, à partir d'elle tout s'entend et tout se noue. Désir sans objet ? Certainement pas. Si la position subjective de Mudimbe réfère ouvertement à une matrice œdipienne, manifeste une assomption réelle de la castration (dans l'évidence d'un choix d'objet hétérosexuel pour parler comme la psychanalyse), elle conduit en même temps le sujet écrivant à une traversée de la stase œdipienne, à une traversée de la position phallique lui permettant de s'ouvrir à l'angoissante jouissance de la femme :

> Elle t'avait un jour confié : « Ils sont tous pareils avec leurs regards de chats. Surtout les politiciens. Ce sont des tigres ». Elle avait pris tes mains, les pressait en te regardant dans le blanc des yeux. [...] Ils te prennent, te jaugent, t'écrasent sans pitié, puis t'abandonnent. Viens toujours me voir après. Ensemble, pour oublier, nous essaierons de vivre des bonheurs recueillis... [...] Et pendant que, découverte, elle adorait ton corps, tu pensais, honteuse, à ton métier. Un métier salissant parmi beaucoup d'autres.[2]

Sans doute toute création poétique implique-t-elle tôt ou tard un tel « afflux de la jouissance dans le langage » (comme le dit si bien Kristeva) qui est une perturbation du régime de l'interdit, un ébranlement de la scène œdipienne telle qu'elle est inscrite dans l'inconscient du sujet.

LE « JE(U) » FANTOMATIQUE EN VACANCE : LE RITE DU FACE À FACE AVEC SOI

Quand nous parlons de traversée, nous voulons précisément dire que la position subjective de Mudimbe – renvoyant à un procès biographique singulier dont Josias Semujanga[3] fait la radiographie,

---

1 V. Y. Mudimbe, *L'Odeur du père*, Paris, Présence Africaine, 1982, p. 11 (Avant-propos).

2 *Le Bel immonde*, Paris, Présence Africaine, 1976, pp. 24-25.

3 Josias Semujanga a analysé cet aspect dans son article « De l'autobiographie intellectuelle chez V. Y. Mudimbe », dans Suzanne Crosta (dir.), *Récits de vie*

comme dans *Entre les eaux*, *Shaba deux*, *Entretailles*, *L'Écart* – lui permet d'ouvrir et de franchir des limites qui, si elles étaient maintenues, donneraient lieu à des fixations perverses ou à des pertes psychotiques. Ébranlant la mise en scène œdipienne de l'interdit et l'imaginaire phallique qui l'accompagne sans cesser de tenir compte de la castration, l'opération de Mudimbe implique seulement une proximité délirante ou perverse dans la mesure où font retour, dans ce procès, les instances pulsionnelles refoulées par la stase œdipienne. C'est cette traversée effective, singulière, qui rend compte de la proximité réelle de l'écriture de Mudimbe avec la mystique, dont elle n'est pourtant pas la répétition, la reproduction aveugle, mais l'aveu révélateur dans la jouissance.

Dans ce jeu textuel particulièrement enchevêtré (Landu mène de front le récit de son sacerdoce et de sa vie au maquis, à travers une perpétuelle cassure temporelle de la diégèse), la position de Mudimbe est singulière, en ce qu'aussi la métaphore du soleil (lire l'abondance des vocables soleil ou lumière dans *L'Écart*) et celle de « l'ombre » (autour de laquelle est bâti tout *Le Bel immonde*) sont explicitement évoquées par lui, en référence à la thématique de la castration.

Il y a dans l'expérience de la traversée de Mudimbe une virtualité psychotique. Il ne s'agit en aucun cas de poser l'existence d'un Dieu, mais au contraire d'en faire travailler le nom vide et, dans un entrelacs indécidable entre le propos philosophique et la fiction sexuelle, de se jouer de Dieu d'une manière qui n'exclut pas toute position de croyance. Pour lui, Dieu est un ami ou un père à qui il ne se gênerait pas à demander des comptes, à propos de certains « contentieux », notamment sur le destin de l'Afrique qu'il pense incarner. Il évoque d'ailleurs des souvenirs reliant des farces sacrilèges à des candeurs plus dangereuses, comme la fois où, en quatrième latine au petit séminaire de la Mwera, il ouvrit les Complies, le tabernacle et mangea « le contenu d'un ciboire d'hosties consacrées »[1] : « Ma foi, écrit-il, ne fait éclore qu'un drame : celui d'une exigence face à une hypothèse : Dieu comme

de l'Afrique et des Antilles, Sainte-Foy (Québec), Éditions GRELCA, 1998, pp. 53-101.

1 *Les Corps glorieux des mots et des êtres*..., p. 71.

possibilité et Jésus comme une voie possible »[1]. La dimension sexuelle avouée de ce dépassement de Dieu permet de franchir l'imaginaire religieux en disant ce qui le structure : la jouissance féminine y vient à la place de Dieu. Pierre Landu est devenu « prêtre d'une religion étrangère » comme on le lui reproche dans le maquis, mais aussi, comme il le souhaite, « prêtre noir ». Soucieux d'une plus grande justice sociale, il décide d'agir et de s'engager aux côtés des militants du Mouvement de Libération Nationale : « J'ai volontairement gagné le maquis pour lutter contre l'ordre établi ou plus exactement le désordre consacré et béni »[2]. Devenu maquisard, il ne renonce pas pour autant à son sacerdoce : « Je suis toujours prêtre », avouera-t-il à sa compagne de maquis. Le maquis est repris par les forces gouvernementales et, dès lors, Landu échappera à la mort, sera recueilli par l'Évêque du diocèse, se mariera, aura un enfant, puis, ultime rebondissement, quittera le continent afin d'entrer, à Venise, dans un monastère cistercien, et deviendra Matthieu-Marie de la réincarnation : « Je vais devenir un bon cistercien. On réussit n'importe quoi : il suffit d'être logique avec les mots et leurs sens admis. »[3] Après avoir vécu le partage, ce personnage choisit l'isolement et la solitude vécue quotidiennement, cette solitude absolue qui, pour lui, ressemble bien à un suicide :

> Le tombeau me convient admirablement. Je vogue entre les eaux. Douces ? [...] Quatre heures moins deux. Il faut me dépêcher. Je vais être en retard. Mes misérables suppléances continuent. Exaltantes dans l'attente d'un Messie qui ne reviendra peut-être jamais plus. Ma seule grâce, c'est encore dans mon cœur cette duplicité, air d'amour, pour m'inviter à me fondre totalement dans la gloire et la débauche des symboles vides. Quelle chevauchée ! Mais par contre, l'humilité de ma bassesse, quelle gloire pour l'homme ![4]

Telle serait cette traversée, si elle n'était pas écrite, mise en dialectique avec la puissance du discours (*Entre les eaux* et *Shaba*

---

[1] *Idem*, p. 101

[2] V. Y. Mudimbe, *Entre les eaux*, Paris, Présence Africaine, 1973, p. 35.

[3] *Idem*, p. 164.

[4] *Idem*, p. 184.

deux sont écrits à la première personne et construits suivant des rythmes variant selon les hésitations, les souvenirs, les espoirs ou les doutes du héros). Dans *Le Bel immonde*, Mudimbe choisit la distanciation complète vis-à-vis de ses personnages. Les pronoms personnels tiennent lieu de noms et de prénoms. Le ministre est « Il » tout au long du récit et veut qu'on lui adresse la parole à la troisième personne. Quant à Ya, elle est « elle » ou « tu » avant de devenir « je » dans les derniers chapitres, prenant ainsi en main son destin et son dire. *L'Écart* frappe d'abord par le degré de dépouillement que le romancier est parvenu à conférer à son récit, le vidant presque de tout événement, au point que certains n'hésiteront pas à parler de froideur ou de sécheresse ; il serait l'abolition de toute identité, ou peut-être le signe de la multiplicité d'identités, la perte radicale du sujet dans un univers sans repères. On notera, dans les dernières pages de *L'Écart*, la scène où le narrateur intègre Isabelle et Aminata dans un rituel Kouba[1]. Si la traversée de Mudimbe n'est pas cette perte radicale, c'est qu'elle est, autant que cela est possible, une écriture de la jouissance supposant non la perte, mais la dissémination du sujet, de son identité et de ses objets (du fantasme donc et de l'onirisme dans lequel se donne le rapport du sujet à ses objets). Cela se marque précisément dans l'inscription symbolique des noms, aussi bien du côté du sujet que du côté de l'objet. Si ce qui est bien visé par Mudimbe est l'évanouissement de l'un et de l'autre dans la jouissance (on pourra signaler, en passant, la nudation de ses personnages), cet évanouissement n'est jamais qu'approché, et désigné dans le maintien d'un code.

Dissémination du nom du sujet, c'est le sens que nous donnerions au jeu du pseudonyme chez Mudimbe (Ya, Kaayowa, Kamwanya, Amina, Isa, qui renvoient tous plus ou moins à la scène primitive du désir). Dissémination aussi du nom du côté des objets érotiques, en une trame complexe qui met en jeu le sujet biographique : entre les noms propres qui scandent la vie de Mudimbe et qu'il n'évoque jamais (sauf dans *Les Corps glorieux des mots et des êtres...*), les noms des femmes de la fiction, enfin le nom jamais prononcé de la mère, même dans son essai

---

[1] *L'Écart*, Paris, Présence Africaine, 1979, p. 156.

autobiographique (*cf.* dans *L'Écart*, « ma mère », « la mère », « maman »). Un tel entrelacement ne désigne pas la perte psychotique des identités, mais une capacité exemplaire à relever les données biographiques, l'économie inconsciente du désir, dans le travail d'une fiction maîtrisée[1]. La position du sujet parlant se voit mise en cause. En concurrence avec les voix qu'elle rapporte, la parole ne peut s'exprimer que négativement, en retournant contre elles les flèches de l'ironie et/ou en hypertrophiant les procédés parodiques. Le locuteur-énonciateur se voit, dès l'instant où il surgit, coupé dans son intention de parler, soit qu'il ne parvient qu'à reconduire des clichés et stéréotypes littéraires et idéologiques, soit que sa propre intention est interrompue et parasitée par d'autres discours. Néanmoins, le seul ancrage de cette parole d'emprunt se situe dans l'attitude d'énonciation qu'elle met en avant. Parole usurpée qui fait parler davantage qu'elle ne s'épanche, elle trouve dans l'ironie et la parodie un lieu d'expression privilégié.

Système affolant d'énoncés sans cesse décrochés les uns des autres et tentant d'inscrire ce qui, infiniment, se dérobe : le sujet de la jouissance. En définitive, l'histoire racontée par *Entre les eaux*, *Le Bel immonde*, *L'Écart* et *Shaba deux* a pour sujet (au sens désormais structural du terme[2]) son narrateur. Qu'un homme raconte ce qui lui est arrivé (dans le cas du roman personnel comme *Entre les eaux*) ou ce qui lui arrive (dans le cas du journal intime comme *L'Écart* ou *Shaba deux*), c'est là une forme devenue classique du récit : combien d'écrits à la première personne ? À vrai dire, cette première personne classique est fondée sur un dédoublement : « je » est l'auteur de deux actions différentes, séparées dans le temps ; l'une consiste à vivre (aimer, souffrir, participer à des aventures), l'autre consiste à écrire (se rappeler, raconter). Il y a donc traditionnellement dans les romans à la première personne deux actants (l'actant est un personnage défini

---

1 *Cf.* la remarque pertinente de Kristeva sur la mise en procès du « sujet thétique » et sur le corps de la « mère » comme premier réceptacle de la signification.

2 Au sens structural (linguistique), le sujet n'est pas une personne, mais une fonction. Le sujet structural n'est pas forcément celui dont on parle, ni même celui qui parle.

par ce qu'il fait) : l'un agit, l'autre parle. Comme les deux moitiés de l'androgyne platonicien, le narrateur et l'acteur courent l'un après l'autre, sans jamais coïncider. Cet écart s'appelle mauvaise foi.

À cet égard, le projet de Mudimbe est radical : il entend lever au moins une fois la mauvaise foi attachée à toute narration personnelle. Des deux moitiés traditionnelles, l'acteur et le narrateur, unies sous un « je » équivoque, Mudimbe ne fait qu'un seul actant. Son narrateur est absorbé entièrement dans une seule action, qui est de narrer. Transparente dans le roman impersonnel, ambiguë dans le roman personnel, la narration devient ici opaque, autotélique, visible, elle emplit la scène. Aussitôt, bien entendu, tout acte psychologique disparaît. Pierre Landu, Marie-Gertrude et Ahmed Nara n'ont plus à ajuster leurs actes passés et leur parole présente : temps, souvenirs, raison ou remords tombent hors de la personne. La conséquence en est que la narration, acte fondamental du sujet, ne peut être prise en charge naïvement par aucun pronom personnel : c'est la narration qui parle, elle est sa propre bouche et la langue qu'elle émet est originale. La voix n'est pas ici l'instrument, même dépersonnalisé, d'un secret. Cependant, la conjugaison est là, qui oblige toute phrase (tout récit) à être personnelle ou impersonnelle, à choisir entre le « il » et le « je ». Mudimbe alterne ces deux modes selon un projet formel (le « il » et le « je » se suivent, même dans son autobiographie). La substance qui sépare les deux personnes de la narration n'est donc nulle part d'identité, mais seulement d'antériorité : il est à chaque fois celui qui va écrire « je » ; « je » est à chaque fois celui qui, commençant à écrire, va cependant rentrer dans la précréature qui lui a donné naissance. Cette instabilité fonctionne comme un tremblement réglé, chargé de fonder une personne privative du récit. Toute histoire se dit d'un certain point de vue, qu'on peut appeler modalité. C'est cette modalité qui contribue également à placer Mudimbe parmi les écrivains de la modernité. La modalité, de Joyce et Proust à Sartre, Cayrol et Robbe-Grillet, est l'un des grands lieux de recherche de la littérature contemporaine. Mudimbe ne peut faire croire à l'anonymat de la narration, car « il » et « je », imposés par la langue, sont des formes prégnantes de la personne. Mais en tressant le « il » et le « je », il transforme la personne psychologique du héros en une modalité technique du récit, il signifie l'absence de modalité.

Tel est le sujet, le héros de Mudimbe : un pur narrateur. Le personnage, en fait, n'a pas d'histoire et l'espace qu'il habite est à l'image de ce qui est dissous en lui : il n'a ni origine, ni fin, ni limite. À peine un corps, ce corps, cette figure que Barthes oppose à la « personne civile ou morale » : ce « sujet défait, civilisé »[1], tout simplement un corps. Le corps de l'auteur se trouvant impliqué dans son propre texte, c'est-à-dire la manière dont ces corps graphiques s'approprient le corps « bio-graphé ». Alors, où jouis-je ?

Ce héros cherche à raconter quelque chose ; pour lui, la véritable histoire est l'enjeu qui justifie son entreprise, ses espoirs, ses ruses, bref toute son activité de narrateur. Dans les récits de Mudimbe, l'histoire (le roman) compte tellement qu'elle devient l'objet de la quête. L'histoire est le désir de l'histoire. Quelle est cette thèse ainsi poursuivie dans *L'Écart* et dont la poursuite fait le livre ? Nous ne le saurons jamais, si nous oublions que le narrateur ne se double nullement ici d'un acteur dont il faudrait se constituer le secret objectif, si nous oublions le narrateur de l'histoire au profit de son acteur, nous ne saurons jamais le mot de la fin, nous ignorerons toujours quelle est la véritable histoire, citée, appelée mystérieusement tout au long du livre. Mais si nous ramenons l'énigme de l'acteur au narrateur (puisque c'est le seul actant de la fable), nous comprendrons tout de suite que l'histoire véritable n'est rien d'autre que la recherche qui nous est contée. Qu'une absence d'histoire (sur le plan de la fiction) engendre une histoire dense (sur le plan de l'écriture), qu'au degré zéro de l'action corresponde un sens plein, une remarque signifiante de la parole, que l'événement soit en quelque sorte transfusé du monde ordinairement copié (réel, rêve ou fiction) au mouvement même des mots qui fixent le monde comme des yeux, c'est peut-être là le départ d'œuvres absolument réalistes. Et, en cela, Mudimbe est absolument réaliste. Il a écrit des livres qui rencontrent le monde en recherchant le livre. Il croit justement qu'en fixant l'écriture

---

[1] Roland Barthes et Maurice Nadeau, *Sur la littérature*, France, Presses universitaires de Grenoble, 1980, p. 49.

elle-même, sans cependant écrire cette histoire-là qui est devant, il pourrait dire, chemin faisant, tout un monde, et des plus réels[1].

Au long d'un projet purement littéraire, le narrateur de Mudimbe, lui aussi, fait son chemin dans un monde sensible, mais ce monde ne peut être vivant (innocent ?) que dans la mesure où le mal, la mort étant fixés sur l'histoire à faire – et jamais faite – la narration n'est en fait que la figure libre de cette question : qu'est-ce qu'une histoire ? Chez Mudimbe, l'histoire fondamentale, la fable élémentaire, dont le sujet fait ici sa quête sans jamais l'atteindre, détermine rituellement la référence à partir de quoi (vers quoi) quelque chose peut être raconté. C'est encore le langage (puisque l'action est ici tout entière narration) qui va constituer les forces de traverse et de soutien dont la quête du sujet est mêlée. Deux langages entrent en lutte dans l'œuvre de Mudimbe, l'un hostile à la véritable histoire (nous ne l'entendons jamais), l'autre s'en approchant au plus près, accomplissant cette chimère, cet être verbal, ni réel, ni fictif, dont parle Spinoza, inaccessible à l'entendement et à l'imagination, puisque dans les récits de Mudimbe, il glisse le long d'une histoire absente. Le langage contraire, c'est le langage excessif, encombré de signes, usé dans les « histoires fabriquées », formé « de passages prévus d'avance », c'est ce trop de l'expression, par quoi le narrateur est expulsé de lui-même, empoisonné de conscience, accablé sous « l'inexprimable poids individuel » ; en somme, ce langage ennemi, c'est la littérature, non seulement institutionnelle, sociale, mais aussi intérieure, cette cadence toute faite qui détermine en fin de compte « les histoires » qui nous arrivent. Dans certaines stances de *Déchirures*, nous lisons les massacres de la rébellion muléliste à Kisangani. Pierre Landu lui-même, selon la volonté de son créateur, est un symbole :

> « Mon » prêtre noir est un symbole : celui de l'Africain, à la fois tiraillé et travaillé par des appels multiples, ceux de la pensée, de la foi, de la modernité, du développement et de la quête d'une authenticité profondément humaine.[2]

---

1 Roland Barthes, *Leçon*, Paris, Le Seuil, 1978, pp. 14 et suivantes.

2 C'est ce que Mudimbe confia à Marc Rombaut dans *Nouvelle poésie négro-africaine*, Paris, Saint-Germain-des-Prés, p. 45.

Entre les eaux est le symbole donc d'un peuple. Et le roman prend une autre dimension. La tragédie d'un homme devient alors celle de toute une nation qui s'appelait Zaïre, et qui est redevenu récemment République démocratique du Congo. Et les événements qui s'y déroulent confèrent au roman des coordonnées géographiques et historiques précises.

LA SPECTROGRAPHIE : L'OBSESSION DE L'OXYMORE

Il n'en demeure pas moins vrai que l'essentiel est ailleurs. Le langage propose donc ici sa seconde figure, tutélaire comme la fée qui favorise le héros dans sa quête : un certain langage vient visiter le narrateur de Mudimbe, l'aider à circonscrire sans défaillance ce qui lui advient (l'histoire véritable) : c'est un langage furtif, un langage de biais : c'est un « temps de parole », très court puisqu'il doit coïncider avec « la véritable spontanéité, celle d'avant toute attitude et tout choix »[1]. *L'Écart*, par exemple, est aussi la remontée vers un âge d'or, celui de la conscience, celui de la parole. Ce temps est celui du corps qui s'éveille, encore neuf, neutre, intouché par la remémoration. Ici apparaît le rêve adamique du corps total (lire le brassage des langues et des cultures dans *Entre les eaux*, *Le Bel immonde* et *L'Écart*).

D'où l'importance de l'éveil chez Mudimbe. Serait-ce la marque des méditations quotidiennes auxquelles l'a habitué sa vie monacale ? Peu importe ! Pour Nara, l'éveil est l'activité d'une conscience que ni la nuit ni le jour n'oblitèrent et qui gère par la parole les trésors du sommeil, du souvenir institué, de la vision. Il ne s'agit pourtant pas chez Mudimbe d'une pure poétique du rêve. Son discours semble réglé dans cette grande forme alternative qui oppose le jour et la nuit, le sommeil et la veille, le clair et l'obscur, le blanc et le noir, le « il » et le « je », et dont l'éveil n'est en somme que la neutralisation précieuse. C'est un langage de l'abolition qui se cherche. Comme il le dit dans son autobiographie, ses méditations étaient des ruptures vis-à-vis du

---

1 Philippe Sollers précise, dans *L'Intermédiaire* (Paris, Le Seuil, 1963, p. 126), que la « Spontanéité » n'est pas liée à un désordre des mots, mais au contraire à un protocole sans interstice.

monde, des « arrêts psychologiques », « sans pensée et sans rêve ». Il s'ensuit naturellement qu'il n'y a plus rupture de substance entre le livre et le monde. Ceci n'est pas loin d'un ancien mythe : celui du monde comme Livre, de l'écriture tracée à même la terre[1]. Héros chercheur, histoire cherchée, langage ennemi, langage allié, telles sont les fonctions cardinales de l'œuvre de Mudimbe.

Nous ne sommes donc pas, en dépit des apparences, dans le régime de la parole délirante, même si la fiction de Mudimbe énonce une possibilité vertigineuse, à savoir l'évanouissement de l'instance même de la loi en cette carence radicale d'un père aveugle et gâteux mais surtout devenu fou. Je rappelle en passant la parodie de l'écriture sainte dans son texte. Ce n'est là, pensons-nous, qu'une virtualité, inscrite justement dans le procès de l'écriture.

Aussi l'univers de Mudimbe n'est-il pas un univers masculin et phallocentrique, mais au contraire un univers de l'effacement de la position masculine. En même temps est-il juste de préciser qu'il n'existe pas à proprement parler d'écriture de la jouissance, mais seulement une construction, par la fiction, d'un équivalent de cette écriture impossible. Le reconnaissant, l'écriture de Mudimbe échappe aux impasses du discours délirant, comme aux fixations régressives de l'univers pervers. La traversée dont nous, nous parlons, est le contraire de la dénégation perverse, le contraire aussi du désastre. L'écriture de Mudimbe tient donc compte au plus près d'une angoisse qui est sans doute le noyau le plus enfoui de tout inconscient masculin, le noyau aussi de cette peur de « devenir fou » (*cf.* le rêve de Nara) qui prélude en silence à toute pensée ; mais elle en tient compte sur le mode différé de la fiction qui est ainsi la seule manière de ne pas sombrer ou de ne pas répéter le refoulement et la dénégation : elle est ce qui permet à Mudimbe d'appréhender sa propre disparition comme sujet (du discours) en se représentant devenir cette femme qui, devant lui, devient chienne, si l'on observe la façon dont Isabelle entraîne Nara à l'acte sexuel. On ne peut aller plus loin. La mise en jeu de la scène érotique est inséparable de cette tentation sans exemple d'écrire la

---

[1] « Au Temps où la gelée copie sur notre terre l'image de sa blanche sœur mais la trempe de sa plume ne dure guère » (Dante, *Enfer*, XXIV).

jouissance féminine, ou d'écrire sa propre jouissance en tant qu'elle communique avec l'excès intolérable de l'autre. À noter aussi dans le texte les multiples occurrences de « eaux », « mer », « plage », « coulant », « courant ».

POÉTIQUE DE LA GERMINATION
L'AUTRE DE L'AUTRE (« JE »/« TU »)

Ici pourtant, si nous ne sommes pas trop pris dans la griserie du discours second, palimpsestique, dans le ramage chatoyant du concept, une première pause. Ce que tu viens de dire, ou d'écrire, qu'en sais-tu ? Moi qui ne dis pas « je » et qui suis en train de me prononcer dans l'écart que je repère dans le texte de Mudimbe, sur cette écriture de la jouissance et de la séduction, qu'est-ce que j'en sais ? Cette pause, cet arrêt, de prudence, semble-t-il, reconduisent en même temps cette misère, cette impuissance dont nous parlions au début. Comment ne pas engager sa propre limite dans une telle lecture, dans une telle pensée ? Mais en même temps, comment dire « je » ?

Nous venons précisément de dire, lisant ces textes éblouissants (j'ai signalé grossièrement l'intérêt de la sémiotique des couleurs), désarmants (j'ai évoqué les résistances de lecture : le lecteur doit chercher seul l'assise dramatique du récit dans sa mise en question. Autrement dit, le code narratif des textes mudimbéens est régulier, mais leur code d'exposition ne l'est pas, et dans cette rupture passe précisément « le problème » ; et par là même la résistance du lecteur) que le « je » n'y est pas si assuré, cernable, attribuable : c'est celui de l'écrivain, mais dont je ne sais au juste si je dois le définir comme un homme, une femme, comme un homme regardant une femme se faire jouir et le disant, ou comme une femme prenant le relais de la main d'un homme pour dire sa propre jouissance. Bien malin qui tranchera. Bien sûr de lui l'analyste qui arrête ce flux, ce flot, au nom d'une croyance établie. En même temps, cette question est une bonne question. Elle étourdit, mais elle réveille, c'est la torpille de Socrate. Je répondrai que j'en sais ce qui m'en émeut plus que ce je ne puis l'avouer, non au nom d'une humanité universelle (qui ne supposerait pas la béance), mais d'une proximité inquiète, anxieuse, avec la différence qui se d'une humanité universelle (qui ne supposerait pas la béance), mais d'une proximité inquiète, anxieuse, avec la différence qui se signale, qui se signe dans un tel mouvement. Je n'en sais rien, en effet, mais je me reconnais : non comme en un lieu familier, facile d'accès, mais comme dans un « supplice ».

Bonne question déjà pour préciser le rapport du lecteur au texte. Ce que je dégage avec la lourdeur d'un commentaire empruntant parfois ses termes à la psychanalyse, c'est d'emblée ce que je ressens du plus fort, mais confusément. Je ne mime pas le texte de Mudimbe, je ne l'explique pas davantage. Il ne s'agit pas de renvoyer ces récits à une subjectivité ineffable (en bergsonien). Il ne s'agit pas davantage de réifier cette économie consciente du désir pour en faire la « cause » suffisante de leur engendrement (naïveté de la psychanalyse appliquée). Je dis que de ce procès subjectif, biographique, l'écriture n'est pas la réduplication ou la répétition (« écho idéologique »), mais la transformation et l'aveu tout à la fois. L'aveu comme transformation. Transformation, car la biographie n'est pas un ensemble de données chronologiques ou d'événements « réels » ; elle est justement ce qui ne cesse de s'écrire de mille manières, et ce que nous appelons fiction n'en est qu'une formulation plus ample et concluante : traversée des fixations et des régressions, production de l'imaginaire. Les « routes » suivies par le discours de Mudimbe, même dans *Les Corps glorieux des mots et des êtres...*, ne sont donc ni celles de la chronologie (avant/après), ni celle de la logique narrative (implication d'un événement par un autre) ; le seul régime est ici celui de la constellation. Les dates que nous lisons sont donc un leurre. Leur succession n'est donnée ni pour contingente (un événement daté) ni pour transcendante. C'est, si l'on veut, un aoriste, un mode verbal du procès en soi. Aveu aussi, car ce désir qui ne cesse de se dire, de s'inscrire dans chacun de nos gestes, chacune de nos démarches, est opaque à soi-même et prend souvent l'inertie d'un destin tant qu'il n'est pas cette écoute de soi-même attentive qui résonne dans l'espace littéraire, dans l'amour peut-être aussi, en des moments privilégiés. Non révélation ou dévoilement d'un être déjà-là, mais production. Cette transformation est un aveu, qui ne cesse de supposer ce mouvement du désir qui n'est qu'apparent, qui sans cesse se réserve en arrière de ce qui est dit ou écrit. Cet aveu est une transformation, il est lui-même un devenir, une mise en acte du désir.

Je n'ai pas encore fait une étude rigoureuse des formes du discours chez Mudimbe. Néanmoins, sur cette seule mais décisive mention du « je » qui scande ses textes, je ferai simplement valoir qu'il est à lui seul l'indice de ce que j'appelle transformation et aveu. Aveu du désir en première personne, mais qui pourtant ne nous reconduit pas à l'infécond individualisme des propos intimes – même dans *Carnets d'Amérique* ou *Les Corps glorieux des mots et des êtres...* – tellement vieux, ô tellement seconds, tellement faussés, qui suppose au contraire la mise en procès de la fantasmatique la plus résistante, la plus méconnue. « Je » s'inscrit, se différencie, échappe, toujours en deçà, dans l'« o » de l'« a », joue constamment sur les deux tableaux de la castration et du désir. Mais, me direz-vous, « je » qui ? À ce sujet, le Père a dit, je suis deux... « Celui qui raisonne en se trompant et celui qui rêve de la vérité. La littérature est ce chemin vers un réveil impossible, c'est-à-dire la mort comme réel »[1] Un aveu en occurrence si redoutable qu'il met Mudimbe à même de proférer ce que nul au même moment ne pourra et n'osera dire : *Le Bel immonde* est un prétexte à l'exploration systématique d'une idylle mystérieuse. Non pas une analyse qui nous renverrait à la matrice œdipienne, mais un mouvement qui s'attaque au « rejet » et permet à l'indicible jouissance de faire retour dans le discours.

Peut-être Dieu n'est-il rien ni personne, mais le mot « Dieu » sert à désigner logiquement la place de l'impossible (c'est la quête de Pierre Landu, de Nara, de Marie-Gertrude), subjectivement l'expérience de la perte. Mudimbe n'est pas de cet athéisme naïf, la position de la raison philosophique humaniste que Sartre incarnait. Compromis religieux, il s'agit de ce qui est propre à toute institution religieuse en tant qu'elle ne saurait être séparée de l'organisation sociale à laquelle elle demeure liée. L'éminence de l'expérience mystique tient à ce qu'elle demeure rigoureusement solitaire et singulière. Dans *Entre les eaux*, Pierre Landu déplore sa solitude. *Le Bel immonde* est l'histoire de deux solitudes qui se

---

1 Philippe Sollers, « Cervantès ou la liberté redoublée », dans *Art Press*, février 1982, p. 32.

côtoient, mais sans jamais se rencontrer vraiment. Marie-Gertrude est seule négresse dans ce couvent franciscain à majorité européenne. Aucune communion dans cette communauté.

Rares sont les commentateurs qui ont voulu rendre compte de cet aspect. Ils voient dans cette solitude le refus d'engagement de l'auteur. On évoque le fait que Mudimbe a refusé de faire partie du Comité central pour relever le pays ! On déplore la solitude des personnages et on conclut à leur individualisme. Je ne m'attarde pas sur ces plates considérations. En attendant, je dis tant pis, mille fois tant pis à ces commentateurs ataviques qui croient que l'engagement révolutionnaire n'est que dans la politique. Tant pis, pour eux, s'ils confondent solitude avec individualisme, s'ils ignorent que la solitude est le refuge du penseur. Et Mudimbe a surtout créé une figure de l'intellectuel désemparé, en quête d'une action tendant à « concilier pratique de la connaissance et praxis révolutionnaire »[1].

Seulement, Mudimbe reconnaît avec lucidité que cet espace des possibles où se joue un drame du sujet est un espace troué. Pierre Landu disserte sur les contradictions entre son authenticité et le marxisme maoïste. Les frontières entre marxisme et christianisme ne sont pas nettes chez lui. Il dit que « c'est Karl Marx qui a le mieux incarné depuis le siècle passé l'inquiétude et l'amour évangélique »[2]. Il déplore la richesse de l'église et la considère comme un asile tendre et agréable. Dans *L'Écart*, les mots « trou », « béance », « jardins sursitaires » reviennent fréquemment. Matérialisme intégral : le récit transcende les limites de toute machine ontologique ou théologique, tout en inscrivant le sujet sous la forme d'une perte interminable. La dimension de cette perte est ce qui nous arrache à l'espace de la représentation. Ce serait bien le sens que nous devons finalement donner à la métaphore tache aveugle dans *L'Écart*. Je souligne en passant le couple métaphorique Soleil/Nuit qui revient souvent dans *L'Écart*, conférant à Nuit une connotation dysphorique. Je pense que Mudimbe ajoute que le jeu suppose une dialectique pulsionnelle

---

[1] V. Y. Mudimbe, *L'Autre Face du royaume*, Lausanne, L'Âge d'homme, 1973, p. 4.

[2] *Entre les eaux*, p. 112.

t(s)ex(t)uelle dans laquelle un sujet vient s'inscrire, une dialectique qui, en tant que telle, n'est pas représentable, photographiable – seulement à la limite, signifiable – trouée qu'elle est de cette jouissance, de cette perte sans fin recommencée du sujet. Je rappelle ici les flots de la mer, grandes eaux du plaisir qu'invoque Nara, son angoisse sans nom devant un ciel vide ou devant la nuit, son rêve. La pulsion se répartit dans le texte qui se fait l'expression d'un désir autre, d'un travail de langue dans et par l'évocation de l'amour, de telle sorte que l'on peut dire, avec Roland Barthes, que la langue, c'est le « phallus qui parle »[1]. L'écrivain exploite tout cela dans une intention hétéro-parodique en évoquant des rapports dégradants (viols, prostitution, homosexualité, etc.), des actes manqués, et il ôte toute compassion au lecteur. L'identification est retournée en thématique romanesque, et les personnages sont marqués du sceau de la dérision. En cela, il transforme la relation désirante au texte. Le texte d'amour, le texte érotique se dérobent pour s'ouvrir à l'érotique du texte, l'amour du texte.

Je crois que ces monologues de Mudimbe qui s'indiquent comme l'expérience intérieure des personnages ne sont pas une expérience puisqu'ils ne se rapportent à aucune présence, à aucune plénitude, mais seulement à l'impossible qu'il « éprouve » dans le supplice. C'est peut-être pour cela que Nara est dans l'impuissance de terminer la thèse qu'il traîne « depuis bientôt dix ans ». Absence d'objet et absence du sujet, ces récits sont l'énucléation de la pensée. Aveu de ce que la pensée ne cesse de dire dans la négation de ce qui la porte. Nara veut « décoloniser les connaissances établies » sur les Kouba, découvrir des « parcours nouveaux », en d'autres termes revenir au degré « zérologique » de l'histoire, de la science, de l'histoire de la science, de la science historienne à propos de l'Afrique. Comme je l'ai dit : Nara devient le symbole de l'intellectuel africain, d'une subjectivité africaine déchirée, divisée, écartelée entre deux consciences et vivant leur écart. Un moment décisif de l'histoire de la pensée africaine se joue là.

Mudimbe a décidé de parler de la conscience de soi tout en maintenant l'irréductible béance du sujet. Je renvoie aux termes *creux*, *vide*, *silence*, *désert*, qu'emploie fréquemment Nara dans

---

[1] Roland Barthes, *L'Obvie et l'Obtus*, Paris, Le Seuil, 1982, p. 192.

son pseudo-journal. Mudimbe est en train de dire, comme son héros, la division subjective qu'il est, son schisme intérieur, la dissociation angoissante de soi-même, une « disharmonie », un désaccord définitif, subi avec vigueur. L'aveu d'une telle dissociation du sujet, c'est assurément ce que ne peut supporter l'idéologie ou la philosophie dominante. Raison à Bataille, qui écrivait :

> Je hais l'image de l'être lié à la séparation et je ris du solitaire qui prétend réfléchir le monde. Il ne peut pas le réfléchir véritablement parce qu'en devenant lui-même le centre de la réflexion, il cesse d'être à l'image des mondes qui se perdent dans tous les sens.[1]

CONCLUSION : UNE PAROLE SILENCIEUSE

Cependant, c'est par souci de communiquer que Nara et Marie-Gertrude décident de tenir un journal, de se consacrer à l'écriture, de s'écrire. La communication de Mudimbe dit cette déchirure, ce déchirement et cet écart des limites par lequel des êtres séparés s'ouvrent et dissolvent leurs identités closes. Cette dialectique de la parole et du silence montre que les personnages ne peuvent pas sortir du langage, que le semblant du silence souverain dans lequel ils se réfugient est la texture même d'une décision. Cette décision traduit cette blessure, cette béance, qu'il est impossible de dire parce que c'est à partir d'elle qu'ils parlent, que nous parlons. Ces personnages mettent en jeu une autre topologie, une topologie du corps parlant, mettant face à face le langage et le silence. Mudimbe montre et dit que la plénitude ontologique – qui supposerait la fin de la béance, du déchirement, de la polarité – n'est pas accessible sur cette terre. Cela suppose une dialectique du don, du sacrifice.

J'ai malheureusement parlé jusqu'ici plutôt de la jouissance que de l'amour. Mais qu'est l'amour sinon cette dialectique même de la parole et du silence, de la perte et de la communication ? En un sens, l'amour est un échec. C'est la leçon ultime des récits de Mudimbe. Mais la réussite de cet échec, c'est la fiction ou la

---

[1] Georges Bataille, *L'Expérience intérieure*, Paris, Gallimard, 1953 [1943], p. 98.

poésie. C'est cette poésie qu'on trouve dans toute la prose de Mudimbe qui se révèle seule capable d'inscrire la béance de la jouissance dans le langage. Elle ébranle le langage suffisamment pour lui faire avouer ce qu'autrement il ne dit et n'avoue jamais, pour le mettre en crise et lui faire lui-même blessure : brisure de la syntaxe, déconstruction. Mudimbe écrivant ne réclame rien, ouvre à l'impossible une parole singulière, risque qui suppose chez son lecteur un renoncement semblable, un sacrifice aussi grand, un silence aussi éloquent. Si la relation désirante à l'autre se trouve toujours affectée par une série d'actes manqués, le seul rapport qui marche, en revanche, et qui tient à l'évocation de ces échecs, c'est donc le langage. Si tout échange humain se heurte à l'incommunicable et n'est possible que médiatisé par le livre, alors il revient au scripteur, spécialiste des mots et des maux, d'ex-primer ce qui s'y refuse. Le paradoxe ultime du texte de Mudimbe c'est que l'échec répété de toute communication – ce qu'il nomme la solitude – devient cela même qui permet la communication romanesque. Ces petites fleurs bleues qui trahissaient la naïveté ou l'arrogance d'un sentiment découvrent leur véritable nature de rhétorique, libèrent la pulsion de la scription, la jouissance de la (dé)figuration, la trace de l'agression. L'abject dérape sur un jeu de langue. L'amour et ses variantes définissent un nouvel espace, celui de l'é-cri-tu-re, selon le mot de Marcellin Pleynet, et remplissent à merveille ce contrat désirant avec l'autre, l'hypocrite lecteur, notre semblable, notre frère, c'est-à-dire « nous » autres.

JUSTIN KALULU BISANSWA
Université de Laval

UNE INTRODUCTION À LA LECTURE DE V. Y. MUDIMBE

> Comment cela s'appelle-t-il, quand un jour se lève, comme aujourd'hui, et que tout est gâché, que tout est saccagé, et que l'air pourtant se respire et qu'on a tout perdu, que la vieille brûle, que les innocents s'entre-tuent, mais que les coupables agonisent dans un coin du jour qui se lève ». Électre répondit à Femme Narsès : « Demande au mendiant, il le sait ». Le mendiant dit : « Cela a un très beau nom, Femme Narsès. Cela s'appelle l'aurore ».[1]

> J'aimerais repartir de zéro, reconstruire du tout au tout l'univers de ces peuples : décoloniser les connaissances établies sur eux, remettre à jour des généalogies nouvelles, plus crédibles, et pouvoir avancer une interprétation plus attentive au milieu et à sa véritable histoire.[2]

S'atteler à retracer le chemin suivi par Mudimbe peut consister aussi bien à raconter sa vie qu'à reconstituer l'évolution de sa pensée, ou encore à articuler vie et pensée de manière à rechercher dans la biographie l'éclairage nécessaire à l'interprétation de l'œuvre. Nous nous proposons ici d'offrir, sous forme d'un itinéraire intellectuel, une clé de lecture de l'œuvre de Mudimbe en dégageant le fil conducteur qui assure l'unité et la cohérence de l'ensemble de sa production intellectuelle.

L'itinéraire dont il est question est comme une reconstitution des étapes dans la progression d'une pensée en construction. Il donne les repères utiles en termes de réflecteurs, de thèmes, de méthodes et de problématiques. Ce peut être au bout du compte une sorte d'introduction à l'ensemble de l'œuvre de Mudimbe, un guide utile à l'exploration de l'univers que constitue cette œuvre.

---

1 Cité par V. Y. Mudimbe, *Autour de la nation. Leçons de civisme*, Kinshasa, Éditions du Mont Noir, 1972.

2 V. Y. Mudimbe, *L'Écart*, Paris, Présence Africaine, 1979.

Ce projet recèle quelques difficultés qui en rendent la réalisation fort délicate. Mudimbe est encyclopédiste et en tant que tel, il n'est pas aisé de parcourir son œuvre à la fois riche, variée, abondante et complexe. L'effort de conduire le lecteur doit nécessairement être puisé dans des techniques pédagogiques de systématisation et d'organisation aux fins d'offrir une grille de lecture qui éclaire sans enfumer ni embrouiller.

Poète, romancier et essayiste, Mudimbe embrasse de nombreux genres littéraires, varie les types d'écriture, pratique plusieurs disciplines des sciences humaines, mais il conserve, à la manière d'un organe de presse, sa ligne éditoriale, à savoir la problématique de l'identité de l'intellectuel africain et de la science africaine, soit la conjugaison de l'anthropologie et de l'épistémologie dans un espace de métissage culturel. Le point de départ de Mudimbe est l'expérience vécue d'un vide, un vide vécu comme déchirure et écartèlement. Il dit lui-même que ses « réflexions personnelles [...] sont ressassement d'un même thème, lui-même fruit d'une brisure ou d'une révélation singulière »[1].

Quel principe adopter pour la présentation de cette pensée en déploiement ? Faudrait-il calquer le modèle chrono-biographique d'un *curriculum vitæ* et tenter de reconstituer une sorte d'arbre généalogique au regard de la date de parution des publications et de leur genre littéraire ? Ou serait-il peut-être plus payant de rechercher des critères internes tels que le sujet abordé ou le domaine traité ?

Il est aisé de rendre compte de la complexité de la tâche quand on sait que Mudimbe est en dialogue avec l'ensemble de la communauté des sciences humaines, qu'il s'agisse de linguistes, théologiens, sociologues, anthropologues, historiens, philosophes ou politologues. Nous nous proposons de suivre un schéma thématique focalisé autour de telle ou telle expérience vécue particulièrement, corrélée à une problématique scientifique caractérisée. Nous aurons ainsi la question religieuse et la problématique théologique, les questions politiques, sociales avec les problématiques qui s'y rapportent. Le tout nous permettra

---

[1] V. Y. Mudimbe, *Réflexions sur la vie quotidienne*, Kinshasa, Éditions du Mont Noir, 1972, p. 5.

d'appréhender les dimensions de cette identité qui se raconte et se dit à travers la poésie, les romans et les essais, à la lumière d'une exploration scientifique qui appelle un autre regard, pour une autre idée du monde.

L'EXPÉRIENCE RELIGIEUSE

Déchirures, lézardes, entretailles disent bien l'expérience de désolation, d'inquiétude et d'insatisfaction qui alimente la pensée de Mudimbe, celle d'un être écartelé : l'intellectuel africain. Ce point de départ est le site à partir duquel s'exprime l'auteur, le lieu d'où part sa parole. La situation particulière de l'intellectuel africain apparaît comme étant dramatique, figure des égarements d'une idéologie de la violence et de la domination. C'est ce qui ressort de la prise de conscience de l'auteur de la situation consécutive au carnage de la ville de Kisangani[1].

La prise de conscience sauve dans la mesure où elle dévoile la possibilité de mettre fin à l'écartèlement, de situer les déchirures. Il y a lieu de venir à bout de la frustration, de franchir toutes les stations du chemin de la croix, grâce à la force d'un mythe qui a pour nom « liberté ». Ce mythe nous annonce l'apparition d'un nouvel homme, c'est-à-dire d'une nouvelle « anthropophanie ». Dans l'attente de cette manifestation, le discours cesse d'être inquiet et devient créateur ; c'est le discours de l'amour. Ce cantique qui s'élève petit à petit conduit vers l'extase, ouvre les portes à une expérience mystique. « [La joie de l'amour] paraît proche de l'abandon extatique d'une sainte – Agnès ou Cécile ? Je ne sais plus – qui, parlant de Jésus, s'écriait : « j'ai puisé du lait et du miel de sa bouche, et son sang décore mes joues »[2].

L'expérience mystique, fondée sur l'amour, est un appel à la fraternité, qui interdit de suturer des déchirures chez soi pour en ouvrir chez autrui. Il se fait malheureusement que de nouvelles souffrances plus aiguës mettent en mal le projet de fraternisation, accroissent angoisses et hésitations. Mais grâce à la force de l'espérance, l'alliance avec le sacré est source de fécondité. Dans

[1] V. Y. Mudimbe, *Déchirures*, Kinshasa, Éditions du Mont Noir, 1971, p. 23.
[2] V. Y. Mudimbe, *Réflexions sur la vie quotidienne*, p. 39.

l'entre-temps, il faut s'y faire car l'avent, cette attente de l'avènement du nouvel homme, est une période d'abandon, d'esseulement et de mélancolie[1]. Victime de violentes frustrations subies et menacé par des idéologies de la diversion, de l'aliénation et de la dépersonnalisation, l'intellectuel africain est un pèlerin qui doit affirmer sa différence, son autonomie, sa personnalité, lutter pour transformer son monde, faire disparaître l'ordre aliénant et advenir un homme nouveau, dans l'amour et la fraternité. « Poète, lève-toi et marche vers une terre nouvelle où apparaîtra un homme nouveau, sous le signe de la fraternité ». Tel est l'ancrage religieux du drame vécu par l'intellectuel africain, figure du drame de l'Afrique. Cet ancrage se vit, s'exprime et se formule à travers une expérience mystique qui rappelle les nuits de saint Jean de la Croix (1542-1591) ou les oraisons de sainte Thérèse d'Avila[2].

Il faut puiser dans l'extase mystique les énergies nécessaires pour affronter les affres de cet événement spirituel capital que constitue la réalité de l'exploitation économique. La prise en charge de ce vécu religieux s'effectue à travers une réflexion théologique qui s'alimente aux mamelles de la théologie de la différence et de la théologie de la libération.

La question qui se pose est de savoir « comment concilier la conscience religieuse portée vers le salut divin et l'engagement politique tendu vers la lutte contre la domination et l'exploitation ? »[3]. C'est tout le drame de Pierre Landu dans *Entre les eaux*[4]. Le modèle d'acculturation par excellence, le paradigme du dilemme existentiel, c'est le prêtre catholique qui cherche à concilier christianisme et marxisme, à partir de la conscience qu'il a de la misère du peuple, de son désir de se libérer de l'emprise occidentale, de son projet d'adhérer à un Christ qui ne soit ni noir, ni occidentalisé, mais simplement libérateur, solidaire des opprimés.

---

[1] V. Y. Mudimbe, *Entretailles* précédé de *Fulgurance d'une lézarde*, Paris, Librairie Saint-Germain-des-Prés, 1973, p. 54.

[2] V. Y. Mudimbe, *Déchirures*, p. 29.

[3] Kaumba Lufunda, *Dimensions de l'identité. Approche phénoménologique de l'univers romanesque de Valentin Yves Mudimbe*, thèse de doctorat, Louvain-la-Neuve, 1986.

[4] V. Y. Mudimbe, *Entre les eaux. Dieu, un prêtre, la révolution*, Paris, Présence Africaine, 1973.

> Les compatriotes de Howard (un prêtre blanc) et les miens. Les uns maîtres, les autres serfs. Le christianisme, leur religion. J'ai dû spontanément trahir mes origines pour me sentir aussi à l'aise dans un système qu'ignorait mon grand-père. Ils ont importé cette Foi, avec tout le reste. Mon père y a cru, s'est fait baptiser, m'a fait baptiser. Pour quoi ? Pouvait-il avoir un autre choix ? Surtout dans cet ordre colonial où le christianisme justifiait le pouvoir politique, et où celui-ci, en retour, imposait la Foi.[1]

La question de l'oppression coloniale rappelle à sa manière celles du racisme et de l'exploitation du prolétariat. Il est donc tout naturel qu'elle soit abordée à la lumière de la théologie de la libération. Avec cette différence que, si *Entre les eaux* rappelle bien le roman de Graham Green, *La Puissance et la gloire*, l'expérience africaine n'est pas à confondre avec celle d'un Camillo Torres, prêtre révolutionnaire latino-américain, ni avec celle des Noirs-américains, qui sustente la *théologie noire* ou *Black Theology*. La mise en chantier de la théologie de la libération part d'une approche de la différence, telle que la développe Michel de Certeau[2]. Le débat sur la question missionnaire impose l'union dans la différence, la reconnaissance de l'autre comme entité autonome. Étant donné que la différence est celle qu'exploite ou impose l'oppression, le projet de libération doit souscrire à la praxis marxiste qui exige le mariage entre l'action et la théorie. Ainsi de la théologie de la libération théorisée par Gustavo Guttierrez, de la théologie de la révolution de Joseph Comblin et de la théologie noire systématisée par Bruno Chenu. Devant l'échec des théologies conformistes qui légitimaient l'ordre établi, ce mouvement a opté pour une relecture de la théologie morale, de la façon dont s'y articulent charité et pratique socio-politique. Il opte pour l'analyse marxiste des situations actuelles caractérisées par l'aliénation, l'oppression, la lutte des classes, la libération. Son objectif est la libération, c'est-à-dire la transformation du monde

---

1 *Idem*, p. 27.

2 Michel de Certeau, *L'Étranger ou l'union dans la différence*, Paris, DDB, 1969.

actuel en un monde plus viable, la construction d'un monde plus équitable.

C'est ainsi que Mudimbe entend s'assumer au travers d'une expérience religieuse à la fois contemplative, ascétique et mystique mais aussi active, engagée et militante. C'est aussi là tout le débat sur la pratique politique qui est ainsi inauguré à partir de préoccupations religieuses.

L'EXPÉRIENCE POLITIQUE

L'écart de la conscience religieuse renvoyait en fait à la quête d'une identité religieuse, mais il a conduit à une prise de conscience politique, qui en appelle à une identité politique, mettant ainsi les destins individuels aux prises avec les enjeux politiques. L'ordre politique sur lequel se profile le vécu de l'intellectuel africain est caractérisé par un lien inextricable, quasi fatal, des destinées individuelles avec des forces impersonnelles et contradictoires qui travaillent le Congo, dans une totalité combinant le malaise des consciences et le désordre des choses[1].

L'espace politique africain est décrit comme un monde déchiré, parasité par la sorcellerie, la tribu et la prostitution, brouillé par l'équilibre précaire entre la sphère du pouvoir et la vie privée, perturbé par la conversion du vouloir politique en avoir sexuel. La déroute politique prend alors les traits de la prostitution, de la débauche morale, et la peinture morale d'une biographie esquisse le tableau politique d'une société[2]. Pénible situation d'imposture que celle dans laquelle se trouve le pouvoir symbolique, un ministre, et le privé sentimental, affectif, une prostituée professionnelle et instruite. « Et l'imposture accompagnera l'homme aussi longtemps qu'il ne pourra faire coïncider la singularité du désir et l'universalité de l'institution... »[3], comme le disait si bien Ricœur.

---

1 Jacques Howlett, « Préface », dans V. Y. Mudimbe, *Le Bel immonde*, Paris, Présence Africaine, 1976.

2 Kaumba Lufunda, *op. cit.*

3 Paul Ricœur, *Histoire et vérité*, Paris, Le Seuil, 1964, p. 203.

Sur le plan du vécu, l'identité politique est celle du citoyen : une identité qui nécessite des *Leçons de civisme*[1], lesquelles resituent les révolutions en cours en Afrique dans la lignée des révolutions, depuis la Révolution française, et dans celle des mouvements nationalistes, depuis la négritude. Il fallait bien le faire, car les rapports au sein de la communauté politique ont été analysés, du fait de l'oppression, à partir d'une grille marxiste. Considéré dans le cadre de l'Afrique, le développement de la dialectique ne devrait plus se contenter d'approcher de longs processus historiques. Il s'inspirera d'une méthode adaptée, celle de l'histoire immédiate. Celle-ci est une

> discipline au confluent de l'histoire, de l'anthropologie et de la sociologie, [elle] a pour objet la connaissance scientifique des sociétés contemporaines, dans la mesure où celles-ci sont en crise et engagées d'une manière de plus en plus consciente dans la transformation pratique de leurs conditions d'existence.[2]

L'EXPÉRIENCE SCIENTIFIQUE

Le religieux et le politique africains en mal d'identité étaient déjà des intellectuels acculturés, voire aliénés en quête de liberté, de spiritualité, d'amour et de pouvoir. Leur science était déjà un atout pour l'exercice du pouvoir, mais de quel type de pouvoir ? L'articulation de la science avec le pouvoir est retracée à travers l'expérience scientifique d'un doctorand en histoire. Dans *L'Écart*, Ahmed Nara est un historien, un intellectuel africain schizophrénique.

Déchirures, angoisses et incertitudes prennent un visage particulier dans sa pratique scientifique. Elles se constituent en un schisme intellectuel. L'Afrique et l'Europe entretiennent leurs conflits en Nara, en amour comme en science, en religion autant qu'en politique. Face à l'histoire des africanistes dont Nara

---

1 V. Y. Mudimbe, *Autour de la nation. Leçons de civisme*, Kinshasa, Éditions du Mont Noir, 1972.

2 Benoît Verhaegen, *Introdution à l'histoire immédiate*, Gembloux, Duculot, 1974, p. 27.

dénonce les incohérences, il se propose en vain de générer une science historique satisfaisante qui s'élèverait sur la tombe de la science européenne. Mais le projet de l'intellectuel africain iconoclaste est téméraire. Comment, en effet, franchir le pas devant permettre de passer de la négation de la science européenne, c'est-à-dire de la négation de sa propre personnalité scientifique actuelle à la constitution d'une science nouvelle, à bâtir sur les décombres de la première ? Le problème de l'affirmation de la différence, de la présence à soi, c'est-à-dire de l'identité de l'intellectuel africain se vit comme une impossibilité d'être soi-même, de se saisir comme africain, intellectuel certes, mais cependant différent de l'Européen. Vivant dans un monde brisé, l'intellectuel africain a une conscience schismatique, qui intériorise le chaos de ce monde, consacre l'incapacité à s'affranchir et à affirmer sa différence.

Aussi l'entreprise de révolutionner la pratique historique en Afrique est-elle un projet à la fois scientifique et politique fondé sur une catastrophe historique. La colonisation inaugura en effet le silence des peuples colonisés en même temps qu'une occultation de la vérité. S'ouvre dès lors une plaie béante où chaos politique, confusion religieuse, apories scientifiques et embarras sentimentaux se mêlent et caractérisent la situation pathologique de l'Afrique d'aujourd'hui, une sorte de mal-être et de mal-vivre générés par la décrépitude qui y règne. La mort de Nara est comme une mise en garde, une sorte d'alarme. Vivre dans l'écart, sans identité, dans la distance à soi, en attendant qu'un étranger, fût-il psychanalyste comme le docteur Sano, vienne le sauver, c'est préparer sûrement l'autodestruction, l'annihilation de soi.

Défi ou dilemme, il faut résoudre la question de l'identité individuelle et collective pour éviter l'impasse, survivre et éviter de périr comme individu et comme peuple. Pour capitaliser cette expérience vécue, Mudimbe revisite l'anthropologie et conduit à une épistémologie plurielle. Chaque type d'oppression et d'exploitation s'étant appuyé sur un type de savoir donné, l'intellectuel africain ne saurait se libérer sans au préalable procéder à l'archéologie du savoir. Il s'agit, selon Michel Foucault, de découvrir un réseau serré d'opérations intellectuelles formant entre elles un système, un code fondamental s'imposant simultanément aux divers domaines d'une culture, à une époque donnée. Ainsi, les différents concepts qui ont servi à constituer l'ethnologie en particulier et les sciences humaines en Afrique en général, relèvent d'un champ théorique en dehors duquel ils auraient été impensables. Ce champ théorique se nomme *épistèmê*. L'épistémologie d'une *épistèmê* permet de découvrir selon quelles règles se forment les énoncés. Ce faisant, elle permet de fixer les rapports entre le savoir et le pouvoir.

Le modèle de Michel Foucault sera mis en œuvre dans deux essais : *L'Autre Face du royaume*[1] et *L'Odeur du père*[2]. *L'Autre Face du royaume* se ressent fort de Foucault. La méthode utilisée est celle de l'archéologie d'un savoir précis, l'ethnologie, lié à une pratique précise : la colonisation. Science et pratique qui ont vu le jour dans des conditions historiques précises. Le sous-titre lui-même *Une Introduction à la critique des langages en folie* rappelle un ouvrage de Foucault : *Histoire de la folie à l'âge classique*[3].

Lorsque les intellectuels africains sont écartelés et qu'ils élaborent des discours qui relèvent de la folie, comment ne pas s'en référer à la psychanalyse et au structuralisme ? Pour ne pas dire à celui des psychanalystes qui a convenablement intégré les apports de la linguistique dans son approche ? Il va sans dire que, dans un tel contexte, la référence à Jacques Lacan et à Ferdinand de Saussure va de soi, de manière quasi naturelle. Il s'agit, en effet ici, de souligner la fonction fondamentale du langage dans la cure psychanalytique. Quand Lacan affirme que « l'inconscient est structuré comme un langage », il pose que le langage est « ce par quoi naissent *sujet* humain et monde d'*objets* »[4]. L'approche lacanienne a le mérite d'intégrer la linguistique saussurienne dans la reprise de Freud et d'aborder la folie, en tant qu'elle limite la liberté autant qu'elle permet de comprendre l'être de l'homme.

C'est ici le lieu d'une critique des sciences humaines en général et de leur pratique en Afrique, en particulier. Le discours des

---

1 V. Y. Mudimbe, *L'Autre Face du royaume. Une introduction à la critique des langages en folie*, Lausanne, L'Âge d'homme, 1973.

2 V. Y. Mudimbe, *L'Odeur du père. Essai sur les limites de la vie et de la science en Afrique noire*, Paris, Présence Africaine, 1982.

3 Michel Foucault, *Histoire de la folie à l'âge classique*, Paris, Plon, 1961.

4 André Akoun, *La Philosophie*, Paris, Les Encyclopédies du savoir moderne, C.E.P.L., 1977, p. 273.

sciences est le fruit d'un regard limité, une vision en perspective, parce que toujours située. « Il est nécessaire, précise Mudimbe, d'insister sur le fait que l'universalité ne peut exister qu'à partir d'une expérience critique singulière, c'est-à-dire de l'assomption courageuse et intelligente d'un milieu archéologique, point de rencontre d'une historicité et d'une sociabilité »[1].

Le langage en folie consiste à imiter la pratique scientifique européenne, à dire un « même », au sens de l'identité fondamentale. La folie de l'imitation est dans le fait que l'imitateur, pour parler comme Mudimbe lui-même, ignorant du lieu d'où la parole épouse un ordre aliénant, inscrit son discours en contresigne dans un *épistèmê* qui vient d'ailleurs pour sa domination. Le fou, ici, érige les croyances d'une singularité en dogme d'universalité. Le fou se met lui-même à la périphérie et fait de l'autre un roi. Car l'Africain ne saurait s'étudier lui-même comme l'autre l'étudierait. L'Africain est ainsi invité à insérer son discours dans le terroir culturel africain, à affirmer et même à postuler sa différence, à refuser toute transposition non critique des théories produites, travaillées, soutenues par un ordre, dans un contexte, totalement différent où elles s'érigent en « dogme », en « canons », en « vérités absolues »[2].

Contre la folie d'une imitation servile et naïve, Mudimbe préconise un autre coup de folie qui consisterait en l'appel à l'insurrection contre ces « pères » qui nous aliènent. Le meurtre du père constituera-t-il une solution définitive ? Peut-être pas nécessairement. En effet, les cas de décès paternels sont relatés à travers les romans de Mudimbe. Qu'il s'agisse du père de Pierre Landu ou de celui de Suzanne dans *Entre les eaux*, du père de Ya dans *Le Bel immonde*[3], ou encore de celui de Nara dans *L'Écart*, ces pertes posent le problème de la tradition, de la gestion de l'après-disparition du père. Entre une tradition reniée et une tradition assumée, l'odeur du père nous rappelle que le fils ne choisit pas son passé. Le passé nous poursuivra comme une

---

[1] V. Y. Mudimbe, *L'Autre Face du royaume*, p. 136.

[2] *Idem*, p. 151.

[3] V. Y. Mudimbe, *Le Bel immonde*, Paris, Présence Africaine, 1976.

malédiction si nous osons le renier, il nous emprisonnera impitoyablement si nous sommes incapables de l'assumer.

Si donc la tentative de libération du discours des sciences humaines en Afrique n'a pas encore réussi, c'est parce que les schémas méthodologiques, c'est-à-dire idéologiques, occidentaux nous enchaînent encore tels des fils suffoqués par l'odeur émanant du cadavre de leur père. *L'Autre Face du royaume* devient alors une sorte d'invite à la purification du regard.

ANTHROPOLOGIE ET HISTOIRE : POUR UN AUTRE REGARD

Changer de façon de regarder le monde pour changer de façon de voir les choses. Exercice esthétique, mais aussi pratique éminemment épistémologique. Mudimbe aime s'adonner à la critique des œuvres d'art pour y déceler la vision du monde qui s'y cristallise. C'est au départ de l'examen de tableaux représentant des nègres dans l'art occidental, que Mudimbe révèle la place périphérique qu'occupe l'Africain dans l'univers occidental, dont le Blanc européen est posé comme un centre. Et l'examen des tableaux de Chéri Samba lui révélera le nouveau visage de l'Afrique post-indépendance. Par-delà la peinture sociale au sens purement plastique, il y a aussi la peinture littéraire à travers les romans qui retracent la dissolution sociale, comme en témoigne si bien *Don Quichotte de la Manche* de Cervantès.

Il y a les tableaux, certes, mais il y a aussi le regard du voyageur, de l'explorateur, de l'ethnologue, qui alimente l'anthropologie, en général, et l'histoire, en particulier. Depuis les intuitions fulgurantes des poèmes, en passant par les images flashes des réflexions sur la vie quotidienne et jusqu'aux fresques romanesques, Mudimbe observe, peint, décrit, raconte, s'efforce de regarder différemment pour raconter autrement. Il aime visiter les musées, les cathédrales et autres curiosités, consigner ses impressions, dire son émotion d'étranger étonné face aux univers qu'il croise[1].

---

[1] V. Y. Mudimbe, *Carnets d'Amérique*, Paris, Librairie-Saint-Germain-des-Prés, 1976, p. 12.

Il s'agit pour lui de déchiffrer le texte de la vie comme il avait appris à déchiffrer les structures du langage à la suite de Ferdinand de Saussure ; de repérer les sites idéologiques à partir desquels s'originent les discours scientifiques tout comme la trame qui constitue les identités individuelles et collectives. Dans cette entreprise, l'anthropologie assume un rôle déterminant autant que l'histoire occupe une position stratégique. La critique de l'anthropologie et de l'histoire révèle que les sciences humaines sont devenues aujourd'hui comme un traité d'anthropologie générale. Le chercheur évoluant dans ce secteur est un voyageur qui raconte des histoires vécues ou entendues. Son récit dévoile un regard jeté sur la réalité sociale, à partir d'un site, d'une perspective, de préjugés et de présupposés.

Cela fait de l'histoire la branche par excellence de cette épistémologie revisitée et de la linguistique son paradigme méthodologique. L'image de l'homme qui se dégage d'une telle pratique scientifique, après les corrections dioptriques nécessitées par la prise de conscience de notre destin d'africain, est celle d'une identité assumée dans un projet politique, qui intègre son double héritage africain et occidental et qui s'exprime et se raconte sur la base d'une idéologie de la libération et de la fraternité universelle.

Reprise au niveau des individus, l'histoire est le récit d'une identité qui dit sa manière de voir, d'être et de vivre et se donne à lire à ceux qui, comme le rappelle Lacan, ont des oreilles pour entendre et des yeux pour voir. De ce fait, la pensée de Mudimbe qui se donne comme une anthropologie, se structure à la manière d'une histoire des idées et des pratiques sociales, à partir d'un site africain, donnant lieu à la constitution d'une philosophie de l'histoire.

UNE AUTRE IDÉE DU MONDE

Que deviennent finalement l'Africain et la science africaine après avoir reconstitué, reconsidéré et réajusté ses bases et ses perspectives ? Dans un mouvement de restauration des certitudes naguère vouées au flottement, Mudimbe refait le point sur l'entreprise menée, à l'intention de la communauté universelle dans *The Invention of Africa* (1991) et *The Idea of Africa* (1994), à l'adresse des Africains dans *L'Autre Face du royaume* (1973) et *L'Odeur du père* (1982). Désormais, il s'agit pour lui d'écrire de nouvelles leçons de civisme, devant fonder la citoyenneté et le nationalisme à l'échelle planétaire. Pour ce faire, il entreprend une tâche propédeutique d'anthropologie et d'histoire en peignant et en racontant à travers *Parables and Fables* (1982) et *The Tales of Faith* (1997), les aventures de l'acculturation.

À l'heure de la mondialisation et du haut de l'observatoire américain, Mudimbe jette un nouveau regard sur les paradigmes de la fin du XXe siècle, à savoir le post-marxisme, le post-modernisme et la société civile. Ce faisant, il n'oublie pas sa perspective africaine, car il veut engager les Africains à repenser leur avenir dans le nouveau contexte de la mondialisation. Balayant l'histoire des idées depuis Hume, Locke jusqu'à Marx et Althusser, il note que le XXe siècle n'aura probablement été qu'un petit siècle sur le plan de la production de grandes idées. C'est peut-être vrai, car la mondialisation ne serait dans la perspective africaine que le nouveau nom de la problématique du développement et de la gestion des richesses à l'échelle mondiale. La question du développement avait fait l'objet d'une approche lexicographique et idéologique dans *Les Leçons de civisme* ; de même le processus de mondialisation appelle les Africains à redéfinir leur citoyenneté en tant que membres de la communauté politico-économique mondiale. Et l'autre face de la mondialisation, c'est que les oppresseurs ne sont plus clairement identifiables comme du temps des colonisateurs et des impérialistes d'avant la chute du mur de Berlin, les assurances de la modernité sur le progrès font face à de nouvelles incertitudes[1], les règles de production formulées par la lignée marxiste ne suffisent plus à éclairer l'émergence des nouveaux pouvoirs. De même que les identités africaines étaient éclatées, de même des clivages apparaissent au cœur de nouvelles identités planétarisées. Mais à cette échelle comme à l'échelle africaine, il faut réajuster le regard, construire de nouveaux

[1] José Minaku Lukoli, *L'Œuvre de Valentin Yves Mudimbe ou la perte des certitudes*, mémoire de licence en Philosophie et lettres, Louvain-la-Neuve, U.C.L., 1996.

paradigmes explicatifs et réécrire l'anthropologie sur la base d'une nouvelle histoire.

Et l'on comprendra dès lors pourquoi dans la lutte pour l'hégémonie à l'échelle mondiale, la plus grande puissance économique de la terre, à savoir les États-Unis d'Amérique, accorde une place de choix aux études anthropologiques dans le cadre des stratégies militaires. Si l'ethnologie a été la science de la colonisation, l'anthropologie est celle de la mondialisation, le tout sur fond de politiques économiques et de volonté de puissance.

CONCLUSION : ÉLOGE DU MÉTISSAGE

L'itinéraire intellectuel de Mudimbe apparaît comme une grande ode au métissage culturel[1]. Ce métissage qui avait commencé par la pratique de la philologie romane, des études classiques et de la patristique, s'est poursuivi à travers une expérimentation de la conversion religieuse comme moment critique de la relation à autrui. Entre le risque de rejet de l'autre et la chance à saisir, auprès d'autrui, le statut de l'intellectuel africain est devenu un paradigme de l'ambiguïté de notre identité, une identité portée par autrui, ouverte à autrui, car nous sommes des métis culturels.

L'épistémologie de Mudimbe, conduite à partir des anthropologies occidentales et africaines, de l'histoire de la rencontre de l'Afrique avec l'Occident, puisant dans la bibliothèque coloniale et africaniste, est une description phénoménologique d'un métissage scientifique et l'illustration d'une identité non figée, en construction. L'expérience scientifique africaine est alors reconsidérée dans la dynamique de la phénoménologie et à la lumière de la philosophie existentialiste, pour relativiser l'intellectuel et le savoir occidentaux autant que l'intellectuel et le savoir africains. La *métissité* culturelle et l'ambiguïté de l'identité exorcisent les théories racistes de tous bords et redonnent aux différentes productions scientifiques et culturelles leur dimension politique, en

---

[1] V. Y. Mudimbe, *Tales of faith. Religion as political Performance in Central Africa*, London, Athlone Press, 1977, p. XII.

tant que des métaphores qui renvoient à un type de gestion des affaires de la communauté.

La communauté prise en compte par Mudimbe, ce n'est plus uniquement celle du religieux catholique, ni celle du politicien congolais, ni celle du scientifique africain. Avec le changement de regard et le réajustement de l'idée du monde, il n'y a plus ni centre ni périphérie ; plus aucun peuple, aucune culture, aucune science n'évolue en vase clos. À l'heure de la mondialisation, la *métissité* est devenue la règle universelle, la nouvelle figure de notre identité religieuse, politique et scientifique à l'échelle planétaire. Une telle entreprise s'impose comme étant éminemment humaniste pour autant qu'elle sauve l'homme de la schizophrénie personnelle, de la violence politique et de l'intolérance religieuse, en clair de l'impérialisme scientifique. Hier, il s'agissait de libérer l'homme africain, aujourd'hui il faut garantir la liberté à tout homme sur la terre, c'est-à-dire réaménager l'espace politique et économique d'une nouvelle société civile ouverte.

Dans le paysage ainsi décrit, la nouvelle anthropologie générale met entre parenthèses les préjugés scientifiques, les opinions politiques, les dogmes religieux, et se veut méthodologiquement agnostique. L'agnosticisme n'est ni le refus du sacré, ni le rejet de la religion, ni l'opposition à la pratique religieuse ; elle est la position de décentrement indispensable à une pratique scientifique ouverte et libératrice, c'est-à-dire la condition de possibilité d'une anthropologie en situation de *métissité*. C'est à cette unique condition que les angoisses, écarts et incertitudes de départ, peuvent se convertir en positivité, en projets, c'est-à-dire en roman de la vie, de manière à maîtriser l'ambiguïté de l'existence, à dominer les paradoxes de la vie et, comme dirait Milan Kundera, à « posséder comme certitudes, la sagesse de l'incertitude »[1].

KAUMBA LUFUNDA SAMAJIKU
Université de Kinshasa

[1] Cité par José Minaku Lukoli, *op. cit.*

REVISITER LE JARDIN AFRICAIN À LA BÉNÉDICTINE

Les Corps glorieux des mots et des êtres. Esquisse d'un jardin africain à la bénédictine[1] est probablement l'un des ouvrages les plus toniques de V. Y. Mudimbe, par son évidente transparence mais aussi par l'éclairage inespéré qu'il apporte à la bonne compréhension du personnage et de l'ensemble de son œuvre[2]. Que l'ouvrage soit publié en français, alors que sa production récente et subséquente est entièrement en anglais[3], c'est qu'intentionnellement, ce livre aurait été offert en lecture aux Congolais. Cette démarche s'est voulue, me semble-t-il, comme une forme de restitution de sa mémoire à son pays d'origine, la République démocratique du Congo, bien avant son voyage, en 2000, à Kinshasa et à Lubumbashi, depuis plus de vingt ans après la disparition de sa silhouette du paysage universitaire congolais. On aurait dit que l'auteur avait l'intention de rappeler à ses compatriotes, au cas où ils l'auraient oublié, qu'il est un authentique « mwana mboka » (fils du pays, songye de Kabinda pour qui oserait douter de cette identité), un authentique produit de ses « maisons » (parce que né le 8 décembre 1941 dans le camp de l'Union Minière du Haut-Katanga à Likasi, ayant fait ses Humanités à la Mwera au Katanga et les études universitaires à l'Université Lovanium de Kinshasa !).

---

1 Montréal-Paris, Humanitas-Présence Africaine, 1994, 229 p.

2 Cette note est une reproduction, revue et augmentée, de la recension publiée dans la *Revue Africaine des sciences de la Mission*, Kinshasa, 4, 1996, pp. 201-229.

3 V. Y. Mudimbe, *The Invention of Africa*, Bloomington, Indiana University, University Press, 1988 ; *Parables and Fables. Exegesis, Textuality and Politics in Central Africa,* Madison, The University of Wisconsin Press, 1991 ; *The Idea of Africa,* Bloomington, The Indiana University Press, 1995 ; (éd.), *The Surreptitious Speech, Présence Africaine and the Polics of Otherness 1947-1987*, Chicago-London, The Universithy of Chicago Press, 1992.

Ce témoignage vient à son heure pour consoler un Congo à l'état comateux, déchiré par la guerre, à qui il est donné de découvrir, par ce livre autobiographique, que les grandes existences du monde ne se recrutent pas seulement dans le lointain pour être offertes en exemples chez soi. Bien au contraire, la production des valeurs intellectuelles sûres, universellement éprouvées, est également à sa portée, comme l'illustre ce propos. En effet, à l'heure où la jeunesse se retrouve l'otage d'une guerre de partage du Congo, après des rixes politiques d'une transition qui n'en finissait pas de se réinventer, ce parcours « irréprochable », parce que neutre et exemplaire, apporte le témoignage qu'il existe bien d'autres manières de prétendre à la grandeur qui ne passent pas par des promotions politiques mais qui, au contraire, évitent soigneusement pareil mirage. L'auteur n'a-t-il pas décliné la « promotion encombrante » (p. 130) de membre du Comité central du MPR, pourtant prestigieuse à l'époque ?

ENTRE L'ABBÉ PIERRE LANDU ET MÈRE MARIE-GERTRUDE

La révélation de ce parcours revisité est que, pour la première fois, l'auteur confesse publiquement sa provenance du milieu ecclésiastique. Il accepte d'assumer son statut d'ancien séminariste et reconnaît que cette culture n'a jamais pu s'effacer de sa personnalité. « Les trente dernières années, prévient-il dans l'avant-propos, au fil des contacts avec le monde, le marxisme, la philosophie, je m'espérais, au moins, libéré du cadre bénédictin de mon enfance et de mon adolescence. Le constat du contraire m'effraya... » (p. 11).

Joignant l'acte à la parole, il n'hésite pas à publier, dans la livrée de ses photos d'enfance, celle du Frère Matthieu qu'il fut au monastère de Gihindamuyaga au Rwanda, fondé par l'abbaye belge de Maredsous (p. 218). Sur la photo, il arbore une soutane blanche, « les mains sous le scapulaire, la tête humble, le regard droit et le sourire de rigueur » (p. 53). Enfin tout se tient et s'éclaircit. L'itinéraire de Mudimbe aurait été tissé d'aventures d'une vocation religieuse. Une histoire qui lui colle à la peau, depuis le temps où il jouait à « dire la messe avec les pagnes de sa mère », jusqu'à l'allure de prêtre qui ne l'a jamais quitté et que lui reconnaît d'emblée une inconnue à l'aéroport J.F. Kennedy à New York (p. 143), en passant par la fréquentation du bréviaire qu'il continuait à s'imposer comme étudiant à l'Université Lovanium (p. 75) et l'allure d'un certain « Père Valentin Yves » que lui reconnaissent volontiers ses élèves, séminaristes de Kalonda dans le Kwango (p. 150).

Aujourd'hui encore, rapporte-t-il, il se soumet volontiers aux rites des messes catholiques (p. 101), malgré tant d'efforts pour se faire passer pour agnostique et surtout pour tenter de se convaincre d'être tel. Comme l'abbé Pierre Landu et Mère Marie-Gertrude, les héros de ses romans les plus célèbres, *Entre les eaux*[1] et *Shaba deux*[2], sa propre trajectoire, à la suite de ces deux existences fictives, semble s'offrir à l'observateur comme le troisième paradigme de la grammaire des récits de vie des séminaristes africains à l'épreuve des crises de croissance de leur continent.

Le fait d'avoir adopté, au niveau de l'écriture, un genre hybride, un récit qui s'apparente fort bien à un essai sociologique, n'aurait-il pas tenté de matérialiser une certaine forme de dépersonnalisation de son propre récit de vie, pour le rapprocher d'une fiction et, finalement, pour le poser comme le troisième volet du triptyque donnant lieu à trois itinéraires, de prêtre, de religieuse et de laïc ? À tout le moins, l'invention de Pierre Landu et de Mère Marie-Gertrude n'a été possible que parce que lui-même, sur ce terrain, ne se trouvait pas en terre inconnue. Plus surprenant encore, il est l'un des lettrés africains et congolais qui possèdent pour bagage une culture religieuse d'une prodigieuse richesse et une parfaite maîtrise de la problématique de l'église catholique en Afrique. N'a-t-il pas toujours accompagné, de son regard critique, l'évolution de la théologie africaine au Congo, se mouvant avec agilité dans ses tendances, ses espérances et ses inquiétudes ? Les grands maîtres de cette théologie, il les connaît tous[3]. Non seulement il les a lus – en commençant par Vincent Mulago qu'il

---

1 V. Y. Mudimbe, *Entre les eaux. Dieu, un prêtre, la révolution*, Paris, Présence Africaine, 1973.

2 V. Y. Mudimbe, *Shaba deux. Les Carnets de Mère Marie-Gertrude*, Paris, Présence Africaine, 1989.

3 V. Y. Mudimbe, « Visage de la philosophie et de la théologie contemporaines au Zaïre », dans *Cahiers du CEDAF*, Bruxelles, 1981.

situe à l'origine de son initiation à l'africanisme (p. 157) – mais il les a aussi fréquentés. Il a sa propre appréciation et son jugement de chacun d'eux et s'autorise, quelquefois, à les évaluer par rapport à leur idéal, leur discours et leur agir.

DE FRÈRE MATTHIEU À PROFESSEUR MUDIMBE : UNE HISTOIRE VÉCUE

Dans ce livre, l'ensemble du parcours de Mudimbe se trouve relaté, contrairement aux apparences, avec force détails. Mais ce maître de la langue s'est amusé à le construire à la manière d'un puzzle. L'autobiographie est accessible pour celui qui sait et qui peut la lire[1]. Cet itinéraire, c'est en réalité l'histoire typique de tant d'hommes et de femmes nés au cours des années 40. Une histoire qui est aussi une sorte d'illustration du parcours de l'église catholique au Congo, du moins telle qu'elle a été vécue par cette génération, au cours du dernier demi-siècle.

Cette histoire, commune à l'ensemble de la génération, commence dans de petits et de grands séminaires. À l'époque, tout enfant doué, de conduite correcte, n'était-il pas destiné d'office à devenir prêtre ou religieux ? On aurait pu dire que la vocation sacerdotale naissait d'elle-même. Elle était à fleur de peau et à l'état latent, ne fût-ce qu'à cause de la proximité de tel ou tel religieux ou, plus simplement, par l'attrait de la soutane et des ornements religieux. Nombre d'autobiographies ecclésiastiques soulignent ce fait. Mgr Tshibangu, donnant le récit de sa vocation, évoque le souvenir d'un certain Père Dominique. « [Son] influence fut grande, écrit-t-il, parmi les jeunes de notre génération à Kipushi. Ma décision de me faire prêtre, ainsi que celle de mon cousin Mulowayi, se raffermirent par la volonté de lui ressembler »[2]. Un écho similaire dans la biographie de Mgr Monsengwo : « Ma vocation fut ressentie pour la première fois

---

1 Cette « lecture », je l'avoue, m'a été facilitée par le fait d'avoir partagé la même vie estudiantine à Lovanium (dans deux promotions successives de la licence en Philologie romane), et d'avoir enseigné, de longues années, comme il le signale (p. 207), dans la même faculté des lettres de Lubumbashi.

2 Tsh. Tshibangu, *Itinéraire spirituel d'un Africain de ce temps*, Kinshasa, Éditions universitaires africaines, 1993, p. 27.

lorsque j'ai vu un prêtre célébrer la messe [...]. On se rappelle combien la liturgie de la messe était enveloppée de mystère et de solennité. J'ai été tellement impressionné que j'ai pensé à devenir prêtre »[1]. Ce sentiment qui se donnait pour « vocation religieuse » se trouvait attisé par l'ambition, à l'époque, de ressembler à l'Européen et d'être intégré à son univers. Trois figures coloniales hantaient les rêves des jeunes scolarisés et exerçaient sur eux un attrait certain. Il s'agissait précisément de l'image du missionnaire, de l'agent territorial ou de l'ingénieur, agricole ou minier, suivant les régions.

Mudimbe est né dans une région minière. Justement, son père, ajusteur à l'usine de l'Union Minière, avait souhaité que son grand fils se réalise dans l'image du « patron », qu'il devienne donc « ingénieur »[2]. Mais lui-même nous dit avoir choisi de devenir moine (p. 30). Avait-il été particulièrement attiré par la vie monastique ou s'était-il retrouvé candidat moine ? Sa vocation avait-elle tout simplement germé dans la « concession ecclésiastique » des Bénédictins ? Impossible de déterminer si c'est l'expérience monastique qui a forgé le tempérament solitaire de Mudimbe ou si c'est plutôt ce tempérament qui a conduit l'auteur des *Corps glorieux des mots et des êtres...* à la vie monastique. Lui-même ne peut le déterminer. « En prenant l'habit de moine, note-t-il, je m'étais coulé, tout naturellement, en un univers mécanique. Il me convenait et ses rites répondaient, simplement, aux heures de mes journées et à la respiration de mon corps » (p. 69). Traduisons qu'il aurait pu, tout aussi naturellement, être candidat jésuite ou scheutiste, s'il avait eu Léopoldville ou Kisantu pour milieu d'enfance. Sans doute en aurait-on fait un abbé, puisque les congrégations missionnaires n'étaient pas encore accessibles aux candidats autochtones.

Donc, entre 1952 et 1958, il est au séminaire de la Mwera. Il a gardé le souvenir des grandes amitiés d'enfance, comme celle qui le lie à Floribert Songa-Songa (p. 33), abbé et évêque de Kolwezi

---

[1] G. Iwele, *Monsengwo, acteur et témoin de l'histoire*, Bruxelles, Duculot, p. 24.

[2] Finalement, trois de ses enfants s'affirmeront dans le domaine des lettres. Il s'agit, en plus de Mudimbe, de son jeune frère (Achille Ngoye, écrivain) et de sa jeune sœur (Josette Shaje a Tshiluila, anthropologue et professeur à l'Université de Kinshasa).

pendant de longues années, puis, tout récemment, archevêque de Lubumbashi (*Shaba deux*, dont l'héroïne est une « franciscaine zaïroise de Kolwezi », serait-il un hommage discret à Songa-Songa ?). Bien entendu, sur ce tableau du souvenir de l'enfance, les maîtres bénédictins – Dom Théophanès, Dom Seys, Frère Denys – ne sont pas oubliés (pp. 32, 50). Puis, avant la fin des humanités (lycée), le voilà à Gihindamuyaga, ce qui l'obligera plus tard à affronter le jury central pour obtenir le diplôme de fin d'études secondaires. L'indépendance du Congo, le 30 juin 1960, le surprend comme moine congolais vivant au Rwanda.

La décolonisation ouvre une ère nouvelle dans le petit monde des séminaires et des couvents. La contestation du cléricalisme colonial s'accompagne de crises de conscience. Les volontés d'être prêtre se heurtent aux préoccupations familiales de récolter les dividendes des investissements scolaires effectués sur les enfants les plus scolarisés de la maison. Les conflits intérieurs devenaient d'autant plus aigus que le vide laissé par le personnel belge offrait la possibilité de promotions sociales quasi instantanées. Les malentendus avec des confrères européens, fréquents en cette période d'indépendance, et l'insensibilité de certains supérieurs aux signes des temps, constituaient d'autres raisons qui provoquaient la désertion massive des séminaires.

Sur ce chapitre, Mudimbe a trop le sens de la pudeur et de la mesure pour se permettre d'être bavard. Tout au plus, se contente-t-il d'indiquer quelques pistes. À propos du choix des études à entreprendre (thème classique de conflit avec les supérieurs), comme il était plutôt porté sur les langues, rapporte-t-il, le couvent lui imposa les mathématiques. Quand on se rendit compte qu'il arrivait à s'en sortir, on lui imposa de nouveaux devoirs : « produire le miel pour la communauté, s'occuper des lapins et du verger » (pp. 48-49). Et ce n'est pas tout. En sa présence, les prêtres belges ne se privaient pas de tourner en dérision un grand lettré autochtone, l'abbé Alexis Kagame, que l'Unesco allait pourtant retenir, quelques années plus tard, comme membre du Comité scientifique international pour la rédaction d'une histoire générale de l'Afrique. « Que sait-il de si particulier ? Face au Père Blanc moqueur, Frère Matthieu se durcit. Il fait face à son prieur [...]. Le silence s'impose à lui comme effet de discipline » (pp. 49-51), sans panser pour autant la plaie intérieure qui ne fait que s'agrandir. Autre incident, cette fois-ci avec un Dominicain blanc « fort et fier en son habit blanc » : « Vous êtes luba, n'est-ce pas ? Ne vous faites pas d'illusion. Vous êtes haï dans ce pays » (p. 67). Commentaire de l'auteur : « J'avalai la leçon ».

C'en était trop. L'expérience monacale touchait à sa fin. Il choisit d'aller à Léopoldville. Les premiers pas à l'université sont encore empreints des habitudes du couvent. Dans sa chambre, au Home 2, je le surprends récitant son bréviaire. Non seulement il ne semble pas quitter son régime de prière bénédictin, mais il réussit à se faire repérer par le Père B. Luyckx, professeur de liturgie à la faculté de théologie, obstiné dans son projet de bâtir un monastère, non loin de l'université et d'y vivre l'expérience d'une liturgie inculturée à l'Afrique (p. 76). Si Mudimbe s'était laissé embrigader, il aurait été au cœur de la recherche cultuelle qui a abouti à la reconnaissance, en 1988, par Rome, du rituel zaïrois de la messe (Décret *Zaïrensium Diocesium*)[1]. Mais il n'y avait pas beaucoup de chances qu'il eût quitté un couvent pour un autre. Le voilà rapidement pris en charge par l'anticléricalisme à fleur de peau qui caractérise Lovanium à l'époque où la quête d'indépendance, par rapport à la tutelle de Louvain en Belgique, se confond avec la lutte impitoyable contre le néocolonialisme[2]. Et l'ombre du Frère Matthieu s'efface, du moins en apparence et en apparence seulement, comme l'illustre cette autobiographie.

Étudiant en philosophie et lettres, groupe philologie romane, après s'être essayé en sciences économiques, Mudimbe fait donc la découverte, du moins en théorie, du marxisme et se retrouve au confluent de plusieurs idées de « gauche » qui s'introduisent furtivement au Congo-Kinshasa, en cette période de « guerre froide ». Au vécu, sur la *Colline inspirée* (surnom du Mont Amba

---

1 *Cf.* Isidore Ndaywel è Nziem, *Histoire générale du Congo, de l'héritage ancien à la République démocratique*, Bruxelles-Kinshasa, Duculot-Afrique Éditions, 1998, 709 p.

2 Sur Lovanium des années 60, une lecture croisée peut être tentée à partir des appréciations contradictoires des acteurs de l'époque, recteur et enseignants. Certains regards sont disponibles, notamment de Luc Gillon (*Servir en actes et en vérité,* Bruxelles, Duculot, 1988), de Paul Raymaeckers (*Nzala, autobiographie d'un coopérant en Afrique centrale*, Collet, Bruxelles, 1993), de Jan Vansina (*Living with Africa*, Wisconsin, The Universithy of Wisconsin Press, 1994, pp. 157 et suivantes).

où l'université se trouve bâtie), le « socialisme scientifique » a l'attrait et la saveur du fruit défendu. Il fascine. L'Union Générale des Étudiants Congolais (UGEC) l'a volontiers proclamé comme son idéologie[1]. Et puis, il y a aussi d'autres courants. Mudimbe se retrouve fréquemment en compagnie, entre autres, de (Auguste) Mabika Kalanda qui l'invite à la Rose-Croix ou à un autre mouvement du genre dont il était membre et qui conduisait à des hautes promotions politiques. Il refuse de se laisser embrigader. « À la parole d'un père symbolique, assurant les jeux des pouvoirs possibles, [il] avait, têtu, dès le départ, opposé le droit du fils à toutes les transgressions » (p. 78).

Une rupture intervint pour divergences idéologiques. Apparemment, malgré le souci de « se venger » du cléricalisme colonial, Mudimbe ne verse pas dans l'excès. Secrètement, il se veut chrétien, mais anticlérical. Dans son langage, cela se lit comme il l'affirme : « Si Auguste était une éminence grise de la Rose-Croix », lui, « n'avait plus de religion ». Et de commenter : « Avec l'âge, Auguste vira, progressivement, vers une sorte de mysticisme douteux, célébrant le secret des révélations africaines. Je cultive, par contre, un scepticisme radical » (p. 78). L'errance idéologique affirmée incitait à la réflexion intellectuelle et il fit, dans cette optique, la découverte de nombre de grands maîtres de la pensée contemporaine. Puisque laïcité rimait avec anticléricalisme, il s'y impliqua davantage, arrimé qu'il était à un cercle d'amitié où dominait Benoît Verhaegen (p. 151), un chrétien de gauche, comme son frère aîné, le Jésuite Guy Verhaegen, que l'extrême droite lovaniste qualifiait de « communiste ». Dans cette logique, lorsque *Présence Universitaire*, revue catholique des étudiants[2], devint franchement marxiste au niveau du discours, il se retrouva à la tête du comité de rédaction (p. 148). Il adopta une écriture qui

---

1 *Cf.* R. Beeckmans, « L'Option socialiste de l'UGEC », dans *Congo-Afrique*, n° 11, 1967, pp. 14-26 ; Mulumba Lukoji, « L'UGEC et son évolution », dans *Congo-Afrique,* n° 11,1967, pp. 5-13.

2 Pour plus de renseignements, *cf.* mon étude « La Première Écriture de l'élite universitaire du Zaïre, *Présence Universitaire* (1959-1971) », dans Quaghebeur et al. (éd.), *Papier blanc, encre noire : cent ans de culture francophone en Afrique centrale (Zaïre, Rwanda, Burundi)*, Bruxelles, Labor, « Archives du futur », 1992, t. 2, pp. 401-447.

avait surtout pour objectif d'énerver l'aumônier. Ailleurs, notre auteur développe un autre témoignage :

> En 1966, à peine diplômé de l'université de Kinshasa, avec le concours de quelqu'un qui avait de l'argent et des raisons d'être critique à l'égard de l'église catholique, je conçus l'idée d'une revue mensuelle de rationalisme [...]. Un jeune abbé zaïrois, devenu entre-temps évêque et qui enseignait la théologie fondamentale à l'université [il s'agit de M^gr^Tshibangu] voulut me décourager. Il avait eu vent du projet, et voulait savoir si j'avais les moyens de lancer un programme qui pourrait se substituer à l'efficacité de l'action intellectuelle et sociale missionnaire. Je pense lui avoir dit que c'était du terrorisme. – Après un séjour à Kalonda pour enseigner le latin au petit séminaire, je me ravisai. J'en revins converti. Mon rêve d'imposer un pur rationalisme au Zaïre relevait d'une douce folie intellectuelle. Mon petit abbé avait raison. Il me fallait laisser faire les missions chrétiennes (p. 99).

Au cours de la même décennie, d'autres anciens du couvent, puisqu'ils constituaient la majorité des membres de la première génération du Congo, ont été plus sévères et plus stricts dans la réplique contre les excès des missionnaires. Le cas le plus caractéristique est sans doute celui de Pierre Mulele, ancien candidat Frère Joséphite, renvoyé pour sa curiosité jugée malsaine. Il s'autorisait même de contester le dogme de l'immaculée conception, soutenant, dans son réalisme viscéral, qu'on ne pouvait être à la fois mère et vierge. Ministre de l'Éducation nationale, après l'intermède dans l'armée, il devint, aux dires de Luc Gillon, « viscéralement anticlérical, agnostique, intransigeant et obtus jusqu'à devenir odieux »[1]. Pendant les soixante-dix jours du gouvernement Lumumba, le ministre tenait à tout prix à réaliser un projet précis et concret : la nationalisation de l'Université (catholique) Lovanium. Lumumba lui-même était moins intransigeant sur la question. C'est avec le ministre intraitable qu'il fallait négocier, rapporte le recteur Gillon. Son anticléricalisme

---

[1] Luc Gillon, *Servir*..., p. 162.

était tel qu'il refusait de mettre les pieds sur le campus tant que l'ecclésiastique Gillon n'en serait pas chassé. « Même dans son bureau, écrit Gillon, il m'admettait difficilement, puisqu'il refusait de me serrer la main et que nous restions l'un et l'autre debout durant tout l'entretien. »[1] La rébellion-révolution qu'il allait mener donnera la pleine mesure de ce sentiment de rejet.

Mais revenons à Mudimbe. Après la « crise d'ancien séminariste », c'est la dernière étape de cette trajectoire qui nous est restituée. Frère Matthieu, métamorphosé en professeur Mudimbe au début des années 70, donne des signes d'une évolution beaucoup plus consciente de l'héritage du passé. Dans sa préface au livre de Paul De Meester, il dévoile ses convictions les plus intimes. Ce texte, de sa plume, est une prédiction qui passerait pour le propos d'un prélat enthousiaste et visionnaire. L'emploi du « nous » confirme la dimension personnelle de cet engagement.

> L'Afrique réunira, à nouveau, aux environs du milieu du siècle prochain, la plus grande communauté chrétienne du monde [...] cette communauté témoignera de qualités insignes que nous pouvons voir dès maintenant : c'est que nous en vivons en notre manière d'être chrétiens et de demeurer africains. Oui, à la veille du deuxième millénaire, nous sommes, nous autres Africains, les lieux par excellence du développement et de la croissance du christianisme : des lieux d'espérance et de transformation dans lesquels les vibrations majeures de l'Évangile se distribuent en un inventaire qui est encore à établir mais qui, assurément, rend compte de la jeunesse et de l'avenir d'un cri de joie et d'allégresse : le Christ est ressuscité.[2]

UN LAÏC BÉNÉDICTIN

Lilyan Kesteloot a noté que Mudimbe était, jusqu'ici, le seul romancier africain à positiver des religieux catholiques. La tendance de la plupart de ceux qui ont passé quelques années sous

---

1 *Ibidem*.

2 *Cf.* Paul De Meester, *L'Église d'Afrique hier et aujourd'hui*, Kinshasa, Saint-Paul, 1980, préface, p. 11.

la soutane est de s'afficher anticalotins, sans doute pour... « se faire pardonner le séjour passé chez les prêtres, collaborateurs privilégiés du colonisateur »[1] . Elle avait vu juste, ce qui confirme que la réalité est de loin plus complexe. Non seulement Mudimbe « positive » l'évangélisation de l'Afrique au point de friser la provocation, mais il serait lui-même, au présent, d'après ses dires, une sorte de « religieux laïc ». Et pour cause ? Il nous apprend que son succès, il le doit entre autres à la laïcisation du principe de saint Benoît – « ora et labora » (prie et travaille) – matérialisé par une organisation rigoureuse du temps : huit heures de travail intellectuel personnel, huit heures d'enseignement et de travail administratif à l'université, huit heures de loisir et de repos – et à une sorte de fidélité au souvenir du Frère Matthieu. En effet, comme au monastère, il nous apprend qu'il se prive de journaux, de radio, de télévision, de théâtre et de cinéma (pp. 128-129). Par-dessus tout, il n'arrive pas à se passer du chant grégorien et de la musique d'orgue qui, aux USA comme à Lubumbashi, lui tiennent compagnie quand il travaille. En d'autres termes, aujourd'hui comme hier, notre auteur aime la prière discrète et la méditation solitaire. En plus, en tant qu'Africain, il croit aux vertus de l'inculturation, pratiquement dans les mêmes termes que J. Malula (p. 121). Il discute des couleurs de chasuble, comme E. Mveng, comme le Père Mpongo, comme l'abbé F. Kabasele Lumbala ou encore comme Clémentine Faïk-Nzuji. Sur la grille sémantique des couleurs des ornements religieux, il conclut :

> J'avoue aimer énormément cet art subtil d'action sur notre tradition. Il est efficace. Il est discret. En tout cas, il s'offre comme un exemple de penser et de vivre notre modernité à la lumière d'un passé soumis à notre réflexion (p. 122).

Dans ce face-à-face avec lui-même, Mudimbe s'est-il posé la question ultime : serait-il, oui ou non, encore et toujours chrétien ? En d'autres termes, dans son langage, adhère-t-il encore à ce système qui signifierait « l'échec de son passé » ? « La réponse n'est pas négative. Certes, son credo, précise-t-il, n'est pas une

---

[1] Lilyan Kesteloot, « Mudimbe bernanosien ? », dans M. Quaghebeur et al. (éd.), *op. cit.*, 1992, t. 2, p. 451.

réponse automatique à l'appel des clairons de Rome ou d'un quelconque guide » (p. 101). Cela dit, il exprime à sa manière sa profession de foi :

> J'accepte, de manière critique certes, mais sans honte, l'architecture historique où s'est coulé le message et je ne trouve aucune raison de douter de l'Évangile du fait qu'il a été, dans le passé, assumé de manière exemplaire par une culture et une civilisation (p. 103).

Traduisons : chrétien, Mudimbe reconnaît l'être à sa manière mais pas clérical. Son itinéraire se singularise ici par rapport à celui, classique, des anciens séminaristes, qui se recyclent volontiers en militants des églises établies afin de tirer les dividendes politiques de la position dominante de ces dernières ou, plus couramment encore, qui se positionnent comme fondateurs, leaders ou théologiens des églises nouvelles que produit la crise politique et sociale[1].

TÉMOIN DE LA POSTCOLONIE

On savait Mudimbe sensible aux tourments de ses compatriotes du Congo. Il l'a démontré par la prise en charge, dans son œuvre romanesque, de la page douloureuse des « rébellions » et de la « guerre de 80 jours ». Discutant avec lui, aux hasards d'une rencontre à New Orleans (USA), à l'occasion d'un Congrès américain d'études africaines, il attachait une grande importance au fait que quelques-uns de ses anciens étudiants américains, enrôlés dans le *Peace Corps*, allaient travailler au Congo. Il semblait y lire, curieusement, une certaine forme de compensation, pour le Congo, de son exil américain. Je trouvai sain, pour ma part, qu'il n'ait pas la conscience tout à fait tranquille... Mais arrêtons ici la digression.

Si cet ouvrage constitue incontestablement une nouveauté, curieusement c'est aussi par sa compromission volontaire sur les grandes questions de l'Afrique contemporaine, cette période post-indépendance dont Achille Mbembe a dénoncé l'ambiguïté en la

---

1 *Cf.* Isidore Ndaywel è Nziem, « L'Autorité dans l'église : un regard de laïc », dans *Revue africaine des Sciences de la Mission*, n° 6, 1997, pp. 100-101.

qualifiant de « postcolonie ». Mudimbe, en effet, avec un humour féroce, ne se prive pas d'énoncer une appréciation, la sienne propre, sur les situations et les faits vécus : inculturation, féminisme, tribalisme, tradition, dictature, opposition, démocratie, développement, etc. Il émet même des jugements sur des individus et des questions sensibles, parce que complexes, comme la coopération, la négritude de Senghor ou la thèse des antiquités nègres de Cheikh Anta Diop. On dirait que cet invité de la Conférence Nationale Souveraine, qui n'a pas pu ou n'a pas voulu se rendre à Kinshasa, s'était décidé, au loin, comme on le dirait en langage kinois, à « faire son déballage » et à « éventrer le boa », faisant, pour une fois, l'économie de son art consommé du demi-mot.

Relevons quelques-unes de ses opinions. L'indépendance du Congo belge ? Elle se serait limitée, au propre comme au figuré, à la « rature de l'adjectif » (p. 42). Sur la débâcle politique et sociale qui s'est installée et qui subsiste encore de nos jours, il faut pointer du doigt les gestionnaires de cet âge postcolonial, particulièrement les militaires :

> Nos colonels et généraux sont, presque sans exception, des hommes de peu d'instruction. Même dans le meilleur des cas, on peut les définir comme des mécaniques marquées par leur formation de type totalitaire et, en somme, de bien pauvre qualité humaine (p. 169).

Que dire du ministre zaïrois ?

> Qu'il s'appelle secrétaire ou commissaire d'État importe peu. Il était généralement, et ce, dès les années 70, un cynique pur. On lui dit que tout va mal ; il vous récite, en retour, une leçon digne d'un grand opposant, minant par sa parole, le régime qui l'entretient et qu'il est supposé servir. À l'entendre, la catastrophe est pour demain. Quelques heures plus tard, le même homme est, en chien fidèle, à une tribune d'honneur autour du Maître, le sourire large et l'œil égrillard, suivant le jeu des croupes des danseuses vouées au culte du Père Fondateur (p. 64).

L'ambiguïté de la politique de l'Authenticité ne pouvait le laisser indifférent. Ce courant, cher à ses amis Mpinga Kasenda et

Gambembo Fumu, aurait constitué « un verbiage infantile à propos d'une tradition africaine mystifiée », une forme de « refus de grandir » d'adolescent qui, face aux exigences de l'âge adulte, « se réfugie dans les caprices d'enfance » (p. 61), car ce qu'on nie bruyamment et souvent à juste titre, note-t-il, était malheureusement ce qu'on proclamait le plus visiblement, à savoir « la noblesse de l'autre » (p. 64). Quant à la décolonisation économique, elle aurait été simplement un « bon investissement ». Il précise : « nous avons été spécialisés, exactement comme on le fait des vaches productrices de lait ou de moutons engraissés artificiellement... pour la consommation » (p. 179).

Ancien doyen de la faculté des lettres au campus de Lubumbashi et, à ce titre, administrateur de projets de coopération universitaire belge, Mudimbe ne se prive pas de critiquer la politique d'africanisation du corps enseignant, menée naguère, tambours battants, par Koli Elombe Mutukoa, un vice-recteur qu'il dit « parachuté à la tête du campus au nom de ses mérites politiques » (p. 203). Quant au recteur de l'Université Nationale du Zaïre, le maître des trois campus – Kinshasa, Kisangani, Lubumbashi –, il n'est guère épargné dans ce jugement impitoyable des gestionnaires de la postcolonie.

> Je connaissais bien monseigneur Tharcisse Tshibangu, écrit-il. Brillant théologien, il avait fait les couloirs du Vatican, et par un affreux accident d'africanisation, s'est retrouvé dans les arcanes de la politique zaïroise. Il y avait appris que pour survivre, même physiquement, il ne fallait prendre aucune initiative [...]. Son attitude, à l'envers, expliquait bien la devise qu'il prit lors de sa consécration comme évêque auxiliaire de Kinshasa : *Duc in altum* (conduis au large !). Oui, au lieu de nous conduire vers le grand large, ses silences et sa politique réfléchissaient bien une noyade (p. 208).

POUR CONCLURE

D'un bout à l'autre, l'on est en présence d'un livre engagé tant par son écriture que par son contenu. Si la langue s'est voulue moins hermétique qu'à l'accoutumée, c'est, sans doute, comme on l'a dit, pour être certain de la transmission de son contenu au grand public. Si le contenu est direct, c'est parce qu'il traduit une certaine exaspération dans le débat sur l'existentiel, sur l'Afrique et le Congo qui ne cessent de marquer le pas, ce débat dans lequel le discours le plus brouillon et le plus vide est, de manière systématique, celui qui se donne pour pertinent. Que l'auteur finisse ici par lever un coin de voile sur son credo, en réalité, il ne pouvait pas y échapper dès lors qu'il s'était décidé à décrire son propre ego. Plus qu'il ne le pense, Mudimbe y dévoile son identité chrétienne, mais soucieuse de la distance par rapport aux dérives du catholicisme colonial. Dans ce texte, on découvre un Mudimbe plein d'humour, ruisselant de vie, polémiste à ses heures et, finalement, si « proche » de son lecteur, comme de son enfance et de la terre qui l'a vu naître :

> Je me rends à vous, mes anciens élèves et, à présent, amis, collègues, mes égaux. Il y a une foi à transmettre à la génération qui monte. Un esprit aussi. Je vous sais sevrés de naïvetés à propos des « traditions africaines ». Je sais aussi que vous avez épuisé tous les secrets de la patience pour croire encore qu'il y a une limite aux coups de vos colères et à ceux de vos espoirs pour une meilleure Afrique. Vous avez raison d'espérer, malgré la bêtise générale qui nous entoure. Je sais, également, que vous avez parfois des doutes. Que de fois n'ai-je entendu ce propos effrayant : « la générosité ne paie pas... surtout en Afrique aujourd'hui ». Pourquoi bon Dieu, aimeriez-vous être payés pour votre foi ? Demeurez ce que vous êtes : croyez en vous-mêmes, en vos actions. Vous n'êtes pas seuls. Votre foi est [...] un anneau important et solide. Croyez-moi, vous êtes, nous sommes nombreux. Liés, entrelacés les uns aux autres, nous finirons bien, un jour, par nous transformer en un câble capable de déplacer fleuves et montagnes, et de refaire l'Afrique du tout au tout (pp. 197-198).

ISIDORE NDAYWEL È NZIEM
Université de Kinshasa, AIF

LA DIMENSION POLITIQUE CHEZ V. Y. MUDIMBE

Parmi les constantes thématiques de la fiction narrative de V. Y. Mudimbe, on peut relever le politique et le religieux. Notre réflexion portera sur le rapport existant entre ces deux constantes et sur leur nature même, à partir de l'itinéraire des héros et se bornera aux deux textes qui, à notre avis, manifestent le mieux la démonstration de la vocation religieuse à laquelle s'associe étroitement la préoccupation politique : *Entre les eaux* et *Shaba deux*.

Que faudrait-il entendre par les concepts du « politique » et du « religieux » ? Le politique se définit généralement comme ce qui est relatif au gouvernement de l'État ou aux affaires publiques, ce qui concerne la manière de gouverner. Ce dernier élément de définition traduit, à certains égards, la signification purement étymologique de ce qui est propre « à la cité ». Quant au religieux, c'est ce qui est d'un ordre monastique, ou pieux, ou conforme aux règles de la religion, celle-ci étant l'« ensemble de croyances ou de dogmes et de pratiques cultuelles qui constituent les rapports de l'homme avec la puissance divine ou les puissances surnaturelles »[1].

L'imaginaire mudimbéen dans *Entre les eaux*[2] et *Shaba deux*[3] offre un cheminement simultané du politique et du religieux, deux dimensions qui coexistent en interaction étroite. Au-delà de la présence remarquable du personnage religieux dans le premier roman de Mudimbe et dans le dernier en date, l'on peut relever l'itinéraire quelque peu convergent dans les étapes, mais fondamentalement dissemblable dans l'accomplissement, chez Pierre Landu et Mère Marie-Gertrude, les héros respectifs de *Entre*

---

1 *Encyclopédie Hachette*, 1986, p. 1161.

2 V. Y. Mudimbe, *Entre les eaux. Dieu, un prêtre, la révolution*, Paris, Présence Africaine, 1973.

3 V. Y. Mudimbe, *Shaba deux. Les Carnets de Mère Marie-Gertrude*, Paris, Présence Africaine, 1989.

les eaux et *Shaba deux* : engagement dans la foi, moment de doute ou de malaise, contribution à l'action et résultat final.

L'ENGAGEMENT DANS LA FOI

La mission des deux personnages religieux reste spirituellement la même, du moins dans son projet originel : raffermir les fondements de la foi, refaire le visage meurtri de l'Église en recrédibilisant le message chrétien par un comportement exemplaire à même d'ensemencer une praxis politique assainie et efficace. Certes, la différenciation survient, avec la nature des personnages, le sens de leur engagement et les moyens de leur lutte. Mais la puissance de la foi et la ferveur religieuse qui caractérisent ces personnages restent incontestablement attachantes et touchent profondément le lecteur, qu'il soit affecté ou non de religiosité. On peut rendre justice à Kesteloot de cette pertinente appréciation de Mudimbe : « Mudimbe a parfaitement compris l'essence du christianisme. Une pareille science du psychisme religieux, de la logique mystique, ne s'explique que parce qu'elle est perçue de l'intérieur »[1].

Qu'il s'agisse du prêtre Pierre Landu ou de la religieuse Mère Marie-Gertrude, l'on peut affirmer qu'ils sont dotés d'une foi profonde en Dieu, en qui ils puisent leur assurance pour affermir la vocation missionnaire à laquelle ils se sont consacrés. Même dans les pires vicissitudes de sa vie maquisarde, le prêtre s'en réfère à son Dieu, avec qui il entretient un commerce soulageant. À la manière d'un Machiavel « dialoguant », en bon humaniste, avec ses Anciens à travers la lecture, Landu s'adresse constamment à son Dieu pour attendre de lui un affermissement de sa ferveur évangélique :

> Seigneur, vous savez quelle est ma hantise ! Seul vous pouvez encore comprendre mon angoisse. Dans ma solitude, je sais que je suis avec vous. Que vous me soutenez. Ma

---

[1] Lilyan Kesteloot, « Mudimbe bernanosien ? », dans Marc Quaghebeur (dir.), *Papier blanc, encre noire. Cent ans de culture francophone en Afrique centrale (Zaïre, Rwanda et Burundi)*, Kinshasa, Saint-Paul Afrique, 1995 (1re éd. 1992), p. 456.

> liberté n'est que l'expression de mon amour. Comment me comprendraient-ils ? Ils vous contemplent, vous adorent. Comme je le voudrais aussi. N'oublient-ils pas un peu la vérité atroce de la banalité quotidienne ? Ils manient des choses pures. De belles choses. Ont-ils encore le temps de nous regarder, nous autres qui sommes condamnés à être des bêtes ?[1]

Le drame du personnage est de croire totalement à son idéal et de ne plus trouver satisfaction dans son environnement, ni compréhension chez ses confrères. Cela explique logiquement le recours unique qui lui reste : la communication permanente avec le Transcendant qui, même dans le silence, accepte et garantit la cristallisation de sa foi, le guérit du doute et le préserve de toute tentation.

En ce qui concerne l'héroïne de *Shaba deux*, roman fortement marqué, lui aussi, par l'empreinte d'une profonde religiosité, Gérard Mukoko Ntete Nkatu relève son aptitude à se placer « à un niveau où le spirituel l'emporte presque toujours sur l'humain »[2]. Chez elle, comme chez Landu, une des manifestations de sa Foi est le recours constant à la prière, une arme suprême destinée à résister aux tentations, à conjurer les effets des avanies, des tourments, des humiliations et des angoisses. Si Mudimbe la montre abattue un moment, c'est pour la présenter sûre d'elle et triomphante par la suite : « Je me suis réfugiée à la chapelle où j'ai pu pleurer à loisir. Peu m'importait de vêtir mon désespoir. J'ai pu l'offrir à mon Seigneur et mon Maître [...]. Le calme me revenait lorsqu'on sonna l'heure de dîner »[3].

À nos yeux, l'enchantement de *Shaba deux* provient de l'illustration parfaite de cette effectivité rassérénante d'une vocation missionnaire authentique, profonde, réussie parce que totalement épanouie. Au-delà des doutes, des affronts et des épreuves en tout genre, et bien au-dessus de tout cela règne, magistrale, en effet, la vocation religieuse de Marie-Gertrude,

---

1 V. Y. Mudimbe, *Entre les eaux*, p. 127.

2 Gérard Mukoko Ntete Nkatu, « L'Œil de l'autre dans *Shaba deux* de Valentin Yves Mudimbe », dans *Congo-Meuse*, n°2-3, 1998-1999, p. 548.

3 *Shaba deux*, p. 97.

visage africain d'un Christ dont les armes permanentes et puissantes du regard, du sourire et de la prière fondent sa joie, sa paix qui consacrent finalement son triomphe sur la tristesse et le désespoir qu'inspirent les misères, grandes ou petites, de la vie. Aussi, avec de pareilles dispositions d'âme, le moment du doute et du malaise, pour pénible ou crucial qu'il soit, ne saurait vraiment conduire à la désespérance, la voix du salut et de la victoire étant déjà tracée dans les sillons profonds d'une Foi mûrie.

MOMENT DE DOUTE OU DE MALAISE

L'acuité de la réalité d'acculturation de la religion chrétienne en terre africaine conduit Pierre Landu, dans *Entre les eaux*, à une récusation farouche de l'apport occidental à l'Afrique, particulièrement dans ses aspects politiques, sociaux et, bien sûr, religieux[1]. En effet, après des années longues et heureuses d'un sacerdoce frais, naïf et pour tout dire vierge, vécu à Rome, Pierre Landu rentré dans son pays repense son passé, sa formation cléricale ou sa déformation individuelle. La conscience de grande tromperie, de triste et scandaleuse mystification qu'il retire de sa méditation lui inspire éloignement affectif et dégoût de Rome et donc finalement de l'Église catholique officielle dont elle est la représentation. Il s'ensuit, dès lors, l'exigence d'un nouveau modelage de l'institution, qui soit par ailleurs plus conforme aux réalités d'un prêtre africain vivant en terre africaine sa foi et désireux de voir s'instaurer un ordre social plus juste, une Église plus honnête et plus strictement chrétienne :

> Quelle sainte horreur ! Ils prêchent la charité et la générosité à des hommes qui sont parmi les plus pauvres, et la conscience tranquille, ils volent ces pauvres [...]. L'Église, dans mon pays, constitue une espèce d'internationale des voleurs travaillant sous le signe de Dieu [...]. L'œuvre de communion, le message de charité sont devenus des alibis couvrant des entreprises commerciales. La foi comme la vie religieuse ne sont plus, hélas, que des moyens au service des

[1] Bibiane Tshibola Kalengayi, « Aspects de la littérature zaïroise », dans Marc Quaghebeur (dir.), *op. cit.*, p. 543.

> intérêts purement humains. Non, la mauvaise foi et l'inconscience ont été poussées à l'extrême limite.[1]

En fait, et paradoxalement, la longue aliénation subie en Occident sera le détonateur de sa rébellion ; dans un regain d'africanité réveillée et dans un sursaut d'altruisme, le personnage renonce volontairement au confort de son existence oisive de profiteur sournois, de « serviteur » puissant (Il est vicaire et frère d'un ministre important), comme un Christ descendant du ciel pour partager avec les hommes le fardeau terrestre. Landu prêtre devient un personnage positif à partir du moment où il décide de « dissocier l'essentiel des mythes », c'est-à-dire de gérer sincèrement et totalement sa vie, après avoir renoncé à la « force conditionnante », source de son blocage dans le catholicisme et dans la culture occidentale de manière plus générale.

La plus sereine, Mère Marie-Gertrude dans *Shaba deux*, vit des instants, non de doute – tant son assurance est inébranlable –, mais de malaise, consécutifs à la nature des regards contrastés qui la manifestent à l'attention de ses consœurs missionnaires : des regards allant « de la condescendance à l'amour, en passant par l'animadversion, l'indocilité et l'amitié »[2]. La religieuse africaine, « petite négresse du groupe », souffre constamment d'une relative marginalisation dans sa communauté.

Ce récit pathétique est une illustration du paradoxe existant, dans les communautés de prière, entre l'apparente désincarnation des principes et la défaillance des hommes causée par la faiblesse de l'être de chair. Comme du reste le constate Mukoko[3], un des risques auxquels se voit soumise une association religieuse est celui de superficialité : rigueur contemplative qui peut conduire à l'hypocrisie, à l'indifférence même, suprême négation du principe de base de la chrétienté, fondée justement sur le dialogue, la compréhension, la miséricorde, la charité et l'amour.

Shaba deux nous dévoile ainsi une part de cet univers de soupçons, de doutes, parfois emmuré dans des préjugés culturels négatifs, objectivant, pour ne pas dire chosifiant. Il est heureux que

---

1 *Entre les eaux*, p. 43.
2 Gérard Mukoko, *op. cit.*, p. 538
3 *Idem*, pp. 535-538.

pour l'héroïne du récit triomphe, au-dessus de ces « non-regards » qui créent « l'homme invisible », l'œil inaltérable et affectueux de la sœur Véronique pleine de bienveillance. Consolation très utile, renforcée par la récusation sans équivoque de la bêtise humaine qui s'attache aux pauvres apparences et non à la vérité profonde. Aussi Véronique annonce-t-elle avec douceur son credo à son amie africaine :

> Dieu ne compte plus lorsque cette distinction élémentaire de couleur entre toi et moi est manipulée par des politiciens... peu importe leur couleur : hier ils étaient blancs... ils ne le sont plus aujourd'hui... Pourquoi donc la couleur de nos misérables peaux ne cède-t-elle pas devant celle de nos âmes ?[1]

À la différence de Pierre Landu qui, après la découverte de la vérité tourmentante, opérera une véritable révolution dans sa vie en s'attendant à de nouveaux virages tout aussi inattendus, l'imperturbable Mère Marie-Gertrude ne bouleversera en rien son existence ; au contraire, elle se raffermira davantage et de manière toujours pleine dans son premier apostolat, unique, irremplacé et plus approfondi. En cela, la vision des héros se fait divergente.

CONTRIBUTION À L'ACTION

Avec le personnage de Pierre Landu, Mudimbe a donné à la littérature l'exemple d'un prêtre hors du commun, qui renonce volontairement et avec une conscience très lucide aux bénéfices de la vie confortable du clergé pour plonger dans l'aventure de l'existence précaire de témoin qu'il décide de devenir. C'est que son âme de juste, qui veut pratiquer la justice, la vérité et l'égalité, pleinement et jusqu'au bout, ne saurait s'accommoder des ferments d'injustice qui, croissant partout, génèrent la désarticulation des communautés et compromettent les chances de développement harmonieux promu au bénéfice de l'Homme. Il y a donc lieu de remonter aux origines du message chrétien pour redécouvrir l'agir parfait d'un Christ révolutionnaire incarné dans l'homme pour

---

1 *Shaba deux*, p. 90.

créer la conformité entre la Parole et les actes et nettoyer le monde de ses infirmités morales et sociales. La revendication de Landu n'est, au fond, que l'affirmation convaincue de sa nature et de sa mission chrétiennes :

> Je veux participer à l'implantation de la justice. Dieu existe. J'aime les hommes. Les morts et les vivants ; surtout les vivants, ceux d'aujourd'hui. Toi, les autres. On combat ici pour un monde meilleur. Une révolution... Vois-tu, un chrétien devrait être en état permanent de révolution. Je veux simplement être un chrétien.[1]

Entre les eaux est une belle réflexion sur la nature profonde de la chrétienté : agir chrétien, appel divin, acceptation de la mission de croisade, participation de « sel de la terre », etc. À plus d'un égard, l'apparent égarement de Pierre Landu n'est qu'une forme renouvelée et vivifiante, à l'envers en quelque sorte, d'une prédication par la pratique plus évangélique que les enseignements théoriques de la théologie. Ce n'est pas son impuissance de *vox clamans in deserto* qui en saurait nier l'utilité.

Par son adhésion à la rébellion, Landu affirme son désir de récupération du peuple oublié et marginalisé, pour sa reconnaissance comme corps du Christ. Cette récupération doit s'imposer, loin d'être concédée de façon magnanime par une quelconque structure hiérarchique bienfaisante. Ici, le religieux étale ses limites et appelle le bras physique et idéologique du « politique ». Toutefois, celui-ci ne saurait se déployer de façon autonome : c'est le religieux qui est appelé à lui offrir un moule fécondant. Ainsi, la voix de Dieu aiguise la conscience du soldat de l'Église ; en revanche, cette conscience cheminera sur le rail de la chrétienté profonde. C'est là l'interaction attendue du religieux et du politique.

En effet, le religieux détaché du politique se drape dans ses mensonges sacrés et son égoïsme opportuniste ; par contre, le politique ignorant le religieux se voue à une errance dans l'abstraction inhumaine et dans l'utopie stérile. En termes clairs, et Landu l'a bien compris, l'efficacité de l'action révolutionnaire du

---

[1] *Entre les eaux*, p. 32.

bon prêtre ne peut se prouver qu'au vu des performances de son engagement dans le politique, domaine qui gère le sort de la cité. Le but de la mission de Landu est clair : supprimer les mauvaises institutions politiques et sociales de son pays ou, en d'autres termes, combattre « l'ordre établi ou plus exactement le désordre consacré et béni ». La contribution intellectuelle de Landu concernerait la conception de la révolution pour la justice et la vérité, fondée sur une théologie de la Révolution.

La vocation révolutionnaire ne se pose donc pas en contradiction avec la première, la sacerdotale : c'est le prolongement du même engagement, du même combat. Du reste, la similitude demeure frappante : il existe aussi un idéalisme de la pureté révolutionnaire, fonctionnant selon les exigences d'une sainteté *sui generis*. Landu connaît par l'histoire les noms de ces « monstres incompris » pleins d'amour : Savonarole, Braccio de Montone, etc.

La conversion de Landu marque une opposition nette entre le conformisme religieux de sa vie intérieure, faite d'incertitude, de magie verbale, de poids des habitudes, mais aussi de moments sublimes de ravissement, d'une part, et de l'autre la dénonciation impitoyable des péchés de l'Église officielle, instrumentalisation de Dieu, silence/complicité des prêtres, escroquerie institutionnalisée et même offerte en sanctification. Au contact du camp des rebelles du Mouvement de Libération Nationale, il naît en Landu une fascination encore plus grande pour la révolution, grâce à la découverte de quelques figures charismatiques : Miss Poubelle, le Chef, visages inaltérables d'idéal pour la lutte, de fidélité intransigeante à la Révolution, d'extrême simplicité et d'altruisme. Quel net contraste avec l'opportunisme, la suffisance, le faux dépouillement, l'égoïsme et la versatilité des ministres de Dieu ! Aussi, ses méthodes d'action vont-elles se démarquer des formes conventionnelles de l'amour évangélique. Landu opère une adaptation de sa conduite aux circonstances et à la nature de la lutte. Sa prière du moment sera la violence de la guerre, la laideur des armes, l'exercice de la haine froide : un nouvel art de la destruction destiné justement à recréer un monde purifié qui renaîtrait de ses cendres, pour une convivialité sociale et politique parfaite.

Avec *Shaba deux*, Mudimbe fournit à l'imaginaire social congolais la figure d'incarnation, dans une jeune missionnaire africaine, d'un Christ sans coloration biologique, culturelle ou historique, qui s'offre en expiation pour les fautes de ses brebis, après avoir œuvré pour le bénéfice de la communauté humaine. L'âme excellente de Mère Marie-Gertrude va à l'encontre du fonctionnement de la société, un gros trou noir où règne en toute impiété l'arrogance du Pouvoir, d'où qu'il vienne, avec ses effets néfastes. *Shaba deux* illustre bien, en marge de l'apprentissage de la sainteté pour l'héroïne, la nature essentiellement satanique du pouvoir politique, monstre sans cœur qui dévore tout insatiablement. En effet, l'alternance, sur la place de Kolwezi, des forces d'occupation rebelles puis des troupes gouvernementales ne s'opère nullement pour le service social, mais bien pour assouvir des instincts de violence, de destruction et de domination sur le même peuple successivement meurtri. Ainsi, les nouvelles inquiétantes de la « pacification » provenant de l'armée régulière prolongent le malaise profond déjà installé parmi les rebelles katangais avant leur fuite : rançonnement et exode de la population, arrestations arbitraires, règlements de comptes, extermination des plus faibles, dénonciation à outrance, insécurité généralisée, etc. Voilà qui explique l'amertume de Mère Marie-Gertrude, femme de paix et de conciliation : « Pourquoi donc l'État, d'où qu'il soit, doit nécessairement l'emporter sur l'individu et son droit à la vie ? » À cette étape aussi de leur vocation, les itinéraires des deux héros religieux de Mudimbe cheminent parallèlement sans se rencontrer. Si Pierre Landu accepte d'opérer avec cette « politique » de fureur et de haine régnant dans le monde, Mère Marie-Gertrude, elle, refuse de se rallier à cet univers d'incohérences et d'absurdités, qui ne saurait engendrer l'apaisement. Son combat, qui n'est pas celui d'une matamore, épouse les lois du cœur, pleinement. Aussi, peut-on dire, son « politique » est celui, non de destruction pour la construction, mais de construction pour la construction. Il s'agit d'une édification par le spirituel, susceptible d'accélérer à terme celle par le politique douteux et fragile des mondains. En d'autres termes, c'est l'association du religieux et de ce politique que nous qualifierons de domestique, d'intérieur, qui forme le socle de l'action positive de Mère Marie-Gertrude. En conformité avec le message du Christ, la complémentarité entre Marie et Marthe, c'est-à-dire entre le spirituel et le matériel agissant consacre la grande utilité de l'activité concrète dans le processus de développement, mais d'abord dans la nécessité de survie de nos communautés meurtries dans un total dénuement. Aussi l'existence de la souffrance et de la misère appelle-t-elle, pour la jeune missionnaire qui se sent la vocation d'un ordre à créer pour un monde à recréer, l'aube de la perfection. Cette perfection a le visage du spirituel :

> Le progrès matériel ne pouvait ainsi que reproduire une avancée spirituelle. Les villages alentour prendront un jour l'air de Kolwezi et la Cité se parera de jardins et de belles rues ombragées à la manière de Manika. En somme, j'identifiais progrès humain et cheminement spirituel [...]. L'avenir du monde, pensais-je, épouserait la gloire de la Résurrection.[1]

Si *Entre les eaux* épouse les contours d'une épopée guerrière pour le révolutionnaire Landu, *Shaba deux* apparaît et s'impose effectivement comme un profond chant de paix par la nature supérieure de la jeune franciscaine Marie-Gertrude. Sa contribution à l'action politique se fait donc dans la paix : il s'agit essentiellement de son dévouement hautement altruiste dans son dispensaire. Cette histoire à la fois merveilleuse et pathétique constitue une dénonciation de la guerre, chose vaine et terrible, qui cache d'innombrables laideurs : spirale de la violence et de la peur, sens de démesure, de méchanceté, de haine et donc de division, fanatisme déshumanisant, opération de dépossession et d'aliénation, frustrations et rancœurs inextinguibles, etc. Cette violence qui accable la ville de Kolwezi est une métaphore des violences qui ensanglantent la vie nationale congolaise, de la colonisation à cette année 2002, en passant par les années d'indépendance et des deux premières républiques, sans oublier le tout frais assassinat politique au sommet de l'État. L'évocation des effets de la guerre, fruit de la haine et de la non-conciliation, justifie ainsi le rejet de cette inutile confrontation.

---

[1] *Shaba deux*, p. 12.

RÉSULTAT FINAL

S'il est vrai que le problème essentiel des personnages religieux de Mudimbe réside dans la foi, les autres aspects comme l'origine culturelle, la nature biologique ou la réalité sociale d'injustice restant secondaires[1], il faut reconnaître que le cas de Landu est particulier et complexe : le secondaire pèse lourdement sur l'essentiel, au point d'en modifier la prise en charge. La réalité sociale d'injustice fera de lui un maquisard marxiste, un prêtre hors bercail. Par ailleurs le poids de l'origine culturelle se fera sentir par le rappel de la tradition africaine, qui voue tout humain au mariage et à la progéniture. Landu prêtre épousera Kaayowa, une femme asservie avec laquelle il ne vivra « aucune convergence réelle ». Homme raté, il connaîtra un mariage raté et trouvera pour dernier recours le refuge dans un monastère cistercien.

L'accélération narrative de la dernière partie du roman conclut le cheminement problématique du héros qui aboutit à une impasse, et c'est avec une note de profonde insatisfaction pour lui que s'achève l'histoire, malgré son apparence d'équilibre et de stabilité reconquise. Pierre Landu est un être de carence, fondamentalement ; cette carence se caractérise par l'impossibilité de la rencontre avec le vrai bonheur. Personnage tourmenté à souhait, il est tout réflexion, morosité, incertitude et angoisse : il ne vit donc pas normalement. Pis encore, il ne vit pas : c'est donc un monstre. C'est sans doute cette qualité/défaut qui lui fait subir l'ostracisme dans le camp des maquisards. Solitude, tristesse, c'est là une nature qui, pour l'homme ordinaire, ne saurait faire un être heureux. La ressource de base de la vie religieuse est le brisement extrême de la personne, réduite à vivre selon un mode, non d'infantilisation, terme négatif, mais d'enfance ; enfance de sentiments et de mentalité, qui est gage de fraîcheur, de pureté et d'ascèse, vertus cardinales pour une vocation religieuse réussie de l'intérieur, dans la simplicité, l'humilité et la bonté que génère l'esprit de charité. Cette ressource du brisement apparaît ici comme une tare, car Landu en a fait sa seconde nature, qui induit son inadaptation permanente et accroît dramatiquement son impuissance.

---

1 Lilyan Kesteloot, *op. cit.*, pp. 451-452.

L'impuissance de Pierre Landu trouve une deuxième explication dans une malédiction ancienne proférée par un oncle. La tradition constitue justement la cause de cette dernière : le refus d'approfondir son initiation à la sagesse des ancêtres, du fait de l'écartèlement entre le Royaume de Dieu dont il allait parfaire la connaissance au grand séminaire et Satan avec ses œuvres auquel il avait renoncé. Ce que Landu appelle sa vocation de trahison est la conséquence logique de « l'incompatibilité entre plusieurs royaumes ». Cette conscience culpabilisée s'ajoute au brisement pour faire de Landu une victime consentante de la malédiction : « – Tu peux partir. Où que tu ailles, m'avait dit mon oncle, qui que tu deviennes, quelque chose te manquera, Landu. Tu as refusé la vie aux tiens »[1].

Ce destin de « traître par prédestination » scelle l'issue de faillite de son projet révolutionnaire. L'acceptation paradoxale de l'arme de la violence – tuer pour garantir la vie ! – en fait un assassin, et non un prêtre parfait, ou, tout au moins, plus accompli. En recherchant le vrai, il se retrouve dans la mystification, plus exactement « entre les eaux », c'est-à-dire « armé et désarmé, hors-la-loi et juste à la fois ». Il n'est pas étonnant que, parvenu à une voie sans issue au bout de son itinéraire, Pierre Landu l'inadapté, le désarticulé, le défaillant, belle réussite du brisement, trouve à son vrai problème une solution fausse : l'enfermement dans l'insincérité et la tromperie, auparavant vomies, de la magie des mots.

L'itinéraire de Mère Marie-Gertrude, lui, constitue une espèce de « voie étroite » menant, non à la perdition, mais bien au salut. Si Pierre Landu s'engage dans la voie éprouvante de distribution de la mort pour assurer une éventuelle renaissance de la vie fermement espérée dans son utopie marxisante, elle prend le contre-pied en acceptant de subir violence et opprobre pour le triomphe de la paix : paix du cœur, paix sociale pour la promotion nationale.

Le projet de rébellion haineuse et armée de Landu et du camp du Mouvement de Libération Nationale est voué à l'échec et, de fait, se fait écraser lamentablement. De même, l'ordre gouvernemental et l'agression rebelle des Katangais à Kolwezi subissent le naufrage de l'impuissance. Face à ce triple échec, la

---

1 *Entre les eaux*, p. 150.

missionnaire africaine triomphe, car avec son cœur, elle a su privilégier, au détriment de la sacro-sainte « raison d'État », une autre, plus vraie et simplement lumineuse, la « raison d'homme », si on peut ainsi la nommer. L'issue de l'aventure religieuse de Mère Marie-Gertrude se transmue donc en apothéose. Figurant la vierge reine, elle est consacrée Mère supérieure et appelée à gérer, non plus une communauté désintégrée, mais un groupe inter-confessionnel complexe et enrichissant, symbole du corps du Christ, multiple et à la fois un. Le sens de ses épousailles mystiques avec Dieu détermine la nature de son action, qui peut se dire « politique » au sens large : « n'être que pour Dieu afin d'être à tous » : c'est une vocation d'altruisme pour un espoir de bonheur universel.

Par sa disposition éminemment chrétienne, elle accède à la voyance, à la prophétie, à l'assomption de l'exercice du pardon et de la prière pour tous. Culpabilisée à tort par le groupe européen de sa communauté à cause de son origine africaine, culpabilisée à outrance par l'ordre gouvernemental, elle devient une figure christique par excellence, par le fait de l'expiation des péchés du monde en qualité d'agneau immolé. Elle est donc, même morte, vouée à la résurrection : l'engrais mêlé à la terre féconde du cimetière où elle pressent de reposer préfigure, à notre avis, l'ensemencement de la rébellion lacunaire des hommes, de quelque système idéologique qu'ils soient, par le ferment de la révolution du cœur qu'elle pratique inlassablement, sans vaine prédication. Aussi, la jeune « Christ » africaine, plénitude de foi et de prière, peut affirmer son destin en toute majesté divine :

> Spontanément, je retrouvais la quiétude de l'esprit. Comment puis-je nommer cette grâce ? J'acceptai de prendre en charge la rage des assassins, la peur des pourchassés, le chagrin des enfants et la misère des veuves. Je le sais : cette haine qui rôde dans la nuit de cette ville me déchiquettera, mais je me sais un oratoire de Sa présence. Qui prévaudra contre Lui ?[1]

---

[1] *Shaba deux*, p. 142.

CONCLUSION

Notre propos a développé une réflexion libre sur l'itinéraire des héros de V. Y. Mudimbe dans deux romans qui ont signé l'apparition remarquable du personnage religieux dans la fiction narrative congolaise : *Entre les eaux* et *Shaba deux*. Cet itinéraire se réalise sur deux voies : le religieux et le politique, dimensions étroitement associées l'une à l'autre, la première devant inspirer et « in-former » la seconde.

Si la spiritualité débordante et incertaine de Pierre Landu dans *Entre les eaux* s'ouvre sur une révolution violente et destructrice, se condamnant ainsi à l'échec, à cause de l'état de brisement irrémédiable du personnage coulé dans le moule d'un égoïsme subtil et de la mystification verbale, la mystique contemplative de l'héroïne de *Shaba deux*, Mère Marie-Gertrude, l'élève à l'aptitude de prise en charge du lourd fardeau des misères du monde, grâce à sa raison aimante, semence fécondante, victorieuse de la stérile raison raisonnante qui ne récolte que destruction. L'incertitude de l'un signe l'issue de sa trajectoire de faillite, alors que le sacrifice d'amour de l'autre, figure plus pleinement christique, éclaire sa parabole d'ascension. Toutefois, les deux itinéraires s'imposent une étape de libération intérieure, personnelle, clé ouvrant le passage vers la lutte pour l'affranchissement public ou, si l'on veut, « politique », c'est-à-dire touchant à l'existence communautaire.

Il convient à présent de trouver une connexion significative entre l'imaginaire littéraire du corpus étudié dans sa littéralité et son rapport à la dimension historique du vécu congolais dont la société a produit les ferments inspirateurs de cette fiction narrative. L'on peut partir du tiraillement caractérisant de nombreux personnages du roman africain entre l'Occident et l'héritage africain, incapables de s'adapter à une tradition étrangère et donc voguant « entre les eaux ».

Cette incapacité du personnage africain, dont Pierre Landu reste une figure exemplaire, l'on peut la retrouver dans l'Occidental transplanté en Afrique ; elle est souvent aggravée par un refus net et condescendant de comprendre vraiment l'Afrique. Est symptomatique de cette attitude le départ précipité des Européens (y compris les religieux) de Kolwezi lors de la brève occupation rebelle dans *Shaba deux*. L'on peut voir dans cette attitude un refus d'intégration et même de coexistence, preuve déplorable d'une relation de perpétuelle rupture qui caractérise les rapports Europe-Afrique et, de façon générale, les rapports Nord-Sud. Dans ce même livre, la haute stature spirituelle et morale de Mère Marie-Gertrude est une excellente indication sur la réalité de sa force intérieure. Il est permis de voir dans le fréquent recours à la prière et dans son aptitude à transcender le tourment matériel par le spirituel les deux armes entrées avec force de nos jours dans la vie sociale et religieuse du peuple congolais, surtout urbain, qui y trouve un appui pour supporter les angoisses et les frustrations multiformes d'une vie trop précaire et ranimer la flamme de l'espoir grâce à une foi inébranlable en Dieu. L'attitude du personnage fictif donne le ton à une ferveur religieuse qui, à certains égards, s'est faite excessive et désordonnée dans la société congolaise de la décennie à peine achevée. Il n'y a pas meilleure illustration de l'enracinement de la littérature.

FIDÈLE PETELO NGINAMAU
Université de Kinshasa

V. Y. Mudimbe et le paradoxe
Posture intellectuelle et exigence existentielle

Pour Liliane Vindu

> Si omnes patres sic, at ego non sic.
>
> *Abélard*

> ... il n'y a pas de poétique pour régler la manière du témoignage, ni d'esthétique pour dire comment il doit être recueilli...
>
> *J.-F. Lyotard*

Dans ces notes, je voudrais esquisser une réflexion sur le sens et les enjeux de la rhétorique et de la logique qui gouvernent *Les Corps glorieux des mots et des êtres...*[1], ce livre-témoignage qui se donne à lire à la fois comme œuvre d'art et œuvre d'existence ou de liberté ; de la liberté comme conquête permanente exigeant une posture toujours singulière dans le monde du savoir et du pouvoir, de l'avoir et du croire, ou mieux, des croyances religieuses ou idéologiques. Ce sens et ces enjeux, je les approcherai à travers la figure du paradoxe perçu, d'abord, comme exigence de lucidité provenant « d'une attention, toujours mobile et surprise, à ce que des événements nous montrent à notre insu »[2], à ce qui fait irruption dans notre histoire personnelle ou collective, rendant relatives, caduques et problématiques, les manières habituelles de nous identifier, les bornes et les normes issues de nos expériences

---

[1] V. Y. Mudimbe, *Les Corps glorieux des mots et des êtres. Esquisse d'un jardin à la bénédictine*, Montréal-Paris, Humanitas-Présence Africaine, 1994.

[2] Michel de Certeau, *La Fable mystique XVIe-XVIIe siècles*, I, Paris, Gallimard, [1982], 1987, p. 55.

passées. Le paradoxe comme style et posture de pensée est perçu comme expression d'un refus critique de la sécurité soporifique des paradigmes et principes d'écriture ou de pensée consacrés, et, par là aussi, revendication du droit à la subjectivité et au dis–sensus, c'est-à-dire, du droit de se désolidariser de la tradition non pas au nom d'une naïve idiosyncrasie ou, pour utiliser les mots de Kant, d'un « futile désir de la seule originalité » mais plutôt comme exigence de la quête du vrai, du « dire vrai » (Foucault), et de l'authenticité (au sens d'une sincérité avec soi-même), les trois ayant la liberté comme première condition de possibilité. C'est un peu en ce sens que Kant, dans son *Anthropologie du point de vue pragmatique*, a écrit :

> La prédilection pour le paradoxe est à la vérité entêtement logique à ne point vouloir être l'imitateur des autres, à paraître au contraire homme de rare venue, au lieu de quoi on ne joue souvent que le personnage singulier. Mais comme il faut que chacun ait sa manière de voir particulière et la maintienne (*si omnes patres sic, at ego non sic*, Abélard), le reproche de goût de paradoxe, s'il ne s'appuie sur le futile désir de la seule originalité, est dénué de tout sens péjoratif. Au paradoxal s'oppose le banal qui a l'opinion commune de son côté. Mais le banal offre aussi peu d'assurance ; tandis que le paradoxe éveille l'esprit à l'attention et à la recherche qui mènent souvent à des découvertes.[1]

Cependant, outre sa saisie comme posture critique dans les champs du savoir, du pouvoir et des traditions, le paradoxe peut aussi présider à une stylisation des rapports qu'un sujet entretient avec lui-même et avec les autres, ou, dit autrement, des rapports qu'un sujet entretient avec lui-même dans ses relations avec les autres. En tant que tel, il devient un exercice de liberté envers soi et envers les autres, et acquiert une valeur éthique et existentielle. Ces mots de Mudimbe commentant sa devise, condensé de son goût du paradoxe, le suggèrent bien :

---

[1] Emmanuel Kant, *Œuvres complètes III. Les Derniers Écrits*, Paris, Gallimard, 1986, pp. 947-948.

> *Etiam omnes, ego non* : Même si tout le monde le croit, pense et fait, si je suis convaincu du contraire, je m'y opposerai. Une devise ? Oui, en quittant Dom Théophanes, elle supportait ma volonté d'être moine. Elle accentuait aussi ma disposition pour un fort individualisme. Avec le temps, cette maxime me sera, dans les contrastes de la vie, une invitation constante à la solitude comme vocation et à l'austérité spirituelle. Ce pli, purement disciplinaire, deviendra une manière de seconde nature. Il explique la régularité avec laquelle je romps les amitiés les plus chères et, comment, je peux, du jour au lendemain, rejeter mêmes les fidélités qui m'enchaînent. Elle signifie aussi un désastre : une fois mon choix fait, je deviens incapable de douter de sa pertinence.[1]

Il me semble que, tenus ensemble, ces deux aspects du paradoxe – le paradoxe comme posture intellectuelle et exigence existentielle – pourraient, en étant mis dans la perspective de l'existentialisme sartrien, orienter vers le sens et la portée de la rhétorique et de la logique des *Corps glorieux des mots et des êtres...*, livre qui, dès l'avant–propos, est présenté, paradoxalement, comme relevant « de l'autobiographie sans en être réellement » ; livre aussi dont l'auteur se présente comme un agnostique qui « dans ses réflexes les plus quotidiens et les plus ordinaires, comme dans ses illusions, se réfléchit fidèlement dans [...] en un jardin bénédictin »[2] ou encore se dit « américain sans l'être » et se définit comme n'étant plus de son pays d'origine (le Congo-Zaïre) tout en le demeurant profondément[3]. Enfin, le paradoxe est à mettre dans la perspective existentialiste parce que le point de vue choisi par Mudimbe pour lire sa vie semble bien être celui de l'existentialisme sartrien de *L'Être et le Néant* dont nous avons tiré le titre de ces notes qui comprendront deux points essentiels : une analyse de l'avant-propos focalisée sur ses enjeux et une lecture du texte dont l'enjeu est de mettre au jour le principe structurant le récit mudimbéen.

---

[1] *Les Corps glorieux des mots et des êtres...*, p. 20.

[2] *Idem*, p. I.

[3] *Idem*, p. 165.

L'avant-propos des *Corps glorieux des mots et des êtres...* de Mudimbe met en place une topique paradoxale de l'énonciation à la fois une et plurielle, autobiographique et philosophique, entre agnosticisme, existentialisme athée et tradition bénédictine/chrétienne, etc. Pour faire vite, deux choses essentielles y sont en jeu : il s'agit des circonstances et de la manière de l'écriture, et de la posture de l'intellectuel-témoignant. Comme dirait de Certeau, « à l'établissement d'une convention avec les destinataires, s'ajoute chez le destinateur (ou l'auteur) du discours la nécessité de fonder la place d'où il parle »[1].

Dès le seuil, en effet, Mudimbe a trouvé utile de dire à son lecteur que *Les Corps glorieux des mots et des êtres...* est le fruit d'une « retraite » de plusieurs semaines faite à la veille de son cinquantième anniversaire – 8 décembre 1991 – et dont le but était « de faire le bilan d'un parcours », le sien, dans la plus grande sincérité. « Je vécus en retrait », « fis retraite », « me faisant face à moi-même », ces expressions font signe vers le lieu d'où l'auteur parle ou écrit. Ce lieu qui, en vérité, n'est pas un lieu, en ce sens précis qu'il se rapproche de l'*atopie* de Roland Barthes, c'est-à-dire du refus d'être assigné à un lieu, à une résidence quadrillée, est écart comme posture de soustraction ou mise à distance de l'encombrement « d'obligations toujours majeures » qui se coalisent contre la solitude qui « est descente au plus profond de soi »[2]. Bref, c'est le lieu du dépouillement, de l'ascèse, de la solitude ; celle-ci ouvrant un espace à l'intériorité et au dire libre et sincère qui éclairent et révèlent le monde. En effet, pour Mudimbe, « la solitude est suspension sur une crête autour de gouffres. Elle est suppression de tout, excepté cette angoisse lancinante qu'elle crée et qui la constitue. Symbole de la mort, elle est aussi la meilleure expression de la liberté de l'homme »[3].

Cette solitude qui traverse de part en part le livre et qui caractérise le héros est aussi bien celle de la méditation spirituelle/religieuse que celle des méditations métaphysiques cartésiennes qui, au fondement de la modernité, ouvrent la voie à

---

1 Michel de Certeau, *op. cit.*, p. 244.

2 V. Y. Mudimbe, *Réflexions sur la vie quotidienne*, Kinshasa, Éditions du Mont Noir, 1972, p. 19.

3 *Ibidem.*

une « raison positive », laïque. Celle-ci qui s'arrachant aux lumières de la révélation, se cherche et se donne des règles, une méthode et une discipline pour découvrir et mieux construire sa vérité. Certains passages du livre suggèrent une dynamique de laïcisation de l'héritage chrétien/bénédictin revendiqué. Ainsi, par exemple :

> Entre la patience philologique et, d'autre part, l'« ora et labora » de saint Benoît, c'est au total, un même effort. Dom Mabillon serait mon meilleur témoin. Je voulais [...] tout en respectant les exigences de la pratique philologique, reprendre cet art et interroger l'Ora (réduit à présent, par moi, à l'ombre d'une réflexion et d'une méditation sur le Cogito cartésien) et le Labora, comme son effervescence et sa fragilité.[1]

Et plus loin, Mudimbe écrit encore :

> Depuis aussi loin que je puisse remonter l'expérience, donc, de la solitude [...]. Tôt, elle croise celle de ma conversion progressive à l'univers de mes maîtres spirituels. Plus, à l'époque de mes études universitaires, elle s'incarne en une volonté de réussir [...]. Mon éducation bénédictine m'avait appris une réserve contenue et, surtout, le sens d'indépendance du solitaire. Je puis, ainsi, pendant des années, voguer sans allégeances politiques, agir en essayant de dépasser les politiques des chapelles antagonistes.[2]

Il me semble que ce que Mudimbe fait de l'*ora et labora* qui résume le *modus vivendi* bénédictin est, *mutatis mutandis*, comparable à ce qu'un Maurice Barrès fit des *Exercices spirituels* de saint Ignace de Loyola. En effet, comme l'écrit Michel Beaujour,

> La transformation des *Exercices* de Loyola en méthode pour la constitution, l'examen et la culture du Moi produit *Un homme libre* [...]. En adoptant le modèle des *Exercices spirituels* de Loyola, Barrès s'empare d'une machine qui

---

1 *Les Corps glorieux des mots et des êtres...*, p. 131.

2 *Idem*, p. 164.

perd peu de sa puissance productive à être détournée de sa fonction première. *Un homme libre* dévoile le processus de détournement par lequel la méditation, déviée de ses fins religieuses, est mise au service de l'individu laïcisé pour engendrer ce que Barrès appelle « la culture du moi ».[1]

À ma connaissance, ce point sur la laïcisation du *modus vivendi* bénédictin n'a pas été suffisamment souligné dans les études sur *Les Corps glorieux des mots et des êtres...* Faudrait-il y voir la confirmation du constat selon lequel « sur le plan de la recherche fondamentale en Afrique, [...], la laïcité reste le parent pauvre et fait partie des sujets « tabous »[2] ? Auquel cas, il faut bien que quelqu'un assume le paradoxe comme posture intellectuelle pour oser en parler sur la place publique tout en se présentant déjà comme une figure d'un « religieux laïque africain ». En effet, le livre qui se veut « l'esquisse d'un jardin africain à la bénédictine » est aussi, paradoxalement, un appel à une sécularisation/laïcisation de la raison qui fonde l'espace socio-politique africain. Cet appel se laisse percevoir dans la disqualification de la raison mythique ou ésotérique[3] soutenant un obscurantisme politique qui pourrait être « signe d'insécurité intellectuelle face aux implications d'une parole laïque et publique »[4]. Il faut évidemment noter que l'analyse mudimbéenne de la situation socio-politique africaine, faite dans la perspective d'une refondation de l'État en Afrique, a comme soubassement le modèle gréco-romain de la Polis et Res publica[5] dont l'avènement est indissociable d'un mouvement de sécularisation des valeurs mythiques, religieuses, et d'un travail d'élaboration conceptuelle qui a abouti à un « "rationalisme" politique »[6].

---

[1] Michel Beaujour, *Miroirs d'encre. Rhétorique de l'autoportrait*, Paris, Le Seuil, 1980, pp. 70-72.

[2] Raphaël Ntambue Tshimbulu, « Laïcité et religion en Afrique : sphère d'humanisation ? », dans *Revue internationale de sociologie de la religion*, vol. 47, 3, 2000, p. 340.

[3] V. Y. Mudimbe, *Les Corps glorieux des mots et des êtres...*, pp. 82–83.

[4] *Idem*, p. 169.

[5] *Idem*, pp. 168-170.

[6] Jean-Pierre Vernant, *Les Origines de la pensée grecque*, Paris, P.U.F., [1962] 1995, pp. 52, 77.

Avant de passer à la manière de l'écriture, il convient de dire que la solitude-distanciation comme posture désigne le discours de Mudimbe comme lieu où une liberté se savoure et témoigne d'elle-même comme mise en question permanente de soi, du monde, des mythes, des croyances et idéologies pour les éclairer, au sens où Sartre disait que le monde est éclairé par notre liberté[1].

Les mêmes expressions – faire retraite, faire face à soi même, pourquoi me mentir – qui suggèrent le positionnement critique et contemplatif/méditatif de l'auteur, peuvent introduire le lecteur au genre du discours. En effet, on pourrait y entendre la dynamique à l'œuvre dans *Les Confessions* de Jean-Jacques Rousseau. Mais, très vite, cette sorte de reconnaissance sera mise en question par l'auteur qui écrit, entre autres,

> Afin de clarifier des points de résistances et certaines de mes constructions, il me fallait recourir à des cahiers antérieurs, à certaines de mes publications de circonstance ; et, même, en certains cas, à des textes publiés, subrepticement présentés comme scientifiques. Je les ai utilisés et intégrés en cette quête.[2]

Le « comme » de « présentés comme scientifiques » pose ici problème parce qu'il introduit une sorte d'indétermination. Qu'étaient en réalité ces textes ? Des fragments d'autobiographie ? Se jouaient-ils des canons de scientificité ? Tout ce qu'on peut dire, c'est que l'intégration des textes publiés naguère comme scientifiques suggère deux choses. D'abord, que c'est en tant que personne ayant une longue expérience de l'écriture que l'auteur veut témoigner. Ensuite, que le témoignage sera fait de la coexistence de plusieurs codes. Autrement dit, dès le départ, « l'écriture semble s'assigner comme vocation d'échapper à la structuration globale d'un genre, de la déjouer »[3]. Autrement dit encore, le témoignage de Mudimbe cherchera sa voie dans « l'autrement de la doxa », à l'écart des « inerties qui nous font dire ce qu'il faut dire et répéter un dire normalisé qui prend la

---

1 Jean-Paul Sartre, *L'Être et le Néant*, Paris, Gallimard, 1943, p. 562.

2 *Les Corps glorieux des mots et des êtres...*, p. I.

3 Serge Doubrovsky, « Une écriture tragique », dans *Poétique*, n° 47, 1981, pp. 323-354.

place de la pensée »[1], de la liberté créatrice, et par là étouffent la capacité salutaire « de pouvoir assumer dans la virginité d'une parole et la folie d'un espoir, l'activité et la force de la subjectivité face à l'histoire »[2]. Ainsi Mudimbe peut-il continuer son avant-propos en disant :

> Au sortir de cet examen, j'entrepris de mettre par écrit l'essentiel de la leçon tirée de l'analyse de mes choix, conduites et projets. Et c'est ce livre. Il relève de l'autobiographie sans en être réellement, et de l'essai, par un aveuglement qui, au total, explique bien et mon passé, et ce que je suis devenu.[3]

La première phrase de cette citation ajoute quelque chose de nouveau. On peut comprendre que le livre ne sera pas le récit d'une vie, avec force détails comme on en rencontre dans les nombreux volumes de Simone de Beauvoir, mais une sorte de « philosophical history »[4] présentant le principe souterrain dont la vie de Mudimbe est le déploiement. Autrement dit, les données de la vie quotidienne seront sélectionnées, élaborées, mises en forme, pour que cette manifestation de la vie laisse apparaître ce dont elle est manifestation. Aussi, comme on aura à le voir, la leçon tirée de l'analyse de ses choix, conduites et projets fait-elle signe vers celle de la « psychanalyse existentielle » qui, comme l'écrit Sartre, « cherche à déterminer le choix originel » qui marque nos vies. Et il ajoute,

> Ce choix originel s'opérant face au monde et étant choix de la position dans le monde est totalitaire comme le complexe ; il est antérieur à la logique comme le complexe ; c'est lui qui *choisit* l'attitude de la personne en face de la logique et des principes... Il ramasse en une synthèse

---

1 Miguel Morey, « Sur le style philosophique de M. Foucault », dans *Michel Foucault philosophe*, Paris, Le Seuil, 1989, p. 139.

2 V. Y. Mudimbe, *L'Odeur du père. Essai sur les limites de la vie et de la science en Afrique noire*, Paris, Présence Africaine, 1982, p. 202.

3 *Les Corps glorieux des mots et des êtres...*, p. I.

4 Roy Pascal, *Design and Truth in Autobiography*, Harvard, Cambridge University Press, 1960, p. 9.

> prélogique la totalité de l'existant et, comme tel, il est centre de références d'une infinité de significations polyvalentes.[1]

Cette leçon est au soubassement des *Corps glorieux des mots et des êtres...* qui, fondamentalement, cherchent à « démontrer que les artifices du présent ne peuvent ni nier, ni transformer radicalement le tracé de l'enfance comme présage de la majorité. Il n'y a aucune rupture majeure »[2]. C'est ainsi que Mudimbe qui, avant l'âge de huit ans, avait fait le « choix incroyable »[3], de devenir prêtre, choix qui le soustrayait d'un lieu et par lequel il rejetait un monde pour une quête, peut écrire à la veille de ses cinquante ans :

> J'ai dû me rendre à l'évidence : l'agnostique que je suis devenu, aujourd'hui, dans ses réflexes quotidiens et les plus ordinaires, comme dans ses illusions, se réfléchit fidèlement en une lointaine éducation, en un jardin bénédictin. [...]. La surprise, elle n'était pas réellement un choc, puisque je l'ai toujours sue et connue – cette surprise, en sa clarté, m'intrigua. En effet, les trente dernières années, au fil des contacts avec le monde, le marxisme, la philosophie, je m'espérais, au moins, libéré du cadre bénédictin de mon enfance et de mon adolescence.[4]

Le troisième et le quatrième paragraphes de l'avant-propos continuent à dévoyer l'espoir du lecteur qui serait en attente d'un pacte clairement défini. Mudimbe semble même mettre en doute la possibilité de l'autobiographie telle que définie par Philippe Lejeune[5] en suggérant que le moi dans son cas est une réalité qui se laisse absorber par quelque chose qui paraît de ce fait plus fondamental, à savoir le projet colonial dans lequel le jardin bénédictin s'intègre. En somme, l'individu qui s'est retiré du monde pour faire face à soi-même semble se découvrir non comme

---

1 Jean-Paul Sartre, *op. cit.*, pp. 657-658.
2 *Les Corps glorieux des mots et des êtres...*, p. 28.
3 *Idem*, p. 13.
4 *Idem*, p. I.
5 Philippe Lejeune, *Le Pacte autobiographique*, Paris, Le Seuil, 1975.

« un foyer de vérité intrinsèque, mais un sujet voué au monde »[1] qui lui a préexisté et dont l'ordre « le colonisera très probablement, jusqu'à [sa] mort ». Ainsi donc, parler de son « projet originel », ce sera aussi essayer de décrire le lieu contingent de son émergence et de sa réalisation. Dans ce sens, *Les Corps glorieux des mots et des êtres...* offrent une sorte d'archéologie du sujet « jeté dans un monde naturel et historique, horizon de toutes ses pensées »[2]. Il contient une « phénoménologie de la genèse » du sujet entrelacée avec « une théorie de "l'histoire intentionnelle" »[3].

Ce que fait Mudimbe dans ce livre peut valablement être saisi en rapport avec ces mots de l'avant-propos de *L'Odeur du père* :

> Je pars du fait que ma conscience et mon effort sont d'un lieu, d'un espace et d'un moment donnés ; et je ne vois ni comment ni pourquoi ma parole, quel que puisse être son envol, ne devrait pas, avant toute autre chose, être le cri et le témoin de ce lieu singulier. Il s'agit donc, pour nous, de promouvoir cette norme importante : l'arrêt sur nous-mêmes, ou plus précisément, un retour constant sur ce que nous sommes avec une ferveur et une attention particulière, accordées à notre milieu archéologique, ce milieu qui, s'il permet nos prises de parole, les explique aussi.[4]

Si « l'arrêt sur nous-mêmes » ou « un retour constant sur ce que nous sommes » doivent aller de pair « avec une ferveur et une attention particulières, accordées à notre milieu archéologique », sans doute parce que, en tant que liberté incarnée, nous sommes toujours déjà des êtres en situation, on peut comprendre pourquoi les « éléments autobiographiques explicites » sont inscrits dans « l'interrogation d'une analyse sociologique », c'est-à-dire pourquoi le livre « relève de l'autobiographie sans en être réellement ; et de l'essai ».

---

1 Maurice Merleau-Ponty, *Phénoménologie de la perception*, Paris, Gallimard, 1945, p. V.

2 Maurice Merleau-Ponty, *Sens et non-sens*, Paris, Nagel, [1948] 1966, p. 239.

3 *Ibidem.*

4 *L'Odeur du père*, pp. 13-14.

> Si le premier genre [autobiographie], écrit Mudimbe, me permet d'assumer mon présent, en raison de mon enfance, il est, volontairement et systématiquement, partiel pour que cet ouvrage puisse être qualifié d'autobiographique au sens strict du terme. Si le second genre semble relever de l'essai, il est, quant à lui, par trop subjectif, restreint, et même, occasionnellement, doctrinaire pour prétendre être un essai de bon aloi.[1]

On arrive ainsi à la fin de l'avant propos avec un sentiment d'incertitude sur le genre de l'œuvre. N'étant ni tout à fait une autobiographie, ni tout à fait un essai, elle se pose dans sa complexité comme œuvre hybride, refusant, comme son auteur, l'action réductrice des labels ou classifications qui caractérisent l'institution littéraire.

> You know, répondait Mudimbe à quelqu'un qui lui demandait s'il était féministe, labels reduce the complexity of a human being and the human experience ; and I would tend to think that it's very dangerous to use labels. Every year, at the beginning of my undergraduate philosophy class on existentialism, I try to make sure that all my students understand the following paradoxical statement : « I am what I am not, and I am not what I am ». That is the point, a critical position against all essentialisms. That I learned from Jean-Paul Sartre.[2]

On pourrait ainsi dire que la « loi » qui gouverne le livre-témoignage dans sa structuration est aussi celle « de débordement, de participation sans appartenance »[3] qui sous-entend « un principe de contamination, une loi d'impureté, une économie du parasite »[4]. De ce fait, le texte semble explicitement et « systématiquement » fait pour se jouer des « catégories tranquilles de la théorie et de l'histoire des genres, pour inquiéter leurs assurances taxinomiques,

---

1 *Les Corps glorieux des mots et des êtres...*, p. II.

2 Smith Faith, « A Conversation with Valentin Yves Mudimbe », dans *Callaloo*, n° 14, 1991, p. 978.

3 Jacques Derrida, *Parages*, Paris, Galilée, 1986, p. 262.

4 *Idem*, p. 256.

la distribution de leurs classes et les appellations contrôlables de leurs nomenclatures classiques. Texte destiné du même coup, à faire comparaître ces classes en instruisant leur procès, en procédant au procès de la loi du genre »[1]. Ne pourrait-on pas dire que ce faisant, Mudimbe continue sa pratique du cri « contre le poème »[2] ou du défaire[3], prélude à la profération d'une parole qui n'est pas un simulacre de prise de parole ?

Le tout dernier paragraphe de l'avant-propos complète les paragraphes précédents en précisant le point de vue philosophique choisi pour relire et relier les étapes de sa vie. Pour suggérer ce point de vue, l'auteur convoque presque simultanément Michel Foucault – dont la présence est déjà suggérée dans le titre par « les mots et les êtres » –, Merleau-Ponty – dont la présence est également suggérée dans le titre par « les corps glorieux des mots » –, l'auteur des *Mots*, tout aussi déjà suggéré dans le titre, et, enfin, la tradition ou l'héritage bénédictin. Il me semble qu'il y a dans la façon de faire jouer ensemble l'héritage humaniste et bénédictin de son enfance, la pensée anti-humaniste de Foucault se situant dans la lignée nietzschéenne de la mort de Dieu[4], et l'humanisme existentialiste qui fonde « la divinité de l'homme », la marque de la posture paradoxale qui lui fait toujours occuper une sorte de position tierce, d'où il profère une « parole tierce » qui suggère le désir de rester libre vis-à-vis des systèmes de pensée pour essayer de se frayer son propre chemin. Un autre exemple de ce positionnement se trouve à la page 167 où Mudimbe se demande où se situer « entre la passion des "antiquités nègres" de Cheikh Anta Diop et le culte du modèle gréco-latin de Senghor ». Dans son fond, ce positionnement rappelle le refus de la logique coloniale et essentialiste du *vel* (ou ceci ou cela, si ceci, on perd cela ; si cela, j'ai cela sans ceci), au profit d'« un subtil usage de l'intersection »[5] ; il rappelle aussi la position pour et contre le

---

1 *Idem*, pp. 261-262.
2 V. Y. Mudimbe, *Déchirures*, Kinshasa, Éditions du Mont Noir, 1971, p. 7.
3 *L'Odeur du père*, pp. 35, 42.
4 Luc Ferry et Alain Renaut, *La Pensée 68. Essai sur l'anti-humanisme contemporain*, Paris, Gallimard, 1988.
5 V. Y. Mudimbe, *L'Autre Face du royaume. Une introduction à la critique des langages en folie*, Lausanne, L'Âge d'homme, 1973, pp. 153-154.

structuralisme de Lévi-Strauss[1]. On pourrait dire que par rapport aux fondamentalismes des croyants et des athées militants s'excluant mutuellement, la position de l'agnostique qui se réfléchit dans un jardin bénédictin signifie la distance critique envers les uns comme envers les autres et la quête d'un lieu possible de réconciliation, de communion ou de dialogue. Ce passage où Mudimbe commente la réception de son premier roman, *Entre les eaux*, considéré par certains comme « à la fois un roman catholique et un roman antireligieux », est éloquent :

> L'on a dit que *Entre les eaux* était à la fois un roman catholique et un roman antireligieux. Je ne sais que penser. Catholique, mais extrêmement attentif à la valeur opératoire de l'analyse marxiste pour la compréhension des formations sociales africaines, je me demande si en essayant de rendre simplement compte de nos misères et de nos déchirements en Afrique, je ne pourrai pas, témoignant pour la promotion de l'homme, témoigner aussi pour l'Esprit.[2]

En effet, la gloire de Dieu, n'est-ce pas l'homme vivant ? L'on voit ainsi comment le paradoxe peut être une exigence existentielle, éthique.

Dans le dernier paragraphe de l'avant-propos, *Les Corps glorieux des mots et des êtres...* est présenté comme un hommage à la pensée de Maurice Merleau-Ponty. Cependant, dans son déroulement, le livre ne se donne pas moins aussi comme un hommage appuyé à l'auteur de *L'Être et le Néant* et *Les Mots*, ouvrages évoqués à plusieurs reprises dans le corps du texte. La présence de Jean-Paul Sartre peut se lire à deux niveaux ; le premier peut être dit de surface, le second de profondeur, l'un n'étant pas sans rapport avec l'autre, comme dans l'ontologie phénoménologique sartrienne dépassant « le dualisme de l'être et du paraître »[3]. « L'apparence, écrit Sartre, ne cache pas l'essence, elle la révèle : elle est l'essence. L'essence d'un existant, c'est la

---

1 V. Y. Mudimbe, *Parables and Fables*, Madison, The University of Wisconsin Press, 1991, p. XI.

2 *Les Corps glorieux des mots et des êtres...*, p. 105.

3 Jean-Paul Sartre, *L'Être et le Néant*, p. 11.

loi manifeste qui préside à la succession de ses apparitions, c'est la raison de la série »[1].

Le niveau dit de surface a trait à un simple décompte des occurrences du nom de Sartre ou des titres de ses œuvres dans *Les Corps glorieux des mots et des êtres...*, lesquelles occurrences invitent à la suspension d'une lecture linéaire. Ainsi constate-t-on que Sartre apparaît dès la première page du livre comme étant un des auteurs par lesquels Dom Maur a introduit le jeune Mudimbe à la lecture « des œuvres d'idées ». L'auteur fait aussi mention d'Albert Camus et de Simone de Beauvoir[2]. Au commencement, donc, il y a l'existentialisme. La deuxième occurrence intervient à la page 28. Ici le nom de Sartre est significativement lié au chapitre de *L'Être et le Néant* consacré à la possibilité d'une psychanalyse existentielle. La troisième occurrence intervient à la page 93, où sont invoqués *Orphée noir*, *La Critique de la raison dialectique* et encore une fois *L'Être et le Néant*. Sartre et *Orphée noir* réapparaissent à la page 108. Aux pages 143-144, Mudimbe se représente lisant *L'Être et le Néant*. On pourrait continuer l'exercice, et on s'apercevra de la forte présence de Sartre dans le livre. Mais je m'appesantirai un moment sur l'évocation des *Mots* qui me permettra de passer au second niveau, dit de profondeur.

De manière explicite, c'est à la page 166 que Mudimbe fait allusion à l'autobiographie de Jean-Paul Sartre. « Ni meilleur, ni pire, écrit-il, juste un homme, comme tous les autres. La fin de *Les Mots* de Jean-Paul Sartre me vient à l'esprit ». Discrète présence des *Mots* dans *Les Corps glorieux des mots et des êtres...*, pourrait-on dire ? Que du contraire ! Le lecteur attentif des *Corps glorieux des mots et des êtres...* ne peut s'empêcher, en lisant les jeux de la mise en scène des relations du jeune Mudimbe avec sa mère, avec qui, dit-il, ils constituaient « un couple exemplaire »[3], avec son père qui « est, en somme, [son] grand frère, avec les bénédictins qui, parfois, lui confient leurs misères comme en attente d'un mot de réconfort et à qui il s'efforce, comme pour combler leurs attentes, de « retourner [...] leur propre langage en sa perfection »[4],

---

1 *Idem*, p. 12.

2 *Les Corps glorieux des mots et des êtres...*, p. 21.

3 *Idem*, pp. 30-31.

4 *Idem*, p. 50.

se prêtant même à des « exercices douteux d'exhibitionnisme »[1], etc., le lecteur, disions-nous, ne peut s'empêcher de penser aux nombreuses mises en scène qui composent *Les Mots*, surtout à la manière dont Sartre se représente en acteur répondant aux sollicitations et attentes de son grand-père, de sa grand-mère et de sa mère. On pourrait même établir un parallélisme entre certaines phrases des *Corps glorieux des mots et des êtres...* et celles des *Mots* de Sartre. Voici quelques exemples :

> MUDIMBE : « Mon père ne me police pas. D'autres s'en chargent, notamment la paroisse et l'école. D'une marge qu'il aménage au mieux de son imagination et aux prix de sa sueur, il me construit un socle. Peut-être, aurait-il aimé y monter lui-même. Il n'y a, cependant, aucune concurrence entre nous. Il est, en somme, mon grand frère, l'ajusteur de l'Union Minière [...]. Non, vraiment, je n'ai pas de surmoi ».[2]
>
> SARTRE : « En vérité, la prompte retraite de mon père m'avait gratifié d'un « Œdipe » incomplet : pas de surmoi, d'accord, mais point d'agressivité non plus. Ma mère était à moi, personne ne m'en contestait la tranquille possession ».[3]
>
> MUDIMBE : « Avec toute la patience d'un conditionnement à présent au cœur de mon être, le jeune garçon entendait se saisir des cordes et retourner à ses pères leur propre langage en sa perfection ».[4]
>
> SARTRE : « Ma vérité, mon caractère et mon nom étaient aux mains des adultes ; j'avais appris à me voir par leurs yeux ; j'étais un enfant, ce monstre qu'ils fabriquent avec leurs regrets ».[5]

En fait, le lecteur qui a une certaine connaissance des *Mots* ainsi que de *L'Être et le Néant*, surtout du chapitre sur « la psychanalyse

---

1 *Idem*, p. 53.
2 *Les Corps glorieux des mots et des êtres...*, p. 30.
3 Jean-Paul Sartre, *Les Mots*, Paris, Gallimard, 1964, p. 24.
4 V. Y. Mudimbe, *Les Corps glorieux des mots et des êtres...*, p. 50.
5 Jean-Paul Sartre, *Les Mots*, p. 70.

existentielle » et de la séquence intitulée « Mon passé » par rapport auxquels l'autobiographie sartrienne et les biographies (*Saint Genet, comédien et martyr* et *L'Idiot de la famille*) peuvent se lire comme des illustrations, ce lecteur pourrait se rendre compte que le récit de Mudimbe est construit, comme *Les Mots*, sur la base de la notion de « projet originel »[1] qui éclaire le monde dans sa totalité et dont les attitudes empiriques sont des expressions.

Dans les quinze premières pages, deux indices me semblent significatifs. Le premier, qui sera repris plusieurs fois, se trouve au tout début du récit : « Tout s'est joué très tôt, écrit Mudimbe. Le plus visiblement entre mes cinq et sept ans, j'ai sept ans en décembre 1948 »[2]. Plus bas, sur la même page, ce qui « s'est joué très tôt » se précise. Il s'agit d'un choix incroyable, pour ne pas dire préréflexif, – devenir prêtre – qui orientera toute sa vie. « Une voie était tracée, mon choix établi, un destin fixé [...]. Je n'avais pas encore dix ans. Choix incroyable ? [...] Je me soustrayais d'un lieu. [...] La rupture fut, en tout cas, réelle et irrémédiable. J'avais rejeté un monde pour une quête »[3].

L'autre indice significatif se trouve à la page 28. Déjà professeur d'université, Mudimbe essaie de justifier ce qu'il est devenu en se fondant sur le « choix préréflexif » fait pendant son enfance. Son argumentation, pour convaincre son interlocuteur, s'appuie sur le chapitre de *L'Être et le Néant* consacré à la psychanalyse existentielle :

> [...] devenu professeur d'université, dit Mudimbe, je cherche à convaincre un collègue Vietnamien, Tran Hong Cam, de l'évidence du choix préréflexif qui marque nos vies. Dans le feu de la discussion, j'ai sorti des cahiers de l'école primaire, afin de démontrer que les artifices du présent ne peuvent ni nier, ni transformer radicalement le tracé de l'enfance comme présage de la majorité. Il n'y a aucune rupture majeure. J'invoque les derniers chapitres de *L'Être et le*

---

1 Jean-Paul Sartre, *L'Être et le Néant*, p. 648.

2 *Les Corps glorieux des mots et des êtres...*, p. 13.

3 *Ibidem.*

Néant où Sartre, magistralement, démolit quelques idées de Freud.[1]

Que tirer de ces deux indices sur le plan de la structuration/dynamique du récit ? Une première chose s'impose : le récit qui s'ouvre par les mots « Tout s'est joué très tôt » peut être considéré comme le fruit d'une psychanalyse existentielle qui « cherche à déterminer le choix originel ». Ce choix originel qui donne sens aux « tendances empiriquement observables »[2], une fois découvert, détermine les événements à retenir et la place qu'ils vont occuper dans la diégèse. Mieux, comme l'écrivait Lejeune,

> perçu comme la direction unique des conduites les plus caractéristiques de l'individu, le projet est [...] pris comme hypothèse de lecture de l'ensemble de son histoire. Les faits, les événements, sentiments et conduites, sont alors perçus non comme des éléments à organiser chronologiquement pour reconstituer une histoire, mais comme des signes à déchiffrer, pour reconstituer un projet, qui n'appartient en propre à aucun moment et qui les englobe tous, sa temporalité ne pouvant être appréhendée de manière chronologique sans qu'on ne bute à une poussière de faits indéchiffrable.[3]

D'où un certain bouleversement de la chronologie ou, plutôt, l'entrecroisement constant entre le présent et le passé qui s'éclairent mutuellement, l'un se donnant comme la vérité/le miroir de l'autre.

On pourrait, à juste titre, je crois, reprendre à propos de l'« autobiographie » mudimbéenne, ces mots de Sartre dans *L'Idiot de la famille* : « Une vie, c'est une enfance mise à toutes les sauces »[4]. En fait, *Les Corps glorieux des mots et des êtres...* n'est pas l'histoire du passé de Mudimbe, mais l'histoire de son avenir, c'est-à-dire « la reconstruction du projet »[5] et de ses spécifications

---

1. *Idem*, p. 28.
2. Jean-Paul Sartre, *L'Être et le Néant*, p. 652.
3. Philippe Lejeune, *Le Pacte autobiographique*, Paris, Le Seuil, 1975, p. 239.
4. Jean-Paul Sartre, *L'Idiot de la famille*, t. 1, Paris, Gallimard, 1971, p. 56.
5. Philippe Lejeune, *Le Pacte autobiographique*, p. 237.

« à l'occasion d'éléments particuliers de la situation », car, comme l'écrit Sartre, « le projet global bien qu'éclairant le monde en sa totalité peut se spécifier à l'occasion de tel ou tel élément de la situation et, par conséquent, de la contingence du monde »[1].

C'est ainsi que, malgré les ruptures apparentes dans son cheminement intellectuel et spirituel, Mudimbe peut voir la vérité ou la clé de sa vie présente dans son enfance « modelée » et « orientée » par les Bénédictins[2] et écrire :

> Né au Congo-Belge, en choisissant de devenir un moine de Gihindamuhaga au Rwanda, je savais, en vertu du vœu de stabilité liant les Bénédictins, qu'il me faudrait, tôt ou tard, demander la nationalité rwandaise. Au lendemain de Mai 1968, enseignant à l'Université de Paris-Nanterre, je savais aussi que si je voulais faire une carrière universitaire en France, il me fallait changer de nationalité. Je suis américain sans l'être et ne suis plus de mon pays d'origine, tout en le demeurant profondément. Le nomadisme aura été – depuis quand donc ? – mon destin et le signe de ma vocation.[3]

Si l'existence est perçue de l'intérieur comme liberté, comme projet continuel, ce qui signifie constante tension entre un mouvement négatif et un mouvement positif, dialectique entre une praxis négative et une praxis positive, on comprend que l'autobiographie-essai se construise en mettant en son centre le paradoxe existentiel, refus de tout essentialisme : je suis ce que je ne suis pas et je ne suis pas ce que je suis. Le paradoxe comme posture intellectuelle et exigence existentielle est au cœur de l'œuvre et de l'existence de Mudimbe, tout au moins telle qu'il nous la présente dans *Les Corps glorieux des mots et des êtres...* Comme nous l'avons suggéré, on le retrouve dans *Parables and Fables*, dans lequel l'auteur se positionne à la fois pour et contre le structuralisme[4]. Dans son avant-propos, Mudimbe suggère que ce livre est une interrogation inquiète des concepts d'identité (identity), mêmeté (sameness) et d'altérité (otherness) menée sous

---

1 Jean-Paul Sartre, *L'Être et le Néant*, p. 561.
2 *Les Corps glorieux des mots et des êtres...*, p. 162.
3 *Idem*, p. 165.
4 V. Y. Mudimbe, *Parables and Fables*, p. XI.

le signe de la phrase paradoxale de Sartre : « I am what I am not, and I am not what I am ». Ce qui, dit-il, est une manière de prendre ses distances par rapport aux positions essentialistes qui continuent à dominer les *Études Africaines*[1]. Le même positionnement paradoxal semble marquer son rapport à Michel Foucault dont il disait qu'il « est un symbole [...] une excellente actualisation de cette pensée occidentale dont nous aimerions nous défaire »[2]. Mudimbe est pour et contre Foucault, comme il est pour et contre le marxisme, c'est-à-dire qu'il se distingue de lui en faisant jouer ensemble décolonisation et déconstruction/analyse archéologique du discours et en soulignant qu'il parle à partir d'un lieu particulier qui explique son discours : l'Afrique post-coloniale.

Par rapport aux traditions qui le marquent, disons globalement, traditions africaine et occidentale, la posture paradoxale fait signe vers un au-delà de l'européocentrisme et de l'africanocentrisme, c'est-à-dire indique une porte de sortie des dichotomies violentes (Europe vs Afrique, écriture vs oralité, civilisation vs barbarie) qui fonctionnent dans une logique objectiviste, essentialiste et impérialiste. Au fond cette posture suggère la nécessité d'une double critique à l'égard des essentialismes occidentaux et africains. Et comme l'a fait remarquer Walter B. Mignolo à propos de Khatibi, « to be critical of both [...] implies to think from both traditions, and, at the same time, from neither of them »[3]. On pourrait dire de Mudimbe qu'il pratique une forme du « border thinking »[4], pensée qui s'élabore à partir d'un lieu paradoxal et métissé, pensée, enfin, postmoderne.

En écrivant ces notes sur le paradoxe comme posture intellectuelle et exigence existentielle chez Mudimbe, les derniers mots de la réponse de M. Foucault à ceux qui l'interrogeaient sur son identité et sur sa spécialité (« à quel titre parlez-vous ? Quelle est votre spécialité ? Où êtes-vous ? ») n'ont cessé de résonner en mon esprit à la fois comme éclairage et défi :

---

1 *Idem*, p. XXI.

2 *L'Odeur du père*, p. 42.

3 Walter B. Mignolo, *Local Histories/Global Designs. Coloniality, Subalterne Knowledges, and Border Thinking*, Princeton, Princeton University Press, 1999, p. 67.

4 *Ibidem.*

> Non, non, dit Foucault, je ne suis pas là où vous me guettez, mais là où je vous regarde en riant [...]. Ne me demandez pas qui je suis et ne me dites pas de rester le même : c'est une morale d'état civil ; elle régit nos papiers. Qu'elle nous laisse libres quand il s'agit d'écrire.[1]

De la réponse de Foucault, de Certeau a fait un commentaire tout aussi séduisant :

> Être classé, prisonnier d'un lieu et d'une compétence, galonné de l'autorité que procure aux fidèles leur agrégation à une discipline, casé dans une hiérarchie des savoirs et des places, donc enfin « établi », c'était pour Foucault la figure même de la mort. « Non, non. » L'identité fige le geste de penser. Elle rend hommage à un ordre. Penser, au contraire, c'est passer ; interroger cet ordre, s'étonner qu'il soit là, se demander ce qui l'a rendu possible, chercher en parcourant ses paysages les traces des mouvements qui l'ont formé, et découvrir dans ses histoires supposées gisantes « comment et jusqu'où il serait possible de penser autrement ».[2]

En somme, n'est-ce pas là aussi la voie que Mudimbe nous propose ?

KASEREKA KAVWAHIREHI M.
Queen's University, Kingston,
Ontario

---

1 Michel Foucault, *L'Archéologie du savoir*, Paris, Gallimard, 1969, p. 28.

2 Michel de Certeau, *Histoire et psychanalyse entre science et fiction*, Paris, Gallimard, 1987, p. 52.

PENSER AUTREMENT L'AFRIQUE OU MUDIMBE ET LE MIROIR DES AMÉRIQUES

Depuis un demi-siècle, de nouveaux courants de réflexion bousculent le discours du savoir entretenu par la pensée occidentale sur les sociétés non occidentales. Ils interrogent la production de ce discours, son fonctionnement et sa légitimité intellectuelle ; ils procurent une grille de lecture de ces sociétés ainsi qu'une percée théorique et méthodologique incontestable. Nombreux sont les travaux qui explorent ces problématiques, et la recherche africaine ou africaniste, complexe et variée, n'est pas extérieure à cette percée. Ce texte prend comme champ d'observation l'œuvre de Mudimbe qui, sans être la seule, témoigne de cet apport théorique et méthodologique. *Tales of Faith. Religion as Political Performance in Central Africa*[1] ; *The Idea of Africa*[2] ; *Parables and Fables. Exegesis, Textuality and Politics in Central Africa*[3] et *The Invention of Africa. Gnosis, Philosophy and the Order of Knowledge*[4], sont au carrefour de toute une série de problèmes théoriques et méthodologiques où se trouvent engagés la nature de la connaissance de/et sur l'Afrique, son fonctionnement épistémologique, social et politique[5]. Dans

---

1 V. Y. Mudimbe, *Tales of Faith. Religion as Political Performance in Central Africa*, London, The Athlone Press, 1997.

2 V. Y. Mudimbe, *The Idea of Africa*, Bloomington, Indiana University Press-J. Curvey, 1994.

3 V. Y. Mudimbe, *Parables and Fables. Exegesis, Textuality and Politics in Central Africa*, Madison, The University of Wisconsin Press, 1991.

4 V. Y. Mudimbe, *The Invention of Africa. Gnosis, Philosophy and the Order of Knowledge*, Bloomington, Indiana University Press, 1988.

5 D'autres synthèses, produites seul ou en collaboration, reprennent ou prolongent ces problèmes théoriques et méthodologiques. Voir notamment V. Y. Mudimbe, *Les Corps glorieux des mots et des êtres. Esquisse d'un jardin africain à la bénédictine*, Montréal-Paris, Humanitas-Présence Africaine, 1994 ; R. H. Bates, V. Y. Mudimbe and J. O'Barr, eds, *Africa and the*

cette étude, je porte mon regard sur la vitalité de cette œuvre – il ne sera pas question de textes romanesques –, sur son fondement et ses filiations méthodologiques et scientifiques, ainsi que sur son appropriation par la communauté scientifique qui en fait usage de différentes manières en Amérique.

FONDEMENTS, PISTES ET HORIZON DE LA PENSÉE DE V. Y. MUDIMBE

Loin de moi l'idée de vouloir présenter ici un état des lieux de toute la pensée de Mudimbe et de la variété de ses thèmes, cela exigerait de prendre connaissance de nombreux textes qu'il a produits. Je voudrais simplement relever quelques lignes de pensée investies dans certains de ses ouvrages, explorer les pistes méthodologiques mises en chantier et, enfin, dégager l'horizon que semble suggérer aujourd'hui la réflexion de Mudimbe dans la recherche africaniste.

Présupposés théoriques et lignes de pensée

Les synthèses « made in America » sont l'aboutissement logique et lointain de la réflexion investie par Mudimbe dans ses essais *L'Autre Face du royaume*[1] et *L'Odeur du père*[2] au cours de la décennie soixante-dix. Ces essais accordent une grande place à l'anthropologie et posent les fondements de sa pensée. Ils sont plus qu'une réflexion épistémologique qui soulève la question de fond que résume très bien Bernard Mouralis[3] reprenant Mudimbe : « Que dire de l'Afrique et comment en parler ? ». Dans *L'Odeur du père*, Mudimbe estime que le discours occidental définit ses espaces et prend son ordre à partir d'une structure socio-

---

Disciplines. The Contributions of Research in Africa to the Social Sciences and Humanities, Chicago, University of Chicago Press, 1993 ; V. Y. Mudimbe and R. O. Collins, eds, *The Surreptitious Speech. Présence Africaine and the Politics of Otherness 1947-1987*, Chicago, University of Chicago Press, 1992.

1 V. Y. Mudimbe, *L'Autre Face du royaume. Une introduction à la critique des langages en folie*, Lausanne, L'Âge d'homme, 1973.

2 V. Y. Mudimbe, *L'Odeur du père. Essai sur les limites de la science et de la vie en Afrique noire*, Paris, Présence Africaine, 1983.

3 Bernard Mouralis, *V. Y. Mudimbe ou le discours, l'écart et l'écriture*, Paris, Présence Africaine, 1988.

économique et culturelle spécifique, qu'il ne parle d'autres sociétés et cultures qu'en référence à lui-même et en rapport avec des systèmes spécifiques qui ne peuvent être réduits qu'à lui[1]. Ce constat, formulé une décennie après la publication de *L'Autre Face du royaume*, ne rejoint pas moins ce que fut le questionnement fondamental de Mudimbe sur l'avenir du discours sur l'Afrique :

> Comment les Africains pourraient entreprendre chez eux un discours théorique qui soit producteur d'une pratique politique ? [Puisque] la forme actuelle des sciences humaines en Afrique est faite pour se transformer radicalement ; et que ce sont les Africains eux-mêmes, par l'exercice de leurs regards et en fonction de la singularité de leurs expériences concrètes dans leurs propres sociétés, qui pourraient vivre cette reconversion et réconcilier, dans leurs pays, pratique de la connaissance et praxis révolutionnaire.[2]

Ces prémisses théoriques jouent assurément un rôle majeur dans la structuration de la pensée de Mudimbe. Sans sous-estimer la densité de cette pensée et les multiples lectures que l'on peut en faire, je propose ici trois entrées qui permettent, ne fût-ce que partiellement, d'en saisir la portée. La première est articulée autour de « l'invention de l'africanisme comme discours scientifique »[3] qui présente et exprime l'Afrique, avec pour l'étayer, des signifiants imaginaires de l'Occident. Le discours africaniste est essentiellement une figure du savoir occidental sans grand rapport avec les réalités africaines. Prisonnier d'un cadre épistémologique, ce discours était

> enfermé dans ses propres options scientifiques et morales, et sous prétexte de « parler à propos de », [il] n'a fait que dérouler les conséquences de ses postulats, faisant usage d'une bonne ou d'une mauvaise subjectivité [...] ; les travaux comme les récits comportent non seulement des malignités tissées, cachées dans le texte, mais jaillissent d'une ligne de

---

1 *L'Odeur du père*, p. 44.
2 *L'Autre Face du royaume*, pp. 10-11.
3 *The Invention of Africa*, p. 9.

> fond qui n'a jamais été et n'est pas celle des sociétés à propos desquelles ils parlent.[1]

L'Afrique en tant qu'idée et en tant que concept constitue l'antithèse sur fond de laquelle l'Occident représente l'origine de ses propres normes, élabore un ensemble de signifiants pour dire l'Afrique. C'est cette même position que défend Mudimbe dans son ouvrage *The Invention of Africa* où il montre que la « gnose » africaniste a revendiqué d'emblée son autonomie et qu'elle s'est nourrie d'elle-même en forgeant de toutes pièces ses objets aussi bien que ses problématiques : « It is obvious that since its inception Africanism has been producing its own motives as well as its objects, and fundamentally commenting upon its own being, while systematically promoting a gnosis »[2]. L'évolution de cette problématique est alors nette pour Mudimbe qui, pour rester fidèle aux suggestions intellectuelles de *L'Autre Face du royaume*, propose une rupture épistémologique pour une réflexion sur l'Afrique, puisque tout, alors tout, sous les tropiques, sent l'odeur du Père, de l'Occident ou plus concrètement du monde euro-américain.

La deuxième entrée est celle de l'alliance politique et disciplinaire entre le colonialisme et la christianisation, entre le colonialisme et l'anthropologie coloniale. Ces « trois principaux systèmes »[3] avaient des missions spécifiques. L'anthropologie définit les lois et la manière de décrire les cultures humaines et de les situer dans tout le portrait de l'histoire de l'humanité. Le christianisme apporte avec lui la croyance dans la seule vérité de la révélation, avec une théologie présentée comme discours scientifique sur Dieu et sur la condition humaine. La colonisation s'est établie comme politique non seulement pour le contrôle d'une nouvelle géographie, mais également comme raison et explication d'une nouvelle initiative historique. C'était un projet auquel Mudimbe a opposé sa subjectivité anthropologique, un projet, disait-il lors d'une conférence prononcée au Québec (mai 1990),

---

1 *L'Autre Face du royaume*, pp. 93-94.
2 *The Invention of Africa*, p. XI.
3 *The Surreptitious Speech*, p. 437.

qui n'était pas le sien, même si les siens (Africains) l'ont cautionné au mieux.

La mainmise de ces systèmes a consacré la notion d' « espace » – distance géographique – qui organise la compréhension de la barbarie, la sauvagerie et les amazones[1] et rappelle la « géographie imaginaire » d'Edward Said. Le plus naturellement, elle a déroulé l'arbitraire dans la distinction entre « eux » et « nous », mais aussi la manière prévisible d'ordonnancement de connaissances et de frontières raciales, sociales, culturelles, ethniques, etc. En tant que raison du plus fort, elle ne pouvait être au mieux qu'une invitation à l'assimilation, c'est-à-dire une invitation à un arrangement d'un espace physique et une domestication des Africains selon un nouveau code des valeurs. Une telle orientation de la pensée place le débat dans la trajectoire de la compréhension de l'Africain ou de l'Afrique dans son essence sociale, culturelle, politique, philosophique et symbolique ainsi que dans son histoire. Aussi invite-t-elle à rendre compte de l'altérité africaine telle qu'elle est réaménagée par la science sociale et l'histoire. Puisque l'Afrique est vue et dite à travers le prisme occidental, il ne s'agit plus d'apprécier la version européenne de l'Afrique ni d'écrire ou de réécrire une histoire, mais de soumettre cette version à la critique. *Parables and Fables* explore cette dimension et consolide la thèse de l'africanisme entièrement défini par sa fonction idéologique de compléter la domination économique et politique de l'Afrique d'une mainmise scientifique. Qu'il suffise ici d'évoquer la triple démonstration que fait Mudimbe sur les distorsions des travaux de Luc de Heusch à propos des traditions lunda et luba, sur les textes ésotériques luba réunis et interprétés par T. Fourche et H. Morlighem selon la bible chrétienne, sur la notion de philosophie africaine ou de la philosophie bantoue. Dans ce dernier cas, Mudimbe montre comment cette notion joue d'une authenticité trompeuse pour prendre le relais de la notion de philosophie primitive et perpétuer l'exotisme de la pensée africaine.

La troisième entrée entretient un rapport direct à la modernité de l'Afrique, en tant que projet de réorganisation du pouvoir

---

[1] *Les Corps glorieux des mots et des êtres...*, pp. 71 et suivantes.

politique qui entraîne une restructuration de la société globale. Mudimbe a ouvert cette réflexion dans *The Idea of Africa*, où il interroge l'hypothèse coloniale (belge) et ses paradigmes, mais aussi un ensemble de théories post-coloniales prônant l'identité culturelle et l'africanité. Sont explorés les espaces d'imagination nouvelle et, à partir des faits historiques africains, la manière dont s'est instaurée la nouvelle mémoire. Mais aussi et surtout les images fortes qui soutenaient tout le procès de la colonisation, les histoires plurielles des indépendances africaines dans leur prétention de revoir la cohérence de l'histoire. La modernité coloniale ne fut pas un retournement absolu, mais plutôt, comme le montre *Tales of Faith*, un « espace métissé », où le christianisme, un projet sous-tendu par un solide programme aristocratique de conversion culturelle et de création des « corps dociles » pour la transformation de la société, chemine plus tard avec l'indigénisation, une manière de repenser et d'adapter le christianisme aux paradigmes africains. Ce qui signifie alors, comme Mudimbe l'écrit, que chaque modernité est, du point de vue existentiel, une forme de « cultural hybridation witnessing to contemporary dynamics of dialogues between peoples and histories »[1].

Filiations méthodologique et intellectuelle

Ce cheminement de la pensée de Mudimbe a fait le lit avec les percées analytiques déjà importantes dans le domaine de l'anthropologie structurale qui, dès les années 1950-60, s'était démarquée de travaux de l'anthropologie traditionnelle jusque-là occupée à penser les sociétés colonisées comme des sociétés archaïques, hors de leur référence à la société globale. Il serait plus juste de dire que les apports du structuralisme anthropologique de Claude Lévi-Strauss, sur les plans de l'épistémologie et de la méthode, poursuivi par Michel Foucault, ont permis à Mudimbe de réorganiser ses thèses et de les inscrire dans une dynamique nouvelle. Il s'est largement appuyé sur ces avancées, non pas dans leurs objets, mais comme boîte à outils dans laquelle il a puisé des cadres conceptuels, des instruments théoriques, des suggestions intellectuelles dont il s'est servi avec la plus grande liberté, mais

---

1 *Tales of Faith*, p. XII.

aussi la plus grande constance. Une transition féconde le projette dans le « courant postmoderniste » qui rompt définitivement avec l'exotisme scientifique, « ne se focalise pas sur la grande théorie avec ses prétentions à l'universalité, met l'accent sur le besoin de découvrir les voix jadis étouffées, d'explorer la relation entre le pouvoir, le langage et la connaissance et de situer cette compréhension dans un milieu spécifique »[1].

Cet engagement méthodologique s'explique à la fois par la remise en question du discours occidental (et donc de l'anthropologie comme pratique dans le jeu de connaissance-pouvoir) et par le besoin de produire un autre discours africaniste isomorphe pouvant projeter l'Afrique dans l'avenir. Concrètement, Mudimbe recourt aux travaux des structuralistes, fait siennes leurs méthodes et suggestions et teste leur validité sur l'objet qui lui est propre, c'est-à-dire l'Afrique. Il a pris le structuralisme par le biais et s'est situé à l'extérieur de la culture à laquelle il appartient, en analyse les conditions formelles pour en faire dans une certaine mesure la critique, non pas au sens où il s'agirait d'en réduire les valeurs, mais pour voir comment cette culture a pu effectivement se constituer. Cela suppose un travail théorique qui est avant tout geste politique, un travail qui prend la forme d'une investigation historique ou, plus exactement de l'histoire de ce que sont les Africains, de leur passé-présent. Mudimbe s'y est pris, non pas à la manière des historiens qui tablent sur les rapports de continuité et de discontinuité, mais avec d'autres références : multiplicité des temporalités, régimes discursifs, pluralité des déterminations et des stratégies d'acteurs, conjonctures et comportements réels, etc. En mettant en évidence ce qui différencie l'analyse de Mudimbe de celle des historiens par exemple, à propos des rapports de continuité ou de discontinuité, mon intention n'est pas d'établir que Mudimbe envoie promener les historiens comme cela apparaît dans l'article de Mamadou Diouf[2]. À mes yeux, Mudimbe ne propose rien d'autre qu'un programme systématique d'inversion de

---

1 L. Jane Papart, « Is Africa a Postmodern Invention ? », dans *Issue*, vol. XXIII-1, 1995, p. 16.

2 Mamadou Diouf, « Des voix et des objets contre des mots et des textes. Dépossession, conversion et révélation », dans *Canadian Journal of African Studies*, vol. 30, n° 2, 1996, pp. 241 et suivantes.

méthodes de la plupart des historiens. Appliquée à l'anthropologie, à l'histoire et à l'idéologie africaines, cette inversion ouvre la réflexion sur un autre mode de penser l'Afrique et les Africains, forme une autre grille de lecture historique et avance vers une autre théorie de connaissance.

Voyons maintenant le contexte de production de ces travaux qui laissent surnager des interrogations quant à la filiation intellectuelle de leur auteur. Ils sont produits aux États-Unis dans un contexte où l'afrocentrisme américain est secoué par les turbulences générées par la crise qu'a connue la puissante African Studies Association à Montréal en 1969. On ne s'attardera pas sur cette crise et ses suites, sinon pour indiquer qu'elles comportaient, entre autres enjeux explicites et permanents, l'orientation scientifique et le questionnement épistémologique[1]. Promotion des « Blacks Studies » ou d'un « Afrocentric Paradigm for African studies » ? La controverse oppose « white scholars or non white scholars who have unquestioningly accepted the assumptions and perspectives of European scholars, who are alleged to see Africanity as a pathology », à ceux qui plaident que « eitheir brand of Afrocentricity is to create not only an appreciation of africanity in its own right, but also to encourage research that is grounded in African history, philosophy and culture. [...] Instead, the Afrocentrists point is that Africa should be understood in its own terms »[2]. Attentif aux débats qui constituaient l'environnement intellectuel de la communauté africaniste aux États-Unis à ce moment-là, Mudimbe a renouvelé sa pensée dans le sillage de l'afrocentrisme – ce courant porté par les chercheurs américains (aujourd'hui épaulés par les Africains de la diaspora) qui cherchent « to uncover and use codes, paradigms, symbols, motifs and circles of discussion that reinforce the centrality of African idea and values as a valid frame of reference

---

1 Voir, entre autres, les travaux de Guyer Jane (1996), Staniland Martin (1991), Oyebade B. (1990), Molefi Kete Asante (1990), etc., qui ont largement commenté cette crise de l'afrocentrisme dans ses aspects structurels, idéologiques et politiques, mais aussi scientifiques et épistémologiques.

2 Edmond J. Keller, *Globalization, African Studies and the Academy*, [« Travaux & Documents C.N.R.S. », n° 57], Bordeaux, C.E.A.N., 1998, p. 18.

for acquiring and examining data »[1]. Leurs travaux couvrent divers aspects en religion, culture, politique africaine, philosophie, et tentent de réécrire et de déconstruire les positions monochromatiques de l'Afrique données par les anciennes générations de chercheurs.

Cependant, Mudimbe n'est pas tombé dans le piège d'une méthodologie de l'afrocentrisme qui tente de présenter le portrait « naïf » de l'Afrique, de son histoire et de sa culture, il a adopté plutôt une attitude politique et épistémologique qui lit l'Afrique par elle-même, en examinant les idées et la connaissance produites sur l'Afrique par le discours occidental, en interrogeant les textes classiques et contemporains ainsi que des expériences individuelles et collectives. Dans cette démarche, Mudimbe s'écarte à la fois de l'africanisme (anthropologie) et de l'*Afrocentricity*, un mouvement qui, selon ses propres mots « conceives its goal from a position that claims to render a genuine reality at an African history and its cultures »[2]. L'explication de cet écart est à chercher dans ces deux projets – africanisme et afrocentrisme – en tant que pratiques dans le jeu de connaissance-pouvoir, même si les buts de celui-là se dissocient ou doivent être dissociés de ceux de celui-ci. Ces deux projets, comme l'a bien perçu Masolo[3], échouent dans leurs prétentions à déterminer la « vraie identité » de l'Afrique et de l'Africain. Ils réclament et essaient de fixer ce qui ne peut être fixé.

Horizon d'une rationalité postmoderne

Dans sa traque des textes qui « disent » l'Afrique, l'œuvre de Mudimbe induit à une ligne de réflexion que je pourrais appeler l'horizon de la rationalité postmoderne. La promesse de l'africanisme d'atteindre l'idée de l'Afrique s'est retournée en un exercice de la raison qui est de moins en moins prometteur de liberté et d'un discours vrai sur l'Afrique. Cette rationalité africaniste peut-elle être dissociée des mécanismes, des procédures, des techniques, des effets de pouvoir qui l'accompagnent et que les

---

[1] Clyde A. Winters, « Afrocentrism : A Valid Frame of Reference », dans *Journal of Blacks Studies*, vol. 25, n° 2, 1994, p. 170.

[2] *Tales of Faith*, p. 30.

[3] D. A. Masolo, « From Myth to reality : African Philosophy at Century End », dans *Research in African Literatures*, vol. 31, n° 1, 2000, p. 167.

penseurs africains supportent si mal d'abord, parce que celle-là véhicule des « fausses prémisses scientifiques », selon le vocabulaire de Anthony Kwame Appiah, et ensuite, parce que ceux-ci sont ressentis comme une forme d'oppression ? Cette question a été clairement soulevée par Kwame Appiah dans *In My Father's House*[1] : comment vivre avec des croyances et des attitudes basées politiquement et scientifiquement sur des fausses prémisses au sujet de la nature humaine et des conditions culturelles ? Mudimbe veut que l'on prenne place dans ce débat en interrogeant cette rationalité, en révélant ses limites, mais aussi les pouvoirs dont elle a abusé du fait des libertés auxquelles il a eu accès. Mais il y a un prix à payer :

> In terms of the future, the cost (or the price) of social mythologies (development, modernization, etc.) invented by functionalism, applied anthropology, and colonialism is such that a redefinition of the Africanist discourse and practice should be isomorphic with that of our political expectations. In terms of the past, the same holds true : what is the price to be paid in order to bring back to light what has been buried, blurred, or simply forgotten ?[2]

Quelle est la valeur de cette question de Mudimbe qui conduit directement à l'affirmation d'un autre commerce d'idées même si elle permet de multiples interprétations ? Étant donné les attentes du continent, il me semble qu'il ne s'agit pas ici de cultiver la nostalgie de ce qui a été « enterré, rendu confus ou simplement oublié », mais plutôt – c'est une hypothèse – de porter un intérêt sur la mémoire rationnelle, c'est-à-dire une mémoire vive qui ne cherche dans son passé que les motifs d'un élan qu'elle veut renouveler. Les techniciens du savoir doivent avoir le courage d'une actualisation de cette mémoire et de l'histoire pour un engagement dans l'avenir, un pilotage de l'avenir, mais aussi les institutions africaines (politique, sociale et religieuse) qui n'ont jamais vraiment fait l'analyse de leurs mémoires et de leur passé.

---

1 Kwame Appiah, *In my Father's House. Africa in the Philosophy of Culture*, New York-Oxford, Oxford University Press, 1992.

2 V. Y. Mudimbe, « Wich Idea of Africa ? Herskovits's Cultural Relativism », dans *October*, n° 55, 1990, p. 97.

Ces intuitions supposent que les recherches à venir interrogent la mémoire africaine (politique, sociale, religieuse, etc.), et ce qui la fonde et la constitue, qu'elles remontent au moment d'émergence de celle-ci.

Le prix à payer est sans doute un sérieux requestionnement du passé pour comprendre la signification de l'évolution de l'Afrique, pour accéder à sa mémoire, à ses ambivalences, à ses jugements à la fois positifs et négatifs sur les décisions prises par d'autres et à l'absence même de la compréhension de l'action à laquelle l'Africain a participé. Autrefois, faire de l'histoire c'était se souvenir ; on savait en gros ce dont il fallait se souvenir ; mais aujourd'hui, on sait qu'il y a une histoire, c'est-à-dire qu'on sait qu'il y a un passé, mais on ne sait pas trop ce dont il faudra se souvenir. D'où il faut choisir dans le passé les faits et les événements qui sont dignes de mémoire en fonction du futur que l'on imagine. L'inquiétude pour l'avenir et l'ébranlement des valeurs et des certitudes commandent plus que jamais leur résurrection en vue de léguer le maximun de choses à l'avenir. Ainsi la mémoire devient un point d'intérêt capital, puisqu'il permet la libération de l'Africain, ce pauvre et ce dominé d'une histoire écrite par les dominants. Plus le chemin de la mémoire est difficile à remonter, plus celle-ci devient prophétique puisqu'elle montre que l'acteur africain ne se réduit pas à son présent, qu'il a une capacité permanente de se souvenir et d'inventer.

Prolongements académiques en coupe synchronique

Quels prolongements académiques suggère la question de savoir si les mille Mudimbe que l'on a vu surgir dans les différents pays des Amériques sont compatibles entre eux. Qu'y a-t-il de commun entre le Mudimbe de l'école canadienne et étasunienne et celui du Mexique ou de la Colombie fortement coloré d'un marxisme plus ou moins rénové ? C'est assurément cette œuvre qui se révèle comme un segment revu et raisonné de ce qui a déjà été dit et écrit sur l'Afrique, et un outil théorique et méthodologique qui réconcilie les espérances des étudiants avec les efforts des autres chercheurs. Aujourd'hui, cette œuvre conjugue une synchronie des usages (utilisation des résultats, application des méthodes, débats) dans des lieux différents et des domaines séparés. L'utilisation des résultats : non seulement les livres de Mudimbe sont présentés et étudiés en eux-mêmes, mais ils servent surtout de point d'appui conceptuel en de nombreux secteurs de la recherche en sciences sociales et humaines. Dans leurs divers types de travaux en anthropologie, en sociologie, en philosophie, en histoire, en science politique, etc., nombreux étudiants et chercheurs de l'Amérique du Nord « travaillant » l'Afrique, recourent à cette œuvre et y puisent l'essentiel de leurs outils et de leurs concepts. Aussi, renchérirait Benetta Jules-Rosette[1] :

> Toward the end of the 1980s, African-American scholars also developed affinities with the works of other African and diaspora intellectuals such V. Y. Mudimbe (1988), Kwame Anthony Appiah (1992) and Paul Gilroy (1993). Overall, the objective of these approaches was to re-theorize and revalorize Africa in the Western cultural imaginary, and to introduce Africa as a point of origin of universalistic thought in the social and human sciences.

Si l'afrocentrisme américain a été, historiquement, trop satisfait de lui-même, l'ouverture de ce qu'il étudie sur l'Afrique ou à propos d'elle et la fréquentation des travaux des Africains ouvrent de nouvelles pistes de réflexion ou en renouvellent les anciennes autrement. L'application des méthodes, elle, est bien manifeste en Amérique latine hispanophone. Malgré l'usage très limité de la langue anglaise[2], et surtout le fait que les débats sur l'Afrique n'affectent que marginalement les disciplines qui tentent de les soulever, on note cependant que certains chercheurs se tournent vers le cadre méthodologique et théorique de Mudimbe pour repenser les problèmes latino-américains. Des travaux comme ceux

---

1 Benetta Jules-Rosette, *Africanism and Universal Cultures : The Limitations of the Brokerage* [« Travaux & Documents C.N.R.S. », n° 57], Bordeaux, C.E.A.N., 1998, p. 25.

2 La consultation des travaux publiés en anglais n'est pas aussi accentuée qu'en Amérique du Nord, du moins par les étudiants, comme me le signalaient les professeurs Albert Kasanda (Universidad Autonoma de Mexico) et Roch Charles Little (Universidad Nacional de Colombia, Bogota), même s'ils recommandent respectivement à leurs étudiants mexicains et colombiens la lecture de *The Invention of Africa* et de *The Idea of Africa*.

de Arturo Escobar, *La Invencion del tercer mundo*[1] et *El final del salvaje*[2], pour ne citer que ceux-là, ont élargi ce cadre au champ du développement. Dans ses deux études, Escobar dit s'appuyer sur le modèle méthodologique et théorique de Mudimbe pour déconstruire les fondements d'un ordre de connaissance et le discours qu'on porte sur le Tiers-monde comme sous-développé. Selon lui, le développement apparaît (*cf. El final del salvaje*) :

> como experiencia historicamente singular, como la creacion de un dominio de pensamiento y de la accion, analizando las caracteristicas e interrelaciones de los tres ejes que lo definen : las formas de conocimiento que el se refieren (a traves de las cuales llega a existir y es elaborado en objectos, conceptos y teorias), el sistema de poder que regula su pratica ; y las formas de subjectividad fomentadas par este discurso (aquellas por cuyo intermedio las personas llegan a reconocerse a si mismas como desarrolladas o subdesarrolladas.[3]

Dans une étude en cours[4], Carlos Valencia essaie, d'une part, d'analyser les régimes discursifs dans le fonctionnement du système esclavagiste en Colombie au XVIIIe siècle, et, d'autre part, d'appliquer le paradigme de « la domestication et des conflits de mémoire ». À l'instar de la colonisation, l'esclavage reste un projet qui a reposé sur des croyances fallacieuses, sur la domination

---

1 Arturo Escobar, *La Invencion del tercer mundo. Construccion y desconstruccion del desarrollo*, Bogota, Editorial Norma, 1998.

2 Arturo Escobar, *El final del salvaje. Naturaleza, cultura y politica en la antropologica contemporanea*, Bogota, Giros Editores Ltda, 1999.

3 « en tant qu'expérience historiquement singulière, comme la création d'un domaine de pensée et d'action analysant par les caractéristiques et interrelations de trois axes qui le définissent : les formes de connaissance auxquelles il se réfère (à travers lesquelles on arrive à exister et il est élaboré en objets, concepts et théories), le système de pouvoir qui régit sa pratique et les sortes de subjectivités favorisées par ce discours (par lequel les gens arrivent à se reconnaître comme développés ou sous-développés » (traduction libre).

4 Un mémoire de licence en préparation de Carlos Valencia, « La Esclavitude en el siglo XVII : las formas de resistencia a través de la participacion economica », Departamento de Historia, Universidad Nacional de Colombia, Bogota.

politique, économique et culturelle, ainsi que sur une compartimentalisation raciale et sociale qui a conduit à la marginalisation de la pensée aujourd'hui consacrée dans les conceptions de l'existence des populations afro-colombiennes. Il y a place pour un autre discours à construire sur toutes les formes des textes ethnologiques historiques et sur les buts pour lesquels certains d'entre eux ont été produits.

Le troisième point d'attache, polémique celui-là, concerne les débats intellectuels entretenus par les africanistes américains et ceux de la diaspora autour de l'œuvre de Mudimbe. Une analyse de William Slaymaker[1] permet d'en esquisser les traits qui portent, non sur les choix des objets de recherche de Mudimbe, mais plus fondamentalement sur son engagement méthodologique et sur ce qui est considéré comme son « projet émancipatoire ». Manthia Diawara s'est illustré comme le défenseur de Mudimbe en ce qui concerne la méthode et les sources d'inspiration. Selon lui, le poststructuralisme – auquel est associé le nom de Foucault – est l'une des sources fondamentales de l'inspiration théorique de Mudimbe qui, dans une optique un peu renouvelée, est arrivé à déplacer le régime de vérité du discours occidental, à produire un discours libéré et cannibalisant qui surpasse le discours de la philosophie francophone, tel l'existentialisme de Sartre qui a porté la négritude. Ce discours soulève et défigure les textes occidentaux et établit son ordre en dehors des traditions d'oppositions binaires[2]. Ce point de vue est loin de celui de D. A. Masolo qui, tout en admettant la richesse de la pensée de Mudimbe, trouve que le « discours libéré » de ce dernier est hérissé de difficultés : « Mudimbe échoue, écrit-il, à s'émanciper lui-même du cercle vicieux inhérent à la position déconstructiviste, puisque beaucoup, dans son œuvre, est emprunté à Lévi-Strauss, à Foucault et à d'autres standards occidentaux de l'individualisme et de la

---

1 William Slaymaker, « Agents and Actors in African Antifoundational Aesthetics : Theory and Narrative in Appiah and Mudimbe », dans *Research in African Literatures*, vol. 27, n° 1, 1996, pp. 119-128.

2 Manthia Diawara, « Reading Africa Through Foucault : Valentin Yves Mudimbe Reaffirmation of Subject », dans *October*, n° 55, 1990, p. 86.

raison »[1]. On rejoint là la question des voies que doit emprunter le chercheur africain pour « dire » l'Afrique, découvrir l'*épistèmê* authentique et finalement l'inaliéné. La question n'est pas neuve : on la trouve à longueur de pages dans les revues des années 60 et 70 qui commentaient l'aliénation.

Au-delà de la question de méthode et des sources d'inspiration, il y a celle du projet de Mudimbe au sujet duquel Manthia Diawara note : « it is necessary for the theorist in Africa to appreciate what is takes to create an authentic statement that reflects African sociocultural practices and takes as its condition of possibility a local discourse space »[2]. William Slaymaker qui est allé plus loin pour montrer que l'œuvre de Mudimbe relève d'une décision et d'une nécessité, que Mudimbe lui-même est un « agent avec un agenda, un philosophe avec une fondation morale qui cherche une place pour asseoir son propre choix où il pourrait maintenir la positivité de sa volonté pour la vérité et le pouvoir »[3]. Pour valider cette appréhension, il repêche quelques citations tirées de l'œuvre – il les appelle « les confessions de Mudimbe » – qui indiqueraient les bases du « discours émancipatoire de Mudimbe ». Ces bases reposeraient, entre autres, sur « la liberté et la libération de ses projets de recherche »[4], la réinscription des représentations de l'Afrique que les Africains doivent savoir pour dire leur propre historicité[5], la réactivation des textes et des discours passés qui construisent ou reconstruisent l'Afrique[6], le désordre épistémologique et intellectuel qui est devenu une question politique[7]. Comparant le projet de Mudimbe à celui de Appiah, Slaymaker trouve que les deux auteurs ont un désir partagé d'agir *as agents of change* (agents de changement) et de reformer les grands récits qui représentent mal l'Afrique. Ils ont réalisé ce désir en transcendant

---

1 D. A. Masolo, *African Philosophy in Search of Identity*, Bloomington-Indianapolis, Indiana University Press, 1994, p. 179.

2 Manthia Diawara, *art. cit.*, p. 79.

3 William Slaymaker, *art. cit.*

4 *Parables and Fables*, p. 193.

5 *Cf. The Invention of Africa.*

6 *Parables and Fables*, p. 193.

7 *Les Corps glorieux des mots et des êtres...*, p. 208.

> the discourse limits imposed by the theories they have successfully appropriated (or in different lexicon expropriated [...]. They deradicalized the representation of the self and the other (the beast of binarism) and they have refined a relativism that is responsible to a moral position that is still open to cultural redefinitions, revisions and retranscriptions.[1]

CONCLUSION

Le parcours que je viens d'effectuer avait pour ambition de présenter un ensemble d'idées qui entourent l'œuvre de Mudimbe dans la diffusion de la pensée africaine. Produite dans le sillage de l'afrocentrisme américain sans y être affiliée, cette œuvre connaît une célébrité aujourd'hui bien attestée par l'utilisation des résultats, l'application des méthodes et les débats. La réévaluation des évidences du savoir africaniste antérieur et les ouvertures théoriques et méthodologiques confèrent à cette œuvre le cachet de creuset auquel de nombreux étudiants, chercheurs spécialisés et enseignants recourent, en rapport avec leurs besoins de formation et de recherche. Par ailleurs, cette œuvre apparaît comme un projet dont le postulat stipule une redéfinition du discours du savoir sur l'Afrique, une mise sur pied d'une pratique nouvelle dans le jeu de connaissance-pouvoir. Mudimbe s'y est essayé en soumettant à la critique le discours africaniste qui s'est imposé sans dire dans quel sens il le méritait. Il a ainsi refusé de cautionner les « Tolerable Falsehoods » (mensonges tolérables) selon l'expression de Anthony Kwame Appiah.

MARTIN KALULAMBI PONGO
Universidad Nacional de Colombia

---

1 William Slaymaker, *art. cit.*, p. 119.

From a Question Mark to *Reprendre* the Aesthetization Process of the African Arts

> African culture, and more visibly African art, are historical products of a complex process : the metamorphosis of concrete realities into abstract categories and, complementarily, the possible transformation of those realities into cultural objects with a financial value. In other words, African realities become, within anthropological frameworks, objects of knowledge ; they are understood, classified, and defined as cultural signs from the perspective of the Western cultural and epistemological tradition.[1]
>
> *Mudimbe*

Thus writes V. Y. Mudimbe in a short but interesting comment published under the title, « African Art as a Question Mark ». In few words, he attempts to explain how African art came to be and how it became the object of interest of Europeans. The process of « Aesthetization » he draws from Jean Baudrillard firmly introduces what will become, in my view, the basis of his inquiry into the process he calls « The Invention of Africa » in *The Invention of Africa*[2] and « The Idea of Africa » in *The Idea of Africa*[3]. In Mudimbe's view, this concept of « Aesthetization » is to be applied as basic theoretical framework in analyzing the significance of present-day African culture[4]. The best field for that exercise should be what has become African art with both cultural

---

[1] V. Y. Mudimbe, « African Art as a Question Mark », dans *African Studies Review*, 29, 1, 1986, p. 2.

[2] V. Y. Mudimbe, *The Invention of Africa*, Bloomington, Indiana University Press, 1988.

[3] V. Y. Mudimbe, *The Idea of Africa*, Bloomington, Indiana University Press, 1994.

[4] V. Y. Mudimbe, « African Art as a Question Mark », p. 3.

and financial values, and incorporated in the economic process. Subsequently it has become a major field of investigation for Western scholars, art collectors and critics alike. In the same vein he writes :

> What is called African art covers a wide range of objects introduced into a historicizing perspective of European values since the eighteenth century. These various « objects » which, perhaps, were not « art » at all, became art by being given, simultaneously, an aesthetic character and a potentiality for producing and possibly reproducing artistic forms.[1]

He then complains about what he sees developing in present-day literature on African culture and art. His main contention is that there is « a major philosophical problem » that « has not yet been solved ». It is « characterized, on the one hand, by an overemphasis on the links between economic power, cultural signs and politically dominant groups ; on the other hand, by an absence of serious philosophical debate on the significance of this culture and its art, and the consequences for their meaning of integration into Western epistemological categories »[2]. He finally suggests an approach as answer, a remedy to the philosophical and, therefore, epistemological problem. It would be « the analysis of the structure and the logic of cultural and artistic values » based on three key principles : paying careful attention to the processes of the metamorphosis of values, the rules of their social and institutional production, and lastly, the relationships between symbolic and economic values in the exchange process[3]. In the light of all the publications produced since then by museums and scholars around the world, this may sound outdated today. But Mudimbe, as if he wanted to refine his ideas, takes up the issue again in another form, in what I consider to be his major statement about African art, in « *Reprendre* : Enunciations and Strategies in Contemporary African Arts. » This essay was first published in Susan Vogel's

---

1 *Idem*, p. 4.
2 *Ibidem.*
3 *Ibidem.*

seminal collection entitled *Africa Explores : 20th Century African Art*[1]. Then, he expanded (a repris – *Reprendre*) and included it in his *The Idea of Africa.*

My interests in Mudimbe's analyses dwell on his methodical approach in considering the concept of African art, especially in its form of « Popular art » in Central Africa (Congo-Kinshasa in particular). It is my intention in this contribution to demonstrate the accuracy of Mudimbe's methodological approach and its usefulness in analyzing popular art in the Congo, as his quest is based on a response to the philosophical and epistemological problem as he develops it in « Reprendre » and also as it can be compared to the « Aesthetization » process. He bases his study on the work accomplished by Pierre Romain-Desfosses, Marc Stanislas Wallenda, and Frank McEwen. He defines Reprendre as a triple exercise of enunciating the meaning and conditions of African arts today. The first is a recuperation of an interrupted tradition, that of the ancestors, stopped by the oppressive and intolerant colonial system, « in a way that reflects the conditions of today » The second is a methodical assessment of the various changes and metamorphoses of the African arts due to the transformation of the social context, and the introduction of new currents, influences, and fashions from abroad. Finally, Reprendre is a pause, a meditation, a query on the meaning of the two preceding exercises[2]. In the line of Sally Price, and beyond the complexity of the prevalent academic discourse, he describes the status and function of African arts against the backdrop of general misconceptions and misreadings involving two a priori assumptions : « the Western notion of art itself and its ambiguous extension to non-Western œuvres », and the sought and projected idea of « the immobility, the stasis, of non-Western arts ». His agenda is set in these terms :

> I do not address these historical movements in this study, but I try to indicate broad rhythms, tendencies, and discontinuities extending from a recent period of rupture that

---

1 Susan Vogel and I. Ebond (eds), *Africa Explores : 20th Century African Art*, New York, The Center for African Art, 1991, pp. 276-287.

2 *The Idea of Africa*, p. 154.

> brought about new types of artistic imaginations. I am interested not in causal successions but in new artistic thresholds, displacements of inspiration, and what we call an « architectonic » system – an underlying diverse, complex, and conflicting regional styles.[1]

He adopts a sociological approach that combines an historical overview of the intervention of European teachers and sponsors in the development process of African arts during the colonial period with a critique of the contribution of those brave men. He pays special attention to the development of African art under the guidance of these men with its « incidences of conversion, patterns of discontinuities, and conflicting or complementary influences »[2]. By the standards of teachers such as Pierre Romain-Desfosses in his Atelier d'Art Le Hangar in Elizabethville (now Lubumbashi), Frank McEwen in the National Gallery in Salisburg, Rhodesia (now Harare, Zimbabwe), and Marc Stanislas Wallenda in « L'Ecole Saint Luc » in Ngombe-Matadi, later transferred in Kinshasa to become « Académie des Beaux Arts », the « aesthetization » process was based on teaching African artists to rely on their « Africanness », or their « Nilotic » (Romain-Desfosses) or « pre-Colombian » (McEwen) capabilities. Mudimbe explains this astonishing characterization as, in reality, the role played by the individual unconscious working like « a very ancient datum, something like a lost web, completely forgotten, but still alive, well buried in the unconscious »[3]. The creator of Le Hangar was opposed to seeing his pupils lose their African personality to « the advantage of a uniformizing aesthetics of white masters », as states Joseph Cornet, quoted by Mudimbe. He comments on this as following :

> Independently of its technical implications, this concept seems important as a reference to a lost configuration interrupted or, at least, blurred by history. It suggests a kind

1 *Idem*, pp. 155-156.
2 *Idem*, p. 156.
3 *Idem*, p. 157.

> of aesthetic unconscious, common to sub-Saharan Africans, that a patient, sensitive, disciplined search could awaken.[1]

So, it is the same « aesthetization » process that seems to have happened in the history of the development of popular arts in Africa. Many Scholars and researchers studying popular African art and particularly its form of popular painting have for long been unable to trace its origin. But the literature on the subject provides a few hints. In the case of Congo-Kinshasa, a few interesting leads can be pointed out. In his « Peinture populaire zairoise », *Sura Dji : Visages et Racines du Zaïre*[2], Badibanga Ne Mwine, for example, alludes to a discovery made by a colonial administrator around 1910 in the surroundings of Bolobo. According to Badibanga, a certain L. Reyneart found pictorial decorations on huts. Instead of the traditional geometric motifs thought to be common historically, he found drawings of animals and objects of European origin with some indications of allegory. Joseph Cornet, in *60 ans de peinture au Zaïre*[3], provides two other pieces of evidence. In the book edited with Remi de Cnodder and Wim Toebosch, he recounts the story of an encounter in 1885 between Colonel Thys, the developer and builder of the Kinshasa-Matadi railroad, and a man from the Mayumbe region. The Mayumbe man in deciphering engravings made on a calabash sang what was depicted. According to Cornet, it was the story of the creation of a station on the Congo River banks[4]. Cornet's second bit of evidence is in fact a quotation drawn from Jean Leyden's *Le Graphisme et l'Expression Graphique au Congo Belge*. It reports the adventures of another colonial administrator who :

> One day strolling aimlessly in Bukama, a small town in Katanga, which was for a long time his base of activities, Thiry was taken aback in front of a wall of a mud hut on which there was a huge fresco representing an enormous green crocodile with « comb-like teeth », napping, while

---

1 *Idem*, p. 156.

2 *Sura Dji : Visages et Racines du Zaïre*, Paris, Musée des Arts Décoratifs, 1982.

3 Joseph Cornet, *60 ans de peinture au Zaïre*, Bruxelles, Les Éditeurs d'Art Associés, 1989.

4 *Idem*, p. 12.

> next to it were two magnificent green birds smooching tenderly with each other. He then decided to enter the hut. That is when he discovered Albert Lubaki.[1]

Other decorations of this kind have been uncovered among the Mangbetu, Nkundo, and Luba. The paintings that L. Reynaert found among the indigenous Mangbetu were executed in fresco on hut walls (inside and outside). They represented various themes dealing with village life, such as hunting animals in the forest, gathering fruits, and women's cooking activities. The paintings reflected the village life of supposedly pre-European invasion. For that purpose anonymous painters used colors made of red and white clay, while they drew with the sap from trees. Badibanga concludes that Congo's (Zaïre in his words) modern popular painting stemmed from changes in traditional wall decoration. Thus, anonymous figurative paintings and drawings inspired by everyday life's realities and mythology supplanted geometric motifs. In his article « Les Précurseurs de la peinture moderne au Zaïre », contributed in Bogumil Jewsiewicki's *Art Pictorial Zaïrois*[2], Cornet sustains this idea, stressing the important role played by Belgian promoters in the 1920s. Not only did they discover local painters, but they also helped propagate their works in Europe, especially in Belgium.

A second possible source for popular painting is comic strips and film. Colonial officials and missionaries used these media to spread the messages of Western cultures and religions to indigenous people. Badibanga Ne-Mwine, in *Contribution à l'étude historique de l'art plastique zaïrois moderne*[3], mentions Father Niko Vandenhoudt, but he was probably one among many[4]. Cornet supports this suggestion and brings more historical details. In the late 1930s and 1940s, Father Vandenhoudt painted naturalistic religious paintings representing black characters for the

---

1 *Idem*, p. 14.

2 Bogumil Jewsiewicki, *Art Pictorial Zaïrois*, Québec, Les Éditions du Septentrion, 1992.

3 Badibanga Ne-Mwine, *Contribution à l'étude historique de l'art plastique zaïrois moderne*, Kinshasa, Éditions Malayika, 1977.

4 *Idem*, p. 35.

purpose of Christianizing the people of Bas-Congo. His activities were sponsored by the Commission de protection des arts et métiers indigènes and, later on, by the Association des amis de l'art indigène whose members were very active and in part backed by the clergy working in the colony[1]. Upon their arrival, European colonialists faced people who did not know their language and writing. From Cornet's analysis, one can gather that they used designed and painted images to communicate with the local people. So, it was mainly out of religious necessity that they were involved with painting (drawing) activities. Therefore the missionaries advanced the use of Catholic gazettes and magazines that contained cartoons. Afrique chrétienne and Antilope were among those. In fact, many Congolese artists interviewed by Badibanga in his Contribution, relying on their childhood memories of the colonial times suggested the same idea and recognized having been « hooked » to comic strips.

Subsequent to George Thiry's discovery of Lubaki and furthermore of Djilatendo, another indigenous artist, Cornet gives indication of promotional campaigns on the behalf of the blooming natives' painting in Belgium around 1929 and culminating with the organization of exhibits in Brussels, Geneva, and Paris. Another promotional event was the publication in 1930 of Gaston-Denys Périer's *Nègreries et curiosités congolaises*. This book contained illustrations by the Congolese painters Djilatendo and Dulonge. But perhaps the most significant promotional sources were Lubaki and Djilatendo's works produced under George Thiry's sponsorship, and especially the book of tales *L'Éléphant qui marche sur les œufs*, composed by Badibanga (not Ne Mwine), and published for the first time in 1931. This book showed the rich relationship between the folktale and the drawings of characters. It also provided a sense of Lubaki's and Djilatendo's early drawings, warmly received by the Belgian public. Another significant event was the creation in Léopoldville (Kinshasa) of La Maison artisanale in 1939. La Maison was conceived as a place where young natives could learn the arts of color and form and could also witness performance troupes of traditional music, dance, and

[1] Joseph Cornet, *op. cit.*, p. 112.

storytelling brought from the countryside by the colonial administration. According to Cornet, these groups were meant to help recreate the village atmosphere most urban youth had lost (1992). It is not surprising that Congolese popular painting emerging in the 1950s was a recuperation of comic strip techniques and traditional folktales and performances in order to communicate and comment on everyday social and political events.

Besides Le Hangar and l'École Saint-Luc, it is important to point out a workshop created and ran by Maurice Alhadeff, an important Jewish businessman, in Leopoldville (Kinshasa) around 1950. Artists such as Albert Mongita, Kiabelwa, and Nkusu da Costa were trained and promoted within that workshop whose activities expanded from La Maison Artisanale to take place in the art market of the time, and which used to be called La Place Braconnier located in downtown Kinshasa. Alhadeff's aim was totally commercial. Artists in his workshop contributed to the designs used in printing textile patterns for wraparound or pagnes worn by Congolese women.

In all these three cases, it appears that popular painting was not introduced for the first time in the Congo, but instead was recreated as a commodity that colonists believed to express the soul of the colonized people as well as to show off their innocence. The painters of that epoch came to the cities from their native villages in search of better living conditions and jobs in factories. They intended to express their cultural knowledge and in the process came under the influence of their European sponsors. This commodified form developed into what came to be known as tourist painting or airport art. Benetta Jules-Rosette has dealt with the issue in her work *The Message of Tourist Art : An African Semiotic System in Comparative Perspective*[1] along with Karin Barber in « Popular Arts in Africa »[2]. Johannes Fabian, at first one of this type of collectors, has found himself thinking and reflecting on these works. He came to perceive the anthropological, philosophical, and historical along with some political values of

[1] Benetta Jules-Rosette, *The Message of Tourist Art : An African Semiotic System in Comparative Perspective*, New York, Plenum, 1984.

[2] Karin Barber, « Popular Arts in Africa », dans *African Studies Review*, 30, 3, 1987, pp. 1-78 and 105-111.

Tshibumba Kanda Matolu's works as he contextually presents and analyzes them in *Remembering the Present*[1]. Not to mention both Susan Vogel's Africa Explores, and Bogumil Jewsiewicki extensive publications on Cheri Samba and other popular painters in Kinshasa.

In the light of Mudimbe's theoretical model, calling this art form tourist art disregards the contradictory social and cultural conditions in which those artists worked, and are still working today. Mudimbe considers them as caught in between two traditions by historical process and out of necessity. Tourist art is selective and dependent upon the taste of travellers in search of new experiences and exotic objects, otherwise called souvenirs. It also is dependent upon Western sensibility, and curiosity, and not necessarily on what the natives believe to be representative of their society and culture. In this case, as in many others in contemporary arts, the potential response of the invading Western culture determines the collectibility of a work. The painters had to cope both with their traditional heritage and the imposed values of Christianity and colonialism. Like most colonized people, popular painters, such as Albert Lubaki, Djilatendo, Pilipili, Mwenze Kibwanga, Kiabelwa, Mongita, and others had to deal with the unexpected and, sometimes, unwanted changes brought by colonization. For those painters, « digesting » the West consisted in reproducing their perception of reality within the new canons. At the same time they expressed their curiosity in the changing environment. For the Europeans of the time, they were childlike drawings for, in addition, most of them were executed on paper with pencil.

Pierre Romain-Desfosses and Maurice Alhadeff's workshops introduced further important innovations. Painters were trained to use enamel paints on wooden boards and canvases. But still the main themes and motifs were similar to those developed by Lubaki and Djilatendo under George Thiry's sponsorship. Moreover, new themes were introduced in the 1940s and early 1950s that captured the folkloristic aspects of village life. As T.K. Biaya noted in his « L'impasse de la crise zaïroise dans la peinture populaire urbaine,

1 *Remembering the Present*, Madison, Wisconsin University Press, 1997.

1970-1985 »[1]. Their paintings depicted the forest, villages, rivers, and animals uncritically. For the sake of the global theme of the capture and the appropriation of nature, men as characters appeared as small, useless beings without agency. Other observers, such as Jean Simard in « Peinture populaire zaïroise : échanger le primitivisme contre la modernité »[2], have called this trend « Neo-Primitivism ». Nkusu and the Kiabelwa brothers, among others, pursued this type of painting in Kinshasa from then until the early 1980s. Today, a stroll in the art market on the 30 Juin Boulevard in Kinshasa reveals the predominance of this current. Younger self-trained artists who make the core of the sellers in that market generally identify themselves as heirs to Nkusu's tradition.

POPULAR PAINTING TODAY AND THE « WATA » CURRENT

Another moment of popular painting in the Congo, called Modern Popular Painting, deriving from what art critics of the now defunct section of the International Association of Art Critics dubbed « Art Naïf » (naïve art), started in the late 1950s and early 1960s with two main outlets : frescoes in bars and restaurants, and publicity signs for small businesses (especially barber and tailor shops). These paintings targeted customers for their various products. Therefore, the main objective of the painters was to communicate messages and ideas to onlookers and clients. This objective soon broadened to encompass sociological and political communication whose subjects dealt with moral and social issues. By the late 1960s and 1970s, with the political influence from president Mobutu's newly created MPR (Mouvement Populaire de la Révolution), these paintings started representing political slogans and portraits as contribution to a sort of conscientization campaign for a national identity. Within the « Recours à

---

[1] T. K. Biata, « L'impasse de la crise zaïroise dans la peinture populaire urbaine, 1970-1985 », dans Bogumil Jewsiewicki (ed.), *Art and Politics in Black Africa*, Ottawa, Canadian Association of African Studies, 1989, pp. 95-120.

[2] Jean Simard, « Peinture populaire zaïroise : échanger le primitivisme contre la modernité », dans Bogumil Jewsiewicki and F. Mathieu (eds.), *Peintures populaires du Zaïre : l'Art vivant d'Afrique centrale*, Québec, Département d'histoire, Université Laval, 1985, pp. 22-31.

l'Authenticité » context, artists were asked to commit themselves in their work to the propagation of the political message of the party. This was an early period in Mobutu's regime lauded initially by writers and critics as well as artists themselves for its support of big artistic projects, such as the huge murals and frescoes by N'Damvu Tsiku-Pezo found in those days on public buildings in Kinshasa.

Popular painting is mostly an urban form that initially attempted to represent nature realistically (i.e., the activity in the forest and among animals) and the social activities of people living in both urban and rural settings. As one can see in paintings exhibited at the art market and those peddled on streets, their main observable characteristic is the imitation of social reality and nature. Bamba Ndombasi, a Congolese ceramist and researcher once commented in an interview :

> It is a group of works whose creators are called naives. Their presence and activity have to a great extent made an impact on Zaïrean popular life. These painters are numerous and can be found in urban centers throughout the country. They never practice an art derived from a so-called grand art or from many times secular folklore. The « Watists » as dilettantes and people of less culture produce works that describe, in candid manner, the intimate and collective features of people's life, such as the captivating scenes of bars. Dancers and drinkers are regularly represented, and scenes of disputes and jealousy are recounted through written commentaries which support images. Thus paintings take the aspects of comic strips.

Basically, today's popular painters work on canvas made of cotton from flour sacks that they themselves recycle. They use construction oil paints, and sometimes draw with printing ink. Paintings from the tradition initiated by Maurice Alhadeff's workshop tended to respect the rules of visual perspective with a focal point and flying lines from the foreground. That is not the case with painters such as Cheri Samba, Moke, and their followers who have developed a new method of using plans. They placed their characters and/or objects in the tableau starting from the foreground in accordance to their determined importance. The less important subjects as well as the decorative elements are drawn in the background.

Generally, popular painters portray people involved in some kind of action. They are hurrying, talking, dancing, or doing something with the intent of accomplishment. These paintings are unfolding dramas. Usually a text or a dialogue appearing in a caption or in the form of voice balloons, as in cartoons, complete the action. Titles of the works are most often emblazoned across the paintings, like the name of a comic strip or the title on a movie poster. Some paintings contain multi-block sequences either in one painting or a series of individual paintings presenting the evolution of the action and the relationships between characters. For example, Cheri Samba's *Les Sous-vêtements malades* (Sick Underwear, 1990) and *Oreilles aux ventres* (Ears on the Belly) break up the canvas into several scenes, while his *Le Grand Marché* in Kinshasa and Tshibumba Kanda-Matulu's Colonie Belge series in Kolwezi are a series of blocks.

Johannes Fabian observes in « Popular Culture in Africa : Findings and Conjectures »[1], that this form of painting is produced by artists, « usually self-taught, who work with a minute profit margin and have to sell at least a painting a day to make a living ». For him, and for many other Marxist materialist scholars of popular culture in Africa, survival is the main reason these amateurs paint. Although popular painters believe themselves realist painters, for they work on models taken from nature and everyday life, their craft has been characterized by instinctive interpretation and the simplicity of forms due to poor quality materials. But all observers agree that despite the lack of sophistication in the forms, popular painting delivers rich messages and moralistic lessons addressed to members of society.

Through popular painting, the artist expresses his knowledge of the social group at the juncture of collective memory and ethnicity. T.K. Biaya writes, for instance :

---

1 Johannes Fabian, « Popular Culture in Africa : Findings and Conjectures », dans *Africa*, 48(4), pp. 315-334.

> Zaïrean painting is an expression of class awareness through that ethnicity adopted by the same social groups as `strategy' so to express their resistance and dream of change. It is their objective response in the face of domination, exploitation, and economic crisis.[1]

Biaya's assertion is important to consider. As a psychologist, Biaya identified the popular painter's commitment to the cause of the social group. Paintings refer to collective memory, which is the semantic code of memorization and recollection of social, political, and historical facts. This is what Mudimbe describes as the « ancient datum, something like a lost web, completely forgotten, but still alive, well buried in the unconscious »[2]. That is where resistance against domination and the dream of change shape up at the same time that collective memory gives popular painting its social value. As Cheri Samba once said in an interview (May 3, 1993 in Kinshasa), popular painting gives voice to the voiceless people, because most of their aspirations and yearnings are expressed in a direct and truthful way.

WHAT'S NEXT WITH THE AESTHETIZATION PROCESS ?

Because of their social conditions, popular painters live totally immersed in their societies. What they paint reports on events, an attempt at once to reproduce and criticize everyday life. Even when their works give the impression of being imaginary or fictitious, they still talk about the various contradictions, inadequacies, and inequities in life. Radio-trottoir, and sometimes, even reports in conventional media, enhances their works. Such is the case with Wayis' *La Femme riche et le Serpent* (The Rich Woman and the Snake) as reported by Bogumil Jewsiewicki[3]. Popular painters such as Cheri Samba depict radio-trottoir visually in representing what is talked about in bars, restaurants, and the streets. In doing so Cheri Samba has a moralistic intent. He takes common issues and represents easily identifiable characters in society, putting them in

---

1 T. K. Biaya, *art. cit.*, p. 115.
2 V. Y. Mudimbe, *The Idea of Africa*, p. 157.
3 Dans S. Vogel et I. Ebond, *op. cit.*, p. 133.

context. Jewsiewicki makes the point for the Zaïrean urban painter :

> The urban painter, like the rural sculptor, resembles the jazz musician : he develops a theme without pretending to exhaust it. Neither the painting nor the performance is an attempt to surprise its public ; instead, it re-creates what everyone knows, and invites the participation of all present. The artist's imagination is limited to improvisation on well-understood themes, sometimes suggested by the client.[1]

Mudimbe, commenting on popular art as a visual art, puts it in these terms :

> Meanings, suggestions, images emerge from the frame, and history meets symbols in the mind of a « popular » viewer with an efficiency impossible in even the best book. [...] Popular art is both narrative and art. The grammar of its content, its chromatic logic, and the economy of its compositions escape most of the constraints of academic art. It witnesses something specific : a practice of everyday life.[2]

Cheri Samba informed me : « Life for popular painting is the street. It is the people who are walking on the street, expressing their views and impressions on what they know and see on the street, who inspire us to paint. So for me the street is life. I see myself like a journalist observing daily life how it goes and how people behave.» (February 3, 1993 in Kinshasa). The importance of the street according to Cheri Samba : it is where he finds his inspiration, but also where all lives interact. Nothing in human life can be hidden forever. There is always a moment of opening up secrecy and privacy to the street. In fact, most popular paintings deal with what is going on in open space. Samba's recent works demonstrate this. Among others, the most interesting are *La Rue des lacs* (1990), « The Street of Lakes », read Potholes, and *Les Capotes utilisées* (1990), « Used Condoms ». The two paintings represent the problems that are the subject of conversation and

---

1 *Idem*, p. 130.
2 *The Idea of Africa*, p. 167.

reflect the reality of life in Kinshasa. Popular painter, Moke, agrees with Cheri Samba's assertion and adds :

> You see ! It is like this. I am a popular painter looking at everything that goes on in the street. I am always ready to go out and check the reasons for the mob's noise and gathering. That's where I find my most interesting topics. Sometimes it is in newspapers, in the rumor and gossip section. Sometimes when there is an important event, whatever its nature, people in the neighborhood come and ask me to paint something that talks about it. That's the way I paint (October 15, 1993 in Kinshasa).

Moke's words are insightful in that they describe the main mechanism of inspiration in popular painting. This is evident in mob scenes in urban agglomerations such as Kinshasa.

My tour of the art market in Kinshasa and the collective open workshop of the Théâtre du Zoo, in addition to a survey of selected painters such as Cheri Samba, Moke, Cheri Cherin, Syms, and Vuza N'toko, revealed a general tendency among the popular painters for repetition of the same themes. Despite Jewsiewicki's association between the repetition of themes and the material success among local customers and the European tourists, there seems to exist a certain agreed upon convention. The narrative of popular painting is always in the making. It is part of the developing social trends. It adapts itself and recuperates all the events occurring in social life. Living in society and reproducing its inadequacies and problems, the popular painter faces his entourage's reactions about what he does. Therefore changes and improvements have to be brought in when required or needed. Social details are manipulated, arranged, distorted, sometimes, and combined with a variety of signs « so as to make an unambiguous pronouncement »[1].

Mudimbe's methodical and theoretical approach to popular art holds strong insights in dealing with African art, not just as an ethnic or « tribal » art characterized with some sort of exotism. Contextual and historical perspectives are key procedures in

---

[1] *The Idea of Africa*, p. 165.

pursuing the understanding of African art. He writes in the lines of Michel Leiris :

> One should conceive of the overall approach to African arts less as primarily « a history of arts and styles » and more as the search for, and the according of spatio-temporal form to, the « visible products of a certain society's history ».[1]

DIEUDONNÉ-CHRISTOPHE MBALA NKANGA
University of Michigan

[1] *Idem*, p. 172.

V. Y. Mudimbe
De *L'Odeur du père* à *Shaba deux* ou l'expression d'une altérité irréductible

Aujourd'hui, on s'accorde à penser que l'ensemble des réflexions que V. Y. Mudimbe produit essentiellement sur les sciences humaines et qu'il regroupe dans deux ouvrages importants, à savoir *L'Autre Face du royaume. Une introduction à la critique des langages en folie*[1] et *L'Odeur du père. Essai sur les limites de la science et de la vie en Afrique noire*[2], tissent un lien de cohésion et de cohérence tel que l'on y décèle, au bout du compte, le soubassement de son édifice littéraire. Notre propos ici n'est pas de présenter toute la dynamique de la pensée de Mudimbe. Bernard Mouralis en a donné une analyse lumineuse à laquelle on peut se reporter éventuellement. Je voudrais plutôt montrer que la production romanesque de Mudimbe, en particulier *Shaba deux*[3], s'enracine avant tout dans des exigences que l'auteur s'impose et dont l'essentiel réside dans des réflexions préalablement menées sur les conditions d'énonciation, de production romanesque et dans des positions prises à l'égard de tel ou tel thème dans *L'Odeur du père*. La trajectoire de l'héroïne de *Shaba deux* illustre bien ce propos et vient confirmer ce qui semble être le puissant foyer de la réflexion de cet écrivain, à savoir l'élaboration d'un discours dont l'intelligibilité repose sur le primat de l'expérience individuelle par opposition à une pratique

1 V. Y. Mudimbe, *L'Autre Face du royaume. Une introduction à la critique des langages en folie*, Lausanne, L'Âge d'homme, 1973.

2 V. Y. Mudimbe, *L'Odeur du père. Essai sur les limites de la science et de la vie en Afrique noire*, Paris, Présence Africaine, 1982.

3 V. Y. Mudimbe, *Shaba deux. Les Carnets de Mère Marie-Gertrude*, Paris, Présence Africaine, 1989.

globalisante. Et c'est bien de l'irréductibilité de cette expérience que je voudrais maintenant parler.

En effet, *L'Odeur du père* est un ensemble de réflexions que mène avec pertinence Mudimbe, pour remettre à l'endroit un certain nombre de discours que l'Occident a jusque-là tenus sur l'Afrique et ses réalités, et réévaluer aussi la place de l'instrument qui a permis et permet encore de tenir de tels discours, je veux parler de la place des sciences humaines.

La réévaluation qu'il conduit l'amène à dépasser pour le détruire l'écueil du discours globalisant, dès lors qu'il s'agit de parler de l'Afrique. C'est pourquoi Mudimbe élit ou privilégie l'individu et son expérience existentielle comme l'unique conscience médiatisant la connaissance sur une réalité africaine donnée ou bien « la seule source possible d'un cogito africain »[1]. Les réflexions qu'il consacre à la thématique du christianisme sont à cet égard non seulement significatives mais aussi particulièrement importantes pour que Mudimbe leur consacre deux chapitres.

En effet, dans les première et deuxième parties de *L'Odeur du père*, respectivement intitulées « Positions » et « Analyses et tendances », l'auteur consacre deux chapitres à la question du christianisme en Afrique. Les titres de ces chapitres, à savoir « Le Christianisme, une question de vie ? » et « Pouvoir culturel de l'Occident et christianisme », portent en eux la perspective qu'il envisage de faire de « l'expérience du sujet le critère essentiel de la vérité et le moyen qui permettra enfin de porter un jugement irréfutable sur l'action missionnaire »[2].

Si je fais ressortir une telle démarche, c'est qu'elle occupe une part très importante dans la pensée de Mudimbe. Il va s'en servir pour alimenter sa production romanesque dont on peut noter qu'elle témoigne d'une volonté certaine de s'accorder parfaitement au projet de l'écrivain : pouvoir traduire avec une acuité sans précédent des problèmes de conscience individuelle ou collective. La preuve de cette exigence, Mudimbe nous la donne en 1973 avec

---

1 Bernard Mouralis, *V. Y. Mudimbe ou le discours, l'écart et l'écriture*, Paris, Présence Africaine, 1988, p. 96.

2 *Idem*, p. 97.

son premier roman, *Entre les eaux*[1], portant comme sous-titre, *Dieu, un prêtre, la révolution.* Il retrace le tiraillement d'une conscience – celle d'un prêtre zaïrois, Pierre Landu – entre deux exigences contradictoires : l'obéissance aux principes d'une religion importée et l'attachement à la pratique sociale africaine.

Avec son quatrième roman, *Shaba deux,* sous-titré *Les Carnets de Mère Marie-Gertrude*, publié à Présence Africaine, Mudimbe renoue avec l'univers religieux qu'il avait délaissé auparavant dans les second et troisième romans : *Le Bel immonde*[2] et *L'Écart*[3]. En effet, *Shaba deux* est le récit de Mère Marie-Gertrude, une religieuse africaine de la congrégation des sœurs Franciscaines de Kolwezi, qui tient un journal intime du 28 mai au 29 juin, à une époque de gésine, où la ville est envahie par les sécessionnistes du Katanga. Le récit qu'elle nous livre est celui d'une subjectivité singulière, d'une conscience barrée et, pourquoi pas, celui d'une altérité irréductible, aux prises avec des doutes et écartelée par la double polarité de sa foi, à savoir les exigences de sa conscience dans ce que celle-ci croit « correspondre à l'ordre de [son] cœur »[4] et l'obéissance à l'orthodoxie ou à l'éthique qu'impose son ordre et à celle qui le dirige.

Les tourments qui l'animent se trouvent confortés par un sentiment de culpabilité face à la violence inouïe dont font preuve ses compatriotes, dans la guerre sécessionniste dont la ville de Kolwezi est le théâtre. Au contact de ses consœurs européennes de la communauté franciscaine d'Emmaüs, Mère Marie-Gertrude, la seule religieuse noire de la communauté, se découvre et s'ouvre à la réalité du milieu dans lequel elle vit : « J'ai appris à coller à la réalité. La voie choisie reflétait la vérité. Une vérité, plus exactement. [...] Oui, certes, j'ai mis du temps à comprendre que, pour certaines de mes consœurs, j'étais simplement un prétexte exotique [...]. La petite négresse du groupe... »[5]. Sans se laisser aller au découragement et à la fatalité, elle se dévoue dans sa tâche

---

1 V. Y. Mudimbe, *Entre les eaux. Dieu, un prêtre, la révolution*, Paris, Présence Africaine, 1973.

2 V. Y. Mudimbe, *Le Bel immonde*, Paris, Présence Africaine, 1976.

3 V. Y. Mudimbe, *L'Écart*, Paris, Présence Africaine, 1979.

4 *Shaba deux*, p. 21.

5 *Idem*, pp. 39-40.

d'infirmière pour être aux côtés des malades et des blessés. Mais lorsque l'état de siège de la ville oblige les religieuses européennes à fuir le pays, au mépris de leur vocation et de leurs vœux – excepté une qui refuse la débâcle – c'est à Mère Marie-Gertrude que revient la lourde responsabilité de prendre en charge la direction du couvent d'Emmaüs où se trouve regroupé désormais l'ensemble des congrégations religieuses de la ville. C'est donc en ce lieu que les religieuses assistent, presque impuissantes, aux horreurs les plus abominables de la guerre civile.

Interpellée le 30 juin, jour anniversaire de l'indépendance du Zaïre, par deux officiers de l'armée pour « un détail à contrôler [...] à propos de [son] travail au dispensaire sous l'occupation katangaise »[1], Mère Marie-Gertrude subit une mort certes inattendue, mais néanmoins cruelle et ignominieuse de la part d'une mystérieuse soldatesque. Par-delà l'écho du tragique qui résonne très fort dans ce récit, et perceptible d'entrée de jeu dans le verset 15 du Psaume 49 qui constitue l'épigraphe du roman (l'héroïne est ici effectivement jetée en pâture à la mort), Mudimbe ne fait que donner un visage à un problème qu'il posait déjà dans un chapitre de son essai *L'Odeur du père*, à savoir que la croyance relève, en définitive, de l'incommunicabilité des consciences, en ce sens qu'elle est une expérience dont « l'accès au sens est une permanente conversion de la lettre »[2].

Cherchant à démasquer l'idéologie coloniale que véhiculait le christianisme lors de son introduction en Afrique, Mudimbe en vient à questionner le missionnaire et son message :

> [...] que dit, en vérité, le missionnaire ? La Foi brandie régulièrement n'est ni une catégorie philosophique, ni une interprétation susceptible d'être partagée : personnelle, elle n'est point communicable. Il ne demeure donc plus que le « christianisme » c'est-à-dire le « système » : la pyramide synchronique avec son esprit, ses signes extérieurs, ses lois, ses instruments de promotion humaine et spirituelle ; ou la

1 *Idem*, p. 151.
2 *L'Odeur du père*, p. 71.

> tradition et l'histoire de ce corps monumental appelé l'Église avec ses heurts et ses malheurs.[1]

Poursuivant son analyse, Mudimbe énonce que les religions sont des « exigences intérieures individuelles, mais aussi [des] systèmes sociaux, [qui] s'expriment en des langages différents et même contradictoires »[2], que « ces langages théologiques ne sont qu'approximations et tentatives d'exprimer l'Inexprimable »[3]. Renvoyant dos à dos tous les langages théologiques, il conclut :

> Tous ces langages ne sont destinés qu'à permettre à *chaque* homme de traduire en symboles assimilables par son Moi conscient l'archétype universel de la Religion [...]. L'insertion d'un individu dans l'univers décrit et présenté par un des langages lui permet, à titre d'être singulier, de vivre, grâce aux symboles, une relation particulière avec l'Être, expérience fondamentalement personnelle et individualisée, au point que l'on pourrait dire, métaphoriquement, que chaque personne a sa religion personnelle.[4]

Cet ensemble de réflexions dessine les contours du récit de l'héroïne de *Shaba deux* et dans lequel la question fondamentale qui se pose est de savoir comment vivre sa foi en réelle adéquation avec la propension de son cœur à fuir les langages théologiques établis. Cette question semble être l'élément déclencheur du roman. Dès le début, elle surgit à la conscience de Mère Marie-Gertrude qui, après avoir été captivée par un passage du *Bel aujourd'hui* de Julien Green, s'interroge : « comment me convertir, en vérité et totalement, à l'amour de Dieu ? »[5]. Il s'agit en fait d'une question que chaque croyant, ou du moins chaque chrétien se pose et qu'il résout d'une manière personnelle. Signalons que Jésus, le fondateur du christianisme, répond lui-même à cette question en affirmant ceci : « Si quelqu'un veut venir après moi,

---

1 *Idem*, p. 63.
2 *Idem*, p. 121.
3 *Ibidem*.
4 *Idem*, p. 122.
5 *Idem*, p. 12.

qu'il renonce à lui-même, qu'il se charge de sa croix, et qu'il me suive » (Évangile de Matthieu 16. 24).

Nonobstant cette parole de Jésus-Christ et peut-être aussi à cause d'elle, chaque chrétien répondra à cet appel à sa façon en y apportant sa touche personnelle. Pour Mère Marie-Gertrude par exemple, suivre Jésus-Christ ou vivre sa foi en Christ, c'est « vivre debout au pied de la croix de Jésus ; vivre, debout, au pied des croix de tous [ses] malades »[1]. Autrement dit, pour Mère Marie-Gertrude, il s'agit de servir les autres, d'aimer les autres tout en mettant sa vie en accord avec les principes de Jésus-Christ. C'est ce qu'elle formule dans sa prière :

> Seigneur, je remets ma vie entre Vos mains. Je Vous remercie pour mes trente-cinq ans et Vous suis reconnaissante de m'avoir appelée à Vous suivre et à Vous servir comme Franciscaine. Retenez-moi en votre champ. Que ma vie réponde mieux encore, dans les années à venir, au témoignage de votre corps supplicié.[2]

On peut observer que dans sa démarche, il y a quelque chose d'exclusif qui donne à son choix une dimension privée et absolue. Elle le clamera haut et fort : « n'être que pour Dieu afin d'être à tous »[3]. C'est pourquoi, lorsque les termes de ce choix se trouvent bloqués dans leur réalisation, elle vit un drame psychologique terrible qui ébranle son être, à un tel point qu'elle se révolte contre l'institution humaine (le « système » pour reprendre la formule de Mudimbe) à laquelle elle appartient, je veux dire l'Ordre des Franciscaines et sa directrice.

En effet, au plus fort moment de l'occupation katangaise, Mère Marie-Gertrude se retrouve consignée à la bibliothèque, sur ordre de la Mère supérieure, au lieu d'aller secourir et soigner les blessés à l'hôpital comme l'obligent sa fonction d'infirmière et sa vocation de servir les autres. Confrontée à un dilemme dramatique, à savoir obéir à la Mère supérieure comme l'exigent les règles de l'Ordre des Franciscaines ou bien faire prévaloir la voix de sa conscience,

---

[1] *Shaba deux*, p. 25.

[2] *Ibidem*.

[3] *Idem*, p. 66.

c'est-à-dire aller à l'hôpital, elle se trouve finalement contrainte de rester au couvent où elle se morfond dans la solitude de la bibliothèque en souffrant de ne pouvoir servir :

> Toute la journée, j'étais là à épousseter les rayons de la bibliothèque et à ranger des livres. Moi, une infirmière, me disais-je, réduite à ordonner des objets de luxe lorsque je pourrais me pencher utilement sur des agonisants et, probablement aussi, sauver la vie de quelques hommes.[1]

En choisissant de vivre sa foi au service des autres et du prochain, Mère Marie-Gertrude choisit sûrement la part de Marthe plus que celle de Marie[2] ; le pragmatisme ou l'action plus que la contemplation. Cette inclination la conduit à être aux antipodes de sa communauté comme en témoigne cette réplique de sa consœur Véronique : « [...] Voyez-vous, une communauté comme la nôtre est pour moi une maison de prière... C'est cela ou rien... L'action n'est pas essentielle à notre vocation de Franciscaines... »[3]. On comprend bien qu'une telle réflexion donne des frayeurs à Mère Marie-Gertrude. Ravagée intérieurement et prise dans une sorte de vertige, elle affirme : « Le martyre des innocents, l'immolation d'enfants, la galerie des violences dans Kolwezi ne me donnent aucune raison de célébrer la beauté de la nature et, encore moins, de chanter la joie des enfants de Dieu »[4]. Ce n'est pas un fossé qui se creuse entre elles, c'est un abîme.

Il peut paraître, a priori, surprenant qu'au sein d'une même religion, voire d'un même ordre, face à un même enseignement et devant une même réalité, Mère Marie-Gertrude et ses consœurs n'aient pas la même attitude ni la même foi. Pendant que les religieuses européennes se font rapatrier vers l'Europe, abjurant presque leurs vœux : prendre sa croix, se donner à Jésus et renoncer à soi, l'héroïne, quant à elle, se torture d'être « le don refusé »[5]. Bien plus, elle considère que c'est « une étrange

---

1 *Idem*, p. 77.
2 À ce sujet, *cf. L'Évangile de Luc* 10. 38-42.
3 *Shaba deux*, p. 88.
4 *Idem*, pp. 132-133.
5 *Idem*, p. 77.

obscénité que de [s]'enfermer en ce haut lieu de paix lorsque l'insécurité règne au dehors »[1].

L'écart que l'on peut relever entre Mère Marie-Gertrude et les autres religieuses dans la pratique de leur foi, fonde, a posteriori, une vérité incontournable, à savoir que la foi est toujours et avant tout une expérience individuelle, manifestée dans une conscience irréductible. On comprend ainsi mieux la prolifération des ordres des religieuses catholiques : les Franciscaines, les Carmélites, les Clarisses, les Chartreuses, les Chanoinesses, etc. ; les multiples courants, confessions ou églises qui parcourent le Christianisme, notamment le milieu protestant évangélique, et les antagonismes féroces entre différentes religions, toute chose qui traduit l'irréductibilité des uns par rapport aux autres, et à l'intérieur de laquelle il n'est pas rare de voir « comment des singularités en matière d'habit ou de nourriture », d'interprétation des textes sacrés, de mode de louange, d'habitudes ou de confession de foi « peuvent [...] diviser plus que la différence de race »[2]. On se souviendra que Mudimbe affirmait déjà dans *L'Odeur du père* ceci :

> Le missionnaire [...] n'a strictement rien à dire au païen. Je ne vois pas non plus ce que pourrait me dire le théologien ou le prêtre africain. J'affirme mon irréductibilité face à leurs existences et aimerais m'attendre à ce qu'ils fassent de même.[3]

C'est au nom de l'irréductibilité des consciences sur le chemin de la foi que Sœur Marie-Cécile, une religieuse de la Congrégation diocésaine, n'hésite pas à choquer ses consœurs en proférant des propos outranciers pour dire tout haut ce qu'elle pense :

> Il y a trop de morts à Kolwezi au nom d'une raison d'État qui, à mes yeux, relève de la déraison pure. Vous me parlez de Dieu et pas assez de Satan, comme si celui-ci n'existait pas... Il est, cependant, là, tout autour de nous. Il règne en maître... Les troupes gouvernementales témoignent dans le

1 *Idem*, pp. 77-78.
2 *Idem*, p. 145.
3 *L'Odeur du père*, p. 71.

> sang et le mensonge d'un mal... Il me faut le taire. Et vous me faites une leçon de décence. Mes outrances scandalisent et j'en suis navrée. Je ne suis pas de votre Ordre, ignore tout de vos coutumes et ne me sens aucunement tentée de vous rejoindre en vos exercices de patience... On m'a enseigné à moi, et beaucoup, la mission prophétique de l'Église. Il n'y a pas d'échappatoire au devoir de témoignage. C'est à prendre ou à laisser...[1]

En parlant ainsi, Sœur Marie-Cécile, dont on peut soupçonner une certaine complicité avec l'auteur, illustre bien cette question que l'on est en droit de se poser et que devait traduire Rudolf Otto :

> La religion que nous connaissons aujourd'hui sous le nom de christianisme, avec le contenu de foi et de sentiments qui lui est propre [...], telle qu'elle élève et émeut aujourd'hui les âmes et les consciences [...], est-elle encore dans sa substance et son sens intime la religion et la piété simple et modeste que Jésus lui-même possédait, qu'il a éveillées et fondées au sein d'un petit groupe vibrant, au bout du monde, en Galilée ?[2]

Ce qui est ici mis en cause, c'est moins la foi de l'individu croyant que la rigidité étouffante et l'aveuglement du système religieux – en l'occurrence catholique – véritable paravent institutionnel qui sacrifie l'autonomie et l'expérience du témoin du Christ sur l'autel des dogmes et de l'orthodoxie. Plus fondamentalement encore, la question qui se pose est de savoir si l'on peut témoigner de l'œuvre de Jésus sans l'enraciner dans l'amour du prochain, expérience que seul peut vivre et pratiquer le sujet croyant. Cette question veut dire : comment le chrétien peut-il prétendre être le témoin d'un Dieu qu'il n'a jamais vu s'il n'est pas capable de témoigner de l'amour à son frère qu'il voit[3] ? Ce sont ces deux bouts que veut tenir Mère Marie-Gertrude lorsqu'elle cherche à

---

1 *Shaba deux*, pp. 139-140.

2 Rudolf Otto, *Le Sacré. L'Élément non rationnel dans l'idée du divin et sa relation avec le rationnel* (traduit de l'allemand par André Jundt), Paris, Payot-Rivages, 1949, réédité en 1995 chez Payot « Petite Bibliothèque Payot », p. 218.

3 *Cf.* à ce sujet *Jean* 4. 11-12 et *Jacques* 2. 14-26.

montrer sa foi par l'exigence de solidarité, de charité et de générosité qu'elle veut concrétiser aux côtés des malades et des blessés. Mais déçue de ne pas pouvoir faire prévaloir cette dimension subjective de sa foi, Mère Marie-Gertrude en arrive à désespérer de Dieu. Lucide et sincère cependant, et n'ayant pas renoncé à sa foi, elle découvre après coup qu'elle s'est trompée de voie :

> Tout est maintenant clair. J'aurais dû être Clarisse ou Carmélite. À l'allégresse et à l'exaltation de la Résurrection, j'avais, en fait, choisi la nuit et le dénuement de la Croix. Mais depuis quand exactement ? [...] Ma carence m'importe peu. L'illusion de mes élans intérieurs fait, ce soir, place à une indifférence totale. Dieu m'englobe comme silence. Il est ma nuit.[1]

Dans sa foi et dans sa singularité irréductibles, l'héroïne de *Shaba deux* nous donne ce qu'elle a de plus sincère et trace son propre chemin, démontrant par là que la croyance, en définitive, ressortit à l'ineffable. Il n'en reste pas moins qu'une subjectivité s'affirme et se revendique ici, avec un écart qui doit être situé par rapport à la vérité de l'orthodoxie de l'Ordre auquel appartient Mère Marie-Gertrude. Cette subjectivité, c'est finalement « cette capacité de pouvoir assumer, dans la virginité d'une parole et la folie d'un espoir, l'activité et la force de la subjectivité face à l'histoire »[2]. C'est peut-être ce qu'elle appelle « l'indifférence totale »[3], terme que Bernard Mouralis propose de substituer à celui de la différence. C'est sans doute là un cri du cœur, mais aussi la part de sincérité de ce destin exemplaire qu'est Mère Marie-Gertrude qui veut simplement être elle-même, assumer la part subjective de sa foi et non être le porte-parole d'une communauté. Elle ne se dissimule pas sous des apparences de sincérité ou derrière des faux-semblants. Elle s'ouvre humblement au lecteur en lui livrant l'intimité de son cœur, où les ressorts de sa foi sont portés par la croyance en un Dieu qui n'est pas emprisonné dans un

---

[1] *Shaba deux*, pp. 132-133.
[2] *L'Odeur du père*, p. 202.
[3] Bernard Mouralis, *op. cit.*, p. 102.

cadre institutionnel. En cela, Mère Marie-Gertrude n'est pas le double féminin de Pierre Landu, le héros d'*Entre les eaux*.

Ce qui se donne à lire dans *Shaba deux*, c'est fondamentalement l'expression d'une foi qui veut s'ancrer dans la praxis et qui cherche à traduire la prédication du royaume de Dieu à travers l'exercice de la solidarité et de la charité. Dans ces deux éléments se trouve l'essence du christianisme que veut vivre l'héroïne. Il n'est peut-être pas inutile de noter ici que sa vocation d'entrer dans l'ordre des Franciscaines est une vocation qui s'est imposée à elle très tôt[1] avec l'idée de pouvoir « re-créer le monde, maintenir ou transformer l'ordre des choses »[2] et d'être sel et lumière du monde. Dans cette perspective, Mère Marie-Gertrude invite à une réflexion sur le rôle et l'enjeu du christianisme moderne, appelé à choisir entre ce que j'appellerai la religion des dogmes et la bienheureuse liberté des enfants de Dieu dont parle l'apôtre Paul dans sa première épître aux Corinthiens, chapitre 6 verset 12, chapitre 7 verset 23 ou dans son épître aux Galates, chapitre 5 verset 1, et dont la ligne de force revient à ne pas se laisser asservir par les hommes, voire les institutions. N'est-ce pas là le principe cardinal de la pensée de Mudimbe ?

Ainsi donc, on peut observer, à travers les réflexions et le récit de l'héroïne, que la foi vécue comme expérience individuelle irréductible, est le noyau autour duquel gravite toute la fiction narrative *Shaba deux*. On sera sensible d'une part au fait que l'œuvre de Mudimbe, que nous venons d'analyser, procède d'une exigence épistémologique, dont la ligne directrice tire sa force d'une fidélité exemplaire à ses pensées et d'une cohérence étonnamment éblouissante. C'est cette constance et cet ordre qui constituent ce qu'il convient d'appeler la méthode de Mudimbe : une démarche cadencée, faite d'un ensemble de réflexions ordonnées dont l'exécution donne lieu à des essais qui servent de terreau nourricier aux œuvres de fiction.

D'autre part, l'expérience du sujet comme le critère fondamental de la vérité est une valeur incontournable dans la démarche de Mudimbe. Les trois derniers ouvrages de l'auteur de

---

1 *Shaba deux*, p. 131.

2 *Ibidem*.

Shaba deux, à savoir *The Invention of Africa*[1] ; *Parables and Fables*[2] et *Les Corps glorieux des mots et des êtres...*[3], viennent conforter ma réflexion, d'autant plus que la revendication de la subjectivité y est encore plus soutenue, l'auteur se référant de manière explicite à la pensée de Descartes, particulièrement dans *Parables and Fables*.

On notera, enfin, la façon dont l'essai et la fiction narrative peuvent entretenir des courants d'échanges féconds. Les pensées fugaces, inachevées formant l'essai prennent, en effet, dans la fiction, des visages humains par le jeu de l'écriture. Le laboratoire de pensées inachevées que représente l'essai implique justement que soit offert à celui-ci un cadre d'expérimentation beaucoup plus libre, qui prolonge, élargit et parachève des interrogations ou des réflexions initiales contenues dans les essais. Le roman en est le lieu idéal. C'est dire à quel point l'articulation entre l'essai et le roman permet à Mudimbe de produire une œuvre fondamentalement cohérente, rigoureuse, libre et qui l'aide à casser l'ordre du discours globalisant qui colle tant aux productions africaines. On saisit, dès lors, l'exaltante position de Mudimbe dans le champ littéraire africain qui fait de lui un auteur qui fascine aussi bien qu'il dérange.

AMBROISE TÊKO-AGBO
Centre d'enseignement du
français (Albertville)

1 *The Invention of Africa. Gnosis, Philosophy and the Order of Knowledge*, Bloomington-London, Indiana University Press-James Currey, 1988.

2 *Parables and Fables. Exegesis, textuality and Politics in Central Africa*, Madison, University of Wisconsin Press, 1991.

3 *Les Corps glorieux des mots et des êtres. Esquisse d'un jardin à la bénédictine*, Paris-Montréal, Présence Africaine-Humanitas, 1994.

LE TRAGIQUE DE L'IDENTITÉ DANS LES ROMANS DE MUDIMBE

La lecture des romans de Mudimbe laisse l'impression d'une étourdissante virtuosité à la fois sur le plan de l'invocation intertextuelle qu'au niveau des techniques d'écriture. À cela il convient d'ajouter la profusion ou la générosité pédagogiques du paratexte : le romancier semble ainsi s'imposer un devoir du don du sens, un devoir de déposer les clés de ses livres à l'entrée ou en cours de parcours. Les prière d'insérer ont, à cet égard, ceci de remarquable qu'ils sacrifient largement les contingences de l'anecdote à l'expression lapidaire et elliptique du thème. Un autre élément de l'écriture est le rapport du romancier à ses personnages, non pas dans une relation de représentation et de projection, mais le regard que l'auteur pose sur ses créatures : il y a chez l'écrivain congolais une prédilection pour le roman d'analyse qui procède du choix fait par Mudimbe d'habiter ses personnages, de les scruter et de les sculpter de l'intérieur, par le truchement d'une écriture de la confidence, de l'aveu et de l'introspection. Enfin, à l'arrière-plan des aventures singulières des personnages, se profile le cadre historique des tourmentes sociopolitiques du pays où la lutte pour le pouvoir tient lieu, de manière déterminante, de thème structurant majeur. C'est le cas de *Entre les eaux*[1], de *Le Bel immonde*[2] et de *Shaba deux*[3] ou de *L'Écart*[4] où le Quartier latin représente une sorte de transplant tourmenté de l'Afrique en Europe.

Ces différents éléments de l'esthétique de Mudimbe tiennent lieu de supports à un réseau des thèmes dont la trame, sans

---

1 V. Y. Mudimbe, *Entre les eaux. Dieu, un prêtre, la révolution*, Paris, Présence Africaine, 1973.
2 V. Y. Mudimbe, *Le Bel immonde*, Paris, Présence Africaine, 1976.
3 V. Y. Mudimbe, *Shaba deux. Les Carnets de Mère Marie-Gertrude*, Paris, Présence Africaine, 1989.
4 V. Y. Mudimbe, *L'Écart*, Paris, Présence Africaine, 1979.

redondance et dans une sorte d'intertextualité interne, excède les frontières de chaque livre, déborde sur les autres et impose une sorte d'unité de la création de fiction de l'écrivain congolais. En fait, au-delà de ces traits de signalement d'une écriture, on peut déceler les linéaments d'une écriture de l'identité singulièrement évoquée dans l'optique du tragique.

Le tragique implique dans la conscience ou dans l'existence une crise intense, souvent mortelle, née de l'exacerbation d'exigences et de passions essentiellement antagonistes. Le héros qui vit une quête irrépressible du bonheur est amené par la démesure ou par la violence de cette aspiration, à engager son destin dans un choix où ses ambitions les plus légitimes se trouvent en conflit avec ses intérêts les mieux reconnus.

Le destin des personnages des romans de Mudimbe me paraît illustrer parfaitement l'idée du tragique ; mais pour vivre le tragique de cette aventure, ils doivent endosser les attributs de leur destin. À ce propos, les créatures de Mudimbe se présentent comme des êtres d'exception, à la dimension symbolique fortement typée. Dans l'avertissement de *L'Écart*, un personnage évoque en ces termes la personnalité du héros, Ahmed Nara :

> Curieux garçon..., l'intelligence d'une vivacité rare..., une sensibilité inquiétante... Face à lui, on avait l'impression qu'il lisait vos pensées... En tout cas, il avait l'art des réactions imprévisibles.[1]

Le portrait de ce personnage résume parfaitement le prototype du héros mudimbéen. Pierre Landu est un homme d'une immense culture et d'une éblouissante érudition. Sa lumineuse intelligence s'allie avec une sensibilité qui lui fait vivre dans sa chair les implications existentielles des multiples structures identitaires de sa personnalité : il est prêtre, il est un intellectuel noir, il est fasciné par le marxisme. Le portrait de Mère Marie-Gertrude présente le même signalement. Cette religieuse que sa licence ès lettres destinait à l'enseignement est orientée par la supérieure de la communauté au métier d'infirmière. Ahmed Nara prépare un doctorat d'histoire, une sorte de vaste entreprise de démythi-

---

[1] *L'Écart*, p. 11.

fication, à travers la réécriture du passé du peuple kouba. Il n'est pas jusqu'à la putain de *Le Bel immonde* qui ne se rappelle les encouragements de la Révérende Mère Supérieure :

> – Va, mon enfant... Tu es intelligente. En ville, tu pourras entreprendre des études supérieures. Que Dieu te bénisse.
> À peine un trimestre en Faculté, et les alertes frémissantes d'une liberté extrême t'avaient conquise.[1]

Ainsi le tragique chez les personnages de Mudimbe est organiquement tributaire d'une conscience à la hauteur de l'analyse fine des implications de leur destin. La forme des récits impose du reste cette nécessité. Le journal intime dans *L'Écart*, *Shaba deux* ou le récit à la première personne dans *Entre les eaux* donnent à suivre la crise des personnages de l'intérieur. L'éclatement de la narration en plusieurs voix dans *Le Bel Immonde* traduit la résonance de l'enjeu tragique vécu par plusieurs consciences quand le « Tu » se présente comme une instance d'injonction et de diagnostic. Dans les romans de Mudimbe, la clairvoyance éclate dans une esthétique palimpseste de l'ubiquité : le héros est partout à la fois, il vit intensément son présent avec la charge des obsessions du passé et les inquiétudes des fantasmes de son futur.

Mais pour ces êtres d'exception, la dynamique du tragique s'apparente à une quête existentielle de cohérence et d'authenticité. L'entreprise dans laquelle Mudimbe lance ses créatures consiste à conjurer le désordre des injonctions identitaires contradictoires. Pour Ahmed Narra dans *L'Écart*, la question vitale est de savoir comment vivre sa différence : le héros tente de trouver des frontières stables et rassurantes à sa subjectivité. Il vit « le trajet de (ses) angoisses de Nègre » avec la phobie du carcan des mythes identitaires de la négritude en même temps qu'il lui faut assumer la mission de démystifier les stéréotypes que l'Occident a forgés de l'Afrique noire et du Négro-Africain :

> Je n'attacherais aucune importance à cet exercice masturbatoire de l'identité à sauvegarder, si je ne savais l'opiniâtre tentation de réussir de mes maîtres et de mes condisciples d'Occident.[2]

---

1 *Le Bel immonde*, p. 99.
2 *L'Écart*, p. 66.

À la différence de Soum qui proclame à tout instant ses certitudes de croisé de la lutte des classes, Nara qui se passionne de Dvorak et de Rachmaninov et découvre chez son amie Isabelle la bouche d'une Négresse, accède à sa demande de lui faire l'amour, mais est horrifié à l'idée d'être ravalé au statut du Nègre-phallus. Il est angoissé à l'idée que le regard des autres – les Blancs – l'enferme de manière irrémissible dans les stigmates de sa singularité raciale.

Être ou ne pas être nègre ? À ce propos, Pierre Landu récuse dans cette supplique les thèses essentialistes de la négritude :

> Seigneur, je ne suis ni un homme de la danse, comme les miens veulent me faire croire, ni un esprit gamin. On me parle de la négritude et de l'émotion qui me caractériserait. Des mots, Seigneur, des mots parfaitement inopérants pour votre règne. Aidez-moi à ne pas tomber dans ce narcissisme infécond qui gaspillerait vainement mes énergies.[1]

Plus loin, au sujet de la possibilité d'une voie africaine de la théologie, le héros réitère ce rejet :

> – Je me méfie des positions théoriques prises comme principes moteurs. Souvent ce ne sont d'ailleurs que des concessions à une mode. Ou à des mythes. Comme la voie africaine du socialisme. Un culte obscène d'une fausse différence.
> – Et la négritude ? Et les valeurs africaines ?
> – Oui, bien sûr... Pratiques. Elles ont servi et elles servent encore à affirmer les exigences d'un culte masochiste d'une altérité nègre.[2]

L'entreprise révolutionnaire de Pierre Landu est une quête d'authenticité existentielle, à travers la recherche d'une conciliation d'exigences théoriques radicalement antagonistes. L'aventure du maquis procède de la volonté du héros de rompre avec le confort des compromissions de la doctrine de l'Église et de la pratique sacerdotale consacrée. Tout en récusant « une négritude qui (l') écœurait avec ses prétentions à l'éternité », il travaille à la

---

[1] *Entre les eaux*, p. 54.
[2] *Idem*, p. 99.

recherche de la vérité, à l'éclosion d'un christianisme authentique conditionné par un retour aux sources, au fondamental épuré de tous les mythes propres à une Histoire. Mais la logique du maquis a également ses exigences : par exemple, Pierre Landu qui revendique son statut de prêtre, est amené à donner la mort. En somme, le héros de *Entre les eaux* doit assumer l'antagonisme des légitimités identitaires dont il se réclame et les violences d'une conscience hybride.

« Sans être une version féminine de Pierre Landu », comme l'auteur le rappelle lui-même à la quatrième de couverture, le journal de Mère Marie-Gertrude dévoile le désarroi d'une conscience religieuse en butte à un dessèchement spirituel irrémédiable. La Franciscaine africaine de Kolwezi dans « sa plongée dans la nuit », dans son « exil », remet en cause la pertinence de certains aspects de la doctrine de l'Ordre, revendique la précellence de la nature sur le message évangélique, proclame la légitimé et la survivance en elle de son identité africaine. L'héroïne clame les sentiments d'inanité, de doute et d'échec qui la minent profondément. En écho à cette déliquescence spirituelle, on assiste à la désintégration de la communauté, infestée, à la faveur des soubresauts de la guerre civile, par la gangrène des réflexes racistes, comme le lui rappelle une consœur européenne :

> – Regarde-moi, Marie-Gertrude... Je suis blanche... Désespérément blanche... Et je vais te dire quelque chose : tu es noire... Le sais-tu ? Tu es noire, et tu ne le vois pas... Mais ne t'aveugle pas... Les miroirs sont là depuis Vatican II... Tu peux les utiliser... Je te vois... Tout le monde te perçoit ainsi, comme tu es... noire. C'est simple... Bêtement simple... Seulement, voilà, ma chère Mère Marie-Gertrude, Dieu ne compte plus lorsque cette distinction élémentaire de couleur entre toi et moi est manipulée par des politiciens... Peu importe leur couleur : hier, ils étaient blancs... Ils ne le sont plus aujourd'hui.[1]

---

[1] *Shaba deux*, p. 89.

Ainsi, avant l'épilogue où elle trouve la mort, l'héroïne se voit lestée, en bouc émissaire, de la responsabilité raciale collective des exactions de ses compatriotes.

Dans *Le Bel immonde*, la dynamique du tragique évolue selon la spirale des demi-mensonges et des demi-sincérités qui caractérisent les rapports entre les personnages de ce roman. Les protagonistes vivent leur aventure à la fois commune et singulière dans le vertige des pactes vrais ou faux. Dans la frénésie de l'univers labile et précaire du Kinshasa nocturne qui résonne des échos de la rébellion, Elle, la putain et Lui, le ministre se livrent à corps perdu au jeu périlleux des multiples appartenances et collusions, n'étant jamais tout à fait avec les uns, n'étant jamais tout à fait avec les autres. La voix rappelle ainsi à Elle, à la rencontre d'un faux oncle dans une boîte de nuit : « Tu te demandais, à cet instant, si tu ne vendais pas les tiens à leurs ennemis »[1]. Plus loin, dans un moment d'effusion et de confidence nocturne, Elle, engagée par un groupe de rebelles partisans de son père qui a été assassiné se dit : « Avec plaisir, je sentais peu à peu se former en moi un poids de haine contre les miens. Mon pirate me protégerait-il contre eux, si je le lui demandais ? »[2]. Si Lui proclame à son ami avocat : « C'est que la politique est une royauté. Elle donne de ces licences ! »[3], c'est sans doute sans se rendre compte qu'il n'en tombe que mieux dans le piège d'Elle, l'esclave.

Un des ressorts du tragique dans les romans de Mudimbe se trouve dans le thème de la trahison, que le personnage en soit la victime, à savoir dans le cadre de la fatalité d'une mécanique d'écrasement, ou qu'il en soit l'auteur, c'est-à-dire dans la fidélité du personnage à soi par rapport à son rêve inaccessible de cohérence et d'authenticité. Nous savons que les personnages de Mudimbe évoluent dans un monde artificieux où la quête de l'authenticité impose le recours à la transgression de certaines structures identitaires. Cette dérégulation est parfois sentie comme une nécessité et la trahison apparaît comme une ruse opportune :

---

[1] *Le Bel immonde*, p. 113.
[2] *Idem*, p. 127.
[3] *Idem*, p. 70.

> Être le fruit d'une métamorphose qui ne trahirait rien de ce qui m'est cher. Tant pis si c'est une apocoloquintose qui me réussit. Vivre des sincérités successives dans le temps. Mais le jour où la protection tomberait, serais-je encore pur ? La pureté pour un chrétien est une exigence. Cependant la forme n'a-t-elle pas peu d'importance du moment que l'idée est sauvée ?[1]

Cette idée d'accommodement de la conscience, Lui l'exprime naïvement, à propos d'une des volte-face d'Elle au cours d'une réunion avec le président du Conseil sur les mesures à prendre contre la rébellion :

> Elle. Son changement brusque. Elle était sincère. Mais ne peut-on pas vivre des sincérités successives ? Pourquoi aurait-il fallu qu'il refuse l'amour sous un prétexte aussi futile. Bien sûr, il savait que... Mais qui ne le fait ? Il était de la race des seigneurs, il était donc au-dessus de tout soupçon. Belle devrait l'être aussi.[2]

Au terme de l'équipée tragique que le choc des identités leur impose, les créatures de Mudimbe vivent un lancinant sentiment de lassitude, forme symptomatique de l'échec qui annonce la mort, mort spirituelle de Pierre Landu acculé à une sécheresse spirituelle définitive, mort physique énigmatique de Marie-Gertrude et de Lui, mort d'Ahmed Nara qui, annoncée dès l'avertissement, n'est plus une donnée inéluctable, mais ouvre une enquête analeptique de sens.

En définitive, le parcours des héros des romans de Mudimbe produit des êtres singuliers devant le destin à la fois exemplaire et symbolique du Négro-africain engagé dans l'histoire. Héros problématiques par excellence, personnages transversaux et ouverts à leur temps, ils affrontent, dans l'écartèlement de leur conscience et de leur âme, les soubresauts de l'histoire dont ils participent. C'est sans nul doute en cela qu'ils manifestent l'humanisme du romancier congolais.

ANDRÉ-PATIENT BOKIBA
Université Marien Ngouabi

---

1 *Entre les eaux*, p. 62.
2 *Le Bel immonde*, p. 145.

V. Y. Mudimbe
Écrivain de l'écart ou de la norme ?

Ranger un écrivain dans une catégorie donnée paraît parfois nécessaire pour mieux cerner l'orientation de son écriture. Une telle entreprise orientée vers l'œuvre littéraire de Mudimbe présente quelques difficultés à cause de son caractère polyvalent. Les nombreux ouvrages publiés par Mudimbe ainsi que les articles consacrés à son œuvre témoignent de la richesse de son inspiration. Mudimbe me paraît tout simplement inclassable, en partie à cause de l'étendue de son champ d'investigation qui lui fait porter à la fois le manteau d'ethnologue, d'anthropologue, de philosophe, de linguiste, d'essayiste, de critique littéraire et artistique, de conteur et de lexicologue. Cette constatation faite, il me semble que tout en ne cherchant pas à le placer dans un moule quelconque, le critique ne manquera pas de porter son choix sur un ou deux aspects de l'œuvre afin de mieux la saisir de l'intérieur. Aussi, en se penchant par exemple sur l'œuvre romanesque de Mudimbe, constate-t-on que son écriture a très tôt traduit le souci de se débarrasser de « l'odeur du père » afin de s'approprier une parole qui puisse mieux traduire la *gnosis* africaine. En effet, maîtriser la spiritualité des éléments qui font partie du quotidien contribue à une meilleure compréhension et interprétation de ce que Mudimbe nomme « la prose de la vie en Afrique ». Il n'est donc pas surprenant que l'écrivain imprime à son texte une structure narrative qui rompt avec la technique du roman français traditionnel dont il est en partie héritier.

Romancier, Mudimbe a fait de son écriture un instrument de réflexion sur des réalités que seuls le talent et la liberté d'un intellectuel en quête d'un équilibre complet permettent l'inscription. Compte tenu de leurs dates de parution, *Entre les eaux*[1], *Le Bel immonde*[2] et *L'Écart*[3] font partie de ces récits engagés et engageants par le fait qu'ils offrent au lecteur des paramètres qui sortent un peu du carcan traditionnel du roman africain. Il s'agit des œuvres audacieuses à plusieurs niveaux.

Les personnages sont des consciences en proie à une angoisse épistémologique. Le tiraillement intérieur qu'ils vivent les enferme dans un monde isolé, et c'est à juste titre qu'on les prendrait pour des fous. Le résultat qui découle de tels portraits est que l'intrigue ne suit pas la courbe qui caractérise les romans classiques. Mudimbe offre au lecteur des récits circulaires, ce qui pourrait laisser croire que rien ne « se passe », au sens dramatique du terme. Il y a bel et bien une action qui s'inscrit plutôt sur le plan de la pensée : c'est une action réfléchie, raisonnée plutôt qu'accomplie. La grande matière de l'intrigue entre en procès dans la tête des personnages. On n'est pas loin des récits à thèse. L'orientation que l'auteur imprime à ses récits n'a rien à voir avec la structure classique du roman traditionnel. Le lecteur est invité à apprécier des tableaux qui se succèdent sans jamais se détacher complètement les uns des autres parce que les personnages n'existent pas en tant qu'entités autonomes. Ils revivent en quelque sorte l'enfer d'Ines, de Garcia et d'Estelle.

Quoique les thèmes traités ne soient pas complètement étrangers au lecteur des récits qui décrivent les pays africains d'après les indépendances, la façon dont l'auteur les aborde leur confère un cachet qui les fait sortir de la norme[4]. La dose d'écart injectée dans certains récits s'intensifie lorsque l'auteur aborde notamment des thèmes considérés comme tabous, en l'occurrence

---

1 V. Y. Mudimbe, *Entre les eaux. Dieu, un prêtre, la révolution*, Paris, Présence Africaine, 1973.

2 V. Y. Mudimbe, *Le Bel immonde*, Paris, Présence Africaine, 1976.

3 V. Y. Mudimbe, *L'Écart*, Paris, Présence Africaine, 1979.

4 L'article de André Ntonfo intitulé « *Le Bel immonde* de V. Y. Mudimbe ou le nouveau roman en Afrique Centrale », dans *Annales de la Faculté des lettres et sciences humaines*, Yaoundé, 1985, n° 1-2, pp. 99-110, se penche sur quelques éléments de renouvellement que le roman de Mudimbe véhicule. Mon étude va abonder dans le même sens que celle de Ntonfo tout en la complétant.

l'homosexualité[1]. Je vais interroger *Le Bel immonde* et *L'Écart*, pour démontrer que ces récits illustrent à la fois les métaphores de la norme et celles de l'écart.

LES MÉTAPHORES DE LA NORME

À plusieurs niveaux, *Le Bel immonde* décrit des situations qui font écho à des réalités que vivent quotidiennement les habitants des pays africains d'après les indépendances[2]. Le sujet politique qui, vers les années 70 constituait une question de priorité pour la majorité des écrivains africains, s'inscrit dans l'ordre normal de la quête de l'intellectuel africain en proie à un équilibre tout azimut. Après une dizaine d'années de libération, il était impératif de faire le point de la situation avec l'espoir d'amorcer un nouveau départ.

Quoique la préoccupation principale semble être la recherche de l'équilibre sur le plan politique (le gouvernement essaie de mater une rébellion qui ne cesse de prendre de l'ampleur), *Le Bel immonde* finit par être l'histoire d'un couple dont les apparences pourraient rappeler celui immortalisé par Victor Hugo[3]. Comme dans la pièce de Hugo, l'intrigue amoureuse a lieu entre des personnages dont les rangs sociaux sont opposés.

Dans *Le Bel immonde*, un ministre tombe amoureux d'une prostituée. Les amours jugées inadmissibles et insolites ont toujours défrayé la chronique littéraire et un ministre qui entretient

---

[1] Il faut signaler que les études qui se sont penchées jusque-là sur la trilogie romanesque de Mudimbe n'ont pas examiné ce thème qui pourtant ressort du *Bel immonde* et de *L'Écart*. Attitude probablement peu surprenante dans la mesure où l'homosexualité a souvent été interprétée comme étant une réalité des sociétés modernes. De ce fait dans les sociétés du Tiers Monde où elle se pratique, un silence presque d'or est rigoureusement observé à son endroit.

[2] À titre représentatif, citons : Mongo Béti, *Remember Ruben* ; Henri Lopes, *Tribaliques* ; Thierno Monénémbo, *Les Crapauds-brousse* ; Ousmane Sembene, *Le Dernier de l'empire* ; Alioum Fantouré, *Le Cercle des tropiques* ; Williams Sassine, *Le Zéhéros n'est pas n'importe qui* ; Emmanuel Dongala, *Un Fusil dans la main, un poème dans la poche* ; Sony Labou Tansi, *La Vie et demie*, etc.

[3] Il s'agit de *Ruy Blas* (1838), pièce dans laquelle Hugo met en scène Ruy Blas, un valet déguisé en seigneur qui séduit la reine pour venger son maître. Le valet se sacrifie à la fin pour ne pas compromettre celle dont il est tombé amoureux.

une liaison extra-conjugale paraît se conformer aux réalités tolérées dans la vie de tous les jours. Donc, que la maîtresse du ministre soit une prostituée, cela n'a rien de choquant non plus, dans la mesure où la prostituée symbolise la sexualité interdite à la femme mariée.

Les deux prostituées mises en scène dans *Le Bel immonde* n'exercent pas un métier ayant le statut d'une profession ; la maîtresse du ministre demeure l'éternelle belle de nuit qui sert les ambitions politiques des uns et des autres. Étant donné que le ministre a jeté son dévolu sur Ya, celle-ci lui devra en conséquence une disponibilité permanente. D'autre part, sa tribu mise sur ses charmes pour avancer dans leur action révolutionnaire. Ya prostituée n'agit ni par conviction ni par choix. Sa prostitution est sollicitée pour la survie de deux camps opposés, celui du ministre et celui de ses frères rebelles.

Parce qu'il s'agit d'une activité dans laquelle la prostituée ne se complaît pas toujours, il est normal qu'un besoin de complicité féminine se fasse sentir car il opère en tant que palliatif de la brutalité du partenaire sexuel mâle[1]. Que les prostituées deviennent solidaires et se raccrochent à une amitié pour mieux affronter leur situation d'exploitées, rien de scandaleux. Dans ce cas l'amitié devient en quelque sorte une compensation à la violence et/ou au dégoût qu'inspire ou représente l'acte sexuel partagé avec les partenaires mâles. Telle qu'elle est envisagée, l'amitié entre Ya et celle qui se considère être sa sœur semble cependant sortir des limites de l'acceptable car elle met en cause le comportement sexuel des hommes dans les rapports hétérosexuels. Et comme pour justifier les mobiles d'une amitié intime entre femmes et convaincre Ya de s'y abandonner complètement, le narrateur rend ainsi les pensées de ce personnage : « Ils te prennent, te jaugent,

---

1 Se référant aux études d'Anna Rueling et de Faivre, Simone de Beauvoir note dans *Le Deuxième Sexe* que la plupart des prostituées sont effectivement homosexuelles. Elle explique ce phénomène en ces termes : « On voit que la copine remplit à peu près le rôle que joue l'ami de cœur pour la femme honnête confinée parmi des femmes c'est elle qui est une camarade de plaisir, c'est avec elle que les rapports sont libres, gratuits, qu'ils peuvent donc être voulus ; fatiguée des hommes, dégoûtée d'eux ou souhaitant une diversion, c'est dans les bras d'une autre femme que souvent la prostituée cherchera détente et plaisir » (p. 440).

t'écrasent, sans pitié, puis t'abandonnent. Viens toujours me voir après. Ensemble, pour oublier, nous essayerons de vivre des bonheurs recueillis... »[1].

Ce réalisme foudroyant confirme ce que ressent Ya qui subit elle aussi, avec horreur, les caresses d'un Américain, et l'intimité du ministre qui n'est que violence. Cette prolepse qui traduit une douleur anticipée en dit long : « Il vit, heureux d'avance, ce qui va lui arriver. À demi dressé sur les coudes, il va régner, te broyer, pendant que toi, comme toujours, les yeux fermés, tu compteras les minutes de ton supplice »[2]. Malgré une telle horreur, Ya se sent déroutée au sujet des caresses de sa sœur quand elle les associe à la main de l'Américain qui, elle, « salit » : « Qu'elle est loin des délices et de la profondeur discrète de vos deux féminités ! Et ce soir, comme d'habitude, tu te demandes si, malgré tout, il te faut continuer à entretenir cette chance qui déroute tes sens à chaque fois »[3].

L'auteur inscrit une relation homosexuelle féminine dont la possibilité d'être vécue réciproquement n'est pas garantie. D'abord, elle est initiée par un personnage secondaire ; c'est la sœur de Ya qui, dans un rôle presque d'initiatrice, essaie de la convaincre des bienfaits d'une telle relation. Ensuite, l'une des partenaires qui se trouve être l'un de deux protagonistes s'interroge sur le bien-fondé d'une telle sexualité. Enfin, cette relation n'apparaît pas comme l'aboutissement d'un choix. Les deux femmes éprouvent le besoin d'une « profondeur discrète féminine » pour pallier la violence dont les partenaires sexuels mâles font preuve. Dès le départ donc, on peut supposer qu'une telle orientation sexuelle est vouée à l'échec par le fait qu'elle ne répond pas à un besoin inné. Vécu comme une simple réaction à une frustration, le désir homosexuel perd toute essence et est récupéré en tant que le symbole d'un acte jugé « trouble »[4] n'ayant aucune raison d'être.

Il n'est donc pas étonnant qu'il y ait omission de toute description des scènes érotiques entre les deux femmes et que le

---

1 *Le Bel immonde*, p. 24.
2 *Idem*, p. 29.
3 *Idem*, p. 23.
4 *Idem*, p. 63.

texte n'offre au lecteur que des allusions à des désirs qui doivent être étouffés pour ne pas laisser de place à tout ce qui peut être décrété diabolique, immoral ou immonde.

Seuil que devait franchir le ministre, et surtout coupable d'avoir voulu renverser l'ordre des choses, la sœur de Ya n'était plus qu'une ennemie à abattre et donc une proie idéale pour servir en même temps les ambitions politiques du ministre. Sa mort qui met un terme à une relation gênante, transgressive et outrageante traduit aussi la répression d'une sexualité qui sort des limites fixées par la norme. Par ailleurs, sa disparition redonne au récit son caractère amoureux. En effet, la possibilité d'instituer une relation triangulaire, dans laquelle Ya allait être partagée par le ministre et sa sœur, s'estompe à jamais. Le texte cesse d'être érotique et s'ouvre ainsi vers l'amour rêvé, celui qui engage deux personnages.

Parmi autant de questions soulevées dans *Le Bel immonde*, la sorcellerie et la primauté de la tribu sur l'individu sont du nombre. Le discours sur la sorcellerie ne sort pas de son moule traditionnel pour la simple raison que ce mal est approché comme un « en soi » pour lequel même la justice ne parvient pas à trouver de fondement. Que la femme du ministre soit accusée d'infanticide, cela ne surprend qu'à moitié. La femme demeure le symbole de la sorcière par excellence, un stéréotype solidement ancré dans l'inconscient collectif africain.

L'importance de la tribu dont les intérêts passent avant ceux de l'individu, entre dans le contexte d'un récit traitant les réalités socioculturelles africaines. Bien que les frères de la tribu de Ya n'approuvent pas la prostitution à laquelle elle et sa sœur s'adonnent (elles sont traitées de « Honte de » la « tribu »[1]), ils ne s'empêchent pas d'intimer à Ya l'ordre de renouer avec le ministre pour servir les causes de la tribu en guerre : « Une femme ne rompt jamais les liens, tu le sais. Sois son esclave, entre dans sa vie ou travaille avec lui »[2]. Une telle prostitution commandée va à l'encontre des valeurs nobles tant recommandées par une tribu qui se dit être celle des seigneurs.

---

1 *Idem*, p. 53.
2 *Idem*, p. 57.

Qu'en est-il de *L'Écart* ? Peut-on le lire également comme étant une métaphore de la norme alors que son titre le prédispose à priori aux métaphores de l'écart ? C'est au texte lui-même de trancher. *L'Écart* met en scène un jeune intellectuel africain, Ahmed Nara, qui fait de la recherche sur l'histoire des Kouba. Il en étudie le passé en utilisant les méthodes scientifiques reconnues par l'Occident. Seulement voilà, Nara n'est pas un chercheur comme les autres. Quoiqu'étant conscient d'être un métis culturel (africain et occidental), il cherche à créer une science qui puisse mieux s'adapter aux réalités africaines et permettre ainsi une interprétation plus objective. Un tel choix ne peut que conduire à la folie surtout parce que remettre en question des vérités occidentalement proclamées scientifiques, passe pour l'une des hérésies les plus dangereuses. Faute de se réconcilier avec son passé Nara succombe à une mort qui met fin à un cheminement voué à l'échec dès le point de départ.

Le tiraillement entre l'expérience occidentale et la vie africaine ne constitue pas l'unique tension que vit Nara tout le long de son parcours. Dès l'avertissement, le lecteur est pratiquement mis en garde au sujet de sa personnalité. Bien que les gens qui l'aient côtoyé lui reconnaissent une intelligence « d'une vivacité rare », Nara reçoit le portrait d'un « curieux garçon » ayant « une sensibilité inquiétante » et « l'art des réactions imprévisibles »[1]. Et plus loin, comme pour tirer sur la sonnette d'alarme, des « bruits suspects couraient sur lui. Il était, en plus, lié à un groupe de jeunes gauchistes »[2]. L'avertissement s'arrête là et certains de ces bruits suspects seront confirmés dans le journal au moment où Nara parle de son goût pour des hommes.

Si quelqu'un pouvait rédiger une oraison funèbre en hommage à Nara sans avoir lu son journal, il devrait sans doute faire ressortir le portrait d'un jeune africain brillant, symbole d'une élite qui s'intéresse au passé de son peuple. Il ne serait pas superflu non plus d'évoquer la vie équilibrée que menait le jeune Nara du point de vue social, vu l'existence de ses nombreux amis. L'oraison funèbre s'arrêterait ici, pour rester dans les limites du bon sens : la

---

1 *Idem*, p. 11.
2 *Idem*, p. 12.

mort des autres est belle à raconter, avait dit Sacha Guitry. Mais il y a que le journal existe et qu'il contient des données supplémentaires pour un hommage posthume. L'acte de lecture qui s'impose permet dès lors de découvrir les confessions de Nara qui révèlent ce qui demeurait enfoui dans son subconscient.

L'adoption du journal comme moyen d'expression situe *L'Écart* dans le courant littéraire en vogue depuis le XIXe siècle. Beaucoup de jeunes en proie au spleen ou en quête de leur soi ont recouru au journal, pour analyser leurs sentiments. L'écriture discontinue qui caractérise le journal de Nara répond également aux angoisses de la jeunesse du XXe siècle qui ne se leurrait plus. Nara est déséquilibré et cherche à comprendre, entre autres, les complexes dont il souffre. Malheureusement, le concours du Dr Sano n'apportera aucune lueur d'espoir à quelqu'un qui n'était plus qu'à quelques pas du gouffre.

Du point de vue social, Nara passait pour un jeune homme équilibré par le fait qu'on lui reconnaissait des liaisons amoureuses avec deux femmes, Isabelle et Aminata. Un jeune homme qui sort avec une femme est bien vu par sa société. Le journal révèle cependant le côté caché de cet « homme » ; il s'agit du malaise permanent qu'il vivait durant ces liaisons. Envisager la possibilité de coucher avec une femme était pour lui une sorte de supplice étant donné que le corps de la femme ne sentait que la mort et « le ridicule d'un orgasme qui ressemblait à l'éclat plat d'une bulle de savon »[1]. Et comme pour se dévoiler complètement, Nara ne s'empêche pas d'ajouter : « Je ne pus que compenser mon propre manque : mon dégoût pour un sexe de femme s'inscrivait ainsi, interrogation vive, au travers de mes larmes d'humilié »[2]. Devoir affronter l'appétit sexuel d'Isabelle n'était donc qu'un moment d'horreur pour Nara. Officiellement récupéré plus tard par Aminata, Nara écarte toute possibilité de contact charnel avec elle, car elle ressemblait à sa propre mère. Sa répugnance pourrait se lire comme une réaction à un interdit enfoui dans son subconscient : l'inceste. Mais à vrai dire, Aminata n'était que l'autre face d'Isabelle et son corps, quoique extraordinaire, ne sentirait

---

1 *L'Écart*, p. 58.
2 *Idem*, pp. 58-59.

également que la mort. L'explication du comportement sexuel de Nara se trouve dans la confession qu'il livre au docteur Sano :

> – Parle-moi de toi.
> – Oh ! Mon Dieu... Que dire... Un coup... une sensation... Un passé... une horreur... Le branle-bas d'une enfance misérable... Un lavage de cerveau appelé éducation... De vagues études d'histoire... Une licence... L'anus offert à l'explosion d'amants de rencontre... Et puis le goût des hommes... Ma vie est banale. Vraiment. Tu ne me crois pas ? Une jeunesse ordinaire, des études universitaires. Oui... d'histoire. Pas d'aventures féminines.
> – Ce n'est pas possible
> – Si, Isabelle.[1]

Hormis son « goût des hommes », qu'ignorait son entourage, Nara passait pour un jeune homme ordinaire. Cet aspect différent devait rester refoulé pour éviter de confirmer les « bruits suspects » contenus dans le journal. Le silence sur les détails relatifs aux expériences homosexuelles passées pourrait s'interpréter comme une auto-censure. Même si les textes littéraires français qui traitent d'homosexualité ne font plus l'objet d'une forte censure au moment où *L'Écart* paraît, et quoique Nara ait été campé en tant qu'un personnage singulier (c'est un personnage tiraillé entre les valeurs occidentales et africaines), une partie du texte obéit au silence imposé par la pudeur.

En Afrique, bien que la liberté d'expression en matière de sexualité ait souvent été l'apanage des griots aussi bien traditionnels que modernes (sans doute à cause du fait que la parole dite ou chantée se prête mieux à un tel discours), la sexualité n'est pas conçue comme une affaire publique qui se donnerait en pâture et s'exposerait ainsi à l'œil complice d'un voyeur ou d'une voyeuse. L'acte sexuel reste une affaire privée. Il est donc compréhensible que le journal de Nara se passe d'excès érotiques et/ou pornographiques du genre des récits d'un Tony Duvert ou d'un Henri Miller.

---

[1] *Idem*, pp. 150-151.

On pourrait ensuite ajouter que, même si l'homosexualité n'est pas absente dans le contexte culturel où se trouve Nara, au moment où il rédige son journal, elle demeure un sujet tabou et dont le lieu d'exutoire propice est un hôpital psychiatrique. Il s'avère donc normal que toute situation jugée scandaleuse se passe de tout commentaire, surtout qu'une simple allusion suffise pour en rappeler l'ignominie. Mais de nouveau, en dépit du souci de préserver les garde-fous moraux, le silence observé sur toute sexualité jugée anormale opère en arme répressive et contribue à renforcer une sexualité qui réponde aux normes préétablies. On pourrait donc déduire que seul le couple hétérosexuel devrait prévaloir. Doit-on alors voir dans la mort de Nara (quoiqu'elle n'apparaisse pas comme un suicide) un châtiment en réponse à une certaine culpabilité ? Ou doit-on interpréter cette mort comme étant un défi à un monde plein de contradictions qu'il faille trancher à tout prix ? Étant donné que l'endroit d'une médaille suppose son revers, on peut stipuler que les comportements jugés inadmissibles ont souvent tendance à faire surface, sans doute parce que l'interdit attire. En voici quelques-uns qui font découvrir au lecteur l'autre face de *Le Bel immonde* et de *L'Écart*.

LES MÉTAPHORES DE L'ÉCART

Quand bien même *Le Bel immonde* contiendrait des éléments qui lui conféreraient le caractère d'un texte traditionnel, il n'en demeure pas moins qu'il en offre d'autres qui le situent à juste titre dans le roman devenu « l'aventure d'une écriture ». Un examen attentif du couple formé de Ya et du ministre révèle qu'il y a renversement de situations dans la distribution des rôles. Le rôle classique du vers de terre amoureux d'une étoile est attribué au personnage qui est censé être l'étoile, le ministre, et celui de l'étoile passe à celui que la société ravale au rang de vers de terre, la prostituée. Et tout au long du récit, la barrière sociale est abolie car tout compte fait, le ministre et la prostituée ne constituent que les deux faces d'un même personnage, l'immonde. Ce renversement de rôle suscite une surprise et, pourquoi pas un scandale, chez le lecteur habitué aux normes. Passe encore qu'un ministre entretienne une belle putain, mais de là aller jusqu'à vouloir l'épouser, cela devient révolutionnaire.

Une chose est certaine : c'est que devant un amour sincère, les barrières sociales ne devraient plus exister et le comportement du ministre jugé anormal acquiert une certaine valorisation, car il milite pour une cause noble et humaine. Mais à l'intérieur de cette posture d'écart que représente l'amour entre Ya et le ministre (qui n'est en fait qu'une parodie du vrai amour étant donné qu'il n'y a pas de réciprocité) s'inscrit une autre, celle de leur mariage impossible. Aboutissement normal d'un amour profond entre deux personnes, le mariage dont rêvait le ministre n'aura pas lieu. Ya ne sera jamais son *alter ego*, car une mort tragique met fin à son parcours. Cette mort porte le récit au point zéro et lui enlève les qualificatifs d'intrigue amoureuse et érotique pour l'enfermer dans le pornographique. Ya se retrouve au bar (métaphore de son corps toujours disponible), en train d'attendre un éventuel candidat qui va la « broyer »[1].

Une autre incursion de l'auteur réside dans l'inscription de l'homosexualité féminine qui participe du programme transgressif de l'écriture mudimbéenne. Jusqu'à la parution de *Le Bel immonde*, il n'existe en effet que très peu de textes en littérature africaine abordant la question homosexuelle[2]. La quasi inexistence d'études sur la question laisse penser que l'homosexualité ne se pratique pas en Afrique. Créer un personnage féminin dont la sexualité s'écarte de la norme contribue à relancer un débat qui a depuis toujours été refoulé. La violence qui, d'après la sœur de Ya, caractérise le comportement sexuel des hommes invite à une autre

---

1 *Idem*, p. 29.

2 L'étude de Rob Tielman et Taco de Jonge, « Country-by-Country Survey. A wolrdwide inventory of discrimination and liberation of lesbians and gay men » dans *Second ILGA Pink Book* (Utrecht, Interfacultaire Werkgroep Homostudies, 1988, pp. 185-197), un survol de l'état de la question homosexuelle en Afrique, signale la contradiction concernant les lois qui gèrent cette pratique. L'étude révèle l'existence de la pratique homosexuelle dans bon nombre de pays africains ; cette pratique est punie par certains pays et ne l'est pas par d'autres. Le Congo/Zaïre, pays où sont situées l'action de *Le Bel immonde* et celle de *L'Écart*, fait partie des pays où l'homosexualité est considérée comme illégale et donc passible de châtiment.

sexualité jugée beaucoup plus heureuse et plus humaine. La sœur de Ya va droit au but et déclare son amour :

> Je t'aime. Beaucoup. Vivre avec toi. Nous retrouver après le travail. Ne ressens-tu pas ce besoin d'une ombre pure, lumineuse, un abri des sécrétions masculines ? M'aimes-tu un peu ? Moi, je t'adore déjà. Bois ton jus de tomate. Il est bon ? Sois gentille, relève un peu la tête que je puisse admirer ta gorge.[1]

Ce qui pourrait prendre l'aspect d'une perversion devient le fondement d'un futur érotisme au féminin. Le désir de la femme pour la femme s'inscrit du côté du plaisir sans l'homme et devient ainsi une « contre-morale » qui enfreint la norme. L'amour rêvé par la sœur de Ya abhorre les « sécrétions masculines » et dénonce ainsi implicitement les limites du phallus (peut-être parce que celui-ci ne peut plus combler la femme sexuellement ou parce qu'il la comble mal) et lance un défi à l'ordre patriarcal. L'insistance avec laquelle la sœur de Ya offre sa disponibilité intime dénote une préférence nette : avoir une femme comme partenaire sexuelle. Cette autre déclaration qui fait prévaloir les mérites d'une telle relation, valorise le bonheur des sens : « Viens toujours me voir après. Ensemble, pour oublier, nous essayerons de vivre des bonheurs recueillis... »[2]. Quoique la relation lesbienne amorcée par la sœur de Ya ne soit pas absolue (les deux prostituées continuent d'entretenir des relations intimes avec des hommes), elle semble confirmer ce qu'affirment Del Martin et Phillis Lyon au sujet de la sexualité. Pour eux, les gens ne naissent pas homosexuels ni hétérosexuels mais sexuels tout simplement. Dès lors, il est naturel qu'à n'importe quel moment de l'existence, l'orientation sexuelle de quelqu'un prenne une voie qui s'accommode mieux aux nouvelles réalités expérimentées :

> The direction a girl's sexuality may take depends upon her individual circumstances and life experiences, and how she reacts to them. It's rather like a slowly emerging awareness of herself as someone who is different, who is responding in

---

1 *Le Bel immonde*, p. 22.
2 *Idem*, p. 24.

> ways that are apparently not usual to others, and yet seem very natural to her.[1]

Il est évident que cette observation n'a pas encore obtenu l'aval escompté, car les homosexuels continuent de faire l'objet d'une discrimination sexuelle. Un autre motif d'écart concerne l'onomastique. Dans *Le Bel immonde*, l'onomastique reçoit une fonction différente de celle qu'on retrouve généralement dans le roman traditionnel. Ici, on note que les personnages sont dépersonnalisés par le fait que l'auteur leur attribue des noms qui les enferment dans leurs rôles professionnels, sacrifiant ainsi l'archétype culturel. Parmi les personnages mis en scène interviennent le ministre, la prostituée, l'avocat, la sœur de Ya. Cela donne l'impression que le texte n'a plus sa matière première, car les récits « traditionnels » bâtissent leur intrigue autour des personnages ayant un état civil bien connu. Le seul personnage qui semble porter un nom qui sort du cadre général, est Ya.

Dans le contexte africain par exemple, un nom évoquera soit l'ordre d'arrivée d'un enfant dans la famille, soit la lignée à laquelle il ou elle appartient, soit les circonstances ayant entouré sa naissance (le jour, la saison, la guerre, les rivalités entre co-épouses, etc.), soit un hommage à un ami, et la liste peut continuer. Il n'en est rien du patronyme de Ya qui désigne pourtant un personnage important dans le récit.

Ya fait comprendre à sa sœur que sa présentation n'est pas importante. Le fait que les deux partagent une sororalité[2] suffit. En

---

1 Del Martin et Philis Lyon, *Lesbian/Woman*, San Francisco, Glide Publications, 1972, p. 26.

2 Le terme anglais *sisterhood* rend mieux la densité de cette relation complice qui unit les femmes. Comme il s'agit de décrire ce que ressentent ou recherchent des femmes, je ne trouve pas que l'équivalent français de *sisterhood*, fraternité, traduise complètement une spécificité féminine. En fait, fraternité fait ressortir le primat patriarcal au détriment de l'essence féminine. Pour être plus logique, on devrait plutôt parler de *fraternité féminine*. Mais les deux mots s'entrechoquent, quoique ne représentant pas une impossibilité. Si la langue française distingue la lexie frère de sœur, je ne vois pas pourquoi elle n'aurait pas pu créer un autre équivalent féminin de fraternité, pour mieux souligner cette sérénité sororale qui va au-delà des devoirs requis par l'appartenance à une sororité, ce groupement adéquat à une composition et un espace limités. Il me semble que parmi les possibles dérivés du mot sœur

effet, dans le texte la présentation apparemment officielle de Ya (« Moi, on m'appelle Ya ») clôt plutôt le récit. Une telle identification tardive renferme le personnage dans un cercle d'où elle ne sort pas. Ya n'évolue pas dans le récit et reste un personnage plat et sans ambition.

Situé dans le contexte onomastique linguistique lingala (l'une des langues nationales de la République démocratique du Congo), Ya ne veut rien dire tout seul et a besoin d'un contexte pour signifier. Toujours en lingala (et même dans d'autres langues comme le kikongo ou le tshiluba, toutes intonations respectées), Ya est un préfixe qui traduit une forme de respect lorsqu'il est suivi d'un prénom. On entendra dire, par exemple, Ya Marie, Ya Féli, Ya Ida. Ya s'emploie donc indifféremment (sauf chez les Luba) avec un nom de femme ou d'homme. Une fois dédoublé, le lexème Yaya devient un tout complet du point de vue sémantique et signifie grande sœur ou grand frère. Le sens de respect prévaut toujours.

On peut constater que, dans le texte de Mudimbe, Ya ne bénéficie d'aucun suffixe, il n'est pas non plus rendu par « Yaya » tout court. Ya demeure « Ya » tout simplement, la « petite fille sans nom »[1] et « la petite sœur »[2] de l'autre prostituée. Le nom est défonctionalisé pour supprimer toute catégorisation. Dans le texte, occuper le rang de petite sœur ou non n'a aucune importance tant que Ya demeure un personnage indivis. L'anonymat imposé aux personnages féminins rend leur combat universel. Ya ou sa sœur prostituée qui « une fois offerte, [...] sait qu'elle ne pourra plus rien opposer si elle veut mériter sa récompense »[3] tout en étant consciente d'avoir plus tard les yeux défaits, représente le corps érotique de toute femme qui est vue en tant que corps sexuel toujours prêt à se soumettre entièrement aux moindres désirs de l'autre en échange d'argent.

(sœurité, sœurerie, sœurée, sœurage, sororat) ou de l'adjectif sororal, le substantif *sororalité* rendrait mieux cette camaraderie et ce « lien de solidarité et d'amitié » (*Le Petit Larousse*, 1998, p. 451) entre des êtres humains qui se trouvent être des femmes.

1 *Le Bel immonde*, p. 20.

2 *Idem*, p. 22.

3 *Idem*, p. 18.

Ya et sa sœur ne font qu'une même personne : la femme opprimée par le pouvoir. L'anonymat que privilégie l'auteur a l'avantage d'ouvrir la possibilité d'une infinité de lectures et de conserver ainsi au texte littéraire son caractère dynamique. De la même manière, le ministre, la sœur de Ya, la femme du ministre, l'avocat, l'américain, n'échappent pas non plus à la dépersonnalisation. Ils sont dévalués en tant que personnes et acquièrent un statut neutre qui en fait des types tiraillés dans lesquels n'importe qui puisse se reconnaître ou en être victime.

Une autre note d'écart réside dans le nouveau regard que l'auteur jette sur les fondements de la survie d'une tribu en quête d'autonomie. Dans *Le Bel immonde*, l'on assiste à un conflit qui oppose une tribu au reste d'un état et cette tribu qui se dit être celle des seigneurs tient à conserver sa spécificité en observant rigoureusement les injonctions de sa loi. Cependant, se reconnaître une spécificité ne signifie pas pour cette tribu s'isoler des gens qui partagent le même destin. Ainsi, aux militantes qui ne doivent jamais oublier leurs obligations, on fait comprendre que les mobiles qui justifient la rébellion sont détribalisés. Ils atteignent ainsi une dimension nationale : « Nos ennemis sont noirs comme nous... Ce que nous voulons c'est la justice, l'égalité, notre indépendance. Notre mouvement est ouvert aux ressortissants d'autres tribus qui pensent comme nous »[1]. Ce nationalisme qui devrait caractériser tout gouvernement qui se dit démocratique, constitue l'un des tiraillements auxquels les nouveaux dirigeants tiers-mondistes font continuellement face. L'attitude des dirigeants de la tribu rebelle prouve qu'il n'est jamais tard pour se ressaisir.

Ce que Mudimbe amorce dans *Le Bel immonde* se poursuit dans *L'Écart* qui, à bien des niveaux, pourrait se lire également comme une métaphore de l'écart. Dès le départ, la façon dont Nara s'y prend pour mener à bien sa thèse, sort de l'ordinaire. Revisiter les idées reçues concernant la recherche en sciences humaines et instaurer ainsi une méthode qui permette une approche plus adéquate et cohérente des réalités africaines devient un écart de conduite, une trahison de la parole du maître. Remettre en question une affirmation pareille, « Il n'y a qu'en histoire africaine que l'on

---

[1] *Idem*, p. 59.

peut considérer l'exercice du silence et l'art de l'allusion comme témoignages de prudence »[1], constitue un défi aux illustres africanistes amateurs qui interprètent les données sur l'Afrique en fonction du message qu'ils veulent faire passer.

De tout temps, les idées qui passent pour des paroles d'évangile ne doivent jamais être oblitérées. Le refus de ne pas se conformer aux normes institutionnalisées et imposées par l'instance occidentale en matière de recherche scientifique sur l'Afrique fait de Nara un chercheur inhabituel, transgressif. Un regard attentif sur la vie sentimentale de Nara démontre que les deux femmes officiellement assumées comme amante et amie, n'existent pratiquement pas en tant que médiatrices sexuelles. Seul le regard de Nara leur donne une certaine épaisseur. Concernant le couple Isabelle-Nara, le lecteur retient notamment le fait qu'il s'agit d'un couple exceptionnel, rare, à cause de la provocation qu'il incarne. Mais plus intrigant est le fait que Nara s'obstine à souligner continuellement cet écart à Isabelle, à travers des compliments jugés malencontreux (« Isabelle, tu as la bouche d'une négresse... »[2]) et des prises de position lucides qui ramènent à la surface le racisme dont les noirs étaient victimes et qu'Isabelle refusait d'imputer à sa collectivité.

Avec Aminata, le supplice d'être aimé d'une femme se renforce pour Nara. Son apprivoisement le met mal à l'aise car l'idée de savoir qu'il n'était qu'un phallus pour les femmes allait en contradiction avec son orientation sexuelle : « mon dégoût pour un sexe de femme s'inscrivait ainsi, interrogation vive, au travers de mes larmes »[3], note-t-il avec angoisse. Par ailleurs, l'orgasme imaginé en compagnie d'une femme ne pouvait qu'être « ridicule », car il ne « ressemblerait qu'à l'éclat plat d'une bulle de savon... »[4]. Nara homosexuel vivait mal son homosexualité, car il la réprimait sans cesse.

Serait-il approprié de déduire que la répulsion de l'hétérosexualité matérialisée sur quelques pages de son journal sous-entend un autre texte qui seul permette à Nara une jouissance

---

1 *L'Écart*, p. 64.
2 *Idem*, p. 32.
3 *Idem*, p. 59.
4 *Idem*, p. 58.

souhaitée ? Une lecture entre les lignes serait concluante. En effet, le corps d'Isabelle que Nara admire tant et qui ne peut que représenter celui de la mort, en cache un autre, celui de la vraie jouissance. Le dégoût du sexe de femme appelle son corollaire, le plaisir procuré par un sexe d'homme, un bonheur que Nara ne peut vivre qu'en écrivant son journal, seul moyen d'actualiser un passé lointain.

Il ne serait pas superflu d'avancer que le journal de Nara devient donc le substitut du partenaire sexuel mâle absent que seul le texte rend matériel. Érographe[1], Nara offre un corps-langage au lecteur qui pourrait en tirer à son tour ce qu'il voudra. Quoiqu'il émane d'un auteur fou (les dates du journal sont incomplètes : 7 au 14 septembre 197...), et que la crédibilité de la parole « folle » soit quelque peu douteuse, on peut tout de même lire dans cet exercice délirant un moyen de communication. La parole du fou est peut-être la parole lucide par excellence en ce sens qu'elle est spontanée et directe. Si on garde en tête les idées reçues concernant la sexualité, il est clair que les révélations de Nara seront mises au profit de la parole d'un fou, celle qu'il ne faut jamais prendre au sérieux. Si par contre, on considère le délire comme étant la manifestation d'un subconscient refoulé en quête d'un espace social, alors l'homosexualité de Nara ne devrait pas passer inaperçue. Ce qui est considéré comme étant un écart de conduite pour les uns pourrait devenir pour les autres un comportement qui jetterait les bases d'un dialogue en quête d'une nouvelle norme.

En vertu de ce qui précède, il apparaît que l'écriture de Mudimbe est à la fois l'expression de la norme et de l'écart. Il ressort des deux récits analysés *Le Bel immonde* et *L'Écart* que l'écriture de Mudimbe révèle une architecture narrative qui privilégie le mélange des tons et des genres ainsi que des techniques de composition. L'auteur n'enferme pas son œuvre dans un moule thématique unique. Pour abonder dans le même sens que César Paes[2] on pourrait rapprocher le roman de Mudimbe de *Le*

---

1 Ce terme est emprunté à Gaëtan Brulote qui l'emploie pour désigner un écrivain érotique, dans *Œuvres de chair*, Paris-Québec, L'Harmattan-Les Presses de l'Université de Laval, 1988.

2 César Paes, *Le Bouillon d'Awara*, San Francisco, California Newsreel, 1995.

Bouillon d'Awara. Mais alors que dans cette fiction, la soupe est composée de toutes sortes d'ingrédients qui peuvent se trouver sur l'île de Guyane française et qu'il ait été conçu au départ pour provoquer le dégoût de l'homme blanc qui était indésirable, le bouillon que propose Mudimbe à ses hôtes est composé d'ingrédients dont le choix méticuleux et les proportions produisent des plats ayant une saveur aigre-douce. En effet, par ses interrogations, ses quêtes et ses revendications qui couvrent des espaces anciens et nouveaux attendant d'être apprivoisés, le bouillon mudimbéen, fait d'interpellations continuelles, devient tout simplement la métaphore de la condition humaine, une condition qui reste encore à définir. Les deux bouillons se rejoignent quelque part dans leurs processus respectifs de cuisson et de déblayages multiples. Le résultat inattendu mais souhaité par le personnage de la fille amoureuse dans *Le Bouillon d'Awara*, l'intégration de son Blanc, devient chez Mudimbe la raison même des différents défis lancés au lecteur, en l'occurrence, la recherche d'une harmonie qui puisse permettre le côtoiement des mondes créoles. Les nombreux méandres stylistiques dans lesquels Mudimbe plonge le lecteur confèrent à son texte le caractère d'une écriture dynamique et ouverte posant des jalons qui invitent à une recherche épistémologique continuelle. L'équilibre total d'une Afrique aliénée est à ce prix, quand bien même il faudrait parfois emprunter les langages de la folie.

DROCELLA MWISHA RWANIKA
Drake University

MUDIMBE AND THE MISSIONARY DISCOURSE

When I met V. Y. Mudimbe in London at the School of Oriental and African Studies, he had come across the Atlantic in order to chair a meeting of the International Africa Institute (IAI), which was attended by Africa scholars from around the world. Judging from his attire and his simplicity, one would have been forgiven for mistaking him for a country parson. Was it a left over from his stint in a Benedictine monastery in Rwanda, some forty years ago, when he wanted to become a monk according to the rule of St. Benedict « ora et labora » ?

Although today Mudimbe professes to be an agnostic, he is very concerned with the meaning of Christianity in Africa. Born in the Belgian Congo sixty years ago, he received his first education from Catholic missionaries. They all came from Belgium and had the same cultural background as the colonisers. These men of God had a great deal in common with the agents of the colonial Government. Both saw themselves as agents of a « mission civilisatrice ». Both wanted to convert the African landscape and African minds into a replica of Belgium.

These circumstances, together with Mudimbe's intimate knowledge of Catholic seminary education, have left an indelible mark on his thinking, or, as he says himself, quoting Michel de Certeau : « Nobody speaks from nowhere »[1]. He used this specific background as a framework for exploring the relationship between God and human beings in African philosophy, and he introduced the issue of religious « revelation » as political performance within the African colonial context. Many of his topics and writings are therefore church related (1989 and 1997). As a missionary in

[1] Michel de Certeau, *L'Étranger ou l'Union dans la différence*, Paris, Desclée de Brouwer, 1969, p. 224.

Africa, I would like to examine one of them, Mudimbe's theories on missionary discourse[1].

Mudimbe works like an « archaeologist », being interested in origins, specifically origins of different discourses that formed our knowledge and perception of Africa. Concerned with the phenomenology of discourses that have shaped the modern meaning of Africa, he argues that the missionary discourse, as part and parcel of the Western discourse on Africa, is primarily a discourse of domination and power. He is convinced that missionaries did not simply bring the Christian faith to Africa, even if this was their primary intention. They brought much more, because their message of faith was necessarily imbued with a variety of cultural and patriotic interests. He says :

> The more carefully one studies the history of missions in Africa, the more difficult it becomes not to identify it with cultural propaganda, patriotic motivations and commercial interests, since the missions' program is indeed more complex than the simple transmission of the Christian faith.[2]

Missionaries have played an important role in the transformation of Africa. Their activity not only consisted in transmitting the Christian faith. It also implied the necessity of converting so-called backward cultures and inserting them into human history, which was at the time believed to be identical with the history of the so-called civilised West[3]. The philosophy, methodology and attitudes of the missionaries, based on divine authority and the strong will to truth, were often the answer to the neÉds of the colonial administration. They helped and protected one another as natural allies. Bishop Roelens, who spent 55 years in the Belgian Congo, and who was deeply convinced of the « savage mentality » of the Congolese, was very much aware of this configuration, when he instructed his missionaries :

---

1 F. W. Stenger, *White Fathers in Colonial Central Africa : A Critical Examination of Valentin Yves Mudimbe's Theories on Missionary Discourse in Africa*, Hambourg, L.I.T.-Verlag, 2001.

2 V. Y. Mudimbe, *The Invention of Africa*, London, James Currey, 1988, p. 45.

3 V. Y. Mudimbe, *Tales of Faith. Religion as Political Performance in Central Africa*, London, The Athlone Press, 1997, p. 41.

> La religion catholique en effet, religion d'ordre, d'autorité, de discipline, dont l'âme est la charité, est la base la plus solide, sinon l'unique base solide et stable, de l'autorité morale du Gouvernement et seule elle est capable de lui gagner la sympathie des populations indigène et d'assurer leur loyalisme.[1]

The Belgian Government saw in the Catholic Church a reliable agent of social control, because the Church assisted the Government in inculcating discipline into Congolese minds, which made it possible to govern this vast country with minimum effort.

CONVERSION OF MINDS

The conversion of African minds and space is one of the key notions in Mudimbe's writings about the purpose of missionary activity. He sees in the conversion of African space, time and consciousness the deliberate domestication of memories. This notion belongs to the « Colonial Library »[2] and refers to the fact that with the arrival of colonialism in Africa, two types of societies confronted one another, each with its own memory and set of values. The arrival of Christianity often had a similar effect that led to a conflict of the old and the new memory, especially in matters of morality. The colonial efforts together with missionary activity led to a metamorphosis of an existing memory.

Mudimbe, therefore, understands conversion not in its theological meaning as a way of renewal or improvement of a given situation, but rather as a process of alienation, that implies a lack of respect for non-western values. It is seen as an imposition, an intrusion. Africans had to accept conversion as a getaway from being looked upon as pagan and primitive. They are seduced into

---

1 V. Roelens, *Instructions aux Missionnaires Pères Blancs du Haut Congo*, Baudouinville, Pères Blancs, 1938, p. 455.

2 The Colonial Library presents the « universality » of European culture as the yardstick of normality and as the only project for all other cultures, which offer themselves for conversion. It was created by colonisers, anthropologists and missionaries, in order to provide the moral foundation for civilising and christianising non-western societies. *Cf. Parables and Fables,* p. 4 ; *Tales and Faith*, p. 96.

conversion : « African conversion, rather than being a positive outcome of a dialogue – unthinkable per se – came to be the sole position the African could take in order to survive as a human being »[1].

From a phenomenological perspective, conversion becomes an escape from being « primitive and superstitious ». Mudimbe's assertions are indeed supported by a wide evidence of missionary statements – not only from the Congo –, which present the Church as the gateway to modernity and reason. An analysis of the missionary discourse clearly shows that the seductive power of conversion was often – and may be inadvertently – derived from portraying, on the one hand, African religious practices as primitive, and on the other hand, the new faith as reasonable and intelligent. Missionaries constructed binary oppositions between African religious practices and Christianity by opposing them as madness and reason.

> I like to illustrate this on one example from Northern Rhodesia. It occurred at Chilonga mission in 1936. The mission diary reports : In a sermon on All Souls Day, Father Superior first ridiculed pagan burial customs, in which the graves were decorated with household utensils, and designated them as nonsense. He implied that only people without brains could follow such customs. Then he opposed them to the deep meaning of the Catholic understanding of honouring the dead, which suggested implicitly, that those who accepted the new teaching would act with reason.[2]

In using the discursive practice of – to use Mudimbe's expression – « pathologizing » pre-Christian practices, missionaries attempted to protect the orthodoxy and purity of the Christian message at the expense of the old practices. Reality connected with the old « unreasonable » memory had to be wiped out. Despite all recent attempts of « inculturation » in order to

---

1 V. Y. Mudimbe, *Parables and Fables. Exegesis, Textuality, and Politics in Central Africa*, Madison, University of Wisconsin Press, 1991, p. 48.

2 F. W. Stenger, *op. cit.*, p. 184.

Africanise the Christian faith, I feel that missionaries still ought to acknowledge this error of judgment.

CONVERSION OF SPACE

Missionaries not only convert human minds, but also physical spaces, mainly by building mission stations and churches. They reorganised the village according to a new memory exemplified by the Church. The centre of life shifted from the chief's palace or village centre to the church and the different services offered by the mission. Mudimbe says : « The missionaries take responsibility for the fate of the village and its life by opening up workshops, farmyards and various projects »[1].

Whereas the building of the church is instrumental in the physical conversion of space, the colourful celebrations of Christian feasts are responsible for the spiritual change. Mudimbe argues that the missionary inflates the special and political sacredness of his or her enterprise by external signs like the white cassock and celibate life of priests and nuns. He argues that : « Missionary activity in general is conflated with the God's will and politics »[2].

CONVERSION OF NAMES

The changing of names indicates another complicity between colonialists and missionaries. The colonial powers renamed the towns in such a way that, as in the case of the Belgian Congo, the new names transformed African towns into signs of monarchist allegiance : « Albertville replaced Kalemie, Baudoinville replaced Moba, and Léopoldville replaced Kinshasa »[3]. The changing of names intended to extinguish an old memory and to create a new reality. In Mudimbe's novel *Entre les eaux*[4], the young African priest Pierre Landu resents the fact that Christian names, which are

---

1 V. Y. Mudimbe, *The Idea of Africa*, London, James Currey, 1994, p. 111.
2 *Ibidem.*
3 *The Idea of Africa*, p. 134.
4 V. Y. Mudimbe, *Entre les eaux. Dieu, un prêtre, la révolution*, Paris, Présence Africaine, 1973, p. 89.

at the same time European names, have replaced the African names, which often expressed a link with the ancestors, the living-dead, or an event at the time of birth. He complains :

> I was just Monsieur Pierre. Like all the Blacks. The new custom robbed us of our personality. The colonisers succeeded in convincing us of the pre-eminence of the European Christian names under which we were baptised : Monsieur Jacques, Monsieur André, Monsieur Louis. The real name was kept hidden like a shameful sickness. The missionaries called it « the name of the devil ». It had to be given up for a Christian name, the civilised one, which one received through holy baptism.[1]

The young African priest can hardly disguise his disgust for this practice of the missionaries. It may be of interest to note that Mudimbe himself at one time changed his Christian names « Valentin Yves » into « Vumbi Yoka »[2]. The change was probably triggered off by President Mobutu's attempt of « authenticité », by which he wanted to erase the colonial past. In his publications, Mudimbe only uses the initials « V. Y. » as if he deliberately wants to maintain the ambiguity of the identical initials. Seen in the context of his novel *Entre les eaux*, in which he describes the crisis of a consciousness, it seems to be a paradigm for the dilemma in which the protagonist of the novel, is trapped when he says : « One cannot be a good African and a good Christian at the same time »[3].

Let us return once more to the young African priest Pierre Landu, the protagonist in *Entre les eaux*. After having studied in Rome for many years – as so many young African priests do – he returned to work in a parish in his native Zaïre, but he is caught between the ideological tides of Catholicism and Marxism, between feelings of loyalty to his tribal past and his modern Western education. He is also caught between his devotion to the

---

1 My translation.

2 Gasana Ndoba, « Entretiens avec Vumbi Yoka Mudimbe », dans *Présence Africaine*, n° 146, 1988, pp. 219-235.

3 *Entre les eaux*, p. 94.

Church and his devotion to Christ, because he realises that the Church does not follow the Gospel message of love and social justice, but collaborates with the political power. He decides to repudiate the Catholic Church and joins a group of Marxist guerrillas. When he informs his white superior, the latter accuses him of treason :

> You are going to commit treason, the Father Superior said to me when I informed him of my plans.
> -Against whom ?
> -Against Christ.
> -Father, isn't it rather the West that I'm betraying ? Is it still treason ? Don't I have the right to dissociate myself from this Christianity that has betrayed the Gospel ?» You are a priest, Pierre.»
> -Excuse me, Father, I'm a black priest.[1]

What does it mean to be an African, and at the same time, a priest of the Catholic Church ? How can both coexist ? Mudimbe gives no answer, but rather seems to suggest an escape, because the young priest retreats from the world and enters a contemplative monastery, accepting a new name : Mathieu-Marie de L'Incarnation. This retreat to the otherworldly can hardly be seen as a solution. Incidentally, Mudimbe himself received during his short spell in a monastery the name « Frère Matthieu »[2].

Pierre Landu's dilemma – or is it Mudimbe's – is marked by an air of postcolonial resignation and pessimism. In order to substantiate this claim, let us further analyse Mudimbe's understanding of the missionary Church in Africa.

THE LANGUAGE OF CONVERSION

Basing himself on the Cameroonian theologian Fabien Eboussi-Boulaga[3], Mudimbe argues that the missionary discourse is « a

---

1 *Idem*, p. 24.

2 See Mudimbe's autobiography *Les Corps glorieux des mots et des êtres...*, Paris, Présence Africaine, 1994.

3 Fabien Eboussi-Boulaga, *Christianity without Fetishes. An African Critique and Recapture of Christianity*, Maryknoll, Orbis Books, 1984.

discourse of ideological intolerance »[1], a discourse, which is fully convinced of the superiority of Christianity. Christianity, as the inheritor of Greek reason, identifies with reason as opposed to the « primitive beliefs » of African religions. It identifies with history and above all with power. Its language of conversion has been shaped by its self-perception. Eboussi-Boulaga, therefore, argues that the language of the missionary discourse is a language of derision, because it ridicules the gods of the pagans. The gods die of ridicule when the true God speaks. Mudimbe says : Christianity has appropriated for itself both the only way to true communication with the divine and the only correct image of God »[2].

He claims that the logic of Christianity is in fact a logic of domination : « Much more than an institution, it is a system of power, conquest, and reduction. In order to introduce Jesus and his message into the non western cultures, its discourse has always been derogatory »[3].

Mudimbe argues that in this way Western cultural models are presented as part of the Christian faith and given a divine seal. He sees in the missionary language of derision a cultural position, an over-estimation of Western culture. His severe criticism of Catholic missionary activity implies also that the missionaries were unable to decipher God's signs in Africa, because they were blinded by the alleged superiority of the Western form of Christianity. When different cultures meet, there always seems to be an irresistible temptation of domination of one culture over the other. Missionary activity with its language of derision and orthodoxy gives proof of this phenomenon. Mudimbe addressed this issue in a recent letter, when I asked him what kind of advice he could give to today's missionaries in Africa. He wrote[4] :

Dear Father Fritz Stenger,

When I reflected on your invitation to share some of my thoughts with Missionaries of Africa, the first thing that came to

---

1 *The Invention of Africa*, p. 51.

2 *Ibidem.*

3 V. Y. Mudimbe, « An African Criticism of Christianity », dans *Geneva-Africa*, vol. 21, 2, 1983, p. 96.

4 Duke University, Durham, N. C., 13 July 1988.

my mind was the doctrine of original sin. Although I am now a declared agnostic, when I am examining a candidate who is defending a doctoral thesis, I put to him the question : Do you believe in original sin ? The students in American universities tend to think of themselves as humanity's finest products, and they are shocked when I tell them that I believe in original sin and that they too have inherited it.

I believe that the best explanation of original sin does not come from a Christian theologian but from an atheistic philosopher, Jean-Paul Sartre. He writes in Being and Nothingness that we are always obliged to act in a world in which there are others to whom we are impediments. It seems to be from this inescapable fact that the notions of sin and guilt have their origin. The expression in the book of Genesis, They knew that they were naked, can be applied to this situation. It is when I encounter the other and his difference that I recognize my difference from him, and I experience this as a kind of nakedness for which I feel guilt. Again, in looking at the other, I turn him into an object and thus strip him of his subjectivity and make him in turn feel guilty before me. Original sin is my irruption into a world in which there are others, and my relation with these others will always be marked by guilt on both sides.

My point is that relationships between different individuals, each of them persons in their own right, will inevitably produce divided selves. Persons cannot achieve a stable identity without fixing themselves in time, that is, without assuming their past and orientating themselves to the future. The phenomenon of self-scrutiny involves standing outside oneself so that one becomes both subject and object. Yet these two selves are not identical, as illustrated by R.D. Laing in his celebrated booklet, The Divided Self. Am I a being for myself, or simply a being for others ? My whole inner and outer experience assures me that I am a person in my own right ; yet, I only become a person through my relationship with others : in the State, in society, in my own family. I can only think of myself in my relationship with others : domesticated, socialized, speaking a certain language. My society and my language existed before me, and as far as they are concerned, I am superfluous. It is through my many-faceted world into which we are born that we acquire our identity. We internalise its norms that enter into our subconscious as absolute standards. We are who we are in virtue of the different beliefs and practices, which mark us out as belonging to a particular culture or tradition.

During the last fifteen years, I have taught several times in Mexico City where I met African members of an international Catholic religious order preparing for missionary work in Latin America. One could not question their commitment, but their attitude reminded me irresistibly of Cardinal Lavigerie's dream of combining a Christian spiritual and political kingdom.

Since the Enlightenment, it has become impossible to understand any natural or social phenomenon as constituting an isolated system with its own independent rules and norms. The interrelatedness is unavoidable.

So, we come back to original sin. Here we have divided selves, divided cultures. How are they to enter into dialogue ? When each is essentially divided, how can any individual person or culture claim universal relevance ? Perhaps the only way out comes again from the aged sage, Jean-Paul Sartre : The basic teaching of the Catechism can only be that my freedom stops where yours begins. You must therefore relinquish your freedom when mine begins.

Have I perhaps over-emphasized the Cartesian Cogito ? Yet, as Descartes once put it, our predicament is that we are the children of our fathers, actual or symbolic. We have to move from the certainty of the « I » to the notion of « We », and the question is whether this is really possible. Can we be other than what we are due to our patterns of thought ? Can Westerners avoid treating their own Western consciousness as the norm of truth and morality ?

The comparatively new recognition of the true nature of missionary consciousness was behind the critique of Christian mission in the 1940's and 1950's. Perhaps today we should see the problem differently and ask : Who is the other to whom I am speaking, and what is it that I should communicate to him, so that he can inscribe it in his mind and enable us to share something new ?

The challenge is as difficult as it is undeniable. But we may justly ask, who is the truly weak one, the one who seeks to dominate, or the one who listens while patiently retaining consciousness of his own difference ?

Nor finally, in all talk about conversion, may we forget the enormous influence of political and financial power.

Yours sincerely

V. Y. Mudimbe

The advice given in this letter is only workable if missionaries are wiling to renounce their attitude of superiority, the « certitude of the I », and adopt an attitude of sympathy (Einfühlung). This attitude could clear the way towards the « Other », his cultural and religious practices. The result could indeed have a liberating effect – for Africa and for Christianity as well – which would be able to accept local religious and cultural knowledge as values in their own right, without subjecting them to the Western ratio. It would open up possibilities for a new discursive space in Africa in which the need for discourses of domination and derision no longer exists. Because Mudimbe is particularly responsible for the re-ordering of knowledge about Africa, which is based on genuine cultural relativism, he is also instrumental in furthering this process of liberation, in which Africa, at last, can rid itself of an imposed epistemological order, or of the « smell of the abusive father »[1]. We may call this a « post-missionary epistemology ». These prospects might be regarded as utopia, but they should be taken as a goal of which we must not lose sight.

Mudimbe's critical analysis of the missionary discourse, therefore, could provide the Church with radical orientations in its search for a truly African Christianity. Post-missionary[2] Christianity would finally define the tenets of faith from local African perspectives, because it would be able to recognise the validity of African religious experiences. In applying Mudimbe's propositions, post-missionary Christianity could ultimately become an African Christianity « without fetishes », (Eboussi-Boulaga), in

---

1 V. Y. Mudimbe, *L'Odeur du père. Essai sur les limites de la science et de la vie en Afrique*, Paris, Présence Africaine, 1982.

2 The prefix « post » indicates, on the one hand, the logical and historical link with missionary Christianity, from where it emerged, but on the other hand, it also rejects certain aspects of missionary Christianity.

which the African object of the missionary discourse becomes the subject.

V. Y. Mudimbe, the « archaeologist », has set indispensable signposts on that long and twisted road for missionaries in Africa and beyond.

FRITZ STENGER
Catholic University of East Africa
in Nairobi

SHABA DEUX : LE CHRISTIANISME EN QUESTION

L'œuvre de V. Y. Mudimbe forme un ensemble structuré, dense et cohérent, qui couvre aussi bien la philosophie, la poésie que la fiction romanesque dans un projet de reconquête du droit à la parole par l'Africain sur l'Afrique. C'est en effet une expérience de réappropriation du discours où la réflexion théorique trouve prolongement et expérimentation dans les pratiques littéraires pour une meilleure maîtrise des réseaux de communication. Cette orientation de la recherche confirme l'interdisciplinarité des sciences humaines et confère à l'universitaire congolais une place particulière parmi les écrivains africains de sa génération. Mais la particularité de Mudimbe tient avant tout et surtout à son immense culture, comme le constate à juste titre Bernard Mouralis :

> La philosophie, l'anthropologie, la psychanalyse, la linguistique, la théologie, la philologie ou l'histoire de l'art et une maîtrise impeccable des règles de la rhétorique universitaire font que Mudimbe puisse apparaître, selon le cas, comme un esprit novateur, un gourou ou un surdoué.[1]

Telles sont les ressources intellectuelles que Mudimbe consacre à l'analyse des différentes crises (identitaire, culturelle, politique, économique, sociale, existentielle, etc.) qui sont à l'origine de la « déchirure » de la société africaine actuelle. Il s'en dégage l'impérieuse nécessité d'inventer un nouveau type de vie adapté aux circonstances du moment et d'opérer un réajustement des rapports qui unissent l'Afrique à l'Occident, par l'élaboration d'un discours authentiquement africain sur le monde. C'est dans cette perspective qu'il convient de situer les *Carnets* qui constituent le

---

[1] B. Mouralis, *V. Y. Mudimbe ou le discours, l'écart et l'écriture,* Paris, Présence Africaine, 1990, p. 9.

journal intime de Mère Marie-Gertrude, le personnage central de *Shaba deux*[1].

Une Franciscaine zaïroise de Kolwezi, Mère Marie-Gertrude, tient un dispensaire en pleine guerre du Shaba dans le sud-est du Zaïre. Elle soigne malades et blessés tout en se démarquant de sa communauté religieuse qui ne réalise pas le sens de l'ardeur « de la petite négresse du groupe ». Celle-ci s'avance, résolue et opiniâtre, dans l'accomplissement sans faille de son travail d'infirmière ; elle ignore parfois horaires et règlements, préférant, de ce fait, le rituel de l'humiliation publique (« agenouillement devant la communauté ») au non-respect de la déontologie professionnelle.

Mère Marie-Gertrude est, en réalité, autant attachée à son dispensaire de la cité qu'à son catéchisme à la paroisse Saint-Jean d'Emmaüs, convaincue d'identifier ainsi « progrès humain et cheminement spirituel ». Au plus fort de la guerre, l'unique professe africaine du groupe sera nommée Mère supérieure du couvent pour gérer une communauté en voie de désintégration, bientôt désertée par les Sœurs européennes sous bonne protection militaire dépêchée sur les lieux par la mère-patrie.

Humble mais irréductible dans ses principes et ses options, Mère Marie-Gertrude s'acquitte de ses devoirs patriotiques en grande citoyenne et assume ses fonctions religieuses avec ferveur et dévotion. Seule à l'œuvre, solidaire de son peuple et fidèle à Dieu, l'héroïne fait la nique à ses bourreaux en acceptant sereinement l'ignoble martyre.

LE CHOIX DE MÈRE MARIE-GERTRUDE

Le récit de Mudimbe se compose d'extraits du journal intime de Mère Marie-Gertrude couvrant la période du 28 mai au 29 juin, à une époque particulièrement troublée par la seconde guerre du Shaba vers la fin des années soixante-dix. Les impressions et les réflexions contenues dans les *Carnets* de la religieuse zaïroise révèlent une conscience profondément douloureuse qui s'interroge sur la manière dont l'Église et l'État se comportent face à la crise –

[1] V. Y. Mudimbe, *Shaba deux. Les Carnets de Mère Marie-Gertrude*, Paris, Présence Africaine, 1989.

les communautés religieuses se délectent de délices des couvents, totalement coupées des tragédies du milieu pendant que les forces armées gouvernementales se livrent aux pires exactions contre la population, au nom de la raison d'État. Cette dramatique situation pousse Mère Marie-Gertrude à choisir son camp, celui des victimes. Le choix et le comportement de la jeune religieuse procèdent des motivations qui l'ont conduite dans les ordres : continuer le témoignage d'amour, de générosité et de service hérité de son professeur de littérature au lycée, Sœur Angélique, morte prématurément dans une noyade :

> J'ai rencontré Sœur Angélique lorsque j'étais en troisième gréco-latine. Une femme remarquable : jeune, ouverte, et surtout, oh surtout généreuse. Elle m'a donné le goût de la littérature et le sens de la beauté. Notre vie, disait-elle, devrait être parfaite et lumineuse à l'instar d'une période cicéronienne. [...] Une voix pure. Une lame de lumière. Elle était belle. Je fus transpercée sur le coup. Je décidai d'être comme elle. Pour rayonner d'une passion aussi vibrante. Et quand, une année plus tard, au retour des vacances de Noël, on nous apprit qu'elle s'était noyée je me promis, dans le silence de mon cœur, de devenir Franciscaine afin de continuer son témoignage.[1]

Les apparences séduisantes de la période probatoire et du noviciat terminées, la jeune professe doit affronter les exigences de la vie rythmique du couvent franciscain : obéissance, prière, recueillement, méditation, contemplation. Les principes institutionnels de sa communauté ne lui donnent pas l'opportunité de réaliser son projet initial basé sur une religiosité attentive aux aspirations de l'homme, non seulement spirituelles mais aussi matérielles ; c'est-à-dire un engagement dans le concret par l'action. Sœur Véronique, maîtresse des novices, avec qui elle entretient des relations confidentielles, lui rappelle constamment la philosophie de la congrégation :

> Marie-Gertrude. Voyez-vous, une communauté comme la nôtre est pour moi une maison de prière. C'est cela ou rien.

---

[1] *Idem*, pp. 36-37.

> L'action n'est pas essentielle à notre vocation de Franciscaines.[1]

Les convictions personnelles de Mère Marie-Gertrude et les sollicitations de la société environnante ne s'inscrivent pas dans la logique fondamentale d'une telle communauté missionnaire. Le vécu socioculturel de la religieuse africaine, la perception de ses rapports à Dieu, son interprétation du message évangélique l'inclinent plutôt à une grande sensibilité pour les initiatives visant à transformer le réel afin d'améliorer les conditions de vie des déshérités. « J'ai appris à coller à la réalité. La voie choisie reflétait la vérité. Une vérité plus exactement. Je l'acceptais comme signe et attirance. Elle m'accomplissait »[2]. On l'aura donc compris, s'il n'y a pas « divorce » consommé entre Mère Marie-Gertrude et sa communauté, il y a sûrement divergence.

En réalité, la Franciscaine zaïroise se sent mal à l'aise dans la vie ascétique, solitaire et très austère du couvent d'Emmaüs, isolée du monde ambiant, plongée dans une pratique religieuse purement contemplative. Seule Marie-Gertrude marque sa différence : « L'action seule, dit-elle, me rend adulte [...]. Oui, c'est vrai, reconnaît-elle, je suis incapable de longues méditations »[3]. La Sœur africaine refuse toute polarisation radicale de la foi entre la contemplation et l'action, entre Marie et Marthe[4], et se déclare attachée à « l'équilibre » des deux modèles, à leur intégration dans son comportement de chrétienne pleinement engagée dans la transformation sociale en solidarité avec les pauvres, les opprimés, les « sans-pouvoir » : « Servir les autres, maintenir leurs vies et les promouvoir est une nécessité naturelle, une condition pour la survie de toute communauté humaine »[5].

Les contradictions constatées au sein de la communauté à propos de l'interprétation et de l'application des vérités révélées poussent Mère Marie-Gertrude dans une totale remise en question des fondements de l'Église, principalement au niveau de la foi, la

---

[1] *Idem*, p. 88.
[2] *Idem*, p. 39.
[3] *Idem*, pp. 37 et 41.
[4] *Cf.* Bible, *Saint-Luc* 10, 3, 6-42.
[5] *Shaba deux*, p. 35.

religion, le dogme chrétien, mais aussi en ce qui concerne la théologie dans ses expressions théoriques comme dans ses propositions pratiques. À son entrée en religion, Mère Marie-Gertrude connaît vaguement l'organisation et le fonctionnement de sa congrégation. La beauté des cérémonies d'accueil et les privilèges matériels voilent les contraintes de la Maison. Aussi, les contrastes entre l'apparence et la réalité désarçonnent-ils la jeune religieuse. Ici commence donc un pèlerinage angoissant pour elle, aux confins de la conscience spirituelle à la recherche du visage de Dieu dans un univers extraordinaire, en profonde rupture par rapport à ses références socioculturelles habituelles. D'où une longue et pénible introspection, silencieuse, pesante, sensiblement accaparante aux limites du fantastique, voire du fantasmatique :

> Jésus, bien en pierre, me semblait une partition d'un autre monde : il était, très clairement, le domaine d'une exploration impossible. J'étais une somnambule, fascinée par un silence.[1]

Revenue à la réalité, Mère Marie-Gertrude confirme sa conviction : l'universalité de l'Église n'a de sens que si elle s'érige sur une plate-forme de générosité qui est l'un des témoignages fondamentaux de l'Évangile chrétien. Celui-ci se traduit par le paradigme de la Foi qui est Amour, « symbole de la permanence et de la continuité de toute espérance »[2]. La religieuse trouve réconfort et soutien dans les enseignements du Dominicain Père Marc lorsqu'il proclame : « Personne ne nous montre la voie à prendre... La Vérité reste à la hauteur de nos choix et de notre liberté »[3].

Mère Marie-Gertrude peut alors se lancer à la quête de l'Absolu, de Dieu, dans l'observance scrupuleuse des vertus théologales, toujours portées à la perfection. Sa relation à Dieu, presque personnalisée, est empreinte d'une sublime assurance de confiance réciproque. Elle glisse dans une sorte de transfiguration, d'émerveillement, d'emballement vers un univers surréel,

---

1 *Idem*, p. 41.
2 *Idem*, p. 40.
3 *Idem*, p. 39.

paradisiaque, où s'estompent puis cessent les préoccupations quotidiennes :

> J'étais simplement, pleinement, heureuse dans la patience de la nuit. Infiniment... à l'aise dans le scintillement d'une flamme. Pour la première fois de ma vie, j'ai pensé : oui, les battements de mon cœur ont parfaitement épousé le rythme de mon sang... et j'aimerais rester ainsi au-delà de l'opposition entre l'extérieur et l'intérieur.[1]

Si Mère Marie-Gertrude accède par un effort personnel à la plénitude de la liberté intérieure, elle évolue néanmoins dans un cadre de vie contraignant qui ne reconnaît point sa maturité spirituelle.

UN MATERNAGE MAL VÉCU

L'étape du noviciat a été pour Mère Marie-Gertrude un moment de grande exaltation où l'éclat et la splendeur de la vocation ont occulté la rigueur de la vie religieuse, surtout en Ordre contemplatif. Dans un secret confidentiel scellé en une enveloppe et présenté à l'offertoire la veille de ses premiers vœux, la candidate professe a offert sa vie au Seigneur, et Lui a promis fidélité jusqu'à la fin de ses jours. Bien qu'admise dans la communauté franciscaine, l'initiation spirituelle de « la petite négresse » se poursuit, plus éprouvante qu'au départ, car Mère Laetitia, supérieure du couvent, doute toujours de sa sincérité. Elle la place sous la haute responsabilité du Père Gasemans qui devient à la fois son confesseur et son directeur de conscience. Il tempère ses passions, dissipe ses angoisses, calme ses inquiétudes, et la prédispose à accepter les décisions disciplinaires prises à son endroit par la Mère Supérieure : « Les voies de Mère Laetitia, comme celles du Seigneur, sont incompréhensibles et pour votre pénitence, demandez à la Vierge, Mère d'allégresse et de joie, la vertu de sérénité »[2].

---

1 *Idem*, p. 41.
2 *Idem*, p. 14.

Pourtant, Mère Laetitia peut, occasionnellement, paraître bienveillante comme le jour du trentième anniversaire de la naissance de Sœur Marie-Gertrude. Cette dernière a droit à une petite réception à deux, dans les jardins du couvent. La Mère Supérieure la couvre de baisers, les yeux dans les yeux, le cou entre ses mains, et lui glisse à l'oreille : « Ce que vous devez être heureuse d'être née le jour où l'Église célèbre la Bienheureuse Marie, Vierge et Reine. C'est un signe de votre élection. J'ai souri, mal à l'aise, mais contente »[1].

La sollicitude aussi outrée qu'inattendue dont elle est subitement entourée la rend perplexe et l'installe dans une position inconfortable, entre la colère et la joie : « Mes précautions sont tombées et j'ai retrouvé, face à elle, la flamme et les mimiques de l'enfance [...]. Et j'étais assise là, comblée, seule et unique, dans la faveur de la Mère Supérieure. Comme une enfant, bienheureuse »[2].

On perçoit bien la pointe d'ironie. Sœur Marie-Gertrude sait, en effet, qu'il s'agit là d'un conditionnement de mauvais aloi qui laisse entier le climat de suspicion existant entre elle et sa Supérieure ; elle supporte mal la surveillance très serrée de Mère Laetitia. Épiée, traquée, traumatisée, poussée dans ses derniers retranchements, elle flanche parfois dans la crise :

> Je repense à ma crise de la nuit dernière. Quel sens lui donner ? [...] Je respirais profondément, comme si je venais d'échapper à une catastrophe. Mes mains tremblaient légèrement. Une catastrophe ? Non, c'était plutôt le sentiment de libération au sortir d'une surprise.[3]

Le supplice moral atteint son paroxysme avec la visite des Sœurs venues d'Europe, en mission d'inspection pour évaluer les retombées des modifications intervenues à la suite du concile Vatican II. Tout le monde sera reçu et interrogé. Mère Marie-Gertrude, mise sur la sellette, oppose la réserve scrupuleuse à l'exaspérant questionnaire des enquêteuses intriguées par sa persévérance dans la vocation.

---

1 *Idem*, p. 22.
2 *Idem*, pp. 22-23.
3 *Idem*, pp. 29-30.

> Dès l'accueil, je me suis sentie mal à l'aise et, à peine assise, je me suis renfermée. Je semblais pour elles n'être qu'une curiosité : « Notre chère professe africaine... » En somme, un objet extraordinaire. Ma longévité au couvent tenait du mystère. « Êtes-vous réellement épanouie ? » Je suis remontée dans ma chambre, exaspérée. Leur condescendance me parut du coup affreuse [...]. Je me suis agenouillée. Des larmes vinrent, abondantes.[1]

La petite négresse

> vit une dramatique déréliction : seule africaine en ces lieux, mise en évidence par sa peau et ses activités extra-religieuses, et constamment ravagée par les regards curieux : j'ai mis du temps pour comprendre que, pour certaines de mes consœurs, j'étais simplement un prétexte exotique.[2]

Parfois punie à cause de ses rentrées tardives, mais tenace, singularisée par sa longévité exceptionnelle dans la vocation, Mère Marie-Gertrude apparaît comme un cas à part, à l'écart. En marge de l'orientation exclusivement contemplative de sa congrégation, elle s'est choisi sa propre interprétation de la foi, sa propre pratique de la pastorale chrétienne. En toute liberté. Le principe de vie de Mère Marie-Gertrude est clair : le cheminement spirituel est inséparable du progrès matériel. C'est dans le but de concrétiser cette idée-force qu'elle travaille successivement au dispensaire de la cité et à l'église Saint-Jean d'Emmaüs. Deux lieux, deux symboles : Jacqueline et Anita.

> La petite Jacqueline souffre d'une affreuse leucémie : fatalement condamnée, ses jours sont comptés mais elle veut ignorer la triste réalité : la mort prochaine. Lucide et sereine dans les ultimes instants, elle mène une lutte héroïque contre la mort ; en la banalisant, elle la vainc...spirituellement : Je dois mourir...Tous, nous devons mourir... Qu'y a-t-il d'anormal à cela ?[3]

---

[1] *Idem*, p. 26.
[2] *Idem*, p. 39.
[3] *Idem*, pp. 48-49.

Mais « Jackie » trouve injuste la souffrance qui précède la fin de la vie : elle interroge : « Pourquoi, ma sœur, pourquoi est-ce que je dois souffrir tant ? Ça me fait très mal... »[1]. À travers la tragique expérience de la longue agonie et du décès de l'enfant, Mère Marie-Gertrude découvre le mystère de la mort, la condition humaine dans ses expressions les plus absurdes : « Ce soir le doute me revient : pourquoi cette enfant ? Pourquoi elle ? »[2] La douleur ressentie par l'infirmière est à la mesure de la grande amitié qui la liait à la brave « Jackie », incarnation de l'innocence la plus candide :

> J'eus l'impression qu'avec elle je perdais une part de moi-même. Jamais auparavant l'idée ne m'était venue avec pareille insistance. Jacqueline aurait pu être mon enfant. Elle m'aimait, je l'aimais et elle m'est arrachée.[3]

L'irréparable perte de Jacqueline entraîne Mère Marie-Gertrude dans une réflexion critique sur son statut de religieuse célibataire, astreinte à la virginité et à la chasteté. Elle remarque avec quelque amertume qu'elle ne pourra guère s'inscrire dans l'avenir à travers une descendance, alors que sa nature sexuelle (le cycle menstruel) lui rappelle constamment sa capacité de fécondité et la possibilité d'une maternité physique. Mais, pour elle, l'engagement par le don de soi implique privation, renoncement et sacrifice, car « soumettre la chair à l'esprit conduit, à coup sûr, à la plénitude de la générosité »[4]. La générosité, l'amour et la solidarité constituent, en effet, les principes de base du grand dessein de Mère Marie-Gertrude pour son peuple qu'elle souhaite voir délivré de la pauvreté tant physique que spirituelle. Face aux flagrantes inégalités sociales qui caractérisent Kolwezi et ses environs, elle projette : « Les villages alentour prendront un jour l'air de Kolwezi et la cité se parera de jardins et de belles rues ombragées »[5].

Tout compte fait, Mère Marie-Gertrude est persuadée que la manière de vivre la foi ne peut nullement être une recette

---

[1] *Idem*, p. 19.
[2] *Ibidem*.
[3] *Idem*, p. 64.
[4] *Idem*, p. 65.
[5] *Idem*, p. 12.

universelle, encore moins une théorie spéculative et abstraite circonscrite à l'intérieur des couvents sans réelles attaches sociales. Sa foi, qui se veut agissante, est tournée vers le témoignage et l'engagement concret dans le vécu quotidien de la société parce que, croit-elle, le Seigneur se situe « aux extrémités de notre expérience humaine : au commencement de la vie et dans l'achèvement de la création [...]. Dieu n'est pas une ombre sur le monde et nos existences, mais le cœur et le génie de sa propre création »[1]. Tel est le sens que la religieuse africaine donne à la vocation chrétienne qui doit être servante de la foi, mais aussi soucieuse de l'accomplissement du destin de l'homme.

LA MISSION INACHEVÉE

Le moment fatidique de l'itinéraire de Mère Marie-Gertrude est sans conteste l'épisode de la guerre civile où les événements se précipitent à un rythme accéléré avec leur cortège de haines, de trahisons, de terreurs et de tueries, tandis que les communautés religieuses se désintègrent dans la confusion totale. La mesure interdisant les sorties aux Sœurs, prise par la Mère Supérieure, empêche l'infirmière d'effectuer ses visites aux malades du dispensaire de la Cité. Affectée à la bibliothèque, où elle époussette et range les livres, Mère Marie-Gertrude fulmine de colère : « je suis infirmière, et africaine. Je ferais bien mon nid au milieu des blessés. Ils sont, probablement, de part et d'autre, des miens. D'être religieuse donnerait raison et un sens à ma présence »[2].

Cette révolte, à peine étouffée par le souvenir du serment d'obéissance, montre à quel point la tension psychologique déstabilise moralement la jeune religieuse : elle veut à tout prix partager les misères, les tourments, les tortures, bref, les affres de la guerre avec les siens, et sauver quelques vies humaines :

> J'acceptais de prendre en charge la rage des assassins, la peur des pourchassés, le chagrin des enfants et la misère des veuves. Je le sais : cette haine qui rôde dans la nuit de cette

---

1 *Idem*, p. 130.
2 *Idem*, p. 75.

> ville me déchiquettera, mais je me sais aussi un oratoire de Sa présence.[1]

Mère Marie-Gertrude reprend ainsi son travail au dispensaire, tandis que ses consœurs se barricadent au couvent en attendant leur évacuation vers l'Europe. La fuite des Sœurs européennes de Kolwezi symbolise l'échec de leur mission évangélisatrice dans la région. La cession de la direction de la communauté franciscaine à Mère Marie-Gertrude, jeune professe inexpérimentée qui, en réalité, n'a été qu'une infirmière depuis son entrée au couvent, illustre suffisamment la précarité d'une évangélisation bâclée, jamais adaptée au milieu :

> La Supérieure s'est avancée vers moi et a posé sa main droite sur ma tête en signe de bénédiction. Je me suis levée, convaincue qu'elle me damnait. Elle m'abandonnait en m'enroulant dans une tâche impossible. Je ne suis qu'une infirmière [...]. Rien ne m'y a préparée. J'ignore tout, mais absolument tout de la gestion d'une communauté. Plus encore, comment pourrais-je guider d'autres âmes, lorsque je suis tant en difficulté avec la mienne propre ?[2]

La cérémonie de consécration de Mère Marie-Gertrude par la Mère Supérieure Laetitia tient de la « farce pure », étant donné que l'officiante et la promue sont conscientes de la futilité des gestes et paroles rituels face à l'impréparation de la nouvelle Mère Supérieure vis-à-vis de ses responsabilités, ce qui hypothèque les chances de succès de sa mission. Il n'est donc pas surprenant de constater que la scène se déroule en larmes et sanglots – « Mon air hagard face à sa maîtrise signifiait une bien pauvre succession. C'est alors que je perçus deux perles de larmes dans ses yeux... Et je me suis mise à sangloter de plus belle... »[3]. Un peu plus tard, la cérémonie des adieux viendra souligner le rendez-vous manqué – entre le christianisme et l'africanité – incarné par la difficile coexistence entre les Sœurs européennes et l'unique Africaine du groupe – « Les Sœurs étaient déjà dans la camionnette. Des

---

1 *Idem*, p. 142.
2 *Idem*, p. 96.
3 *Idem*, pp. 96-97.

militaires européens, armes au poing, allaient et venaient. Je levai la main vers les Sœurs. Aucune réponse »[1].

La rupture consommée, Mère Marie-Gertrude, avec comme seules armes sa foi inébranlable en Dieu et son courage exceptionnel, tente de remodeler une communauté en déliquescence, déchirée par des querelles politiques, jusqu'à l'évêché où une réunion pour la reconstruction se mue en confrontation entre le clergé autochtone et quelques missionnaires européens décidés à rester au service du diocèse :

> Vous voyez, Monseigneur, dit un prêtre noir, vous ne pouvez pas compter sur les colonialistes [...]. Vous ne connaissez pas ces gens-là ! Les jésuites ont un pacte avec le diable en personne... Ce sont les pires de tous les colonialistes...[2]

Le torchon brûle également entre, d'une part, les religieuses des différentes congrégations en mal de cohabitation, réunies au couvent d'Emmaüs et, d'autre part, les novices noires entre elles. Au nom de l'amour et de la vérité, Sœur Marie-Cécile, en réaction aux propos injurieux tenus par une de ses consœurs envers les rebelles katangais, se déclare rangée aux côtés des « persécutés et des assassinés » et s'élève contre les références suggérées par la Mère Supérieure, relatives à la patience et au jugement de Dieu :

> Ma conscience, ma Mère... J'étais scandalisée qu'il n'y eût personne pour dire la vérité. La radio ment, vous le savez bien. Nous prétendons à la sincérité avec soi, à l'amour au service des autres, tous ces grands sentiments dont on nous rebat les oreilles... [...]. Et puis, je vous prie, laissons Dieu hors de tout ceci, et faisons face à notre condition d'êtres humains parmi d'autres humains que la bêtise, la convoitise, la méchanceté, un goût immodéré du pouvoir condamnent, écrasent, tuent...[3]

---

1 *Idem*, p. 101.
2 *Idem*, pp. 101-102.
3 *Idem*, pp. 135-136 et 137.

Et l'escalade continue : dissensions, trahisons, répressions... Jusqu'à l'arrestation, la torture et l'assassinat de Mère Marie-Gertrude par les soldats gouvernementaux. Avec elle disparaissent « la lame de lumière » et la grande entreprise de réforme de la vie chrétienne en terre africaine de Kolwezi. Et Dieu, que devient-il ? La question de Mudimbe, dans *L'Odeur du père*[1], reste posée.

CONCLUSION

Le journal intime de Mère Marie-Gertrude que *Shaba deux* révèle au lecteur se situe dans l'entreprise de V. Y. Mudimbe de produire une réflexion épistémologique sur les sciences sociales et humaines en Afrique. Il s'agit véritablement d'une prise de conscience qui se traduit par la remise en question du discours « d'extériorité », en vue de réaliser une science « du dedans ». Celle-ci devrait intégrer les réalités du continent africain dans la perspective de réécriture de l'Histoire de l'Afrique, en élaborant un cadre théorique susceptible de générer de nouveaux équilibres pouvant servir de plate-forme pour un développement harmonieux, intégral, auto-centré et auto-entretenu. Le questionnement et les réponses contenus dans les *Carnets* de Mère Marie-Gertrude constituent précisément le reflet de l'effort de libération effective du discours théologique, de l'ambiguïté inhérente à la logique missionnaire, dans son inadaptation au contexte socioculturel de l'Afrique. La religieuse africaine pose ainsi les fondements d'une pratique chrétienne qui incarne, entre autres vertus, la tolérance, l'amour, la générosité, la charité et la solidarité. Sa foi, libre, sincère et responsable, peut être considérée comme une remarquable illustration d'une approche chrétienne qui dépasse le christianisme désincarné, en adoptant la Foi en Jésus-Christ comme seule référence fiable du message évangélique originel. En fait, Mère Marie-Gertrude voudrait, par sa sensibilité particulière aux « martyrs innocents », sa présence permanente aux côtés des malades, des pauvres et des opprimés, pallier les insuffisances de l'action pastorale et de la morale traditionnelle de l'Église. Ici réside donc toute la problématique du rôle du christianisme en

[1] V. Y. Mudimbe, *L'Odeur du père,* Paris, Présence Africaine, 1982, p. 156.

Afrique dans les erreurs historiques qui caractérisent ses rapports avec les pouvoirs en place, hier coloniaux aujourd'hui autochtones. C'est toute la méthodologie de l'Église, son discours, sa conception de la foi et de la vie chrétienne qui sont en cause « Toutes ces métaphores travaillées par des siècles de théologie et de philosophie ne me parlent pas assez »[1], déclare Mudimbe. Il souligne le bilan négatif de la politique missionnaire en Afrique, lorsqu'il conclut, péremptoirement :

> Le missionnaire, ai-je dit, n'a strictement rien à dire au païen. Je ne vois pas non plus ce que pourrait me dire le théologien ou le prêtre africain. J'affirme mon irréductibilité face à leur existence et aimerais m'attendre à ce qu'ils fassent de même. La différence, une différence essentielle, me situe et me pose comme une existence face au missionnaire, mais également face à mes frères de race, prêtres ou chrétiens : nous n'avons rien à nous communiquer si ce n'est la pesanteur et la confusion du silence qui nous condamnent au repli sur nous-mêmes.[2]

L'auteur de *Shaba deux* illustre cette situation à travers les mésaventures des communautés religieuses installées à Kolwezi. Est-il permis de penser que le style de Mère Marie-Gertrude, alliant progrès matériel et avancée spirituelle, fonde quelque raison d'espérer l'instauration en Afrique d'une Église chrétienne réconciliée avec l'africanité ? La tâche paraît difficile car la politique d'africanisation mise en œuvre par l'Église à la suite des décisions de Vatican II ne semble pas avoir donné les résultats escomptés. Et pourtant, c'est une question de vie ou de mort d'après Agossou : « Sous peine de périr, l'Église en Afrique est mise en demeure de s'africaniser, dans ses cadres hiérarchiques et laïques, dans son mode d'expression, dans sa liturgie, dans sa théologie »[3]. Pour Mudimbe, les initiatives dans ce sens n'ont été, jusqu'à présent, qu'un leurre, une tentative de « tropicalisation » qui, par ses ouvertures timides aux pesanteurs et formes africaines

---

1 *Shaba deux*, p. 39.
2 *L'Odeur du père*, p. 71.
3 M.-J. Agossou, *Christianisme africain*, Paris, Karthala, 1987, p. 128.

de vivre, n'est finalement qu'un épiphénomène, un simulacre de solution au problème crucial posé. Le christianisme, selon lui, demeure fondamentalement conservateur et n'acceptera jamais l'indigénisation. Il réfute en conséquence l'africanisation de façade limitée aux tam-tams, chorégraphies, chants et habits liturgiques qui, loin de symboliser substantiellement le rite africain traditionnel, inclinent plutôt à la folklorisation, au détriment du recueillement. Penseur exigeant, perfectionniste impénitent, Mudimbe plaide pour une approche nouvelle de la théologie adaptée à l'Afrique, dans ses conflits, drames et défis. Une théologie réellement libératrice, génératrice de renouveau spirituel qui valorise, non seulement le culte religieux, mais aussi la culture et la vie du chrétien. À cet unique prix, « une synthèse nouvelle de vie et de pensée chrétienne fidèle à la tradition authentique de l'Église et respectueuse de l'authenticité africaine pourra s'élaborer lentement, progressivement, sûrement »[1]. Tout bien considéré, les *Carnets* de Mère Marie-Gertrude apparaissent comme une fresque réussie de l'exploration des passions les plus personnelles d'un personnage en quête d'une libération, de l'Absolu, de Dieu... C'est une parfaite actualisation de la tradition romanesque du journal intime qui sonde les profondeurs de l'âme afin d'en dégager les sentiments les plus nobles de l'homme, au détour décisif du destin.

ALEXIS KARANGIRA

---

[1] *Ibidem.*

ENTRE LES EAUX DE MUDIMBE OU LE REFUS DE TRAHIR

Vingt-huit ans après sa parution, *Entre les eaux*[1], ce premier roman de Mudimbe, demeure étonnamment d'actualité. Les problèmes soulevés alors sont toujours actuels. En tant que prêtre, comment servir Dieu sans trahir l'homme ? Comment rester fidèle à la religion du colonialiste et répondre en même temps aux légitimes aspirations de son peuple au bien-être, à l'affranchissement de toutes les servitudes ? Comment allier l'obéissance à la norme de l'Église institutionnelle et les exigences de sa propre conscience d'homme ? Comment rester authentiquement africain et profondément croyant ? Croyant de la religion venue à nous par les missionnaires qui se sont embarqués pour l'Afrique dans le même bateau que leurs congénères colonialistes... En effet, mission chrétienne et mission colonisatrice ont souvent travaillé en complicité. Elles ont prétendument travaillé pour civiliser les colonisés. La mission chrétienne polissait les mœurs des indigènes, alors que l'action colonialiste leur apprenait à vivre et à travailler comme des êtres vraiment humains. Vingt-huit ans après le cri de Mudimbe, les problèmes soulevés ont-ils déjà trouvé des solutions ?

Nous savons qu'au cours de l'histoire, bien des Africains ont tranché ces problèmes à leur façon. D'aucuns ont cru qu'on pouvait être et rester authentiquement africain et sincèrement croyant de la religion venue de l'Occident. Certains autres ont pensé que c'étaient là les deux termes de la contradiction. Trancher en faveur d'une branche signifiait exclure l'autre, et vice-versa. On a vu ainsi, dans la réalité cette fois-ci, des prêtres ou des

[1] V. Y. Mudimbe, *Entre les eaux. Dieu, un prêtre, la révolution*, Paris, Présence Africaine, 1973.

séminaristes déserter leur voie au nom de l'authenticité[1] africaine. Par contre, d'autres encore ont cru que cette contradiction[2] était tout ce qu'il y a de faux sur la terre. À leur avis en effet, on pouvait bien concilier ces deux termes : la foi et la soumission à la religion venue d'ailleurs pouvaient très bien s'allier avec la quête d'une réelle authenticité humaine et africaine. Bien des prêtes ont poursuivi leur mission et la poursuivent encore au nom de ce mariage, par surcroît fécond entre la foi au Dieu de Jésus-Christ et la fidélité à la terre africaine. Cependant, il faut le dire dès maintenant, pour bon nombre de prêtres « indigènes » d'Afrique, ce mariage a tout simplement accouché, comme la montagne, d'une souris. On a vu, et on voit encore, sans juger personne, des prêtres « indigènes » d'Afrique en véritable crise d'identité. Ils sont comme des hybrides provenant de ce mariage, des albinos... Réellement, qu'ils le sachent ou non, qu'ils se le disent ou non, ils sont en train de « voguer entre les eaux », comme Pierre Landu, le héros du roman qui nous occupe. Leur vie est devenue pratiquement ce que Cheikh Hamidou Kane nommait « une aventure ambiguë ». Eloi Messi Metogo, théologien africain, observe très adroitement que

> Des prêtres deviennent commerçants ou guérisseurs. Les problèmes d'argent prennent le pas sur les tâches apostoliques. On abomine les prêtres qui partent[3], mais on ferme les yeux sur le concubinage de ceux qui restent.[4]

Cependant, à la différence de Pierre Landu, le prêtre de Mudimbe, si ce n'est Mudimbe lui-même[5], qui s'est courageusement

---

[1] Nous n'utilisons pas le terme d'authenticité dans le sens que lui a donné feu le président Mobutu. L'authenticité signifie la manière profonde et vraie d'être un Africain, fils de sa terre, à laquelle on demeure fidèle.

[2] Ou on est authentiquement africain ou on est profondément chrétien.

[3] Sous-entendu en Occident.

[4] Eloi Messi Metogo, présentation de *À Contretemps. L'enjeu de Dieu en Afrique,* de Fabien Eboussi Boulaga, Paris, Karthala, 1991, p. 7.

[5] Rappelons que Mudimbe a été pendant quelques années de sa jeunesse un moine. Il a vécu dans un monastère du Rwanda jusqu'au jour de sa crise, jour où il a, en bonne et due forme, jeté le froc aux orties.

décidé à saisir le problème à bras-le-corps[1], nombre de prêtres noirs d'Afrique préfèrent plutôt ignorer le problème ou, en tout cas, ne pas s'en préoccuper, se réfugiant dans une fuite en avant : de longues homélies[2] très moralisantes et finalement peu évangéliques, dans la mesure où l'Évangile est d'abord annonce d'un kérygme avant d'être un système de morale, s'il en est un. Des célébrations pompeuses de baptêmes et de mariages au moment où on rechigne à célébrer les funérailles pour le peuple de Dieu. Les conséquences sont incalculables sur la mission desdits prêtres ou tout simplement sur leur être humain. Relire le roman de Mudimbe pourrait les tirer de leur somnolence, ne serait-ce que l'instant d'un cillement.

SOLUTION ET ILLUSIONS DE PIERRE LANDU

Dans une longue lettre adressée à Monseigneur Jaak von Kroes[3], évêque de Makiadi, non pas tellement pour justifier sa « rébellion », mais plutôt pour s'expliquer sur la décision prise[4], Pierre Landu donne les raisons de sa décision de se défroquer, pratiquement[5], afin de rejoindre le maquis. Les maquisards, dont il désire faire partie, mènent une action prétendument révolutionnaire afin de renverser l'impérialisme régnant dans le pays de Pierre Landu. Ils épousent le système marxiste. La violence donc est de mise. Dans le camp, on apprend aux insurgés de la conscience[6], comme Landu, ou tout simplement aux recrutés par la force, à tuer techniquement et à se protéger des coups de l'ennemi.

---

1 Même si la solution adoptée n'en était pas une, comme nous le verrons dans la suite, au moins il a eu le courage de se poser des questions sur la nature profonde de son être prêtre et de son être africain.

2 Il n'est pas rare que des prêtres vous disent, ici chez nous, lorsque vous leur reprochez de tirer les choses en longueur, qu'ils connaissent seulement l'heure du début de la messe et non celle de sa fin.

3 Un évêque missionnaire, de par le nom.

4 « Père, je ne vous écris pas cela pour juger l'action de mes confrères, ni pour justifier ma rébellion. Ma lettre n'est que l'explication d'un cheminement douloureux, d'une division asservissante, d'une pensée attaquée de tous côtés dont la participation à l'action demeurait le seul refuge possible » (*Entre les eaux,* Paris, Présence Africaine, 1973, pp. 139-140 ; réimpression : 1997).

5 Même si, en conclusion de sa lettre, il affirme demeurer « le prêtre fidèle de Jésus-Christ ».

6 Oui, Pierre Landu est d'abord cela : un insurgé de la conscience.

Revenons à la lettre. D'emblée, Pierre Landu s'explique :

> L'effort de maturation intellectuelle que j'ai tenté depuis mon retour de Rome m'a fait comprendre la nécessité de certaines compromissions, pour qu'un témoignage de charité devienne engagement réel grâce à une action utilisant des méthodes objectives. C'est là, me semble-t-il, une nécessité que nous autres prêtres, techniciens théoriques du spirituel, devrions vivre davantage au lieu de la dire seulement. C'est dans ce sens que je comprends saint Jean lorsqu'il écrit : *Qui facit veritatem, venit ad lucem* (3, 21).[1]

Pierre Landu voudrait donc concilier théorie et pratique afin, croit-il, de mieux témoigner de la charité chrétienne. Or, cette conciliation ne peut pas aller sans une grave entorse aux prescriptions canoniques qui régissent la pratique au sein de l'Église. Mis en demeure de choisir, par sa propre conscience, entre la fidélité à l'Église, par l'observance du code de « bonne conduite », le droit canon, et la fidélité à Jésus-Christ, par la solidarité avec son peuple opprimé, Pierre Landu, au terme d'un cheminement douloureux, tranche en faveur de la deuxième branche de l'alternative. Au fond, il est mû par une sincérité de premier rang. Demeurer « le fils soumis » de l'Église lui paraissait une belle façon de trahir sa vocation de chrétien et de prêtre. Par surcroît, ce serait couper le cordon ombilical qui le relie à son peuple, sous peine de rester, comme la chauve-souris, entre deux races sans devoir vraiment être de l'une des deux. Landu voudrait redevenir un Africain authentique, fils de sa terre, frère des fils et des filles de sa terre. Il reconnaît, avec une rare lucidité, que sa longue formation dans l'une des meilleures universités ecclésiastiques de Rome, l'Angelicum, l'a littéralement aliéné. Au terme de ses études, Pierre Landu bardé de diplômes de très haut niveau est armé pour défendre la cause de l'Église, qui est celle de Dieu lui-même. Seulement voilà : il s'est distancié de mille coudées de son peuple. Comme le fils prodigue de l'Évangile, il décide de retourner au logis, chez les siens. Il se sent étranger dans l'Église. Il y a adopté les manières d'être et d'agir, de penser, de parler, de

---

[1] *Entre les eaux*, p. 103.

vivre tout court qui sont propres aux maîtres, alors que lui, ne sera jamais un maître, quoi qu'il fasse. Il y a une fissure terrible au sein de son être profond. Il veut se refaire l'innocence trahie. Il veut redevenir lui-même. Et c'est en redevenant lui-même, croit-il, qu'il sera ce qu'il n'avait pas pu être, malgré les apparences, un disciple et un prêtre de Jésus. Voilà ce qu'il écrit avant de rejoindre le maquis : « Je ne renie pas mon sacerdoce ni ne quitte l'Église »[1].

Mais le sacerdoce et l'Église dont parle Pierre Landu sont purement et simplement imaginaires. De fait, il s'est mis hors de l'Église où le sacerdoce s'exerce en communion avec les évêques. Tout semble donc consommé pour le prêtre malheureux. Son espoir d'atteindre au sacerdoce authentiquement africain et authentiquement ecclésial, si l'on peut ainsi dire, semble d'emblée voué à l'échec. Le tort de Landu est d'avoir voulu concilier l'inconciliable. Au fond, nous sommes en présence d'un idéaliste ou, mieux, d'un utopiste. Et comme tous les utopistes de la terre, il est en train de se leurrer lui-même, de se lester et de se bercer d'illusions, encore que celles-ci lui eussent paru nécessaires pour mobiliser ses énergies et le propulser ainsi en avant. La religion dont il se déclare malgré tout croyant condamne en effet la violence sous toutes ses formes. Et elle la condamne avec la dernière énergie. Pierre Landu paraît donc frappé de myopie. L'histoire de Pierre Landu est au fond le récit d'une triple trahison.

Il trahit d'abord l'Église. Sa décision est prise dans la solitude. Il n'est plus en communion avec ses supérieurs hiérarchiques. Il prend les armes, or le christianisme combat avec les armes de l'amour. Toutefois, notons que les armes à feu, à ce moment précis de l'histoire de son pays, semblaient être pour lui des armes même de l'amour chrétien, les armes d'évangélisation :

> Le Seigneur nous console dans nos afflictions afin que nous soyons en état de consoler en vivant avec ceux qui sont dans la peine. Je ne peux pas hésiter. Rester ici, à la paroisse, serait trahir ma conscience d'Africain et de prêtre. Je choisis

---

[1] *Idem,* p. 24.

> le glaive et le feu pour que, dans un cadre nouveau, les miens Le reconnaissent comme leur.[1]

Donc, pour que les Africains reconnaissent Jésus comme leur, il a fallu à Pierre Landu prendre les armes à feu ! Apparemment, il substitue les armes de l'amour à celles à feu. Même si, comme on l'a vu précédemment, il croit que les deux sortes d'armes, c'est tout comme. Illusion létale de la part d'un pasteur.

Landu trahit ensuite son profond être africain qu'il voulait pourtant recouvrer. L'homme s'aliène toujours lorsqu'il épouse la violence, surtout si celle-ci est aveugle. Pierre Landu est sur ce plan un vrai aliéné. Non pas tellement par l'Occident dont il a adopté le mode de vie et de penser, mais bien par ce choix existentiel qu'il a opéré à un moment donné de son histoire personnelle et de l'histoire de son peuple. L'option pour la violence est en effet ce qu'il y a de plus propre à aliéner l'homme. Landu voudrait se mettre à tuer ses semblables, peu importe qu'ils soient du camp de l'oppresseur, pour être authentiquement africain ! Illusion mortelle de la part d'un Africain intellectuellement bien équipé.

Landu trahit son peuple. Le marxisme, en effet, du moins celui qui s'est fait le champion de la violence aveugle dans le monde, n'a guerre été au service de la promotion des peuples. Sa débâcle mondiale au cours de cette dernière décennie est là pour convaincre même ceux qui, en cette matière, auraient la foi de saint Thomas. L'intention de Pierre Landu était très bonne. Sauf mauvaise foi, on ne mettra pas en doute la sincérité de ses options. Cependant, même la sincérité la plus élevée ne nous préserve pas toujours de l'erreur. « L'enfer est pavé de bonnes intentions », c'est très juste. Le héros malheureux de Mudimbe a donc proprement desservi l'Afrique et son pays, sous prétexte de les libérer du joug oppresseur de l'impérialisme occidental. Illusion mortifère de la part d'un Africain déraciné en quête de son être authentique. On connaît la suite de l'histoire. Au terme d'un parcours douloureux, Pierre Landu se retrouve pratiquement à la case départ. Son cheminement l'a ramené d'où il était parti : dans l'Église. Le roman de Mudimbe s'achève sur la vie monacale de ce prêtre

---

1 *Ibidem.*

africain en errance. Il va se remettre à servir Dieu selon ce que lui ont appris ses maîtres dont il a désavoué les méthodes et la pratique. Certes, on pourra dire que ce n'est pas de gaieté de cœur, et on aura raison. Tout de même, il va le (re)servir...

UNE VOIE DE CONCILIATION...

L'erreur fondamentale du héros de Mudimbe réside à coup sûr dans l'opposition fictive qu'il établit entre le christianisme et les exigences de l'authenticité africaine. Opposition fictive, avons-nous dit, parce que, en réalité, les choses ne se déroulent pas comme il le pense. On peut sincèrement être chrétien et rester profondément africain. Le message chrétien, en ce qu'il a d'essentiel, est humanisant. Certes, certaines interprétations du christianisme peuvent mutiler l'être profond de l'homme. Toutefois, il faut dire que le vrai christianisme plaide pour l'authenticité de l'homme, de tous les hommes selon leurs cultures respectives. Un christianisme qui forcerait l'homme à se renier lui-même et à renier les siens serait la pire des impostures qui puissent exister. La question qu'on est en droit de se poser à ce niveau de l'enquête est celle-ci : Pierre Landu, le héros de Mudimbe, a-t-il compris ce qu'est le christianisme ? De plus, a-t-il compris ce que veut dire être un prêtre dans l'Église catholique ? L'eût-il compris, il ne se serait certainement pas condamné à l'errance, pour ne pas dire à la déchéance. Certes, il s'est posé courageusement des questions fondamentales sur sa foi et son ministère de prêtre. Mais il y a répondu en partant d'une conception erronée de la foi chrétienne et du sacerdoce[1]. On peut être authentiquement africain et véridiquement prêtre de Jésus-Christ, au sein de l'Église catholique. La contradiction de Mudimbe, dans *Entre les eaux*, ne se justifie nullement.

[1] Peut-être, est-ce cette conception qui a poussé l'auteur du roman en question à se défroquer et a présidé à son option pour l'agnosticisme affiché dans son livre autobiographique *Les Corps glorieux des mots et des êtres. Esquisse d'un jardin africain à la bénédictine*, Paris-Montréal, Présence Africaine-Humanitas, 1994.

CE QU'EST LE CHRISTIANISME

Le christianisme est une des religions monothéistes du monde. Il est essentiellement fondé sur la révélation faite à l'humanité par Jésus-Christ, l'homme de Nazareth, il y a deux mille ans. Cette religion, en tout cas en ce qu'elle a de vrai, se propose d'aider l'homme à construire des rapports nouveaux avec, d'une part, Dieu, et, de l'autre, ses semblables. Et les rapports à établir avec les autres hommes sont marqués d'humanité. Le christianisme humanise donc notre manière de nous rapporter aux autres. Un christianisme qui déshumaniserait une société serait la pire des impostures. Au nom de l'homme, on serait en droit de le récuser. Non seulement le christianisme humanise nos rapports réciproques, mais aussi apprend à l'individu à s'humaniser. Cette religion enseigne en effet que Jésus, son fondateur, est venu sur terre pour que l'homme devienne toujours plus, toujours mieux homme. Elle rejoint donc les aspirations les plus profondes de chaque homme. Adopter cette religion, c'est consentir à s'humaniser. Sur le plan individuel donc, si le christianisme auquel on a adhéré mutile l'homme, ce n'est pas du christianisme. Au nom de l'auto-épanouissement de l'homme, il faudrait le récuser.

En outre, le christianisme prône les valeurs sur lesquelles construire une société toujours plus juste, un monde meilleur. Le vrai christianisme est, en effet, une religion de l'égalité fondamentale entre tous les hommes, de la solidarité réelle avec les plus démunis de la terre. Elle ne tolère pas que des hommes écrasent d'autres hommes. Elle plaide pour l'abolition de l'esclavage, du colonialisme, de l'impérialisme, même spirituel. Le christianisme est foncièrement une religion-bouée de sauvetage pour tous les naufragés de l'histoire, un espoir[1] de salut pour tous « les damnés de la terre ».

S'il en est ainsi, alors ou Pierre Landu n'a pas du tout compris sa religion[2], ou tout simplement il avait donné tête baissée dans la caricature de celle-ci. Le vrai christianisme n'est pas la religion du maître, comme le dit le prêtre en crise, mais bien la religion de

---

[1] Non seulement le salut eschatologique ou, si l'on veut, post-historique...

[2] Dans le cas où il l'aurait comprise, il faut alors dire que son adhésion (à elle) n'était pas très sincère.

tous. D'ailleurs, il bannit les rapports maître-esclave. Le christianisme vrai n'aliène pas l'homme, loin de là. Il lui permet de déployer toutes les potentialités d'humanisation qu'il contient en stock dans son être profond. Quand on voit le héros de Mudimbe mal dans sa peau, au propre et au figuré, étranger à lui-même, mutilé donc sur le plan humain, on doit se demander s'il a adhéré sincèrement au christianisme, et à quel christianisme. À notre avis, c'est ici que se nouent et donc devraient se dénouer les problèmes dans lesquels s'embourbe Pierre Landu. Son option pour la révolution armée n'est somme toute qu'une fuite en avant. Or, on le sait bien, le salut n'a jamais résidé dans la fuite en avant. Il eût fallu à Pierre Landu prendre le taureau par les cornes. C'était la seule voie d'issue possible à sa crise.

DES PRÊTRES NOIRS[1] D'AFRIQUE DANS L'IMPASSE ?

Comme Pierre Landu, les prêtres noirs d'Afrique se retrouvent à la croisée des chemins pour ne pas dire au pied du mur. Ils sont sommés de rendre raison d'abord de leur adhésion au christianisme, ensuite de leur choix du ministère sacerdotal. Rendre raison avant tout devant leur conscience. Car il faut avancer dans la vie en sachant d'où l'on vient, où l'on va, et même, plus fondamentalement, pourquoi il faut y aller.

Leur célibat semble ne plus être une « folie », un signe de contradiction pour devenir un objet de scandale public. En ce domaine, les scandales se multiplient au point de cesser d'être scandaleux. Pierre Landu, au moins, obéissait à la loi de l'Église, même si ce fut une obéissance purement extérieure... En Afrique noire, on ne s'étonne plus que le prêtre soit perpétuellement infidèle. On s'étonne plutôt du contraire. « Après tout, c'est un homme, dit-on, en chair et en os, comme tous les hommes ».

Des prêtres noirs, en quête du bien-être matériel, émigrent vers l'Occident et s'y installent pour l'éternité. Pour facilement avoir les papiers, ils enchaînent, les unes après les autres, des études, et parfois des études qui ne serviront jamais à leur ministère. Ceux qui sont restés au pays se transforment en commerçants. Car il faut

---

[1] Nous parlons du prêtre noir en général, régulier ou séculier.

vivre, et on leur donne très peu pour vivre. Sans compter qu'ils sont souvent vus par les gens de leur famille et la ribambelle d'amis et de connaissances comme des pourvoyeurs d'argent et d'autres biens matériels. Ils sont, dit-on, des ministres d'une Église riche, ils doivent alors être généreux. Or, cette Église riche dont les gens parlent encore, est une Église missionnaire qui est en train de céder doucement, mais sûrement sa place à l'Église « indigène ». Et celle-ci, à l'image des pays d'Afrique, est pauvre. Des prêtres noirs n'arrivent pas à gérer de lourdes infrastructures héritées de l'Église missionnaire. Quand un prêtre « indigène » arrive dans une paroisse donnée, en remplacement d'un missionnaire, deux mois après, le dispensaire de la paroisse ferme ses portes. Pas tant par mauvaise gestion, mais parce que le missionnaire parti, la source qui alimentait ledit dispensaire en médicaments et autres matériels a tari. Souvent, les chrétiens d'Occident ou tout simplement les hommes de bonne volonté n'aident que les missions où travaillent les leurs. Et alors, c'est le prêtre « indigène » qui en fait les frais. On l'accuse de ne pas savoir gérer les fonds, d'être moins généreux que son prédécesseur missionnaire... Non, on ne donne que ce qu'on a. En outre, non seulement il ne donne pas, le prêtre autochtone, mais encore il demande à sa paroisse de lui assurer la subsistance, ce que ne faisait jamais le missionnaire. Du temps de celui-ci, ce sont les paroissiens qui vivaient au crochet de l'Église. Maintenant, voilà, c'est le curé qui doit vivre sur le dos de ses chrétiens. Le problème est sérieux. Dans certaines paroisses léguées aux « indigènes » par les missionnaires, on manque même d'argent pour remplacer un tube cassé, une serrure dont la clé tourne dans le vide. Et le prêtre noir est là, abandonné pour ainsi dire à lui-même. Car, en Afrique noire, l'Église était conçue par les chrétiens comme l'Église des Blancs. N'est-ce pas eux qui construisaient les édifices, les entretenaient, les géraient ? Malgré tout ce que l'on dit, l'appartenance, de corps et de cœur, des Africains à l'Église fait encore problème. Et ce n'est pas un problème des moindres. L'Église en Afrique semble être l'Église des autres, pour les Africains.

Inventer les voies d'issue

À l'instar de Pierre Landu, les prêtres noirs d'Afrique sont d'abord invités à voir le problème, à se poser des questions de fond sur la nature et la pratique de leur ministère et à avoir le courage d'y chercher des solutions. Il y a des ruptures douloureuses à opérer, des pas difficiles à faire... Car le prêtre cesse d'être vraiment prêtre s'il trahit son peuple. Landu a refusé de trahir. Il s'est engagé, encore qu'il se fût trompé sur la nature de son engagement pour son peuple. Le refus de trahir poussera le prêtre noir à emprunter les chemins de l'exode. Plutôt que de rester à geindre en accusant les missionnaires de n'avoir pas bien préparé la route... il faut se mettre résolument au travail. Le destin de l'Église d'Afrique est remis dans les mains des prêtres noirs. Le rêve de bien des prêtres noirs : aller en Occident, au moins pour quelques années. Non, il faut rester là où on est. Et pour y rester, il faut rendre viables et épanouissantes les conditions dans lesquelles on travaille pour Dieu et pour son peuple. Le salut n'est pas dans la diversion : l'inflation des mots, la longueur des homélies, les célébrations pompeuses des sacrements. Prenons le temps de réfléchir ; ayons le courage d'opérer des ruptures salutaires.

Le roman de Mudimbe reste donc d'actualité pour les chrétiens et les prêtres d'Afrique noire. Certes, il ne fournit pas de réponses toutes faites aux questions qu'on se pose sur l'identité du prêtre noir et sa mission en Afrique et dans le monde. Cependant, il incite à réfléchir, il montre où sont les problèmes, il force à des choix salutaires, il plaide pour une authenticité humaine et une fidélité à Dieu qui doivent normalement faire bon ménage. Pierre Landu, le héros du roman, n'est certes pas un exemple à suivre dans la manière dont il a tranché la question. Cependant le courage avec lequel il s'est posé des questions vitales peut avoir valeur de paradigme. Il a été animé par le souci d'être vrai dans son ministère, vrai dans son humanité, vrai dans sa manière d'être africain.

Bernard Ilunga
Scolasticat Saint Jean-Bosco
de Kansebula, Lubumbashi

MUDIMBE, *L'ÉCART*
ET LA RELECTURE DE L'HISTOIRE AFRICAINE

Aux écrivains africains, on fait communément le reproche de produire une littérature engagée, d'écrire des œuvres dépouillées des sentiments des personnages, exemptes d'analyse psychologique approfondie, dépourvues de descriptions détaillées, bref de publier des livres sans valeur proprement artistique ou esthétique. Pour ne s'en tenir qu'à l'aspect psychologique de la question, Bernard Mouralis souligne :

> C'est pourquoi on a peine à parler de « psychologie » au sens que la critique traditionnelle donne à ce terme tant celle-ci se trouve informée par le social, car ce qui compte pour l'écrivain négro-africain c'est de dire des choses très simples mais essentielles en raison du contexte qui est le sien.[1]

À l'évidence, la thèse de la tragédie du monde noir, qui remonte à la tragique rencontre avec l'impérialisme européen, est un sujet obsessionnel pour les écrivains africains. La traite négrière, l'esclavage, la colonisation, la néocolonisation, le racisme et autres dénis d'humanité sont les thèmes omniprésents de la littérature négro-africaine qui, de ce fait, a des contours de documents sociologiques, d'essais d'anthropologie, de reportages journalistiques ou tout simplement de traités d'histoire. Le bon goût littéraire au sens où l'entend l'eurocentrisme serait ainsi corrompu par les écrits utilitaires du monde noir, vivante illustration de la littérature de combat. Dans *Les Contre-littératures*, Bernard Mouralis insiste sur la spécificité de la littérature africaine et sa vocation naturelle à revaloriser une culture africaine :

---

[1] Bernard Mouralis, *Les Contre-littératures*, Paris, P.U.F., 1975, p. 177.

> La littérature négro-africaine ne se définit pas seulement par le ton protestataire qui caractérise aussi bien le contenu des œuvres elles-mêmes que le discours critique qui double celles-ci, elle se propose aussi de défendre et de valoriser une culture jusqu'alors ignorée ou systématiquement rabaissée. C'est par là également qu'elle apparaît au lecteur européen comme une littérature différente.[1]

Tout en assumant cet idéal de la littérature engagée, V. Y. Mudimbe, dans *L'Écart*[2], adopte une perspective assez originale par rapport à la production littéraire négro-africaine en général. En effet, *L'Écart* est un roman en forme de journal, un genre qui a connu du succès avec *Une Vie de boy* de Ferdinand Oyono. *L'Écart* se distingue de fait des œuvres précédentes au moins parce que le « je-narrant », Ahmed Nara, a une personnalité trouble. En effet, c'est à travers la personnalité problématique du héros que Mudimbe analyse le drame du continent noir. Les déchirements d'Ahmed Nara sont pour ainsi dire le reflet du tourment collectif des Nègres. Une lecture psychanalytique du récit serait d'autant plus stimulante que le texte porte le titre évocateur de *L'Écart*, concept emprunté au registre de la pathologie mentale. Dès l'avertissement, le narrateur avoue livrer le journal d'Ahmed Nara tel quel. Cet artifice littéraire vise à donner la coloration du vraisemblable au récit, à faire passer l'histoire pour authentique, dans le but de prendre le lecteur au piège de la fiction. Comme il est de règle, le narrateur affirme très modestement : « Seul, le titre du livre – *L'Écart* – est de moi. Il m'a paru ramasser fort heureusement l'interrogation d'Ahmed Nara et le schisme fantastique de son cœur »[3].

Il est de fait que l'on ne parle d'écart que par rapport à la norme. Tout en gardant présente à l'esprit la nature arbitraire de la norme qui n'est rien d'autre qu'une convention sociale qui aurait pu être bien différente, je m'en remets à la définition de la maladie mentale que propose Thomas Szasz dans *Idéologie et folie* :

---

1 *Idem*, p. 181.
2 V. Y. Mudimbe, *L'Écart*, Paris, Présence Africaine, 1979.
3 *Idem*, p. 14.

> Dans nos sociétés contemporaines, on pose donc un diagnostic de la maladie mentale une fois que l'on a pu établir un écart dans la conduite individuelle par rapport à certaines normes psychosociales, morales ou légales. Ce jugement peut être rendu, comme cela se fait en médecine, soit par le patient, soit par le médecin psychiatre, soit par d'autres.[1]

Personnage singulier, Ahmed Nara est taxé de fou par son entourage qui ne comprend pas sa vision du monde. Incompris par ses amis gauchistes à qui il n'arrive pas à faire comprendre la singularité du destin nègre, incapable d'établir une véritable relation d'amour avec Isabelle et Aminata, traumatisé par son enfance misérable et la pauvreté ambiante, grand admirateur de Cioran dont les textes se sont inscrits en lui, Ahmed Nara, malgré les multiples séances de psychothérapie du Dr Sano, est avant tout un marginal. Les multiples rendez-vous avec le psychiatre qui ponctuent tout le récit plongent inéluctablement le lecteur dans un univers psychiatrique.

Par ailleurs, Ahmed Nara inscrit ses relations avec Isabelle sur le registre du pathologique ; leurs différences raciales et culturelles semblent prendre le pas sur une authentique relation amoureuse. Frantz Fanon a longtemps étudié la question de complexe qui mine les relations entre « L'homme de couleur et la Blanche »[2]. De même, Nara assimile l'hospitalité que lui offre Aminata à une séquestration dans un asile psychiatrique. Aussi Ahmed Nara éprouve-t-il toujours du malaise et son être oscille constamment entre le normal et l'anormal.

Du reste, il est conscient de l'étiquette de fou qui lui est accolée, aussi bien par le psychiatre que par la société. Une séance de psychothérapie avec le Dr Sano est révélatrice des malentendus qui entourent l'univers de la maladie mentale. Ahmed Nara accuse :

> Mais dites-moi pourquoi vous vous cachez, Dr Sano... Là, derrière moi... Vous avez peur... Vous voulez vous

---

1 Thomas Szasz, *Idéologie et folie*, Paris, P.U.F., 1976, p. 27.
2 Frantz Fanon, *Peau noire, masques blancs*, Paris, Le Seuil, 1952, pp. 53-68.

> défendre... C'est cela, n'est-ce pas ? – Pourquoi ? – Parce que vous croyez que je suis fou... Oui... Vous, comme tous les autres... Des hypocrites... Nara, par ici... Nara, par là... Dans mon dos... Oh, la, la... Ne dites pas non, Dr Sano... Je ne vous croirais pas... D'ailleurs, je n'ai aucune confiance en vous... Vous mentez, Dr Sano... Vous me mentez... Toujours... Et vos phrases qui ne disent jamais rien... – Vous n'êtes pas fou, Nara..., vous êtes fatigué... La belle affaire...[1]

S'il passe pour un détraqué aux yeux des autres personnages, c'est justement à cause de son intime conviction selon laquelle la renaissance de l'Afrique est tributaire de la redécouverte de son histoire, fondement de sa culture et de son identité. Cette vue, bien entendu, n'est partagée par personne. Camara, le militant communiste enflammé, voit en lui un « historien torturé »[2]. Isabelle, quant à elle, trouve que Nara est un Africain « susceptible »[3], alors que ce dernier ne fait qu'exprimer son « angoisse d'être »[4]. Et Isabelle de le réprimander : « Tu dramatises, Nara. Tu portes ton africanité comme un martyre... »[5]. Cet étiquetage est en réalité une forme de censure contre le discours iconoclaste d'Ahmed Nara. Son entourage veut le réduire au silence tout simplement en se refusant de prêter une oreille à son discours. Chaque fois qu'il essaie de démontrer la singularité du destin nègre et le trafic dont l'histoire africaine est l'objet, il ne rencontre que du dédain. Il est assez paradoxal que le public cible d'Ahmed Nara lui témoigne une si forte hostilité. Camara met en avant la doctrine de Marx qu'il érige d'ailleurs en panacée pour tous les maux de l'humanité, une attitude doctrinaire, voire dogmatique. Saran Koutima a une vision syndicaliste et Marie Astrid est une militante féministe convaincue.

Les thèses socio-politiques, pour progressistes qu'elles soient, peuvent-elles se substituer à l'histoire spécifique de la race noire, une histoire marquée au fer rouge par des calamités insoutenables ? À la rigueur pourrait-on concéder que l'émancipation de

---

1 *L'Écart*, p. 154.
2 *Idem*, p. 75.
3 *Idem*, p. 112.
4 *Idem*, p. 111.
5 *Idem*, p. 116.

l'humanité africaine s'inspire des différents mouvements de contestation fondés sur la lutte de classe, les revendications professionnelles... Mais elle ne saurait en aucun cas s'y dissoudre ni s'y confondre. La race noire ne pourrait être réduite exclusivement à la classe prolétaire, victime du grand capital international. Les ressentiments identitaires couvrent des réalités beaucoup plus complexes. L'évidence de la singularité du destin des Noirs s'impose aux yeux de Nara par une lecture historique. Chercheur en histoire africaine, il travaille depuis dix ans sur une thèse consacrée aux Kouba. Au fil de ses recherches, il se rend compte que les préjugés racistes dans le champ des études africaines passent pour des vérités d'évangile. D'où son ambition de réécrire l'histoire de l'Afrique, dans une perspective qui prendrait à contre pied les falsifications et les contre-vérités des africanistes. Ce projet d'innovation est en soi une subversion des normes courantes, un refus d'acquiescer au discours dominant et de jouer le jeu de la convention sociale et des institutions.

À partir d'ici, le texte littéraire se mue en traité d'histoire et Mudimbe commente longuement un cas flagrant de la légèreté avec laquelle les « savants occidentaux » abordent l'histoire africaine. Nara expose quelques-unes de ses découvertes :

> Pour me distraire de mon fichier, j'ai parcouru le livre de J. Dansine, *Les Anciens royaumes de la Kavana*, aux environs de onze heures. Quelle affaire ! Ce qu'il écrit, sous couvert de la réserve scientifique, est parfaitement étonnant. Il n'y a qu'en histoire africaine que l'on peut considérer l'exercice du silence et l'art de l'allusion comme témoignages de prudence. Je me suis amusé, pour faire rire Salim, à remplacer les Lélé par les Espagnols et les Kouba par les Portugais. Cette substitution produit un texte du plus haut comique qui donne la mesure du sérieux des savants occidentaux versés dans les choses africaines.[1]

Tout se passe comme si l'équilibre mental d'Ahmed Nara était ébranlé par la découverte des subtils mécanismes de domination de l'Occident sur l'Afrique. L'imposture de l'Occident impérial a

---

[1] *Idem*, p. 64.

ainsi recours à l'argument pseudo-scientifique pour asseoir sa domination du continent noir, stratégie de domination d'autant plus machiavélique qu'elle se veut imparable dans ses fondements. Ahmed Nara démonte le subterfuge des « africanistes » et, chose plus troublante, il énonce la thèse africaine. En clair, Ahmed Nara conteste non seulement la légitimité et la justesse du discours africaniste ; mieux encore, il énonce le discours africain. Autrement dit, il y a une véritable lutte pour le Verbe qui oppose les africanistes à l'Africain Nara. Évidemment, l'issue de cette guerre de Verbe a une grande influence sur la destinée du continent noir, l'enjeu de la bataille. Dans *La Folie*, Roland Jaccard insiste sur le pouvoir du Verbe : « Le détenteur du Verbe possède le privilège de définir et de classer ; l'ascendant qu'il exerce par la parole est une reconduction "civilisée" de la contrainte physique »[1].

La dénonciation de l'imposture des africanistes et la prise de parole par l'Africain sont des attitudes peu communes. En ce sens, Ahmed Nara exprime une révolte et, dans une large mesure, il se fait justicier :

> J'aimerais repartir de zéro, reconstruire du tout au tout l'univers de ces peuples : décoloniser les connaissances établies sur eux, remettre à jour des généalogies nouvelles, plus crédibles, et pouvoir avancer une interprétation plus attentive au milieu et à sa véritable histoire.[2]

Par ailleurs, Nara soutient que la « sensibilité »[3] est un élément fondamental dans les études scientifiques, point de vue qui s'oppose à l'opinion commune qui vénère la rigueur et l'objectivité scientifiques. Dans « Savoir et légitimation », Ambroise Kom attire l'attention sur les valeurs ou les anti-valeurs européennes imposées aux peuples colonisés d'Afrique au nom d'une certaine universalité de la science :

> Certes, affirme Kom, la science a l'universel comme vocation. Mais nous savons aujourd'hui combien l'universel est étroitement lié à l'ethnocentrisme et combien ceux qui

---

[1] Roland Jaccard, *La Folie*, Paris, P.U.F., 1979, p. 34.

[2] *L'Écart*, pp. 26-27.

[3] *Idem*, p. 27.

> nous ont vendu cher les valeurs de l'universel ont le plus souvent érigé leurs propres valeurs, pour ne pas dire leurs fantasmes, en système universel.[1]

Sans en donner l'impression, Mudimbe procède ainsi à une radicale remise en cause de l'eurocentrisme et des pseudo-arguments scientifiques qui lui servent de bouclier. La thèse de l'afrocentrisme qu'il propose n'est pas un simple contre-poids à l'eurocentrisme, mais elle s'impose comme un impératif catégorique contre les ambitions des flibustiers de tous poils : « Ces illustres africanistes, comme ils se dénomment entre eux, ne seraient donc que de braves gens en mal de célébrité ? L'Afrique leur permettrait de rêver... Toutes les mystifications aussi »[2].

La question identitaire est une donnée intime à définir par l'Africain lui-même, une réalité qui ne saurait être laissée aux bons soins de l'Autre. Cela est un préalable fondamental pour la maîtrise de la destinée africaine. C'est du moins ce que suggèrent l'obsession d'Ahmed Nara et sa volonté de se rapproprier l'histoire africaine. Cette quête identitaire n'est ni du folklore ni de l'idolâtrie pour les traditions éculées, mais il s'agit de la production d'un contre-discours, de la subversion de la lecture impériale de l'Afrique. Pour grandiose que soit le projet, Ahmed Nara tire ses arguments de sa formation à l'école occidentale et, surtout, il exploite à fond les ressources africaines, notamment l'oralité. Et Ahmed Nara d'expliquer sa démarche et les enjeux :

> Je n'attacherais aucune importance à cet exercice masturbatoire de l'identité à sauvegarder, si je ne savais l'opiniâtre tentation de réussir de mes maîtres comme de mes condisciples d'Occident. L'Afrique vierge et sans archives reconnue par leurs sciences est un terrain idéal pour tous les trafics. La discipline à laquelle m'avaient habitué leurs propres normes me donnait le droit d'exiger autre chose que de belles broderies à propos des civilisations à tradition orale. La vilaine qualification ! Comme s'il y avait

---

1 Ambroise Kom, « Savoir et légitimation », dans *Mots pluriels*, n° 14, juin 2000, p. 9.

2 *L'Écart*, p. 65.

> une culture qui ne fût soutenue souterrainement par la parole ! Comme si le concept d'archive, de tout temps, devait coïncider avec les expressions particulières actualisées par la brève histoire d'Europe.
> – Salim, je serai cruel... J'aimerais être un historien nègre. Je ne peux le devenir en vérité sans être méchant à mon tour.[1]

On le voit bien, le projet d'Ahmed Nara a une portée idéologique à plusieurs égards au moins, parce qu'il choisit de naviguer à contre-courant des idées reçues sur l'histoire africaine, sans compter son sentiment de frustration et son instinct de revanche. Le déni d'humanité aux peuples dominés use des arguments idéologiques autant que scientifiques. Lorsqu'il débusque la falsification de l'histoire africaine par l'Européen à travers une histoire écrite à des fins de domination, Ahmed Nara ironise : « Qu'ils viennent me répéter après cela que l'histoire est une discipline rigoureuse... »[2]. Ce qui est vrai de l'histoire africaine l'est également pour toutes les autres disciplines africanistes faisant partie des humanités : la sociologie, la littérature, la philosophie et l'anthropologie africaines sont autant de domaines qui requièrent une décolonisation, à travers une relecture et une réécriture africaines. Ici, apparaît toute l'importance de la sensibilité, du point de vue de l'appartenance culturelle et raciale dans le domaine des sciences humaines.

Cilas Kemedjio démontre combien l'argument de la rigueur scientifique est un alibi dont se sert Anne-Marie Jeay, anthropologue, pour imposer des vues impériales sur l'Afrique, contrairement à Maryse Condé qui se réfère aux sources africaines. Kemedjio écrit notamment : « Maryse Condé privilégie les relais africains alors que Jeay se réfère presque exclusivement aux Occidentaux. L'Eurocentrisme de Jeay transparaît à travers ses choix bibliographiques »[3]. Pourquoi ne pas l'avouer ? Selon que l'on est Africain ou africaniste, les vues sur l'Afrique peuvent non seulement diverger mais s'opposer diamétralement. Il ne suffit pas

---

1 *Idem*, pp. 66-67.
2 *Idem*, p. 65.
3 Cilas Kemedjio, *De la négritude à la créolité*, Hamburg, L.I.T.-Verlag, 1999, p. 83.

de dénoncer le subterfuge, encore faut-il produire un contre-discours qui restitue l'Afrique dans sa vérité historique. C'est ainsi qu'Ahmed Nara se penche sur l'histoire des Kouba. Cette entreprise de longue haleine requiert patience et persévérance, de même qu'elle est à la fois une passion et un sacerdoce. Pour accomplir cette tâche, Ahmed Nara mène une longue enquête sur près de dix ans, exploite à fond les matériaux de l'oralité et travaille avec assiduité à la Bibliothèque Nationale. Cette entreprise de redécouverte et de renaissance culturelle africaine prend exemple sur les fouilles archéologiques :

> Ne nous fallait-il pas accepter le passé ? Et comment le dire, ce passé, si nous ne pouvons le remonter patiemment, couche après couche ? La rigueur et la prudence extrêmes des archéologues m'ont toujours paru être un bon miroir pour la liberté de Nègres.[1]

Ahmed Nara est confiné dans son statut de malade mental. La conscience d'une nécessaire relecture-réécriture de l'histoire africaine dans une perspective africaine s'accroît. À l'évidence, Ahmed Nara dérange son entourage, peu au fait des problèmes identitaires qu'il soulève. Cette divergence de vue entre Nara et sa société illustre un aspect de la folie telle qu'étudiée par Roland Jaccard :

> Le fou nous rappelle que quelque chose ne va pas dans la rationalité dominante, que derrière la façade se cache une autre réalité ; implicitement, il conteste nos certitudes et dit des choses inopportunes et scandaleuses que nous ne voulons pas écouter.[2]

Ahmed Nara rédige son journal en un jet, au cours d'une nuit d'insomnie. Œuvre d'illuminé ou résultat d'une inspiration divine, le journal d'Ahmed Nara a une valeur testamentaire et symbolique. Son discours africain récuse la thèse africaniste ; fort curieusement, le public africain lui est hostile ; pourtant, ce public est à la fois destinataire et bénéficiaire de ses légitimes revendications. Le

---

1 *L'Écart*, p. 45.

2 Roland Jaccard, *op. cit.*, p. 70.

double rejet d'Ahmed Nara devient plus qu'évident, une situation proche de la double injonction contradictoire. Nara ne se reconnaît ni dans sa société qui ne comprend rien à l'urgence de la relecture de l'histoire africaine ni dans le discours impérial des africanistes.

Par ailleurs, le journal de Nara rapporte parallèlement l'acte d'écriture. Ici, la création romanesque se fait réflexive en ce sens qu'elle semble retournée sur elle-même. La résolution d'écrire arrive au cours d'une nuit d'insomnie, vers dix heures du soir. La rédaction a très souvent l'accent d'un reportage. La narration est simultanée à l'écriture et c'est la voix intérieure du narrateur qui s'entend. On peut relever des exemples tout au long du récit. Mais, les propos de la toute dernière page sont assez éclairants :

> Une lumière vient de s'allumer dans la rue. Là, sur la feuille tournée, une empreinte. Mon pouce qui sue... Je consulte mon cœur... Aucun énoncé précis... Oui, peut-être suis-je vraiment fatigué... Il va être quatre heures du matin... Demain... Seule obligation : le rendez-vous avec Sano... Mon bic se convulse... Qu'il aille au diable...[1]

On l'aura compris, la rédaction du journal se fait en une cadence effrénée : six heures d'horloge ! Tout se passe comme si son auteur voulait livrer la quintessence de son message avant sa mort qui survient juste à la fin de la rédaction ; en même temps, l'acte d'écriture semble avoir un aspect cathartique. Ce décès attire largement l'attention sur le journal même si on ne sait pas toujours à quelle fin Nara destinait ses écrits. Hormis la solide formation intellectuelle de son auteur, ce journal correspond point par point à la définition que donne Michel Thévoz des « écrits bruts ». Dans *Le Langage de la rupture*, on peut lire :

> On considérera comme écrits bruts des textes produits par des personnes non cultivées, ignorant (volontairement ou non) les modèles du passé, indifférentes aux règles du bien-écrire, totalement étrangères par conséquent à l'institution littéraire, au monde des éditeurs, des critiques et des lecteurs, et n'ayant de rapport avec le livre, la revue ou le journal, que celui, très détendu, des gens du commun.

---

[1] *L'Écart*, p. 158.

> Encore les auteurs d'écrits bruts se soucient-ils *moins* que les gens du commun d'être entendus, de *communiquer* leur pensée ; ils se sentiraient plutôt trahis par n'importe quelle forme de communication. Pour cette raison, ils se mettent en marge de la société, hors des normes, courant ainsi le risque d'être considérés comme mentalement malades – ce qui leur vaut dans bien des cas la détention psychiatrique.[1]

À propos, il serait juste de parler d'écart en termes d'« écrits bruts » au sens où l'entend Michel Thévoz. En effet, il y aurait à redire sur la littérarité du récit, car la fluidité et le raffinement stylistiques font cruellement défaut au texte. *L'Écart* offre pour ainsi dire un style heurté et haché à souhait, ce qui ne manque pas de donner au lecteur l'impression du premier jet ou de première mouture. Le texte semble livré en l'état, c'est du reste un aveu de l'avertissement que l'on est tenté de prendre au pied de la lettre.

Par ailleurs, le fond et l'intrigue sont bien enchevêtrés. Plusieurs intrigues sont menées de front et les personnages s'entremêlent de façon bien confuse. Par exemple, Isabelle et Aminata ont strictement le même rôle actantiel, pourtant il s'agit de deux personnages bien différents. Le récit passe de l'une à l'autre sans ménager la transition. La confusion installée dans l'esprit du narrateur est ainsi reflétée au niveau du langage et de la structure romanesque. Et le lecteur peine à débrouiller l'écheveau du récit même en cas de relecture. De même, le style haché et heurté du roman laisse croire que le désordre et l'irrationnel seraient porteurs de sens. Récit éclaté, *L'Écart* se déroule de façon non linéaire, avec une évidente discontinuité. Tout se passe comme si l'auteur livrait en vrac les pièces d'un puzzle à la sagacité des lecteurs. Les lectures et les interprétations peuvent se multiplier à l'évidence sans s'exclure les unes les autres. Ce paradoxe constitue sans aucun doute un des charmes du texte qui résiste justement à la lecture et à l'interprétation, du moins, si on le compare au *Bel immonde* qui le précède.

Cette structure éclatée symboliserait l'écartèlement du « je-narrant » dont la personnalité, à l'instar des morceaux d'un miroir

---

[1] Michel Thevoz, *Le Langage de la rupture*, Paris, P.U.F., 1978, p. 11.

brisé, se prête à plusieurs lectures. Le journal multiplie les perspectives de lecture de la personnalité d'Ahmed Nara sans en favoriser une seule : son enfance misérable et quelques traumatismes dans le cadre familial, les tourments de cinq années d'études en Europe, l'impossible amour avec Isabelle et Aminata, les différends idéologiques avec ses amis, sa passion pour l'histoire africaine falsifiée par une Europe en mal de colonisation, etc. Il est assez difficile d'établir avec exactitude les relations de cause à effet entre ces données et l'état psychiatrique du personnage.

Si j'ai privilégié la piste de la passion d'Ahmed Nara pour la relecture-réécriture de l'histoire africaine, c'est que le sujet semble constituer une solide plate-forme pour le débat sur l'afrocentrisme, véritable passerelle entre la fiction et la réalité. Il s'agit de toute évidence de l'obsession majeure du « je-narrant » qui, de par sa forte récurrence dans le texte, renvoie les autres pistes de lecture au second plan sans pour autant les renier. La démarche de Mudimbe dans *L'Écart* semble hautement symbolique et métaphorique, du moment où il y a une réelle connivence entre le texte de fiction et le contexte africain, entre l'écriture éclatée et la structure fort complexe du récit, entre le discours sur l'histoire africaine et la question identitaire.

ANDRÉ DJIFFACK
University of Oregon

DEUXIÈME PARTIE

DISCOURS LITTÉRAIRE ET SOCIAL SUR L'AFRIQUE

THÉÂTRE CONGOLAIS
ET RÉÉCRITURE DE L'HISTOIRE NATIONALE

La réécriture de l'histoire nationale apparaît au début des années soixante-dix, comme une des exigences des temps nouveaux. Un assez grand nombre de chercheurs mettent entre parenthèses la question de la validité des méthodes classiques de l'Histoire et s'engagent à promouvoir une pratique de l'Histoire africaine « qui, à l'expérience, et de ses propres faits, note V. Y. Mudimbe, serait susceptible de faire surgir sa propre théorie générale, sa propre "idéologie" de l'Histoire »[1]. Ils donnent ainsi corps au vœu que Patrice Emery Lumumba formait au seuil des indépendances africaines : « L'Afrique écrira sa propre histoire ». Le théâtre apparaîtra aussi comme le lieu de résonance et d'amplification de ce rêve. Les pièces d'inspiration historique fleurissent sur toutes les planches. Elles s'engagent dans deux voies différentes mais complémentaires : l'évocation de grandes figures du passé et la relecture critique de mythes anciens.

LES GRANDES FIGURES DU PASSÉ

Les auteurs de théâtre congolais se plaisent à évoquer, chacun dans sa vérité, de grandes figures historiques : Ngongo Lutete, l'allié des Arabes dans la traite négrière, exécuté par l'autorité belge en septembre 1893 pour avoir tourné ses armes contre elle ; M'Siri, de son nom de naissance Ngelengwa, né vers 1830, proclamé roi du Garengaze vers 1869 après qu'il eut réuni sous son contrôle les divers chefs locaux ; il est tué le 20 décembre 1891 par le Capitaine Bodson dans des circonstances encore obscures aujourd'hui. À ces grandes figures se joint celle de Simon

---

1 V. Y. Mudimbe, « Message du Doyen de la Faculté des Lettres », dans *Likundoli. Enquêtes d'Histoire Zaïroise*, Lubumbashi, n° 1, 1972, 1, p. 1.

Kimbangu né vers 1881 et mort en 1950, prophète de Nkamba, la Nouvelle Jérusalem.

Valérien Mutombo-Diba N'Funi (né en 1944), l'un des animateurs de la troupe de l'Union Générale des Arts, de la Musique et de la Culture (UGAMC), fait de l'histoire des peuples du Katanga la matière essentielle de son œuvre. Dans sa pièce *Tamouré et les Seigneurs du Garengaze* dont la première représentation remonte à novembre 1967, il met en scène un jeune homme du nom de Tamouré, venu du Garengaze et déterminé à venger sa famille naguère massacrée par le seigneur Lewana. Aidé par le seigneur Sakiallo, le jeune Tamouré obtient de M'Siri la condamnation de Lewana en même temps qu'il apprend que sa sœur, jadis enlevée par ce dernier, est devenue la reine du Garengaze.

On observe, à la suite de Robert Cornevin, que dans *Tamouré et les Seigneurs du Garengaze* « le personnage central de M'Siri seul correspond au passé traditionnel »[1]. On peut en déduire que la base historique de *Tamouré et les Seigneurs du Garengaze* n'est pas assurée. En revanche, celle d'*Un Trône à trois* du même auteur, créé en 1969, paraît plus solide. Mutombo-Diba nous y introduit dans l'empire lunda au XVIIe siècle, du temps de Konde, fils de Yala Mwaku, le premier grand chef lunda. Konde est père de trois enfants, deux garçons et une fille. Avant de mourir il désigne sa fille Lueji pour lui succéder à la tête de la confédération des peuples lunda. Frustré d'avoir été évincés du trône, les deux frères Tshinguli et Tshiniama livrent un combat sans merci à leur sœur. Mais aidée par le conseiller N'Fan et le chasseur Ilunga Tshibinda – frère ou neveu d'Ilunga Mbili, le fondateur du royaume luba – Lueji contraint Tshinguli et Tshiniama à quitter l'empire. Son mariage avec le chasseur marque le début de l'âge d'or de l'empire lunda.

En examinant *Un Trône à trois* du point de vue historique, on s'aperçoit de la présence dans sa trame, des personnages dont l'existence n'est guère attestée dans les chroniques du peuple lunda ; il s'agit de Mushid et du conseiller N'Fan. L'intérêt de la

[1] Robert Cornevin, *Histoire du Congo Léopoldville-Kinshasa (des origines préhistoriques à la République démocratique du Congo)*, Paris, Éditions Berger-Levrault, 1970, p. 337 (troisième édition revue et augmentée).

pièce ne réside pas dans l'apparition de ces personnages du reste épisodiques, mais dans l'intrigue de base – qui n'est rien d'autre que le conflit des droits – dont les principaux acteurs appartiennent à l'histoire : l'empereur Konde, ses enfants Tshinguli, Tshiniama et Lueji, son épouse la reine-mère Lukonkesha et le chasseur Ilunga Tshibinda.

La question de l'historicité des événements narrés, posée par Mutombo-Diba, a été également soulevée à l'occasion de la représentation, en 1973, de *Simon Kimbangu ou le messie noir*[1] du poète Elebe Lisembe. Celui-ci se proposait de retracer fidèlement la vie du prophète. On peut en effet lire dans une Note de l'auteur :

> [...] je ne me suis permis aucune fantaisie avec la vérité historique. Les personnages de la pièce ont existé réellement, et leur action est conforme au rôle qu'ils ont effectivement joué dans ce drame. Les noms des personnages sont ceux que j'ai trouvé [*sic*] dans des ouvrages et documents consultés (p. 11).

Conscient des exigences de la dramaturgie, qui ne consistent pas à raconter mais plutôt à transposer le récit en action, Elebe a abrégé la relation de quelques événements sans pour autant en trahir l'authenticité. Les réserves des kimbanguistes à l'égard d'un certain nombre d'idées et d'événements exposés ou décrits dans la pièce, ont montré que « les épisodes de la vie du prophète tels qu'ils se sont déroulés n'ont pas été repris fidèlement »[2]. Mais la mise au point du Théâtre de la Colline, l'interprète de *Simon Kimbangu ou le messie noir*, revêt une importance capitale en matière de création littéraire :

> Kimbangu lui-même n'intéresse pas le Théâtre de la Colline, pouvait-on lire dans l'hebdomadaire *Zaïre* paraissant alors à Kinshasa, car ce n'est pas Kimbangu qui a été jugé et condamné par le pouvoir colonial belge ; c'est une idée

---

[1] Elebe Lisembe, *Simon Kimbangu ou le messie noir*, Paris, Les Nouvelles Éditions Debresse, 1973.

[2] Muanda Nzuzi, « Et pour Toi... qui est Simon Kimbangu ? », dans *Zaïre*, hebdomadaire de l'Afrique Centrale, Kinshasa, n° 241, 19 mars 1973, pp. 34-37.

> qu'on a voulu détruire, l'idée même de la révolution ; parler de Kimbangu revient à « peindre » un révolutionnaire, à raconter une révolution. Le Théâtre de la Colline veut donc dépasser l'anecdote catéchisante, l'illustration légendaire pour se pencher sur l'équation : Religion – Révolution. C'est uni dans une même confiance avec le peuple que Kimbangu ressuscitera l'enfant, que le miracle est possible, que la révolution est possible. Seul, Kimbangu ne pouvait rien faire et Dieu non plus.[1]

Il apparaît clairement que l'œuvre littéraire, fût-elle d'inspiration historique, n'est pas un manuel d'histoire ; elle prend toujours une certaine distance vis-à-vis de l'événement. L'histoire littéraire négro-africaine nous présente des exemples significatifs : *Et les chiens se taisaient*, *La Tragédie du roi Christophe* ou *Une saison au Congo* d'Aimé Césaire ; *Monsieur Toussaint* d'Édouard Glissant, etc.

Dans *Une saison au Congo* par exemple, la chronologie des faits, à quelques exceptions de détail près, est respectée. Cependant, l'auteur choisit dans la vie de Patrice Emery Lumumba les épisodes les plus propres, de son point de vue, à évoquer de façon efficace la carrière politique du leader congolais et les interprète, comme l'observe Marcel Oddon, « dans un esprit proche de celui de Sartre dans sa préface au recueil de textes de Lumumba »[2].

S'interrogeant sur le rapport pouvant exister entre la réalité historique et la réalité littéraire, Claudia Klaffke propose un modèle théorique qui n'est pas un « modèle d'explication » de texte, mais plutôt, comme elle le souligne, une « construction auxiliaire » dont le but est d'aider à comprendre comment des événements historiques deviennent fiction de par leur traitement littéraire[3]. Ce modèle théorique présente trois types de rapport entre l'histoire et la littérature.

---

1 *Le Théâtre de la Colline*, cité par Muanda Nzuzi, p. 34.

2 Marcel Oddon, « Les Tragédies de la décolonisation », dans *Le Théâtre moderne II, depuis la Deuxième Guerre mondiale*, Paris, CNRS, 1967, pp. 85-101.

3 Claudia Klaffke, « Le Théâtre de Césaire : l'exploitation du fait historique dans le théâtre », dans *Culture française* « Le Théâtre dans les pays où le français

Le premier type de rapport est celui de parfaite conformité entre les faits historiques et ceux relatés dans l'œuvre littéraire. En somme, les faits historiques apparaissent en tant que tels dans la fiction. Ils ne subissent aucune altération.

Le deuxième type de rapport est celui de conformité entre la fiction et les événements historiques retracés dans leurs grandes lignes sans que les détails de l'œuvre littéraire soient attestés ou susceptibles de l'être.

Le troisième type de rapport s'écarte des deux premiers. Il ne fonctionne plus en termes de conformité, mais plutôt en termes de contradiction entre la réalité historique et la réalité littéraire.

Pour tester la pertinence de ce modèle théorique, Claudia Klaffke l'applique à une œuvre théâtrale, *Une saison au Congo*, dont l'inscription dans l'histoire ne fait pas de doute. Elle rappelle que cette pièce est un « épisode de l'histoire contemporaine que certains de nous ont vécu consciemment »[1]. La proximité des événements permet au critique de disposer de détails historiques qui l'aident à mieux percevoir le rapport entre Histoire et Littérature.

Claudia Klaffke range dans la première catégorie un ensemble de faits historiques repris par Césaire tels quels : la première arrestation de Lumumba racontée par Mokutu ; les brutalités que le futur leader congolais subit de la part des colons, et sa libération ; la mutinerie de la force publique, l'avancement des soldats décidé par Lumumba et l'élévation de Mokutu au grade de colonel, la peur des Belges et l'ordre donné aux troupes belges d'envahir le Congo ; l'interdiction d'atterrir pour Lumumba et Kala-Lubu au Katanga ; la sécession du Katanga avec l'aide des Belges ; les troubles ethniques entre Lulua et Baluba ; la révocation de Lumumba par Kala-Lubu ; l'interdiction par les troupes ghanéennes de l'ONU pour Lumumba de se rendre à la radio ; la neutralisation de Lumumba par Mokutu ; la deuxième arrestation de Lumumba et sa libération par ses fidèles soldats ; la troisième

---

est langue nationale, officielle, de culture ou d'usage », n° 3 et 4/1982 et n° 1/1983, pp. 114-122.

1 *Idem*, p. 115.

arrestation de Lumumba ; Mokutu élève Lumumba au rang de héros national.

Claudia Klaffke range dans la deuxième catégorie personnages, événements, dialogues, scènes qui ne sont pas attestés historiquement, mais qui correspondent *grosso modo* à la situation historique. Quand on examine par exemple les deux premières scènes d'*Une saison au Congo*, on s'aperçoit que hormis Mokutu, tous les autres personnages n'ont pas d'existence historique : le vendeur de bière et ses clients ; les deux agents de police belges, les hommes et les femmes dans le bar et parmi eux Mama Makosi. Cependant, on peut affirmer qu'ils appartiennent au peuple congolais et à ses oppresseurs et que par conséquent ils ne contredisent en rien la réalité historique. Ici donc, la concordance de la fiction avec l'histoire ne se situe pas au niveau du détail, mais à un niveau global, celui du contenu et du déroulement des événements historiques.

Le troisième type de rapport offre peu d'illustrations dans la pièce de Césaire. Klaffke n'en relève qu'une où la réalité littéraire est en contradiction avec la réalité historique : le refus de Lumumba de fuir à Stanleyville. Or la vérité historique est que Lumumba s'était enfui de son domicile pourtant étroitement surveillé par l'ONU et les troupes de Mobutu et se rendait à Stanleyville où l'attendaient ses partisans lorsqu'il fut arrêté. Pourquoi Césaire a-t-il éprouvé le besoin d'altérer la vérité historique de façon aussi flagrante ? Claudia Klaffke répond à cette question en faisant observer que cette « liberté de la représentation littéraire est [...] au service de la réalité historique : une fuite de Lumumba au théâtre donnerait au spectateur une idée fausse de cet homme politique et privé »[1]. Ici, l'écrivain plie l'Histoire aux exigences de sa vision du monde. La trahit-il pour autant ?

Le modèle théorique de Claudia Klaffke ainsi que ses analyses nous inspirent deux remarques :

La première est que ce modèle théorique est une combinatoire en ce sens que les trois types de rapport ne sauraient fonctionner isolément, mais plutôt combinés les uns aux autres. Dans un même

---

[1] *Idem*, p. 116.

paragraphe ou dans une même scène, peuvent se manifester au moins deux des trois types de rapport entre l'Histoire et la Fiction.

La seconde remarque est que dans le cas d'*Une saison au Congo*, il apparaît clairement que l'auteur de la pièce, en l'occurrence Aimé Césaire, use de sa liberté d'écrivain et que, sans vouloir trahir l'Histoire puisqu'il y revient, il met son talent et sa parole à son service.

Il ressort de ces observations et remarques que l'écrivain opère un choix dans les matériaux que lui propose l'Histoire et réorganise le matériau ainsi choisi selon sa sensibilité, son expérience et la vision du monde qu'il veut transmettre à ses lecteurs ou à ses spectateurs. Il en est ainsi de Valérien Mutombo-Diba et d'Elebe Lisembe. Il en est de même de Dieudonné Roger Bolamba (le fils du poète Antoine-Roger Bolamba) dans *Ngongo Lutete* créé en 1972 par le Théâtre des Douze, ou d'Antoine Zola dans « Les Fils de la mer »[1].

Dieudonné Roger Bolamba ne retient de la vie de Ngongo Lutete que les faits susceptibles, d'une part, de mettre en lumière son caractère exceptionnel, sa détermination et sa bravoure, d'autre part, de faire de lui un symbole de la lutte contre la pénétration européenne en Afrique et par conséquent contre toute forme d'impérialisme. Antoine Zola nous donne à lire, à travers « Les Fils de la mer », un drame en trois actes, l'épopée des hommes de Kinsaku dans le Bas-Congo, motivés et soutenus par la volonté de reconstituer le royaume de Kongo d'avant la traite négrière et la défaite d'Ambwila (1665) et dont ils éprouvent encore un sentiment de nostalgie. Pour Zola, en effet, que la petite histoire des hommes de Kinsaku soit authentique ou non n'a aucune importance. Il n'en demeure pas moins qu'il reconnaît que l'histoire des esclavagistes, appelés alors « les fils de la mer » par les autochtones, est véridique comme le sont également les personnages de Tonda, Zanga, Mbaya et Nkenge. Ce qui importe à ses yeux, ce n'est pas la véracité des faits narrés, mais plutôt ce qu'une telle histoire permet : la connaissance approfondie de son passé.

---

[1] Antoine Zola, « Les Fils de la mer » (drame en trois actes), dans *Anthologie des écrivains congolais*, Kinshasa, SNEC-Ministère de la Culture, 1969, pp. 105-152.

Les différentes pièces de théâtre d'inspiration historique sont manifestes de la volonté de leurs auteurs de récrire l'histoire du Congo, de rétablir la vérité falsifiée et de redonner aux populations spoliées, connaissances et goût de leur passé. Il est en effet établi que c'est par la connaissance de leur passé que les peuples accèdent à la conscience historique. Et seule la conscience historique, pour reprendre à Cheikh Anta Diop une idée qui lui était chère, peut garantir leur existence en leur offrant un espace sécurisant qui rende l'avenir envisageable avec sérénité[1].

Or, au lendemain de son accession à l'indépendance, le Congo est le théâtre de violentes luttes tribales et de sécessions sanglantes. Ces déchirements étaient certes l'œuvre de la métropole belge nostalgique de son passé colonial, mais aussi la conséquence d'une vision ethnique (ou régionale) étriquée de la chose publique d'une part et, d'autre part, de la pratique des idéologies mal assimilées et par conséquent mal assumées. Ils condamnaient le Congo à se disloquer, trahissant à n'en point douter l'absence de cette conscience historique évoquée plus haut. Le besoin s'était donc fait sentir de montrer au peuple déchiré, traumatisé et affaibli une voie de salut. Cette voie consistait à lui tendre un clair miroir et à l'inviter à s'y regarder pour qu'il prenne mieux conscience de ses blessures, et, concomitamment, à lui proposer des mythes capables de le galvaniser. L'écrivain sénégalais Cheik Aliou Ndao résume ces préoccupations lorsqu'il écrit à propos de son propre travail de dramaturge : « Une pièce historique n'est pas une thèse d'histoire. Mon but est d'aider à la création de mythes qui galvanisent le peuple et portent en avant »[2]. Par mythe, nous entendons, à la suite de Henri Suhamy, « une métaphore par projection, fondée sur une analogie voulue entre un phénomène réel et un phénomène imaginaire qui en est le reflet, et qui acquiert de l'importance du fait que la pensée mythique préfère l'imaginaire au réel »[3]. En ce sens, comme l'écrit Drocella M. Rwanika, le mythe « donne sens

---

1 Lire tout particulièrement Cheikh Anta Diop, *Civilisation ou Barbarie (Anthropologie sans complaisance)*, Paris, Présence Africaine, 1981, 526 p.

2 Cheik Aliou Ndao, « Préface » à *L'Exil d'Alboury*, Paris, P. J. Oswald, 1967, p. 15.

3 Henri Suhamy, *Les Figures de style*, Paris, Presses Universitaires de France, 1981, p. 39.

aux réalités quotidiennes et constitue le fond des connaissances utiles aux membres de la communauté ethnique »[1] ou nationale. Dès lors, conclut-elle, le mythe opère « dans le but d'orienter le comportement des gens ; et constitue une norme pour la société »[2]. C'est sur le plan de l'invention ou de la réactivation des mythes que le théâtre congolais a joué un rôle décisif sous la deuxième République. En faisant de l'histoire sa principale source d'inspiration et en recherchant dans le passé commun un ferment d'unité nationale, il a contribué, sinon à guérir, du moins à soulager le Congo de ses traumatismes. Les personnages historiques mis en scène et élevés au rang de mythes dans lesquels le peuple est appelé à lire son propre destin, sont soit de grands bâtisseurs d'empire à l'exemple de M'Siri et de Lueji, soit des résistants à la pénétration coloniale à l'image de Ngongo Lutete, soit enfin des visionnaires et conducteurs d'hommes tel Simon Kimbangu.

Paradoxalement, dans cette floraison de textes dramatiques à vocation historique, la destinée de Patrice Emery Lumumba ne semble guère avoir retenu l'attention des écrivains congolais. Pourtant, comme le montre pertinemment Marie-José Hoyet, de 1961, année de sa mort, à 1990, date de libéralisation de la vie politique au Congo, on constate de nombreuses références à Lumumba dans la littérature de langue française en Afrique et dans la diaspora[3]. Comment expliquer le silence des auteurs congolais ?

János Riesz puise dans la vie de Lumumba les éléments d'explication de l'absence du leader congolais dans une partie non négligeable de la littérature africaine : le roman. Cette restriction du champ d'investigation s'explique par le fait que les références à Lumumba sont bien attestées dans les autres genres. Partant donc du constat qu'il y a « une absence sensible : celle de textes romanesques africains traitant de Lumumba – non pas en de brefs aperçus ou évocations occasionnelles, mais au centre de l'action et

---

1 Drocella M. Rwanika, *L'Inscription féminine : le roman de Sony Labou Tansi*, Paris-Yaoundé, Éditions Nouvelles du Sud, 1998, p. 36.

2 *Idem*, p. 36.

3 Marie-José Hoyet, « Quelques images de Patrice Lumumba dans la littérature du monde noir d'expression française. Un panorama », dans Pierre Halen et János Riesz (éd.), *Patrice Lumumba entre Dieu et Diable. Un héros africain dans ses images*, Paris, L'Harmattan, 1997, pp. 49-80.

de la réflexion, de la diégèse et du discours »[1], J. Riesz en vient à formuler l'hypothèse selon laquelle la « carence en roman (en textes porteurs de la légitimité littéraire) pourrait [...] s'expliquer par le fait que les auteurs devraient entrer en concurrence avec des historiens et des sociologues, tâche pour laquelle ils n'ont peut-être ni le temps ni les moyens »[2]. À cette explication s'en ajoute une autre évoquée par Charles Djungu-Simba, chercheur et écrivain congolais lui-même, pour le cas spécifique du Congo[3].

Pour Ch. Djungu-Simba, le silence des auteurs congolais autour de la vie et la mort de Lumumba, pourtant proclamé et reconnu héros national, est la conséquence de la politique mobutienne de récupération et de mise à mort du leader congolais. En effet, compte tenu du capital symbolique dont jouissait Lumumba au Congo et dans le monde, Mobutu ne l'avait élevé au rang de héros national que pour mieux asseoir son propre pouvoir. Une fois celui-ci consolidé et légitimé, il n'avait rien trouvé d'autre que de reléguer le héros national proclamé dans les oubliettes de l'Histoire. Les politiques comme le peuple désormais amarrés à la Révolution mobutienne, avaient dès lors pris l'habitude de citer Lumumba pour la bonne forme, « pour en retirer une certaine légitimité, un vernis révolutionnaire »[4]. Cette double opération de récupération et de mise à mort politiques avait eu pour conséquence l'émergence, dans l'imaginaire collectif congolais, de l'image d'un Lumumba « vestige d'un passé illustre, certes, mais révolu »[5]. Les analyses de Ch. Djungu-Simba aboutissent à la conclusion que l'opération de seconde mise à mort politique de Lumumba avait trouvé des partisans fervents dans les milieux littéraires congolais. D'autres écrivains, ajoute-t-il, « ont carrément ignoré ou se sont contentés d'exploiter superficiellement la figure de Lumumba »[6].

---

1 János Riesz, « Espoir et échec des indépendances. Patrice Lumumba - Une vie romanesque sans roman », dans Jean Bessière et Jean-Marc Moura, *Lectures romanesques des Indépendances* (à paraître).

2 *Ibidem.*

3 Charles Djungu-Simba, « La Figure de Patrice Lumumba dans les lettres du Congo-Zaïre : quelques observations », dans Pierre Halen et János Riesz, *op. cit.*, pp. 81-91.

4 *Idem*, p. 91.

5 *Ibidem.*

6 *Idem*, p. 82.

On sait aussi, – Djungu-Simba n'évoque pas ce fait, mais il nous paraît capital – que l'idéologie dominante qui se résumait en ce slogan en lingala répété à perte de voix « *Tata bo, mama bo, ekolo bo* » (Un seul père, une seule mère, un seul pays) et à laquelle était désormais arrimé le peuple congolais sous la deuxième République n'était pas de nature à souffrir qu'il y eût d'autres objets d'adoration populaire que Mobutu. C'est précisément au nom de cette idéologie de la nécessité de concentration des pouvoirs entre les mains d'un seul homme du reste perçu comme un être providentiel et de réécriture de l'Histoire nationale du seul point de vue de ce dernier et de sa trajectoire personnelle, que non seulement Lumumba mais tous les martyrs de l'Indépendance avaient été évacués du champ de vision des dirigeants congolais. Immergés dans le mobutisme quand bien même la plupart d'entre eux auraient cherché à se tenir à l'écart du mouvement général tout en continuant à vivre dans leur pays, les écrivains congolais n'ont pas échappé au diktat et à l'érosion de la « pensée unique » et leurs créations en ont pris l'odeur et les couleurs.

Il ressort de nos analyses que les auteurs exaltent les grandes figures du passé, à l'exception de celle de Lumumba, auxquelles sont susceptibles d'être identifiées celles du présent, et qu'ils mettent l'accent sur leurs actions héroïques. Qu'il s'agisse de M'Siri, de Ngongo Lutete, de Lueji ou des hommes de Kinsaku, ces personnages doivent leur succès et leur grandeur à leur force d'âme, à un constant et total dépassement de soi. Aussi la reprise en charge de son histoire et l'exaltation des vertus d'héroïsme deviennent-elles la condition de survie d'un peuple profondément divisé, mais aussi celle de reconstruction nationale.

RELECTURE DE MYTHES ANCIENS

La réécriture de l'histoire nationale s'accompagne de l'exploration de l'imaginaire collectif se manifestant par la relecture souvent critique de mythes anciens. L'un des exemples les plus significatifs, sous la deuxième République, demeure sans doute le travail du Mwondo Théâtre. Examinons l'une de ses réalisations : *E... Mpompele.*

Œuvre de création collective, *E... Mpompele* plonge ses racines au plus profond de l'oralité congolaise. Il correspond, sur le plan dramaturgique, à la définition que P. Alexandre donnait du théâtre africain, il y a plus de deux décennies, et qui reste encore d'actualité. P. Alexandre percevait dans le théâtre africain « un mélange de mimes, de danses, de musique instrumentale et de chants en chœur ou en solo »[1]. Ce mélange, en effet, « accompagnait certaines représentations ou cérémonies de chasse, de guerre, ou de fécondité ou représentation d'un mythe »[2]. L'ensemble, estimait P. Alexandre, faisait « penser tantôt à une sorte de ballet ou d'opéra, tantôt à un oratoire »[3]. *E... Mpompele* est tout à la fois ballet, opéra, oratoire. La danse, le mime et le chant en structurent la représentation scénique. Cette représentation s'articule en trois tableaux.

Le premier tableau, intitulé « La mort du chasseur », est le lieu d'accomplissement du destin auquel l'homme s'affronte. La femme sent la mort rôder autour de la case. Elle demande au chasseur de ne pas se rendre dans la forêt. Celui-ci refuse de prendre en considération les prémonitions de la femme. Il va à la chasse et se fait mordre par un serpent. Il tombe raide. En dépit de sa bravoure, il est comme écrasé par une force qui le dépasse. Pendant qu'il s'écroule sous la morsure du serpent qu'on peut considérer comme un instrument du destin, le sorcier annonce déjà sa mort au village. Dans ce tableau, grondements sourds de tam-tams, masques du sorcier ou du chasseur, vent, pluie, angoisse des villageois traduisent tous ensemble la force irréductible du destin qui, comme l'observe Kawata Ashem Them, « conduit inexorablement les êtres à la chute »[4].

Le deuxième tableau, « L'élection du roi », donne à voir des oiseaux courbés, en cercle, les ailes se touchant, en train de boire de l'eau. « Les oiseaux commencent à boire toute l'eau de la

---

[1] Pierre Alexandre, « Théâtre », dans *Dictionnaire des civilisations africaines*, Paris, Hazan, 1968, pp. 406-409.

[2] *Ibidem.*

[3] *Ibidem.*

[4] Kawata Ashem Them, « *E... Mpompele*, un coup de pioche... », dans *Synthèses*, revue des étudiants des Sciences Humaines - Université Nationale du Zaïre, Campus de Lubumbashi, 1re année, n° 1, avril-mai 1973, p. 41.

terre », annonce le présentateur. Ils boivent à satiété et tombent ivres morts. Un récit se déploie qui retrace la vie des animaux. Il comporte une leçon de morale implicite : la condamnation des ambitions personnelles et de l'appétit incommensurable du pouvoir.

Le troisième tableau, « Le paysan volé », est apparemment déconnecté des deux autres. Il n'y est question ni de mort ni de fatalité. Il déroule une sorte de farce qui met aux prises un villageois riche mais naïf avec des citadins retors. En effet, ces derniers tendent un piège au villageois nouvellement arrivé en ville. Leur but est de s'emparer de son sac. Ils déposent sur son passage une demi-paire de chaussures pour attirer son attention. Naïf, le villageois délaisse son sac au profit des chaussures dans lesquelles il se débat pour glisser ses pieds. Pendant ce temps, les citadins s'emparent de son sac et prennent la fuite. Toute la cité s'étant associée à ce vol se partage l'argent que contenait le sac. Le villageois est réduit à la mendicité. Il va par les rues quémander son propre argent. Les citadins se montrent insensibles à sa misère et à son désarroi. Le villageois se lamentant sur lui-même entonne un chant de tristesse et de désespoir : « E... Mpompele... kama una makuta » (E... Mpompele... si tu n'as pas d'argent...). Ce chant émeut les voleurs et les spectateurs : les premiers se débarrassent de l'argent volé tandis que les seconds s'enferment dans le silence.

L'œuvre est marquée par des moments forts : un temps orageux dans le premier tableau correspond à la mort du chasseur et à l'intensité du sentiment d'angoisse qui envahit toute la communauté face au destin implacable ; une nuit inquiétante dans le deuxième tableau annonce la mort des oiseaux ; une journée claire dans le troisième tableau traduit l'espoir d'une prise de conscience par les citadins de leurs méfaits. Il y a donc un jeu subtil de correspondances. Les auteurs d'*E... Mpompele* exploitent les ressorts de l'âme humaine et mobilisent toutes les ressources de la pensée symbolique.

Satonge de Ngandu Tshibutu, créé en 1989 par la section katangaise du Théâtre National Congolais, ne s'inscrit pas moins dans le cadre de la relecture de la tradition pour comprendre et exprimer les temps présents.

La pièce *Muzang*[1] que le poète Mwamb'a Musas Mangol publie à Kinshasa vraisemblablement en 1976, évoque dans un langage empreint de poésie un rite désigné sous le terme de « muzang » et pratiqué par les Kanyok. Le peuple kanyok est situé sur un territoire compris entre les Lunda, les Téké et les Luba. Et le rite « muzang » pratiqué en période de crise aiguë (épidémies, famines, guerres, sécheresses, etc.) sert à déterminer l'origine du mal et à implorer le pardon et l'aide des ancêtres. Le terme « muzang » désigne également un personnage hors du commun, une figure charismatique, un conducteur d'hommes. En lui, ainsi que l'observe l'auteur,

> sont réunies, à l'échelle des géants, toutes les qualités nobles et viriles : la bravoure, la puissance, la fougue, le sens de l'honneur, le sens du dévouement, la fidélité à son pays et à la parole donnée, l'horreur de la lâcheté et de la trahison (p. 17).

D'entrée de jeu, on apprend que le pays des Mbal, des Hang, des Lool et des Hong a été mis à feu et à sang par les Milel. Au loin résonnent des tam-tams qui annoncent cependant à Ciching-a-Hemb qui se lamente sur le sort de son pays, la fin prochaine de la calamité. Par la voix de l'esprit du vent, les ancêtres indiquent à Ciching-a-Hemb la voie pour débarrasser le pays des mauvais esprits et pour les conjurer. Mais la voie indiquée est celle du rite de « muzang », c'est-à-dire celle du sacrifice d'un homme sain de corps et d'esprit. Celui-ci, en effet,

> avait dessein de se rendre au pays des ancêtres.
> D'y rencontrer feu Mulel et feu Mangol
> De ramener à la terre leur sagesse et leur souffle
> Pour redonner la vie aux êtres en perdition (p. 26).

Cependant, ne voyant qui sacrifier, Ciching-a-Hemb ne sait quelle décision prendre. C'est alors que survient Muzang prêt à s'immoler pour que vive la communauté. Il s'évanouit selon le rite.

---

[1] Mwamb'a Musas Mangol, *Muzang* (*L'Investi par Letel-a-Letel le Tout-Puissant de la mission sacrée de conduire les hommes*), Introduction de Witanhkenge Walukumbu-Bene, Kinshasa, Éditions Ngongi (« Théâtre du Zaïre »), s.d. [1976], 77 p.

Lorsqu'il revient à lui, il annonce la défaite imminente des Milel et un brillant avenir pour son peuple. Après avoir également fait part de la volonté des ancêtres de voir tout le peuple, uni comme un seul homme, vénérer Letel-a-Letel, il rassemble sorciers, devins, hommes, femmes et enfants. Il les conduit en un lieu sacré où, après l'invocation de Letel-a-Letel, il est fait roi.

Investi des pleins pouvoirs, Muzang entreprend la reconquête de ses terres usurpées par les Milel. Il bat ces derniers ainsi que leur chef Tshimuung. Le pays des Mbal, des Hang, des Lool et des Hong est libéré du joug de l'oppression, et, grâce aux efforts de Muzang et de son peuple, il connaît la prospérité et une paix durable.

Pour mieux comprendre la portée de la pièce de Mwamb'a Musas Mangol, il nous faut sans doute reproduire, ici, in extenso, la description que l'écrivain citant sa mère fait du rite de « muzang », à l'occasion d'une interview accordée au journaliste Oïssa Fum'Ukany Iyolela dans le quotidien kinois *Salongo*, du jeudi 22 avril 1976.

> Ma mère, à qui j'ai posé la question, un jour, observe en effet Mwamb'a Musas Mangol, m'a confimé que « Muzang » est un rite qui a existé de tout temps chez nous. Il consistait réellement à envoyer, en cas de malheur ou autres calamités, un élu chez les ancêtres. L'envoyé spécial des vivants revenait avec un message positif. De retour, il pouvait garder ou non le nom de Muzang. L'on connaissait plusieurs Muzang : il y avait Muzang-famine, Muzang-sécheresse, Muzang-guerre, Muzang-maladie, etc. Selon les cas, l'on invoquait un Muzang déterminé. Un seul individu pouvait y aller autant de fois. Dans le cas où l'élu demeurait un homme sain de corps et d'esprit, l'envoi d'un pécheur posait des problèmes, car les ancêtres pouvaient décider de l'écarter définitivement. Voilà pourquoi on tablait toujours sur des saints hommes. On ne savait pas qui devenait Muzang. On savait tout au plus que Muzang était élu toujours parmi les initiés. Des initiés, rassemblés loin des cases, à l'écart des femmes, loin des incirconcis, loin de tout bruit, dans un lieu sacré (chaque village en possédait),

> invoquaient, à force des *[sic]* tam-tams et cérémonies secrètes, les ancêtres. Puis, on voyait tout à coup l'élu entrer subitement en transe. C'était celui-là Muzang, qui devait quitter, pendant un, deux jours, voire trois jours, le cercle des vivants pour aller à la rencontre des morts. Pendant tout ce temps, les autres initiés devaient garder le contact avec son esprit grâce aux tam-tams. Les tam-tams maintenaient le lien entre les vivants et les morts. Pendant ce temps aussi, on mangeait une nourriture spéciale, préparée par les initiés hommes. Tout le temps que durait le rite, un, deux ou trois jours, aucun des initiés du cercle secret ne pouvait communiquer avec l'extérieur. Le phénomène de concentration évoqué, était si profond, si spontané, et rien n'était fait au hasard. Après le délai voulu par les ancêtres, on voyait le corps inanimé bouger enfin. On accentuait le battement des tam-tams. Alors, comme transfiguré par une vision mystique, « Muzang » transmettait le message que la communauté attendait, message que le sage des sages, l'initié des initiés devait interpréter. Ensuite, on réanimait le revenant, au cours d'une cérémonie spéciale, en l'oignant du kaolin. Dans tous les cas, le message était positif.

Par la matière qu'elle exploite et les personnages qu'elle donne à voir et à entendre, la pièce *Muzang* paraît défendre et illustrer un des aspects de la culture kanyok à laquelle appartenait l'auteur. Il n'en demeure pas moins qu'elle dépasse le cadre ethnique pour poser un problème plus général, celui de tout être dominé qui se redresse soudain pour revendiquer et reconquérir son droit à l'existence. Et ce droit ne s'acquiert qu'au prix d'abnégation et de don total de soi. Telle est, en effet, la leçon que nous enseigne le personnage de Muzang lorsqu'il prend le parti de « descendre aux enfers » pour que survive son peuple menacé de disparition. Par ailleurs, la conscience de soi, de ses origines, de ses valeurs de vie, et le respect de son passé, de son histoire, de ses institutions, de ses croyances, sont perçus et présentés comme autant de facteurs d'intégration de l'individu à son milieu ou, mieux encore, à son environnement socioculturel. Ils garantissent la cohésion sociale et, en cas de menace extérieure, rendent possible la lutte contre toute forme d'agression.

Le culte des ancêtres n'est pas vu comme une pratique rétrograde en dépit de la présence missionnaire dans la région, mais plutôt comme un facteur de développement. Car, c'est uni avec les ancêtres que Muzang affronte les Milel et les boute hors de ses terres.

Une lecture plus approfondie de *Muzang* fait apparaître en filigrane une critique des rapports de l'Occident expansionniste, incarné par les Milel (Milel = mindele = Blancs), avec les pays du Tiers monde dans la mesure où ils se fondent le plus souvent sur la force et la volonté de dominer. Aussi, comme l'atteste le dénouement de la pièce, l'auteur de *Muzang* préconise-t-il la violence comme stratégie pour les peuples dominés dans leur lutte contre l'agression impérialiste.

La pièce de Mwamb'a Musas Mangol n'est pas exempte de défauts. Elle présente encore quelques aspérités et maladresses dans l'expression des sentiments des personnages. Cette remarque n'enlève cependant rien à sa valeur littéraire et n'atténue d'aucune manière l'intensité dramatique qu'elle réussit à faire partager et au lecteur et au spectateur.

Avec *Tshira* (*ou la danse des ombres et des masques*) joué pour la première fois en septembre 1978, à Kinshasa, et publié en 1984, Yoka Lye Mudaba poursuit, à l'instar de Mwamb'a Musas Mangol, l'exploration du théâtre rituel puisant sa substance dans la matière vivante de la tradition[1]. Le terme « tshira » en parler boma (province de Bandundu) revêt une double acception : il désigne à la fois la danse d'exorcisation qui s'exécute d'une manière générale la nuit et les récits relatant l'acte d'exorcisme. Comme on peut le lire dans une note au début du livre, ces récits n'ont rien « de la linéarité et de la clarté des contes habituels. Les anecdotes se superposent ou se télescopent ; la digression succède à la pantomime, la fantaisie côtoye le fantasmagorique à l'endroit même où le tragique rejoint le futile » (p. 5). Cependant, pour l'auteur, *Tshira* « c'est cette foule grouillante mais compacte de

---

1 Yoka Lye Mudaba, *Tshira* (*ou la danse des ombres et des masques*), Préface de Mobyem M.K. Mikanza, Kinshasa, Éditions Lokole, 1984, 69 p.

mythes et de fantasmes populaires, cet univers de nuit pour les sans-le-sous où tout est illusion, Ndoki mais espoir... » (p. 5).

Mando est le personnage principal de la pièce. Il est, comme il se définit lui-même,

> ... le parfum
> de souffre qui, le soir
> apporte les frayeurs du dernier feu de
> brousse
> [...] le rêve dont on repousse le souvenir,
> la trémulation suprême des instants
> consacrés à la danse du feu ! (p. 12)

Surnageant du chaos originel, Mando est celui qui assiste à la création du monde par le Génie Grand-Danseur, qui voit Nkira Ntan, un des Esprits de la forêt, prendre le visage du masque pour aller remodeler le cœur de l'homme, et qui détecte, comme il le chasse, le ndoki. Il est également celui qui, des siècles plus tard, voit arriver et repartir le Porteur-de-Crucifix, le Porteur-de-Casque ainsi que l'ethnologue. Il est enfin celui qui rêvant d'une passerelle jetée entre les deux rives du passé et du présent, annonce la renaissance de son peuple :

> Silence ! Silence !
> Quand le Masque tombe, tombe
> C'est la chute des astres.
> J'ai rêvé que la fête au village reviendra
> pour toujours et j'ai répété mon rêve au
> chasseur, au pêcheur,
> au forgeron, au malafoutier,
> tous les moissonneurs de la paix m'ont dit
> que le Masque ne sera plus traqué.
> Alors pour eux la danse ! À eux la parole ! (p. 65)

À travers le personnage de Mando, Yoka Lye Mudaba montre que la conscience historique, forgée au creux des épreuves, peut être pour tout peuple un puissant facteur d'unité et la condition première de la vraie liberté.

Créée en juillet 1986 au Festival d'Avignon en France, la pièce de Diur N'Tumb, *Qui hurle dans la nuit ?,* s'inscrit dans la droite ligne des œuvres qui investissent des mythes anciens pour interroger le présent. Elle met, en effet, en scène un homme qui, après avoir quitté Boston, devient roi mais perd l'usage de la parole. C'est cette parole perdue que l'homme s'emploie à retrouver au cours « d'un long voyage dans la grande forêt qu'il n'aurait peut-être jamais voulu commencer »[1]. Théâtre rituel ? Parole initiatique ? Diur N'Tumb donne dans cette pièce la pleine mesure de son talent. Elle emprunte la voie de l'imaginaire et du mythe pour fustiger les forces, qu'elles soient sociales, politiques, culturelles ou surnaturelles, qui entravent la marche de l'Afrique vers son mieux-être.

CONCLUSION

Devenue une nécessité, la réécriture de l'histoire nationale met à nu le besoin d'assurer l'unité de la nation congolaise chaque fois que celle-ci prend conscience des germes possibles de son éclatement. Elle s'appuie certes sur la relecture critique du passé congolais, mais elle intègre aussi traditions et surtout mythes susceptibles d'éclairer le présent et de féconder l'avenir. Par ailleurs, les œuvres dramatiques d'inspiration historique inscrivent pour la plupart dans leurs trames des conflits politiques. C'est que, pensons-nous, le politique permet d'expliquer le destin des peuples. Cette étroite liaison entre l'historique et le politique et, par ricochet, entre le théâtre et les diverses questions que pose l'art de gouverner la Cité en Afrique, paraît constituer une des préoccupations des écrivains congolais.

MUKALA KADIMA-NZUJI
Université Marien Ngouabi et
Centre d'Études et de Diffusion de
la littérature congolaise
(CÉDILIC)

---

1 Joël Calmettes, « Sur les planches d'Avignon », dans *Jeune Afrique*, Paris, n° 1333, 23 juillet 1986, p. 55.

LA PASSION DU DIRE ET LA SCIENCE DU DISCOURS L'ÉPREUVE DE LA GUERRE

« Réfléchir, penser, dire ». Les trois moments de ce qu'il est convenu de considérer comme le « discours de la science » ne semblaient pas toujours recouvrir les mêmes réalités, selon les lieux de leur énonciation, selon les positions stratégiques de leurs énonciateurs. Le savoir de l'« école nouvelle » indiquait suffisamment les espaces de ses propres contradictions, à un tel point que l'hypothèse comme un fait de la pensée relevait d'un univers tellement théorique, qu'il se projetait dans un imaginaire lointain. Celui-ci allait de la « caverne de Platon » aux digitalisations des logiciels, en passant par les sémiosphères et leurs hétérogénéités. Tout était ordonné en une dogmatique qui ne laissait aucune place au monde des Hommes.

Voilà que la dynamique des cultures contemporaines impose désormais des lois différentes, et que les modes de perception de ces mêmes réalités contraignent à des comportements passionnels de plus en plus conséquents. L'acte de « dire » à travers les discours produits et analysés par les études récentes se constitue ainsi en un enjeu pour toutes les mutations historiques. Ce sont ces transformations qui conduisent vers une véritable expérience humaine, c'est-à-dire, la science anthropologique. Le débat sur le discours ethnologique appartient sans doute à la couche tectonique du savoir substratifié par une épistémologie décadente. Le principe d'une critique philosophique introduit par contre une autre dimension de la géographie intellectuelle selon les trois moments proposés au début de ces préliminaires : « réfléchir, penser, dire ». Il s'agit également de trois étapes qui vont ponctuer ce texte (et plus précisément sa textualisation) vers quelques axes méthodologiques parmi les plus significatifs.

À ce point de la question première qui se voulait une « quête d'identité », la guerre intervenue au Congo agit à la manière d'une mythologie historique. Et l'argument d'un univers axiologique qui démontre ainsi ses propres ruptures, accomplit le « procès d'une eschatologie irréalisable » comme disent les sémioticiens. Ce qui a fini par renforcer le caractère discursif des paradoxes actuels. L'espace évoqué par le savoir (et par tous les savoirs) se décrit ici sous la forme d'un méta-savoir, et ce sont ces préalables qui informent les parties de la présente réflexion.

DIRE LE SAVOIR ET SAVOIR LE DIRE

L'Université post-coloniale se caractérisait principalement par des mimétismes de la discursivité qui ont été bien analysés dans des manuels et des traités d'usage courant. Des œuvres littéraires africaines ont repris invariablement les ambiguïtés de ces narratologies obsolètes jusqu'à la caricature, et on sait assez que les polémiques autour des « universités nouvelles » ont toujours constitué des enjeux pour des révoltes autant que des « cris et fureurs » dans les milieux des étudiants.

Cependant, ce qui intéresse ici dépasse ce niveau de « mimétismes primaires », pour un objectif plus symbolique : intégrer dans le champ du dire « tous » les savoirs du passé historique, sans pour autant atteindre à l'espace de l'historicité.

La question se trouve inscrite toute entière dans ce préalable qui peut être exprimé sur le mode d'une dialectique : « le pouvoir du savoir » et « la science du pouvoir ». Avant de construire un grand projet, quelles que soient son envergure et son efficacité, il est indispensable d'en instruire le procès (« une grande idée »). Mais également, il importe de se donner les moyens pour réaliser ce grand rêve : le pouvoir. Trois années de guerre, de massacres inutiles et de rébellions absurdes, la chronique des « événements » n'excède pas seulement le tragique de la situation. Bien au contraire, elle rejaillit sur la thématique même de l'expérience de l'être, c'est-à-dire la « science comme pouvoir du (et de) savoir ».

La fin des dictatures semblait pourtant avoir permis de dégager les « horizons d'attente », en une manière de « libération de l'esprit (et des esprits) », ainsi que le proclamaient sentencieusement les chroniqueurs de l'époque. Certes, les désillusions qui s'ensuivent ne traduisent pas que de l'amertume, au-delà de tous les « soleils des indépendances ». Mais en plus, elles n'ont pas interverti (et surtout pas introverti) les termes de cette première dialectique du pouvoir et du savoir. Les conditionnements qui saturent les références sémantiques les plus valorisées renforcent encore davantage cette subversion dont il avait été question dans les paragraphes précédents : marasmes, cauchemars, hallucinations.

Les interrogations tournent souvent à des exercices de style pour une catharsis collective. Loin des défoulements hystériques des « séances d'animation », loin des performances psychédéliques soutenues par les exhibitions des ensembles de musique, les rituels qui avaient caractérisé les excès de langage autour de la Conférence Nationale Souveraine se ramènent à des paradigmes réducteurs. Il s'agit dans le cas présent d'une volonté délibérée (mais difficilement maîtrisable) pour prendre en charge la fin des mythes fondateurs des Empires au cœur de l'Afrique. Les images à la fois délirantes et foisonnantes ne sont évoquées que pour une répartition des symboles. Elles cherchent à fustiger les aspects les plus paranoïaques de la guerre, avec une clausule de pure rhétorique : « dans le chef des agresseurs ». Les interprétations spontanées se transforment en vitupérations excessives contre la mégalomanie de « l'empire des Tutsi », les « frustes ambitions de l'Uganda ». Autant de lieux communs comme pour exorciser les monstres de la terreur intérieure, ainsi que son corollaire obligé, la conscience de la défaite. Il en est ainsi dans le jeu du stade, entre les adversaires du football et sur le ring de la boxe : « L'ennemi que tu ne peux vaincre par la force, affaiblis-le par l'insulte ». Les sarcasmes des uns, amplifiés par les indécences scatologiques des autres, ne parviennent qu'à signifier avec plus de tragique encore l'espace absurde d'une discursivité de la passion.

Toute construction figurative, en particulier lorsqu'elle soumet les instances narratives ainsi que les actants du récit à une représentation des valeurs, se contraint elle-même à traduire les paradoxes d'une société en devenir. Et avec plus d'insistance encore, elle permet de décrire une perception mythique du phénomène ainsi observé, dans ses ellipses et césures thématiques. Une telle démesure de parole participe d'une sémiotique des langages, qui pourrait s'articuler autour de trois axes : d'abord la question eschatologique qui introduit à la « science de soi », ensuite la strate esthétique de l'espace de la mort, et enfin la sémantique d'une « géographie textuelle du meurtre », autant celui du père mythique de l'histoire que celui du père rituel du pouvoir. Ces expressions qui pourraient sembler inextricables permettent cependant d'expliciter l'irruption de ces « forces brutes (et abruptes) » à l'intersection des langages superposés. La terreur dissimulée ou ensevelie sous des palimpsestes induit le discours à exprimer plus violemment encore la réalité des actes commis, en produisant un espace de confusions, entre la clarté de la conscience, l'indication de la responsabilité, et le jugement à porter sur son propre savoir. Dire les meurtres collectifs, les génocides perpétrés au nom des clans ou des intolérances, sans pourtant extirper les « odeurs » de toutes les violences insensées.

En 2001, la guerre vécue au Congo que certains ont dénommée avec raison « la Guerre mondiale d'Afrique », dépasse de loin tout ce qui pouvait être envisagé dans la période de l'après-dictature. En même temps que se vérifient les hypothèses les plus pessimistes sur les supercheries des « mouvements de libération », ou les ruses suicidaires des alliances truquées au cours des incertitudes et des instabilités politiques. En reprenant les analogies proposées à l'époque, on peut s'apercevoir que la rationalité des études ne portait pas sur une intelligibilité des gestes ou des comportements, mais qu'elle concernait davantage les « prédictions de l'avenir ». Des manières d'imprécations contre « l'empire des ombres vivantes ». Des rituels de conjuration à l'encontre des forces primitives. Celles en tout cas qui allaient emporter des communautés entières dans la désintégration physique, sinon dans l'effacement des rêves. Jusqu'à interdire un discours cohérent à propos des gestualités répétitives en dépit de la résistance contre la « pensée unique ».

Autant que pour d'autres pays en Afrique, et sans commune mesure avec la compréhension des « faits et des comportements », il est permis de reprendre la question de l'intelligence des actes posés, qui soit à même de mesurer la transcription exacte des idées en des termes plus significatifs. Tout est fait pour indiquer que la « science » a été prohibitive, qu'elle a été surtout annulée, et que la démesure comme critère d'analyse demeure le paramètre le plus irréductible de toutes les références sociales.

Et pourtant, à force de reprendre indéfiniment les gestes exécutés, les actes accomplis, ainsi que les pensées qui les inspirent, à force surtout de désigner par des locutions itératives les syncopes des repères, il demeure que les individus concernés n'ont pas encore sombré dans l'irrationnel. Ou alors, l'unique espace symbolique (et signalétique) de « l'écriture discursive » ne serait alors que cet irrationnel exigé en un conflit de désespoir, et pour un sauvetage collectif.

Du moins, les messages à caractère empirique qui transparaissent dans les expressions langagières ou simplement artistiques le suggèrent-ils ainsi. Les éléments de compréhension postulés ici peuvent être convoqués par l'expérience pour survivre, transformée dans la circonstance en une « volonté de survie ». Ce qui permet de surmonter les signes d'une « subjonctivité » des indices stylistiques. La dictature s'est achevée sur un hoquet. La guerre l'a remplacée. Une guerre absurde, longue, meurtrière. Depuis, la tourmente a envahi tous les interstices de la pensée et les espaces par lesquels l'intelligence se transforme en une expérience de la vérité.

DU MÉTA-DISCURSIF AU MÉTA-TEXTUEL

Pendant toute la période de l'antique « école post-coloniale », la pratique du discours « intellectuel » par l'université avait semblé comme un « acte de totalité ». La mise en texte de toute réflexion autour ou à propos d'une exigence de la pensée imposait des contextes délimités au préalable par le temps et l'espace. Mais avec plus de rigueur encore au moyen des « encadrés des Arrêtés administratifs » prescrits par le rectorat ainsi que par les « autorités compétentes ». Ce qui était désigné jusque-là par le terme protocolaire (jubilatoire) de « Propédeutique ». Il serait intéressant de revenir sur le caractère restrictif des « syllabus », afin d'indiquer les « Index » mis à jour, dans la mesure où ils réclamaient ainsi des cadres stricts à toute philosophie du discours.

L'interrogation poursuivie ici échapperait difficilement à un postulat axiologique. Encore que le texte valorisé ne puisse être considéré dans toute sa validité que s'il se transformait en une « valeur textuelle ». C'est de l'ambiguïté de cette variable intermittente du « valable » que le discours de la pratique intellectuelle tirait sa crédibilité et son savoir perfectif. Lorsque les débats les plus acharnés prennent l'ampleur des querelles intestines et des sous-entendus conflictuels, la question qui se situait au centre des contradictions cesse d'être une « postulation de sens ». Elle se transforme en une « crise d'intelligence » (et pas forcément d'identité), ne possédant d'autre objectif que celui d'opposer les interlocuteurs, d'en faire des adversaires, et de les produire en des antagonismes (et des manipulations) idéologiques. L'interprétation en elle-même n'implique plus l'hégémonie du culturel mais les disjonctions des cultures, autant à l'égard des antiques colonisateurs que pour ce qui concerne la compétitivité nationale.

En effet, la stratégie discursive a fait surgir des impostures du type « journal de caricature », ainsi que des ensembles vides (comme en mathématiques) où ne peuvent affleurer que des interdits de langage. Ce qui a fait ériger en « arbitraires historiques » des individualités vraisemblables, dénuées d'une certaine pertinence sociologique. Tout autre observateur situé en dehors de cette expérience passionnelle (et de la passion) ne pourrait prétendre à ce rôle de justiciabilité. Un fait significatif : en pleine période du génocide au Rwanda, pendant que les médias multipliaient des images scabreuses et des scènes saisissantes, un département d'ethnologie dans une université belge avait cru de son devoir de programmer un « colloque interuniversitaire » avec comme thème pour ces éminents spécialistes, « Le rôle de la vache dans la culture traditionnelle du Rwanda depuis le XIXe siècle ». Il faut le faire ! La « sémiotique des passions » est tellement évidente (et exigeante), qu'elle s'affirme comme un postulat discursif. Car nul ne peut juger de la souffrance des peuples sans y prendre part, sans une figurativité qui établisse ses propres modalités impératives.

En reprenant donc la « perfectivité du savoir », il sera tenté ici un effort de prospection concernant les substrats morphologiques qui paraissent plus constitutifs encore de textualités contemporaines. La question s'était déjà posée avec plus de pertinence encore en ce qui concerne les études linguistiques des langues africaines, lorsqu'elles étaient décrites et analysées au moyen d'une terminologie en langues étrangères. La contradiction provenait du fait que la stratégie appliquée s'appuyait davantage sur la méthodologie d'une linguistique contrastive, et non sur une véritable approche morphologique. En réalité, le fait même de vouloir analyser le « mot » en ciluba ou en kikongo, en dégageant les catégories verbales selon les critères de la linguistique française, néerlandaise ou anglaise, impliquait une transposition impérative des notions et des concepts, sans que les aspects proprement grammaticaux de la langue concernée soient abordés dans leur identification.

Appelé à développer l'étude du « verbe » face à un parent monolingue qui ne parle que le ciluba, un étudiant en « linguistique africaine » s'est embrouillé dans des circonlocutions impossibles, au point de donner l'impression d'un prestidigitateur en mal de phraséologies présomptueuses. Il avait fini par déclarer : « ces choses-là ne s'expliquent pas dans des langues qui ne disposent pas de terminologies scientifiques ». Des expériences n'ont-elles jamais pu être menées pour décrire ces langues à travers leurs propres terminologies ? C'est-à-dire, ainsi que l'a démontré Kalonji Tshimvundu, à travers une grammaire du ciluba entièrement en ciluba, à l'intention exclusive et immédiate des locuteurs monolingues du ciluba. Dans un tel cas, pourrait-elle reprendre les mêmes catégories grammaticales que celles qui reviennent dans les grammaires des langues européennes ? Comment expliquer les traits « distincts et distinctifs » de l'article dans une langue qui coordonne les déterminants en « classes substitutives » ?

Il suffit de refaire le même cheminement dans le sens inverse, pour s'apercevoir de la difficulté : une analyse du verbe français menée en anglais, ne peut permettre des résultats probants que selon la méthode d'une linguistique contrastive, comme le genre de l'article par exemple, ou pour les formes de conjugaison. Toutes les interprétations ne pourraient certainement pas être identiques à celles qui sont données lorsque ces grammaires sont écrites dans la même langue, le français en l'occurrence. Et cependant, il s'agit des langues qui sont beaucoup plus proches que le kikongo ne l'est de l'anglais par exemple.

Cela revient à montrer, non pas que les objets d'étude varient selon les méthodologies de leur description, mais que les méthodes sont implicitement portées par les langues dans lesquelles les procédures d'analyses sont envisagées. Cette contradiction fondamentale se trouve inscrite au cœur de toutes les problématiques abordées par les « Intellectuels » de la génération post-coloniale. Comment dire « l'être » dans les langues qui ne disposent pas d'un morphème lexical segmentable, distinct et distinctif, qui traduirait explicitement le lexème « être » des langues européennes ?

Et l'interrogation qui avait souvent constitué un prétexte prohibitif pour toute une théorie acceptable de la « philosophie africaine » provient de cette méthode d'analyse d'une langue au travers des modalités discursives propres à d'autres communautés linguistiques. Le corollaire méthodologique se trouve dans une généralisation du phénomène, ainsi que de cette « transcendance » qui se manifeste à travers les monographies d'époque. La « métalinguistique » a essayé justement de contourner l'obstacle, en proposant des hypothèses de probabilités afin d'en expliciter la configuration sémantique.

En ce qui concerne les langues africaines, les ambiguïtés s'en trouvent renforcées, et les débats menés par des personnes non averties viennent encore corroborer les insuffisances de méthodes.

La « leçon de l'écriture » consiste à observer le principe par lequel se gère une « démocratie politique ». À partir de l'idée de la « démocratie », deux éléments s'imposent : le premier implique qu'il n'existe pas de vérité absolue, ni celle d'un seul (monarchie, dictature), ni celle d'un groupe (ploutocratie, aristocratie), ni même celle d'une « religion unique » (théocratie). Le deuxième est plus décisif, car il contraint au système du « libre choix » par le plus grand nombre. Que ce nombre comporte en lui la composante de la majorité ou celle du « peuple », ne souligne que d'autant mieux le caractère de la probabilité politique de l'événement. Il ne s'arrête donc pas à la pluralité des opinions.

Cependant, le postulat le plus déterminant de la « démocratie » réside dans la fonction primordiale dévolue aux mécanismes de contraintes et de justiciabilité des normes sur lesquelles s'appuie le pouvoir. Or ces mécanismes ne sont garantis que par une stratégie d'« intellectuels ». Ceux qui n'ont pour fonction exclusive que de

« penser, réfléchir et dire » le système de la démocratie. Tous les pays qui se sont voulus démocratiques ont multiplié à souhait le nombre d'universités, d'instituts politiques, de « laboratoires ex-officio » où la pratique de la « chose publique » dans tous les domaines du savoir démontre suffisamment que ce sont ces institutions qui forment la base de toute décision acceptable au niveau de la communauté entière.

La rationalité de la « démocratie » déconstruit ainsi tous les autres schémas de réflexion. Elle ne peut en aucun cas opérer de manière sélective. Et revendiquer une « démocratie » induit son application dans tous les autres domaines, y compris celui de la parole. Par conséquent, l'attribut majeur reste la tolérance (tout le monde a raison, et ceux qui ont tort ont raison d'avoir tort) et non l'intempérance, la conscience de toute relativisation dans la réflexion, et surtout la « critique de la pensée ». Ce qui rejoint avantageusement la maîtrise de la métadiscursivité et du « méta-savoir ».

QUÊTE ET CONQUÊTE DE L'HISTOIRE : ANALOGIES ET MÉTAPHORES

L'histoire ne consiste pas seulement à accumuler les faits, à commenter les événements, à produire des documents en heuristique. Elle est avant tout une conquête de l'esprit. Et cette expérience importante ne s'acquiert qu'au terme de multiples processus de discursivisation : non seulement par la mise en acte des paroles qui puissent « dire » et « raconter » ces mêmes faits, mais par toutes les formes d'accaparement de la parole par une communauté dans son ensemble. Aussi passionnants que soient les événements qui surviennent à toute société humaine, ils ne prennent tout leur sens que s'ils transforment les modes de pensée pour ceux qui les auraient ainsi vécus, endurés, valorisés et sublimés. Les circonstances ou même les contextes réels ne pourraient signifier concrètement, que dans la mesure où les paroles, les mots, les « littératures » elles-mêmes les auraient portés à leur niveau de communicabilité.

Le préambule ne cherche pas seulement à énoncer des arguments théoriques ni à proposer des modalités discursives efficientes, alors que la finalité de tout propos narratif consiste à formuler de tels prétextes à la discursivisation. Cependant, il permet d'aborder une question essentielle pour l'Histoire qui impose dans son actualité des moments aussi terribles que les temps de la « Guerre ».

Depuis une dizaine d'années, toute la région de l'Afrique Centrale est au centre des convulsions et des stratégies de meurtres. Un tel appareillage de lexies péjoratives semble avoir paralysé chacun des actes discursifs qui se voudraient sensés, ou tout simplement intelligibles dans leur propre rationalité. Les horreurs et les atrocités rappellent les périodes les plus sombres autour des indépendances politiques. Elles accaparent tellement les esprits, qu'il devient malaisé d'aborder les interrogations majeures sans éviter d'affronter les passions les plus souterraines. Tout se passe comme si la compréhension des faits avait débordé l'intelligence des humains. Des rébellions, des génocides, des batailles trop sanglantes, des meurtres plus absurdes encore. Il y a quarante ans, les sécessions et les révoltes trouvaient leur explication par le manque de « cadres intellectuels ». À présent, le Congo est saturé d'universitaires et de « penseurs » dans tous les domaines et toutes les disciplines de la science.

La question qui prédomine au travers de ces réflexions ne cherche pas à « dire » ce qui semblerait un contexte d'absurdités. Mais précisément, puisqu'il s'agit d'absurdités, il convient d'aborder la problématique du « discours africain » en instituant un espace de la parole qui implique des préalables méthodologiques.

Le premier enjeu qui serait à la fois une ruse et une affabulation de peur serait la tautologie de langages, telle qu'elle apparaît à maintes reprises dans les textes des surfeurs congolais sur l'Internet. Dans un ouvrage récent, Nyunda ya Rubango[1] décrit avec une minutie remarquable les mécanismes de « rétrocession » qui supportent les récits larmoyants, les caricatures mythologiques, ou même les réflexes péjoratifs parfois évoqués avec un sadisme primitif. Depuis les insultes les plus grossières, jusqu'aux obscénités les plus indécentes, ces textes traduisent une paralysie

---

[1] Nyunda ya Rubango, *Les Pratiques discursives du Congo belge au Congo-Kinshasa. Une interprétation sociolinguistique*, Paris, L'Harmattan, 2001.

de discours qui excède souvent les premières intentions du commentaire ou de la stylistique.

Le deuxième moment est plus passionnel. Sur le mode d'une transposition de rhétorique, des discours appropriés se formulent autour d'un domaine qui, dans une première instance culturelle, semblerait très éloigné des événements eux-mêmes : la musique. Il s'effectue une manière de tautologie philosophique autour de la compétitivité de deux groupes symbolisés à l'extrême : Wenge Maison Mère de Werrason et Wenge BCBG de J. B. Mpiana : « Cya muntu n-cya muntu, cya Nzambi n-cya Nzambi ». Ceux qui considèrent que les références à ces discours ne concernent que les « mikilistes » oisifs de la diaspora (dénommée en la matière la « dias-pourrie », et pour cause) confortent encore davantage l'argument principal. Car la musique a fini par dire, et dans sa totalité, la pertinence du discours intellectuel. En une sorte de palimpseste permanent, il est possible de retrouver dans la textualité des mythomanies et des fables autodiégétiques des Souverains Premiers toute une contextualisation du drame national.

Une double problématique partage les points des débats entre les penseurs africains et les milieux « des organismes internationaux » lorsqu'ils sont appelés à se prononcer sur les questions d'actualité. Et d'abord le problème que les Institutions internationales considèrent comme prioritaire, celui de la démographie. Certes, il est de bon ton de répondre à ces préoccupations purement stratégiques par des boutades d'usage courant, du genre : les Occidentaux expriment leur peur viscérale devant le « péril noir », autant qu'ils avaient marqué une véritable psychose devant le « péril jaune ». Une autre attitude, plus condescendante, revient à recourir aux arguments des « ancêtres », pour qui une famille nombreuse constitue un signe de puissance et de sécurité.

Dans la réalité, la question ne se pose pas en ces termes. Mais il est intéressant d'observer que le véritable enjeu s'en trouve souvent occulté, alors qu'il constitue le point névralgique de toute philosophie politique. Dans la mesure où pour les Occidentaux, de telles remarques entraînent d'office des mesures pratiques, même si celles-ci n'apportent que des inconvénients pour les peuples d'Afrique, ne faudrait-il pas revenir sur les préalables de l'interrogation afin de proposer un discours qui demeure cohérent dans sa propre logique ? Ainsi des armes de guerre qui sont déversées par milliers de tonnes en Afrique. L'argumentation consiste à provoquer des batailles meurtrières, à disposer les populations aux génocides concertés, à soutenir des dirigeants politiques susceptibles de stimuler de telles confrontations absurdes, et de les amener à une utilisation conséquente des armes à haute fiabilité destructrice.

Un autre axe de réflexion peut également être proposé ici, il s'agit de l'argument des « ancêtres ». Il est intéressant d'observer le nombre toujours croissant de dissertations doctorales autour de l'histoire ancienne, dans la mesure où tout un chacun considère comme son droit le plus strict de formuler des discours cohérents sur les aïeux.

Deux éléments sont à distinguer dans ce contexte : l'intérêt que l'on peut porter à l'univers de la « philosophie africaine » illustrée par la « sagesse ancestrale », que cela se passe dans une méthodologie de la négritude ou par l'usage jusqu'à l'abus des manuels ethnologiques. La question de la crédibilité de ces discours ne se pose pas en ces termes. Le deuxième niveau est plus déterminant, car il consiste à observer que les langages exprimés à propos de ces mêmes ancêtres semblent mieux certifiés que ceux tenus sur les sociétés actuelles. La science historique des « ancêtres » n'est nullement mise en cause ici, mais plutôt le prétexte qui la parachève dans une mythologie du paradoxe. Celui-ci émerge par l'intermédiaire de l'ordre du temporel du récit, et cette « terminativité du procès » en terminologie sémiotique rend le processus cognitif plus malléable encore. Les hyperboles de la médiation fictionnelle le signifient avec plus de brutalité encore. Et la critique littéraire définit la « quête de l'identité » par la recherche de la norme dans un milieu où l'anormal est érigé en règle sociale de participation.

LE SAVOIR DU DIRE, LA SCIENCE DE LA PAROLE

En parcourant la liste des thèmes soumis à la réflexion depuis ces dix dernières années, il apparaît que les plus récurrents et les plus controversés aussi touchent au rôle de l'« intellectuel universitaire » dans la compréhension des événements qui ont marqué (et transformé) profondément la vie nationale. Certes, il ne s'agit plus des dissertations publiques telles qu'elles avaient été abordées autour de la « politique de l'authenticité », et les préalables d'une probable « philosophie africaine » ne sont plus évoqués que dans les volumineuses thèses doctorales, en particulier lorsqu'elles sont rédigées à l'intention des universités étrangères. Les définitions et les hypothèses énoncées sur la place de l'Intellectuel sont d'ailleurs référées à une fonctionnalité explicite. À l'arrivée de l'AFDL[1], on a pu voir les médias exhiber des universitaires munis de leurs curricula et d'impressionnants dossiers académiques. Ils se bousculaient dès les premières heures devant les bureaux des Commissions pour revendiquer des postes ministériels. La valeur de la « science universitaire » était ainsi mesurée par la rentabilité des diplômes et des paperasseries acquises à la sortie des amphithéâtres.

Au milieu de toutes les contradictions politiques, et surtout au plus fort des faillites économiques ou simplement sociales, ces mêmes « Intellectuels » tentent de formuler des discours qui s'expriment selon les modalités les plus diverses. Celles-ci varient des simples virulences verbales aux insultes, aux palimpsestes textologiques. La quantité d'ouvrages publiés ne dénote pas seulement les ambitions « scientifiques » de leurs auteurs, mais l'envie de « dire », jusqu'à la souffrance de « ne pas savoir comment dire ».

Depuis la fin des dictatures successives qui ont marqué les années 1970-1990, les « bien-pensants » ne cessent de reprendre indéfiniment les mêmes tautologies et les mêmes périphrases littéraires. Elles restent parfois identiques à celles qui avaient été instituées par le monopole du parti unique, à travers les cercles culturels de l'UÉZA[2] ou ceux de l'UNAZA[3]. Et la réflexion comme « acte de penser » devenait un véritable réflexe d'autodéfense. À chaque fois, la prise de la parole traduit un mélange curieux de « procès de justiciabilité » et de « normativité du discours ». Car tout discours, quelle que soit la nature du projet

---

1 AFDL = Alliance des Forces démocratiques pour la Libération du Congo-Zaïre.

2 UÉZA = Union des Écrivains Zaïrois.

3 UNAZA = Université Nationale du Zaïre.

qu'il revendique, devait réaliser un comportement de « gestion du pouvoir ».

Il suffit de reprendre deux types de « mémoires de licence », ceux rédigés dans la période la plus éminente de l'UNAZA, et ceux qui se propagent actuellement sous des formes variées. Ces derniers indiquent suffisamment que l'intérêt scientifique – ou simplement épistémique – a changé de pôle d'attraction. Il ne constitue plus un enjeu de probabilité dans la réflexion, mais bien une subjectivité de la motivation du savoir. Et précisément, ce mode de jugement interfère déjà sur l'intention première de la « question philosophique » : juger et exclure.

La conséquence la plus immédiate ne concerne pas seulement la reconnaissance d'une certaine spécificité des « données » : l'étape de l'heuristique et du corpus recommandée avec tant d'insistance par les prolégomènes de la « recherche scientifique ». Ce qui aboutit à une subversion totale de l'espace discursif, et le diplôme comme sanction finale finit par conférer une compétence illimitée dans l'ordre des « choses de l'esprit ». L'ultime se transforme ainsi en un ultimatum. L'objectif de l'analyse ne consiste donc pas à prendre en considération un « objet d'étude », quel qu'il soit, mais à introduire une certaine perspective de la « pratique immédiate ». La « science des choses » accomplit dès lors une « connaissance de soi », et par récurrence, une distance morale. Les domaines abordés deviennent par là interchangeables, et les méthodologies paraissent désormais réversibles. Un botaniste peut prétendre mener une dissertation assidue sur les origines mythiques des linguistiques génératives sans en avoir les rudiments essentiels. Un chimiste se croit de son devoir d'imposer une autre perspective dans l'analyse des faits économiques, autant qu'un mathématicien se découvre la « connaissance infuse » pour la description détaillée des cultures anthropologiques. L'impasse provient de ceci que ces « spécialistes » opposent une fin de non-recevoir à toute controverse de la part de ceux qui ont été formés dans leurs propres disciplines, et ils dénient publiquement aux universités le droit de légiférer sur les domaines pour lesquels ils n'ont acquis aucun préalable méthodologique. Tout se passe comme si les sciences dites « exactes » s'arrogeaient outrageusement le droit de trancher (et de retrancher) tout débat dans l'ordre du savoir, en expulsant du champ textuel ceux qui en auraient acquis une formation spécifique.

La question ne concerne donc pas le partage des disciplines, mais bien l'accaparement abusif du pouvoir de la parole, ainsi que son corollaire obligé, l'exclusion de toute idée de « spécificité » de méthode, ainsi que celle de « spécialité compétitive ». Le fait de s'auto-conférer les mécanismes intuitifs pour une intelligibilité totale (et totalisante) des mots et des choses excède assurément la prétention (et l'ambition) pour une connaissance de l'absolu. Il a été indiqué dans la pensée politique des mouvements religieux à quel point la mystique religieuse pouvait rejaillir jusque et y compris dans les dissertations doctorales, et réglementer (ou plutôt dé-régler) ainsi les corrélations d'interdisciplinarité.

Le commentateur qui croit de son droit le plus strict d'énoncer des hypothèses radicales, conduit vers un modèle unique, susceptible d'imposer des théories totalitaires, de ré-ordonner toutes les anthropologies sociales. En dépassant ainsi le seuil de la compétitivité, ce qui est remis en cause touche irrémédiablement à la « vérité des faits ».

Les correspondances les plus directes apparaissent dans la « parole de l'insulte », ainsi que dans le « dire de l'injure ». S'il existe un domaine pour lequel le discours a conquis une stratégie originale et une tactique dans l'intertextualité, c'est bien celui de l'insulte. Ainsi de ce fragment de texte diffusé sur l'internet :

> J'appartiens à la lignée des révolutionnaires non-violents (military speaking) même si mes écrits peuvent des fois être assimilés à une épée bien aiguisée et donc assez tranchante pour percer les cœurs des kabilistes. Je n'y puis rien car, pour moi, ces gens ont déjà vendu leurs cœurs de chair pour les remplacer par des cœurs de pierre. Demeurer insensible à la misère de son peuple et prétendre être président de la RDC quand on n'en contrôle même pas la moitié du territoire et quand des milliers meurent chaque jour relève de la f... (censure) ![1]

[1] Http ://www.mediascongolais.com/diaspora_moindre_effort_htm>. Date : Thu, 4 Jan 2001 22 :05 :42-0600.

Nyunda ya Rubango analyse ce fait avec beaucoup de pertinence dans le chapitre[1] sur l'insulte à l'encontre du Tutsi.

Le dénigrement tutsi se lit à d'autres niveaux non moins révélateurs. L'on se moque, par exemple, de la performance phonétique des Tutsis (en oubliant que le trait est observable auprès de tous les locuteurs du kinyarwanda et du kirundi, toutes catégories ethniques confondues), de leur incapacité ou difficulté de réaliser la consonne latérale. Dans plus d'un texte sarcastique, les « l » sont transformés en « r »[2]. L'on évoque un trait physiologique ou culturel spécifique des Tutsis, tels leur « long nose » (long nez)[3], leur incirconcision – un « coordinateur RCD Diaspora » est taxé d'« espèce d'imbécile Rwandais Kafiri »[4]. L'on fait constamment allusion à la pratique sexuelle rwandaise et burundaise de tendance clitoridienne, le « ruganga », en insistant sur son caractère excentrique, vicieux[5], voire passif de la part d'un partenaire – « pendant que tu fais le Ruganga, l'autre [la femme] fume »[6]. Accusée de participer au lobby tutsi, la journaliste belge Colette Braeckman (baptisée Bigilimana dans ce contexte) est taxée de « prostituée qui aime le Ruganga, souffrant de tutsiphilis » [syphilis tutsie][7] – le double jeu de mot est éloquent ici.

On relève le contraste entre le « petit Rwanda » et le « grand Congo »[8] et on compare le Rwanda, ce « petit crapeau » [crapaud][9] au personnage malheureux de la fable. Il convient de noter ici la violence abrupte, et surtout l'agression permanente contre les locuteurs éventuels. À travers les locutions conjonctives et la manipulation des énoncés, il s'agit d'abord du « refus de la vérité de l'autre », mais également d'une forme d'auto-destruction qui indique bien les points de convergence de la crise historique. Le sujet « je » du discours n'apparaît plus que comme un lieu d'anéantissement. Ce qui conduit à une négation totale de toute

---

1 Nyunda ya Rubango, *op. cit.*
2 *Idem*, p. 20.
3 *Idem*, p. 21.
4 *Idem*, p. 22.
5 *Idem*, p. 23.
6 *Idem*, p. 24.
7 *Idem*, p. 25.
8 *Idem*, p. 26.
9 *Idem*, p. 27.

valeur, dans la mesure même où le « jeu » de l'énonciation se transforme radicalement en une interdiction de parole.

CONCLUSION

La problématique majeure ne consiste donc pas à construire des systèmes performatifs, ou à réaliser une « esthétique des langages », même philosophiques, mais à situer les questionnements à travers les contextes vérifiables des réalités sociales. La science consiste-t-elle à profiter de la « chose politique », à accumuler des connaissances capitalisables, ou à procéder à une ascension dans l'ordre des hiérarchies universitaires ? Ou plus angoissant encore, permet-elle de circonscrire les événements, de les intégrer à la compréhension générale de l'expérience humaine, et surtout de reconstituer une intercommunication qui soit à la mesure de l'espérance que l'on porte en soi ? Pourrait-elle faire aboutir à une réelle conjugaison des efforts pour une communauté plus contemporaine ?

Des thèses peuvent être élaborées à propos de ces préalables méthodologiques. Toutefois, les postulats qui permettent de reconstruire des hypothèses valables reconduisent toujours la problématique d'un témoignage à recevoir des « ancêtres », autant que celle d'un héritage à transmettre à la « postérité ». Et cette question de l'héritage (culturel, spirituel, textuel) renvoie à la jonction des cultures dans le temps et dans l'espace, le passé et l'avenir. Elle est assurément une exigence de méthode, et pas seulement d'interlocution, car elle fait découvrir tous les interdits des messages reçus des « parents » en tant que génération précédente, ainsi que ceux à transmettre aux « enfants » reconstitués en une génération à venir. La filiation comme acte de présence à travers les lignages (patrilinéarité ou matrilinéarité) ou par-delà la successivité des étapes universitaires apparaît ainsi comme une « trace historique », signe et symbole prégnant, inscription dans la conscience et pas seulement substrat substitutif. Toute une génération est pressentie comme des maillons indispensables pour la continuité de la chaîne, par les mêmes illusions, par d'identiques actes de résistance.

Comme l'avait prescrit l'époque du romantisme des indépendances, entre la transition des « évolués » et les « forgeurs d'astres » que préfigurait la prééminence de Lumumba, la conscience unique de la « nécessité historique » en rupture avec les traîtrises du parti unique ou les trahisons d'une alliance qui a usurpé le pouvoir, s'impose plus tragiquement encore à travers le délire des propos qui se propagent de plus en plus dans les magazines de la diaspora, en particulier celle de l'Europe et des États-Unis. La démission des « mikilistes », ainsi que les traumatismes des « diaspourris » se constituent désormais en des thématiques de caricatures. Il ne s'agissait pas seulement des refuges probables envers les croyances et les mystiques qui les accompagnent, ou même des subterfuges des « repentances » ou des « révélations sataniques » comme dans *Les Confessions de Frère Dominique*, mais d'une tentative soutenue pour accaparer le véritable pouvoir de l'Histoire, c'est-à-dire le « pouvoir de la parole ».

PIUS NGANDU NKASHAMA
Louisiana State University

RELIGION, CULTURE ET IDENTITÉ

Cette étude se propose d'interroger le triptyque religion-culture-identité pour deux raisons. La première a trait aux influences des structures mentales et des processus psychologiques dans les constructions sociales de l'identité qui sont au centre de l'analyse des changements sociaux. La forme paradoxale sous laquelle se décline au départ l'identité repose sur le paradigme de la permanence et de l'unité. Vieux thème philosophique, psychologique et anthropologique – dira-t-on – qui ne saurait se réduire à la seule lecture contemporaine d'élaboration des stratégies identitaires collectives et/ou individuelles de faire-valoir ou de nécessité, mais qui témoigne de la centralité du rapport de l'individu à autrui et au monde. La seconde raison réside dans le fait que c'est dans des contextes sociaux et culturels sans cesse réévalués que se construit l'identité comme processus complexe qui amène chaque individu, chaque communauté à tisser en permanence, dans la paix comme dans la violence, des rapports avec autrui, avec d'autres communautés. La religion et la culture seront appréhendées au cours de cette réflexion comme modalité de rapports instituants et comme modalités formatrices d'identités multiples dans la sphère globalisante des États contemporains d'Afrique centrale. Aussi loin de toute préoccupation partisane que d'une lecture conspirationnelle et « nombrilique » du fait culturel et religieux, ces messianismes revisités n'ont pour principal intérêt que d'en fournir une autre lecture plus compréhensive des « lieux de mémoire » parmi tant d'autres, pour les sociétés congolaises (des deux rives du Congo) et angolaise en continuelle mutation sociale et historique dans un brassage culturel bantu. C'est pourquoi, nous examinerons d'abord succinctement les conditions historiques de la rencontre entre les cultures locales et les cultures étrangères. Ensuite, nous procéderons à une analyse dynamique du fait culturel et religieux en colonie et en post-colonie, appréhendé également comme des formes de production des identités de soi.

LES RELIGIONS LOCALES ET L'IMPLANTATION CHRÉTIENNE OCCIDENTALE

La réflexion sur la rencontre au XVe siècle entre les religions du terroir et les religions venues d'ailleurs dans la région d'Afrique centrale procède d'une démarche qui met à l'abri de deux écueils : le premier est celui qui consiste à croire que l'aventure missionnaire chrétienne européenne s'est effectuée dans des contrées « païennes » et dépourvues d'une religiosité particulièrement dynamique et significative pour les populations autochtones, et que la marche de ces sociétés autres vers la modernisation et la plénitude de la raison passait obligatoirement par leur « véritable christianisation ». On sait aujourd'hui vers quelles impasses idéologiques et vers quelles bévues théoriques ont conduit de telles affirmations péremptoires. Le second écueil à éviter réside dans une valorisation abusive du passé pré-colonial, des systèmes d'organisation socio-religieuse qui auraient été entièrement désorganisés du fait de l'intrusion chrétienne et de l'événement colonial. En tenant compte des avancées de l'anthropologie historique et dynamiste dans le domaine du religieux et de la culture, force est de reconnaître également la dimension historique du fait culturel et religieux qui se recompose sans cesse en fonction des transformations institutionnelles, sociales, économiques et des luttes symboliques[1]. Les sociétés humaines sont toutes en mouvement selon leur propre rythme, et la religion est l'une de ces instances régulatrices qui sélectionnent les messages, empruntent et modifient les produits culturels que les circonstances historiques lui imposent aussi bien du dedans que du dehors. Dès lors, l'adoption de nouvelles normes d'existence et de nouvelles croyances participe du travail de réappropriation et de réinterprétation du fait culturel et religieux, ainsi que du travail de transaction du sacré par les individus et la société.

---

[1] Achille Mbembe, *Afriques indociles. Christianisme, pouvoir et État en société postcoloniale*, Paris, Karthala, 1988.

Ces précautions étant prises, l'évocation de l'ordre du Lemba se donne à comprendre comme une démarche analytique dans cette entreprise individuelle et collective de quête du sens. Celle-ci s'effectue dans un environnement social de gestion lignagère des rapports, de domination symbolique et mythique. L'évocation répétée du personnage de Mudumango fait partie de ce dispositif mythique. Qui est Mudumango ? Héros civilisateur souvent mentionné dans la littérature orale kongo, il désigne ce personnage demi-dieu, maître du feu, de la forêt et de toutes choses qui accomplissait des prodiges de toutes sortes ; ce qui le plaçait toujours au-dessus des hommes mortels. Mudumango avait une fille qui, mise à l'épreuve, trahit ses secrets auprès d'un jeune homme dont elle fut éprise. Vaincu, Mudumango se donnera la mort, tandis que sa fille et le jeune homme se marieront. Cet acte inaugural serait alors constitutif de l'humanité et de la société chez les Kongo[1]. Ce mythe qui est restitué sous différentes formes de récits fragmentaires, épopée, légendes par les anciens et les détenteurs privilégiés des secrets des douze clans imprégnait les religions locales, parmi lesquelles l'ordre du Lemba.

À propos de l'ordre du Lemba[2]

Du fait de l'imbrication du religieux et du politique dans son mode d'organisation, le Lemba constituait l'une des organisations socio-religieuses importantes des communautés kongo. Par l'inviolabilité du secret, la complexité des rites, le Lemba opérait par individualités spécialisées dans telle ou telle maladie, telle ou telle activité sociale et politique. Les membres du Lemba qui portaient le titre prestigieux de Bi-Tomi (qui signifie excellence) se considéraient comme des hommes exceptionnels et exemplaires tant sur le plan religieux que politique. Détenteurs de plusieurs connaissances sur l'univers, la nature et la société, les Bi-Tomi

1 La version de Mudumango est en kikongo, l'une des langues véhiculaires parlées dans les deux Congo et dans une partie de l'Angola. Voir le Comité de coédition en lingala et munukutuba-kikongo, Mudumango, Kinshasa-Brazzaville-Luanda, Éditions Lokolé-Institut national de recherches et d'action pédagogiques-Institut des langues nationales, 1988.

2 Voir Jean Malonga, « La Sorcellerie et l'ordre du Lèmba chez les laris », dans *Liaison*, Brazzaville, n° 63, mai-juin 1958.

possédaient des signes conventionnels de reconnaissance qu'aucun profane n'était en mesure d'identifier comme tel, en dépit du bracelet en cuivre rouge qu'ils portaient en permanence au poignet gauche. Leur pratique de puissance se manifestait parmi les individus qui ont excellé plus que les autres dans les domaines variés du savoir et du savoir-faire ; appartenant à l'ordre du Mpu, ils avaient un sens élevé de l'honneur et du respect. Les individus y accédaient après une initiation qui ne pouvait se faire qu'avec les parents (père, oncle ou cousin) de la seule lignée paternelle. Les adeptes se recrutaient parmi les neveux des familles les plus aisées et les plus influentes, afin de pérenniser leur domination politique, économique, sociale et symbolique. Le parent retenu devenait ainsi le « parrain naturel » du nouvel entrant. Les réunions et délibérations qui avaient lieu en un endroit précis dans la forêt étaient tenues secrètes. Selon l'écrivain Jean Malonga, tout adepte du Lemba devait mener une vie pure, honnête et intègre dont le signe manifeste réside dans l'utilisation du « mpemba », la craie blanche qui symbolisait la blancheur, c'est-à-dire la pureté. Dans les séances d'ordalie qui étaient pratiquées, l'individu qui se faisait marquer du blanc sur le front prouvait par cet acte même sa loyauté envers l'ordre politique et religieux du Lemba dans sa capacité à mobiliser la mémoire collective pour donner un sens à la vie de l'individu. La religion est alors considérée dans son caractère pluriel comme l'ensemble des croyances et des pratiques visant à rendre un culte à une force ou à un Être suprême en passant par la médiation du monde des ancêtres, des saints et des entités spirituelles garants de l'intégrité et de la vie des individus et de la communauté. Aussi, dans cette situation historique de luttes âpres pour le pouvoir politique et religieux au sein du royaume kongo du XVIe au XVIIIe siècle, de jeunes prophétesses et prophètes vont-ils inaugurer une nouvelle pratique culturelle de la religion dans le champ politique. Afin de bien appréhender dans la durée le sens unitaire des procédures d'affirmation identitaire et de construction d'un nouvel ordre politique à partir des lectures stratégiques du message religieux, on prendra en compte la dimension historique du phénomène prophétique.

Les premières revendications prophétiques

Le prophétisme qui apparaît au XVIIe siècle dans le royaume Kongo à l'initiative, tour à tour, de Francisco Kassola et de deux femmes-prophètes Mafuta Fumaria et Kimpa Vita est le premier signe religieux manifeste de cette rencontre violente entre la société coloniale et la société colonisée. Alors que le christianisme occidental avait déjà fait son apparition au XVe siècle au sein du royaume Kongo, un jeune jésuite, le Père Péro Tavarès, y est envoyé en 1629 pour poursuivre le travail d'évangélisation des populations. Ne connaissant pas le pays, encore moins la langue, il réussit à prêcher en 1629 et 1632 avec l'aide de catéchistes autochtones rapidement formés au collège de Luanda et sachant parler à la fois le kikongo et le portugais. À l'exception des premiers autochtones de la cour royale, la plupart des personnes converties au christianisme appartiennent à des familles d'esclaves. Cette conversion massive a été d'autant plus rapide qu'elle se faisait en kikongo avec les textes religieux élaborés en 1624 par le Père de Couto. La « simplification » des prières, des chants et du catéchisme, la conversion progressive d'hommes libres du royaume ajoutées aux prises de position parfois contradictoires du Père Péro Tavarès en faveur de ses ouailles devant les violences exercées par les gouverneurs et les planteurs portugais feront accroître son influence au sein de la population. En même temps, cette influence favorisera l'émergence parmi les populations converties d'un courant « nationalitaire » exigeant une africanisation plus poussée du message chrétien en incorporant des divinités tutélaires locales et des figures ancestrales. Et c'est logiquement parmi les anciens catéchistes formés par le Père Péro Tavarès et disposant d'un fort charisme personnel de guérison que surgit un premier prophète autochtone du nom de Francisco Kassola. C'est en 1632 que celui-ci fonde une Église indépendante après s'être proclamé « fils de Dieu ». Il parcourt plusieurs contrées du royaume, diffuse une nouvelle religion qui réactive dans le même dispositif religieux chrétien, les symboliques ancestrales de la croyance, de la prière et de la guérison caractérisées par l'intervention des dieux ainsi que par leur proximité dans le traitement des affaires terrestres des hommes.

Dès que Kassola arrivait dans un village, souligne le Père Péro Tavarès,

> on lui construisait quatre cases, une pour dormir, une autre où il accordait le beau temps, une autre où il accordait de la pluie et une quatrième où il opérait des guérisons. Il prêchait contre l'abstinence aux temps prescrits par les missionnaires et se livrait à des pratiques magiques : dans les maisons où il n'y avait pas de vivres, il faisait apparaître dès le lendemain de sa visite, des calebasses de vin et de fruits de toutes sortes.[1]

Ces nouvelles offres de sens reçoivent d'autant plus d'écho au sein du royaume Kongo en crise du fait des rivalités politiques qu'elles se doublent dans leur projet religieux d'une vision politique de libération du royaume de la domination portugaise. Plus tard au XVIIIe siècle, une femme-prophète appelée Mafuta Fumaria invoquera elle aussi la figure du Christ pour rétablir l'unité au sein du royaume en ordonnant au roi retiré sur le mont Kimpangu de revenir dans la capitale MBanza-Kongo. Le rapport établi à l'époque par les missionnaires Laurent de Lucques et Bernado da Gallo dont un extrait est cité ici, semble tout à fait explicite :

> Une vieille femme appelée Apolonia ou Mafuta Fumaria recevait un message de la Madone qui lui apprenait l'indignation du Christ en raison de l'état des choses existant au Kongo [...]. Elle ordonnait de réciter trois « Ave Maria » et d'invoquer trois fois la miséricorde divine au tomber de la nuit [...]. Elle proclamait que Dieu irait châtier les gens du Kongo s'ils ne reconnaissaient pas la capitale [...]. Elle annonçait ainsi avoir trouvé la tête de Christ – une pierre roulée par le fleuve Mbridge, toute déformée par les coups de couteau, de la méchanceté des hommes et par les coups de houe des femmes qui travaillaient les jours de fête – fort indigné contre les gens qui habitaient le mont Kimpangu, et avoir reçu une apparition de la Vierge qui lui prédisait des

---

[1] Cité par Custodo Antonio Gonçalvès, *Kongo, le lignage contre l'État. Dynamique politique kongo du 16e au 18e siècle*, Evard, 1987, p. 155.

> catastrophes qui frapperaient le Kongo si le roi ne se mettait pas en route vers San Salvador : le mont Kimpangu irait brûler et s'écrouler si l'on ne descendait pas bientôt.[1]

Mafuta Fumaria prônait également la destruction des « fétiches », opérait des guérisons au sein du royaume :

> Beaucoup de gens accourraient vers elle et même la reine avait foi en ses prophéties lorsque Mafuta proclamait que le mont Kimpangu serait anéanti par le feu si les Congolais persistaient dans leur refus d'écouter le message du Christ. Les missionnaires cherchèrent à l'arrêter mais le roi et la reine, qui croyaient beaucoup en ses prophéties, continuèrent à la protéger contre l'Inquisition. Déçu par ce qu'il croyait être une attitude équivoque du roi et de la reine, le Père Bernado da Gallo usa de représailles en fermant les portes de l'Église aux fidèles.[2]

Cette action prophétique de Mafuta Fumaria pour monopoliser les structures symboliques chrétiennes visait à transformer les sites de reconstruction de l'ordre religieux et de l'unité politique du royaume Kongo dans un contexte moderne par l'articulation de l'instance religieuse et de l'instance politique. Ainsi, ces nouvelles procédures et directives d'invention de la société par le biais du religieux tentent de s'assurer le monopole et la transformation des structures symboliques qui constituent pour les fidèles un vecteur de construction de l'ordre hégémonique du mouvement religieux. C'est pourquoi, la mise en rapport dans les messianismes d'un fait de conscience avec l'événement colonial, ou bien d'un « temps de l'âme » avec le « temps du monde » va inaugurer une nouvelle « tradition » culturelle et religieuse dans la dynamique de la société colonisée ; précisément, celle qui consiste à subvertir le discours religieux chrétien occidental à des fins pratiques et symboliques de libération de la communauté opprimée, suivant des logiques sociales qui sont soit la logique adventiste (attente pure) et la logique d'espérance, soit la logique active de la subversion. Ces

---

[1] Cité par Gonçalvès, *ibidem*.

[2] Martial Sinda, *Le Messianisme congolais et ses incidences politiques*, Paris, Payot, 1972, p. 40.

logiques adventiste et active, parce qu'elles sont des logiques « d'indocilité »[1] et d'insoumission, impliquent l'expérience du sacrifice et de la « souffrance messianique » à travers la lecture par les leaders religieux et/ou politiques de l'événement colonial, ainsi qu'à travers l'appel à la révolte eschatologique, tel que cela se lit dans les messianismes antonien, kimbanguiste et matsouaniste. Quelles sont alors les formes culturelle et religieuse de réappropriation du sens chrétien ?

LE MOUVEMENT DES ANTONIENS

Kimpa Vita, une jeune aristocrate de vingt-deux ans, reprend et amplifie l'action prophétique de Mafuta devenue son alliée, et installe de nouveau l'action prophétique féminine dans le champ des luttes politiques d'où l'avait exclu l'ordre colonial. Son nom la prédestinait-elle à une action prophétique ? Martial Sinda précise que ce

> nom de Kimpa encore très répandu chez les bakongo-lari du nord de l'Angola, du Congo-Brazzaville et du Congo-Kinshasa, est un nom à signification (nkoumbou ya soulou) et signifie « mystère ». Il est même passé dans le vocabulaire quotidien et signifie en kikongo fable, légende, devinette, mystère, caractère difficile d'une personne. Quant à « Vita », ce nom signifie embuscade, embûche, piège dans le cadre d'une organisation d'une guerre.[2]

De par son appartenance à la lignée royale et à la société initiatique Marinda, Kimpa Vita disposait ainsi de puissants moyens politiques et symboliques pour réinventer l'ordre politique par le biais du religieux. Elle se dit avoir été « visitée » par saint Antoine de qui elle aurait reçu la mission de restaurer le royaume Kongo et de mettre fin aux rivalités politiques des différents lignages en lutte pour l'accession au trône, comme elle le laisse entendre au Père Bernado da Gallo :

---

1 Achille Mbembe, *op. cit.*

2 Martial Sinda, *op.cit.*, p. 41.

> Vous ne voulez pas admettre qu'il y ait des saints au Kongo. C'est pour cela que vous voulez la vieille (Fumaria) dans vos mains pour la châtier. Vous ne voulez pas la restauration du royaume. Vous n'avez pas de courage comme elle le fera.[1]

Baptisée par les Portugais sous le nom de Dona Béatrice, elle réussit à convaincre les populations de son action prophétique et libératrice. En effet, Kimpa Vita, cheffesse du village de Tubii de la région de Soyo appartenait au même lignage que le roi Antonio I.

> Le soir, dit Bernado da Gallo, missionnaire portugais, je reçus la visite d'une matrone qui est cheffesse de sa localité (Tubii) et d'autres villages de la principauté de Soyo. Elle ne reconnaît d'autre autorité au-dessus d'elle que celle du roi de Kongo. Ces villages sont toujours gouvernés par des femmes.[2]

Prêchant un nationalisme virulent, Kimpa Vita dénonçait la domination portugaise, condamnait le Christianisme européen et revendiquait la création d'une église indépendante. Elle multipliait de la sorte les opportunités de reproduction de l'identité culturelle kongo et de cumul des ressources symboliques africaines et européennes dans le champ politique. De par son appartenance à la lignée royale et à la société initiatique Marinda, Kimpa Vita se placera sur le terrain religieux colonial pour inaugurer une démarche nouvelle dans la production du sens. Haranguant les fidèles du mouvement des Antoniens, Kimpa Vita entonnera une chanson en ces termes :

> C'est là que je dois me tenir envers et contre tous. D'un bout à l'autre du pays, mes frères, mes sœurs, venez m'y rejoindre ! Mbanza-Kongo, Mbanza-Kongo ! Je vous le dis ô mes enfants, c'est ici la cité des rois, bethléem où est né le seigneur Jésus notre sauveur : Mbanza-Kongo, Sao Salvador : une même fleur au parterre de Dieu. Qu'elle s'épanouisse de nouveau sous le ciel ! Que les saints nous

[1] Bernado da Gallo cité par Gonçalvès, *op. cit.*, p. 156.
[2] *Ibidem.*

> protègent, et Toi surtout qui portas l'enfant Jésus et qui maintenant est en moi. Toi qui nous donneras un roi et la prospérité. Qu'il vienne, qu'il vienne, celui qui doit régner ![1]

Par son action prophétique dans la double recharge du politique par le religieux, Kimpa Vita devint ainsi le symbole d'une résistance collective ; celle-ci visait non seulement la libération du royaume Kongo de la domination portugaise, mais également l'affirmation et la recherche d'une nouvelle identité culturelle politique. Arrêtée, elle mourra brûlée sur le bûcher. Cette expérience messianique réapparaîtra deux siècles plus tard, avec le kimbanguisme et le matsouanisme, au XXe siècle. Comment expliquer cette « tradition messianique » dans cette sous-région d'Afrique centrale ? Georges Balandier indique que

> c'est aux abords du Stanley-Pool que l'action d'évangélisation a été non seulement la plus intensive, mais encore la plus diversifiée. Elle a agi sur un ensemble socioculturel qui portait encore quelques traces de l'œuvre accomplie par les premières missions, actives au sein du royaume du Congo jusqu'au début du XIXe siècle. Les survivances chrétiennes s'inscrivaient librement dans le contexte traditionnel ; elles ont plus contribué aux tendances syncrétiques que facilité l'entreprise des missions modernes. Celles-ci ont d'abord été représentées par les Pères de la Congrégation du Saint-Esprit et les sœurs de Saint-Joseph de Cluny ; les deux missions catholiques les plus importantes sont celle de Brazzaville, évidemment, et celle de Linzolo construites très tôt (1884) au centre du pays ba-lali. Elles ont essaimé et constitué un réseau assez dense à travers le pays ba-kongo : Kibouendè et Mbamou (séminaire) en plus de Linzolo pour l'ancien district de Kinkala, Voka pour l'ancien district de Boko, Kindamba et Vindza pour l'ancien district de Mayama – missions auxquelles s'ajoutent les postes établis dans les villages sous l'autorité d'un « catéchiste ». Cette action catholique, qui se renforce par le

---

1 Ibrahima Baba Kaké, *Dona Béatrice, la Jeanne d'Arc congolaise,* Paris, ABC, 1976, p. 34.

> rôle que joue jusqu'à maintenant l'enseignement privé, reste la mieux diffusée et la plus efficace. Les missions évangéliques suédoises ne se sont implantées que plus tard. Aux environs de 1910, elles organisent les deux centres les plus actifs : la Musana, proche de Brazzaville, et la Madzia dans le district de Boko – cette dernière exerce son activité sur les ba-kongo proprement dit qu'elle rallie assez vite (sinon définitivement) à la religion réformée. L'opposition, Ba-lali catholiques, Ba-kongo protestants, a marqué au cours des dernières décennies la vie politique de toute la région ; le fait que les pasteurs aient été moins « liés » par des intérêts locaux, en même temps que le contenu plus libérateur de l'enseignement qu'ils diffusent, expliquent la profonde impulsion qu'ils donnèrent involontairement aux premières réactions Ba-kongo [...]. Il s'est créé un dualisme qui a donné à la religion des congolais christianisés un dynamisme lui permettant après coup, de s'opposer au christianisme « importé » [...]. Elle (l'évangélisation) a institué un état de compétition qui fait du domaine religieux un secteur où s'actualisent les conflits.[1]

C'est donc dans un contexte religieux chrétien et un contexte politique colonial marqués au Congo-Léopoldville et au Congo-Brazzaville que le kimbanguisme et le matsouanisme trouveront les armes de leur naissance et de leur diffusion en Afrique centrale.

Le matsouanisme

Les faits restitués ici sur l'enfance de Matsoua proviennent aussi bien de l'enquête documentaire que des entretiens réalisés en avril 1997 à Brazzaville avec D. M., neveu de Matsoua né le 6 mai 1930. Plus précisément, c'est Mme M., sœur de Matsoua qui a donné naissance à D. M. Il est actuellement dans la lignée matrilinéaire de Matsoua, le chef de famille en second, après F. B. Il raconte :

---

[1] Georges Balandier, *Sociologie actuelle de l'Afrique noire,* Paris, P.U.F., 1963, pp. 358-359.

> Dans le clan, lorsque nous avons un problème, dit-il, nous nous retrouvons tous au village avec nos petits frères, nos neveux et nos cousins paternels, et nous arrangeons le problème. Nous nous entendons très bien. Quand un parent meurt au village, c'est au village que nous organisons la veillée ; et si c'est à Brazzaville, nous l'organisons ici dans la quartier Mbama (Bacongo) ou chez le grand-frère B. au quartier Total (Bacongo).

La plupart des écrits sur le matsouanisme indiquent qu'André Matsoua naquit le 17 janvier 1889 à Lukuandzolo-Mbemba, dans la région du Pool (Kinkala). D. M. parle plutôt du village appelé Nianga toujours près de Kinkala. Issu d'une famille paysanne pauvre de quatre enfants, André Matsoua en était l'aîné, suivi de Malonga mâ Ngoma (mort en 1980) et de deux filles, Maleka (morte en 1979) et Madiéta. Un mythe entourait déjà son enfance, d'après les propos de D. M. ; en effet, enfant agité, il se retrouvait souvent dans une position inverse lorsque sa mère, pour se rendre au marché, le portait sur le dos à califourchon ; de plus, remarquable par son intelligence, Matsoua aurait passé à peine six mois à chaque fois dans les classes à l'école primaire avant d'obtenir le certificat d'études primaires et élémentaires. Sur l'insistance des prêtres, André Grenard Matsoua entre à l'école catholique de Mbamou, avant d'être envoyé, par la suite, comme catéchiste à Kololo près de Mpangala ; ensuite il obtient en 1919 à Brazzaville un emploi et exerce le métier de préposé aux douanes sous le matricule n° 22. Selon D. M., il gagnait 15 F par mois, et il aurait ainsi réussi à acheter trois domaines, l'un à Nianga, un autre à Mandzakala qu'il céda à ses parents de la lignée paternelle, puis un troisième domaine à Goma-Tsé-Tsé où y travaillait encore avant la guerre de 1998-1999 Madiéta, sa sœur cadette. De par son capital économique et sa position sociale d'« évolué », selon les termes de l'administration coloniale, André Matsoua faisait figure d'intellectuel ayant une certaine influence au sein de la population de Brazzaville et des contrées environnantes.

Arrestation et mort de Matsoua

En dépit de sa ferveur religieuse, André Matsoua quitta donc en 1919 sa fonction paroissiale lorsqu'il devint préposé aux douanes. À peine a-t-il travaillé pendant deux années, qu'il éprouva alors le besoin d'aller à « l'aventure » en Europe en 1921, en passant d'abord par Matadi (Congo belge), ensuite par la Belgique avant de gagner la France par Bordeaux, puis Marseille. Désœuvré, il s'engage comme volontaire dans l'armée française et participe à la guerre du Rif au Maroc en 1924-1925. À la fin de la guerre Matsoua obtient le grade de sous-officier, s'installe à Paris et travaille comme comptable dans un service d'assistance publique. Il fréquente alors le milieu des travailleurs noirs syndiqués de l'Union des Travailleurs Nègres, où il fait la connaissance d'un jeune avocat dahoméen, Kodjo Tovalou Houenon ; celui-ci créera par la suite une autre organisation syndicale, la Ligue Universelle de Défense de la race noire. L'éveil du sentiment nationaliste et le désir d'avoir une organisation s'occupant plus spécifiquement des problèmes concernant les travailleurs issus des pays d'Afrique près de l'équateur poussent André Matsoua à créer lui aussi à son tour, le 17 juillet 1926, L'Association Amicale des Originaires d'Afrique Équatoriale Française. Celle-ci est reconnue légalement par la Préfecture de Police le 21 juillet 1926 sous le n° 164-649. André-Grenard Matsoua se singularisera très vite par son activisme militant dans la défense des droits sociaux des travailleurs d'Afrique centrale en France.

Afin de faire connaître l'Amicale au Congo-Brazzaville, deux délégués Pierre N'Ganga et Constant Balou sont envoyés le 25 septembre 1929 à Brazzaville.

> Les deux délégués, précise Martial Sinda, sont reçus à Brazzaville par un membre du cabinet du gouverneur général Antonetti. Leur but est de démontrer à tous les Congolais l'intérêt qui s'attache à la poursuite de l'action sociale entreprise par l'Amicale ; ils désirent également recueillir des fonds pour l'Association.[1]

[1] Martial Sinda, *op. cit.*, pp. 170-171.

La mobilisation populaire dans les villes et les campagnes suscitée par la venue des deux délégués syndicaux, ainsi que la nouveauté de leurs discours d'espérance sur l'amélioration des conditions de vie dans les colonies ont vite fait basculer leurs propos dans le champ politique.

> Les discours prononcés prennent la forme et le ton de discours politiques. De village en village, de marché en marché, partout dans le pays, les gens parlent de l'association ; les nouvelles les plus extravagantes circulent ; les propos des délégués, colportés et transformés, subissent les interprétations les plus excessives. Un espoir tenace s'installe bientôt au cœur des congolais, celui de retrouver l'indépendance politique qu'ils ont perdue depuis l'arrivée des Blancs.[1]

Eu égard à son succès au Congo-Brazzaville et aux échos qui parviennent en France, l'adhésion à l'Amicale devient massive, l'association s'ouvre alors à tous les ressortissants de la Centrafrique, du Congo belge, du Gabon, du Tchad et du Cameroun. Brazzaville est leur siège social. La notoriété acquise par l'Amicale oblige Matsoua à accepter la fusion de celle-ci avec d'autres associations de travailleurs noirs plus progressistes, puis la reconnaissance et l'adhésion de l'Amicale à la Ligue internationale. Cette ouverture de l'Amicale aux idées politiques progressistes la conduit alors de plus en plus dans la dénonciation des atrocités coloniales commises sur le terrain africain. L'effervescence populaire et la révolte sourde qui montent dans les colonies inquiètent l'administration coloniale qui décide l'arrestation des deux délégués de l'Amicale à Brazzaville. De même à Paris, André Matsoua qui avait déjà obtenu la nationalité française sera arrêté en décembre 1929, pour « escroquerie et incitation à la violence, à la révolte politique ». Transféré au Congo, il sera jugé en avril 1930[2]. Déporté au Tchad où il devait purger sa peine, Matsoua réussira à s'enfuir le 17 septembre 1935 pour regagner clandestinement la France. Pendant trois ans, il vivra à Paris sous

---

[1] Martial Sinda, *op. cit.*, pp. 171-172.

[2] *Idem*, pp. 181-182.

une fausse identité avec le pseudonyme de Mbemba Kouvikissi André. Et ce, jusqu'au jour où il sera de nouveau arrêté le 3 avril 1940 à l'Hôpital Beaujon à Paris, des suites d'une blessure reçue lors d'un combat aux côtés des troupes françaises pendant la Seconde Guerre mondiale. Transféré de nouveau au Congo en mai 1940 et jugé en février 1941, André Matsoua sera condamné aux travaux forcés à perpétuité. Purgeant sa peine à Mayama, il mourra dans sa prison le 13 janvier 1942, assassiné par les forces coloniales. Rien d'étonnant à ce qu'à cette période de fortes tensions sociales et d'effervescences religieuses, l'action politique de Matsoua s'accompagnât de tout un ensemble de croyances mythiques et de supputations messianiques. Matsoua devient très vite ce personnage historique et messianique qui fait basculer le messianisme du plan politique au plan religieux.

Naissance du matsouanisme

Le mouvement religieux se crée alors en 1945, trois ans après la mort du leader Matsoua et une semaine avant l'organisation des premières élections législatives du 21 octobre 1945 au Congo. Selon le rapport des Archives politiques du Gouverneur Général de l'Afrique Équatoriale Française (A.E.F.), c'est le 11 octobre 1945 que deux adeptes matsouanistes, Prosper Malanda et Dagobert Malanda, sont arrêtés par les miliciens de l'administration coloniale au bord de la rivière Makélékélé de Brazzaville lors d'une séance de prière, avec une baguette et des bougies allumées. Interrogés, ils auraient affirmé avoir vu Matsoua, le nouveau messie, qui viendrait libérer le Congo de la domination étrangère. Cette activité marquerait officiellement la naissance d'une religion de salut, le matsouanisme, qui se substituera au mouvement Amicale, avec pour figure centrale Matsoua, « messie déjà venu », mais « encore attendu ». La croyance et la conviction religieuse de ses adeptes au retour imminent de Matsoua qui viendra instaurer un nouveau monde va accélérer la dynamique du mouvement messianique. Les élections législatives verront des bulletins porter le nom de Matsoua, le leader religieux et politique tant attendu. Les formes de réappropriation du sens chrétien et la dimension politique du matsouanisme sont variées dans les différents cultes qui renforceront le mythe de la croyance au retour de Matsoua avec des prières du genre de celles-ci :

> Rassemblons-nous pour admirer le sang des Sauveurs.
> Ah Matsoua, viens dans notre sang,
> Allons, allons, les martyrs sont devant nous,
> Ils marchent et arrivent bientôt, chez Notre Père Tout-Puissant
> Matsoua est arrivé pour délivrer tout le Congo
> Il a établi son siège dans un beau royaume où tous il nous attend
> Ô Père Matsoua
> Délivre-nous, délivre-nous ;
> Ô Père Kimbangu
> Délivre-nous, délivre-nous ;
> Jetez bas les corvées des Blancs ;
> La trahison des flatteurs noirs
> Les injustices des étrangers.

Le matsouanisme, mouvement religieux de salut, s'éloignera de l'activisme syndical et politique de l'Amicale. Le mouvement s'enfermera dans un refus total de collaboration, tant avec l'administration coloniale qu'avec les dirigeants politiques qui se succéderont à la tête de l'État congolais à partir de 1960. Et la négation du pouvoir temporel par les pouvoirs matsouanistes s'explique par l'attitude de retrait du monde, d'évasion vers l'imaginaire en attendant la satisfaction de leurs espérances messianiques. Les tentatives opérées par les différents pouvoirs depuis 1960 jusqu'en 2001 resteront sans succès. La contestation politique est demeurée vivante dans les églises matsouanistes qui, d'après Blaise Victor Wamba, dit de Wambert Saint-Fiéffé, que j'avais interrogé en 1991 au lendemain de la fin de la Conférence Nationale Souveraine, existent sur le territoire national. Il dénombrait plus d'une soixantaine de foyers matsouanistes entre 1960 et 1970 et aujourd'hui à peine une vingtaine. La région de la Cuvette, notamment autour de Boundji et de Kellé, a vu des familles de matsouanistes se reconstituer rapidement peu après leur arrivée autour des années 60. Elles se sont vite signalées par leur mode de vie en vivant coupées des populations mbochi et mbéti, tout en poursuivant leur « grève eschatologique » par l'insoumission totale à l'État et priant dans l'attente du retour du messie Matsoua. D'autres foyers matsouanistes sont signalés par Wamba dans les régions du Niari et du Kouilou dans le sud du Congo. Certaines familles matsouanistes ont, à la suite de leur « déportation », fini par se mêler à d'autres groupes ethniques, parlant couramment la langue de la région d'accueil. Ce sont d'excellents paysans « malafoutiers », c'est-à-dire des vendeurs de « malafu » (vin de palme) ; ils exercent aussi des activités de vannier, de pêcheur et de guérisseur.

Cependant, ces foyers matsouanistes restent répandus dans la région du Pool. La référence constante des matsouanistes à la figure de Matsoua et l'évocation emphatique de sa grandeur et de sa puissance ainsi que la contestation même silencieuse du pouvoir politique en place font véritablement du matsouanisme un mouvement messianique qui perdure encore, mais jusqu'à quand ? L'attitude adoptée par les matsouanistes au lendemain de la tenue des États généraux de la nation congolaise en 1991 a laissé croire à un début de changement dans l'évolution du matsouanisme vers la reconnaissance du pouvoir d'État. En effet, lors de la tenue de la Conférence Nationale Souveraine de février à juin 1991, il a été fait le bilan politique des pouvoirs qui se sont succédé à la tête de l'État congolais depuis 1959 ; et les actes répressifs exercés en 1959 par le pouvoir dirigé par l'abbé Fulbert Youlou contre les matsouanistes ont été dénoncés parmi les premiers signes d'intolérance et de bâillonnement des libertés fondamentales du peuples congolais ; ce qui aurait, semble-t-il, entraîné un léger assouplissement de l'attitude des matsouanistes à l'égard du gouvernement de transition ; attitude renforcée par plusieurs signes interprétés par eux comme la réalisation du plan prévu par André Grenard Matsoua pour annoncer son retour : substitution de l'ancien drapeau vert, jaune et rouge au drapeau rouge proposé par le Parti Congolais du Travail ; reprise de l'hymne des premières heures de l'indépendance ; dissolution de la police politique et de la milice qui rappellent aux yeux des matsouanistes les miliciens du pouvoir colonial. En somme, tout cela est apparu à leurs yeux comme la reconnaissance de l'identité de leur mouvement, donc de Matsoua ; lors des élections relatives au référendum constitutionnel de mars 1992 et de celles, élections communales et régionales, de mai 1992, il a été signalé dans certains bureaux de vote de deux arrondissements de Brazzaville (Makélékélé et Bacongo), la participation des matsouanistes qui s'étaient au préalable inscrits sur les listes électorales. Les nouvelles pratiques sociales des matsouanistes ne sont pas sans conséquences sur les enfants matsouanistes qui manifestaient davantage une autonomie de pensée et d'action vis-à-vis de leurs parents.

LA CONSTRUCTION SOCIALE DE L'IDENTITÉ MATSOUANISTE

L'explication de l'organigramme du matsouanisme en ses branches politique, spirituelle et de guérison remonterait (d'après les entretiens réalisés en 1996), autour des années 1970 à Brazzaville. Les luttes de succession entre les différentes tendances ont abouti à la légitimation des résistants de l'aile politique (tendance « Amicaliste ») au détriment de ceux de l'aile religieuse (tendances pigeons, corbeaux et ikouole) à qui il a été reconnu l'autorité pour statuer sur toutes les questions touchant aux problèmes de santé et de guérison :

> M. n'est pas beaucoup reconnu, me confia un informateur, parce qu'il y a une liste de gens qui ont fait la prison. Nous qui avions fait la prison, on nous a délivré des papiers que je peux te montrer. Ce papier, nous le présentons à la place de la carte d'identité et sur ce papier sont écrits la date et le lieu de détention, quelle que soit ton appartenance religieuse, que tu sois corbeau, pigeon ou Bulamananga ; moi j'avais fait la prison à Fort-Rousset, et pour prouver que je suis matsouaniste, il faut ce papier. Certains ont fait la prison à Mvouti, Dolisie, Pointe-Noire, Sibiti, Mayama, Djambala, Abala, Gamboma, Makoua, Kellé, Ouesso, Souanké, Impfondo, Dongou. Et c'est là que Youlou nous avait envoyés en prison ; à la fin de notre prison, on nous établissait un papier qui attestait le lieu de détention, mais si tu n'as pas ce papier tu n'es pas matsouaniste. Au sein de l'Église, après Tchakaka venait Ferdinand M. qui était en prison à Dolisie. À notre retour, on l'a fait venir mais il a

> refusé, et c'est maintenant qu'il est rentré à cause de la situation politique du pays (guerre civile de 1993 où lors du règne de Pascal Lissouba, les ressortissants de la région du Pool ont été expulsés de Dolisie, région du Niari). Maintenant qu'il est rentré, il a perdu sa place que moi j'ai prise ; et c'est à moi que Tchakaka avait donné la bénédiction avant sa mort, et c'est pourquoi on ne s'entend pas.

Dans sa dimension politique, cette réorganisation du matsouanisme coïncidera paradoxalement avec la création et l'organisation en 1969 par Marien Ngouabi (nouveau Président de la République Populaire du Congo), du Parti Congolais du Travail (PCT) : mise en place d'un Comité central et d'un Bureau politique avec un président qui est aussi président de la République ; adoption comme idéologie officielle du marxisme-léninisme, et d'un nouveau drapeau de couleur rouge frappé d'un marteau et d'une faucille. De son côté aussi, le matsouanisme s'organise sur un mode à peu près similaire :

> Le gouvernement de la rue K. est central, indiqua mon informateur, les corbeaux et les pigeons s'y réunissent avec les Amicalistes ; les paroisses sont séparées, mais le leader reste Matsoua André. Les Bulamananga sont aussi appelés corbeaux par les gens qui ne connaissent pas. Que tu sois pigeon ou Amicaliste, on t'appellera toujours corbeaux, mais au fond nous sommes séparés et chacun a son appellation. Nous qui sommes à Mpissa nous sommes des pigeons, ceux qui se mettent en noir sont des corbeaux, et ceux du gouvernement sont des Amicalistes ; et les autres sont des Bulamananga, mais tous sont régis par un seul gouvernement central. Depuis 1970, pour le siège du quartier Mpissa, c'est Fidèle Nzoungou qui était le 1er, celui qui lui a succédé c'est Tchakaka. Mais à cette époque, c'est Pierre Kinzonzi qui commandait le gouvernement central, le fondateur était Matsoua. C'est même lui qui avait envoyé les militaires combattre en France, Matsoua et Kinzonzi étaient des combattants. Certaines personnes disent que Matsoua est mort, mais nous disons que Matsoua est vivant ; ce qui veut dire que Matsoua est vivant, c'est ça la signification du

> « V » = vie. Matsoua André Grenard s'il est en France, ce n'est pas un animal mais une personne ; mais il est en France dans une maison. C'est un grand chef, mais ce n'est pas n'importe qui qui peut aller là-bas, personne ne connaît là-bas, mais eux-mêmes les Français qui ont la calvitie (signe de l'autorité et du pouvoir) connaissent là-bas. Si on ne le voyait pas, on ne l'aurait pas retenu, et on ne pouvait pas le laisser venir ici. Matsoua est une personne et le diable n'est pas une personne. Du fait que Matsoua est pur, c'est pourquoi il est là-bas, et celui qui est ainsi est un fils de Dieu.

Il s'agit maintenant de comprendre pourquoi l'identité est appréhendée par les fidèles matsouanistes comme un élément structurant de la vie sociale et de leur système de représentation. J'effectuerai d'abord un nouveau détour par Ricœur qui, dans son ouvrage intitulé *Soi-même comme un autre*, a montré l'équivocité du terme identité à partir de ses réflexions sur l'identité personnelle et l'identité narrative en rapport avec la temporalité qui est l'unité articulée de « l'à-venir », de « l'avoir-été » et du présent. L'intention philosophique inscrite dans le titre de son ouvrage à travers l'usage du terme « même » est de dissocier deux significations majeures de l'identité, selon que l'on entend avec lui par le terme identique, l'équivalent de l'*idem* ou de l'*ipse* latin :

> L'identité, au sens d'idem, déploie elle-même une hiérarchie de significations [...] dont la permanence dans le temps constitue le degré le plus élevé, à quoi s'oppose le différent, au sens de changeant, variable [...] l'identité-ipse met en jeu une dialectique complémentaire de celle de l'ipséité et de la mêmeté, à savoir la dialectique du soi et de l'autre que soi.[1]

Paul Ricœur montre que « l'ipséité de soi-même » implique l'altérité à un degré si intime que l'une ne se laisse pas penser sans l'autre, que l'une passe plutôt dans l'autre. C'est en cela que l'identité personnelle constitue pour Ricœur le lieu privilégié de la confrontation entre les deux usages majeurs du concept d'identité, à savoir l'identité comme *mêmeté* (du latin : *idem*) et l'identité

---

[1] Paul Ricœur, *Soi-même comme un autre*, Paris, Le Seuil, 1990, pp. 12-13.

comme *ipséité* (du latin : *ipse*). Ensuite, ce qu'il faut essayer maintenant d'expliquer de manière simple à partir des outils théoriques élaborés par Paul Ricœur, c'est la manière dont les matsouanistes font coïncider leur propre identité personnelle avec l'identité narrative, leur propre vécu historique avec la fiction messianique ; tout en sachant que dans sa contribution à la constitution du soi, l'identité narrative, soit d'une personne, soit d'une communauté, est appréhendée par Paul Ricœur comme le lieu recherché de ce chiasme entre histoire et fiction. Ce lieu est aussi celui du discours raconté, c'est-à-dire du discours mis en intrigue, du « muthos » mis en « logos ». Par ailleurs, si l'on admet avec lui que le terme histoire se donne à entendre dans un très grand nombre de langues, à la fois comme « la totalité du cours des événements et la totalité des récits qui se rapportent à ce cours »[1], on comprend aisément à travers la notion de « représentance » qu'il utilise, comment le passé historique est à la fois aboli et préservé dans ses traces. Et l'importance de la fonction narrative dans le vécu des matsouanistes consiste alors à refigurer la condition historique et à l'élever au rang de conscience historique. Si le terme histoire, comme le temps, désigne aussi, selon Ricœur, un singulier collectif qui englobe les deux processus de totalisation aussi bien au niveau de l'histoire du récit que de l'histoire effective, cette corrélation entre la conscience historique unitaire et la *condition historique* vécue et racontée permet d'appréhender le sens de la refiguration du temps du messianisme par le récit des agents sociaux.

C'est pourquoi penser la condition historique comme un processus de totalisation revient à dire « quelle sorte de médiation imparfaite entre le futur, le passé et le présent est susceptible de prendre la place de la médiation totale »[2] à la manière hégélienne. Ainsi, le rapport chez le matsouaniste de l'identité personnelle vécue à l'identité collective peut à juste titre être saisi à travers une « herméneutique de la conscience historique », c'est-à-dire une interprétation du rapport que le récit historique et le récit de fiction

---

[1] Paul Ricœur, *Temps et récit, 3. Le Temps raconté*, t. III, Paris, Le Seuil, 3e éd., 1985, p. 185.

[2] Paul Ricœur, *op. cit.*, p. 186.

pris ensemble entretiennent avec l'appartenance de chaque fidèle matsouaniste à l'histoire effective, à titre d'agent et de patient. Et la corrélation qu'il y a entre l'identité présente des matsouanistes et leurs identités produites, affirmées et revendiquées collectivement dans les temporalités coloniales et post-coloniales se décline dans cette médiation imparfaite qui articule dans leur histoire commune les « trois grandes ek-stases du temps » soulignées par Paul Ricœur, à savoir

> le futur sous le signe de l'horizon d'attente, le passé sous le signe de la tradition, le présent sous le signe de l'intempestif. Avec ce jeu de renvois, renchérit Paul Ricœur, entre attente, tradition et surgissement intempestif du présent s'achève le travail de refiguration du temps par le récit.[1]

Voyons maintenant de quelle manière se construit socialement l'identité matsouaniste dans cette mise en rapport par la médiation de la répétition rituelle du temps du monde et du temps quotidien des hommes. Pour cela, il y a une élucidation de sens à faire sur le fonctionnement de la logique identitaire religieuse et politique matsouaniste, notamment sur la saisie de l'articulation de la conscience individuelle de chaque adepte à sa pratique croyante. Le lien entre les adeptes et les catégories organisatrices du messianisme matsouaniste est tel qu'il fonctionne en corrélation avec la logique de l'attente qui est le principe de la permanence du matsouanisme à travers le temps. En effet, totalement en phase avec l'emprise structurante de la croyance messianique au retour attendu de André Matsoua, les adeptes matsouanistes vivent tous dans cette socialité croyante active à base de foi religieuse partagée. L'exemplaire singularité du parcours religieux du matsouanisme comme répétition dynamique de la croyance éclaire sur la réalité de l'enracinement anthropologique dudit messianisme : celui-ci laisse deviner l'existence d'un support de forces subjectif sous-jacent à la croyance collective socialement constituée au sein du matsouanisme dans son inscription symbolique sur le registre du visible et de l'invisible. De plus, le processus de recomposition religieuse du matsouanisme depuis sa

---

[1] *Ibidem.*

fondation en 1945 jusqu'en 1998 signale les tensions permanentes entre le vécu quotidien et l'attente intemporelle du retour du « messie » Matsoua. Et c'est dans cette expérience contraignante de l'attente que l'adepte matsouaniste subit quotidiennement l'épreuve de l'altérité, en faisant allégeance aux leaders matsouanistes dans leur grève eschatologique permanente contre tout pouvoir politique au Congo. La confrontation créatrice ordre/ désordre, pur/impur, juste/injuste dans le discours matsouaniste fournit aussi à l'adepte les éléments mobilisateurs dans son irréductible attachement à la foi religieuse, à la dynamique politique du défi et de « l'indocilité » ainsi qu'à l'obéissance individuelle et collective aux commandements religieux des prophètes de substitution matsouanistes, véritables « dissidents de la conformité ». On voudrait donc à cette étape de la réflexion socio-anthropologique et philosophique insister sur l'importance de la notion « d'efficience symbolique » (Legendre) dans le discours messianique des leaders matsouanistes ; en somme, l'effet que produit sur les fidèles la mise en scène de la figure messianique fondatrice de Matsoua comme élément de construction de l'identité matsouaniste. On se demanderait alors pourquoi et comment la référence à l'image de Matsoua peut avoir une valeur exemplaire, et répéter pour le fidèle matsouaniste le modèle identificatoire ? Il me semble que le mythe messianique matsouaniste laisse entrevoir dans la mise en scène de la figure intemporelle de Matsoua, l'une des modalités de fonctionnement de son système rituel, à savoir l'existence d'un ressort de l'efficience symbolique dans la procédure d'articulation entre la référence identitaire des fidèles à la figure de Matsoua et la gestion du quotidien. De telle sorte que la relation que ces fidèles établissent entre la référence à la figure fondatrice et la vie qu'ils mènent au quotidien a pour efficacité religieuse, la production d'un discours manichéen pur/impur, ordre/ désordre, vrais matsouanistes/flatteurs noirs ; discours dont l'enjeu est la représentation imaginaire d'une société à venir, radieuse et libre, à partir de laquelle les fidèles matsouanistes construisent leur propre identité de soi, sur fond de la logique de la différenciation dans la société brazzavilloise d'aujourd'hui. Et les textes religieux matsouanistes sont élaborés aussi comme véhicule d'identification au « messie » Matsoua martyrisé, mais personnage

« invincible et extraordinaire ». Ainsi, la procédure messianique qui répète indéfiniment depuis cinquante ans le sacrifice de Matsoua pour la cause collective participe de cette construction sociale de la réalité vécue : Matsoua représenté comme victime rituelle permet aux leaders matsouanistes de répéter le temps inaugural du mouvement religieux en plaçant à chaque fois les fidèles du matsouanisme dans une attitude de révolte permanente, et dans la quête d'un rapport identificatoire avec le « messie » Matsoua. Le point de tangence entre ces deux moments a lieu dans un temps précis de maturation de la croyance messianique, qui est précisément celui de l'allégeance du fidèle matsouaniste à la catégorie du sacrifice. Il semble que c'est bien sur ce terrain de la catégorie du sacrifice que s'élabore le discours d'articulation des deux moments de la référence à la fois à la figure fondatrice du « messie » Matsoua et à l'individualité quotidienne en acte.

Conclusion

Quelle lecture actuelle faut-il faire de ces faits culturels et religieux, et de façon générale, des prophétisme et messianisme africains qui perdurent encore ? Premièrement, ce sont des faits historiques qui ne doivent pas être perçus uniquement comme des phénomènes isolés et propres à la sous-région, encore moins au continent africain. En cela, Marc Augé nous invite à aller plus loin dans l'analyse des mouvements prophétiques africains qui constituent comme tels une « anticipation, sinon une prophétie, d'une situation aujourd'hui généralisée, que nous partageons tous, qui est la mondialisation de la planète »[1]. Deuxièmement, ces « guerres des Dieux »[2] et ces expériences renouvelées des modalités du croire inscrivent au cœur de la quotidienneté des individus en quête de sens, des formes complexes de transaction du sacré religieux et de productions endogènes de la modernité culturelle et religieuse. Elles permettent de concevoir une analyse fine des situations et des pratiques identitaires ainsi que des

---

[1] Marc Augé, *Pour une anthropologie des mondes contemporains,* Paris, Flammarion, 1994, pp. 144-145.

[2] Michael Löwy, *La Guerre des Dieux, religion et politique en Amérique latine,* Paris, Éditions du Félin, 1998.

représentations imaginaires dans leur évolution positive au sein des sociétés contemporaines africaines en pleine inventivité et marquées du sceau de l'inédit et de la nouveauté.

ABEL KOUVOUAMA
Université d'Amiens

ORATURE ET POÉTIQUE DE L'IMMORTALITÉ CHAKA ET OVENG NDOUMOU OBAME DEUX HÉROS ÉPIQUES

L'épopée est en Afrique au sud du Sahara l'un des genres les plus complets parce qu'elle emprunte aussi bien à la mythologie, à l'histoire, aux légendes, aux panégyriques, aux lamentations, aux chants qu'à la mimique. Elle est très liée au groupe social qui lui donne naissance et participe doublement de l'histoire[1], comme fille et comme mère[2]. Dans cette étude il sera essentiellement question de comparer deux épopées africaines bien connues dont les héros sont respectivement Chaka, héros cafre, et Oveng Ndoumou Obame, héros pahouin, dans leur évolution vers les sommets inaccessibles des divinités où ils manipulent des forces extraordinaires, communiquent avec des esprits et les puissances extraterrestres. Créé, initié et placé sur la voie de l'action, le héros épique a besoin de se manifester pour prouver et éprouver ses qualités surnaturelles. Il sera également intéressant d'analyser les stratégies mises en place par l'initié d'hier qui éclate au grand jour en héros pour conquérir le redoutable titre de héros épique. Si les deux héros nourrissent certes des ambitions épiques, le pahouin et le cafre ont des points qui les différencient. En perpétuelle quête de la divinité, le héros épique bantu se soumet à un constant dépassement de soi dans le but de transcender sa condition humaine. Et c'est là que l'on assiste à une certaine unicité de la vision du monde des Bantu à travers les tribulations de Chaka et Oveng

---

1 L'individu qui vit dans un environnement précis et qui se meut à travers le temps et l'espace projette ses rêves dans ses productions artistiques que l'on retrouve dans la littérature, la musique, la peinture, etc. La formation d'un héros populaire comme Chaka et Oveng Ndoumou Obame est la résultante de cette entreprise chez les peuples pahouin et cafre.

2 Julia Kristeva, *Semeoitike, recherches pour une sémanalyse*, Paris, Le Seuil, 1969, pp. 14-15.

Ndoumou Obame, véritables voleurs de feu. Si Prométhée dans la mythologie grecque a sauvé l'humanité en lui apportant le feu qu'il avait volé chez les dieux, les deux héros s'attelleront à découvrir le fer qui est un élément fondamental dans la vie des Bantu. C'est ce fer qui termine la sagaie de Chaka dont la mission est de hisser son propriétaire au-dessus du peuple dans les cimes de la divinité. Ce même fer est l'élément constitutif de l'anatomie extraordinaire d'Oveng Ndoumou Obame, ce qui lui confère une puissance égale à celle des dieux, les Immortels d'Engong. Par le fer, Oveng Ndoumou Obame conquiert l'immortalité et Chaka la divinité. La maîtrise du fer permet la production des armes de plus en plus sophistiquées par certaines nations ; ce qui leur permet également d'avoir une domination sur les autres pays moins nantis. En Afrique, aujourd'hui, ce problème se pose avec acuité parce que les différents foyers de conflits au Rwanda, au Burundi, au Congo, en Sierra Leone et en Guinée, sont des espaces où s'expérimentent de nouvelles armes de guerre. L'Afrique ne doit-elle pas orienter l'usage des métaux vers un développement industriel bénéfique pour elle-même et pour l'humanité tout entière ? La guerre qui sous-tend les deux épopées est à la une de toutes les conversations aujourd'hui en Afrique. Si Oveng Ndoumou Obame trouve la guerre en cherchant la paix, Chaka, quant à lui, s'emploie à consolider son pouvoir par la guerre qui sera le lot quotidien de son peuple.

DEUX ÉPOPÉES, MÊME CREUSET DIDACTIQUE

Dans cette étude, nous avons utilisé le *Chaka*[1] de Thomas Mofolo qui, le premier, rédigea en langue southo, sur la base des

---

[1] Thomas Mofolo, l'auteur de *Chaka* qui a inspiré plusieurs autres écrivains à l'instar de L. S. Senghor et Seydou Badian, Nénékaly Camara et Abdou Anta Ka, est né vers 1875 au village de Khojané dans le pays des Bassouto, en Afrique australe, de parents chrétiens. *Chaka* est en fait son troisième ouvrage. Comme le dit si bien Lilyan Kesteloot, dans son ouvrage *Les Épopées africaines* (Paris, Karthala, 1997), c'est lui qui a su recréer dans toute « son épaisseur psychologique et ses terribles contradictions » l'épopée de celui qui demeure jusqu'aujourd'hui un très grand héros chez les Zoulou. Quoique le texte de Mofolo soit en prose, le ton du récit est plus proche de l'allure des récits épiques bantu. Une autre version de *Chaka* a été rédigée par Mazisi

récits oraux recueillis, l'histoire de ce personnage légendaire. Chaka, qui aurait vécu de 1787 à 1828, est un personnage qui a bouleversé l'histoire des peuples sud-africains au début du XIXe siècle. Il eut une enfance malheureuse, quitta sa famille et se réfugia chez le chef Dingio Wayo qui le remarqua et fit de lui son héritier[1]. Dès sa prise de pouvoir, il donna à ses sujets une organisation politique et surtout militaire complétée par une nouvelle tactique qui devait lui assurer la victoire sur ses voisins. Il exigea et imposa le service militaire féminin et le célibat aux amazones incorporées. Ceci lui permit d'avoir une armée très puissante estimée en 1818 à presque 500 000 guerriers. Mais il se mua peu à peu en véritable mythomane cruel et dangereux pour les siens et pour ses adversaires. Dévoré par l'ambition et le pouvoir, il n'hésite pas à tout sacrifier pour sa gloire. En véritable monstre, il s'engage sur le chemin du mal aidé par le sorcier Issanoussi qui lui réclame la mort de sa femme Noliwé. Toute l'épopée retracera cette ambition démesurée qui le conduira à sa ruine et à sa mort tragique.

Dans *Le Mvett* de Tsira Ndong Ndoutoume publié en 1970 aux éditions Présence Africaine, il est essentiellement question de pouvoir, de puissance. Il faut trouver quelqu'un qui soit capable de gouverner la tribu des Flammes et des Okü. Obame Ndong, le grand-père du héros de ce mvet fait le constat suivant :

> Depuis que le monde est monde, la tribu des Flammes possède des magiciens comme toutes les autres tribus. Mais nous n'avons jamais eu un chef capable de commander, de diriger énergiquement notre tribu.[2]

Il faudra alors trouver cet être exceptionnel dont l'aède Ndong Ndoutoume décrit, avec beaucoup de dextérité, le processus de création ainsi que ses exploits et déboires. Comme toutes les

---

Kunene en 1979 aux Éditions Heinemann à Londres. Dans cette publication, Mazisi Kunene puise abondamment dans le folklore zoulou. Son texte épouse les contours des *izibongo*, poèmes d'éloges de la littérature orale zoulou avec pour résultat que les qualités littéraires épiques de ce récit somptueux de 400 pages sont plus évidentes que dans celui de Mofolo.

1 S. et R. Labatut, *Épopées africaines*, Yaoundé, CEPMAE, 1974, p. 10.

2 Tsira Ndong Ndoutoume, *Le Mvet*, Paris, Présence Africaine, 1970, p. 28.

épopées du mvet, celle qui nous occupe dans cette étude commence par l'histoire du mvet relatant les origines du monde, le genre et la généalogie des hommes d'Engong. Ensuite, il présente les forces en présence, à savoir les Immortels d'Engong et les Mortels d'Okü. Après cette présentation explicative, l'aède décrit la naissance du héros des Mortels, Oveng Ndoumou Obame, sa re-création, son odyssée à travers le temps et l'espace ainsi que les différents conflits qui l'opposent aux Ekang, les Immortels d'Engong. Jusqu'à la fin de l'épopée, on assistera à plusieurs batailles sanglantes où les Immortels triompheront toujours des Mortels. Tsira Ndong Ndoutoume, dans un style alerte et vivant qui épouse l'ambiance des chaudes soirées de mvet, reprend, par endroits, le style responsorial entre l'aède et le public qui fait du mvet un spectacle total.

– Je sème le vent !
– Oui !
– Je tire l'éléphant
– Oui !
– Que les oreilles écoutent !
– Qu'elles écoutent le mvet.[1]

Le poète traditionnel qui chante la geste du mvet le fait avec art et méthode parce qu'il est initié dans cet art qui remonte à la plus haute antiquité. Pour raconter les exploits et hauts faits de la tribu des Ekang au cours des grands combats qui les opposèrent aux Mortels d'Okü dont l'ambition suprême était de leur ravir l'immortalité, le mbomomvet[2] va incorporer dans son récit tout élément de nature à renforcer l'imagination épique : le lyrisme, la satire, les improvisations, les transpositions, les adjonctions anachroniques et/ou les néologismes.

---

1 *Idem*, p. 21.

2 Mbomomvet est le poète qui chante et danse le mvet. Originaire des pays fang que l'on retrouve essentiellement au Gabon, en Guinée équatoriale et au Cameroun, le mvet désigne l'instrument de musique en même temps qu'il renvoie à tout chant épique déclamé avec l'accompagnement musical de cet instrument. Le mbomomvet est un « toucheur de mvet », de *bôm* qui signifie frapper ou toucher les cordes d'un instrument ; plur. Bebômômvet, « toucheurs de mvet », de cithare.

NAISSANCE, INITIATION ET FORMATION DU HÉROS ÉPIQUE

Une naissance souhaitée

Tout comme Oveng Ndoumou Obame, la naissance de Chaka était souhaitée par son père, le roi Senza'Ngakona, chef du clan des Zoulou qui, malgré ses nombreuses épouses, n'avait pas eu de garçon qui pût être son héritier. Alors il décida de chercher une nouvelle femme qui pût lui donner un fils. Il organisa une fête au cours de laquelle il remarqua la belle Nandi qu'il épousa et dont il eut la joie d'avoir un fils, Chaka. Au moment où naît Oveng Ndoumou Obame, la tribu des Flammes n'a pas de chef charismatique capable d'affronter les Immortels d'Engong. La naissance d'Oveng Ndoumou Obame leur donne une occasion exceptionnelle de résoudre à jamais ce problème et de n'être plus « la risée des autres peuples ».

Une initiation mystique

Le héros épique bantu, comme nous l'avons déjà mentionné, est un homme extraordinaire, hors du commun. C'est un être qui manipule des forces extraordinaires, communique avec les esprits et les puissances extra-terrestres. Or, pour évoluer dans ce contexte hautement mystique il faut être initié[1]. Bien que sa naissance ait suscité une allégresse débordante chez le roi Senza'Ngakona, Chaka sera plus tard haï par les autres épouses de son père qui auront par la suite, elles aussi, des garçons. Craignant donc que Chaka ne supplantât leurs propres fils, elles voulurent le chasser sous prétexte que sa mère était arrivée enceinte au palais. Chassés du palais par Senza'Ngakona lui-même, Chaka et sa mère vont s'exiler à Quobé, le village de Nandi où ils vivront de très difficiles moments. Victime d'une haine farouche et meurtrière de la part des populations, molesté et malmené par les enfants de son âge et les grandes personnes, Chaka cultive dès son enfance la confiance en soi, la prudence et la ruse. Habitué aux rixes, capable de livrer bataille seul contre tous, Chaka subit malgré lui une rude initiation

---

[1] Voir Philippe Laburthe Tolra, *Les Seigneurs de la forêt*, Paris, Karthala, 1986 et *Le Tombeau du soleil*, Paris, Odile Jacob, 1986.

physique au combat au corps à corps qu'il imposera plus tard à ses guerriers.

> Chaka (était) extrêmement adroit dans l'art de combattre le bâton à la main ; il savait parer les coups venant d'innombrables bâtons dirigés tous à la fois contre lui, et combattre tout en évitant le coup dirigé contre sa tête. Il n'éprouvait dans ces luttes aucune peur quelconque, d'autant plus qu'il en avait maintenant l'habitude. Il sut courir sans perdre haleine, éviter les coups au moment voulu, se baisser et se courber à temps ou bondir de côté, sauter en l'air et revenir frapper à l'endroit sensible au bon moment.[1]

Chaka n'obtiendra le respect et le pouvoir qu'au bout d'une âpre, difficile et périlleuse lutte qui sera complétée par son initiation mystique. Une jeune gestionnaire du sacré du village de Bou'ngani fera subir à Chaka le rite « élômôlô », le premier rite du futur chef, qui consistait à lui faire manger sa première viande accompagnée de différentes drogues et autres fibres dont le but était de lui apporter la chance. Cette viande n'était autre que le foie du serpent jaune sacré chez les Matabélés[2].

Au cours de cette rencontre, « la femme féticheur » lui prescrit le comportement à adopter face au « Seigneur des eaux profondes » qui lui apparaît un matin alors qu'il fait ses ablutions rituelles de très bonne heure à la rivière :

> Chaka avait fini de se laver le corps et il se disposait à sortir de l'eau, lorsqu'il sentit tout à coup comme vibrer et s'agiter la houppe de cheveux qu'il avait au sommet de la tête [...]. Chaka les yeux fixés sur le gouffre aux eaux écumantes, aperçut alors la tête énorme d'un serpent monstrueux qui émergeait des flots tout à côté de lui. [...] Sans faire un mouvement, le jeune homme fixa [...] le monstre jusqu'au fond des yeux : de son côté la bête en faisait de même. Ils se tinrent là, les yeux dans les yeux, pendant quelques instants, dans un silence absolu : un homme et un serpent, les yeux

1 Thomas Mofolo, *Chaka*, Paris, Gallimard « NRF », 1939, p. 28 (l'édition utilisée est de 1970).

2 *Idem*, p. 22.

> fixés l'un sur l'autre, le serpent chez lui, troublé dans son repaire par l'homme ! [...] Une fois encore, la bête passa sa langue sur les yeux et sur toute la figure de Chaka, puis enfin, glissant d'avant en arrière, les yeux toujours fixés dans les yeux il disparut dans le gouffre. [...] Un son très doux, comme un murmure léger, se fit entendre :
> Salut ! Salut ! Tout ce pays est à toi, fils de mon peuple !
> Tu seras grand, ta domination s'étendra sur les nations et sur leurs princes.
> Tu auras sous toi des peuples nombreux et divers.
> Tu sauras commander même aux vents et aux tempêtes [...]
> Et toutes choses qui ont été créées subiront docilement tes ordres. Prosternés à tes pieds ; oui, fi donc ! honte à elles !
> Mais toi, veille à ne jamais t'écarter de la voie qui t'est tracée.[1]

Issanoussi, un sorcier spécialiste des problèmes de la divination, complétera l'initiation de Chaka en lui faisant, dans un premier temps, des scarifications sur la région du cœur qu'il frictionnera par la suite avec des drogues spéciales ayant pour but de lui assurer du succès et de la prospérité. En second lieu, Issanoussi fera à Chaka une incision au front à l'endroit où viennent finir les cheveux ; puis il soulèvera la peau et glissera par-dessous un charme consistant en une poudre mélangée à de la cervelle de crocodile. Ce charme confère, dira-t-il, à celui qui le porte la souveraineté. La médecine du sang, c'est-à-dire de la mise à mort violente sera la dernière étape de ce processus initiatique. Ce charme très dangereux sera inoculé au bras droit de Chaka après l'avoir mélangé à d'autres drogues et à du venin de serpent. Le tout sera complété par la fabrication par Issanoussi des armes « spéciales » qu'il remettra à Chaka.

> [...] pour finir, il partait à la recherche d'un arbre qui poussait très loin de là, près du rivage de l'océan. Il coupa deux branches de cet arbre ; de la première il tira un gourdin pour Chaka ; il enleva un peu de la moelle de cette branche, du côté qui avait été le plus rapproché du tronc, et dans le

---

[1] *Idem*, p. 23.

> creux ainsi évidé il inséra un peu de cette médecine si terriblement dangereuse. Avec la seconde branche il confectionna pour Chaka une sagaie à hampe très courte [...], il inséra de cette terrible médecine dans un petit creux par-dessous, ceci fait, il frotta de nouveau la hampe de la sagaie avec cette médecine [et] fixa solidement ensemble le fer et la lance au moyen d'un morceau de peau.[1]

Ainsi « préparé », Chaka pourra prendre les rênes du pouvoir. Son règne sera très éprouvant pour le peuple zoulou.

Dans l'épopée du mvet, la tribu des Flammes, les Okü, a besoin d'un vrai chef capable de sauver son honneur, un homme de caractère, de cran et d'énergie. La naissance d'Oveng Ndoumou Obame est l'occasion pour les Okü de régler à jamais ce problème. Dans le but de donner à leur peuple un héros capable de les défendre contre les vexations et les injures dont ils sont l'objet, tous les initiés de la tribu des Flammes décident de transmuter le nouveau-né et d'en faire un homme exceptionnel.

> Depuis longtemps, le soleil avait disparu [...]. Toutes les portes étaient déjà closes [...]. De tous les coins de la tribu des Flammes, des murmures s'élevèrent. Dans l'air, des hommes, transformés en énormes chauves-souris, volaient et allaient atterrir à Nkobam, village d'Obame Ndong, où ils reprenaient leur forme humaine ! Cent, deux cents, trois cents individus s'amassèrent dans la cour. [...] Un beau bébé piaffait, tenu par une vieille femme aux joues creuses. Ntsama Ondo était libérée. Obame Ndong bondit, pénétra dans la case, ramassa le garçonnet devant les yeux ébahis de sa mère [...] sortit, fit un signe à l'assistance qui se transforma instantanément en chauves-souris géantes. Tous s'envolèrent dans la montagne.[2]

Là, sur la montagne, très loin des humains, on procédera à la « préparation » mystique du héros.

---

1 *Idem*, p. 49.
2 Tsira Ndong Ndoutoume, *op. cit.*, p. 30.

> Obame Ndong se planta au milieu de l'assistance qui avait formé un vaste cercle sur la montagne rocheuse. Il tenait le nouveau-né dans ses bras. [...] Puis il appela :
>
> – Minko M'Obiang !
>
> – Me voici, répondit un vieillard étonnamment robuste.
>
> – Cache la lune et les étoiles !
>
> Aussitôt d'énormes nuages noirs couvrirent le ciel. La nuit, une nuit de charbon drapa la nature. Sur les bananiers et les avocatiers, des hiboux se mirent à chanter.
>
> – Ouvre la poitrine du bébé, commanda Obame Ndong.
>
> Minko M'Obiang cracha la poudre noire imbibée de salive sur la poitrine du nouveau-né. Elle s'ouvrit, laissant voir des poumons frais et un cœur palpitant.
>
> – C'est bien, apprécia Obame Ndong. Maintenant, initiés, je fais appel à tout votre savoir. Remplacez tous les organes de cet enfant, à l'exception de ses muscles et de sa peau, par du fer. Oveng Ndoumou comme nous allons désormais l'appeler, sera un homme double dans un même corps. Homme et fer, il fera appel à l'un ou l'autre de ses doubles selon les circonstances. [...] Il commandera la tribu des Flammes. Il commandera les autres tribus et les autres peuples. Il ne mourra point.[1]

C'est donc conformément aux us pahouins que Oveng Ndoumou Obame est initié dès sa naissance. Une fois le cordon ombilical rompu, et pendant que les accoucheuses traditionnelles continuent de s'occuper de la mère, Obame Ndong « arrache » le nouveau-né pour le rite initiatique qui est réalisé, non pas par un individu, ni un esprit, mais par tous les initiés de la tribu des Flammes. Si Obame Ndong est l'initiateur du projet, les opérations délicates de « blindage » seront menées par Minko M'Obiang, redoutable sorcier dont le fils sera plus tard le bras droit du héros. Tout se passe de nuit sur la montagne sacrée, lieu sécurisé où le héros plus tard se retirera avec les survivants du village d'Andok arrachés au nez et à la barbe des démolisseurs d'Engong, Ntoutoume Mfoulou et Angone Zok. Cette montagne est un

---

[1] *Idem*, p. 31.

véritable espace euphorique dans l'épopée parce que c'est l'un des raccourcis qui relient le monde des vivants au pays des fantômes. Et pour prévenir une trahison astrale[1], Obame Ndong fera « cacher la lune et les étoiles ». L'opération chirurgico-mystique doit se dérouler dans une nuit de charbon.

Comme nous l'avons déjà dit plus haut, le héros pahouin est une création du groupe. Lorsqu'il faut trouver un successeur à un homme puissant, les notables de la tribu se réunissent et choisissent un nouveau-né dans la descendance directe de cet homme. Dans un rite mystique, on le « fabrique »[2] en lui donnant une constitution particulière. L'enfant ainsi initié vit comme une personne normale, mais son double lui permet d'évoluer dans un monde mystique, invisible, réservé aux seuls initiés. Ainsi, en est-il d'Oveng Ndoumou Obame qui parachèvera son initiation sous la terre qui

---

1 Cette rencontre met en exergue deux éléments importants dans le processus initiatique chez les Bantu : la nuit et l'eau. La nuit ou la pénombre est le moment propice pour faire intervenir les mânes des ancêtres. L'eau, élément indispensable à la vie a une fonction purificatrice. Ici, Chaka dans les eaux prend une dimension mystique. C'est le baptême, qui lui permet de sortir d'un univers opaque pour entrer dans un monde de lumière. Ce baptême en bien des points rappelle celui d'un autre héros, Jésus-Christ, qui fut reçu par Jean-Baptiste dans les eaux du Jourdain. Entre les deux hommes s'établira d'abord une communication visuelle, muette mais riche de significations. Ensuite le dialogue, avant le contact corporel ou l'acte baptismal proprement dit est accompli. Mais dès que Jésus sort de l'eau : « Les cieux s'ouvrirent et il vit l'Esprit de Dieu descendre comme une colombe et venir sur lui. Et voici, une voix fit entendre des cieux ces paroles : Celui-ci est mon fils bien-aimé, en qui j'ai mis toute mon affection » *(La Sainte Bible,* version Louis Second, *Matthieu 3, versets 13-13).*

2 Cette initiation doit être secrète parce qu'elle est d'abord une affaire interne de la tribu des Flammes. Toute présence étrangère est prohibée et c'est la raison pour laquelle les astres pouvant être utilisés comme relais de télécommunication destinés à informer le monde, donc d'autres sorciers sur ce qui se passe à Nkobam, sont cachés. Il y a lieu de rappeler ici que selon les Saintes Écritures, c'est une étoile qui annonça aux mages d'Orient la naissance de Jésus-Christ ; cette étoile qui a trahi le secret de la naissance du « messie » indiquant même le lieu de l'événement, ce qui a eu pour corollaire la fougue meurtrière du roi Hérode visant à éliminer le nouveau-né. Il en est de Jésus de Nazareth comme de Krishna, Bouddha, Confucius en 551 avant Jésus-Christ, Mithras, rédempteur de la Perse, Socrate, Esculape, Bacchus, Romulus et Mahomet dont les naissances furent annoncées par d'importants mouvements et de curieuses manifestations astrales.

est le domaine des ancêtres. Dans cette épopée, il y aura un va et vient du héros entre le royaume des ancêtres qui est sous la terre et le pays des Flammes. Les ancêtres doivent valider le travail accompli par les initiés de la tribu des Flammes et approuver la tâche assignée au héros pahouin.

Cette initiation est surtout marquée par la dation du nom au héros pendant l'opération rituelle. L'Oveng, autrement appelé Essingang, est un arbre très connu pour sa solidité, sa taille imposante et ses vertus mystiques chez les Pahouins. Son bois précieux et dur joue un rôle très important dans la société Fang-Beti-Bulu-Ntumu où plusieurs villages portent son nom. Essingang, littéralement qui effraie les sorciers, est donc l'autre nom donné à Oveng encore appelé *Élé Beyem ou Nnôm Élé*, c'est-à-dire *l'arbre des initiés ou l'arbre mâle*. La *créature* des hommes de la tribu des Flammes se résume donc en un assemblage qui fait de ce héros un être composite fait de l'Oveng additionné à un Mortel à qui on a ajouté du fer. Le tout donne un Immortel qui, cependant, échouera devant les vrais Immortels d'Engong. L'initiation du héros revêt la même signification chez les Pahouins et chez les Cafres à savoir qu'elle doit conférer à l'initié une puissance surnaturelle qui le placera au-dessus du genre humain, lui donnant ainsi la possibilité de réaliser des exploits et d'accomplir son destin. Grâce au processus initiatique, les deux héros ont pu prendre contact avec les forces mystiques dont ils se serviront tout au long de leur tumultueuse existence.

L'initiation d'Oveng Ndoumou se fait par le groupe, dans un même élan, avec une commune volonté de le sortir de l'anonymat, le même souci du rayonnement de leur identité sociale. Le destin du héros pahouin se confond avec celui de son peuple. Chaka par contre est initié par des individus qui n'ont pas reçu l'aval du groupe. Ils agissent tous pour l'intérêt du seul héros. Chaka n'est pas le résultat d'une action concertée du peuple. C'est un solitaire qui cherche sa voie et que le destin place à la tête du peuple. Son destin n'est pas celui des peuples Zoulou. Chaka sera donc solitaire jusqu'à la mort, car ayant tenté en vain d'associer le destin du peuple au sien.

LE HÉROS SAUVEUR CONSTRUCTEUR DE LA NATION FACE À SON DESTIN

Chaka et son peuple entretiennent des relations qui varient selon la situation du héros. Elles vont de l'admiration de l'héritier à la vénération du « Zoulou », du dieu Chaka, mais en passant par l'hostilité, l'exécration, le bannissement, l'acceptation, le respect et la crainte. Chaka est lui-même le baromètre des rapports qu'il entretient avec son peuple alors que Issanoussi en est la plaque tournante. Plaçant sa confiance dans la puissance des médecines de son féticheur Issanoussi qui lui fait miroiter les hautes cimes de la gloire, Chaka va caresser le rêve d'obtenir un pouvoir supérieur à celui de son père qui était sous les ordres d'un suzerain. Pour sa part, Chaka veut être plus fort que le suzerain de son père, il veut faire de son peuple un peuple fort et respecté partout. Il ambitionne d'exercer un pouvoir immense et, pour l'obtenir, il n'hésitera pas à sacrifier l'amour et la vie de Nandi, sa propre mère. À quoi sert-il à un homme d'être puissant s'il n'est pas célèbre et si sa réputation ne s'étend pas au-delà des frontières de sa puissance ?

En définitive, Chaka nourrit des ambitions si démesurées que le lecteur ne souhaite pas les voir se réaliser. Mais cette situation sert les intérêts du récit et l'action épique qui se prépare. Car succéder à son père même après des péripéties dangereuses, ne saurait être un exploit. Mais succéder au « patron » de son père et devenir plus puissant que lui constitue un projet héroïque que Chaka tient à réaliser par la force de sa main qui va lui constituer un tapis rouge de sang tout au long de son règne. Mort des animaux, mort des membres de sa famille parmi lesquels ses enfants et leurs mères, mort des milliers de personnes, des milliers d'innocents. Et une fois au faîte de la gloire, il va tenter de conquérir le pouvoir du ciel en s'octroyant la divinité. Il se fait l'envoyé de Dieu. Il est le « Zoulou », celui qui vient du ciel, et son peuple « Amazoulou ». Pour le saluer, on dit : « Bayété », c'est-à-dire « celui-qui-se-tient-entre-Dieu-et-les-hommes »[1].

---

1 Tsira Ndong Ndoutoume, *op. cit.*, p. 191.

Dès sa naissance[1], Oveng Ndoumou Obame reçoit les attributs d'un homme extraordinaire de tous les sorciers de la tribu des Flammes, ce qui fait de lui l'incarnation de la volonté sociale des gens d'Okü en général et de la tribu des Flammes en particulier pour régner et acquérir un bien-être suprême symbolisé ici par la paix et par l'immortalité à ravir au peuple d'Engong Zok. Obame Ndong, pour le succès de son petit-fils et la gloire de la tribu des Flammes, se sacrifie. Pour qu'il y ait paix, il faut faire disparaître le fer de la surface de la terre. Ela Minko m'Obliang, bras droit du héros, sera chargé de remplir cette mission. Malheureusement pour lui, il tombera sur Nkabe Mbourou, plus puissant que lui. À Meka Mezok, lieu du premier affrontement entre Oveng Ndoumou Obame et l'escouade venue d'Engong, Ela Minko est aux prises avec Ze Mendang qu'il tient en échec. Comme son maître, il a des pouvoirs surnaturels. Mais malgré son courage, il sera vaincu tour à tour par Nkabe Mbourou et par Ntoutoume Mfoulou. Oveng Ndoumou Obame intervient vers la fin de l'épopée dans un combat contre trois Immortels et leur tient tête grâce aux fantômes. Comme le font tous les Bantu en difficulté, Oveng Ndoumou Obame ira à la rencontre de ses ancêtres[2], les « bekôn » pour

---

[1] Chez les Pahouins, il est possible de créer un homme puissant dans un domaine déterminé : le sport, les études, l'exercice du pouvoir. Cette création chez les Bulu du Sud-Cameroun se retrouve dans l'expression « a kôm mon » qui veut dire littéralement « fabriquer l'enfant ». Il s'agit ici de conférer à un nouveau-né un pouvoir mystique, surnaturel, qui lui permettra de transcender sa nature humaine et de se distinguer dans le groupe comme un être à part. Chez les Pahouins, tous ceux de leurs qui exercent un pouvoir à quelque niveau que ce soit, ou qui ont brillamment réussi dans leurs études ne le doivent qu'à cette initiation, qui fait d'eux des hommes très respectés et même vénérés.

[2] Dans l'imaginaire pahouin, le monde des vivants côtoie celui des morts et l'appui des ancêtres appelé bekôn s'explique par la croyance profonde en la vie après la mort. Pour eux, on passe du pays des vivants, emominlan, au pays des bekôn et les deux communautés vivent ensemble, quoique séparées. Jean-Pierre Ghonda remarque à propos que « le monde des bekôn qui n'est pas en réalité un monde en dehors du monde, se situe non pas au-dessus, mais à côté et en retrait de celui des vivants. Vu sous l'angle tellurique, [...] il se situe en dessous de ce dernier. En effet, les personnages du mvet entrent sous la terre pour établir un contact avec leurs ancêtres [...]. Le monde souterrain des bekôn est semblable à celui des vivants, mais en plus paisible puisqu'on n'y mène plus ces incessantes guerres qui semblent être l'activité préférée des

solliciter leur appui. À la première visite il est bien reçu et obtient même l'aval des ancêtres pour l'action qu'il a décidée de mener, à savoir rétablir la paix dans le monde en faisant disparaître le fer. Imbu de sa puissance et sûr de l'appui des « bekôn » il provoque les irréductibles guerriers d'Engong qui lui livrent un combat sans répit. Devant cette ténacité des Immortels, le petit-fils d'Obame Ndong se rend une deuxième fois chez les « bekôn », pour solliciter un renfort. Mais son ancêtre Obame Ndong lui reproche d'avoir causé la destruction de la quasi totalité de la tribu des Flammes :

> Homme puissant, tu l'es : mais pourquoi t'es-tu embarqué dans une affaire de métal ? Ne devais-tu pas apporter le bonheur à la tribu, quitte aux autres de solliciter tes largesses sans histoire ?[1]

Néanmoins, Oveng Ndoumou Obame reçoit des conseils de son grand-père et le soutien des fantômes qui vont combattre pour lui. La troisième visite de l'homme puissant d'Okü sera marquée par la trahison d'Obame Ndong son grand-père qui, menacé de résurrection, dévoilera à Engouang Ondo la source de la puissance d'Oveng Ndoumou Obame, après avoir reçu de l'homme d'Engong la promesse de préserver la vie d'Oveng Ndoumou Obame et des rescapés du village d'Andok. Ainsi le héros des mortels est livré par les siens, par ceux qu'il considère comme son dernier rempart. Ce scénario est classique dans les épopées de mvet où les gens d'Engong parviennent toujours à découvrir le secret des héros des Mortels avant d'avoir raison d'eux. C'est dans ces conditions que Akôma Mba, le vénérable roi d'Engong, est obligé d'envoyer son fils Menye me Akôma chez le sorcier Etam-Môt-Akômô-Bôtô-Ôvo-Bôtô-Akuk-Bôtô pour aller découvrir l'origine de la puissance d'Efen Ndon, le fameux « homme bleu » de l'épopée *Moneblum* recueillie par Eno Belinga. Car cet homme d'Okü dont l'épouse avait été enlevée par Mekui Mengomo Ondo, un fils d'Engong, a tenu tête et malmené pendant très longtemps l'armée des

---

vivants... » (Ghonda, *Le Mvet : évolution, déclin et condition pour sa renaissance*, thèse de doctorat de 3e cycle, Université de Yaoundé, 1988, p. 73)

1 Tsira Ndong Ndoutoume, *op. cit.*, p. 111.

Immortels. Les gens d'Engong n'auront raison de « l'homme bleu » qu'après avoir découvert et détruit les sources de sa puissance. Ici on peut conclure que les hommes puissants d'Okü sont aussi valeureux que ceux d'Engong, mais les seconds usent d'un moyen lâche pour triompher de leurs adversaires, car les sujets d'Akôma Mba ont l'accès aux origines de la puissance des Mortels. L'immortalité recherchée par les hommes d'Okü se trouve donc à la fois dans la découverte du talon d'Achille des hommes d'Engong et dans la possibilité de rendre inaccessible l'origine de leur propre puissance. Oveng Ndoumou Obame est dérouté par ses ambitions personnelles qui l'entraînent dans un conflit dont l'issue est fatale à son peuple, conflit qui se solde par son propre échec.

L'organisation sociale des Pahouins se base sur une administration collégiale. C'est d'ailleurs ce qui fait la force des Immortels d'Engong. Car, quoique monarque, Akôma Mba ne prend jamais une décision sans l'avis du conseil des anciens, et même des mânes des ancêtres. En présentant le régime totalitaire d'Okü, le mvet explique d'une part le rejet de cette forme de gouvernement par les Pahouins, gens fondamentalement démocrates ; d'autre part, l'échec du projet de société conçu et formulé par le dictateur Oveng Ndoumou Obame.

Chaka et *Le Mvet* apparaissent chacun comme l'épopée d'un héros. Mais aussi comme l'épopée d'un peuple. Le premier est l'épopée de Chaka et du peuple Zoulou et le second l'épopée d'Oveng Ndoumou Obame et du peuple des mortels d'Okü. Les deux héros à la tête de leurs peuples respectifs se comportent en despotes et entretiennent de ce fait des rapports verticaux avec leurs groupes. Cependant, il faut noter que le héros pahouin, à la différence du Zoulou, part avec la confiance du peuple. Son destin est associé à celui du peuple. Lorsqu'il domine les Immortels, le peuple triomphe et fête avec lui. D'ailleurs, il ne combat pas seulement pour lui, mais aussi et d'abord pour l'honneur du peuple. Quand il éprouve des difficultés face à ses adversaires, tout le peuple, y compris les ancêtres et les fantômes, se mobilise pour voler à son secours.

Le héros cafre, quant à lui, a un destin différent de celui de son peuple. Son itinéraire ne connaît aucun point d'intersection avec celui de son peuple. Les malheurs et les difficultés de Chaka ne sont pas ceux de son peuple. Ce dernier regarde d'ailleurs avec indifférence et mépris les tribulations du héros dans son enfance. Mais, Chaka prend appui sur le peuple pour l'accomplissement de son destin. Une fois son objectif atteint, il tente en vain de récupérer le peuple pour l'associer à son destin. Incompris et mal aimé, Chaka restera solitaire jusqu'à la mort, loin des véritables aspirations de son peuple.

Pour terminer, il y a lieu de dire qu'à travers leurs héros, les deux épopées illustrent l'unicité de la vision du monde des Bantu en dévoilant certains faits civilisationnels précis : la découverte des métaux et sa conséquence immédiate qu'est la guerre. Ces deux épopées sont d'une actualité brûlante en Afrique, déchirée par des guerres fratricides, surtout dans la zone bantu. Quoique conçues dans deux régions culturelles différentes, les deux épopées s'unissent pour se présenter comme le reflet de la civilisation bantu. L'épopée se manifeste ici comme le miroir des civilisations africaines en ceci qu'elle fait état de la découverte du feu, des conséquences sociales néfastes de son utilisation et de l'existence d'une philosophie sociale visant à cultiver la paix par la suppression du fer. Concentrer tous les pouvoirs entre les mains d'un seul individu apparaît aux Pahouins comme une aliénation des libertés individuelles et un réel danger pour l'unité, le progrès et la survie du groupe. Ce qui perd Oveng Ndoumou Obame et Chaka, c'est le fait qu'ils sacrifient le bien-être et la paix de leurs peuples sur l'autel des conflits, des guerres au profit de leurs ambitions personnelles. Vivement que les dirigeants africains tirent des leçons conséquentes de ces deux épopées.

EMMANUEL MATATEYOU
Université de Yaoundé I

L'ORIGINALITÉ LITTÉRAIRE DE L'ÉPOPÉE OLENDÉ

L'épopée Olendé est, avec le Mvett, l'un des deux récits épiques de référence au Gabon. Mais contrairement au Mvett qui a déjà fait l'objet de plusieurs études tant au Gabon qu'au Cameroun[1], Olendé reste très peu exploré. À ce jour, seul Bonaventure Mve Ondo y a consacré quelques brèves observations dans deux articles. L'un est une étude sur l'image de la femme dans l'épopée gabonaise[2] et l'autre une brève présentation d'Olendé[3] dans l'importante étude consacrée aux épopées africaines par Lilyan Kesteloot et Bassirou Dieng. Le manque d'intérêt affiché par la recherche contraste avec la valeur culturelle de ce récit. Car Olendé représente une étape majeure dans la conservation et la transmission des traditions orales gabonaises. Ce texte est d'une grande richesse littéraire et culturelle dans la mesure où il confronte le lecteur ou l'auditeur non seulement avec une conception spécifique de l'art et de la création artistique, mais aussi avec une vision du monde.

Proposer une étude sur Olendé signifie donc, pour le moins, se mouvoir dans un domaine quelque peu délaissé par la recherche littéraire. Pour cette première approche, nous n'approfondirons pas les questions de genre ou celles liées à l'origine de l'épopée. De même, la conception « utilitaire » de l'épopée ne retiendra pas

---

1 S. M. Eno Belinga, *Littérature et musique populaire en Afrique noire*, Paris, Cajus, 1965 ; – Tsira Ndong Ndoutoume, *Le Mvett*, Paris, Présence Africaine, 1970 et 1975 (2 tomes) ; – Bonaventure Mve Ondo, « Qu'est-ce que le Mvett ? », dans *Notre Librairie*, Paris, n° 105, avril-juin 1991, pp. 61-62 ; – Bonaventure Mve Ondo, « Finalité de l'homme et transcendance dans le Mvett », dans *Notre Librairie*, Paris, n° 105, avril-juin 1991, pp. 63-64.

2 Bonaventure Mve Ondo, « L'image de la femme dans l'épopée gabonaise », dans *Notre Librairie*, Paris, n° 105, avril-juin 1991, pp. 70-72.

3 Bonaventure Mve Ondo, « Olendé, une épopée ombamba-téké », dans Lilyan Kesteloot et Bassirou Dieng, *Les Épopées d'Afrique noire*, Paris, Karthala-Unesco, 1997, pp. 446-447.

notre attention. Pour nous, l'épopée reste d'abord un genre littéraire. L'analyse que nous proposons s'intéressera aussi bien à l'histoire qu'à la façon de la dire. C'est donc à la réflexion poétologique que nous consacrerons tous nos efforts. Cette réflexion vise à pénétrer les lois qui régissent le récit Olendé, à dégager sa structure narrative et à déceler la (les) signification(s) du texte. Mais, avant d'en arriver là, nous commencerons par décrire succinctement le contexte historique dans lequel l'épopée Olendé a vu le jour. Notre étude s'appuie sur un texte oral hérité de M. Mbondobari et de la transcription de Leyimangoye (1976)[1].

CONTEXTE ET TEXTE

Pour la plupart des explorateurs français du XIXe siècle, les Abama ou Mbédé du sud-est du Gabon sont un peuple de guerriers poussant devant eux tous les peuples voisins. L'explorateur Jacques de Brazza note qu'ils seraient les « ennemis nés de toutes les races des contrées découvertes ». Annie Merlet explique dans son ouvrage *Vers les plateaux de Masuku* qu'ils ont l'impression d'être en état de guerre permanent les uns contre les autres :

> Les guerriers Obambas se réunissent assez nombreux, traversent l'Ogôoué et parcourent le pays, dont ils seront maîtres dans quelques années. Leur passage laisse des traces sanglantes. Tout est ravagé, brûlé, et, quand la nouvelle de leur arrivée a rendu toute une région déserte, ils se portent inopinément sur une autre. Tout ce qui tombe dans leurs

1 Nous aurions pu également prendre comme source le texte d'Okoumba-Nkoghe. Malgré la qualité littéraire indéniable de ce texte, il nous semble très peu approprié pour l'étude de l'esthétique obamba. Contrairement à Leyimangoye qui reste très proche du texte oral, Okumba-Nkoghe emploie une expression plus lyrique, visant à embellir le texte. De fait, il crée un contexte et un décor qui se rapprochent plus du conte de fée que d'une épopée de la forêt vierge. Pour bien montrer le style d'Okumba-Nkoghe, prenons l'exemple de l'incipit : « Ndjiami-a-Ntshié, c'était le Génie qui régnait sur les réserves infiniment immenses de la Terre. Il avait aperçu le garçon venir au lointain bout de la cité. [...]. Il toucha l'épaule du garçon-coureur de son chasse-mouches à tiges d'or » (p. 5). Ces modifications légitimes n'altèrent certes pas le contenu mais elles sont, au niveau du style, substantielles. Si le texte d'Okumba-Nkoghe gagne en lyrisme, il perd en intensité.

> mains, hommes, femmes, enfants, est pris et vendu, soit aux Adoumas de l'ouest, soit aux Batékés de l'est.[1]

Mgr J. Adam qui a consacré plusieurs études aux populations du sud-est confirme les informations de Jacques de Brazza. Il précise même qu'à l'époque de Savorgnan de Brazza, les Mbété étaient de fiers guerriers, très craints des autres tribus, à l'instar des Pahouins. Ils avaient avec eux des esclaves mbochi. Ils faisaient des razzias pour se procurer des esclaves jusqu'à une date assez récente[2]. Il semble que la migration des Abama serait due à la guerre qui opposait les Obamba aux Mbochi[3]. Dans l'introduction au récit *Olendé ou le chant du monde*, Leyimangoye[4] confirme cette thèse. Cette guerre (État m'Obochi) aurait d'ailleurs un lien étroit avec le récit Olendé. Il écrit :

> On signale que dans cette période de trouble, un Obamba qui avait fui avec sa femme s'était établi dans la forêt. Un jour qu'il revenait de chasse, il trouva un Mbochi égaré, assis dans un corps de garde ; il leva son javelot pour l'attaquer ; le Mbochi, sans défense, porta sa main aux oreilles, à la bouche et au ventre en faisant des gestes comme un sourd-muet pour exprimer qu'il ne comprenait pas la langue Obamba et qu'il avait faim. L'Obamba chevaleresque le laissa en vie, pria sa femme de lui donner à manger. Puis il adopta le mbochi et lui demanda en revanche de l'instruire dans l'art militaire mbochi.[5]

Le mot Olendé signifierait « raconte-lui [*sic*] » et serait donc un cours d'initiation à l'art militaire mbochi. Pour notre part, nous retiendrons qu'il existe entre l'épopée Olendé, les guerres claniques et la psychologie des Abama des correspondances si

---

1. Annie Merlet, *Vers les plateaux de Masuku (1866-1890)*, Libreville, Paris, Découvertes du Gabon, Centre Culturel Français, Sépia, 1990, p. 325.
2. Jean-Jérôme Adam, « Dialectes du Gabon. La famille des langues téké », dans *Bulletin de l'Institut d'études centrafricaines*, nouvelle série, n°s 7 et 8, Brazzaville-Paris, 1954, p. 45.
3. Georges Mazenot, *La Likouala-Mossaka. Histoire de la pénétration du Haut-Congo 1878-1920*, Paris, 1960, pp. 144-145 ; J. J. Adam, *op. cit.*, pp. 44-45.
4. Leyimangoye, *op. cit.*, p. 9.
5. *Ibidem.*

précises qu'elles ne peuvent être considérées comme fortuites. L'épopée tisse un lien culturel et historique entre les aventures guerrières des Abama et leur mémoire collective. C'est là une indéniable et originale dimension de cette épopée. En effet, Olendé, par de nombreux aspects affirme sa vocation à faire œuvre de mémoire. Il combine, comme nous l'avons déjà fait remarquer, réalité historique et création littéraire.

Des quatre types[1] identifiés à ce jour, seul Olendé « sans autre qualificatif » a fait l'objet d'une transcription et d'une adaptation. Nous nous intéresserons, au cours de cette analyse, à l'une des douze branches d'Olendé, celle dite des « fantômes ».

Olendé nous présente un itinéraire initiatique. Il s'agit de l'histoire d'un jeune homme, Soumbou, qui au cours d'une cérémonie rituelle (obungu) fait la connaissance d'Agnassa la femme fantôme. Le récit commence par l'invitation de Ndziami a yulu (Dieu-d'En-Haut) à son ami Ndziami-a-ntsyé (Dieu-d'En-Bas). Ndziami-a-ntsyé qui doit assister un ami agonisant ne peut honorer cette invitation. Il reporte son voyage et interdit formellement à son fils Soumbou et à sa sœur jumelle Agnassa de se rendre à cette cérémonie. Mais le père sitôt parti, Soumbou décide de se rendre seul au village de Ndziami a yulu, où il sera épris d'Agnassa la femme fantôme (homonyme de sa sœur).

La rencontre marque le début d'un voyage de type initiatique qui mènera Soumbou tour à tour au pays des fantômes, au pays de Ngari le tonnerre et de Ndziami a yulu. Au cours de cette aventure guerrière, le héros mû par ses pulsions et la passion amoureuse affronte les frères d'Agnassa, opposés à cette union contre-nature. Il devra subir plusieurs épreuves pour s'imposer dans le monde des fantômes. En face de Soumbou, des bêtes féroces et des créatures fantastiques[2] projettent dans l'imaginaire la démesure du héros. Au

---

1 Les Abama distinguent quatre types d'Olendé : il s'agit notamment d'Olendé a nkuru, d'Olendé a nkuha, d'Olendé e nyoni et d'Olendé sans autre appositif.

2 Soumbou combat victorieusement le caïman et l'hippopotame géant. Les frères d'Agnassa sont des êtres dignes du conte fantastique : le frère aîné d'Agnassa Obiélé-a-kulu (celui qui souffre du pied, il n'est vulnérable que si l'on atteint sa plaie avec un roseau), Disi-le-tu (celui qui n'a qu'un œil), Oliemi-o-tu (celui qui n'est composé que de doigts), Ognwa-a-gnia (celui qui a la bouche déformée), Ovuna-o-tu (il n'a qu'une mâchoire), Oyini-o-tu (il n'a qu'une jambe), Nguingui (la mouche), Opengoué (l'albâtrier), Ndjengué (le plomb).

terme de toutes les épreuves, Soumbou épouse Agnassa avec laquelle il aura un garçon. Les épreuves auxquelles Obielakulu soumet son héros servant, comme l'a si bien vu Mve Ondo[1], à jauger la force de son amour pour Agnassa. La grande enclume (Le Ndjoun) que Soumbou doit retirer du fleuve fait partie de la dot chez les Abama.

La deuxième partie du récit est composée de nombreux combats qui opposent Soumbou à Ngari le tonnerre puis aux enfants de Ndziami a yulu, venus au secours de ce dernier. Le récit s'achève sur une guerre fratricide, provoquée par le belliqueux Djidjaba. Cet ultime conflit durera plusieurs années et se soldera par la mort de tous :

> Exténués, à bout de force, ils se disloquèrent, puis périrent un à un comme des mouches et chacun en mourant devint, qui une montagne, qui le soleil, qui l'étoile, qui un fleuve, un torrent, la mer, un lac, qui la nuit, qui le jour.[2]

Le mouvement du récit se déduit aisément. Les scènes autour desquelles se structure le récit, loin d'apparaître comme figées, sont le résultat de déplacements divers. Déplacement dans l'espace tout d'abord. Le théâtre de l'épopée se modifie constamment : le pays du Dieu-d'En-Bas, le monde des fantômes, le pays du Dieu-d'En-Haut, le retour au pays du Dieu-d'En-Bas. Ce voyage initiatique est non seulement mouvement propre du récit, entraînant le lecteur/auditeur dans un espace imaginaire en perpétuel changement, mais aussi quête d'identité. Au terme de son périple Soumbou fait le bilan de sa quête en ces termes :

> Père, j'ai toujours été libre. J'ai couru partout où j'ai voulu [...], j'ai dansé, j'ai chanté, j'ai combattu, j'ai vaincu, j'ai fait l'amour, j'ai procréé. Maintenant, ici tout n'est plus pour moi que nostalgie et dépendance [...], j'ai décidé de retourner chez moi vivre le reste de mes jours parmi les miens qui m'attendent.[3]

---

1 Bonaventure Mve Ondo, « L'image de la femme dans l'épopée gabonaise », p. 72.

2 Leyimangoye, *op. cit.*, p. 66.

3 *Idem*, p. 65.

Le déplacement dans le temps est plus complexe à cerner. Pour comprendre l'évolution temporelle, le critique est obligé de tenir compte du concept de « refiguration du temps » introduit par P. Ricœur. Celui-ci postule l'autonomie relative du récit par rapport au temps réel. Dans cette optique, nous nous intéresserons surtout à la cohérence poétique et symbolique de ce récit, afin d'en respecter la spécificité de l'esthétique narrative. L'analyse du récit d'Olendé permet de distinguer deux formes de temps : d'une part la temporalité narrative, c'est-à-dire un temps divisé en séquences qui permet d'apprécier l'évolution du récit. Ce temps est mis en scène par une série d'indices. Il s'agit tantôt d'indications qui donnent l'illusion d'un processus chronologique : « un jour de saison sèche... »[1], « au petit jour »[2] ; tantôt d'indices de durée : « Ils se battent trente-deux jours et trente-deux nuits »[3]. D'autre part, le récit utilise un temps mythique, atemporel mis en scène par une langue lyrique et un style très imagé : « Ils se fixèrent chez Ndziami-a-ntana, vécurent quelques lunes... »[4] ou encore : « Ils se fixèrent tous au village de Soumbou et vécurent dans la paix, soleil après soleil, lune après lune, les jours s'écoulèrent »[5]. L'expression du temps est littéraire. De fait, il est vain de chercher dans le récit une datation exacte des différents épisodes.

Olendé repose essentiellement sur une esthétique de l'espace. La progression de Soumbou suit un schéma dans lequel le motif de la transgression est l'un des traits structuraux. Toute la première partie dont l'action se déroule au pays du Dieu-d'En-Bas (Ndziami-a-ntsyé) et dans le monde des fantômes peut être lue comme le résultat du non respect des conseils du père. Nous avons encore en mémoire les propos du héros constatant qu'Agnassa est du monde des fantômes : « Ah ! Si j'avais su !!! »[6]. Quelque temps plus tard, dans un ton qui ne cache pas son désarroi, Soumbou établit un lien direct entre les conseils du père, la transgression de l'interdit et sa situation actuelle : « Agnassa, mon seul et unique

---

1 *Idem*, p. 15.
2 *Ibidem*.
3 *Idem*, p. 46.
4 *Idem*, p. 65.
5 *Ibidem*.
6 *Idem*, p. 20.

Amour, Mon père m'avait interdit d'assister à cette fête. J'y suis quand même allé »[1].

La rencontre avec la vieille femme (pp. 42-43) dans la seconde partie doit être interprétée comme une seconde mise en abîme de l'aventure future au pays du Dieu-d'En-Haut (Ndziami-a-yulu). Dans cette scène, Soumbou, auréolé de prestige grâce à ses victoires au pays des fantômes, ignore les conseils d'Agnassa sa femme. Du coup, il se retrouve « comme un poisson au bout d'un hameçon. Il monte au ciel en chantant... »[2]. De même on peut interpréter la présentation (pp. 47-48) et les propos de Djidjaba (pp. 55-56) comme la dernière mise en abîme annonçant déjà la fin tragique du récit. Olendé évolue donc selon un dynamisme propre. Chaque transgression est un indice important pour la progression et la structure du récit. Ainsi le passage du pays de Ndziami-a-tsyé symbolisé par la traversée de la rivière marque l'introduction du fantastique et du merveilleux. Du coup le lecteur ou l'auditeur se trouve dans un monde où règnent d'autres lois.

Le récit avance par combinaison des deux formes d'indications temporelles et surtout par le passage d'un monde à un autre, qui de fait stimule l'imagination de l'auditeur ou du lecteur. L'amplification se réalise par paliers à la fois enchaînés et dissociés. L'action est divisée en épisodes narratifs distincts : l'exposition, la rencontre, la quête et le dénouement.

CONSTRUCTION NARRATIVE

La composition structurelle montre qu'Olendé combine l'épique et le narratif. De ce fait, il possède une double caractéristique : d'une part, une construction des scènes de nature variée mais fortement individualisée et, d'autre part, une structure d'ensemble qui crée un lien entre les différentes scènes. L'analyse d'Olendé fait apparaître une composition dramatique très serrée, d'où se dégagent des scènes d'une grande intensité. Quand on examine l'ossature du récit, on découvre que plusieurs éléments narratifs structurent celui-ci. Notre résumé, en dépit de sa brièveté,

---

1 *Idem*, p. 23.

2 *Idem*, p. 43.

donne une idée de l'importance que revêt l'espace, plus précisément le passage d'un espace à un autre. Dès le début, le récit comporte, on l'a vu, des éléments significatifs de type narratif. Le premier est la représentation de l'espace. Le théâtre des événements change constamment et le héros est en perpétuel mouvement dans un espace imaginaire. Le récit s'ouvre par une très brève présentation des mondes dans lesquels règnent le Dieu d'En-Haut (Ndziami-a-ntana ou Ndziami-a-yulu) et le Dieu d'En-Bas (Ndziami-a-tsyé ou Ndziami-a-mbere). Quand on rattache la localisation spatiale *tsyé* (terre) à la localisation géographique *mbere* (en bas), on observe que le récit est construit de manière antithétique. L'opposition entre les deux mondes constitue la première structure du récit. La seconde, plus significative, oppose le village à la forêt et concerne le monde des Fantômes et celui des Hommes. La frontière entre l'un et l'autre n'est pas clairement délimitée, elle est plutôt symbolique car dans ce monde

> surnaturel, surréel et réel fusionnent constamment : les Fantômes, les humains s'accouplent, le Tonnerre est un vieux polygame, vieillesse et jeunesse, laideur et beauté ne sont plus antithétiques, elles sont l'expression d'une réalité qui se transforme en permanence.[1]

Toutefois, ce passage est marqué par des indices à fortes connotations culturelles. Ainsi le lecteur/auditeur qui, se fiant à l'apparente précision des repères, voudrait par exemple dresser un plan des lieux, se heurterait très vite à une difficulté majeure : dans le monde d'Olendé on passe d'un espace à un autre sans s'en rendre compte. Le lecteur se sent presque obligé de construire un espace dépendant de son imagination individuelle. Il est vain de chercher dans le récit la description d'un espace réel. Mais il est par contre possible de voir comment le narrateur oriente l'imagination vers tel ou tel type d'organisation spatiale : une rivière, le bord du fleuve, une montagne, la cime d'un arbre, etc. Quand Soumbou et Agnassa se retrouvent à la source[2], le narrateur décrit à peine ce lieu. Il laisse au lecteur/auditeur le soin

---

1 *Idem*, p. 8.
2 *Idem*, p. 17.

d'organiser le lieu, de le penser. Dans Olendé, ce n'est pas le détail exact des lieux qui compte (l'imagination de chacun y supplée), mais certaines caractéristiques d'ensemble y sont fortement suggérées. Certaines plantes constituent une sorte de codage :

– la haie des bananiers indique par exemple la limite entre le monde des fantômes et celui des humains[1] ;

– la baie rouge (lentunu), la banane mûre sont considérées comme nourriture des fantômes[2] (leur évocation dans le texte indique que l'on se trouve dans le monde des fantômes) ;

– la source, lieu de prédilection des fantômes, renforce l'idée d'une césure spatiale et spirituelle entre le monde des fantômes et celui des humains.

Au-delà de la présence de ces indices, c'est leur mise en scène qui présente un intérêt esthétique. On l'observe au début du récit. À partir de quelques données narratives et des indices à fortes connotations culturelles, le narrateur annonce l'entrée dans le monde des fantômes. Il s'agit notamment du refus d'Agnassa de manger la nourriture qu'on lui propose, du port de l'okussa (sac contenant des fétiches), de la consommation d'une banane mûre et d'une baie rouge. En décrivant progressivement le lieu, l'atmosphère et chaque objet, le narrateur crée une certaine tension et un intérêt dramatique :

> Agnassa a traversé la haie des bananiers. La haie des bananiers est souvent la limite des villages des humains et des mortels d'avec celui des morts et des fantômes. À ce moment, Soumbou est troublé et a peur. Cette Agnassa doit être Fantôme, se dit-il. Ah ! si j'avais su !!! [...]. Allongé sur le lit qu'il vient de dresser, méfiant, il dort d'un seul œil ; c'est à ce moment qu'il voit Agnassa plonger la main dans son okussa, petit sac à fétiches, et retirer une petite baie rouge du nom de Lentunu, ainsi qu'une banane mûre qui, de

1 *Idem*, p. 8.
2 *Idem*, p. 22.

> l'avis des humains, passent pour être la nourriture de prédilection des fantômes.[1]

La lecture ou l'écoute d'Olendé fait apparaître des scènes émouvantes. Le pathétique côtoie le fantastique. Le pathétique est fréquent et résulte de plusieurs types de situations : les scènes de guerres, le suspens, les réconciliations, etc. D'autres scènes confirment la thèse selon laquelle l'intérêt d'Olendé ne tient pas seulement à la matière mise en œuvre, mais aussi à la structure interne et externe des scènes et surtout à l'art de suggérer. Le récit utilise, comme nous venons de le voir, un nombre varié d'indices, qui font référence à l'imagerie culturelle et participent à la construction rigoureuse du suspens. Une image ou l'évocation d'un indice suffit pour égayer, émouvoir ou étonner le public. Dans l'Olendé, l'implicite côtoie toujours l'explicite. Beaucoup d'images y sont complexes et nécessitent une connaissance culturelle de l'univers obamba.

LE JEU DES DUALITÉS

L'une des complexités d'Olendé vient des liens de parenté qu'il établit entre les principaux personnages. Au couple Soumbou/ Agnassa (frère/sœur) correspond le couple Soumbou/Agnassa (mari/femme), comme le suggère, au début du récit, cette conversation :

> Soumbou boit longuement, et, se redressant, demande :
> – Comment t'appelles-tu, ma belle ?
> – Mon nom est Agnassa, et toi, comment t'appelles-tu ?
> – Moi, je m'appelle Soumbou. Mais sais-tu que ma sœur s'appelle Agnassa, comme toi ? Pourquoi portes-tu le nom de ma sœur ? Cela me rend confus. Il faut qu'un jour tu le paies.
> – Mais, toi aussi, sais-tu que mon frère s'appelle Soumbou comme toi ? Cela me rend confuse et il faut qu'un jour tu le paies

[1] *Idem*, pp. 21-22.

– Puisque tu as le nom de ma sœur et moi celui de ton frère, épousons-nous ; ainsi nous aurons une grande famille et de beaux enfants...[1]

Mais alors qu'Olendé nous présente deux, voire trois Agnassa distinctes, si l'on tient compte de Yélé (fille du Dieu-d'En-Haut qui, dit-on, s'appelle aussi Agnassa), nous ne ferons jamais la connaissance de l'autre Soumbou (fils des fantômes). Nous avons donc à faire à deux êtres intérieurement clivés, divisés. Ce dédoublement est rendu possible par l'appartenance de Soumbou aux deux mondes et à la possibilité qu'ont les fantômes de prendre une forme humaine. Mais arrêtons-nous à cette question qui ne manque pas d'intérêt. Une lecture littérale du texte ne livre rien sur le sens de ces rapports de correspondance qu'il faudra, par conséquent, chercher à un autre niveau. Pour cela, il faut revenir d'abord à la signification de la quête de Soumbou.

De ce point de vue, l'enjeu du texte semble être à la fois pédagogique et psychologique. D'une part, Soumbou tente d'exprimer son « être-au-monde » en livrant de nombreux combats dont il sort toujours victorieux. D'autre part, il essaye de définir son identité par rapport aux deux mondes auxquels il appartient. Cette identité tient dans la relation paradoxale d'attachement et de détachement par rapport à l'un ou à l'autre des deux mondes. Soumbou est un être double : esprit et humain.

En transgressant l'interdit de son père, le Dieu d'En-Bas, Soumbou décide de rompre avec la vie ordinaire pour remplir un manque et tenter d'affirmer son moi. À l'évidence, il se sent attiré par le destin. L'épisode de la source est de ce point de vue très révélateur. Agnassa essaie de dissuader Soumbou, mais celui-ci ne peut résister à la puissance de la passion amoureuse ou du destin[2]. Il a conscience qu'il va au contact des fantômes, dans un monde fatal aux humains, en un lieu d'où l'on ne peut point revenir. Mais il ne peut résister. Or, pour cela il a besoin d'un adjuvant, une sorte de protectrice. C'est le rôle d'Agnassa.

---

1 *Idem*, p. 18.
2 *Idem*, p. 20.

En tant que jumeaux, Agnassa est l'alter ego de Soumbou[1]. Agnassa arrache Soumbou à la sécurité du monde familial et l'entraîne dans un monde où sa survie dépend de sa force, de son courage et de son intelligence. Elle est ainsi nommée Agnassa pour suggérer qu'elle est avec Soumbou dans un rapport de gémellité ou d'hypostase, non de dépendance. Si dans le monde imaginaire d'Olendé, la place de la femme est assurée, celle de l'homme reste à conquérir. Qu'il s'agisse d'Agnassa la femme fantôme ou de Yélé, les femmes détiennent des rôles clés dans ce monde de guerriers. Non seulement détentrice du Savoir, mais aussi pourvoyeuse de nourriture, la femme s'illustre par sa sagesse, son intelligence et son courage.

L'HISTOIRE ET LA FAÇON DE LA DIRE

L'importante étude de Lilyan Kesteloot et Bassirou Dieng a largement contribué à la définition des critères d'analyse de l'épopée africaine. Si nous reprenons cette définition, nous constatons que les auteurs donnent une place importante à la « forme sémiotique immédiate » (Greimas). Les critères énoncés sont : le ton, le débit de parole, l'ampleur du poème, le rythme, le vers et enfin le contenu. Le ton, le débit, le rythme, en effet, jouent un rôle important dans l'énonciation vivante d'Olendé. Ils sont liés au jeu antiphonique et se situent dans les phases de transition. Ceci induit à s'intéresser à la structure interne du récit et à la situation d'énonciation. L'épopée est entrecoupée de chants. L'organisation rythmique présente trois caractéristiques :

- la prédominance de segments courts ;
- la tendance à l'amplification par un rythme discontinu et amplificateur ;

---

[1] La question de la relation entre les deux jeunes gens appelle une réflexion plus approfondie qui ne peut être menée ici. Il est intéressant de constater que contrairement aux personnages d'Olendé, les jumeaux ne portent pas les noms Soumbou et Agnassa. Chez les Abama, les noms des jumeaux sont fixés par la coutume. Qu'il soit fille ou garçon, l'aîné (e) porte le nom Mvou et le cadet ou la cadette Mpiga. De plus les relations sexuelles entre jumeaux sont jugées incestueuses et fortement déconseillées. Ici « la vérité de l'art » entre en conflit avec « la vérité sociale et culturelle ».

- le rapport conteur/public. La répétition de certains mots ou de certaines formules et les chants favorisent la participation du public. Le rôle de l'auditoire est essentiel à l'énonciation vivante du récit.[1]

La structure générale du récit laisse apparaître deux parties distinctes : l'une est en prose et l'autre chantée d'une forte qualité lyrique. Écoutons Soumbou chanter son amour dans l'une des scènes les plus pathétiques :

Agnassa, mon seul et unique Amour,
Mon père m'avait interdit d'assister à cette fête.
J'y suis quand même allé.
En y allant, je t'ai rencontrée,
En te rencontrant, je t'ai aimée.
Pourquoi n'as-tu pas partagé ma couche ?
Agnassa, pourquoi t'en vas-tu seule,
Sans me dire où, ni pourquoi, alors que
Je suis prêt à t'offrir mon cœur.[2]

La quasi totalité des chansons est l'œuvre de Soumbou, soit pour exprimer son amour comme on vient de le voir, soit pour se donner du courage et influencer l'ennemi :

Pour Agnassa, je n'ai jamais fui,
Pas même devant celui qui se croit dur
Comme l'arbre de fer,
Ni devant celui qui croit posséder
Des nerfs d'éléphant,
Celui-là même n'est qu'un branchage de palmier ;
Que peut me faire un père qui fuit
Pendant que pleure son fils ?
À chacun sa magie,
À l'harmonie la cadence,
À l'humain, un interdit.[3]

---

[1] Leyimangoye, *op. cit.*, p. 11.
[2] *Idem*, p. 23.
[3] *Idem*, p. 50.

Cet extrait met bien en évidence la fonction de la chanson avant un combat. Soumbou met d'abord l'accent sur son amour pour Agnassa. Cet amour est la source de son courage et de la confiance en soi. Ensuite, il évoque sa force physique et morale. Pour terminer, il essaie de « casser » le moral de l'ennemi en faisant référence à ses faiblesses. Cette rapide présentation nous montre que le chant a une place importante dans la narration. Il est suscité par un moment précis de l'histoire et permet de célébrer et d'exalter le héros. Les parties en prose et les parties chantées alternent. Soulignons que dans les parties en prose du récit où le narrateur relate des actions et des faits, le débit est généralement lent. Toutefois, il a parfois recours à une technique déjà « musicale » en ce sens qu'il adapte le rythme de la diction quand la tension monte. La transition entre les deux parties se fait par accélération du débit et du rythme. Le narrateur lance par exemple une formule : « Be ma ho bè ho tini », et l'auditoire de répondre : « E Blaha yi »[1].

Dans les parties chantées, on distingue la parole rythmée et mesurée et le chant avec la participation de l'auditoire et des joueurs de tam-tams. Les chants encadrent le récit. Ainsi l'épopée commence avant même que le barde n'apparaisse par une série de chants, une sorte de « mise en condition ». La voix, cette variante individuelle qui peut être aussi bien stylistique que contextuelle[2] est un élément esthétique essentiel dans la mise en scène d'Olendé. Elle permet de distinguer les bons des mauvais conteurs.

CONCLUSION

Le monde imaginaire que l'épopée Olendé nous propose peut nous paraître paradoxal à plus d'un titre. Il semble défier toute norme sociale et culturelle. En tolérant des relations sexuelles entre jumeaux, l'épopée Olendé constitue un modèle d'inversion culturelle. Ici « la vérité de l'art » triomphe de « la vérité culturelle et sociale ». Nous sommes au terme de notre analyse et la question de la signification reste entière. Comment interpréter la mort de

---

1 *Idem*, p. 32.
2 Louis-Jean Calvet, *La Tradition orale*, Paris, P.U.F., 1984, p. 42.

Soumbou et de ses frères ? Notons pour commencer que la présentation d'Agnassa remet en cause l'archétype de la femme née pour plaire et servir son mari. Agnassa dans son rôle de jumelle veille à la pérennité du clan. Son rôle au côté de Soumbou est essentiel. La quête de Soumbou, malgré la présence d'Agnassa, le mène inéluctablement à sa perte. Son existence même a un caractère aléatoire et précaire. Le héros est, dès le départ, placé dans une situation paroxystique. La relation contre-nature avec sa « sœur jumelle » entraînera une sorte de fatalité. Le monde est un univers déchiré par la guerre et la cruauté. Par le jeu du cercle vicieux et du destin, Soumbou et ses frères ne s'affirment qu'en bravant les interdits, même ceux du père : « Mais père, répliqua Djidjaba, tu ignores certainement que nous sommes maintenant mûrs, que nous avons grandi et que nous pouvons nous passer de tes conseils »[1]. Le récit débute et s'achève par la transgression d'un interdit. La transgression a, comme on l'a vu, une fonction importante dans la construction de l'intrigue. Mais son importance ne se situe pas seulement à ce niveau. Issus d'une famille de guerriers, Soumbou et ses frères devenaient à la limite une métaphore de la destruction :

> Ils décidèrent donc de reprendre le chemin du pays de Ndziami-a-tsyé où tout, animaux, végétaux, fut détruit. À leur passage, les montagnes furent renversées, rivières, fleuves et mers asséchés. Ils anéantirent tout et plongèrent tout dans un chaos total.[2]

De ce point de vue, le message d'Olendé paraît explicite : il plaide pour un guerrier à l'esprit chevaleresque, sachant ménager ses ennemis et contrôler ses instincts. La fin de l'épopée est donc une sorte de catharsis, une sorte de guérison des erreurs commises par la transgression des interdits. Le guerrier y apprendra à remplacer les passions par les vertus de charité, de solidarité et de respect des Anciens. Chez les Abama, la parole du père et des personnes âgées est sacrée. Tel est le message qu'Olendé nous livre sous l'habillage d'une quête épique.

---

1 Leyimangoye, *op. cit.*, p. 65.

2 *Ibidem.*

Sur un plan historique, nous remarquerons la parenté profonde entre l'épopée et l'histoire des Abama. Ici, le discours fictionnel de l'épopée s'inspire du discours des faits historiques. L'historicité joue sur deux plans : il s'agit d'une part de la relation des guerres contre les Mbochi (État m'obochi), mais, d'autre part, c'est une vérité exemplaire destinée à fonder les valeurs qui régissent la société, qui est exprimée.

Sur le plan littéraire, « la mort » de Soumbou marque la naissance d'un autre mythe, celui de la création du monde. Si Soumbou et ses frères meurent, c'est parce que la définition de son identité n'est possible que par le don de soi. La mort et la création du monde s'inscrivent dans le schéma narratif du récit. En mourant, Soumbou et ses frères recomposent le monde. Il ne s'agit pas de mort, mais plutôt de passage d'un ordre à un autre.

Olendé est donc la peinture de la représentation d'un homme qui n'a d'autre choix que de s'identifier avec son destin. La mort de Soumbou et de ses frères a un effet positif en ce sens qu'elle donne lieu à la création du monde. Le récit est, nous l'avons vu, d'une qualité littéraire inestimable, où le goût de l'énigme et de la mystification sont mis en scène. Olendé a su intégrer le pathétique et le dramatique, le fantastique et le merveilleux, la prose et la poésie, le chant et la parole qui donnent au récit tout son charme.

SYLVÈRE MBONDOBARI
Université de Bayreuth

FICTION ET SAVOIR DANS L'ŒUVRE ROMANESQUE DE BOUBACAR BORIS DIOP

> Les auteurs actuels les plus importants sont pour moi le Zaïrois Mudimbe dans l'espace francophone et, dans l'espace anglophone celui que je considère en fin de compte comme mon maître : le Ghanéen Ayi Kwei Armah.[1]
>
> *Boubacar Boris Diop*

> Rares sont les œuvres et les auteurs tout à fait extérieurs à la science du temps.[2]
>
> *Michel Serres*

Les deux épigraphes empruntées respectivement à Boubacar Boris Diop et Michel Serres, sous l'invocation desquelles je place mon étude, indiquent qu'il n'est pas incongru d'offrir en hommage à V. Y. Mudimbe une réflexion sur l'œuvre de Boubacar Boris Diop. L'importance quasi exclusive que Boubacar Boris Diop accorde au célèbre écrivain congolais dans l'espace littéraire africain francophone résulte moins d'une admiration béate en face de son œuvre que d'une connivence ressentie au sujet de leur démarche esthétique : l'inscription du savoir au centre de leurs œuvres de fiction[3] ; la participation à travers les créations romanesques « à la science du temps » qui est le propos des grandes œuvres ou des grands auteurs, comme le dit si bien Michel Serres. Je me propose de montrer comment le discours du savoir de son temps, notamment la reconstruction des différents discours « d'invention de l'Afrique » est reprise dans le projet romanesque de Boubacar Boris Diop.

---

1 Boubacar Boris Diop, « Qui êtes-vous Boubacar Boris Diop », dans *Sépia*, Paris, n° 6, 1994, p. 6.

2 Michel Serres, *Feux et signaux de Brume-Zola*, Paris, Grasset, 1975, p. 12.

3 Nous pensons à l'étude de Bernard Mouralis, « Valentin Mudimbe et le savoir ethnologique », dans *L'Afrique Littéraire*, Paris, n° 58, p. 112.

L'inscription du savoir dans le texte littéraire a été, à partir des travaux de Michel Serres[1], au centre de la réflexion sur la littérature axée sur la transtextualité au cours des quinze dernières années[2]. Il s'agit de montrer comment les œuvres littéraires, à chaque époque, participent à la culture scientifique, c'est-à-dire à « un ensemble diffus de problématiques engagées dans un devenir complexe »[3]. À cet effet, Ronald Shusterman regrette la dichotomie qu'il a établie naguère entre objet de cognition et outil de cognition pour arriver à la conclusion que la fiction ne pouvait être un outil de connaissance :

> Dans quelques études précédentes, j'avais distingué entre un *objet* de cognition et un outil de cognition, entre quelque chose que l'on étudie, que l'on observe, mesure et analyse, et quelque chose que l'on utilise pour observer et mesurer. J'avais conclu que la fiction était un objet, mais jamais un outil de connaissance. Je voulais donc montrer que la connaissance *de* la littérature n'est pas une connaissance du monde. Je pense aujourd'hui qu'il n'y a pas lieu de nier *tout* rapport entre fiction et connaissance. Je n'abandonne pas du tout ma distinction, mais je pense qu'il faut y ajouter plusieurs autres cas de figure : ni seulement objet de cognition, ni véritable outil de cognition, la littérature peut être le lieu d'une reconnaissance, d'une confirmation d'un savoir acquis, ou bien le lieu d'une connaissance de soi. La littérature peut également être un miroir des processus cognitifs eux-mêmes.[4]

La littérature africaine, née en réaction aux discours multiséculaires par lesquels l'Occident a « inventé » l'Afrique pour

---

1 Michel Serres est un grand théoricien de la transtextualité ; l'ensemble de son œuvre est axé sur les influences réciproques à chaque époque de l'histoire entre science, philosophie et littérature ; pour notre centre d'intérêt, voir notamment : *Feux et signaux de Brume-Zola, op. cit.* et *Hermès III*, *La Traduction*, Paris, Minuit, 1977.

2 La revue *Littérature* a consacré son n° 58 au « Savoir de l'écrit », mai 1985.

3 I. Prigogine, I. Strengers, « Les deux cultures d'aujourd'hui », dans *Nouvelle Revue Française*, Paris, n° 316, 1979, p. 12.

4 Ronald Shusterman, « Fiction, connaissance, épistémologie », dans *Poétique*, n° 104, 1996, p. 504.

justifier son entreprise esclavagiste, coloniale et néo-coloniale, s'est voulue, dès le départ, un outil de connaissance. Depuis plus d'un quart de siècle, à partir des travaux de Cheikh Anta Diop, Frantz Fanon, Albert Memmi, etc., l'intelligentsia noire du continent comme de la diaspora se livre à une réflexion historico-philosophique qui déconstruit les discours élaborés sur l'Afrique. Elle fait connaître la véritable nature de l'homme noir, sa place réelle dans l'histoire de l'humanité, sa capacité à prendre ses responsabilités dans le monde moderne. V. Y. Mudimbe s'engage dans cette voie, à la fois avec son écriture romanesque et ses nombreux essais.

Boubacar Boris Diop, malgré sa formation pluridisciplinaire (lettres et philosophie) n'a pas produit des essais pour participer à ce vaste débat scientifique, mais son œuvre romanesque ne lui est pas tout à fait extérieure. La conception qu'il se fait du roman, la structure et le contenu de son œuvre romanesque portent l'écho du débat scientifique qu'on vient d'évoquer au sein de l'intelligentsia noire : la recherche de la vérité contre tous les mensonges et les montages idéologiques au sujet de l'Afrique.

En effet, Boubacar Boris Diop procède à une déconstruction du genre romanesque. Il refuse systématiquement d'être romancier au sens classique du terme :

> Pourtant, on doit savoir que je ne suis pas romancier, moi, je ne suis qu'un Narrateur, un homme de science en quelque sorte. Je ne peux pas me permettre d'imaginer des scènes ou d'inventer des traits de caractères.[1]

Pour Boubacar Boris Diop, le roman est une histoire dans le sens que lui donne Jean-Pierre Faye, c'est-à-dire une « narration qui se sait. Mais déjà le *narrator*, le *narus* est connaissant, et sa pratique est celle qui constitue la connaissance dans son mouvement »[2]. Les récits ne sont pas faits par des narrateurs de type traditionnel, dont Boubacar Boris Diop se moque. Il dénonce cet artifice du roman classique : « n'es-tu pas fatigué de jouer au

---

[1] Boubacar Boris Diop, *Le Temps de Tamango,* Paris, L'Harmattan, 1981, p. 99.
[2] Jean-Pierre Faye, *Théorie du récit*, Paris, Hermann, 1972, p. 12.

narrateur, ce paumé qui dans certains romans se tapit derrière les autres pour leur faire raconter n'importe quoi »[1].

Ainsi, le romancier au sens de Boubacar Boris Diop doit être un savant, un connaisseur de l'histoire de l'Afrique. Il a pour tâche de faire l'archéologie de l'historicité africaine qui s'invente chaque jour, pour en extraire la vérité en écartant la gangue des discours erronés et mensongers qui l'étouffent. La connaître pour le romancier-narrateur africain devra être l'acte de celui qui saisit ce qui se montre, qui surveille l'aspect et le visage de l'Afrique, dans sa complexité. Une telle conception, on s'en doute, détermine en profondeur la structure des romans de Boubacar Boris Diop.

En effet, chacun des romans de Boubacar Boris Diop est une mise en scène des rapports entre l'écrivain et le lecteur ou l'auditeur. Celui-ci essaie de reconstituer à partir des documents écrits (notes, archives, journaux, cahiers, rapports...) ou à partir du souvenir le destin d'un personnage qui devient ainsi le narrateur au sens de Boubacar Boris Diop, c'est-à-dire celui qui sait, « l'homme de science ». Cette structuration existe de manière systématique dans tous ses romans.

Dans *Le Temps de Tamango*, nous avons quelqu'un qui tente de reconstituer à partir des notes du narrateur, qui datent de l'an 2063, la clé des événements socio-politiques des années 1970 et le destin de Ndongo Thiam. Dans *Les Tambours de la mémoire*[2], c'est le couple Ismaïla Ndiaye et Ndella qui essaie de reconstituer la vie de Fadel Sarr à partir des morceaux de son journal qu'il a envoyé à Ismaïla avant sa mort. La reconstitution permet de comprendre que Fadel Sarr est mort assassiné par les hommes du pouvoir et non victime d'un accident de circulation comme l'a prétendu un journal à la solde des autorités politiques du pays. *Les Traces de la meute*[3] nous présente Mansour Tall en train de reconstituer à partir de ses souvenirs, à l'intention de la petite Raki, la vie de Dierry et de Kairé, pour comprendre la mort de Kairé. C'est à travers son récit que l'on saura que Kairé a été sauvagement assassiné par Dierry Faye, à la demande des autorités traditionnelles de Dunya, parce

[1] Boubacar Boris Diop, *op. cit.*, pp. 123-124.

[2] Boubacar Boris Diop, *Les Tambours de la mémoire*, Paris, L'Harmattan, 1990.

[3] Boubacar Boris Diop, *Les Traces de la meute*, Paris, L'Harmattan, 1993.

qu'il avait subverti la jeunesse du village par des fables burlesques qui cultivaient le rire et le goût de la liberté chez les enfants.

Dans *Le Cavalier et son ombre*[1], Lat-sukabe, à la recherche de Khadidja, essaie de remonter au souvenir de ses récits exécutés devant un auditoire invisible, pour comprendre ce qui peut lui être arrivé. Enfin dans *Murambi. Le Livre des ossements*[2], le récit du génocide est raconté à Cornélius, rentré de son exil de Djibouti après le drame, par son oncle Siméon Habineza. C'est à travers les récits de ce dernier que Cornélius comprend le rôle néfaste joué par son père dans le drame de l'école technique de Murambi.

Au total, sur le plan structurel, l'histoire dans les romans de Boubacar Boris Diop, c'est l'histoire de la connaissance d'une histoire ; c'est le récit de la façon dont un narrateur a procédé pour accéder à la vérité qui est comme une bouteille à la mer laissée à la postérité. Ainsi donc, la structure des romans de Boubacar Boris Diop induit une quête. Il s'agit de remonter le passé pour dénoncer les préjugés et les hypocrisies de toutes sortes, bref c'est la conquête du savoir contre tout ce qui l'étouffe.

Dans *Le Temps de Tamango*, les « Notes » du narrateur ont été rassemblées en 2063 ; elles tentent de reconstituer les événements qui se sont déroulés dans « une République d'Afrique noire au lendemain de ce qu'on appelait les Indépendances », particulièrement le rôle que François Navarro a joué auprès du dictateur-président. Trois thèses sont en présence : celle du professeur Amadou Diabel Sène, celle du professeur Mohamed Sonko, tous les deux historiens, et, enfin, la thèse très approximative basée uniquement sur la mémoire du témoin oculaire Alioune Gueye, âgé de quatre-vingt-sept ans au moment du témoignage et de trente-cinq ans au moment des événements.

Pour le professeur Amadou Diabel Sène qui vit en exil depuis la révolution socialiste, les nouvelles autorités tentent de falsifier l'histoire « pour la mettre au service de la propagande débile »[3]. Dans son livre *Vie et mort de François Navarro*, « assistant technique du milieu du siècle dernier », il met en évidence le rôle

---

1 Boubacar Boris Diop, *Le Cavalier et son ombre*, Paris, Stock, 1997.
2 Boubacar Boris Diop, *Murambi. Le Livre des ossements*, Paris, Stock, 2000.
3 *Idem*, p. 40.

actif et passif de Navarro « dans la mise hors d'état de nuire de groupuscules subversifs comme le M.A.R.S. »[1].

Le livre du professeur Mohamed Sonko soutient le contraire. Selon ce dernier, François Navarro était un vrai « bourreur » qui était venu en Afrique pour y satisfaire ses instincts particulièrement sanguinaires ; et l'auteur de citer ses crimes : assassinat de Kaba Diané, dirigeant du M.A.R.S. ; torture de Tamango son domestique.

Le vieux Alioune Gueye ne retiendra de François Navarro que l'épisode où sa femme Fabienne tombe amoureuse du Dr Fodé Diarra, et la colère d'un François Navarro menaçant. Le narrateur va donc se transformer en chercheur pour rétablir la vérité au sujet du personnage de François Navarro qui a marqué tous les esprits. Il va entreprendre des recherches dans les bibliothèques, aux archives, pour exhumer le « savoir de la vérité » au sujet de cette période de l'histoire du pays.

Les Tambours de la mémoire mettent en scène les longues et périlleuses recherches de Fadel à travers les livres d'histoire, les archives, les témoignages pour essayer d'en savoir un peu plus sur la vie et la mort de Johanna Simentho, cette Jeanne d'Arc du Sahel qui se révolta contre l'occupation de son pays par la France. La mémoire de la reine Johanna est censurée par le pouvoir politique. La quête de Fadel le conduit à Wissombo, village natal de la reine. Il intègre le groupe des paysans du village. Ceux-ci ont monté une pièce de théâtre qu'ils jouent chaque soir pour célébrer la mémoire de la reine Johanna Simentho. Fadel Sarr sera assassiné par les hommes du commissaire Niakholy. Comme Icare, Fadel Sarr va perdre ses moyens et trouver la mort à l'approche de la vérité.

Dans *Les Traces de la meute*, Kairé, le personnage principal, va se lancer à la recherche des voies et moyens pour enraciner Dunya, c'est-à-dire l'Afrique dans le monde moderne. Il va prendre la parole pour dénoncer l'hypocrisie des tenants de la négritude et les traditionalistes qui pensent que l'Afrique doit s'enfermer dans ses valeurs du passé. Il s'en prend aux africanistes européens qui ont présenté la culture africaine comme quelque chose d'immuable, de définitif. On se croirait en plein courant de la critique de l'ethnophilosophie qu'ont animé les intellectuels africains comme

[1] *Ibidem.*

Paulin Hountondji, Marcien Towa, V. Y. Mudimbe ou Kwame Anthony Appiah.

Dans *Le Cavalier et son ombre*, on note le même souci de la démarche scientifique pour produire un savoir. Khadidja, pour composer ses récits, se livre d'abord à une recherche scientifique afin que son œuvre soit un outil de connaissance. Aussi se lance-t-elle d'abord dans la recherche de la tradition orale, « sur les techniques du conte africain et sur toutes les choses qui, normalement n'intéressent que les érudits. Elle dévorait aussi des livres sur les légendes et les mythes des peuples presque oubliés d'Europe et d'Amérique »[1]. Ensuite, elle s'engage dans la recherche historique, pour éclairer le passé du pays afin de désigner le vrai héros national à offrir en exemple à la jeunesse. Mais Khadidja, dans un désordre mental proche de la folie, adopte une méthode que le cavalier qualifie de cynique :

> Je la voyais annoter, jusque tard dans la nuit, des ouvrages rares ou revenir de la ville avec des photocopies qu'elle classait minutieusement. J'ai compris par la suite, en consultant ses documents, à quel point la méthode de Khadidja était cynique. Soucieuse d'offrir au cher petit les vrais héros dont il avait besoin, Khadidja se débarrassait sans état d'âme de tous ceux qui, dans le passé s'étaient compromis avec le colonisateur ou avaient eu le malheur d'être vaincus dans des batailles décisives. Elle biffait, tout simplement, les nombreux épisodes de notre histoire qui auraient pu troubler l'enfant. Il lui restait, malgré cela, assez de beau monde pour concocter ses gentilles fables peuplées de géants invincibles.[2]

Pour le cavalier, il faut analyser l'histoire du pays « selon les méthodes éprouvées de la science historique »[3], parce qu'il s'agit de produire un savoir. Plus équilibré psychologiquement que Khadidja, il présente la quintessence de cette méthode scientifique à partir de son tempérament et de ses activités professionnelles :

---

[1] Boubacar Boris Diop, *Le Cavalier et son ombre*, p. 41.
[2] *Idem*, p. 66.
[3] *Idem*, pp. 112-113.

> Mon tempérament et, je le crois aussi, mes activités professionnelles, la gérance, plus complexe et difficile qu'on ne le pense en général, d'un magasin de jouets thaïlandais – m'inclinent à toujours chercher la vérité au juste milieu et à ne jamais perdre le sens des réalités. Khadidja, elle, ne se sentait à l'aise que dans des positions extrêmes.[1]

L'approche scientifique des problèmes en général et de l'histoire de l'Afrique en particulier doit éviter toutes « positions extrêmes ». Elle ne devra ni tout noircir comme la colonisation l'a fait, ni tout embellir comme la négritude. N'est-ce pas là l'écho de la réflexion historico-philosophique de l'intelligentsia africaine inaugurée avec éclat par *Le Devoir de violence* du Malien Yambo Ouologuem en 1968 et qui devait aboutir dans les années soixante-dix à la formation d'un discours critique contre l'ethnophilosophie, contre l'essentialisme du discours de certains africanistes, bref, contre le discours critique de tous les « langages en folie »[2] ?

Murambi. Le Livre des ossements occupe une place particulière dans l'œuvre romanesque de Boubacar Boris Diop. C'est une œuvre de circonstance, comme l'affirme l'auteur : « le roman a vu le jour grâce à l'initiative prise par Fest'Africa, animé par Maïmouna Coulibaly et Nocky Djedanoum, d'impliquer une dizaine d'écrivains africains dans la réflexion sur le génocide de 1994 au Rwanda »[3]. Le récit du drame de l'école technique de Murambi est raconté à Cornélius rentré de son exil, par son oncle Siméon Habineza. C'est le père de Cornélius, le Dr Karekesi, connu hier par les populations comme un médecin consciencieux, humain, disponible, grand protecteur des faibles, qui a été l'organisateur habile et rusé des massacres de l'école technique de Murambi où périrent les parents de Jessica, son amie d'enfance. Mais comment raconter l'horreur, la folie meurtrière qui s'empara du Rwanda entre avril et juillet 1994 ? Boubacar Boris Diop est conscient du fait que la littérature atteint le degré zéro quand il s'agit de traiter du génocide, car, comme le constate avec gravité

---

1 *Idem*, p. 125.

2 Le sous-titre de *L'Autre Face du royaume* de V. Y. Mudimbe est « Introduction à la critique des langages en folie ».

3 Boubacar Boris Diop, *Murambi. Le Livre des ossements*, p. 231.

Siméon Habineza, « il n'existe pas de mots pour parler aux morts. Ils ne se lèveront pas pour répondre à tes paroles. Ce que tu apprendras là-bas, c'est que tout est bien fini pour les morts de Murambi »[1]. Difficile donc de mettre en fiction un génocide d'une aussi grande ampleur. L'habileté de Boubacar Boris Diop a consisté à éviter tout manichéisme. Il a choisi de sortir de l'anonymat bourreaux et victimes pour réfléchir sur la possibilité de vivre ensemble après le génocide, comment ils pourront tous être sauvés après la tragédie. Or, comme le disait avec beaucoup de profondeur Nikos Kazantzaki[2] :

> Qu'est-ce que être sauvé ? Trouver une nouvelle raison de vivre, parce que l'ancienne s'est épuisée et ne parvient plus à soutenir l'édifice humain – heureux celui qui entend le cri de son époque –car chaque époque a un cri – et collabore avec lui, car celui-là seul est sauvé.

Il ne s'agit pas de s'appesantir uniquement sur le nombre de morts, la cruauté des bourreaux, de dénoncer les responsabilités des uns et des autres, mais d'apprendre à respecter

> encore mieux la vie humaine. Notre existence est brève, elle est un chapelet d'illusions qui crèvent comme de petites bulles dans nos entrailles. Nous ne savons même pas à quel jeu elle joue avec nous, la vie, mais nous n'avons rien d'autre. C'est la seule chose à peu près sûre sur cette terre.[3]

Et surtout – ultime savoir qui se dégage de la réflexion sur ce génocide à partir du cas du père de Cornélius, le Dr Karekezi – « le mal est en chacun de nous »[4]. L'agneau d'hier peut être le loup aujourd'hui et vice-versa. Chacun doit lutter en soi pour étouffer l'instinct du mal. En tirant de l'anonymat, par son écriture, citoyens ordinaires, traqués et abattus comme du bétail, tueurs aveugles et aveuglés par la passion de tuer, témoins impuissants, Boubacar Boris Diop a voulu montrer la vraie nature de l'homme,

---

[1] *Ibidem.*

[2] Nikos Kazantzaki, *Lettre au Greco*, Paris, Plon, 1961. Réédition en 1983 aux Presses Pocket, p. 437.

[3] Boubacar Boris Diop, *Murambi. Le Livre des ossements*, p. 212.

[4] *Ibidem.*

faite de l'ange et de la bête à égale proportion, mais aussi la capacité de l'homme à étouffer la bête en lui. C'est à cette prise de conscience qu'il invite les survivants de la catastrophe de Murambi. De ce point de vue, *Murambi. Le Livre des ossements* est un outil de connaissance.

CONCLUSION

Le parcours rapide que nous avons fait de l'œuvre romanesque de Boubacar Boris Diop nous a permis de constater que celle-ci est plongée dans la culture scientifique de son époque, qu'elle ébauche et présente des solutions aux problématiques où joue le savoir de son temps. Dans la droite ligne de l'évolution de la pensée africaine, Boubacar Boris Diop dessine patiemment, d'un roman à l'autre, la figure de l'écrivain africain d'un type nouveau : il ne doit plus être celui qui défend la culture africaine traditionnelle, comme il l'a fait au temps de la négritude, ni celui qui doit diffuser aveuglement les idées révolutionnaires au sein des sociétés en retard de conscience. Aujourd'hui, l'intellectuel africain en général et l'écrivain en particulier est désormais celui qui doit, face aux problèmes de l'heure, adopter l'esprit scientifique, encourager et cultiver la confrontation critique des systèmes de connaissance, des systèmes de discours hérités de l'histoire ; parce que l'Afrique a toujours été avant, pendant et après l'esclavage et la colonisation un produit des différents discours de l'Occident. Cela est manifeste dans tous les romans de Boubacar Boris Diop, tant au niveau de la conception romanesque que de sa structure et de son contenu. L'écrivain africain doit écrire, exposer dans le champ critique de la connaissance « la faille des mondes incompatibles »[1] dans laquelle vivent les peuples de la périphérie et cela, loin des passions idéologiques extrêmes. C'est à partir d'une froide et objective analyse des discours reçus que les Africains peuvent construire leurs propres discours porteurs d'une culture moderne et susceptibles de répondre aux problèmes qui se posent à l'Afrique d'aujourd'hui. C'est la démarche qui a caractérisé les productions artistiques et intellectuelles de certains écrivains et intellectuels

[1] Dayush Shayegan, *Le Regard mutilé*, Paris, Albin Michel, 1989, p. 9.

africains depuis les années 1968. Le roman, depuis Jean-Paul Sartre et Albert Camus, s'est avéré un moyen de faire partager le savoir. À leur suite, Yambo Ouologuem, V. Y. Mudimbe, Boubacar Boris Diop ont eu le mérite d'inscrire cette question du savoir au cœur de leurs œuvres pour qu'elle soit largement partagée, pour qu'elle devienne sagesse.

JEAN SOB
Université de Yaoundé I

LA PAROLE DES MÈRES
LE DISCOURS AFRICANISTE AU FÉMINININ (1930-1947)

African women do not seem to speak.[1]
V. Y. Mudimbe

Le « silence effrayant » des femmes que V. Y. Mudimbe, dans *Les Corps glorieux des mots et des êtres...*, croit pouvoir constater pour l'ensemble de la production littéraire et théorique africaine[2] n'est, le plus souvent, que le produit d'un certain regard scientifique, d'une perspective de recherche ou d'une obsession qui ne se réfèrent qu'aux pères. Les mères noires parlaient, publiaient, protestaient, elles aussi, comme en témoigne particulièrement l'apport des femmes africaines à la réflexion sur l'Afrique même à travers le mouvement de la Négritude des années 1930 à 1960[3]. Cependant, tout porte à croire que la Négritude, le plus influent mouvement « noir » de l'espace francophone, n'avait eu aucun acteur féminin, comme c'est généralement le cas dans bon nombre de cénacles littéraires occidentaux.

En relisant un certain nombre de revues « noires » des années 1930 et 1940, nous avons aperçu une certaine présence féminine, mais qui fut ignorée jusqu'ici ou presque. L'interprétation de ce matériel nous amène à parler d'une « négritude des femmes », pour la plus grande partie antérieure à la négritude que nous révèlent les histoires littéraires et qui, elle, fut un mouvement d'hommes à forte connotation africaine, dominé par la personnalité de Léopold Sédar Senghor.

---

1 V. Y. Mudimbe, *The Idea of Africa*, Bloomington-Indianapolis, Indiana University Press, 1994, p. 184.

2 *Idem*, pp. 183-184.

3 Nous définissons la négritude comme un ensemble de textes produits entre 1930 et 1960 ainsi que les actions entreprises dans le but de valoriser la culture de l'Afrique et de sa diaspora.

Les femmes ayant pris une part active à la négritude féminine et qui, en raison de la qualité de leurs productions d'une part et de leur participation à la naissance du mouvement d'autre part, mériteraient quelque intérêt, n'ont pas encore fait l'objet d'une étude approfondie. Dans cet article, nous présenterons quelques-unes de ces Mères noires, et nous analyserons leurs discours qui, en général, privilégient la différence – des classes, des races, des sexes[1]. Dans certains cas, ces femmes ont développé des éléments idéologiques qui, par la suite, sont devenus essentiels dans la prise de parole des Noirs, en France, aux États-Unis, aux Antilles ou en Afrique. Elles ont anticipé les idées maîtresses de l'anticolonialisme et du *Black Consciousness Movement* (avant la lettre), collaboré à la déconstruction des concepts occidentaux d'art et de beauté et enfin contribué à l'élaboration d'une nouvelle esthétique qu'on appelle aujourd'hui postcoloniale.

Pourquoi les appeler Mères noires ? Le terme fut introduit au début des années 1980 par l'auteure *African-American* Alice Walker[2] pour faire la différence entre les études de la diaspora noire américaine en général et les *Black Women's Studies,* carrefour non seulement des théories féministes et afro-centristes, mais avant tout point de départ de l'auto-émancipation (*empowerment*) des femmes noires modernes. Ce sont elles qui se cherchent à travers les histoires de leurs mères et grand-mères noires ayant vécu à la fois l'esclavage et le mariage patriarcal. Il n'est donc pas étonnant de constater que les études sur les *Black women* se limitent presqu'exclusivement aux espaces américain et caribéen[3]. Les femmes d'Afrique, hormis quelques rares auteures très connues, semblent absentes des *Black Women's Studies*.

---

[1] Elles mériteraient une place dans le panthéon des penseurs africains et européens de l'altérité que dresse Mudimbe dans *The Invention of Africa. Gnosis, Philosophy and the Order of Knowledge*, Bloomington-Indianapolis, Indiana University Press, 1988, pp. 87-92.

[2] *Cf.* Alice Walker, *In Search of Our Mother's Garden Womanist Prose*, San Diego, Jovanovich, 1983.

[3] Les travaux sur les auteures *African-American* sont très nombreux. Nous ne citons que quelques titres d'intérêt plus général : Foster, Frances Smith, *Written by herself. Literary production by African-American women, 1746-1892,* Bloomington, Indiana UP, 1993. Jordan, Caspar L. (éd.), *A bibliographical guide to African-American women writers,* Westport, Conn.,

L'ARCHÉOLOGIE DU DISCOURS AFRICANISTE FÉMININ

Le discours africaniste des femmes africaines, afro-américaines et antillaises est sans doute plus ancien que les textes que nous allons analyser ici, qui ont tous paru pendant les années 1930 et 1940[1]. Ce discours mi-littéraire, mi-politique des femmes est sans aucun doute bien connu de quelques spécialistes, mais ignoré ou tu par la majorité des historiens de la pensée africaniste ou de la littérature francophone. C'est ainsi qu'on a presque toujours « oublié » de relever les articles de Jeanne, Paulette et Andrée Nardal dans *La Dépêche africaine* (1928-29) et dans la *Revue du monde noir* (1931-32), les poèmes de Simone Yoyotte dans *Légitime Défense* (1932), les différentes contributions des femmes antillaises telles que Suzanne Césaire et Lucie Thésée dans la revue *Tropiques* (1941-45). Quelques lettres anonymes (1939-43) et un texte autobiographique de Mariama Bâ, tous écrits (1947) à l'École Normale de Rufisque (Sénégal), n'ont pour ainsi dire jamais été tirés de l'ombre.

Par contre, les œuvres journalistiques ou littéraires écrites à l'époque par des femmes noires en Angleterre ou aux États-Unis profitent de la renaissance de l'intérêt scientifique pour les femmes *African-American*, très vigoureux depuis quelques années[2]. De cette façon, certaines contributrices à l'anthologie *Negro*[3] (1934) de Nancy Cunard commencent à être sérieusement étudiées, alors que d'autres attendent encore d'être « redécouvertes ».

Greenwood, 1993. La littérature des femmes noires de l'Amérique latine commence à intéresser les chercheurs, *cf.* Prescott, L. E. « Afro-Hispanic and Caribbean Literature in *Recent Theory and Teaching* », dans *Latin-American Research Review 31/1*, 1996, pp. 148-61 ; Adams, C. R./Gimbernat-Gonzalez, E. (éds.), *Common Threads. Afro-Hispanic Women's Literature*, Miami, Ediciones Universal, 1998.

1 Je remercie mes collègues Immaculada Díaz Narbona, Mukala Kadima-Nzuji et Charles Djungu-Simba de m'avoir signalé d'autres auteures africaines de l'époque coloniale : Marie-Claire Matip, Thérèse Kuoh-Moukoury et Marie Mboyo. Je leur réserve une publication ultérieure.

2 Pour notre propos, on constatera par exemple le grand nombre de travaux consacrés à Zora Neale Hurston ; voir *infra*.

3 Hugh Ford (ed.), *Negro. An Anthology. Collected and edited by Nancy Cunard* [1934], New-York, Frederick Ungar, 1970.

Jeanne, Paulette et Andrée Nardal (1931-32)

Après la Première Guerre mondiale, la France voit émerger de nombreux « mouvements nègres » autour de la défense des droits des soldats et travailleurs noirs de la métropole[1]. Ces organisations plus ou moins proches du Parti Communiste Français, ne dénoncent pas encore ouvertement le racisme voilé des Français. Au lieu de développer la conscience raciale de leurs membres, ils visent plutôt à les inciter à l'engagement politique et à la défense de leurs droits. Dans cette perspective, la production culturelle des Noirs en France, dans les colonies ou ailleurs, ne joue qu'un rôle secondaire.

La prise de parole politique des Africains est manifeste dans quelques journaux et revues tels que *Le Libéré, Les Continents* et *La Voix des Nègres.* Le Guyanais René Maran qui en 1921 s'est vu décerner le prestigieux Prix Goncourt pour son premier roman *Batouala. Véritable roman nègre*, essaie, avec peu de succès, de jeter les bases d'une valorisation de la race noire dans les colonnes de *Les Continents.* Par contre, à partir de 1928, ses efforts sont partagés par quelques jeunes femmes martiniquaises qui savent mettre en pratique son appel à la solidarité de tous les Noirs. Les sœurs Jeanne, Paulette et Andrée Nardal, en suivant l'exemple de René Maran qui tient un petit « salon » tous les vendredis après-midi, réunissent les intellectuels noirs de la région parisienne et développent avec eux une nouvelle conscience raciale.

Pendant les années 1920 et 1930 vivent à Paris un certain nombre d'auteurs noirs américains – Langston Hughes, Countee Cullen, Alain Locke, Claude McKay, Walter White, Mercer Cook, Gwendolyn Bennet, Jessie Fauset, etc., qui appartiennent, pour la plupart, à un groupe de revendication culturelle nommé *Harlem Renaissance.* Tous ces auteurs fréquentent le « salon » que les Nardal tiennent le dimanche chez elles à Clamart, 7 rue Hébert. Pendant ces après-midi conviviaux, les jeunes femmes offrent le thé à l'anglaise à leurs amis et invités qui savent converser en

---

[1] *Cf.* Claude Liauzu, *Aux origines des Tiers-mondismes. Colonisés et anticolonialistes en France 1919-1939,* Paris, L'Harmattan, 1982 ; Philippe Dewitte, *Les Mouvements nègres en France 1919-1939*, Paris, L'Harmattan, 1985.

français et en anglais. En 1931, ce cercle devient un des points de départ de la *Revue du monde noir/Review of the Black World* animée surtout par Paulette Nardal[1].

Dans un premier temps, Jeanne et Paulette Nardal collaborent à la revue *La Dépêche africaine* qui paraît à Paris de février 1928 à mars 1929. Cette revue sert de tribune aux Antillais de gauche vivant en France[2]. Son programme affiché dès le premier numéro revendique la « solidarité nègre » dans le but de « défendre les intérêts de la race noire avec autant d'impartialité, de courtoisie que de fermeté », « servir de trait d'union entre les Nègres du monde entier », « promouvoir l'art et la pensée nègre »[3]. En insistant sur son style objectif (« impartialité », « courtoisie »), *La Dépêche africaine* veut se distinguer des mouvements prolétaires « noirs » influencés par les communistes. Elle a l'intention de mettre plutôt les thèmes culturels au premier plan.

Il faut souligner un aspect particulier de la « solidarité nègre » promue par La *Dépêche africaine,* à savoir son interférence avec la « solidarité intercoloniale » revendiquée par les associations des étudiants coloniaux. Étant elles-mêmes étudiantes, donc membres de l'élite intellectuelle de leur « race », Jeanne et Paulette Nardal se rendent bien compte que l'intégration totale à l'élite métropolitaine leur est refusée. Cette condition vexante les pousse à associer « solidarité raciale » et « solidarité intercoloniale ». En novembre 1928, *La Dépêche africaine* publie un « Appel aux étudiants des colonies françaises » qui les incite à défendre en commun leurs intérêts contre le pouvoir colonial[4]. Cet appel

---

1 *Cf.* Louis T. Achille, 1992, « Préface », *La Revue du monde noir / The Review of the Black World 1931-1932. Collection complète n° 1 à 6,* Paris, Jean-Michel Place, pp. XIV-XVII ; Dewitte, *op. cit.*, pp. 217-223.

2 Voir l'analyse détaillée de cette revue chez Dewitte, *op. cit.*, pp. 224-245. À la fin de l'année 1928, elle fut tirée à 10 000 exemplaires, ce qui peut donner une idée du nombre minimum des Antillais en France.

3 Philippe Dewitte, *op. cit.*, pp. 228-229.

4 Nous ne disposons que de la traduction anglaise de cet appel : « You who have to exile yourselves to come here to France to seek the intellectual nourishment which is systematically refused you... Comrades from Algeria, Tunisia, Indochina, the West Indies, Senegal – stand up for the defence of your interests ! » (Jacques Louis Hymans, *Léopold Sédar Senghor. An Intellectual Biography*, Edinburgh, University Press, 1971, p. 33).

montre que l'anticolonialisme était conçu comme une réaction commune des jeunes intellectuels coloniaux vivant en France. Au-delà des considérations raciales, ils soutenaient ensemble le droit des peuples à la souveraineté.

Cependant, au début des années 1930, l'élite noire se cherche encore. Puisqu'en métropole il y a très peu d'Africains, le processus de l'auto-définition est animé surtout par les Antillais qui, en tant que Français, ne sont pas un peuple colonisé au sens strict du terme, mais ressentent fort la discrimination raciale qui existe malgré tout en France. Sous l'égide de Jeanne et Paulette Nardal, la *Revue du monde noir* devient alors un lieu public où tous les Noirs vivant en France peuvent apprendre à se connaître et à connaître leurs frères de race[1]. Dans tous les numéros, on revendique la valorisation des hommes et femmes noirs et de leur culture ainsi que la collaboration avec tous les peuples. La *Revue du monde noir* se veut le bras français du mouvement *New Negro* créé par Alain Locke aux États-Unis, et elle analyse de préférence les problèmes des Antilles et des États « noirs » indépendants : le Liberia, Haïti, l'Éthiopie. L'orientation bilingue (français/anglais) prouve que la revue prend au sérieux sa vocation de mettre en rapport tous les Noirs. En général, elle affiche un certain cosmopolitisme qui n'a rien d'un panafricanisme, mais qui préfigure une idée qui deviendra chère à Senghor, le métissage culturel.

Les relations étroites entre étudiants coloniaux et intellectuels noirs que nous avons déjà observées dans *La Dépêche africaine*, se poursuivent dans la *Revue du monde noir* qui commence à paraître en octobre 1931, quelques mois après l'ouverture de la Grande Exposition coloniale de Vincennes. Paulette Nardal, journaliste à *La Dépêche africaine* et l'une des fondatrices de la *Revue du monde noir*, sert de lien entre les étudiants et les aînés. Dans son premier numéro, la *Revue du monde noir* rend compte des activités de la section coloniale de l'Association des Étudiants de France, qui avait tenu son congrès au sein de l'exposition en juin 1931.

---

[1] Bien qu'il ne soit pas sûr que Jeanne Nardal ait publié dans la *Revue du monde noir* (certains lui attribuent le texte « Le Soir tombe sur Karukera » dans le n° 4 de la *Revue*), Louis T. Achille la compte parmi ses « fondatrices » ; *cf.* Achille, *op. cit.*, p. VIII.

Paulette Nardal a assisté à ce congrès qui a demandé la collaboration paisible avec les autres peuples, en particulier ceux de l'Afrique noire[1]. Elle encourage les jeunes à publier. C'est ainsi qu'Andrée, sa sœur cadette, produit une étude sur la biguine, danse typiquement antillaise en vogue depuis l'ouverture de l'Exposition coloniale[2]. D'autres collaborateurs étudiants sont les Martiniquais Étienne Léro et Jules-Marcel Monnerot, devenus célèbres surtout par la critique acerbe qu'ils vont lancer à leurs compatriotes en juin 1932, dans le pamphlet littéraire *Légitime Défense*.

Dans le dernier numéro de la *Revue du monde noir* se trouve la contribution la plus intéressante pour notre propos. Il s'agit d'un essai de Paulette Nardal intitulé « Éveil de la conscience de race »[3]. Paulette Nardal y décrit le sentiment de race des Antillais qu'elle trouve « sous-développé » par rapport à l'orgueil et à la conscience raciale qu'exhibent les Américains noirs. D'après elle, l'exil en France aurait favorisé la formation d'une « âme nègre » spécifique chez les Antillais.

Le déracinement qu'ils ressentirent dans la métropole où le Noir n'a pas toujours joui de la considération qu'on semble lui témoigner depuis l'Exposition coloniale, leur avait fait, en dépit de leur formation latine, une âme nègre. Pourtant cet état d'âme ne s'extériorisait pas[4].

Pour arriver à l'auto-conscience de leur race, les Antillais devraient se familiariser avec l'histoire de la race noire, surtout dans le domaine de la culture. À titre d'illustration, Nardal donne un bref aperçu de l'évolution du champ littéraire « afro-français » aux Antilles depuis le Romantisme. À l'opposé des critiques foudroyantes que *Légitime Défense* lancera trois mois plus tard, elle défend les auteurs antillais qui imitent les modèles littéraires

---

1 On ne sait pas ce que la section coloniale de l'Association des Étudiants de France est devenue par la suite. Elle ne figure pas dans le livre *Le Rôle des mouvements d'étudiants africains dans l'évolution politique et sociale de l'Afrique de 1900 à 1975*, Paris, UNESCO-L'Harmattan, 1993.

2 *Cf.* Andrée Nardal, « Étude sur la Biguine Créole/Notes on the Biguine Créole (Folk danse) », dans *Revue du monde noir*, n° 2, 1931, pp. 51-53. Repris dans *Negro*, Ford (éd.), 1970.

3 Paulette Nardal, « Éveil de la consience de race », dans *Revue du monde noir*, Paris, n° 6, [1932] 1992, pp. 25-31.

4 *Idem*, p. 25.

européens. Comme éléments les plus importants de la nouvelle littérature « noire », elle cite le roman *Batouala* de René Maran, son journal *Les Continents* (interdit en 1924), puis le périodique *La Dépêche africaine* qu'elle qualifie de précurseur de sa propre revue. Elle regrette pourtant que tous ces écrits manquent d'exprimer la « solidarité raciale » qui lie les Noirs de tous les continents.

Ensuite, Nardal propose une analyse tout à fait étonnante de la genèse de la « conscience de race » chez les Antillais. D'après elle, ce serait la création de quelques femmes célibataires antillaises qui, avant l'Exposition coloniale de 1931, vivaient en France, mais dans des conditions bien plus difficiles que leurs compatriotes mâles :

> Les femmes de couleur vivant seules dans la métropole moins favorisées jusqu'à l'Exposition coloniale que leurs congénères masculins aux faciles succès, ont ressenti bien avant eux le besoin d'une solidarité raciale qui ne serait pas seulement d'ordre matériel : c'est ainsi qu'elles se sont éveillées à la conscience de race.[1]

Cette affirmation de Nardal signifie, en dernière analyse, que les femmes antillaises, doublement défavorisées par la race et par le sexe, auraient développé la conscience de la nécessité de valoriser leur propre race et jeté les bases du concept de la *négritude*[2]. D'après Nardal, l'intérêt de ces femmes pour l'histoire des peuples noirs et de leurs pays se serait effectivement manifesté dans le choix de quelques nouveaux sujets de recherche : plusieurs étudiantes (et étudiants) antillais auraient déjà abordé des thèmes afro-américains ou afro-français dans leurs mémoires d'études. À propos du continent africain, Nardal évoque les thèses de doctorat en ethnologie de Félix Éboué et de Grégoire-Micheli qui pourraient servir d'exemple aux générations suivantes.

---

[1] *Idem*, p. 29.

[2] Pour « prouver » l'origine féminine de la « conscience raciale », Paulette Nardal renvoie à la nouvelle « Histoire sans importance » de Roberte Horth dans le numéro 2 de la *Revue du monde noir*. On n'a encore jamais interprété ce texte qui mériterait d'être repris par la *Black women's history*. Nous regrettons que, pour des raisons d'espace, il nous soit impossible d'en donner une analyse ici.

La collaboration de Simone Yoyotte à *Légitime Défense* (1932)

Parmi les étudiants antillais qui se font entendre d'abord dans la *Revue du monde noir,* puis, dans la petite revue *Légitime Défense*[1] – dont le seul numéro paraît en juin 1932 – se trouve une jeune femme martiniquaise, Simone Yoyotte. Elle est la sœur de Pierre Yoyotte, grand ami de Jules-Marcel Monnerot, avec qui il fréquente le milieu des surréalistes parisiens. Contrairement à Pierre, Simone ne signe pas la fameuse préface à *Légitime Défense* qu'on considère comme un « manifeste » politique et culturel. D'autre part, elle se voit dédiée un poème de son compagnon Jules-Marcel Monnerot, « Premier poème de l'été », où il laisse deviner leur amitié :

> L'Été sert beaucoup à la compréhension mutuelle des êtres
> Ma petite fille.[2]

Simone Yoyotte elle-même contribue avec un poème en vers libres, « Pyjama-vitesse » et un texte en prose intitulé « Ligne bleu clair dans un épisode de commande, j'ai troué le drapeau de la République »[3]. Ce sont des textes plutôt hermétiques, inspirés de l'écriture automatique des surréalistes, qui recèlent une liaison amoureuse et dans lesquels se profilent des rapports conflictuels entre le Moi littéraire et la République française symbolisée par le drapeau. On dispose de très peu d'informations sur Simone Yoyotte[4].

Les femmes collaboratrices à *Negro* (1934)

Jules-Marcel Monnerot et Pierre Yoyotte font partie du groupe surréaliste autour d'André Breton. À ce titre, ils signent un manifeste anticolonialiste qui paraît sous le titre « Murderous

---

1 Nous nous référons à la réédition de *Légitime Défense* (1970) chez Kraus. Une autre réimpression a paru chez Jean-Michel Place à Paris en 1978.

2 Jules-Marcel Monnerot, « Premier poème de l'été », dans *Légitime Défense*, rééd. 1970, p. 20.

3 Simone Yoyotte, « Pyjama-vitesse », dans *Légitime Défense*, rééd. 1970, p. 22.

4 Son nom est absent des histoires littéraires ; *cf.* Régis Antoine, *Les Écrivains français et les Antilles. Des premiers Pères Blancs aux surréalistes noirs,* Paris, Maisonneuve & Larose, 1978 ; Jack Corzani (1978), *La Littérature des Antilles-Guyane françaises. Tome 3/2 : La Négritude*, Fort-de-France, Émile Désormeaux ; Antoine, 1992.

Humanitarianism » dans l'anthologie *Negro* éditée par Nancy Cunard[1]. Cette millionnaire anglaise, connue dans les milieux des artistes et des intellectuels parisiens pour son amour pour les Africains et pour tout ce qui concerne l'Afrique, s'est intéressée à la discrimination des Noirs aux États-Unis depuis qu'elle a commencé à vivre avec un pianiste afro-américain, Henry Crowder. Vers 1930, elle décide de publier un ouvrage monumental sur la question « noire » dans le monde, et elle sollicite des contributions de toutes ses connaissances en Europe et en Amérique, entre autres des surréalistes français. Son anthologie *Negro* qui compte quelque 250 morceaux de 150 contributeurs, 855 pages et 385 illustrations, paraît enfin à Londres en 1934. Elle sera pendant longtemps « oubliée » par la critique académique ; à tort. L'anthologie de Cunard dont le cosmopolitisme surprend encore de nos jours, vise les productions culturelles de *tous* les Noirs dans *tous* les domaines : l'art, la littérature, l'éducation, l'économie, le droit, la presse, le théâtre. *Negro* reproduit les aspects les plus divers du discours contemporain africaniste, par exemple des contributions sur l'histoire de la traite des esclaves, sur la sociologie des *black communities* de la diaspora, des études anglophones et francophones sur l'Afrique, mais l'éditrice laisse aussi la parole aux intellectuels et artistes noirs eux-mêmes. Elle a fait traduire des poèmes des Afro-américains Sterling Brown, Countee Cullen et Langston Hughes dont le poème « I, too » est placé en tête de l'ouvrage.

Au nombre des contributeurs à *Negro* figurent quelques femmes afro-américaines : Gladis Berry Robinson, Heba Jannath, Sarah Frances Chenault, Zora Neale Hurston, Maud Cuney Hare, Madiana, Grace Hutchins, Olga Comma et d'autres[2]. Il serait

---

1 Nous n'avons pu utiliser l'édition complète de la Bibliothèque Nationale de Paris. L'édition citée est celle de Ford 1970. Nancy Cunard a transgressé les limites de sa classe, de sa race et de son sexe biologique à plus d'une occasion, ce qui est la cause du désarroi, puis de l'oubli des critiques face à sa personne et à son œuvre. Aujourd'hui, on la « redécouvre » comme « sujet transgressif » ; *cf.* Holly McSpadden, « Transgressive reading, Nancy Cunard and *Negro* », dans Georgia Johnston (éd.), *Essays on transgressive reading : reading over the lines,* Lewiston-N.Y., etc., Edwin Mellen Press, 1997, pp. 59-91.

2 G. B. Robinson contribue avec un article sur « Three Great Negro Women », H. Jannath sur « America's Changing Color Line », S. F. Chenault sur « The

intéressant, évidemment, d'analyser tous leurs essais, mais nous nous limitons ici à une seule contribution de Zora Neale Hurston[1]. Aujourd'hui sujet vedette des femmes chercheurs *african-american,* Zora N. Hurston est une inconnue au moment où elle commence à écrire pour *Negro.* Elle y apporte toute une série d'articles anthropologiques sur la culture des Américains noirs, dont le plus important est « Characteristics of Negro Expression »[2].

Avec beaucoup d'humour et d'empathie pour les petites gens, cet article donne de très nombreux exemples de ce qu'on pourrait qualifier d'esthétique « nègre » de la vie quotidienne, à savoir le sens de la mise en scène du Moi, la prédominance des métaphores, l'amour pour les angles (*angularity*), la danse, l'imitation, la lutte, etc. Beaucoup de ces particularités sont représentées comme issues d'un besoin vital de beauté qui serait caractéristique du Noir :

> Au-dessus de la porte était suspendue une grande lithographie qui montrait qu'on signait le Traité de Versailles avec un stylo à encre Waterman. C'était grotesque, oui. Mais cela traduisait leur désir de la beauté. [...] Nous avons chacun nos normes artistiques, et de cette

---

Ku Klux Klan in Indiana », M. C. Hare sur « Folk Music of the Creoles » et « Negro Music in Porto Rico » [*sic* !], Madiana sur « The Biguine of the French Antilles » (à un paragraphe près, cet article est identique à celui d'Andrée Nardal publié dans le numéro 2 de la *Revue du monde noir* ; *cf. supra*), G. Hutchins sur « Hayti », O. Comma sur « Folklore in Trinidad ».

1 Zora N. Hurston (1891-1960) écrivait également des romans et des poèmes. En 1942, elle a publié son autobiographie *Dust Tracks on A Road* (Philadelphia, J. B. Lippincott) qui a incité Toni Morrison à rechercher plus profondément la vie de cette auteure de la *Harlem Renaissance.* Signalons les travaux les plus récents sur Zora Neale Hurston : Gloria L. Cronin (éd.), *Critical essays on Zora Neale Hurston,* New York, Hall etc. ; Pearlie Mae Fisher Peters 1998, *The assertive woman in Zora Neale Hurston's fiction, folklore and drama,* New York etc., Garland ; Rose Parkman Davis (éd.), *Zora Neale Hurston : An annotated bibliography and reference guide,* Westport, Conn. etc., Greenwood Press, 1997 ; Deborah G. Plant, *Every tub must sit on its own bottom : The philosophy and politics of Zora Neale Hurston,* Urbana etc., University of Illinois Press, 1995.

2 Les autres articles de Hurston sont « Conversions and Visions » (pp. 32-34), « Shouting » (pp. 34-35), « The Sermon » (pp. 35-39), « Mother Catherine » (pp. 39-42), « Uncle Monday » (pp. 42-46), « Spirituals and Neo-Spirituals » (pp. 223-225) où elle décrit minutieusement les pratiques religieuses des Américain noirs. Les chiffres renvoient à Ford (éd.), 1970.

> façon, nous avons pris notre parti et sommes donc mal placés pour porter un jugement sur les conceptions de l'art des autres.[1]

On l'aura vu, Zora N. Hurston entreprend la réhabilitation d'une pratique et d'une conception de l'art qui est propre à une certaine classe sociale, au « nègre moyen » (« average Negro »[2]). Les Blancs ou les Noirs « évolués » n'admettraient pas ce genre de décoration. Ailleurs, elle définit cet art comme un art « racial » qui par conséquent est totalement étranger aux Blancs[3]. Cependant, la différence sociale et raciale de l'expression et de la création artistiques du Noir moyen peuvent lui conférer une certaine plus-value. Zora Hurston se plaît à répéter des phrases comme « Le nègre doit être considéré comme le plus grand artiste »[4] pour dire que lorsque l'on change les critères sur lesquels l'on base ses jugements esthétiques envers le monde « noir », le résultat change aussi. Bien qu'elle ne nous livre pas la synthèse théorique de toutes ses observations, son approche anthropologique de l'art des Noirs américains traduit le bouleversement des canons de beauté reçus, bouleversement basé sur l'intégration de nouvelles catégories ethniques. Ce faisant, les essais de Zora N. Hurston s'inscrivent dans le mouvement épistémologique global qui consiste à contester le discours de l'Occident sur les civilisations non-européennes.

Suzanne Césaire et Lucie Thésée, collaboratrices à *Tropiques* (1941-45)

À la fin de l'année 1939, le jeune professeur de lettres Aimé Césaire et sa femme Suzanne, professeur elle aussi, quittent la France qui, après avoir déclaré la guerre à l'Allemagne hitlérienne, attend maintenant le début des hostilités. Arrivés dans leur pays natal, la Martinique, sous l'obédience du gouvernement de Vichy

---

[1] « Over the door was a huge lithograph showing the Treaty of Versailles being signed with a Waterman fountain pen. It was grotesque, yes. But it indicated the desire for beauty. [...] We each have our standards of art, and thus are we all interested parties and so unfit to pass judgment upon the art concepts of others » (Ford (éd.), 1970, pp. 25-26).

[2] Ford (éd.), *idem*, p. 25.

[3] *Idem*, p. 31.

[4] *Idem*, p. 27.

(qui collabore avec les Allemands), les jeunes gens enseignent au lycée de Fort-de-France. Bientôt, se remarque leur volonté affirmée d'indépendance : ils refusent d'assister au salut à la Tricolore qui a lieu tous les matins devant l'école. En 1941, décidés à faire face à la vie intellectuelle affaiblie de l'île qui est complètement coupée de l'Europe, les Césaire fondent la revue culturelle *Tropiques*[1]. Soumise à la censure préalable du gouverneur et à la distribution contrôlée de papier, elle paraît de 1941 à 1945 à Fort-de-France. En mai 1943, elle doit suspendre la publication, puisqu'un refus d'imprimer lui est opposé. À partir de cette date, elle paraît clandestinement. Dans sa lettre d'interdiction, le chef du Service d'information de Vichy à la Martinique, le lieutenant de vaisseau Bayle, fait mention d'une des nombreuses activités dont est chargée Suzanne Césaire :

> Lorsque Madame Césaire m'a demandé pour un nouveau numéro de *Tropiques* le papier nécessaire, j'ai tout de suite acquiescé [...].[2]

D'après Bayle, il s'agirait d'une revue « révolutionnaire, raciale et sectaire », d'un « retour à la barbarie pure et simple » (*loc. cit.*), jugement admis par la rédaction de *Tropiques* dans sa réplique qui tient lieu de manifeste politico-littéraire. Confrontés à la mauvaise foi et à l'écart idéologique des responsables de la censure, les jeunes intellectuels antillais résument avec fierté : « Nous ne parlons pas le même langage »[3]. Suzanne Césaire figure parmi les signataires de cette réplique audacieuse, ce qui correspond bien au rôle primordial qu'elle a joué et continue à jouer dans la vie de la

---

1 Pour une analyse détaillée de cette revue, voir Lilyan Kesteloot, *Les Écrivains noirs de langue française : naissance d'une littérature*, 5e édition, Bruxelles, Éditions de l'Université de Bruxelles, 1975, pp. 211-249, et Régis Antoine, *La Littérature franco-antillaise. Haïti, Guadeloupe et Martinique*, Paris, Karthala, 1992, pp. 188-198, qui ne retiennent que très peu des activités de Suzanne Césaire et éclipsent le rôle des autres femmes. En revanche, Suzanne Césaire n'est pas mentionnée dans les deux textes précédant la réédition de la revue, « Entretien avec Aimé Césaire » de Jacqueline Leiner et « Pour une lecture critique de *Tropiques* » de René Ménil (*cf. Tropiques*, 1978, pp. V-XXXV). Nos citations renvoient à cette réédition.

2 *Tropiques*, 1978, pp. XXXVII-XXXVIII.

3 *Idem*, p. XXXIX.

revue. Ses contributions à *Tropiques* couvrent une vaste gamme de sujets, de la poésie à l'anthropologie en passant par la critique littéraire et l'essai historique[1]. Suzanne Césaire fait connaître au public martiniquais la pensée de Leo Frobenius, historien-anthropologue allemand dont l'*Histoire de la civilisation africaine* (1936) a beaucoup influencé la jeune intelligentsia noire des années 1930, et c'est elle encore qui présente aux lecteurs de *Tropiques* le poète surréaliste André Breton arrivé à la Martinique en juillet 1941[2]. Il « découvre » la revue et en parle en des termes enthousiastes dans la préface qu'il rédige pour le *Cahier d'un retour au pays natal* d'Aimé Césaire, préface qui fera connaître la revue aux États-Unis et en Europe.

Mais Suzanne Césaire sait aussi critiquer, de façon acerbe, les Martiniquais et leur production culturelle. Dans « Misère d'une poésie », elle s'en prend aux poèmes de John Antoine-Nau qu'elle traite de « littérature de hamac » et de « tourisme littéraire »[3]. Sa vision d'une poésie martiniquaise authentique est résumée dans la phrase : « La poésie martiniquaise sera cannibale ou ne sera pas »[4]. Dans son essai le plus important, « Malaise d'une civilisation », Suzanne Césaire revient sur la question de l'authenticité culturelle des Martiniquais. Elle y ébauche une nouvelle identité créole en des termes qui anticipent ce que beaucoup plus tard on appellera l'« hybridité » des nouvelles écritures périphériques :

---

1 Les articles de Suzanne Césaire sont les suivants : « Léo Frobénius et le problème des civilisations », dans *Tropiques*, n° 1, avril 1941, pp. 27-36 ; « Alain et l'esthétique », dans *Tropiques*, n° 2, juillet 1941, pp. 53-61 ; « André Breton, poète », dans *Tropiques*, n° 3, octobre 1941, pp. 31-37 ; « Misère d'une poésie », dans *Tropiques*, n° 4, janvier 1942, pp. 48-50 ; « Malaise d'une civilisation », dans *Tropiques*, n° 5, avril 1942, pp. 43-49 ; « 1943 : le surréalisme et nous », dans *Tropiques*, n° 8-9, octobre 1943, pp. 14-18 ; « Le grand camouflage », dans *Tropiques*, n° 13-14, 1945, pp. 267-273.

2 Dans le numéro 2 de *Tropiques* (juillet 1941, pp. 75-76), on signale la présence de Breton à Fort-de-France ; le numéro 3 (octobre 1941, pp. 31-40) reproduit deux de ses poèmes et une introduction par Suzanne Césaire. Breton la remercie en lui dédiant un petit texte « Pour Madame *** » (*idem*, p. 41).

3 *Tropiques*, n° 4, 1942, p. 50.

4 *Ibidem*.

> Il ne s'agit point d'un retour en arrière, de la résurrection d'un passé africain que nous avons appris à connaître et à respecter. Il s'agit, au contraire, d'une mobilisation de toutes les forces vives mêlées sur cette terre où la race est le résultat du brassage le plus continu ; il s'agit de prendre conscience du formidable amas d'énergies diverses que [nous] avons jusqu'ici enfermées en nous-mêmes. Nous devons maintenant les employer dans leur plénitude, sans déviation et sans falsification.[1]

Cette citation nous permet d'apprécier la distance qui sépare l'antillanité de Suzanne Césaire de la négritude africaine de Léopold Sédar Senghor. D'après elle, le « retour en arrière » des afro-centristes ne convient pas aux Antillais qui ont une identité basée sur le brassage et la diversité culturelle. Il ne serait donc pas du tout audacieux d'avancer que Suzanne Césaire a formulé, la première, le concept de l'identité métisse qu'on attribue communément à des auteurs antillais beaucoup plus récents (Glissant, Chamoiseau), et que ce faisant, elle compte parmi les pionniers des idées postcoloniales.

Cependant, Suzanne Césaire n'est pas la seule femme à avoir collaboré à *Tropiques*[2]. À partir du numéro 5 (avril 1942), Lucie Thésée rejoint l'équipe des auteurs[3]. Elle écrit des poèmes et des textes en prose d'inspiration surréaliste qui mériteraient enfin un nouvel effort d'interprétation, tout comme les textes de Simone Yoyotte. À notre connaissance, Léon-Gontran Damas est le seul à

---

1 *Tropiques*, n° 5, 1942, pp. 48-49.

2 Pour compléter la liste des contributions des femmes, il faut citer aussi les essais sur la littérature française de Georgette Anderson dans les numéros 1 et 3 de la revue et les poèmes de Jeanne Mégnen dans le numéro 3, ainsi qu'un conte négro-cubain par Lydia Cabrera dans le numéro 10. Ces textes, qui se situent en dehors du discours africaniste, mériteraient d'être enfin appréciés à leur juste valeur.

3 Elle est sans aucun doute de la même famille qu'Auguste Thésée qui a signé le manifeste de *Légitime Défense.* Dans *Tropiques,* elle a publié six textes : « Beau comme... » (poème, n° 5, avril 1942, pp. 31-32), « Poème » [« Ne tremble pas et regarde »] (n° 8-9, octobre 1943, pp. 45-46), « Préférence » (texte en prose, n °10, février 1944, pp. 37-38), « Poème » [« Les bennes de ma tête bâillent »] et « Profonde allégresse » (texte en prose ; les deux pièces se trouvent au n° 12, janvier 1945, pp. 209-213).

avoir consacré quelques lignes aux poèmes de Lucie Thésée, à laquelle il reconnaît « une assise profonde et double dans la nature et dans l'homme »[1]. Mais c'est là une lecture assez sélective d'une œuvre où abondent les images rappelant le passé douloureux des Antilles – « ma race pendue », « peur ignoble, stérile, celle qui dégrade en paralysant », « massif sang marron », « dans la terre des forts qui n'a fait que te pendre »[2] – et qui en 1945, la paix à peine revenue, met le feu aux oppressions survivantes :

> L'essence souveraine de mon étrave voguant la rage aux soutes sur l'écume de l'injustice et du crime allume les 89, les 48, les 45 embrasant l'horizon à terme de fraternité et d'amour.[3]

Les jeunes filles de Rufisque (1939-1947)

La parole des femmes africaines proprement dites se fait publique à partir du milieu des années 1940. Ce retard significatif est lié d'une part aux pratiques restrictives de l'éducation scolaire des filles en Afrique Occidentale Française : après 1880, le nombre de filles scolarisées diminue sensiblement, et en 1938, sur 110 000 garçons scolarisés, on compte seulement 21 000 filles. C'est en 1939 seulement, trente-deux ans après la création de l'École Normale William Ponty, que s'ouvre l'École Normale des Jeunes Filles à Rufisque au Sénégal[4] ! D'autre part, les jeunes auteures manquent complètement d'expérience et n'ont accès aux organes de publication que par le biais de leurs professeurs ou d'autres personnes bienveillantes qui s'intéressent à leurs textes. C'est ainsi que vers la fin des années 1940, un étudiant dahoméen a remis entre les mains de Charles Béart, directeur de l'École Normale William Ponty, une quarantaine de lettres amoureuses rédigées

---

1 Léon-Gontran Damas a retenu trois poèmes de L. Thésée dans son anthologie *Latitudes françaises* (Damas (éd.) 1947, pp. 144-149). Il cite également quelques poèmes des auteures martiniquaises Danyl Helm, Hélène Lémery, et Drasta Houel, dont les œuvres sont tombées dans l'oubli. Par contre, Antoine (1992) ne mentionne aucune de ces auteures.

2 *Tropiques*, n° 8-9, 1943 rééd. 1978, pp. 45-46.

3 *Tropiques*, n° 12, 1945 rééd. 1978, pp. 209-210.

4 *Cf.* János Riesz, *Koloniale Mythen-Afrikanische Antworten*, Frankfurt, Verlag für interkulturelle Kommunikation, 1993, pp. 316-320.

entre 1939 et 1943 par une camarade d'études, dahoméenne aussi. Si l'action du jeune homme laisse persister quelques doutes concernant ses motifs de faire accéder son professeur à sa vie privée, l'intention de Béart en publiant ces « Lettres de la fiancée » est claire :

> Cette correspondancc intime est exactement celle qu'auraient pu échanger, qu'ont échangée, qu'échangent et qu'échangeront partout écoliers et écolières : même naïveté et même fierté ombrageuse chez le garçon, puis, quand les sentiments s'affirment, quelque chose de maternel chez la femme. [...] Leurs réactions ont été à très peu près les mêmes que celles de petits bretons ou de petits auvergnats.[1]

Béart se sert de ces lettres – plutôt anodines, il est vrai – pour convaincre son public européen de l'égalité sentimentale des Africains. Il veut montrer que les femmes noires ont des « âmes » tout comme les femmes blanches, et s'érige en défenseur des jeunes filles africaines très souvent mariées à des vieux riches pour qui elles ne seraient que « servante ou jouet »[2], alors qu'un mariage « moderne » avec un « évolué » leur procurerait plus de satisfaction personnelle et plus de bonheur. D'un autre côté, la correspondance des deux jeunes Dahoméens permet à Béart de justifier l'action de l'école coloniale. Aux Européens, les lettres écrites ouvrent une voie vers les âmes africaines, et aux Africain(e)s, elles donnent un moyen de communication, d'expression et de réflexion[3].

Un autre texte se prête sans aucun doute à mieux illustrer la prise de parole des femmes africaines. En 1947, la Sénégalaise Mariama Bâ, auteure d'*Une si longue lettre* (1979), un des plus grands succès de la littérature féminine africaine, a dix-huit ans et fréquente l'École Normale de Rufisque. Elle y compose un texte autobiographique très court sur deux vers de Chateaubriand, « Combien j'ai douce souvenance/Du joli lieu de ma naissance

---

1 Charles Béart (éd.), « Les Lettres de la fiancée », dans *Présence Africaine*, n° 8-9, 1950, pp. 273-274.

2 *Idem*, p. 273, note 3.

3 *Cf.* Hans-Jürgen Lüsebrink, *Schrift, Buch und Lektüre in der französisch-sprachigen Literatur Afrikas*, Tübingen, Niemeyer, 1990, pp. 89-90.

[...] ». La directrice de l'établissement apprécie l'opuscule à un tel point qu'elle le recommande pour publication dans *Notes africaines*, le bulletin de l'IFAN de Dakar[1]. Dans ses souvenirs d'enfance, la jeune femme évoque la vie du quartier où elle a grandi : le vieux marabout, les jeux d'enfants, les pluies pendant les hivernages, les jours de fête, le pouvoir du tam-tam. Cette vie sereine prend fin avec sa scolarisation à l'école française :

> Puis un jour, vint mon père, vint l'école, et prit fin ma vie libre et simple. On a blanchi ma raison ; mais ma tête est noire, mais mon sang inattaquable est demeuré pur, comme le soleil, pur, conservé de tout contact. Mon sang est resté païen dans mes veines civilisées et se révolte et piaffe aux sons des tam-tams noirs. Toujours, je veux danser, toujours danser, encore danser.[2]

Si le talent littéraire de Mariama Bâ s'affirme incontestablement dès son jeune âge, on pourrait tout de même s'interroger sur les traits de ce texte qui ont pu enthousiasmer la directrice de l'École Normale. La description réussie de la vie « villageoise » ? Le blanchissement de la raison ? L'image de la fille noire qui n'arrête pas de danser – cliché exotique s'il en est ? Nous pensons que les instances « civilisatrices » (la directrice, les voyageurs français) ont apprécié ce texte parce qu'il confirme deux buts de la « mission civilisatrice » de la France : à la fois la réussite et l'échec de la politique d'assimilation, les deux étant indispensables pour la formation et la sauvegarde de la personnalité africaine. Mariama Bâ n'a évidemment pas été « conservée de tout contact » avec la civilisation française, mais elle a – plus tard – su mettre à profit les résultats de ce contact, l'apprentissage de la langue française par exemple, pour dire sa condition de femme africaine au monde entier.

---

[1] János Riesz, 1993, pp. 320-321 cite deux récits de voyages français de 1949 qui relatent le texte de M. Bâ sans toutefois toujours nommer l'auteure.

[2] Mariama Bâ, « Combien j'ai douce souvenance du joli lieu de ma naissance », dans *Notes africaines*, bulletin d'information et de correspondance de l'Institut français d'Afrique noire, n° 35, juillet 1947, p. 17.

CONCLUSION

Au début de notre article, nous avons cité une phrase de V. Y. Mudimbe qui, même en 1994, devait surprendre. Mais elle nous a encouragée à entreprendre l'archéologie du discours africaniste des femmes noires. Nous avons commencé à déblayer le terrain et à procéder aux fouilles. Ces trouvailles montrent que les femmes intellectuelles d'origine africaine étaient engagées depuis longtemps dans le processus de la définition de l'africanité, de l'antillanité, de l'hybridité et de l'identité féminine. Mais à peine née, la négritude des femmes fut enterrée. Il ne suffit donc pas de tirer ces œuvres de l'oubli. Il faut critiquer également l'*épistème*, les critères pseudo-scientifiques pour légitimer l'oubli des Mères. Le discours sur l'Afrique n'est ni l'apanage des hommes ni celui des femmes, mais on comprend que, face à l'exclusion quasi totale de la pensée des Mères noires par les patriarches du savoir, les filles de ces Mères commencent à produire un autre savoir qui se nourrit de l'expérience féminine et de sa mémoire[1].

KATHARINA STÄDTLER
Université de Bayreuth

---

1 Voir entre autres Molara Ogundipe-Leslie, *Re-Creating Ourselves. African Women and Critical Transformations,* Trenton, N. J. etc., Africa World Press ; Florence Stratton, *Contemporary African Literature and the Politics of Gender,* London-New York, Routledge, 1994 ; Mary E. Modupe Kolawole, *Womanism and African Consciousness,* Trenton, N.J. etc., Africa World Press, 1997.

L'AFRIQUE ET LES AFRICAINS DANS L'IMAGINAIRE ALLEMAND

Dans le sous-titre d'un article sur « Germans, Blacks, and Jews », Reinhold Grimm, professeur de littérature allemande à l'Université du Wisconsin, s'interroge : « Is There a German Blackness of Its Own ? » Les Allemands auraient-ils une façon particulière de concevoir l'Afrique et les Africains ? Les conditions de vie d'un Noir ou d'un Africain en Allemagne seraient-elles différentes de celles d'un Africain dans les autres pays d'Europe ?

Le sens caché de la question se révèle par la présence des Juifs (« Jews ») dans le titre de cet essai : y a-t-il une relation entre le racisme contre les Africains/Noirs et le racisme antisémite qui a abouti à la persécution des Juifs et à l'Holocauste ? Auschwitz et l'extermination industrielle de vies humaines qu'on y a pratiquée sont devenus, dans le monde entier, le symbole d'un racisme sans bornes, hors de tout contrôle. Après Auschwitz, tout racisme ne semble pouvoir être pensé qu'à partir d'Auschwitz. R. Grimm cite un extrait d'un discours prononcé par le leader noir Malcolm X devant un auditoire de Noirs américains, et dans lequel il dépeint la vision d'horreur d'une extermination des Noirs de l'Amérique :

> I tell you, they'll be building gas chambers and gas ovens pretty soon... [and]... you'll be in one of them, just like the Jews ended up in gas ovens over there in Germany. You're in a society that's just as capable of building gas ovens for black people as Hitler's society was...[1]

Reformulée par rapport à l'Allemagne, la question mérite d'être poursuivie et approfondie dans deux directions : dans la direction

---

[1] Reinhold Grimm, « Germans, Blacks and Jews or Is There a German Blackness of Its Own ? », dans Reinhold Grimm et Hermand Jost (eds), *Blacks and German Culture*, The University of Wisconsin Press, 1986, p. 150.

des victimes et dans celle des coupables. À propos du national-socialisme, ses précurseurs et ceux qui y adhèrent toujours, il faut d'un côté se demander s'il existe une relation entre la persécution des Juifs et leur extermination, et le racisme anti-Noir et anti-Africain dans l'idéologie et les fantasmes obsessionnels des Nazis. De l'autre côté, y avait-il le sentiment commun d'une menace, voire une solidarité entre les victimes potentielles du racisme allemand, les Juifs et les Noirs ?

Il semble plus aisé de répondre à la seconde question. Se référant à la situation aux États-Unis, R. Grimm rappelle (en illustrant son propos d'exemples et de citations) qu'il existe un antisémitisme noir tout comme il existe une haine raciale des Juifs envers les Noirs. En revanche, R. Grimm semble surpris (« almost unbelievable ») et même choqué (« what is really upsetting and truly unconceivable ») de trouver des clichés et des préjugés racistes non seulement parmi des « libéraux » progressistes et des « démocrates » éclairés allemands, mais aussi chez des antifascistes militants et des victimes du régime nazi. Il cite l'exemple de Friedrich Percyval Reck-Malleczewen, mort à Dachau en 1944, qui avait, pendant dix ans, tenu un journal intime, publié après la mort de l'auteur sous le titre : *Tagebuch eines Verzweifelten* (*Journal d'un désespéré*). Reck-Malleczewen y exprime son mépris et sa haine des Nazis en des termes nettement racistes : il y est notamment question de « Nigger » et de « Verniggerung » : les pilotes des avions de bombardement sont des « weiße Nigger », l'effet de la domination nazie sur l'Europe une « Verniggerung » des masses populaires. On trouve également des formules semblables dans le journal intime d'Ernst Jünger, écrivain de la droite conservatrice, mais qui affichait un mépris hautain à l'égard d'Hitler et des siens : « Jünger, just like Reck, decried the utmost horrors of racisme in the most racist of vocabularies »[1].

Faut-il vraiment s'en étonner ? Encore une fois, on peut répondre à cette question de deux manières différentes : à partir de

---

1 Ernst Jünger, *Afrikanische Spiele*, Olten, Verlag Oltener Bücherfreunde, 1936 ; *Jeux africains*, traduction de H. Thomas, Paris, NRF-Gallimard « Folio » ; 1045, 1944, p. 154.

l'histoire du colonialisme, on peut, comme l'a fait Aimé Césaire dans son *Discours sur le colonialisme*, souligner le fait que le racisme hitlérien n'est pas tombé du ciel, qu'il a une longue préhistoire, que c'est du nazisme, oui, mais avant d'en être la victime, on en a été le complice ; que ce nazisme-là, on l'a supporté avant de le subir, on l'a absous, on a fermé l'œil là-dessus, on l'a légitimé, parce que, jusque-là, il ne s'était appliqué qu'à des peuples non européens[1].

À partir du traité sur *Le Racisme* d'Albert Memmi, on peut rappeler le fait que tout racisme est aussi un discours (ce qui n'exclut pas qu'il soit également une « expérience vécue ») ; en tant que tel, il est alors indépendant des individus et de leurs attitudes subjectives, c'est un discours qui a une place institutionnelle propre, qui obéit à des règles, et qui correspond à une pratique sociale. Le caractère discursif du racisme peut expliquer le fait, à première vue « paradoxal », que presque personne ne veut être raciste (ou, du moins, serait étonné d'être qualifié comme tel), mais que le discours raciste « demeure tenace et actuel ».

QUELQUES EXEMPLES

On en trouve une illustration dans une œuvre de Klaus Mann (fils aîné de Thomas Mann, né en 1906 et qui s'est suicidé en 1949) écrite dans l'exil. Émigré vers Paris en 1933, l'auteur était parti pour New York en 1936. Le roman *Der Vulkan. Roman unter Emigranten*[2], écrit en 1939, présente sur plus de 560 pages les différents groupements et tendances politiques et idéologiques de l'exil allemand en Europe de l'Ouest et en Amérique. Il montre que Klaus Mann, antifasciste et observateur politique très sensible, partage le discours (ou faut-il dire la « rhétorique » ?) en vigueur chez ses semblables – la bonne bourgeoisie cultivée allemande.

---

1 Aimé Césaire, *Discours sur le colonialisme*, 6e éd., Paris, Présence Africaine, 1950, 1973, p. 12.

2 Klaus Mann, *Der Vulkan. Roman unter Emigranten*, Reinbek (Rowohlt Taschenbuch 4842), 1988.

Parlant d'un Nègre dans la bonne société, il écrit qu'il fait entendre un « grognement »[1] ; les Noirs y tiennent des rôles qu'ils occupent communément dans la littérature dite d'avant-garde, à savoir ceux de boxeurs[2], de musiciens[3], de « grasse négresse toujours gaie »[4] ; dans une cellule de prison où on l'a mise, la chanteuse Ilse Ill se retrouve avec des Juives qui pleurent tout le temps et des « négresses désespérées » (on ne nous dit rien de la raison de leur désespoir)[5].

On ne quitte la monotonie de ce discours négrier que lorsqu'on change de registre, quand un des personnages entre dans un autre discours, par exemple dans le discours socialiste utopique qui porte sur l'avenir de l'Humanité, et que le professeur Benjamin présente de la façon suivante :

> Nous avons surmonté la haine et l'angoisse, et l'ensemble des préjugés nationaux, peste et mensonge de notre époque. C'en est aussi fini de la morgue de la race blanche : dans la République Universelle quiconque portera ce fier et beau visage humain aura les mêmes droits et la même dignité.[6]

Un autre roman, écrit par un autre émigré à la même époque, nous semble aller plus loin dans la déconstruction d'un certain discours raciste. Il s'agit du roman *Jugend ohne Gott* (*Jeunesse sans Dieu*) d'Ödön von Horváth[7]. Publié en 1937 à Amsterdam, il fut immédiatement traduit en plusieurs langues et valut à son auteur une renommée internationale. Dans ce livre, le racisme nazi est attaqué de façon indirecte, par le biais des idées sur les « Nègres ».

Le narrateur (fictif) est un professeur de lycée qui a été obligé de donner à ses élèves (vingt-six garçons de quatorze ans) comme sujet de rédaction d'allemand : « Pourquoi nous faut-il des

---

1 *Idem*, p. 190.
2 *Idem*, p. 30.
3 *Idem*, p. 36.
4 *Idem*, p. 466.
5 *Idem*, p. 6.
6 *Idem*, p. 456.
7 Ödön von Horváth, *Jugend ohne Gott*, Amsterdam, Allert de Lange, 1937 ; *Jeunesse sans Dieu*, trad. de A. Pierhal, Paris, Plon, 1938.

colonies ? » Bien qu'il ne soit pas sympathisant du régime, le jeune professeur (trente-quatre ans) laisse passer des réponses « classiques » du genre : « Ils nous faut des colonies, parce que nous avons besoin de nombreuses matières premières sans lesquelles notre industrie très développée ne pourrait pas fonctionner selon sa valeur et son essence intrinsèques, ce qui aurait pour conséquence que l'ouvrier du terroir se trouverait sans travail ». Devant des déclarations de ce genre, le professeur se contente de ne corriger que les fautes d'orthographe et de style les plus grossières, n'ayant aucun espoir de pouvoir convertir ses élèves à une autre vision du phénomène. Il ne réagit que quand il lit dans la rédaction de N., fils d'un maître boulanger : « Tous les Nègres sont perfides, lâches et paresseux ». En rendant les cahiers en classe, il dit à cet élève :

> Tu écris que nous, les Blancs, nous sommes supérieurs aux Nègres de par notre culture et notre civilisation matérielle, ce qui est peut-être vrai. Mais tu ne devrais pas écrire que les Nègres ne comptent pas, qu'il est sans importance s'ils vivent ou non. Les Nègres aussi sont des êtres humains.

Ces déclarations du professeur devant la classe déterminent toute la suite des événements du roman. Le père de l'élève dénonce le comportement du professeur comme « sabotage de la patrie », lui reproche de « mine[r] les âmes innocentes des enfants » avec « le poison de son humanitarisme sentimental ». Le directeur du lycée lui fait observer qu'il existe une circulaire où il est stipulé que « les enseignants doivent tenir éloigné de la jeunesse tout ce qui pourrait d'une certaine manière diminuer leurs capacités militaires futures, en clair : nous devons les préparer, moralement, à la guerre. Un point, c'est tout ! »

Après maintes péripéties au cours desquelles a même lieu un meurtre (pendant un séjour de campement paramilitaire de la classe), le professeur, qui est très directement impliqué dans la recherche du coupable et dans le procès qui s'ensuit, est finalement suspendu de son poste d'enseignant. Les élèves lui avaient donné le surnom de « Nègre ». Grâce à un prêtre catholique de ses amis, lui aussi suspect aux yeux du régime, il obtiendra un poste d'enseignant dans une école de la mission en Afrique. Et le roman se termine ainsi : « le Nègre va chez les Nègres ».

Les déclarations du jeune professeur sur les Nègres dans ce roman sont devenues, en quelque sorte, le noyau de cristallisation autour duquel s'articulent les divergences sur certains aspects cruciaux de l'idéologie nazie, et ce noyau donne l'occasion à un groupe d'élèves de s'articuler à leur tour et de former un noyau de résistance qu'ils appellent « le Club » (on serait tenté de dire : « Club des amis des Nègres »). L'Afrique est le symbole d'une humanité commune qui intègre toutes les races et toutes les couleurs.

Le roman d'Ödön von Horváth, qui trouva un accueil enthousiaste auprès des plus grands noms de la littérature allemande en exil (Th. et H. Mann, H. Hesse, A. Döblin, F. Werfel), a fait son chemin auprès du public dans les pays de langue allemande après la guerre. Il fut publié en 1948 et en 1953 à Vienne, en 1965 à Munich, et a connu de nombreuses rééditions en format de poche depuis 1971.

On trouve un bel exemple de la continuité de « l'imagerie africaine » depuis le XIXe siècle dans le livre *Afrikanische Spiele* (*Jeux africains*, 1936), de Ernst Jünger. Dans ce récit autobiographique, l'auteur raconte la tentative d'évasion du jeune lycéen Herbert Berger, qui fuit l'étroitesse et le provincialisme de la petite ville et de la maison paternelle.

> Je vivais depuis des mois dans une secrète insurrection qui dans ces milieux pouvait difficilement demeurer cachée. C'est ainsi que j'en étais déjà à ne plus participer aux cours, préférant me plonger dans des récits de voyages en Afrique que je feuilletais sous le pupitre.

Les images, qui exercent une fascination irrésistible sur l'imagination du jeune lycéen, sont décrites de la façon suivante :

> Pendant mes promenades nocturnes sur les remparts de la ville, de longs rêves éveillés, pareils à des demi-ivresses, avaient si bien rapproché de moi ces contrées lointaines qu'il semblait qu'il ne fût plus besoin que d'une décision pour y pénétrer et participer à leurs délices. Le mot *forêt vierge*

> enfermait pour moi une vie à la perspective de laquelle il est impossible, quand on a seize ans, de résister – une vie consacrée à la chasse, au brigandage et à d'étranges découvertes.
> J'acquis un jour la certitude que l'Éden perdu se trouvait quelque part dans les ramifications du Nil supérieur ou du Congo. Et comme le désir qui nous pousse vers de tels endroits compte parmi les plus irrésistibles, je me mis à ruminer une série de plans insensés, cherchant le meilleur moyen pour approcher la région des grands marécages, de la maladie du sommeil et de l'anthropophagie.

Avant de partir pour rejoindre la légion étrangère, le jeune Herbert Berger achète deux choses qu'il croit indispensables pour bien réussir son aventure : d'abord un pistolet, puis « un livre épais : *Les Mythes du continent noir*, que je tenais pour indispensable ». Il fut mis dans un grand havresac dont le tour vint ensuite :

> La fuite du lycéen à la recherche d'une Afrique mythique et fantasmagorique se termine dans un camp militaire de la Légion Étrangère dans l'Afrique du Nord désertique, où son père envoie le reprendre après quelques semaines. Pourtant, ce qui reste de cette aventure, ce n'est pas le démenti d'un essai d'évasion manqué, mais un mirage d'adolescent d'une Afrique mystérieuse et éblouissante à l'opposé de la grisaille et de l'étroitesse du quotidien, une image qui dépasse toute expérience réaliste et qui, de ce fait même, ne peut pas être démentie.

QUELQUES SPÉCIFICITÉS DU DISCOURS ALLEMAND SUR L'AFRIQUE

L'exemple d'Ernst Jünger montre aussi que le discours africaniste allemand ne se distingue pas foncièrement de celui des autres nations européennes. Sander L. Gilman a donné à ses « Essays on the Image of the Black in Germany » le titre : *On*

Blackness without Blacks[1], ce qu'il faut comprendre de la manière suivante : les Allemands avaient moins de contact avec le continent africain et ses habitants que les autres grandes nations d'Europe occidentale (l'expansionnisme allemand, depuis le moyen âge, était dirigé vers l'Est, s'articulait comme « Drang nach Osten ») ; ils ne participèrent pas comme les autres nations à la traite négrière transatlantique, l'Allemagne ne fut nation colonisatrice en Afrique que tardivement et son système colonial ne dura qu'une génération, de 1884 à la Première Guerre mondiale.

Néanmoins, on trouve des Allemands dans les grandes entreprises européennes de découverte et de conquête de l'Afrique, dès les débuts, à partir des expéditions portugaises le long de la côte ouest-africaine au XVe siècle. On les trouvait dans le personnel « technique » : ils étaient cartographes et marins, soldats et capitaines de bateaux négriers, écrivains et journalistes. Les récits de voyage sur l'Afrique écrits dans les autres langues européennes furent tous traduits en allemand, généralement assez rapidement. Comme l'a montré Peter Martin[2] dans son livre bien documenté et basé sur de nombreuses recherches, l'image que les Allemands se faisaient de l'Afrique depuis le moyen âge correspond pour l'essentiel à celle que connaissent les autres nations dans leurs littératures et leurs arts figuratifs.

À l'époque des croisades, l'Africain, en tant que musulman, est opposé au chevalier chrétien ; à la Renaissance, il apparaît souvent comme représentant d'une culture « orientale », symbole de « jouissances » inconnues et raffinées ; à l'époque des grandes cours qui imitaient Versailles, on voyait partout de petits (ou de grands) serviteurs d'origine africaine ; et à l'époque de la traite des esclaves, on le transforme en bête de somme ou en bête tout court. Nous trouvons des Allemands tant parmi les contempteurs de la race noire (dont les plus connus sont Kant et Hegel), que parmi ses amis (comme le montrent clairement les références et les correspondances de l'abbé Henri Grégoire, grand défenseur des Africains depuis la Révolution française).

---

1 Sander E. Gilman, *On Blackness without Blacks : Essays on the Image of the Black in Germany*, Boston Mass., G. K. Hall & Co, 1982.

2 Peter Martin, *Schwarze Teufel, Edle Mohren. Afrikaner in Bewußtsein und Geschichte der Deutschen*, Hamburg, Junius, 1993.

On constate un certain retard du côté allemand en ce qui concerne la parution des premiers ouvrages de fiction se déroulant en Afrique (là aussi, les ouvrages publiés dans les autres langues ont été traduits). Le premier roman situé en Afrique fut publié en 1847 à Berlin, en six volumes, sous le titre : *Berlin und West-Afrika. Ein Brandenburgischer Seeroman* (*Berlin et l'Afrique de l'Ouest. Roman marin brandebourgeois*).

La rupture de la Première Guerre mondiale

C'est avec la Première Guerre mondiale, lorsque l'Allemagne perd ses colonies et fait l'expérience d'une occupation française dans les territoires rhénans, partiellement composée de soldats noirs africains, que l'on remarque une rupture par rapport au discours en grande partie commun aux différentes nations européennes. Une vaste production littéraire et scientifique sur l'Afrique continue d'être publiée.

J'ai eu l'occasion de présenter ailleurs « L'Afrique dans les Lettres allemandes entre les deux guerres »[1]. J'ai tenté alors de classifier la grande variété de cette production livresque sur l'Afrique en cinq groupes en fonction de leur thématique et de leur orientation politique et idéologique :

- l'intérêt des avant-gardes littéraires et artistiques pour tout ce qui était « primitif », « sauvage », etc. ;
- les conséquences de la Grande Guerre dans la présentation de l'Afrique et des Africains dans la littérature de fiction ;
- la littérature coloniale au sens étroit du terme ;
- les textes de « culture générale » (récits de voyage, ouvrages historiques et anthropologiques) ;
- les ouvrages de fiction ayant un quelconque rapport avec la thématique africaine sans toutefois qu'ils la placent au centre de leur intérêt.

Dans la suite de cette étude, je voudrais m'en tenir au deuxième point, ce qui devrait nous permettre de revenir à notre interrogation

---

[1] János Riesz, « L'Afrique dans les Lettres allemandes entre les deux guerres (1919-1939) », dans Hélène D'Almeida-Topor, János Riesz (éds), *Rencontres franco-allemandes sur l'Afrique. Lettres, Sciences Humaines et Sociales*, Paris, L'Harmattan (Groupe « Afrique Noire », Cahier n° 13), 1992, pp. 103-116.

de départ, à savoir quels étaient les rapports entre le racisme national-socialiste en général (surtout l'antisémitisme) et les positions adoptées envers les Africains.

Le fait que, pendant la guerre et les années qui suivirent, les Africains furent en contact quotidien avec des parties de la population européenne, ne fut pas sans conséquences, d'un côté comme de l'autre. Vu de près, le monde européen perdait beaucoup de son aspect mythique ; les soldats africains n'apparaissaient plus seulement comme des sauvages non civilisés ou de frustes barbares, mais comme des êtres tout aussi humains et « vulnérables » que leurs frères d'armes ou adversaires européens. Par son implication dans le conflit franco-allemand, la querelle sur les « tirailleurs sénégalais » s'envenima et prit des dimensions internationales. Les attaques des racistes allemands, qui lancèrent une violente campagne sous le nom de « honte noire » ou, à l'époque de l'occupation de la Rhénanie, « d'opprobre noir sur le Rhin » eurent pour conséquence, de l'autre côté, l'entrée en lice de défenseurs du peuple noir, dont les « louanges de mépris » (expression employée par L. S. Senghor) ne doivent pas davantage être considérées comme témoignage de respect humain que comme traitement égalitaire sérieux.

Dans notre volume collectif sur les *Tirailleurs Sénégalais*[1], nous avons traité plusieurs aspects de cette thématique. Hans-Jürgen Lüsebrink parle de l'histoire et des conséquences de ce litige franco-allemand sur les tirailleurs sénégalais de 1910 à 1926 : la campagne contre les « tirailleurs sénégalais » stationnés en Allemagne entre 1919 et 1921 se trouve, dans son article, analysée dans l'optique d'une querelle franco-allemande[2]. Véronique Porra, dans sa thèse sur *L'Afrique dans les relations franco-allemandes*

---

[1] János Riesz et Joachim Schultz (éds), « *Tirailleurs Sénégalais* ». *Présentations littéraires et figuratives de soldats africains au service de la France*, Frankfurt etc., Lang, 1989.

[2] Hans-Jürgen Lüsebrink : « Tirailleurs Sénégalais und Schwarze Schande – Verlaufsformen und Konsequenzen einer deutsch-französischen Auseinandersetzung », dans « *Tirailleurs Sénégalais* ». *Présentations littéraires et figuratives de soldats africains au service de la France*, *op. cit.*, pp. 57-71.

entre les deux guerres[1], étend cette thématique à toute la période allant de 1919 à 1939, en y intégrant l'étude de textes tels *Le Voyage au Congo* de Gide ou *Afrikanischer Frühling* (*Visages de la France en Afrique*) de Friedrich Sieburg.

La diffamation de la « honte noire » par une certaine presse d'extrême-droite visait le stationnement de près de dix mille soldats africains et malgaches en Rhénanie et dans la Sarre, territoires occupés par la France après la paix de 1918, et avait pour but de mettre fondamentalement en cause la légitimité même de la victoire française. La France, en recrutant massivement des soldats issus d'une civilisation très différente ignorant les règles d'une guerre européenne, aurait eu recours à des moyens illégitimes et indignes d'une nation européenne. Cette campagne, qui prit très vite des accents racistes en insistant sur des cas de viol et de violence physique imputés aux tirailleurs stationnés en Allemagne, généralement inventés de toutes pièces, rencontra néanmoins, en Allemagne aussi, des voix dissonantes et contestataires. La presse social-démocrate (et en partie catholique) tel le journal *Die Freiheit* notamment, souligna les bonnes relations entre les tirailleurs sénégalais et la population allemande, et cita de nombreux témoignages individuels à l'appui.

Rappelons le célèbre article 119 de la partie IV du traité de Versailles (« Droits et intérêts allemands en dehors de l'Allemagne ») qui avait fixé à la date du 7 mai 1919 l'application de la clause suivante : « L'Allemagne renonce, en faveur des principales puissances alliées et associées, à tous ses droits et titres sur ses possessions d'outre-mer ». Mais ce ne fut pas tant le fait de la perte en elle-même, que l'on pouvait attribuer au droit du plus fort, qui mettait le « lobby » colonialiste allemand en rage. Ce fut l'ultimatum du 16 juin 1919 (en réponse aux remarques que la délégation allemande avait faites au sujet du traité) qui disait entre autres que c'était par respect pour les populations indigènes qu'on refusait aux Allemands le droit de coloniser, et où l'on parlait, à propos des méthodes de l'administration coloniale allemande, de

[1] Véronique Porra, *L'Afrique dans les relations franco-allemandes entre les deux guerres. Enjeux identitaires des discours littéraires et de leur réception*, Frankfurt, IKO, 1995.

« suppressions cruelles », « réquisitions arbitraires », « corvées qui avaient dépeuplé des régions entières en Afrique de l'Est et au Cameroun », « sort tragique des Héréros en Afrique du Sud-Ouest ». On reprochait à l'Allemagne d'avoir échoué sur toute la ligne dans sa politique coloniale ; en fait, on excluait les Allemands du club des peuples « civilisés ».

L'indignation et l'irritation des milieux coloniaux allemands furent extrêmes. Les réactions allèrent du refus de ce qu'on appelait la « koloniale Schuldlüge » (le semblant de culpabilité coloniale), à l'apologie de l'œuvre coloniale allemande, de l'attaque contre les méthodes des autres peuples colonisateurs à des revendications de restitution des anciennes colonies allemandes. Revendications qui se firent de plus en plus violentes et qui, surtout après la montée du nazisme dans les années 30, ne connurent plus de limites. Des livres aux titres évocateurs comme : *Wann kommen die Deutschen endlich wieder ?* (Quand les Allemands reviendront-ils ?), *Unser Kamerun von heute* (Notre Cameroun d'aujourd'hui) ou *Deutsche Heimat in Afrika* (Patrie allemande en Afrique) donnent le ton.

Heinrich Schnee, ancien gouverneur de l'Afrique de l'Est allemande, publia un livre (qui en 1927 en était déjà à sa 7e édition)[1] dans lequel il résume les arguments des milieux coloniaux allemands contre les reproches des Alliés. Les seize photos du petit volume devaient, en quelque sorte, présenter une preuve irréfutable des réalisations allemandes sur le continent africain : les plans des villes de Dar-es-Salam et de Windhoek montrent les procédés méthodiques des Allemands ; des photos d'un hôpital pour les indigènes à Douala, d'un institut de recherche sur les maladies tropicales à Dar-es-Salam, et d'autres institutions sont là pour démentir les reproches de mauvais traitements infligés aux indigènes par les Allemands ; des chemins de fer, des ponts, des plantations modèles, des églises et des écoles, des ateliers et des usines sont censés témoigner du sérieux de l'œuvre coloniale allemande.

---

1 Heinrich Schnee, *Die koloniale Schuldlüge* (Süddeutsche Monatshefte, Januar 1924), München, 7. Aufl., 1927.

Ces thèmes de l'efficacité des Allemands dans leur œuvre de colonisation et le tort qu'on leur a fait en les chassant d'Afrique sont mis en scène avec beaucoup de zèle dans des livres très populaires à l'époque, qui deviennent de véritables best-sellers. Parmi eux, le livre du général von Lettow-Vorbeck, rédigé en collaboration avec le capitaine von Ruckteschell[1] : *Heia Safari ! Deutschlands Kampf in Ostafrika. Der deutschen Jugend erzählt* (1re éd. 1920), raconte l'épopée des soldats allemands avec les indigènes Askaris dans leur lutte contre les Alliés en Afrique de l'Est. Ce livre a servi aux nationaux-socialistes pour prouver une de leurs thèses par rapport à la Grande Guerre, résumée par le célèbre slogan « Im Felde unbesiegt » (invaincus sur le champ de bataille). L'autre best-seller colonial de l'entre-deux-guerres est signé Hans Grimm : *Volk ohne Raum*[2] (1926) ; il est devenu l'illustration même du mythe du sang et du terroir (« Blut und Boden »-Mythos) auquel il a donné l'expression. Le roman, composé de quatre parties, traite de la vie d'un fils de paysan, Cornelius Friebott, de son enfance dans les années 1880 à sa mort en 1923. L'action se déroule en partie en Allemagne dans les temps troubles de la guerre et des années qui suivirent, en partie en Afrique du Sud où le protagoniste essaie de s'installer et de bâtir une nouvelle vie. Le héros apparaît comme un vrai martyr de l'idée nationale allemande ; le colonialisme et le nationalisme raciste des nazis se sont facilement reconnus dans ce roman qui, du point de vue littéraire et artistique est un échec, mais qui a néanmoins exercé une très grande influence à l'époque national-socialiste, dont il exprimait quelques idées maîtresses.

C'est sur cette toile de fond historique qu'il faut situer les déclarations d'Hitler et de son « chefideologue » Alfred Rosenberg sur l'Afrique et les Nègres. Leur attitude est ambivalente : d'un côté, la haine et le mépris de la race noire sont dans la logique de leur doctrine raciale ; de l'autre, ils se voient impliqués dans la lutte contre le « mensonge colonial » et maintiennent la revendication d'une reprise des anciennes colonies.

---

[1] General von Lettow-Vorbeck : *Heia Safari ! Deutschlands Kampf um Ostafrika. Der deutschen Jugend unter Mitwirkung seines Mitkämpfers Hauptmann von Ruckteschell erzählt*, Leipzig, Hase & Köhler, 1920.

[2] Hans Grimm, *Volk onhe Raum*, München, Albert Langen, 1926.

Les attaques d'Hitler dans *Mein Kampf*[1] sont moins dirigées contre les Africains que contre la France qui sera transformée, comme résultat de son « abâtardissement », en un État africain sur sol européen dans trois cents ans :

> *Würde sich die Entwicklung Frankreichs im heutigen Stil noch 300 Jahre forsetzen, so wären die letzten frankischen Blutsreste in dem sich bildenden europäisch-afrikanischen Mulattenstaat untergegangen. Ein gewaltiges geschlossenes Siedlungsgebiet vom Rhein bis zum Kongo, erfüllt von einer aus daurernder Bastardisierung langsam sich bildenden niederen Rasse.*
>
> Si l'évolution de la France devrait se poursuivre trois cents ans dans le style actuel, les derniers restes de sang franc disparaîtraient dans cet État mulâtre européo-africain en formation. Une zone d'habitation immense et compacte, allant du Rhin au Congo, remplie d'une race qu'un abâtardissement constant a lentement rendue inférieure.
>
> *Frankreich ist und bleibt der weitaus furchtbarste Feind. Dieses an sich immer mehr der Vernegerung anheimfallende Volk bedeutet in seiner Bindung an die Ziele der jüdischen Weltbeherrschung eine lauernde Gefahr für den Bestand der weißen Rasse Europas. Denn die Verpestung durch Negerblut am Rhein im Herzen Europas entspricht ebensosehr der sadistisch perversen Rachsucht dieses chauvinistischen Erbfeindes unseres Volkes wie der eisig kalten Überlegung der Juden, auf diesem Weg die Bastardisierung des europäischen Kontinents im Mittelpunkte zu beginnen und der weißen Rasse durch die Infizierung mit niederem Menschentum die Grundlagen zu einer selbstherrlichen Existenz zu entziehen.*
>
> La France est et reste de loin notre pire ennemi. Ce peuple qui de plus en plus se livre à la négrification, représente, du fait de ce qui la lie aux buts de la domination juive mondiale,

---

[1] Adolf Hitler, *Mein Kampf (1925-27), zwei Bände in einem Band*, München, Zentralverlag der NSDAP, 1943.

> un danger permanent pour le maintien de la race blanche en Europe. Car la contamination par le sang nègre sur le Rhin au cœur de l'Europe correspond autant au besoin de vengeance pervers et sadique de cet ennemi héréditaire chauvin de notre peuple qu'au froid calcul des Juifs, d'entreprendre l'abâtardissement du continent européen par le milieu, et ainsi, en infectant la race blanche par l'introduction d'éléments d'humanité inférieure, de lui retirer les bases d'une existence souveraine.

Ces passages, qui se passent de commentaires, montrent les liens entre les différentes positions de l'imagerie obsessionnelle de l'univers nazi : l'ennemi héréditaire (la France) d'un côté qui, avec l'aide des Juifs, va infecter le sang pur des Aryens outre-Rhin. Une rhétorique de foire publique qui a su réveiller et exciter des peurs ataviques auprès d'une grande partie de la population allemande.

L'AFRIQUE DES ALLEMANDS APRÈS 1945

La défaite de l'Allemagne hitlérienne ne fut pas, pour la littérature allemande, le « point zéro », comme on l'a souvent prétendu. La plus grande partie des auteurs de langue allemande avaient choisi l'exil, d'autres s'étaient réfugiés dans ce qu'on a appelé par la suite « l'exil intérieur », d'autres encore ont arrêté d'écrire pendant les douze ans qu'a duré le régime nazi ou furent victimes de persécutions de la part du régime.

En ce qui concerne la présentation de l'Afrique et des Noirs dans la littérature allemande après 1945, on renoue avec des traditions d'avant-guerre ou de l'époque d'avant 1933, et on prend connaissance de ce qui a été écrit dans l'exil et, sous les conditions de la censure, en Allemagne dans les années 30. Ainsi par exemple la collecte d'autobiographies africaines *Afrikaner erzählen ihr Leben*[1], éditées par l'éminent africaniste Diedrich Westermann en 1938, a-t-elle connu deux rééditions dans l'Allemagne de l'après-guerre.

---

[1] Diedrich Westermann (éd.), *Afrikaner erzählen ihr Leben*, Essen, Essener Verlagsanstalt, 1938 ; *Autobiographies d'Africains*, trad. de L. Homburger, Paris, Payot, 1943.

Dans la perspective d'une redéfinition de l'Afrique et de l'image du Noir, le grand événement littéraire en langue allemande des années 50 fut, en 1958, la parution de *Muntu – die neoafrikanische Kultur*[1] de Janheinz Jahn, qui en peu d'années fut traduit en pas moins de neuf langues. En Allemagne fédérale, le livre a exercé son influence surtout dans les milieux littéraires, mais a eu moins de succès auprès des érudits, ethnologues et africanistes, qui le jugeaient trop peu « scientifique » et trop généralisant. Mais « l'outsider » Jahn, qui n'avait pas fait une carrière universitaire régulière, s'intéressait précisément aux généralités, voulait donner une vue synthétique de la civilisation africaine et non pas livrer des études sur les rites des « primitifs » ou leurs relations de parenté. Il voulait transformer en profondeur l'image que l'Europe s'était faite de l'Afrique et présenter à sa place une image que l'Afrique se faisait d'elle-même. Les réactions à l'étranger furent pour la plupart très favorables. Marcel Brion dans *Le Monde* qualifiait *Muntu* de « guide extrêmement utile à travers le labyrinthe du monde noir » ; Basil Davidson dans *The Guardian* y voyait une synthèse bien réussie :

> Jahn analyse dans son livre, la façon dont les cultures traditionnelles ont commencé à réagir et à interagir avec des cultures non-africaines qui ont pénétré le continent noir, pour former en Afrique comme aux Antilles ce qu'il appelle, à mon avis à juste titre, une « Renaissance du monde noir ».

Il fallait en 1958 beaucoup de courage pour contredire les thèses du célèbre philosophe Karl Jaspers qui (sur les traces de Hegel), dans son livre sur la philosophie de l'Histoire, *Vom Ursprung und Ziel der Geschichte* (1949), n'avait vu sur ce continent que des peuples primitifs (Naturvölker) qu'il fallait arracher à leur état hors de l'Histoire de l'humanité et qu'il voyait confrontés à l'alternative : disparaître ou devenir un « matériau pour la civilisation technologique ».

---

[1] Janheinz Jahn, *Muntu. Die neoafrikanische Kultur*, Köln, Diederichs, 1958 ; *Muntu : l'homme africain et la culture néo-africaine*, trad. de B. de Martinoir, Paris, Le Seuil, 1961.

Dans les années 60 – en rapport avec les tendances générales de l'époque, à savoir la politisation de vastes zones de la société, le mouvement estudiantin, auquel s'ajoute, en RFA, la fin de « l'ère Adenauer » – nous assistons chez les écrivains aussi à des prises de position de plus en plus nettes, à un engagement « tiers-mondiste » dans tous les genres littéraires, ainsi que dans les médias, où la télévision surtout prend de plus en plus d'importance. Les centres de cet intérêt tiers-mondiste sont l'Amérique latine, le Vietnam, Cuba, l'Afrique. Les porte-parole les plus représentatifs de ce courant sont le poète et essayiste Hans Magnus Enzensberger et Peter Weiss, celui-ci connu surtout pour son œuvre dramatique.

Pour ce qui est de l'Afrique, la pièce la plus significative est certainement le *Gesang vom Lusitanischen Popanz*[1], créée à Stockholm en 1967. La première représentation de la pièce a lieu cinq ans après la fin des événements auxquels elle se rapporte. Cependant, ce n'est pas par souci d'actualité que Peter Weiss a porté à la scène ces événements ayant eu lieu dans les colonies portugaises d'Afrique, mais pour montrer leur caractère exemplaire. Dans cette pièce documentaire, nous ne trouvons plus de fable, plus d'intrigue au sens traditionnel : le « processus historique » est subdivisé en onze parties qui sont illustrées à l'aide de musique, de chants, de pantomime, donnant ainsi à l'ensemble le caractère d'une revue politique qui laisse beaucoup de place à l'imagination du metteur en scène et des acteurs.

L'histoire des peuples africains et leur lutte contre l'injustice coloniale sont illustrées par de vraies images d'Épinal :

> En étudiant l'Histoire, nous apprenons comment il y avait des révoltes chaque année. Ils lançaient leurs flèches et leurs lances contre les troupes ennemies lourdement armées. Quand la faim et la détresse les contraignaient à abandonner la lutte, les meilleurs d'entre eux n'étaient plus en vie. Peu à peu on détruisait leurs riches traditions culturelles en envoyant des expéditions punitives. Les familles étaient dispersées, les peuples éparpillés, de manière que plus

---

[1] Peter Weiss, *Gesang vom Lusitanischen Popanz*, Frankfurt (Suhrkamp), 1968, *Chant du fantoche lusitanien*, trad. de J. Baudrillard, Le Seuil, 1974 (première représentation sur scène en 1967, à Stockholm).

> personne ne connaissait son prochain. Voilà la raison pour laquelle leur pays se trouvait dans les « prétendues » ténèbres.

Le résultat de plus de cinq cents ans de mission civilisatrice n'est pas fameux : « Sur 100 Africains, à peine un seul a appris à lire et à écrire ».

À la fin de la pièce, nous trouvons un message politique explicite : c'est l'acte libérateur, la violence (dans le sens des théories politiques de Frantz Fanon) qui détruit le « fantoche lusitanien » dans le ferme espoir que « la libération est proche ». En utilisant l'exemple d'une colonie portugaise en Afrique, Peter Weiss a voulu donner un modèle littéraire de la situation dans beaucoup de pays du Tiers-Monde, mais il manque en revanche parfois de précision dans les détails concernant le continent africain et ses habitants.

Comparé à la pièce de Peter Weiss, le roman de Uwe Timm, *Morenga*[1], est beaucoup plus concret, beaucoup plus précis dans les détails historiques et géographiques. Il traite d'un chapitre de l'histoire coloniale allemande, à savoir la révolte des Héréros et des Hottentots contre le régime colonial et la répression sanglante de cette révolte (certains parlent même de génocide) dans l'ex-colonie du Deutsch-Südwestafrika (Namibie) entre 1904 et 1906. Le livre d'Uwe Timm est en même temps une réfutation et une correction de la version que la littérature coloniale allemande avait donnée des événements. Timm présente les événements du côté africain et illustre le processus de ré-apprentissage et de rééducation auquel il veut exposer son lecteur allemand au travers d'un des protagonistes du roman, le vétérinaire Gottschalk. Celui-ci avait d'abord cru qu'il venait défendre la patrie en Afrique, mais il se rend compte que ce sont les Hottentots qui défendent la leur. Gottschalk, dans sa pensée et dans sa manière de vivre, s'approche de plus en plus de l'autre côté, de celui des Africains : il apprend leur langue, vit avec une femme hottentote et finalement donne sa démission parce qu'il se sent incapable de continuer la lutte du côté du colonisateur.

---

[1] Uwe Timm, *Morenga, Königstein* (i.T.), Autoren Edition-Athenäum, 1978.

À côté des textes « sérieux » d'un Peter Weiss ou d'un Uwe Timm, il existe en Allemagne, après 1945 et en quelque sorte dans la lignée de l'ancienne littérature coloniale, une paralittérature (« Trivialliteratur » en allemand) de large diffusion sur l'Afrique. En ce qui concerne les magazines illustrés, nous disposons d'une étude de Rosemarie Lester sur l'image du *Trivialneger*[1]. Sonja Lehner, dans son étude sur *Schwarz-weiße Verständigung*[2] (*Communication entre Blancs et Noirs*), établit le parallèle entre des dialogues « interculturels » de partenaires de races différentes, dans des romans allemands situés en Afrique et dans des romans africains (anglophones et francophones) traitant une problématique comparable.

LA NOUVELLE SITUATION DEPUIS 1980

D'une manière générale, depuis la fin des années 70 et le début des années 80, nous assistons à un changement, voire à une rupture épistémologique dans les rapports allemands avec l'Afrique. Tandis que la recherche africaniste qui avait précédé se concentrait sur des disciplines telles que la géographie, l'anthropologie, la médecine et la linguistique (« Afrikanistik », en allemand, veut précisément dire « linguistique des langues africaines »), nous constatons maintenant un déplacement vers des études littéraires – dans les deux sens : littérature allemande par rapport à l'Afrique et littératures africaines en langues européennes. Quelques événements significatifs donnèrent le signal de cette évolution.

À l'Université de Dakar eut lieu, du 12 au 15 avril 1979, le 12e Congrès de l'AGES (Association des Germanistes de l'Enseignement Supérieur), sur le sujet : « Négritude et Germanité – L'Afrique noire dans la littérature d'expression allemande ». En 1983, au moment où les Actes de ce Congrès furent publiés[3], parut

---

1 Rosemarie Lester, *Trivialneger. Das Bild des Schwarzen im westdeutschen Illustriertenroman*, Stuttgart, Akademischer Verlag H.-D. Heinz, 1982.

2 Sonja Lehner, *Schwarz-weiße Verständigung. Interkulturelle Kommunikation sprozesse in europäisch-deutschsprachigen und englisch- und französischsprachigen afrikanischen Romanen (1970-1990)*, Frankfurt, IKO, 1994.

3 *Négritude et Germanité : L'Afrique noire dans la littérature d'expression allemande*, Dakar, N.E.A., 1963.

également le premier numéro des *Études germano-africaines*[1], revue annuelle du Département d'Allemand de l'Université de Dakar, qui a depuis publié un grand nombre d'articles sur l'Afrique dans la culture et les lettres allemandes. Dans ce contexte, la publication de la thèse d'Amadou Booker Sadji, directeur du département d'allemand de l'Université de Dakar, sur la littérature coloniale allemande de 1884 à 1945, fut d'une importance capitale.

La même année que le Congrès des Germanistes à Dakar, en 1979, le Centre pluridisciplinaire d'« Africanologie » de l'Université de Bayreuth commença son travail (favorisé par l'heureuse coïncidence de la visite du Président Senghor au Festival Wagner au mois de juillet de cette même année) ; il sera soutenu par la DFG (Deutsche Forschungsgemeinschaft, équivalent du CNRS français) de 1984 à 1997 par le financement d'un « Sonderforschungsbereich », un projet de recherche pluridisciplinaire sur l'« Identité » en Afrique. Dans le seul domaine des littératures francophones d'Afrique, ce centre a produit quatre thèses d'État (celles de W. Glinga[2], H.-J. Lüsebrink[3], M. Prinz[4] et P. S. Diop[5]) et une dizaine de thèses de troisième cycle.

La Foire du livre de Francfort fit de l'Afrique son grand thème en 1980. Une « Société pour la promotion des littératures de l'Afrique, de l'Asie et de l'Amérique latine » avait été fondée dans ce but ; plusieurs éditeurs tels Peter Hammer à Wuppertal, Olten à Fribourg-en-Br. et Lembeck à Francfort lancèrent des séries avec des œuvres d'auteurs africains. Les grands quotidiens de diffusion nationale et les médias commencèrent à parler de la littérature

---

1 *Études germano-africaines*, revue annuelle depuis 1983, Dakar, Département de Langues et Civilisations germaniques de l'Université de Dakar.

2 Werner Glinga, *Literatur in Senegal. Geschichte, Mythos und gesellschaftliches Ideal in der oralen und schriftlichen Literatur*, Berlin, Dietrich Reimer, 1990.

3 Hans-Jürgen Lüsebrink, *Schrift, Buch und Lektüre in der französischsprachigen Literatur Afrikas,* Tübingen, Niemeyer, 1990.

4 Manfred Prinz, *Frankophone Literatur Senegals und die Kultur der « schweigenden Mehrheit »*, Frankfurt, IKO, 1995.

5 Papa Samba Diop, *Archéologie littéraire du roman sénégalais*, t. 1 : *Écriture romanesque et Cultures régionales au Sénégal (Des origines à 1992)*, Frankfurt, IKO, 1995 ; t. 2 et t. 3 : *Glossaire socio-linguistique du roman sénégalais*, Frankfurt, IKO, 1995, 1996.

africaine et à en faire parler. Quand Mariama Bâ mourut en 1981, la télévision allemande annonça la nouvelle au journal de vingt heures. Le climat intellectuel par rapport à l'Afrique et à la littérature africaine avait changé.

Pendant plus de deux décennies, la traduction et la médiation des littératures africaines (et « noires » en général) furent presque exclusivement l'œuvre du seul Janheinz Jahn. À côté de ses nombreuses traductions, de ses articles de presse et contributions à la radio, il publia plusieurs livres qui jetèrent les fondements des études et de la recherche dans le domaine des lettres africaines. Après *Muntu* (1958), déjà évoqué, ce fut la *Bibliographie de la littérature néo-africaine* (1965), *L'Histoire de la littérature néo-africaine* (1968), et le *Who's Who in African Literature* (1972).

Après la mort de Jahn en 1973, sa bibliothèque fut acquise par l'Université de Mayence où Ulla Schild essaya de continuer son œuvre en organisant plusieurs colloques sur des thèmes relatifs à la littérature africaine. Néanmoins, pendant plusieurs années, on put constater un net ralentissement dans la réception des littératures africaines. Ce ne fut qu'à la fin des années 70 et au début des années 80 que ces littératures connurent un regain d'intérêt qui s'est maintenu de façon plus ou moins durable jusqu'à aujourd'hui. Pour transformer l'enthousiasme – né d'un certain engagement tiers-mondiste et d'un vague exotisme – en des habitudes de lecture durables et assurer à la littérature africaine sa place dans le « canon » littéraire des institutions (écoles, universités, médias), il fallait commencer la « longue marche à travers les institutions ».

Allant de pair avec une lecture approfondie de la littérature allemande sur l'Afrique, on pouvait observer une recherche intensifiée sur l'histoire du colonialisme allemand. On peut même dire que, grâce à ces efforts de l'historiographie coloniale, certaines des anciennes colonies allemandes comme le Togo et le Rwanda figurent aujourd'hui parmi les époques coloniales les mieux connues et sur lesquelles les informations sont les plus détaillées. Ainsi de la monumentale histoire du *Togo 1884-1914*[1]

---

[1] Peter Sebald, *Togo 1884-1914. Eine Geschichte der deutschen « Musterkolonie » auf der Grundlage amtlicher Quellen*, Berlin, Akademie-Verlag, 1988.

de Peter Sebald de près de 800 pages, rédigée encore en ex-RDA, ou de l'étude impressionnante de Trutz von Trotha, *Koloniale Herrschaft* (*Domination Coloniale*)[1] publiée en 1994, qui livre une théorie sociologique de la naissance d'un État à partir de l'ex-« Schutzgebiet Togo ». À côté de ces deux travaux allemands, il faudrait mentionner également les contributions d'historiens et de germanistes togolais, tels Dadja H.-K. Simtaro ou A.-P. Oloukpona-Yinnon, qui ont présenté des thèses d'État remarquables sur l'histoire coloniale allemande et la littérature coloniale correspondante sur le Togo. Et il ne faudrait pas oublier les historiens français (Yves Marguerat, Philippe David) qui, en collaboration avec des historiens togolais, sont en train d'éditer, dans une série intitulée « Les Chroniques Anciennes du Togo », d'anciens textes allemands sur la « Colonie Modèle », en version française.

Pour revenir à notre question initiale : « Is there a German blackness of its own ? » (Les Allemands se distinguent-ils des autres nations européennes en ce qui concerne leur vision de l'Afrique ?) Nous pensons qu'aujourd'hui on peut y répondre par la négative. L'image allemande de l'Afrique, l'intérêt scientifique des Allemands pour l'Afrique, ne se distinguent pas foncièrement de ceux de leurs voisins européens, bien que les relations politiques et humaines entre la France et l'Angleterre d'un côté, les anciennes colonies des deux pays de l'autre, soient plus développées et plus intenses que celles entretenues par l'Allemagne qui n'a été présente sur le sol africain que le temps d'une seule génération. Par rapport à l'Afrique aussi, l'Allemagne est donc en train de s'« européaniser », paraît-il.

JÁNOS RIESZ
Université de Bayreuth

---

1 Trutz von Trotha, *Koloniale Herrschaft. Zur soziologischen Theorie der Staatsentstehung am Beispiel des « Schutzgebietes Togo »*, Tübingen, J.C.B. Mohr, 1994.

TROISIÈME PARTIE

DOCUMENT ET TÉMOIGNAGES

Portrait

La lecture de cet entretien permet de voir que, depuis ses premières publications jusqu'à aujourd'hui, les préoccupations littéraires et scientifiques de Mudimbe sont demeurées constantes. C'est pourquoi, il nous a paru utile de le reprendre dans ce volume de Mélanges pour mieux baliser l'itinéraire intellectuel de V. Y. Mudimbe. Pour des raisons de contextualisation, l'entretien est repris tel quel dans sa structure et dans son expression.

(NDLR)

Il y a quelques mois, nous avons rencontré le professeur Mudimbe et l'avons interrogé sur les Éditions du Mont Noir qu'il dirige. Il nous a paru intéressant de reprendre le dialogue avec lui, cette fois-ci au sujet de son œuvre littéraire.

Il a trente-trois ans. Docteur en philosophie et lettres, diplômé de sociologie, il possède une riche expérience universitaire. Il a travaillé et enseigné aux Universités de Louvain, Paris et Bonn. Au titre d'expert, il a été l'invité des Centres spécialisés des Universités de Mons (1972) et de Vienne (1973), de l'Administration générale belge à la coopération et au développement (1968-1973) et, au même titre, a participé à de nombreux séminaires techniques de l'Unesco. Membre de nombreuses organisations savantes de sociologie, de philosophie et de linguistique, il occupe dans certaines d'entre elles des fonctions importantes. Il est ainsi directeur des archives africaines de sociologie à Paris et secrétaire général du Congrès International des Études Africaines.

Depuis 1970, le Professeur Mudimbe est en permanence au Zaïre. Doyen de la Faculté des Lettres, il ne quitte le pays que pour de courtes missions scientifiques. Malgré ses charges, il parvient à mener de front ses recherches scientifiques et une œuvre littéraire abondante. Il a notamment publié, en 1971, *Déchirures* (poèmes) ; en 1972, *Réflexions sur la vie quotidienne* (essai), *Autour de la nation* (essai) ; en 1973, *Entre les eaux* (roman), *Entretailles* (poèmes) ; *L'Autre Face du royaume* (essai).

Bien que distant, parfois glacial, le professeur Mudimbe a bien voulu répondre à nos questions sur son œuvre et ses projets littéraires.

Citoyen Professeur, on connaît bien Mudimbe, personnalité de renom au sein de l'Université Nationale du Zaïre, habitué des milieux scientifiques internationaux. Par contre, on connaît peu l'autre face de Mudimbe : le poète, le romancier. Dites-nous à quand remonte votre passion de l'écriture ?

Comme tout le monde, j'ai commencé à écrire à l'école secondaire : des poèmes, de petits essais d'écolier. J'ai cependant, dès cette époque, le bonheur d'avoir eu des maîtres admirables, grâce auxquels j'ai appris que l'écriture pouvait être non seulement un moyen d'expression et de communication, mais aussi, et de manière singulière, un lieu de réconciliation avec soi-même, avec les autres. Cette vérité, perçue il y a longtemps, je ne la connais vraiment que depuis quelques années ; disons depuis 1966 ou 1967, au moment où j'ai compris que toute expression, pour être véridique, devait être ascèse. Cela explique, peut-être, ce que vous appelez passion de l'écriture.

Vous êtes doyen de la Faculté, directeur d'un Centre de recherche et membre de nombreuses sociétés savantes. Malgré vos charges, vous rédigez non seulement des travaux spécialisés, mais aussi des romans, des poèmes, des essais. Vous êtes d'ailleurs d'une productivité redoutable. En quatre ans vous avez publié dix livres et, semble-t-il, un nombre impressionnant d'articles. Dites-moi, pourquoi écrivez-vous ? Et surtout, comment faites-vous pour mener de front une œuvre aussi diversifiée ?

J'écris un peu par habitude, un peu par passion. Le contact permanent avec des livres, avec la pensée des autres est toujours, d'une manière ou d'une autre, une invitation à l'écriture. Quant à la productivité, en tout cas la mienne, elle est un mythe. Un petit calcul : une heure d'écriture par jour vous permet de produire six ou sept pages dans le meilleur des cas... Faites le compte, au bout d'un mois et au bout d'un an... Non, voyons, c'est une simple question d'organisation.

Organisation, bien sûr. Mais vous n'allez pas me faire croire que pendant votre heure d'écriture journalière vous pouvez écrire indistinctement des poèmes, un roman ou des pages d'un essai. Je souhaiterais que vous précisiez votre style de travail et que vous puissiez nous dire comment vous vous y prenez pour vous organiser ?

Naturellement, je ne suis pas une mécanique. Si je parle d'une heure d'écriture par jour, c'est à titre indicatif. Écrire un roman ou des poèmes est aussi fonction d'une atmosphère et d'une disponibilité intérieure. Celles-ci peuvent varier d'un jour à l'autre. Ainsi, par exemple, j'ai écrit *Entre les eaux* pratiquement d'une traite en quelques jours. Mais il m'a fallu plus de six mois pour que j'accepte la forme actuelle d'*Entretailles*. Je veux dire ceci : si on considère l'écriture comme l'expression d'une vérité intérieure, alors il est certain qu'on peut difficilement la considérer comme un exercice automatique. J'ai consacré un certain nombre d'années de ma vie à écrire une thèse sur le sens du mot « air » en grec, en latin et en français. J'ai rédigé ce travail, malgré quelques rares moments d'exaltation, avec un détachement similaire à celui d'un ouvrier qui, pour vivre, doit accomplir régulièrement une besogne déterminée. Un roman, un poème exigent, je pense, un engagement d'un autre genre. Le détachement n'est qu'un cadre. Et en fonction de ma disponibilité intérieure, je le remplis comme je peux en ne suivant que mon rêve du moment. Vous savez, on dit parfois que lorsqu'on a peu de temps pour écrire, la solution est d'écrire tout le temps. Si on le fait systématiquement, on peut, je crois, parvenir à se réserver une petite heure par jour.

Vous avez publié l'année dernière trois livres : un recueil de poèmes intitulé Entretailles, *un roman intitulé* Entre les eaux, *et un essai,* L'Autre Face du royaume. *Y a-t-il un lien entre ces trois œuvres ?*

Un lien ? Je ne sais pas. D'abord, j'ai publié aussi un manuel de français et un certain nombre d'articles. Je vois mal, dès lors, quel lien invoquer. Que certains de mes textes renvoient à un certain nombre de nœuds intérieurs me semble évident. Mais comment les dire et pourquoi les dire ? Au total, je préfère parler de réseaux, sans doute, ou d'une idée. Je pense, par exemple, aux tensions d'un rêve d'équilibre entre la vie et la mort. Et je me dis : le prétexte d'*Entretailles* est la mort d'un de mes anciens élèves ; *Entre les eaux* est le récit d'une mort symbolique, et *L'Autre Face du royaume* serait peut-être l'expression de la mort d'un conformisme scientifique personnel qui me plaisait naguère.

Comment conciliez-vous les exigences de l'écriture poétique, celles de la création d'un roman et la rationalité pour la construction d'un essai ?

Il y a une expression que j'aime beaucoup, celle de « grâce actuelle ». Naturellement, il ne faut pas l'entendre au sens théologique. C'est l'analogie possible qui me plaît. En effet, je considère l'écriture comme un privilège insigne. Ce privilège peut prendre des formes diverses, multiples, pour exprimer un rêve.

Voyez : nous avons des manières différentes pour dire l'amour, la joie ou la tristesse qui nous habitent. Pour moi, il en est de même selon les moments. L'idée ou les grandes lignes d'un poème ou d'un roman peuvent surgir pendant que je lis un dossier ennuyeux, tout comme elles peuvent être provoquées par une conversation. Ainsi, par exemple, mon premier roman a été provoqué par un ami qui, las de m'entendre lui répéter les variations successives d'une intrigue possible, m'a forcé à écrire et a exigé que, chaque soir, je lui lise les pages achevées. Un autre exemple : mon prochain roman *Le Bel immonde* dont le manuscrit est chez l'éditeur depuis septembre dernier, est né de la lecture d'un livre de Genêt. Et je l'ai dit tout à l'heure, *Entretailles* est né d'un étonnement face à la mort de quelqu'un que je connaissais bien, un de mes élèves. Et pourtant, au premier abord, c'est le sacre de la vie que je chante dans ce recueil. Évidemment, élaborer un essai est autre chose. Mais je doute qu'on puisse en écrire un comme ça, hors d'une atmosphère singulière. C'est que, pour moi, la question de conciliation est une question abstraite. J'ai choisi d'être un lieu de sensibilité et je me laisse marquer par les événements. La singularité des marques oriente ma sensibilité vers l'une ou l'autre forme de l'écriture.

Votre recueil de poèmes, Entretailles, *est pratiquement passé inaperçu. On en a peu parlé, comparé à l'intérêt suscité par* Entre les eaux. *L'accueil a été plutôt discret. Quelle interprétation en donnez-vous ?*

Je n'ai aucune interprétation. On parle en général peu de productions poétiques. Le roman et le théâtre présentent une trame, une intrigue et parfois des thèses implicites ou explicites. Ce sont là des données faciles à exploiter, à discuter. Mais un recueil de poèmes ? Lorsqu'on a relevé ce qui peut paraître être la ligne générale des thèmes, à moins d'entreprendre une étude technique, on a peu à en dire. Non, je n'ai pas été étonné par la discrétion de l'accueil.

*On a dit qu'*Entre les eaux *était un roman fortement inspiré de votre vie personnelle. Un critique belge a pu même écrire dans une revue bruxelloise que le héros, Pierre Landu, qui porte l'identification jusqu'à la figure du Christ mais d'un Christ bafoué, méprisé, nié, s'arrachant au monde pour mieux l'assumer, n'est en fait que l'auteur lui-même. Qu'en pensez-vous ?*

Mettons-nous d'accord : j'admets que devant une œuvre, le critique est relativement libre de dire ce qu'il pense, comme n'importe quel lecteur d'ailleurs. J'admets aussi que le critique, à l'occasion, est parfaitement en droit de ne pas se soucier de l'avis de l'auteur. C'est normal. Que des critiques m'identifient au héros les concerne. Pour ma part, je n'ai pas le sentiment d'être « Pierre Landu », tout comme je ne crois pas avoir écrit un roman autobiographique. Que j'aie pu faire passer une part de mon expérience personnelle ou certains de mes fantasmes dans le héros est une autre affaire. D'ailleurs quel romancier ne le fait pas ?

Le professeur J. L.Vincke vient de publier un essai de psychanalyse existentielle des traditions africaine et européenne, intitulé Le Prix du péché. *L'essai est suivi d'une « Réponse à J. L. Vincke » dont vous êtes l'auteur. J'aimerais savoir le bien-fondé de votre « réplique ».*

Le discours du professeur Vincke est séduisant, très séduisant même, surtout lorsqu'on le met en relation avec l'idéologie de l'Authenticité. Ma réponse ne concerne pas directement le discours dans sa vérité mais la méthode. Et là encore, je n'ai pris que quelques questions de méthode. J'ai voulu montrer la possibilité d'autres angles de vue et insister sur le fait que les deux principaux concepts utilisés par Vincke pour démarquer les traditions européenne et africaine, l'essence et l'existence, sont tellement « chargés » qu'ils soulèvent plus de problèmes qu'ils n'en résolvent. Et puis, la méthode de la psychanalyse existentielle n'aurait-elle pas été plus rentable si au lieu de se fonder uniquement sur quelques lignes de *L'Être et le Néant*, elle avait tenu compte de l'apport de l'anti-psychiatrie ? Ce mouvement est, en effet, un prolongement conséquent de certaines idées de Sartre.

Quelle est la visée exacte de L'Autre Face du royaume *? Je m'explique : vous critiquez les orientations actuelles du travail africaniste. En plus, on vous croyait structuraliste, vous affirmez dans votre livre que le structuralisme n'est qu'un fantasme. En un mot, vous détruisez, habilement, souvent sans en avoir l'air, mais vous détruisez quand même un certain nombre de normes. En retour, on a un peu l'impression que vous n'apportez aucune solution de rechange, presque aucune proposition positive.*

Un ami, spécialiste d'anthropologie politique, a vu en ce livre une expression de la « mort du Père ». J'imagine qu'il entend par là que la démarche de mon analyse est exagérément critique à l'égard des normes classiques des sciences sociales auxquelles m'ont introduit ceux qui furent naguère mes maîtres. Mais, justement, ces hommes remarquables que j'ai eus pour maîtres m'ont appris à ne rien accepter qui ne soit, au préalable, passé devant le tribunal de l'examen critique. Le cheminement de *L'Autre Face du royaume* est ainsi, à mon sens, l'expression d'une profonde fidélité à l'enseignement de mes maîtres, mais aussi à un de mes rêves d'étudiant d'abord, de jeune enseignant ensuite. La visée ? Elle est claire, très claire même. En 1968, Michel Foucault, qui est aujourd'hui professeur au Collège de France, se demandait si l'ethnologie ne s'enracine pas dans cette possibilité culturelle occidentale et qui lui permet de se lier aux autres cultures sur le mode de la pure théorie. Eh bien, ce genre de questions traverse la plupart des travaux représentatifs de la pensée contemporaine. Lisez Claude Lévi-Strauss, Louis Dumont, Claude Meillassoux, Maurice Godelier, et vous verrez. Face à leurs choix, n'est-il pas normal que l'Africain reprenne, pour lui-même, les questions de fondements ? C'est ce que j'ai tenté de faire. Si je ne présente pas encore des propositions concrètes, c'est que le travail est à continuer, à généraliser. Je le dis clairement dans mon livre. Mais je pense, malgré tout, que régulièrement j'ai ouvert des voies de « respiration », plus exactement une voie qui, j'en suis certain, peut aider l'Africain producteur de science à avoir une conscience plus exacte de la réalité ; une voie apparemment simple : la prise de parole immédiate. Un collègue a écrit, à ce sujet, que j'ouvrais la voie de l'utopie. Pourquoi ? Et s'il en était ainsi, l'utopie ne peut-elle pas être féconde ?

En lisant L'Autre Face du royaume*, il m'a semblé que vous n'approuviez pas tellement le discours scientifique de* L'Histoire immédiate*, élaboré par le professeur B. Verhaegen. Or, vous le savez, ce discours guide de plus en plus les recherches des étudiants zaïrois en sciences sociales et politiques. Voulez-vous expliciter votre position ?*

Attention, je ne conteste pas du tout le bien-fondé de la méthode d'*Histoire immédiate*. Je suis simplement critique à l'égard d'une démarche que, par ailleurs, je trouve remarquable de promesses et à laquelle j'ai donné naguère ma modeste contribution. Mon problème est simple. Le voici : au lendemain de l'indépendance, les africanistes ne comprennent rien à ce qui se passe. Le « Congo » leur paraît un moment d'irrationalité. Aussi se réfugient-ils dans des travaux de laboratoire ou, contre tout bon sens, ils continuent l'ancienne pratique coloniale. C'est Verhaegen et ses disciples qui, attentifs aux divers mouvements de transformations politiques et sociales, essaient de mettre sur pied une méthode d'analyse et de compréhension de la nouvelle réalité de notre pays. C'est proprement inouï. Les jeunes savants zaïrois avaient là une occasion de prendre aussi la parole. Cette occasion, ils l'ont ratée. Pourquoi ? Je ne pense pas que ce soit dû au hasard et me demande si ce blocage, notre blocage à nous, chercheurs africains, n'est pas à la mesure de notre dépendance à l'égard d'un type donné de pratique scientifique. Aussi me paraît-il intéressant de poser la question de savoir à quelle raison renvoie le culte de la science objective. Il me paraît impérieux que nous la reposions pour notre compte. En tout cas, il est souhaitable que, dès à présent, les étudiants zaïrois de Verhaegen aient le courage, à l'instar de leur maître, de mener de front et de manière complémentaire, une réflexion méthodologique critique et une recherche empirique réellement attentive à la société zaïroise.

Hormis peut-être leurs caractères polémiques, Négritude et négrologues *de Adotévi et* Le Manifeste de l'homme primitif *de Fodé Diawara présentent des points communs avec* L'Autre Face du royaume. *En tant qu'auteur de ce dernier livre, puis-je savoir votre point de vue sur les titres précédents ?*

D'abord, il faut que nous nous entendions sur les traits communs comme vous dites. À mon avis, les trois livres ont ceci en commun : d'abord, ils sont l'œuvre d'Africains, c'est-à-dire l'œuvre d'anciens objets de l'Anthropologie ; ensuite, tous les trois entendent présenter autre chose que la vérité reçue ; enfin je crois que dans ces trois livres, on trouve une forme de frivolité de la pensée assez accusée. À mon sens, là s'arrêtent les similitudes. Adotévi a un projet singulier, celui de démystifier la négritude et ceux qu'il appelle négrologues. Il est d'une violence extrême, parfois injuste. Singulièrement à l'égard de Senghor. Certaines thèses de Diawara m'ont paru scientifiquement pénibles, souvent même insoutenables ; la première fois que j'ai lu le livre, j'ai pensé qu'il s'agissait d'un canular. Mon projet dans *L'Autre Face du royaume* est différent. J'analyse ce que j'appelle les langages fous pour en démontrer les limites et ouvrir la voie à une pratique nouvelle, plus authentique humainement et scientifiquement. En ce sens, mon livre est très proche du dernier livre de Verhaegen, *Introduction à l'histoire immédiate,* paru à Gembloux au moment même où le mien sortait à Lausanne.

Citoyen Professeur, quels sont les travaux que vous avez actuellement en chantier ?

Un certain nombre de travaux techniques de philosophie et sociologie que je traîne depuis quelques années. Je rêve de pouvoir m'y consacrer sérieusement bientôt. Pour l'instant, j'attends la parution prochaine, à Vienne, d'un gros travail de philologie, et à Paris, la publication d'un recueil de poèmes à la libraire Saint-Germain-des-Prés.

MONSENGO VANTIBAH MABÉLÉ
Quotidien *Elima*, 1973

V. Y. MUDIMBE
TRENTE ANS DE RÉFLEXIONS ET DE SOUVENIRS

D'emblée, l'on se perd devant l'abondance et la variété des œuvres d'un auteur dont le moindre mérite (ou obstacle, selon le cas) qu'on puisse reconnaître est qu'il s'affirme « dans plusieurs genres », en tant qu'« intellectuel foisonnant » et « savant polyvalent »[1] ; qu'en tant qu'académicien « difficile à inscrire dans un territoire universitaire », il « convoque avec autant de bonheur les lettres (classiques et modernes) que les sciences sociales »[2] ; que « l'essayiste est, de toute évidence, l'une des figures majeures de la pensée africaine aujourd'hui, et assurément aussi l'une des meilleures plumes issues du continent »[3]. L'homme présente plusieurs facettes ; au mieux, on ne rendrait compte que d'un portrait : un aspect de sa quête, un domaine de ses réalisations, une catégorie de ses écrits ou une œuvre spécifique.

Aucune étiquette figée ne s'applique à un penseur polyvalent que d'aucuns considèrent comme un « critique de la société postcoloniale »[4], un « théoricien postcolonial »[5], un analyste du

---

1 Henri Moniot, « Une ego-histoire des études africaines » [à propos de *Les Corps glorieux des mots et des êtres…*], dans *Canadian Journal of African Studies – Revue canadienne d'études africaines*, Montréal, vol. 30, n° 2, 1996, p. 266.

2 Mamadou Diouf, « Des voix et des objets contre des mots et des textes : dépossession, conversion et révélation », dans *Canadian Journal of African Studies – Revue canadienne d'études africaines*, Montréal, vol. 30, n° 2, 1996, p. 243.

3 Pierre Halen, « V. Y. Mudimbe, jardinier de l'histoire. Les mémoires d'une modernité », dans *Canadian Journal of African Studies – Revue canadienne d'études africaines*, Montréal, vol. 30, n° 2, 1996, p. 250.

4 Peter Schunck, « Valentin Yves Mudimbe critique de la société postcoloniale », dans *Französisch heute*, n° 16, 4, 1985, pp. 319-329.

5 Bogumil Jewsiewicki, « The Archaelogy of Invention : Mudimbe and Postcolonialism », dans *Callaloo*, Baltimore, numéro spécial, 14, 4, 1991, pp. 927-1038.

« conflit de mémoires »[1], un juge de l'« archéologie du savoir africain » ou un « néo-structuraliste »[2], un modèle d'étude d'« archéologie du discours africain »[3], un auteur de « métathéorie de l'ordre du discours afrocentrique »[4], un artisan de « déconstruction et de capitulation » du discours africain[5], une « écriture avant-gardiste » de « phénoménologie structurale »[6], un écrivain « bernanosien »[7], une incarnation du « renouveau technique dans le roman africain francophone »[8] ou du « renouveau du roman en Afrique centrale »[9], etc. Sa filiation philosophique, en particulier, varie énormément des classiques grecs aux modernes dont Fredric Jameson, Foucault[10], Lacan, Baudrillard, Gadamer, Ricœur, Sartre,

---

1 Justin Kalulu Bisanwa, *Conflit de mémoires. V. Y. Mudimbe et la traversée des signes*, Francfort, IKO Verlag, 2000.

2 D. A. Masolo, « An Archaelogy of African Knowledge : A Discussion of V. Y. Mudimbe », dans *Callaloo*, Baltimore, numéro spécial, 14, 4, 1991, pp. 998-1011.

3 Katharina Städtler-Djedji, « Une archéologie du discours africain : V. Y. Mudimbe », dans *Matatu. Journal for African Culture and Society* (Main), n° 13-14, 1995, pp. 257-265.

4 Losombe Lokangaka, « The Contribution of V. Y. Mudimbe to the Meta-Theory of an Afro-centric Order of Discourse », dans *Marang*, n° 9, 1991, pp. 30-39.

5 Oyekan Owomoyela, « Deconstruction and Capitulation : African Responses to European Misconstruction and Objectification », dans *Research in African Literatures*, Colombus, 27, 2, 1996, pp. 151-154.

6 Denis Ekpo, « Schizophrénie et écriture avant-gardiste chez Mudimbe. Une phénoménologie structurale de *L'Écart* », dans *Neohelicon*, Amsterdam, 18, 1, 1991, pp. 99-116.

7 Lilyan Kesteloot, « Mudimbe bernanosien ? », dans Marc Quaghebeur et al. (éd.), *Papier blanc, encre noire*, Bruxelles, Éditions Labor « Archives du futur », 1992, 2 tomes et dossier, pp. 449-456.

8 Victor Aire, « Le Renouveau technique dans le roman africain francophone : Mudimbe et Sassine », dans *Bulletin of the School of Oriental and African Studies*, Londres, vol. 48, n° 3, 1985, pp. 536-543 ; texte repris dans Jonathan Peters, Mildred P. Mortimer et Russel V. Linnemann (eds), *Literature of Africa and the African Continuum,* Washington D. C.-Edmonton, Alb., Three Continents Press-African Literature Association, 1989, pp. 151-162.

9 André Ntonfo, « *Le Bel immonde* de V. Y. Mudimbe ou le renouveau du roman en Afrique centrale », dans *Annales de la Faculté des Lettres et Sciences Humaines*, 1, 2, Yaoundé, 1987, pp. 99-110.

10 La pensée de Michel Foucault est la source de lumière principale de l'œuvre philosophique de V. Y. Mudimbe : le dernier doit notamment au premier les

Heidegger, en passant par Descartes, Locke, Hume, Marx, Kant, Hegel, etc.

Et quels instruments adéquats utiliser pour appréhender proprement sa personnalité, son âme, ses préoccupations ? Ses propres écrits, et lesquels parmi une quarantaine d'ouvrages[1] et une centaine d'articles ? Poésie, fiction, essais de nature et de portée variables qui jalonnent une trentaine d'années de production intense ? L'étude critique de son œuvre[2] ? Sa récente autobiographie intellectuelle ou les multiples entretiens avec l'auteur[3] ?

Deux faits sont certains : d'une part, la polyvalence de l'écriture de Mudimbe, la richesse de son savoir, la variété de ses enseignements et de ses recherches, l'éclat de sa carrière académique ; d'autre part, le lien profond entre son œuvre littéraire et son œuvre scientifique. D'après le constat d'un critique autorisé et familier de l'écriture de l'homme, « le romancier Mudimbe renvoie aux invariants que l'universitaire Mudimbe analyse au

---

notions centrales d' « archéologie du savoir » et d' « episteme » (Jewsiewicki, *op.cit.*, p. 965).

1 Pour des raisons d'économie de signes et d'espace, dans ma contribution je ne signale pas les références complètes des ouvrages de Mudimbe que je cite. Je me contente d'en indiquer simplement l'année de parution. Pour les données complémentaires, je renvoie le lecteur à la contribution de Virginia Coulon dans ce volume.

2 Pour compléter son information bibliographique, le lecteur se référera utilement à la contribution de Virginia Coulon. Pour ma part, à la lumière de données du MLA et de sources privées, j'avais au préalable noté, en plus d'une multitude d'articles, les ouvrages de Bernard Mouralis (1988), Josias Semujanga (1996, en partie) et Justin Bisanswa Kalulu (2000) ; les numéros spéciaux de deux publications africanistes bien connues, à savoir *Callaloo* (Diawara, 1991) et la *Revue Canadienne des Études Africaines* (Jewsiewicki, 1996) ; les thèses de doctorat de Kaumba (1986), Bisanswa (1995) et Stenger (2000) en totalité ainsi que celles de Semujanga (1993), Mitifu (1995), Hatcher (1999) et Siamundele (1999) en partie ; une thèse de maîtrise mineure due à Marcel Nessim Cohen (1992), qui réserve à V. Y. Mudimbe une place de prédilection dans une partie (« le mobutisme dans la littérature congolaise » ; toutefois, l'écrivain considéré a naguère désapprouvé l'argumentation du travail en question dans une lettre personnelle adressée à la promotrice).

3 Telles notamment les réalisations de Marc Rombaut (1973), Mukala Kadima-Nzuji et Vantibah Monsengo (1975), Ndoba Gasana (1988), Faith Smith (1991) et Gaurav Desai (1991).

niveau social quand il s'approprie le structuralisme, la psychanalyse ou la sémiologie »[1].

L'itinéraire académique de Mudimbe ne suit aucune ligne classique. Jusqu'en 1980, année du début de sa « quête » américaine, par le profil de sa formation, ses titres, ses charges horaires, ses diplômes successifs de candidat (1964), de licencié (1966) et de docteur (1970) en philologie romane et la catégorisation de ses institutions d'attache, il est encore possible de réduire la personne scientifique de Mudimbe à un modèle monolithique : l'étudiant, le diplômé et le professeur de philologie romane aux universités respectivement de Lovanium, Louvain et Lubumbashi. Le profane ignore, pourtant, le début de son parcours qui conduit l'ancien novice bénédictin et jeune lovaniard à un diplôme de graduat en sciences économiques (1962) et un moment de sa formation post-licence qui ouvre le doctorand de Louvain à un diplôme de sociologie à Paris (1968). L'on oublie aussi souvent que le professeur attaché à Lovanium et à Lubumbashi au département de philologie romane a terminé sa course congolaise au département de latin. La passion philologique et le goût des études classiques l'ont poussé à fonder ou restaurer cette unité d'enseignement et à l'animer fructueusement avec le concours d'un nombre réduit de collègues expatriés.

Jusqu'en 1980, les charges horaires habituelles de Mudimbe comprennent, dans le champ roman, des cours de grammaire comparée et historique, de linguistique française et de grands courants de la linguistique. Son élan pluridisciplinaire germe ou se cristallise à l'université de Paris-Nanterre où il enseigne, de 1969 à 1971, la sociolinguistique au Laboratoire d'ethnologie et d'anthropologie comparées. Mudimbe étendra ce pari interdisciplinaire aux facultés des lettres et des sciences sociales de Lubumbashi.

L'universitaire qui preste depuis vingt ans dans des académies bien situées dans la typologie américaine se prête mal à une étiquette rigide, tant il y a d'écarts dans la distribution de ses enseignements, de ses unités d'attache, de ses charges administratives et de ses publications. Aux universités de Duke et

---

[1] Bogumil Jewsiewicki, « The Archaelogy of Invention : Mudimbe and Postcolonialism », 1991, pp. 966.

de Stanford, dans le droit fil de sa formation de base, Mudimbe est incorporé aux départements de philologies classique et romane, de français et italien et de littérature comparée. Toutefois, significatif est le fait de son isolement à l'Université d'Haveford où, six ans durant, il représente le seul élément permanent d'un nouveau département taillé à sa mesure, à savoir le programme d'« Études générales ». Éloquent également est le signe de l'étendue de ses enseignements qui, de Haveford à Duke et Stanford, embrassent jusqu'aux domaines théoriquement lointains de la sociologie, de l'anthropologie, de l'histoire, de la philosophie, etc. Rien qu'à Haveford, Mudimbe occupe des chaires aussi distantes de son philologisme originel que la sociologie et les religions comparées (1981-1983) ; il dispense des enseignements et anime des séminaires aussi techniques que celui sur le chant grégorien. Durant l'été de 1984, il preste comme professeur de structuralisme et de sémiotique de l'histoire à l'Institut International de Structuralisme, alors basé à l'Université d'Indiana. Visiteur dans plusieurs universités américaines et européennes, il participe à des conférences internationales orientées vers divers horizons des sciences humaines et sociales à travers le monde, et plus d'une fois lui échoit l'honneur de présentateur principal.

À l'actif de Mudimbe l'on compte encore la participation au comité d'édition ou de rédaction d'une quinzaine de revues scientifiques de renom (revues de littérature, d'histoire, de linguistique, d'anthropologie, de théologie, etc.), l'exercice de hautes responsabilités au sein de plusieurs organisations scientifiques, l'affiliation à une dizaine de sociétés savantes aussi importantes que diversifiées et l'obtention d'un bon nombre de prix ou distinctions littéraires et académiques, dont le Grand Prix catholique de littérature (1975) pour son roman *Entre les eaux*, et le titre récent de docteur *honoris causa* de l'Université Denis Diderot à Paris. L'argument le plus probant de la vitalité littéraire et scientifique de Mudimbe réside, à mon avis, dans la masse de ses publications. En dehors d'un ensemble hors-série d'écrits divers représentant une centaine d'articles qui couvrent ses intérêts dans tous les domaines des lettres et des sciences sociales, l'œuvre complète de Mudimbe comprend :

- quatre romans enrichis presque tous d'une traduction : *Entre les eaux* (1973), traduit en anglais sous le titre *Between Tides* (1991), *Le Bel immonde* (1976), traduit en anglais sous le titre *Before the Birth of the Moon* (1989), en portugais sous celui de *O Belo Imundo* (1980) et en allemand sous celui de *Auch wir sind schmutzige Flüsse* (1982), *L'Écart* (1979), traduit en anglais sous le titre *The Rift* (1993) et *Shaba deux* (1989) sous celui de *From Shaba Deux* (1991) ;

- trois recueils de poèmes : *Déchirures* (1971), *Entretailles*, précédé de *Fulgurances d'une lézarde* (1973) et *Les Fuseaux parfois* (1974) ;

- une trentaine d'essais – volumes (en majorité individuels) parmi lesquels il convient de distinguer quatre catégories.

La première catégorie d'essais embrasse l'épistémologie des sciences sociales et humaines, la philosophie, la théologie, la sociologie et l'ethnologie comparées et africaines : *Réflexions sur la vie quotidienne* (1972), *Autour de la nation* (1972), *L'Autre Face du Royaume* (1972), « La Culture » (1980), *Visage de la philosophie et de la théologie contemporaines au Zaïre* (1981), *L'Odeur du père* (1982), *The Invention of Africa. Gnosis, Philosophy and the Order of Knowledge* (1988), *Parables and Fables* (1991), *Les Corps glorieux des mots et des êtres* (1994), *The Idea of Africa* (1994) et *Tales of Faith* (1997).

Plutôt qu'un essai au sens strict du terme, il s'agit dans le mince volume des *Réflexions...* d'entrées récupérées, pour la plupart, du journal catholique *Afrique chrétienne.* Ces textes brefs, produits sur un rythme de style libre et sobre, proposent une méditation spontanée sur le vécu congolais et kinois.

Dans *Autour de la nation*, le lecteur découvre, sur un triple fond philologique, historique et sociologique, une formule des premières leçons de « civisme et développement », un cours inscrit au programme de la première année d'université à partir de 1970-1971, dans la vague du courant d'« authenticité » et de la « réforme » universitaire. Mudimbe montre qu'il est possible d'aborder froidement les concepts de nation et de nationalisme sans verser dans le style démagogique ou hagiographique de l'époque. Dans son roman *Le Bel immonde* et son autobiographie *Les Corps glorieux des mots et des lettres...*, Mudimbe semble évoquer le régime du « prince » congolais, un microcosme de l'Afrique noire contemporaine, à travers une galerie de tableaux ou de portraits peu enchanteurs. Dans le genre, *L'Autre Face du royaume* est le premier volume de fond où Mudimbe disserte sur la pratique des sciences humaines et sociales en général et en Afrique. En dépit du caractère clair-obscur du titre (déjà évoqué) et du sous-titre (*Une Introduction à la critique des langages en folie*) de cet essai, l'auteur réfléchit positivement sur « la signification des sciences sociales » et spécialement sur la pratique traditionnelle, européenne, actuelle et africaine de l'ethnologie.

Avec « La Culture », Mudimbe contribue au collectif de Jean Vanderlinden[1] qui dresse, dans la longue tradition des « dossiers » du CRISP, un bilan de vingt années d'indépendance congolaise. Cet essai de quatre-vingt-neuf pages établit, pour l'ensemble du pays, une « grammaire des sciences sociales », un inventaire sommaire et critique des belles-lettres, ainsi qu'une philosophie de l'éducation, avant d'analyser les fondements d'une « culture zaïroise ». Le propos de *L'Odeur du père* est longuement discuté dans les pages ultérieures. À ce niveau-ci, il suffit de noter que le contenu de l'ouvrage, opaque à travers le titre clair-obscur, est révélé plus explicitement par le sous-titre : le volume se veut un essai sur les limites de la science et de la vie en Afrique noire.

Mudimbe marque le début de ses publications en langue anglaise avec un ouvrage d'essence philosophique qui sera favorablement reçu dans les études africaines : *The Invention of Africa. Gnosis, Philosophy and the Order of Knowledge*. Dans une perspective africaine et à la lumière de la pensée de Michel Foucault, il tente de corréler savoir, discours et pouvoir. Il illustre son analyse par les rapports entre l'Occident et l'Afrique et montre notamment comment l'anthropologie missionnaire et occidentale édifie les coupures parmi les Occidentaux et les Africains, soucieux de se définir et de se comprendre à partir des modèles d'interprétation occidentaux.

L'idée de *L'Invention de l'Afrique* est l'essai ultérieur sur l'idée de l'Afrique (*The Idea of Africa*) à grand renfort philologique,

---

1 Jean Vanderlinden (éd.), *Du Congo au Zaïre, 1960-1980*, Bruxelles, CRISP, 1980.

philosophique et esthétique. Ce travail explore « l'idée de l'Afrique » telle qu'elle est conçue et représentée dans différents contextes historiques et géographiques, de l'antiquité gréco-romaine à la période contemporaine. Ici, Mudimbe privilégie deux phénomènes : d'une part, la thématisation gréco-romaine de l'altérité et son expression dans des schèmes aussi réducteurs que l'idée de barbarie ou sauvagerie ; d'autre part, le mécanisme complexe qui a façonné la représentation européenne de l'Afrique et des Africains. Deux autres volumes de langue anglaise, *Parables and Fables* et *Tales of Faith* fécondent particulièrement le débat philosophique et théologique africain, prolongeant ainsi, dans le champ spécifique congolais, la problématique d'un ancien « cahier » du CEDAF, à savoir *Visage de la philosophie et de la théologie contemporaines au Zaïre*. Le sous-titre du premier est mêmement significatif : *Exegesis, Textuality, and Politics in Central Africa*. Cet essai aborde les problèmes philosophiques d'altérité et d'identité à travers la lecture de paraboles et de fables d'un ancien peuple colonisé, les Baluba du Congo-Zaïre. L'étude qui corrèle exégèse, textualité et politique dans les pratiques discursives de l'ancienne Afrique belge se termine par un questionnement des rapports entre l'anthropologie et le discours marxiste. Fort de la pensée de Sartre et de Heidegger, ce dernier ouvrage réintègre les notions d'exégèse et de conflit d'interprétation et, sur un fond de débat autour de la foi chrétienne en Afrique centrale, discute, entre autres problèmes générateurs de tensions, les concepts philosophiques d'identité, de différence, d'acculturation et d'« espace métissé ».

Aux ouvrages d'essai qui composent cette catégorie s'ajoute l'autobiographie intellectuelle de Mudimbe, *Les Corps glorieux des mots et des êtres. Esquisse d'un jardin africain à la bénédictine*. Dans cet ouvrage de « méditation », de « confession » et de « témoignage » écrit à l'occasion du 50e anniversaire de sa naissance, Mudimbe expose son itinéraire d'homme, d'intellectuel et d'universitaire africain. Il greffe des réflexions diverses à propos de la vie et de la science en Afrique sur le récit de sa vie et de sa carrière. Bon nombre d'idées sont reprises de ses essais variés.

La deuxième catégorie d'ouvrages scientifiques de Mudimbe participe du domaine de la philologie, de la linguistique et des manuels scolaires. *Air : étude sémantique* (1979) est le fruit de sa thèse. *Contribution à l'étude des variations du genre grammatical des mots français d'origine latine* (1976), *Initiation au français* (1971), *Français. Les structures fondamentales* I & II (1972), III (avec Detienne, 1973), IV (avec Tashdjian, Le Boul et Pierre, 1974), *Procédés d'enrichissement et création de termes nouveaux dans un groupe de langues de l'Afrique centrale* (avec Mombo, Kilanga et Lupukisa, 1976) et *Le Vocabulaire politique zaïrois. Une étude sociolinguistique* (éditeur, 1976) exprime le dynamisme de son action au sein de plusieurs cellules du CELTA (Centre de linguistique théorique et appliquée).

À la troisième catégorie appartiennent des ouvrages collectifs inscrits dans des domaines variés de l'africanisme et des sciences sociales et humaines, comme *Le Prix du péché. Essai de psychanalyse existentielle des traditions européennes et africaines* (avec Vinke, 1974), *Africa and the Disciplines. The contributions of Research in Africa to the Social Sciences and Humanities* (avec Bates et O'Barr, 1993). Ce dernier ouvrage mérite une attention spéciale dans le débat africaniste. Coédité par des collègues de Duke, l'essai cerne avec bonheur l'apport des études africaines aux sciences sociales et humaines.

La quatrième catégorie comprend les volumes édités sous forme de collectifs d'articles, tel *The Surreptitious Speech. Présence Africaine 1947-1987* (1992) qui dresse un bilan critique de la revue noire de Paris, ou d'actes de rencontres scientifiques, tels les *Actes du Colloque interafricain de Kiswishi sur les langues africaines* (1977), les *Actes de la Troisième Table Ronde des Centres de Linguistique Appliquée* (1978), les Actes du 4e congrès du CIAF, *La Dépendance de l'Afrique et les moyens d'y remédier* (1980). Cette série comprend aussi la publication (*Open the Social Sciences*, 1996, traduit en 13 langues) de la Gubelkian Commission dont il fait partie de 1993 à 1995 et qui analyse avec pertinence les possibilités de restructuration et d'ouverture des sciences sociales.

Au risque de perdre le lecteur dans le labyrinthe de l'inventaire des travaux de Mudimbe, je ne signale pas ici l'édition de nombreux numéros spéciaux de revues aux orientations disciplinaires diverses. Cet éventail de publications scientifiques de nature monolithique ou pluridisciplinaire, ajouté au champ polyvalent des enseignements et des conférences, est le signe d'une passion du savoir et d'une intelligence prodigieuse qui marquent une quête depuis une trentaine d'années. Quête multiple, de toute évidence, mais qui témoigne, pour l'universitaire familier du « jardin africain à la bénédictine », d'un même talent heureux de navigation aisée dans le champ complexe des lettres, des sciences humaines et sociales et des études africaines.

Le dynamisme et l'ouverture académiques de Mudimbe se lisent également dans l'orientation des travaux, surtout des thèses doctorales, qu'il a dirigées et dirige depuis les années 70. Pour ne considérer qu'une étape de sa carrière, à l'Université de Lubumbashi, par exemple, entre 1976 et 1980, le jeune professeur assume une dizaine de thèses aux facultés des Lettres et des Sciences sociales comme promoteur ou co-promoteur. Cette performance tient d'un rare pari dans un contexte où les jeunes chercheurs promus à ce niveau au Congo et à l'étranger se comptent encore sur les bouts des doigts et où un certain conservatisme rigoureux règle la politique générale des thèses[1].

DOMAINES D'INTÉRÊT ET AFFINITÉS

Il est cependant possible de trouver un certain nombre de constances, de corrélations et de priorités dans l'œuvre et la pensée de Mudimbe.

Primo, il privilégie le philologisme (peu importe qu'il soit classique ou roman) dans sa formation de base et ses principales épreuves académiques (mémoire de licence et thèse de doctorat). Jusqu'à sa maturité, Mudimbe considère la philologie comme la discipline maîtresse qui ignore les « raccourcis » et les « facilités » fréquents même dans les sciences mathématiques et économiques ; qui « enseigne un entêtement intellectuel, une logique sans

---

[1] Entre autres doctorands qui s'affirmeront dans leurs cercles respectifs, Mudimbe conduit ainsi aux fonts baptismaux les thèses de Sesep, Ntamunoza, Matumele et Rubango (linguistes et romanistes), Mpezamihigo (littéraire et romaniste), Mutoke (littéraire comparatiste et angliciste), Isango (politologue), Misenga et Nzege (philosophes).

faille »[1] ; qui inculque le sens de la rigueur, de l'ascèse scientifique ; et, vraisemblablement, à mon avis, qui arme les analystes de phénomènes sociaux et discursifs d'un arsenal de techniques d'approche opératoires. Le jeune étudiant de philologie romane est, certes, marqué par une poignée de maîtres parmi lesquels les plus influents sont Bal en philologie, Bol en littérature et en esthétique, Crahay en philosophie et Poucet en latin. Toutefois, il est nécessaire d'isoler l'impact du premier qui constitue à ses yeux une référence constante et à qui il dédie symptomatiquement son mémoire et sa thèse : il lui doit l'initiation à la pratique et à la patience philologiques.

Secundo, malgré son grand penchant pour la philologie, Mudimbe confesse une foi profonde dans l'africanisme. Il structure lui-même autour de trois pôles ses « domaines d'intérêt » majeurs depuis le commencement de son expérience américaine : les récits des voyages européens sur l'Afrique ; l'acculturation de l'Afrique du Nord au IIIe siècle de notre ère et le débat autour de la philosophie africaine. Cet africanisme qui confère un sens à sa vie et à sa carrière, Mudimbe l'attribue à Vincent Mulago, « ce prêtre africain modeste et têtu »[2] du Kivu montagneux, son professeur de religions africaines à qui il dédie avec la ferveur d'un disciple reconnaissant, un volume majeur, *Parables and Fables*, « le plus autobiographique de mes ouvrages ».

Au-delà de ma lecture de l'itinéraire et d'une partie de l'œuvre de Mudimbe, je me crois un témoin privilégié de l'élan et de la foi d'un gourou scientifique que j'aurai côtoyé plus ou moins étroitement.

En premier lieu, nous sortons d'un giron commun qu'est le département de philologie romane de l'ancienne Université Lovanium de Kinshasa ; il appartient à la première et moi à la seconde génération des romanistes. Nous avons partagé, entre autres maîtres, les professeurs Bol en littérature et en esthétique, Poucet en latin, Sylvestre, Bontinck et Jadin en histoire, Vanhove en psychologie, Theys en métaphysique, Van den Eynde en

---

[1] V. Y. Mudimbe, *Les Corps glorieux des mots et des êtres. Esquisse d'un jardin africain à la bénédictine*, Montréal-Paris, Humanitas-Présence Africaine, 1994, p. 171.

[2] *Idem*, p. 157.

linguistique générale et africaine. Son parcours me rappelle d'autres figures qui ont marqué le département et la faculté et qui étaient si proches de Mudimbe, comme le professeur Cam en grammaire historique et en lettres médiévales[1], le professeur Faïk en linguistique française (dans l'histoire du CELTA, le projet du groupe de recherches sur les africanismes est resté lié à son nom), le professeur Castro en littérature mondiale, et, parmi les pionniers africains, le professeur Ngal en littérature africaine, les professeurs Gambembo, alors Kambembo et Hounondji en philosophie, le professeur Bols en anthropologie, feu Rwakazina en lettres africaines, etc.

En second lieu, j'appartiens aux tout premiers groupes respectifs d'étudiants de licence et d'assistants de Mudimbe. Il a dirigé mon mémoire de licence et, en collaboration avec le professeur Poirier de l'université de Nice, ma thèse de doctorat ; les deux travaux portaient sur l'étude du discours politique congolais. Avant son transfert au département de latin, jeune professeur moi-même, j'ai été pendant quelque deux ans un collègue de Mudimbe au département de français. J'ai collaboré à plusieurs de ses projets au Congo et aux États-Unis. Il a honoré d'une préface et d'une postface deux de mes ouvrages d'analyse de discours.

UN GOÛT MYSTÉRIEUX DU CONTRASTE ET DE L'OXYMORON

Le sentiment que dans son œuvre aussi bien littéraire que scientifique, Mudimbe n'est pas un auteur « facile » ni innocent ;

---

1 Le professeur Cam, belge d'origine vietnamienne, était de notre temps, un bel exemple de rigueur et d'élasticité philologiques. Si, en tant qu'héritier de la chaire de Willy Bal, il enseignait alors avec une rigueur exemplaire la grammaire historique du français, aux niveaux phonétique et morphologique, il n'était pas mal à l'aise de dispenser des cours d'ancien français, de littérature médiévale et même, un moment, de littérature mondiale. Plus tard, il allait animer plusieurs projets du CELTA, notamment au sein de la cellule de recherches sociolinguistiques et psycholinguistiques ; il a produit plus d'un travail d'avant-garde sur la recherche anthroponymique congolaise. Dans le cercle étroit de ses amis, une rumeur courait qui liait sa formation de base aux mathématiques et/ou aux sciences. Bel exemple de variable passé et de variable destin du philologue surtout romaniste !

qu'il est de la classe du « bon vin fort », est devenu un lieu commun. Lilyan Kesteloot met à juste titre en garde les critiques qui abordent naïvement l'œuvre de Mudimbe[1], dans la perspective conventionnelle, sans connaître profondément l'homme – si le fait est seulement possible. En effet, « le plus subtil et le plus cérébral des écrivains africains » ressemble quelque peu à la sèche [seiche] qui « lance son jeu d'encre et disparaît derrière ». Belle image du mollusque marin qui sécrète un mécanisme interne d'offensive et de défensive, malgré son air inoffensif. En lisant Mudimbe, on se nourrit le plus souvent d'illusions en prétendant le saisir parfaitement, car le « sphinx » bénédictin – une image plus enchanteresse – repose de façon inattendue et continuelle son énigme.

Une chose est certaine : positive ou négative, malgré son opacité apparente, l'écriture de Mudimbe appelle toujours une réaction vive. Comme le remarque Bernard Mouralis, l'œuvre de Mudimbe « ne laisse jamais indifférent, tour à tour, elle suscite l'admiration, surprend, étonne ou irrite franchement. Mais on la lit, la commente, la réfute, la cite »[2]. Un des lieux de controverse de la personnalité de l'universitaire est l'ambiguïté avec laquelle il assume son identité nationale et culturelle. D'origine congolaise, produit de la colonisation et de l'éducation belges et scellé du moule bénédictin, il a adopté une nouvelle patrie, les États-Unis, tout en affirmant toujours ses racines africaines et sa conscience d'« intellectuel » et « universitaire africain »[3] qui privilégie l'Afrique dans ses recherches et ses réflexions[4], mais qui considère son multiculturalisme comme « un fait »[5].

Les idées critiques de Mudimbe vis-à-vis de l'égyptologie et de l'africanisme en général n'ont pas manqué de choquer certains collègues africains et africanistes de sa génération. Tel l'universitaire sénégalais Mamadou Diouf qui lui reproche notamment son statut équivoque de Janus africain et congolais qui

---

1 Lilyan Kesteloot, *art. cit.*, p. 450.

2 Bernard Mouralis, *V. Y. Mudimbe ou le discours, l'écart et la vérité*, Paris-Dakar, Présence Africaine, 1988, p. 9.

3 V. Y. Mudimbe, *Les Corps glorieux des mots et des êtres...*, p. III.

4 *Idem*, p. 131.

5 *Idem*, p. 157.

« voyage, à présent, avec des documents américains » et s'assume « de nulle part » et « de partout »[1]. Diouf est également choqué par l'attitude de Mudimbe face à l'égyptologie ; son admiration pour l'antiquité gréco-romaine ne suffit pas à banaliser ou mépriser les préoccupations des égyptologues :

> Voilà, donc, brièvement, écrit Mudimbe sur un ton ironique, le genre de leçons utiles offertes par l'Antiquité grecque pour nos pays africains ; plus utiles à enseigner et à propager que la couleur des pharaons.[2]

Il importe peu que l'auteur de ces lignes évoque quelques moments de rencontre heureuse et harmonieuse avec le célèbre égyptologue africain et qu'il rende partiellement hommage à l'œuvre du savant sénégalais en confessant notamment ce sentiment : « J'aimais beaucoup le militantisme de Diop à propos de la capacité potentielle de toute langue à traduire n'importe quelle dimension de la connaissance humaine »[3].

Point n'est besoin de souligner la joie de Mudimbe, constatant que les travaux de Diop corroboraient une de ses thèses essentielles particulièrement développée au premier séminaire national des linguistes du Zaïre d'alors. Si Mamadou Diouf ne surenchérit pas sur la « filiation L. S. Senghor/Mudimbe » [4], il n'en crie pas moins ouvertement son ressentiment devant le jugement critique qui tient d'un sacrilège ou d'une trahison, à savoir « le regard dédaigneux qu'ils portent tous deux sur l'œuvre de Cheikh Anta Diop »[5]. Très proche de Mudimbe et conscient de leur nature commune d'« intellectuels », d'« universitaires » africains, Isidore Ndaywel è Nziem propose une série de questions profondes à méditer au lendemain de la parution des autobiographies de Mudimbe et de Vansina. Naguère, je me suis posé moi-même un certain nombre de questions à propos d'un essai de Mudimbe, *L'Odeur du père*.

---

1 Mamadou Diouf, « Des voix et des objets contre des mots et des textes : dépossession, conversion et révélation », *art. cit.*

2 V. Y. Mudimbe, *Les Corps glorieux des mots et des êtres...*, p. 170.

3 *Idem*, p. 186.

4 Mamadou Diouf, *art. cit.*, p. 239.

5 *Idem*.

Devant la génération des « pionniers » africains, « politiquement », Mudimbe se voit lui-même dans une position médiane, avec Léopold Sédar Senghor à sa droite et Cheikh Anta Diop à sa gauche. Dans un entretien avec Gaurav Desai, il se montre conscient de son lien et de sa distance vis-à-vis de l'un et de l'autre intellectuel et penseur africain[1]. Mudimbe avoue son respect et sa gratitude profonds envers le premier, en dépit de leur désaccord sur plus d'une idée. Quant à l'autre maître sénégalais, Mudimbe dit bien le connaître et lui reconnaître son titre d'« une sorte de prophète » de l'époque ; mais il avoue n'« avoir jamais bien compris son obsession avec le passé égyptien ». « Spirituellement » parlant, Mudimbe s'identifie plutôt à feu Alioune Diop, le père-fondateur de *Présence Africaine*, à la veuve de ce dernier, Christiane Yandé Diop ainsi qu'à certains autres vieux membres du groupe de la revue africaine, notamment Jacques Rabemananjara et Kala-Lobé. La leçon majeure reçue de ces archi-modèles africains est le fait de « manier les différences culturelles avec tolérance ». Il ne sera pas vain d'examiner un essai où Mudimbe expose en partie une pareille problématique.

UNE MANIÈRE DE SENTIR « *L'ODEUR DU PÈRE* » [2]

Dans un essai ultérieur, Mudimbe fait des révélations sur l'élan de *L'Odeur du père* qu'il serait utile de considérer d'emblée. Ce travail paraît au début de sa carrière américaine, mais constitue le fruit de son expérience africaine et le prolongement de son premier essai majeur, *L'Autre Face du royaume*. Corollaire à une relecture de la pensée lacanienne et du structuralisme, une question

---

[1] Gaurav Desai, « Valentin Yves Mudimbe : A Portrait », dans *Callallo*, Baltimore, 1991, p. 939.

[2] J'ai énoncé la plupart des idées développées dans cette section dans un article qui, de la problématique de l'essai de V. Y. Mudimbe – *L'Odeur du père* –, m'a conduit à méditer sur « le malaise de l'homme de science africain » (Nyunda ya Rubango, « Une manière de sentir *L'Odeur du père* de V. Y. Mudimbe et le malaise de l'homme de science africain », dans Bazilashe J. Balegamire et Rusimbuka J. M. Ngoboka (éd.), *Langue et culture en Afrique. Le Cas des Bahavu du Zaïre* (*Mélanges Aramazani Birusha A.*), Ottignies-Kinshasa, Éditions Noraf, 1991, pp. 204-212).

particulière le hantait continuellement : la subordination de « l'autre » au « même ».

D'entrée de jeu, par son titre, l'essai de V. Y. Mudimbe cache une double ambiguïté, vraisemblablement délibérée. D'une part, « le père » est-il sujet ou objet de « l'odeur » en question (au sens grammatical du génitif « subjectif » ou « objectif » latin) ? D'autre part, quelle est la nature précise de cette odeur : neutre, agréable ou désagréable ; accommodante ou incommodante ; évidente ou obscure, effacée, discrète ; faible ou forte, etc. ? Si, par ailleurs, on rapproche le titre et le propos de ce livre d'une conclusion à laquelle aboutit, selon Jean-Claude Willame[1], *L'Autre Face du royaume* – « le meurtre du père » s'entend – on peut à nouveau se demander ce qui est chronologiquement, ontologiquement et spirituellement antérieur ou postérieur à l'autre : « l'odeur » ou « le meurtre » ?

Dans cet essai comme dans d'autres œuvres de fiction et de spéculation, le questionnement de V. Y. Mudimbe participe d'un souci récurrent, sinon obsessionnel de peintre d'âmes, de sociétés, de cultures et de modes de vie et de pensée écartelés entre deux idéaux, deux valeurs, deux forces, d'une volonté de partager le drame des personnages en proie à de vives tensions et évoluant tour à tour dans un monde d'émerveillement, de fascination, d'épanouissement, d'ivresse, etc., de frustration, d'amertume, de déchirement, de résignation, d'incertitude, d'insécurité, de révolte, etc. Suggestifs ou significatifs sont, par exemple, les oxymorons et contrastes manifestes dans les titres suivants : *L'Odeur du père*, *L'Autre Face du royaume*, *Le Bel immonde*. Le sentiment de tension, de conflit se lit encore dans *Entre les eaux*[2], *L'Écart*, les *Déchirures* ou les *Entretailles*. Kaumba (1976, p. 462) donne au titre de la production de V. Y. Mudimbe le sens d'« une étiquette

---

1 Jean-Claude Willame, « *L'Autre Face du royaume* ou le meurtre du père », dans *Genève-Afrique*, n° 15, 1976, pp. 37-42.

2 Pour cette œuvre particulière, *cf.*, entre autres critiques, Kenneth Harrow, « V. Y. Mudimbe's *Entre les eaux* : The Literature of the Oxymoron », dans Jonathan, Peters et al. (éd.), *Literature of Africa and the African Continuum*, Washington D. C., Three Continents Press, 1989.

qui annonce le visage énigmatique de l'œuvre, dit son ambiguïté et l'insère dans l'institution culturelle »[1].

On a l'impression que la qualité première de *L'Odeur du père* pourrait, sur un autre plan, être considérée comme une de ses tares éventuelles. La question demeure entière de savoir comment, dans le même moment, « impersonnaliser », élargir, ouvrir le débat et le focaliser, comme chez V. Y. Mudimbe, sur sa propre situation, privilégier ses problèmes, décrire ses malaises, ses déchirements, ses rêves, ses fantasmes et ses espérances d'universitaire, intellectuel et homme de lettres africain et africaniste. Comment penser son état, en prendre conscience et en parler en tant qu'homme de science quelconque acculé à la réflexion par la rapidité et la diversité déroutantes des transformations techniques, économiques, socio-politiques, mentales, culturelles et autres du vingtième siècle et l'histoire de la science moderne, particulièrement l'histoire de nos sciences dites humaines et sociales, en tant qu'universitaire africain taillé dans un moule, héritier d'un nombre de modèles, brandissant certaines « armes miraculeuses » et placé aujourd'hui devant de graves problèmes de survie et d'exaltation de sa personne, de son identité, de ses valeurs. Bernard Mouralis a bien compris la personnalité et le déchirement de V. Y. Mudimbe, qui situe son œuvre au carrefour de sa sensibilité individuelle, de son itinéraire intellectuel et spirituel et de l'absorption de sa pensée par la question complexe et incontournable de l'acculturation et d'« un patient et incessant questionnement renvoyant à un objet qui s'appelle selon les cas et les stratégies utilisées : Dieu, l'Être et la Connaissance, la Société, la dépendance et le développement, la langue, la signification, l'écriture et la littérature »[2]. Qu'on ne s'y méprenne pas. L'état de tension et de questionnement vécu, décrit et analysé par V. Y. Mudimbe est le propre de tout universitaire et de tout intellectuel sérieux de l'Afrique contemporaine voguant inévitablement entre deux pôles : il est *occidentalisé* par son mode de formation, d'activité et d'aspiration et *africain* par son essence traditionnelle

---

1 Kaumba Lufunda, *Dimension de l'identité. Approche phénoménologique de l'univers romanesque de Mudimbe*, Thèse de doctorat présentée à l'Université de Louvain-la-Neuve, 1986.

2 Bernard Mouralis, *op. cit.*, p. 22.

et son enracinement socioculturel. Le multiculturalisme évoqué ultérieurement dans l'autobiographie comme « un fait »[1] est un lot commun ; seules varient, à mon sens, ses formes et la manière individuelle de l'assumer.

Ailleurs, Mudimbe se défend de racialiser la démarche scientifique dans *L'Autre Face du royaume* et accuse franchement ses critiques de jugement léger, hâtif et erroné en ce qui concerne sa pensée. Il situe tout discours scientifique dans un environnement temporel et socio-culturel précis. Il reconnaît la part de subjectivité inéluctable propre à toute étude en sciences humaines et les limites de tout homme de science et de tout homme tout court. Il se refuse, comme Michel de Certeau, à assumer « l'objectivité scientifique » comme une démarche absolue ; au mieux, celle-ci correspond à une « référence constante », à une simple stratégie « fonctionnelle ». Corollairement, dans *L'Odeur du père*, il donne l'impression d'éviter de racialiser, de régionaliser, de tribaliser son questionnement. Fait-il ainsi preuve de transcendance et de prudence ? Veut-il montrer que les problèmes africains sont des problèmes purement humains et actuels avant tout ? Conjure-t-il complètement toute nouvelle critique tendant à y déceler des signes de quelque démission, de quelque indifférence, de quelque banalisation devant le drame de son frère africain qui porte, au cours des dernières décennies, une conscience écrasée de problèmes de tout ordre, des problèmes tels qu'il attend de tout discours qu'il reçoit ou subit un diagnostic et une panacée nécessaire de tous ses maux cachés et apparents, un prélude à la transformation heureuse de sa condition ? Ainsi le lecteur voit-il Mudimbe manifester une vive sensibilité aux problèmes des Africains, mais il déplore de ne pas les voir ni de suggérer, encore moins d'administrer une thérapeutique, une somme de recettes dotées de qualité de désodorisant à large spectre en fait de science et de vie africaines ; ni même de dresser une grammaire complète de ces problèmes, de tenter de les loger dans un cadre géographique et temporel précis. Contrairement à certains écrits antérieurs (*Réflexions*, 1972 ; « La Culture », 1980 et *Visage*, 1981), *L'Odeur du père* refléterait, en filigrane, une manière

---

[1] V. Y. Mudimbe, *Les Corps glorieux des mots et des êtres...*, p. 157.

d'abstraction. Tout en attendant de lui un idéal, on n'irait pas évidemment jusqu'à demander à V. Y. Mudimbe d'être idéaliste, de s'offrir en héros, en messie dont le sacrifice gommerait la tache persistante d'un siècle d'histoire africaine – histoire, il faut l'avouer, aussi effervescente et stimulante qu'amère –, d'identifier et de soigner tous les maux africains. Une question est pourtant incontournable, étant donné l'enjeu de la problématique de cet essai et la foi dans son projet : quelles pistes exactes proposerait-on à la science et à la vie africaines dans leur lien historique à l'Occident ? Cette question complexe et malaisée pourrait conduire à une pensée et une notion, à une praxis révolutionnaires.

D'un autre côté, on ne saurait affirmer avec certitude que cet essai accorde une égale attention à la science et à la vie africaines. Si le premier aspect de cette relation conflictuelle ou dialectique entre l'Occident et l'Afrique est étudié avec minutie, voire avec une propension à l'érudition, apparemment, il n'en est pas de même du dernier. Il y aurait lieu de voir notamment dans la « vie » africaine plus ou autre chose que la question –fondamentale, il est vrai – de contact de cultures, d'éducation, d'existence d'une philosophie et d'une littérature africaines, de croyances et de pratiques religieuses comme expressément privilégiées ou choisies par l'auteur : comment l'Africain – non seulement l'élite, comme s'y appesantit V. Y. Mudimbe, mais aussi la masse ouvrière et rurale – réagit-il devant les transformations du monde, de son pays, de sa société, de son milieu, surtout quand ces transformations semblent déterminées par la relation à l'Occident ? Comment l'Africain réagit-il devant l'Européen et l'Américain, en Afrique même, en Europe ou en Amérique ? Quelles sont les incidences sur la vie et la science africaines de la puissance et de la volonté d'expansion économique, idéologie caractéristique des puissances européennes et américaines ? Comment affronter, enfin, les problèmes issus de la tension ou de la simple rencontre entre l'Afrique et l'Occident ? La série des questions demeure largement ouverte. Il était manifestement difficile, voire impossible à V. Y. Mudimbe, dans l'espace d'un pareil essai réunissant, d'après son mot, des « écrits de circonstance », de répondre à toutes ces questions. Il n'en reste pas moins vraisemblable que l'auteur cultive, comme délibérément, l'angoisse et la méditation dans l'âme du lecteur africain attentif ; qu'il pousse celui-ci à résoudre personnellement certaines énigmes et même à se poser de nouvelles interrogations.

CONCLUSION

J'avoue avoir eu trop d'audace, dans cette partie de ma contribution, à juger V. Y. Mudimbe, avec parfois une sévérité et une naïveté excessives. Je reconnais également n'avoir considéré dans ces lignes qu'un aspect d'un essai d'un auteur auquel les critiques reconnaissent généralement un savoir profond et diversifié. Je partage ce point de vue de Bernard Mouralis à propos de Mudimbe :

> une curiosité insatiable – véritable *libido sciendi* – qui touche à la philosophie, à l'anthropologie, à la psychanalyse, à la linguistique, à la théologie, à la philologie ou à l'histoire de l'art et (qui possède) une maîtrise impeccable des règles de la rhétorique universitaire.[1]

Tant il est vrai qu'en trente ans V. Y. Mudimbe aura réalisé avec bonheur un tour du monde des lettres et des sciences sociales ; et que le débat qu'il aura considérablement enrichi demeure ouvert.

NYUNDA YA RUBANGO
Creighton University,
Omaha, Nebraska, USA

---

[1] Bernard Mouralis, *op. cit.*, p. 9.

MA PERCEPTION DE V. Y. MUDIMBE

Les soixante ans d'âge du professeur Mudimbe m'ont inspiré une réflexion qui étale dans mon esprit une image de cet homme perçu comme un faisceau lumineux au visage imperceptible à distance. Et pourtant, saisi de près il offre une plage où se dessinent plusieurs voies établissant dans « la grâce de la pensée une fascination permanente visant à tout démontrer, à tout comprendre, à tout ramener au tribunal de l'esprit »[1].

J'ai découvert les multiples faces de Mudimbe depuis 1972 alors que je faisais mes premiers pas dans le monde universitaire à la Faculté des Lettres de Lubumbashi. Il a fini par me conquérir grâce à ses enseignements que j'ai suivis durant toutes mes études universitaires.

Au contact de ses œuvres littéraires et scientifiques, je me suis fait une idée de cet homme qui est un monument non seulement pour les gens qui le connaissent mais aussi pour tous ceux qui trouvent dans la science la voie royale vers le progrès de l'humanité. Mais une lecture attentive de son ouvrage écrit à la veille de son cinquantième anniversaire[2], et dans lequel il met par écrit les souvenirs de ses expériences, leurs élans et inflexions, leurs intuitions et naïvetés, leur mauvaise foi et leur générosité, me pousse à me poser des questions sur la réalité de ma perception.

> Me faisant face à moi-même, écrit-il, un débrouillage complaisant de mon passé ne me semblait d'aucune utilité. Pourquoi me mentir ? De toute façon, en ma solitude, quels risques craindre à être ferme, sincère, dans l'évaluation de

---

[1] V. Y. Mudimbe, *Réflexions sur la vie quotidienne*, Kinshasa, Éditions du Mont Noir, [1972], p. 5.

[2] V. Y. Mudimbe, *Les Corps glorieux des mots et des êtres. Esquisse d'un jardin africain à la bénédictine*, Montréal-Paris, Humanitas-Présence Africaine, 1994.

> ma vie ? J'affrontai donc, généralement dans l'accablement, mais en toute rigueur, les secrets de mes propres aléas et leurs caractères.[1]

Mais, dix-huit ans auparavant, introduisant ses *Réflexions sur la vie quotidienne*, l'auteur semble être distant vis-à-vis de cette démarche ; « Et puis, il y a une irréalité atroce à se prendre au jeu de ses propres déductions et à vouloir penser publiquement sa propre foi »[2].

L'itinéraire intellectuel parcouru par l'auteur entre les deux extrêmes a suscité des doutes réels en moi sur ma vision de cet homme prodigieux, doutes que je voudrais vérifier à la lumière de cette œuvre qui « relève de l'*autobiographie* sans en être réellement et de l'*essai*, par aveuglement »[3], qui au total explique le passé et ce qu'est devenu l'auteur.

Ma réflexion ou plutôt ma méditation voudrait, dans un premier temps, mettre en exergue les diverses facettes de Mudimbe à travers mon prisme, pour ensuite, à la lumière des *Corps glorieux des mots et des êtres...*, saisir les fondements de son itinéraire spirituel et intellectuel aux fins d'avoir une perception plus précise de sa vie.

MUDIMBE ET MOI

La perception que j'ai de cet homme est le fruit de contacts dans diverses circonstances concrètes. J'ai rencontré Mudimbe dans ses enseignements à partir de 1972. Il m'a dès le départ initié à la recherche linguistique, c'est à travers son prisme que j'ai abordé le monde gréco-romain, le monde classique, son histoire, sa littérature, ses caractéristiques et ses instruments de travail. Par ses différents cours, il m'a ouvert aux divers courants linguistiques qui sous-tendent mon bagage linguistique plusieurs fois enrichi au contact d'autres lectures. Son cours de « grands courants de la linguistique moderne » avait tout d'une œuvre de promotion, de l'émancipation progressive d'une curiosité intellectuelle qui s'est

---

1 *Idem*, p. 1.

2 V. Y. Mudimbe, *Réflexions sur la vie quotidienne*, p. 5.

3 V. Y. Mudimbe, *Les Corps glorieux des mots et des êtres...*, p. II.

constituée en science soucieuse d'introduire aux grandes orientations rhétorico-normatives, philosophiques et historico-généalogiques de la linguistique. La main de Willy Bal s'y retrouve soutenue par une belle synthèse qui retrace les origines de la linguistique, de l'âge pré-scientifique à la linguistique constituée comme science[1].

C'est dans cet univers que je me suis frotté à la préoccupation linguistique du monde indien à travers Panini (Ve siècle avant Jésus-Christ, précurseur de la phonologie) et à la conception grecque de la nature de la langue à travers le *Cratyle* de Platon. J'ai accédé ainsi aux différentes tendances linguistiques qui m'assurent un dialogue sans gêne avec la « stamabutheorie » ou théorie de l'arbre généalogique d'Auguste Scheicher, la « wellentheorie » ou théorie des ondes linguistiques de J. Schmidt, la « spragmischung-theorie » de Hugo Schuchardt ou théorie des mélanges des langues et la « junggrammatiker », ou le courant néo-grammairien mettant en exergue le caractère psychique de la langue. En accédant à cette diversité de pensées et de conceptions linguistiques, j'ai perçu, toujours par le canal de Mudimbe, que la linguistique définitivement établie comme discipline scientifique s'est libérée de la philologie, de la grammaire normative et cesse de se limiter aux langues littéraires pour s'occuper de tous les parlers. C'est dans ce contexte que, toujours sous l'impulsion de Mudimbe, s'ouvrent d'autres champs de recherches aussi intéressants que la psycholinguistique, la sociolinguistique avec des études sur le vocabulaire et le discours politique et sur les variétés du français et la didactique des langues. On s'éloigne de plus en plus de l'image de nos grands-pères scientifiques Walter Von Wartburg, Meyer Lübke, Ferdinand Brunot, Damourette et Pinchon, Wagner et de bien d'autres tenants de la linguistique française avec lesquels nous avons longtemps gardé une certaine filiation.

V. Y. Mudimbe, fils de Willy Bal, nous a abreuvé aux sources de la grammaire comparée. Mais il a vite goûté à l'interdiscip-linarité. La plupart de ses publications révèlent sa tendance à toucher à tout comme en témoignent *L'Autre Face du royaume* et

---

[1] Willy Bal, *Introduction aux études de linguistique romane avec considérations spéciales sur la linguistique française*, Paris, Didier, 1967.

L'Odeur du père... Dans tous ses écrits, que ce soient ceux produits au Congo ou ceux réalisés aux États-Unis, qu'il s'agisse des œuvres de fiction ou de celles de pure réflexion, une constante se manifeste. Mudimbe manifeste une propension à l'érudition. Il voudrait saisir les idées et les ériger en système. Il cherche à faire coïncider tout son être avec le sens de sa vie qu'il offre à la science.

Face à cette somme de connaissances, une énigme : quelle est la source ou quel est le fondement d'un tel intérêt qui, à la limite, frise une passion visible qui entretient ce fonds du savoir de Mudimbe ? *Les Corps glorieux des mots et de êtres...* synthétise en sa propre logique et ses contradictions, une intention de déchiffrement des inquiétudes spirituelles et paradoxalement d'un confort intellectuel.

LA DIMENSION PLURIELLE DE V. Y. MUDIMBE DANS *LES CORPS GLORIEUX DES MOTS ET DES ÊTRES...*

Les Corps glorieux des mots et des êtres... présente en trois grandes parties l'archéologie du parcours de Mudimbe avec comme toile de fond un reflet « d'un modèle écrasant et multiséculaire », le bénédictin. Il comporte des éléments autobiographiques explicites, longs et précis mais écrits dans l'interrogation d'une analyse sociologique. Le portrait général se réduit à deux couches principales retraçant les parcours intellectuel et spirituel qui fondent les multiples faces de Mudimbe.

Le parcours spirituel

Le fond bénédictin constitue la toile de fond entretenue par Dom Thomas Nève de Mervignies de la paroisse Saint-Joseph de Panda à Jadothville et Dom Théophane.

> Dom Thomas Nève de Mervignies, de la paroisse saint Joseph de Panda à Jadothville m'avait élu, bien avant ma première communion. J'avais la vocation, avait-il convaincu mes parents. Le plus naturellement du monde, je devins enfant de chœur.[1]

---

[1] V. Y. Mudimbe, *Les Corps glorieux des mots et des êtres...*, p. 3.

> En mars ou avril 1950, je rencontre pour la première fois, Dom Théophane de Caters, un autre bénédictin supérieur du petit séminaire de Kakanda, près de Jadothville. Il me reçoit à la paroisse, dans le bureau de Dom Thomas Nève de Mervignies. J'étais trop jeune, me dit-il. Il promet de me revoir l'année suivante [...].[1]

Un an plus tard, Mudimbe est en tête de liste pour entrer au petit séminaire. C'est dans cette ambiance empreinte de spiritualité bénédictine qu'il consolidera les fondements de sa foi chrétienne catholique avec toutes les exigences d'une vie monacale. Mais, très jeune, son père le repère : « vous êtes un Mukalenga ». En la traduction primaire, Mukalenga signifiait un seigneur. Mudimbe n'attache aucune importance au symbolisme de cet appel étant donné son ascendance paysanne.

Mais à la veille de son entrée au petit séminaire, dans le royaume de Dom Theophane de Caters, il passe un bref séjour au Kasaï, dans le pays d'origine de ses parents où il est soumis à des séances d'initiation chaque fin d'après-midi. Et là de nouveau, dès la première séance, l'expression revint : « vous êtes un Mukalenga ». Il la mit au compte de son statut de jeune citadin. Mais il n'a jamais démenti d'être initié à cette religion du pays de ses parents : « L'initiation ne m'exalta point [...]. L'on m'a soupçonné, en Afrique et ailleurs, d'être un initié en cette religion. Je ne l'ai jamais démenti »[2].

Dès lors, il apparaît clairement qu'au delà de sa foi chrétienne Mudimbe est aussi le siège de sa *religion traditionnelle*.

En 1962, au lendemain de son départ du monastère de Gihindamuyaga un ami voulut le convertir à l'ordre de sa foi. Il l'invita à joindre la Rose-croix ou un autre mouvement secret du genre, dont il était membre. Mudimbe résiste. « Je lui opposai ma vocation d'agir en toute lumière [...] »[3].

---

1 *Idem*, p. 14.
2 *Idem*, p. 81.
3 *Idem*, p. 97.

> Je soupçonnais beaucoup de mes amis de vouloir à tout prix m'embrigader en leurs sectes. Mon éducation regimbait à pareil projet.[1]

Avec tous ses contacts, surtout dans les années qui suivent son entrée à l'université, il vit une période de tarissement de sa foi chrétienne. Par l'entremise d'un prêtre franco-italien, le père Girardi, Karl Marx lui était proposé en lieu d'espoir. Il signifiait la vérité de l'histoire. Et sa fiancée, Elisabeth, le convertit à l'ordre pratique de la vie. Un coup porté à sa foi. « Un détour obligé serait Dieu... Mais y croyais-je vraiment ? Je pense que je distinguais la croyance en Dieu de la croyance dans le christianisme. Le mot même de croyance est étonnement complexe »[2]. La question se pose avec insistance à l'occasion de la remise du prix catholique de littérature pour son roman *Entre les eaux* : « Étais-je encore catholique ? Des pressions discrètes mais fortes et insistantes, en France, m'obligèrent à écrire un bref témoignage [...] *catholique* mais extrêmement attentif à la valeur opératoire de l'analyse *marxiste* pour la compréhension des formations sociales africaines »[3].

Dieu contourné, la futilité des beautés du dimanche oubliée et avec elle, l'étendue des symboles chrétiens réduite aux illusions de la foi, il lui reste encore un rêve, une culture catholique et ses vertus, c'est cet itinéraire qui l'a ainsi conduit vers l'agnosticisme. Un autre extrême.

Le parcours intellectuel

Le parcours intellectuel de Mudimbe porte pour l'essentiel les marques de l'école bénédictine renforcée par la lumière des grands maîtres rencontrés dans les enseignements universitaires ou des lectures personnelles. Au secondaire, il apprendra le latin, l'anglais, le néerlandais en plus du français :

> En anglais, ma note est passable parce que le professeur cote au hasard et il est connu pour cela ; en néerlandais, j'aurais

---

1 *Idem*, p. 78.
2 *Idem*, p. 168.
3 *Idem*, p. 104.

> dû être le meilleur de la classe, n'était un zéro reçu pour un devoir ; mon maître, un flamand, n'a pas cru, malgré les brouillons que je lui ai soumis, que j'étais l'auteur de ma dissertation, elle était trop bonne [...]. En grec et en latin, le professeur joue les terreurs... allez savoir pourquoi... il a un diplôme de Louvain en philologie classique.[1]

À la suite de tout cela, Mudimbe sautera les deux classes terminales et se présentera, avec succès, directement au jury central. À Lovanium et à Louvain, Mudimbe a été à l'école de Willy Bal, de Victor Bol, de Frantz Grahay, de Jacques Poucet :

> À Lovanium et à Louvain, Monsieur le Doyen Willy Bal m'a invité à la patience de la pratique philologique. À Lovanium, Monsieur Victor Bol m'avait donné l'amour du texte littéraire et introduit à l'esthétique ; Frantz Grahay m'apprit la pratique philosophique, Jacques Poucet en philologie latine, m'affermit dans le sens de la rigueur grammaticale. Je ne m'écartais pas de ces leçons d'antan mais les reprenais, non plus comme art de reconstituer et d'interpréter des œuvres littéraires mais comme stratégie et technique pour défaire les formes de discours et du pouvoir en nos sciences humaines et sociales.[2]

Une autre trace dans la vie intellectuelle de Mudimbe : Léopold Sédar Senghor :

> J'abordai ses livres en 1966 seulement. C'était curieusement au moment où je sortais, ébloui, de la lecture de *Les Mots et les choses* de Michel Foucault. Je connaissais son nom bien sûr. J'avais lu quelques-uns de ses textes pour un cours que monsieur Victor Bol nous avait donné en Philologie romane. Rien de plus. L'intelligence avec laquelle Monsieur Bol nous les commentait m'avait fait penser que tout, chez Senghor, relevait peu ou prou d'une forme de coquetterie. La raison était hellène et l'émotion nègre. Ensuite ? Je repris donc la lecture de Senghor en 1966. Sa négritude m'étonna...

---

1 *Idem*, p. 98.
2 *Idem*, p. 131.

> Senghor me marqua... sa poésie allait dans le sens des cathédrales. La pensée de Senghor, en sa complexité m'ouvrit à de nouveaux horizons, particulièrement aux questions d'altérité... Cet homme, ce maître qui m'est si proche m'est aussi étranger. Nous ne nous sommes jamais rencontrés seul à seul. Il a pourtant, avec la bienveillance d'un aîné, veillé et de très près, à ma carrière littéraire et universitaire... Il a, depuis mes premiers écrits, connu mes impatiences à son égard. On m'a dit que mon livre *L'Autre Face du royaume* l'amusa. *L'Odeur du père* l'énerva.[1]

Un autre maître qui justifie l'intérêt de Mudimbe dans les études africaines :

> Je le dois à un homme, Monsieur Vincent Mulago, un prêtre du diocèse de Bukavu, Professeur à la Faculté de théologie de l'Université Lovanium, puis aux Facultés catholiques de Kinshasa, il est spécialiste des religions africaines. Plusieurs années après, évaluant mon intérêt pour l'africanisme, je ne peux qu'invoquer l'enseignement de Mulago comme « réveil matin ». Il me donna des clés pour penser mon identité et ses mystifications. L'équilibre de mon multiculturalisme tient en l'inspiration reçue de ce prêtre africain modeste et têtu...[2]

Au total, le portrait intellectuel de Mudimbe porte les marques de divers maîtres qui en constituent le fondement : Willy Bal pour la rigueur et la patience philologique, Victor Bol pour le goût de la littérature et de l'esthétique, Léopold Sédar Senghor pour les questions d'altérité, Michel Foucault, Louis Althusser, Karl Marx pour le fond marxiste et ses réflexions sur les idéologies africaines :

> Monsieur Bal aura été durant ma formation universitaire, de 1962 à 1970, ma providence. Il m'élut très tôt pour des raisons que j'ignore [...]. Évidemment, il connaissait mes tentations de gauche... il savait ma gloutonnerie intellectuelle. Il en canalisa l'ardeur, en surveilla l'évolution et en

---

1 *Idem*, pp. 153-155.
2 *Idem*, pp. 157-158.

> assura l'avenir [...]. Monsieur Bal m'a appris l'essentiel sans rien m'imposer.[1]

Le fond africanistique justifie l'intérêt de Mudimbe pour trois axes majeurs fortement liés à ses enseignements :

- les récits des voyageurs européens portant sur l'Afrique ;
- la lecture des récits des voyageurs, à partir des géographes grecs, permet de contourner l'évidence des normes établies à propos de la fondation des sciences sociales, principalement l'anthropologie.
- l'Afrique romaine chrétienne au IIIe siècle.

Une synthèse se réalise dans la personne de Mudimbe qui, tout en respectant les exigences de sa formation de base, la pratique philologique, reprend cet art et interroge le « ora » (réduit à présent par lui à l'ombre d'une réflexion et d'une méditation sur le « cogito » cartésien) et le « labora », comme effervescence et sa fragilité. Il est normal qu'une telle personnalité plurielle cherche à consolider sa base sur le socle d'une devise « *Etiam omnes ego non* » (même si tout le monde croit, et pense, si j'ai des raisons de ne pas y croire je m'y oppose).

POUR CONCLURE

Après l'analyse des *Corps glorieux des mots et des êtres...*, le caractère multidimensionnel de V. Y. Mudimbe paraît évident à nos yeux. Son itinéraire spirituel révèle l'impact écrasant de l'ordre bénédictin qui rejaillit sur son comportement. Cependant, le contact avec d'autres univers religieux laisse à la longue fléchir sa foi jusqu'à l'obliger à se réfugier dans l'agnosticisme. Son itinéraire intellectuel est aussi tributaire de son parcours spirituel. Ses maîtres ont réalisé en lui une synthèse remarquable qui l'a amené à se trouver une voie susceptible de faire surgir un nouveau regard, de nouvelles techniques et stratégies en sciences humaines, tout en respectant les exigences de ses acquis.

JULIEN KILANGA MUSINDE
Université de Lubumbashi

---

1 *Idem*, p. 153.

VOYAGE EN TOUTE AMITIÉ
À TRAVERS LA PLURALITÉ DES CULTURES

Pour un homme à l'esprit multiple comme V. Y. Mudimbe, on est obligé d'aborder nombre de sujets théoriques, mais on peut aussi faire état des aspects de sa personne que nous a révélés l'amitié. On peut s'interroger sur son approche des sciences sociales et humaines ainsi que sur son sens de l'humour. Je vais donc parcourir le chemin que je l'ai vu suivre au cours des longues années de notre connaissance.

J'ai rencontré V. Y. Mudimbe pour la première fois en 1973, à un colloque organisé par l'Aupelf (Association des universités partiellement ou entièrement de langue française) à l'Université de Louvain-la-Neuve, en Belgique. Le thème en était : « L'Université et la pluralité des cultures ». Soixante-dix-sept représentants de dix-sept pays y participaient. Mudimbe était alors professeur de linguistique à l'Université Nationale du Zaïre. À l'époque, j'étais rédactrice en chef d'une revue, *Dossiers Pédagogiques,* créée en 1972 sous les auspices de l'Audecam (Association universitaire pour le développement de la culture en Afrique et à Madagascar). Cette revue avait déjà pour ambition d'approfondir les contacts entre les cultures. C'est ainsi que nous avons fait connaissance et procédé à des échanges en dépit des distances. J'ai eu, à bien des reprises, la joie et l'honneur de collaborer avec lui. Le président de l'Aupelf était alors M. Robert Mallet, recteur de l'Académie de Paris. La communication de V. Y. Mudimbe avait porté sur l'enseignement de la langue et de la culture françaises dans les pays entièrement francophones. Sa préoccupation fut de dégager les conditions qu'un pays devrait remplir pour être effectivement francophone : soit le nombre de locuteurs proportionnellement à l'ensemble de la population, soit l'importance et les fonctions de la langue française[1]. Décrivant le développement de l'enseignement du français au Zaïre, où ce n'est qu'en 1954 qu'il avait été généralisé dans tout le cycle primaire et intensifié dans le cycle secondaire, Mudimbe en était venu à montrer que le résultat obtenu était certes satisfaisant mais susceptible de créer une dichotomie sociale et de reléguer les langues et les cultures africaines au second plan. C'est ainsi qu'il avait posé le problème du statut des langues et cultures africaines, plus facile à déterminer lorsque les pays africains comportent une certaine unité linguistique. Par contre, dans les pays où existe une multiplicité de langues, le problème paraît plus complexe.

Depuis quelque temps déjà, le Zaïre faisait figure d'avant-garde avec la création du CELTA (Centre de linguistique théorique et appliquée). Ce centre avait entrepris des recherches pour un enseignement efficace de la culture et de la langue françaises, de pair avec les travaux sur la description et la systématisation des structures des langues africaines et sur l'analyse des interférences entre le français et les langues zaïroises, le tout devant déboucher sur une méthode appropriée et adaptée de l'enseignement du français. Dans le même esprit, avait été auparavant créé le CELRIA (Centre d'études de littératures romanes d'inspiration africaine) dont le but était de prôner la coexistence et la valorisation possibles de deux formes de cultures étrangères l'une à l'autre, les cultures africaines et la culture française. Si le fondateur du CELRIA était le Belge V. P. Bol, celui du CELTA était V. Y. Mudimbe.

Les recommandations du colloque de Louvain-la-Neuve avaient porté sur les points suivants :

- l'enseignement des langues non européennes dans les pays occidentaux ;
- la rénovation pédagogique de l'enseignement de ces langues ;
- la recherche.

Elles avaient encouragé les accords universitaires et la constitution d'équipes interdisciplinaires et multinationales, souhaité qu'une action fût menée auprès des étudiants et

---

[1] *Dossiers Pédagogiques*, Paris, n° 8, 1973, pp. 30-39.

enseignants et que fût assuré un rayonnement scientifique autour de l'Université.

Si j'insiste plus particulièrement sur cette rencontre d'excellent niveau qui marque le début de ma relation avec V. Y. Mudimbe, c'est que l'on y voit à la fois l'action qu'il avait entreprise à l'Université Nationale du Zaïre et le rôle qu'il commençait à jouer dans la communauté internationale francophone. Mudimbe avait démontré au cours de ce colloque qu'il maîtrisait parfaitement non seulement le français, mais aussi le latin, le grec et quelques langues africaines.

Il m'a été donné, par la suite, de collaborer avec Mudimbe par l'intermédiaire de la revue dont j'étais responsable. Cette revue, à partir de son n° 15 était devenue *Recherche, Pédagogie et Culture* (R.P.C.), dénomination plus conforme à ses orientations thématiques. Ma collaboration avec V. Y. Mudimbe se situe dans le temps mais aussi dans un choix de matières étudiées. Cela éclairera l'environnement dans lequel nous avions évolué et qui a permis à Mudimbe de se creuser un important sillon. Je me bornerai à l'analyse d'un choix d'articles et notamment à un entretien.

Cet entretien[1] est particulièrement intéressant car il est conduit par Mukala Kadima-Nzuji, celui-là même qui se charge de la publication de ces « Mélanges ». À l'époque où Kadima-Nzuji l'interroge, V. Y. Mudimbe est doyen de la Faculté des Lettres de l'Université Nationale du Zaïre, professeur de linguistique au campus de Lubumbashi ainsi que secrétaire général du Congrès international des études africaines. Il avait créé en 1971 les Éditions du Mont Noir dans le but de permettre aux jeunes auteurs zaïrois d'avoir une tribune littéraire. Il était déjà l'auteur de deux recueils de poèmes : *Déchirures*[2] ; *Entretailles* précédé de *Fulgurances d'une lézarde*[3] ; de deux essais : *Réflexions sur la vie quotidienne*[4] et *L'Autre Face du royaume*[5], d'un roman : *Entre les*

---

1 *Recherche, Pédagogie et Culture,* Paris, n° 20, 1975, pp. 29-31.
2 Kinshasa, Éd. du Mont Noir, 1971.
3 Paris, Librairie Saint-Germain-des-Prés, 1971.
4 Kinshasa, Éd. du Mont Noir, 1973.
5 Lausanne, L'Âge d' Homme, 1973.

eaux[1]. À propos de son choix de l'écriture romanesque, Mudimbe répond à Kadima-Nzuji que ce genre d'écriture est un moyen de se réconcilier avec soi-même et avec les autres et que, par ailleurs, toute expression pour être véridique doit aussi être ascèse. À la question de savoir comment il s'y prend pour mener une œuvre aussi diversifiée, il déclare que c'est une « simple question d'organisation » tout en précisant que « le temps varie avec ce que l'on écrit, et que l'écriture, moyen d'expression d'une vie intérieure, peut difficilement être considérée comme un exercice automatique ». Par contre, et faisant allusion à sa thèse qui portait sur les sens du mot « air » en latin, en grec et en français, il dit l'avoir écrite « avec un détachement similaire à celui d'un ouvrier qui, pour vivre, doit accomplir régulièrement une besogne déterminée ». Il estime cependant qu' « un roman, un poème exigent un engagement d'un autre genre [dans lequel] le détachement n'est pas toujours possible ».

Abordant *L'Autre Face du royaume*, M. Kadima-Nzuji se préoccupe de savoir quel objectif il assigne à cet essai qui semble, de son point de vue, critiquer, voire détruire les orientations du travail africaniste sans rien proposer en retour. La réponse de Mudimbe est qu'il n'est peut-être pas temps pour lui de reconstruire sans doute, mais qu'à un collègue qui lui a dit qu'il ouvrait la voie à l'utopie, il a répondu : « Pourquoi pas ? Et s'il en était ainsi, l'utopie ne peut-elle être féconde ? » Il éclaire par ailleurs une autre partie de *L'Autre Face du royaume* où il se dit critique, non pas à l'égard des chercheurs zaïrois africanistes sur l'objet de leur recherche mais sur la façon dont ils l'entreprennent car, étant désemparés au moment des indépendances, ils se sont réfugiés dans des « travaux de laboratoire ». Pour l'auteur de *L'Autre Face du royaume*, ce genre de travaux prolongeaient, contre tout bon sens, l'ancienne pratique coloniale, alors que leurs auteurs avaient une occasion de prendre la parole et qu'ils l'ont ratée. Mudimbe assortit cette remarque d'une observation encore valable aujourd'hui : « Je ne pense pas, avoue-t-il, que ce soit un hasard et je me demande si ce blocage, notre blocage à nous chercheurs africains, n'est pas à la mesure de notre dépendance à

---

[1] Paris, Présence Africaine, 1973.

l'égard d'un type donné de pratiques scientifiques ». Cet entretien me paraît d'autant plus intéressant qu'il nous fait avancer dans la connaissance que nous pouvons avoir de la personnalité de Mudimbe.

En 1976, un autre colloque avait été organisé à Dakar, cette fois par le Conseil international de la langue française (C.I.L.F.), sur le thème : « Les Relations entre les langues africaines et la langue française »[1]. Les trois axes étaient :

- les situations linguistiques, contacts des langues ; expériences et réalisations ;
- les recherches universitaires et leurs applications dans l'enseignement des langues africaines et du français ;
- cultures africaines et langue française.

V. Y. Mudimbe présenta à ce colloque, avec sa collègue B. Kempf, une communication intitulée « Langue et développement ». Cet exposé débutait par une réflexion sur ce qu'est le développement :

> Le problème du développement, selon les auteurs, paraît être davantage une question idéologique qu'une affaire de promotion humaine. En tout cas, il paraît remarquable que tout discours sur le « développement », le « sous-développement », « l'en-voie-de-développement » réfère de manière générale au monde occidental. Celui-ci, adapté au projet africain, n'est souvent qu'une manière de norme théorique et pratique des possibilités et des potentialités africaines dans la mesure où il est, soit un système de blocage instaurant une incapacité de penser et de décoller hors des échelles régies par le mode de production capitaliste, soit un cadre superposé sur les formations sociales africaines qui, par le fait de ses contradictions internes, devient une unité de diversion, de déformation ou de perversion de la tradition africaine.

La langue est considérée alors comme un facteur essentiel des exigences d'une promotion possible, d'une prise de conscience, d'un droit à la différence. Cette « éthique » ne pourrait être efficace

---

[1] *Recherche, Pédagogie et Culture,* Paris, n° 26, 1976, pp. 50-53.

que si, en Afrique d'abord, des rapports nouveaux s'établissaient entre la société globale et les langues africaines ainsi que dans l'enseignement de ces langues. C'est une chose qui s'est produite dans le monde arabe. Très tôt, ce dernier a voulu recouvrer son identité culturelle. Si l'Afrique est lusophone, francophone, elle n'y est pour rien. Et, déjà à cette époque, on parle de déséquilibre fondamental, causé par la « détérioration des termes de l'échange » entre l'Occident et l'Afrique, si bien que les politiques de développement « se réduisent à une sorte de radiation émanant d'un centre métropolitain national et/ou étranger ». La francophonie est le fait d'une bourgeoisie africaine. Soulever le problème des langues en Afrique, c'est aussi soulever le problème des classes sociales. Et les auteurs continuent en disant que nier les langues, c'est nier à l'Afrique toute possibilité de développement spécifique et lui retirer tout droit à la différence et à la parole. L'enseignement en langues africaines serait donc à recommander ainsi que l'introduction de la tradition orale, prélude à l'enseignement de l'histoire. Exemple est donné de la Tanzanie où un enseignement est dispensé en swahili. Ces analyses sont conduites de façon si simple, si précise, si concrète que l'on ne peut s'empêcher de penser aux tonnes de livres déversés depuis, sur ce sujet, sans résultat du reste.

C'est au cours d'un autre colloque conjointement organisé par l'Aupelf et l'Université Nationale du Zaïre à l'initiative de Mudimbe, que fut lancé le « projet de l'Inventaire lexical du français d'Afrique ». Ce fut la première réunion des responsables des Centres de linguistique appliquée des universités africaines francophones. Elle fut suivie de beaucoup d'autres dans diverses capitales africaines. Cet intéressant projet qui se proposait d'étudier les transformations que les Africains, suivant les pays, font subir à notre langue, avait donné lieu à une publication importante et plusieurs fois rééditée.

Souvent interviewé, il arrive à Mudimbe d'interviewer à son tour. Ce fut le cas de l'entretien que nous relatons et qui eut lieu au cours de la rencontre mondiale des départements d'études françaises organisée par l'Aupelf à Strasbourg en 1977[1]. Cette

[1] *Idem*, n° 32, 1977, pp. 13-19.

rencontre qui rassemblait huit cents universitaires avait pour but d'étudier le renouveau des études françaises à l'université, en insistant sur leurs fonctions, leurs contenus et leurs méthodes. L'invité d'honneur en était Monseigneur Tshibangu Tshishiku, recteur de l'Université Nationale du Zaïre, qui devait, à cette occasion, recevoir le titre de docteur *honoris causa* de l'Université de Strasbourg. V. Y. Mudimbe rappelle dans cet entretien que Mgr Tshibangu, homme d'église (expert au Concile de Vatican II), administrateur, est un homme de sciences extrêmement attentif aux exigences d'une recherche sur l'environnement africain. Mgr Tshibangu a relaté son itinéraire spirituel dans *Église et Nation*[1] et, en plus de nombreux articles et communications scientifiques dans des revues spécialisées, il a publié deux ouvrages importants : *Position traditionnelle et nouvelle problématique*[2], et *Propos d'une théologie africaine*[3]. V. Y. Mudimbe amène Mgr Tshibangu à relater un parcours déjà extraordinaire puisque, docteur en théologie à l'âge de vingt-neuf ans, il obtint un peu plus tard, une maîtrise de théologie, titre le plus élevé accordé par la Faculté de théologie de Louvain. À cette époque, évêque catholique, il était en même temps recteur de l'Université Nationale du Zaïre, regroupement de toutes les universités de ce pays en une même université étatique. Mgr Tshibangu expose en des propos toujours actuels sa conception d'une théologie africaine « qui se réalisera effectivement en essayant de donner réponse aux problèmes posés par les principes de la culture africaine ».

« Civilisation noire et église catholique » tel est le titre d'un colloque organisé par Alioune Diop et la Société Africaine de Culture dont il était fondateur, à Abidjan, en 1978[4]. V. Y. Mudimbe y participait. Sa communication portait sur le thème « Le Pouvoir de l'Occident et le Christianisme ». Il fut rapporteur d'une commission dont les travaux s'étaient organisés autour des sous-thèmes suivants : le discours politique de l'Église sur l'Afrique et les rapports entre ce discours, les puissances coloniales d'hier et les

---

1 Kinshasa, Éd. Saint-Paul Afrique, 1974.

2 Louvain-Paris, Nauwelaerts, 1965.

3 Kinshasa, Presses universitaires du Zaïre.

4 *Recherche, Pédagogie et Culture*, Paris, n° 33, 1978, pp. 39-41.

métropoles euraméricaines d'aujourd'hui. Là encore, il est intéressant de voir, à travers la multiplicité des routes empruntées par V. Y. Mudimbe, le souci constant d'approfondir la connaissance qu'ont les Africains de l'Afrique à travers leur culture passée en appliquant également cette recherche au domaine religieux.

En 1978, j'avais décidé de consacrer un deuxième numéro de *Recherche, Pédagogie et Culture* à la littérature africaine. C'est V. Y. Mudimbe qui en rédigea l'avant-propos[1]. Il avait publié en 1976 son deuxième roman, *Le Bel immonde*[2], analysé dans le même numéro de la revue par M. Kadima-Nzuji. Dans cette introduction, il s'interroge sur le statut réel du texte en Afrique et souhaite que l'on propose une fois de plus une définition des littératures africaines. Il regrette que l'on fasse appartenir à ces littératures tout texte dont l'auteur est africain. On privilégie donc un facteur racial encore réduit du fait que toute l'Afrique est considérée comme une « nation culturelle » dont les productions, dans leur ensemble, se réduisent au label « littérature africaine ». Il étudie donc d'une part la diversité des textes africains, d'autre part les nationalités culturelles africaines. Dans le premier cas, il examine la littérature orale dont on ne s'est pas posé la question de savoir si elle était littérature au sens occidental du terme. Il conclut qu'une étude comparative approfondie ferait ressortir d'une aire à une autre, la singularité des genres et la spécificité de chaque tradition. Il s'attache, par la suite, au problème de la littérature écrite en faisant remarquer que, depuis de nombreuses années, il existe une littérature écrite en langues africaines, vivante et importante. Il pense à l'abbé Alexis Kagame, auteur de traductions remarquables des *Écritures Saintes* en kinyarwanda. Il pense encore à des auteurs sud-africains qui publiaient dans de petites revues missionnaires des essais, des poèmes et des récits ainsi qu'à des textes de l'ancienne « Afrique belge ». Ces littératures ne sont pas soutenues par les États et sont peu lues. Il aborde enfin un troisième domaine, celui de la littérature en langue étrangère qui est, socialement, la plus affirmée. Il dégage les causes de son succès : les forces centrifuges dues à sa diversité, les avantages

---

1 *Idem*, pp. 3-4.

2 Paris, Présence Africaine, 1976.

pratiques de l'usage des langues étrangères, la diversité linguistique au sud du Sahara et l'absence relative de nationalismes linguistiques ainsi que la dépendance de l'Afrique vis-à-vis des métropoles internationales. Il consacre une partie de cette introduction à la littérature africaine d'expression française, qui fut d'abord une littérature de revendication et de révolte, pour devenir plus tard une littérature de tendances idéologiques des auteurs et des nouvelles nationalités, ce qui serait l'indication d'une activité positive et créatrice.

Je souhaitais, depuis longtemps, aborder le sujet de la philosophie africaine. J'en étais découragée par mon entourage de travail qui, comme tant d'autres, décrétait, *a priori*, qu'elle n'existait pas. Je me souviens d'une réunion à trois avec V. Y. Mudimbe et Paulin Hountondji, lors de l'un de leurs voyages à Paris, où nous avions examiné ce projet et où il fut décidé d'aller de l'avant. V. Y. Mudimbe apporta une contribution considérable à ce numéro par un article de fond : « Panorama de la pensée africaine contemporaine » et par un « Répertoire chronologique des ouvrages sur la philosophie africaine de langue française »[1].

Le premier article que je viens de citer est remarquable par la synthèse qu'il représente, son acuité et son amplitude. Synthèse parce qu'il donne, en expressions précises, une relation de tout ce qui a pu se produire en matière de philosophie africaine, acuité parce que l'on peut dire qu'en quelques lignes, les auteurs mentionnés sont situés par leurs écrits dans leurs courants, leurs positions parfois politiques, l'influence qu'ils ont eue ; amplitude parce que V. Y. Mudimbe s'y implique par sa propre position dans le débat philosophique où il est partie prenante, avec précision et sagesse. Je me contenterai ici de dégager les principales idées de cet article[2]. Une première partie, intitulée « Des ethnologues à Placide Tempels : motivation et entreprise ambiguë », met l'accent sur le retentissement extraordinaire qu'avait eu la *Philosophie bantoue* parue en néerlandais en 1945. Gaston Bachelard célébra le livre comme un trésor, et Alioune Diop qui le publia, en 1949, à

---

1 *Recherche Pédagogie et Culture*, Paris, n° 56, 1978, pp. 15-29 et pp. 68-73.

2 J.-M. Van Parys, *Une approche simple de la philosophie africaine*, Kinshasa, Éd. Loyola, 1993.

Présence Africaine, le qualifia d'ouvrage le plus décisif qu'il lui eût jamais été donné de lire. Mais le livre suscita nombre de détracteurs et provoqua des débats toujours d'actualité. V. Y. Mudimbe montre que « la vérité de la philosophie réside dans la tension de ces contradictions » et, plus loin, il parle, en se référant à Tempels, du « flou d'une pensée surgie du croisement de la curiosité ethnologique, d'une mission évangélisatrice et d'une vocation coloniale ». Dans la deuxième partie de son article : « De Sartre à Senghor : la négritude et ses questions », Mudimbe relève l'opposition existant entre les deux hommes en ce qui concerne la négritude. Sartre va loin puisqu'il souhaite dans *Orphée noir* que les Noirs colonisés se prennent en charge, affirment leurs droits et leur avenir mais cette étape n'aura qu'un temps puisqu'ils devront soumettre leurs mythes inspirateurs aux exigences de la révolution prolétarienne. « À l'athéisme triomphant de Sartre s'opposent le christianisme discret de Senghor » et ce que notre auteur appelle les prudences socialistes de ce dernier. Il affirme l'influence considérable de Senghor sur la pensée contemporaine. Les débats sur cette pensée sont trop connus pour qu'on les rappelle ici. Senghor a été à la fois l'auteur le plus flatté et le plus décrié. Il faut rappeler : « l'émotion est nègre, la raison hellène », le négro-africain, homme de rythme et de sensibilité qui s'assimile à l'autre par sympathie. Mais V. Y. Mudimbe rappelle la richesse de la pensée de Senghor :

> On n'en retiendra ici que deux tendances majeures : l'axe de sa réflexion sur « être noir » au XXe siècle avec la négritude pour thème moteur et le deuxième, celui de sa quête, tout à la fois philosophique et politique, de conciliation des traditions et courants divers (marxisme, socialisme, humanisme gréco-latin, chrétien, islamique...) afin d'agir efficacement et au mieux sur le développement matériel et culturel de l'Afrique noire.

Pour Mudimbe, Senghor a également fait ressortir le rôle joué par les grands ethnologues. Avançant dans le temps, Mudimbe étudie l'importance du contact avec les Noirs américains, puis l'impact de certains ouvrages tels que le *Discours sur le colonialisme* d'Aimé Césaire (1950), *Peau noire et masques blancs* de Frantz Fanon (1952), du premier Congrès International des Écrivains et Artistes Noirs, tenu à la Sorbonne en 1956, d'hommes politiques qui ont publié des ouvrages : Sékou Touré, Nkrumah et son courant le Consciencisme. Avec des événements politiques en Afrique même, d'autres auteurs apparaissent : P. Diagne, G. L. Hazoumé, P. Hountondji, M. Ngouabi, Boubou Hama, Amadou Hampate Bâ. Un courant nouveau sc dessine avec *Nations nègres et cultures* de Cheikh Anta Diop auquel Th. Obenga et E. Mveng donnent un concours important. Puis, dans une partie intitulée « Des mille et un usages de la philosophie africaine », V. Y. Mudimbe explique le fait que la plupart des auteurs africains en matière de philosophie sont des chrétiens religieux ou prêtres, les deux plus connus étant Placide Tempels et Alexis Kagame. Au Zaïre, en particulier, où ils sont en grande majorité :

> Cette importance est due à l'influence que les missionnaires catholiques ont exercée durant la période coloniale. Aux termes de la convention de 1906 entre le Saint-Siège et l'État indépendant du Congo, ils avaient un quasi monopole de l'enseignement. Aussi, très tôt, ont-ils développé une structure fortement élaborée d'enseignement ecclésiastique, débouchant sur des grands séminaires dans lesquels les candidats au sacerdoce étaient introduits à la philosophie thomiste avant d'entreprendre des études de théologie.

En revanche, les travaux sont peu nombreux en Afrique de l'Ouest. On peut citer les travaux d'Agblemagnon, de Ki-Zerbo et de Memel Foté. Puis V. Y. Mudimbe en vient à la pensée contemporaine et singulièrement aux travaux de Nkombe Aleko et A. J. Smet[1] qui ont présenté un classement des philosophies africaines en courant idéologique, courant de reconnaissance d'une philosophie africaine traditionnelle, courant critique et courant synthétique. Se fondant sur ces partitions, V. Y. Mudimbe, lui-même, propose une représentation à la fois moins complexe et davantage parlante qui symboliserait l'unité de la pensée africaine. Il divise alors les travaux en question en deux ensembles, le

[1] *Mélanges de philosophie africaine*, Kinshasa, Faculté de Théologie Catholique, 1978.

premier idéologique (celui de la reconnaissance d'une philosophie africaine), le second comprenant des productions philosophiques au sens strict : celles ressortissant au courant critique. Dans chacun des deux ensembles, il crée des sous-ensembles. Ni le temps, ni l'espace ne nous permettent d'entrer dans une description des sous-ensembles accompagnés de schémas. Mais si nous en parlons, c'est pour dire que, s'appuyant sur les travaux de ses prédécesseurs, V. Y. Mudimbe propose une analyse et un classement très éclairants où il démontre une possibilité de faire entrer dans un système les travaux qu'il a analysés précédemment. Il limite toutefois l'utilisation de ce schéma, parce que celui-ci implique des choix au départ sur lesquels il est toujours possible de revenir. Il termine ce remarquable exposé en citant le grand nombre de revues dans lesquelles ont publié les auteurs africains. Il insiste sur le rôle joué par Présence Africaine et la Société Africaine de Culture, terminant sur la constatation que Senghor aura dominé les débats mais qu'il aura provoqué « les outrages que suscite toute succession ». Cet exposé est suivi d'un répertoire chronologique des ouvrages de philosophie en langue française qui s'étend sur la période allant de 1954 à 1980.

On se devait de finir ce parcours par le très beau témoignage que rend V. Y. Mudimbe à Alexis Kagame (1912-1981) dans un « In Memoriam » qu'il lui consacre à la suite de ces articles que l'on vient de citer[1]. L'abbé Kagame était prêtre issu de l'ancienne aristocratie du Rwanda. Il vivait avec son peuple, souffrait de ses déchirements ; il est l'auteur de travaux considérables : d'une part, un important ouvrage poétique sur l'histoire du monde et du christianisme, complètement rédigé en vers, publié en kinyarwanda et dont de minces parties ont été traduites en français... et un autre ouvrage, cette fois en langue française aux dimensions tout aussi impressionnantes, composé de travaux d'histoire et de philologie africaines. Il fut professeur de philosophie et de culture africaines au groupe scolaire de Butare, au petit séminaire de Kansi, au grand séminaire de Nyakibanda, à l'Institut Pédagogique National et finalement à l'Université de Butare. En 1976, il publia *La Philosophie bantu comparée* où il entendait élargir la base que

---

[1] *Recherche, pédagogie et Culture*, Paris, n° 56, 1982, pp. 74-78.

s'était donnée Tempels. Il travailla non pas sur un seul peuple (le peuple luba), mais sur tous les peuples de l'aire bantu.

Voici donc la fin de ce voyage à travers la pluralité des cultures, mais pas la fin de l'amitié. Les derniers textes que j'ai cités, me furent envoyés par V. Y. Mudimbe des États-Unis mais nous sommes toujours restés en relation et le lien établi autrefois ne fut jamais rompu. J'ai assisté à la remise de son titre de docteur *honoris causa* à la Sorbonne en 1997, heureuse que cette grande distinction lui soit accordée par la France, pays pour lequel et avec lequel il a tant travaillé.

DENYSE DE SAIVRE
Consultant international,
journaliste

V. Y. MUDIMBE
« SEIGNEUR DE L'AMITIÉ »
OU « MUKALENGA MULUNDA »

> Étranger à moi-même, je sais. Hors nature, contre nature, sans excuse, sans autre recours qu'en moi. Mais je ne reviendrai pas sous ta loi : je suis condamné à n'avoir d'autre loi que la mienne. Je ne reviendrai pas à ta nature : mille chemins y sont tracés qui conduisent vers toi, mais je ne peux suivre que mon chemin. Car je suis un homme, Jupiter, et chaque homme doit inventer son chemin [...].
>
> Jean-Paul Sartre, *Les Mouches*

INTRODUCTION

Dans la conception luba bantu de la vie et de la mort, de l'ici-bas et de l'au-delà, l'enfant qui naît porte le nom d'un de ses ascendants vivants ou morts en vertu du double principe de la perpétuité et du renforcement du clan et de la famille, et en fonction des circonstances qui entourent sa conception et sa naissance. Le nom qu'on lui donne peut être suivi d'un ou plusieurs surnoms qui rappellent les qualités, les vertus de celui qui l'a porté avant, et qui est « revenu » à la vie, s'il était déjà mort. Il arrive que le surnom supplante le nom ou le post-nom, mais dans le cas de V. Y. Mudimbe, il ne s'agit pas d'un nom ou d'un surnom mais d'un titre, mieux d'un grade.

Dans son autobiographie intitulée *Les Corps glorieux des mots et des êtres. Esquisse d'un jardin africain à la bénédictine*[1], V. Y. Mudimbe nous apprend que, très jeune, son père lui répétait qu'il est *mukalenga*, et il avoue n'avoir jamais attaché la moindre

---

[1] V. Y. Mudimbe, *Les Corps glorieux des mots et des êtres. Esquisse d'un jardin africain à la bénédictine*, Montréal-Paris, Humanitas-Présence Africaine, 1994, 230 p.

importance au symbolisme de cet appel[1]. Mais que signifie-t-il dans la tradition initiatique où, de son propre aveu, il avait été introduit pendant quelques mois ?

Il importe de relever tout de suite que V. Y. Mudimbe est très critique à l'égard de cette initiation qui, avoue-t-il, ne l'avait point exalté, ne lui a rien révélé d'important[2]. Même quand plus tard, brillant universitaire, il a cherché à creuser froidement les enseignements qui conduisent à cette initiation, il n'a abouti « qu'aux rationalisations » qu'il a présentées dans son *Parables and Fables* qui, écrit-il, « disqualifie les signes de l'initiation et, dans le même projet, discrédite l'authenticité de l'exégèse des auteurs d'*Une Bible Noire* »[3].

Nous avouons que nous n'avons pas encore lu *Parables and Fables*. Nous ne pouvons pas, pour le moment et dans le cadre de ce *liber amicorum*, en faire une lecture critique. Toutefois, nous avons lu *Une Bible Noire*[4] et *La Révélation du Tiakanyi*[5]. De plus, nous avons écouté Mabika Kalanda qui, en 1975, à la suite de la publication d'*Une Bible Noire*, était entré en contact avec H. Morlighem et avec quelques initiés encore en vie qui avaient informé T. Fourche et H. Morlighem sur la vision du monde des habitants du Kasaï, principalement les Baluba, les Luluwa, les Basongé et les Kanyok.

Fort de ces lectures, nous nous proposons d'expliquer le titre *mukalenga* à la lumière des enseignements des sociétés Nkwembié et Bwadi. Nous dirons enfin pourquoi le père de V. Y. Mudimbe l'a appelé ainsi et pourquoi il l'a proposé à l'initiation, qui ne durera que le temps du congé d'un ouvrier qualifié qu'il était à l'Union Minière du Haut Katanga.

Ne faut-il pas signaler aussi que V. Y. Mudimbe connaissait Mabika Kalanda depuis 1961 et qu'il avait dialogué avec lui pendant de longues années sans se laisser embrigader par « l'Ordre de sa foi ». Même pendant son exil aux États-Unis d'Amérique, il a continué à correspondre avec lui. Cependant, V. Y. Mudimbe est

---

1 *Idem*, p.81.
2 *Idem*, p.82
3 *Idem*, pp. 82-83.
4 T. Fourche et H. Molighem, *Une Bible Noire*, Bruxelles, Max Arnold
5 Makiba Kalanda, *La révélation du Tiakanyi*, Kinshasa, LASK, 1992, 173 p.

très critique à l'égard de Mabika Kalanda, notamment en ce qui concerne ses recherches sur les traditions ésotériques africaines.

Il écrit à ce sujet :

> Avec l'âge, Auguste vira progressivement vers une sorte de mysticisme douteux célébrant le secret des révélations africaines. Je cultive, par contre, un scepticisme radical.[1]

Au fond, la vraie préoccupation de Mabika Kalanda n'était pas le mysticisme pour lui-même, mais l'homme africain complet, tant il était convaincu que ce dernier, du fait de la colonisation, apparaissait comme un être amputé et atteint d'impuissance, ainsi que l'a décrit Sembene Ousmane dans son roman *Xala*[2]. Cette amputation et cette impuissance se ressentent dans sa vie sociale et dans son action politique. Pour guérir à la fois de cette infirmité et de cette impuissance, l'Africain doit faire comme la guêpe qui, pour piquer efficacement, revient d'abord à son nid, au guêpier, et de là, (re)part, (re)prend l'envol pour agir avec efficience. Il doit donc revenir au bosquet initiatique.

L'Africain guéri de cette amputation et de cette impuissance, c'est-à-dire initié, doit devenir une charnière entre l'invisible et le visible. Son action dans le monde visible se présente comme caution de la crédibilité de la sphère invisible à laquelle il se réfère. Il doit donc activer en lui le physique, le mental et le spirituel. L'homme qui y parvient atteint un équilibre qui lui permet d'exercer efficacement et avec dignité de hautes fonctions dans la cité parce qu'il a la volonté, le pouvoir et le sens de l'organisation. Ce faisant, il échappe à la critique que V. Y. Mudimbe fait jaillir de la plume de Mère Marie-Gertrude dans *Shaba deux* et qui atteint de plein fouet le politicien africain tel qu'il apparaît jusqu'à ce jour. C'est l'homme qui, écrit-il, au lieu d'éveiller les consciences de ses compatriotes à la vie et à la générosité, les tyrannise et propage la mort au nom des illusions de la liberté[3]. Dans son autobiographie, V. Y. Mubimbe est direct et incisif. Il affirme qu'ils sont presque tous corrompus.

---

[1] V. Y. Mudimbe, *op. cit.*, p. 78.

[2] Sembene Ousmane, *Xala*, Paris, Présence Africaine,1973, 171 p.

[3] V. Y. Mudimbe, *Shaba deux. Les Carnets de Mère Marie-Gertrude*, Paris, Présence Africaine, 1989, p. 70.

Notre propos n'est pas d'examiner les divergences de vue entre Mabika Kalanda et V. Y. Mudimbe, ni de nous attarder sur l'essentiel qu'ils partageaient, mais simplement d'expliquer le titre, le grade *mukalenga*, à la lumière des enseignements de la tradition initiatique de la plupart des lignages du Kasaï.

Si V. Y. Mudimbe cultive un « scepticisme radical » contre ces enseignements, ils ont fait pour Mabika Kalanda l'objet de recherches qu'il a menées individuellement et collectivement, non pas seulement quand il a commencé à vieillir, mais durant toute sa vie. Ne l'avait-on pas soupçonné d'appartenir à quelque gnose dès la publication de *La Remise en question. Base de la décolonisation mentale* ?

Indéniablement, Mabika Kalanda connaissait les traditions initiatiques d'origine occidentale et il était une « éminence » – disons clairement son vrai grade – un Maître dans la franc-maçonnerie. Peut-être est-ce à cause des connaissances qu'il avait de ces traditions (Franc-maçonnerie, Rose-croix, Ordre du Temple, etc.) qu'il avait cherché et creusé du côté africain depuis la publication d'*Une Bible Noire* qu'il rééditera en apportant, comme le souhaitaient T. Fourche et H. Morlighem, quelque lumière sur des points qui demeuraient obscurs.

Tout se passe comme si, d'après Mabika Kalanda, la force et le progrès de l'Occident s'originaient dans les sociétés ésotériques ; c'est donc là que les intellectuels africains doivent aller chercher « le savoir vrai » qui, pareil à une lumière qui vient de haut, fend les ténèbres de l'ignorance, et qui, pénétrant une âme, lui assure joie, santé et paix, trois choses que les hommes souhaitent pour eux-mêmes et pour ceux qu'ils aiment[1].

C'est avec cette conviction que Mabika Kalanda invitera V. Y. Mudimbe à faire partie d'un Ordre initiatique et que, devenu directeur général de l'École Nationale de Droit et d'Administration de Kinshasa, il en équipera un coin de la bibliothèque avec des ouvrages ésotériques pour les cerveaux en éveil. V. Y. Mudimbe lui opposera toutefois sa « vocation d'agir en pleine lumière ». En

---

1 Je m'approprie les propos de Kaïdara, le lointain et le tout proche, qui, sans l'apparence d'un mendiant, initie Hammadi aux Mystères. Lire à ce propos Amadou Hampâté Bâ, *Kaïdara, récit initiatique peul*, Paris, Armand Colin, 1969, 183 p. (en collaboration avec Lilyan Kesteloot).

vertu du principe d'analogie, Mabika Kalanda se dira que ce qui existe ailleurs existe aussi en Afrique. Aussi se mettra-t-il à étudier les sociétés initiatiques africaines.

Mais avant d'expliquer le grade *mukalenga*, il convient de présenter succinctement les buts des enseignements des traditions initiatiques du Kasaï, dont celles de Nkwembié et de Bwadi, les trois grades (*Makalenga* ou Seigneuries) que Dieu (*Maweja Nangila*) a instaurés parmi les familles et les cités des hommes et les tâches qui incombent aux initiés de cette tradition ésotérique.

LES BUTS DES ENSEIGNEMENTS DES SOCIÉTÉS SECRÈTES DU KASAÏ

Les enseignements d'anciennes sociétés Nkwembié et Bwadi portent sur le système cosmogonique de l'ensemble des lignages luba du centre et de l'ouest du Kasaï. En relève « une pratique complexe à la fois religieuse et politique » qu'on appelle au Kasaï *buloji bwa ditunga* ou la haute science secrète de la cité.

Assurés par des groupes fermés et hiérarchisés qui recouraient à une même langue, une même pratique religieuse et un même mode de pouvoir, les enseignements des sociétés secrètes dont il est question poursuivaient trois buts :

- expliquer l'origine de l'homme ainsi que celle du bien et du mal dans le monde ;
- connaître le monde dans sa nature profonde et la place que l'homme y occupe ;
- s'entraîner individuellement et collectivement à la pratique de l'ascèse (*bunanza*) pour unifier l'être intérieur de l'homme et lui permettre de devenir un *mukolè*, c'est-à-dire un initié ou un mage appelé à jouer dans la société un rôle à la mesure de sa compétence, de ses talents.

Au terme de ces enseignements, l'initié est appelé à jouer l'un des quatre rôles suivants :

- le rôle politique. Il consiste à ordonner, à juger, à sanctionner, à maintenir l'ordre des familles et du clan ;
- le rôle éducatif. Ayant trait à l'éducation du peuple et de la jeunesse, ce rôle consiste à concevoir des idées et à les propager au sein du peuple par des chansons, des jeux, des légendes, des fables et des proverbes ;

- le rôle de gardien et de protecteur. Il consiste à protéger les villages contre les fauteurs de troubles internes ou externes ;
- le rôle médical. Il consiste à soigner le corps et l'esprit grâce à la pharmacopée, à la psychologie ou à la parapsychologie.

Ces enseignements sont échelonnés et permettent d'accéder progressivement à trois grades.

LES GRADES OU TITRES

Le grade initial est « la science du tâtonnement », la « science de l'épi de millet » ou encore le savoir de ceux qui ignorent. Les connaissances de ce grade, dit-on, abrutissent leurs détenteurs. Aussi parle-t-on de *buloji bwa citatatata*, du verbe *kubatatakana* qui signifie s'abêtir, s'abrutir, s'avilir. C'est à ce niveau que s'arrêteraient la plupart des femmes.

Le deuxième grade est celui de « la science de l'accablement ». Ceux qui sont arrivés à ce niveau sont en mesure de ligoter, punir les fauteurs de troubles. C'est le grade des seigneurs et maîtres de la guerre. Ils assurent l'ordre et la discipline parmi les familles et dans la cité. Pour accéder à ce grade, il faut faire preuve de qualités guerrières.

Le troisième et dernier grade est celui des seigneurs de l'amitié. C'est le grade le plus élevé, celui de la haute science secrète du Royaume. Les seigneurs de l'amitié font prospérer la famille et la cité. Pour accéder à ce grade, il faut renoncer au pouvoir maléfique du deuxième degré. Aussi ces membres sont-ils défenseurs de la vie et de l'ordre public. Ils exercent leurs activités dans la voyance, la divination, la guérison des malades, l'éducation et la culture, le pouvoir politique, etc.

Ce troisième niveau est celui de l'initié complet, celui dont on dit qu'il a deux bras : le bras droit pour bénir et le bras gauche pour punir. Mais il ne pratique pas la punition lui-même, il y renonce pour protéger ou guérir. C'est un homme sacré.

Nous n'avons signalé que les grades auxquels on accède par l'enseignement secret, mais il y en a d'autres. Tel le droit d'aînesse. En effet, l'aîné d'une famille est aussi un seigneur, un *mukalenga*. Un proverbe dit : « le droit d'aînesse procède du soleil, même quand il concerne un petit enfant »[1]. Les pouvoirs de ce seigneur sont héréditaires et il les transmet à son fils premier-né. Ce dernier ne passe pas par l'enseignement secret.

La nature de cette seigneurie nous amène à parler de l'essence des hommes qui naissent et meurent sur cette terre.

L'ESSENCE DES HOMMES QUI VIVENT SUR LA TERRE

Dans les enseignements des sociétés secrètes de Nkwembié et de Bwadi, on distingue deux sortes d'êtres humains : les « venus d'eux-mêmes » et les « réincarnés ». À ce dernier terme, le Père F. Bontinck préfère le mot « réinventrés ».

Les « venus d'eux-mêmes »

Les « venus d'eux-mêmes » sont des êtres humains qui ont pour esprits des émissaires du « ciel du sommet » qui, lors de leur conception, se sont incarnés « fraîchement » dans un corps humain. On les nomme aussi « émissaires ». Ils naissent sans *karma* et ils sont chanceux dans leur vie, car ils bénéficient d'une grande protection sans recourir aux charmes, gris-gris, talismans, etc.

Dans la mesure où leur comportement sur terre est irréprochable, à leur décès, l'esprit qui habite leur corps remonte au « ciel du sommet » où il reprend la place, le rang et les fonctions qui étaient les siens avant l'incarnation. Celui qui était magistrat s'incarne dans le corps d'un homme qui deviendra seigneur de l'amitié ; celui qui était maître de la guerre, dans le corps d'un homme qui deviendra seigneur et maître de la guerre ; et les esprits de peu d'importance dans le corps d'hommes de peu d'importance également.

C'est le cas des enfants – projets ou *baana bàà bupangu* – qui bénéficient d'une faveur gratuite extérieure à eux-mêmes. Des signes annoncent leur venue au monde dès la conception. Parmi ces signes, on cite une étoile filante qui « tombe » dans la région, l'absence des règles entre l'enfant précédant et le début d'une nouvelle grossesse, etc. C'est le cas notamment de l'enfant nommé

---

[1] Traduction libre de : « Kwa mukulu nku diiba, nansha kushala mwana mutekete ».

Ntumba wa muulu, c'est-à-dire « Ntumba venu du ciel » ou « venu d'en haut ».

Les « réincarnés »

Les « réincarnés » naissent avec la charge *karmique* de leurs existences terrestres antérieures. Les circonstances de l'accouchement, les marques de réincarnation ainsi que d'autres signes indiquent quel type d'homme le réincarné était au cours de son existence passée.

Bien que rapide, le survol de quelques aspects des enseignements de sociétés Nkwembié et de Bwadi peut nous permettre de répondre à notre question de départ, à savoir : pourquoi le père de V. Y. Mudimbe a-t-il appelé son fils, dès son jeune âge, *mukalenga* ? Trois hypothèses sont envisageables. Avant de les examiner, étudions le mot *mukalenga*.

MUKALENGA

L'étude du mot que nous proposons ici est une analyse sémantique et anthropologique sommaire.

Mukalenga comprend un préfixe nominal réservé aux êtres humains (*mu*) et un thème substantival (*kalenga*) qui signifie « famille royale, souche familiale qui détient le pouvoir, le noyau, le foyer d'où émane la lignée des chefs ». *Kalenga* signifie aussi le pouvoir, l'autorité. Ainsi *mukalenga* signifie celui qui détient le pouvoir, l'autorité, le chef, le roi. Dans le *Dictionnaire Tshiluba-Français* de Mgr Auguste De Clerc, revu et augmenté par E. Willems, *mukalenga* ou *mukalenge* ou encore *mukelenge* désigne le chef, l'homme constitué en dignité, l'homme libre.

Dans son usage normatif, *mukalenga* est l'équivalent français de « sire, monsieur, madame » ; dans ce dernier cas, on parle de *mukalenga mukaji*. À l'époque coloniale, *mukalenga* avait subi un glissement sémantique ; il désignait l'homme blanc exclusivement, en fonction du pouvoir qu'il détenait, de son style de vie et de travail. La signification qu'en donne V.Y . Mudimbe intègre celle de Mgr De Clerc, celle contenue dans *Une Bible Noire* et le glissement sémantique de l'époque coloniale. Il écrit à cet effet :

> Très jeune, mon père me répète : vous êtes un Mukalenga. Le titre me surprend. En sa traduction primaire, il signifierait un seigneur. Je suis de descendance paysanne [...], je n'attachai, donc, aucune importance au symbolisme de cet appel. Il s'inscrivait, par contre et fort bien, dans la structure coloniale : ne m'avait-elle pas choisi par l'assimilation et, à ce titre, pour une transcendance similaire à celle de tout étranger respectable et libre, nommé du même nom par mon peuple ?[1]

À y regarder de près, et compte tenu des enseignements de la tradition initiatique de Nkwembié et de Bwadi, le père qui dit, qui répète à son fils qu'il est un *mukalenga* est un initié de cette tradition initiatique. Telle est notre première hypothèse. En tant que tel, il peut avoir perçu en son fils l'incarnation d'un seigneur de l'amitié, ainsi que nous l'avons vu en parlant de l'essence des êtres humains qui naissent et meurent sur cette terre. Ou bien, d'une manière plus précise, il est lui-même seigneur de l'amitié. Telle est notre deuxième hypothèse. Dans le cadre de cette école initiatique traditionnelle, le fils aîné d'un seigneur de l'amitié et de sa première épouse prend dès sa naissance le titre de *mukalenga mulunda*, c'est-à-dire seigneur de l'amitié. Ainsi qu'on l'apprend dans son autobiographie, V. Y. Mudimbe est un fils aîné. Il écrit à ce sujet, parlant de sa mère et de sa première maternité :

> D'elle à moi, à part cette connivence et l'art de converser à partir de haies linguistiques différentes, je n'ai que des montages. Ils disent tous la mort, la mienne. Trois d'entre eux m'ont toujours hanté. Le premier me définit. C'est l'histoire de ma naissance. Elle est enceinte, c'est sa première fois. Son temps est venu. Les douleurs ont commencé à une mauvaise heure. Il est plus de neuf heures du soir. Il n'y a ni taxi, ni transport en commun en son quartier de l'Union Minière. Il lui faut donc aller à pied, accompagnée de son père, à la maternité des Sœurs de la Charité. Elle se trouve de l'autre côté de la colline sur laquelle, une dizaine d'années plus tard, s'élèvera l'Église

[1] V. Y. Mudimbe, *Les Corps glorieux des mots et des êtres...*, p. 81.

> Saint-Joseph de Panda. Un semblant de guerre civile a éclaté ou va éclater, et crée des remous à Jadotville, comme dans tous les camps de l'Union Minière [...]. Des coups de feu, dit-elle, sifflent autour d'elle et scandent sa marche. Elle arrive à bon port, accouche, me voici.[1]

Troisième et dernière hypothèse : c'est un « venu de lui-même », c'est-à-dire l'incarnation d'un émissaire du « ciel du sommet ». Dans ce cas, les propos de son collègue astrologue cessent d'être une aimable sottise, tant ils s'intègrent dans une croyance cohérente. Il reste à préciser les signes que les parents de V. Y. Mudimbe ont observés dès sa conception.

Dans tous les cas, les dispositions naturelles de V. Y. Mudimbe (son *mpala*) ont convaincu son père qu'il était digne d'une telle initiation et il n'a pas hésité à le lui proposer. Lisons plutôt la description que V. Y. Mudimbe en donne :

> Une photographie de l'époque m'a saisi. Je suis mince, ai des yeux très clairs, une tête immense; en somme, un énorme bouchon mal relié au long goulot qu'est mon cou. Je ne souris pas mais semble m'accorder à de mystérieuses rêveries. Serais-je, par hasard, de la race des conquérants ?
> En tout cas, tout semble m'y encourager. Mes parents admirent l'aisance avec laquelle j'ai appris le français et me suis intégré, sans crise, en de nouvelles manières d'être. On s'amuse de mes dons linguistiques. Ma famille en tire des raisons de fierté. Comment les comprendre ? Je suis, en effet, un petit chien doué. Je parle français à mes maîtres à l'école, swahili à mes condisciples, songhye à mon père et luba à ma mère. En somme, un petit miracle.
> Un escalier providentiel se trouve devant moi. Il est appel. Il tient aussi à l'attrait. Sur quoi, donc, peut-il aboutir ? Naïf, je le crois naturel. Je n'aurai qu'à le gravir.[2]

Son père qui en était conscient a cru utile de l'aider à le gravir en revigorant l'Esprit qu'il avait reconnu en lui par le canal de

---

1 *Idem*, p. 31.
2 *Idem*, p. 13.

l'initiation ancestrale. Elle a eu lieu, V. Y. Mudimbe ne le nie pas, même s'il semble en restreindre l'importance et l'impact :

> L'on m'a soupçonné, en Afrique et ailleurs, d'être un initié en cette religion. Je ne l'ai jamais démenti. Mon expérience aura tenu en l'impatience d'un enfant de huit ans. De toute façon, elle dura à peine quelques mois.[1]

Cette initiation n'était qu'une étape, la première sans doute ; d'autres devaient suivre, mais il les récusera, même si la récusation n'a pas annihilé ce qui était réveillé et revigoré. « Qu'avais-je, écrit-il, à courir après des fables sur le commencement du monde à la tombée du jour ? »

Cette réaction rappelle la formule introductive de *Kaïdara, le récit initiatique peul*, qui catégorise les réactions des auditeurs de ce récit en fonction de l'intérêt qu'ils ont ou non à l'écouter. Pour les enfants qui s'amusent au clair de lune, le conte est une histoire fantastique; quand les nuits de la saison froide s'étirent et s'allongent, à l'heure tardive où les fileuses sont lasses, le récit est un conte agréable à écouter. Pour les mentions – velus et les talons rugueux –, c'est une histoire véridique qui instruit. Ainsi le conte est fertile, utile, instructif. Il en est ainsi du contenu d'*Une Bible Noire* qui aide à appréhender la conception que les Baluba, les Luluwa, les Basongé et les Kanyok ont de l'au-delà, de l'ici-bas et de leur articulation. Elle peut même être considérée comme le lieu privilégié d'élaboration d'un discours théologique authentiquement africain. Les initiés et les connaisseurs des cosmogonies africaines ne reprochent-ils pas aux théologiens chrétiens catholiques, dans leurs démarches théoriques et liturgiques, d'enlever la « résine du safoutier sauvage pour la coller sur le rameau d'un palmier »[2] ?

V. Y. Mudimbe est franchement et radicalement opposé aux enseignements des sociétés fermées sur elles-mêmes, en un mot aux cultures africaines, pour des raisons évidentes : ces cultures n'ont préservé l'Afrique ni de l'esclavage, ni de la colonisation, ni de la dépendance qui la caractérise présentement. En revanche, il ne dissimule pas sa sympathie pour l'école occidentale et les

---

1 *Idem*, p. 83.

2 Traduction libre de « Kumusha Kamonya ku mupafu, kwela ku mulala ».

valeurs qu'elle a sécrétées, c'est-à-dire la primauté de l'individu, de sa conscience et de sa liberté. Il les propose même comme moyen pour la survie et la prospérité de l'Afrique.

Vu sous un autre angle, celui que nous avons privilégié pour expliquer le grade *mukalenga*, l'école centrale de l'Union Minière, le Petit Séminaire, le monastère Saints-Pierre-et-Paul de Gihindamuyaga, l'Université Lovanium, puis celle de Louvain sont une longue initiation qui l'a conduit à un haut grade et à une carrière universitaire internationale. Par cette carrière, le rôle qu'il joue – dirions-nous aujourd'hui internationalement – est celui d'un *mukalenga mulunda* ou « seigneur de l'amitié » dans un nouveau contexte et dans le registre qui est le sien, celui d'universitaire et d'écrivain : il conçoit des idées et les propage au sein de la communauté internationale sous forme de cours, de séminaires télévisés ou non, de poèmes, de romans et d'essais.

En restant fidèle à notre angle de départ, nous pouvons affirmer que les qualités dont V. Y. Mudimbe fait preuve sont celles d'un initié. En effet, ce dernier doit être tenace, persévérant dans ses entreprises, actif, perspicace, trempé, résolu, éprouvé, solitaire et responsable. En plus, il doit savoir raisonner. V. Y. Mudimbe réunit toutes ces qualités et il en est conscient. Ne les perçoit-on pas dans cet aveu :

> Une devise sortie de mes rêves au lendemain de la sixième latine me tient encore lieu de perchoir. Elle justifie, à l'occasion, des options, apparemment irrationnelles et, en tout cas, me maintient dans la permanence de mon désert : *Etiam omnes, ego non*. Même si tout le monde le croit, pense et fait, si je suis convaincu du contraire je m'y opposerai. Une devise ? Oui, en quittant Dom Théophanes, elle supportait ma volonté d'être moine. Elle accentuait aussi ma disposition pour un fort individualisme. Avec le temps, cette maxime me sera, dans les contrastes de la vie, une invitation constante à la solitude comme vocation et à l'austérité spirituelle. Ce pli, purement disciplinaire, deviendra vite une manière de seconde nature.[1]

---

[1] V. Y. Mudimbe, *Les Corps glorieux des mots et des êtres...*, p. 20.

> [...] En somme, je cultive l'analyse plus que le doute, et vis de quelques rares certitudes, simples, solides, claires, cartésiennes.[1]

Puisqu'il doute de l'efficacité de l'initiation traditionnelle et ne la considère qu'à distance, V. Y. Mudimbe a acquis et développé ces qualités grâce à son *lungenyi*, c'est-à-dire son intelligence que l'école occidentale, l'étude et le travail ont développée. Nous nous abstenons de parler ici de la prière, même si elle est contenue dans la devise bénédictine *Ora et labora* pour la simple raison, semble-t-il, que V. Y. Mudimbe évacue de sa vie tout ce qui relève de la religion pour arriver à ne définir son existence que par des actes soutenus par une forte volonté. Nous ne sommes pas loin de la pensée de J.-P. Sartre qui, dans *Huis clos* et dans *Les Mouches*, définit l'homme par ses actes.

À propos de l'intelligence et de la volonté, Mabika Kalanda écrit, comme pour relativiser l'importance de l'initiation traditionnelle : « [...] une personne animée par une idée (*lungèni*), n'importe laquelle, et qui est résolue à la voir réalisée dans la société peut ne pas avoir besoin des *maanga* et du *buloji*. Elle est alors guidée par son propre *lungèni*. [...] C'est qu'au-delà des *maanga* et du *buloji*, le *lungèni* est, aux dires mêmes des *bakolè*, le seul véritable *buloji*, "casseur d'interdits" (*Citibula mikandi*) ». Tel est le cas de V. Y. Mudimbe qui se laisse guider dans ses actes par ses choix et ses goûts propres. Ici aussi nous retrouvons un *mukalenga*, tant il est vrai que ses choix et ses goûts révèlent un homme libre, débarrassé d'*impedimenta* d'ordre culturel et idéologique, et qui pose, par son être même, sa pensée et son action, le problème crucial de l'ici-bas et de l'au-delà, et de leur articulation ou non. Par rapport à cette articulation, V. Y. Mudimbe reste pour nous une interrogation vivante. Cependant, si Mabika Kalanda adhère à l'idée de la forte volonté et de l'intelligence, il ne pense pas que l'Afrique puisse d'un coup de pied écarter sa culture sur le tracé de son destin[2].

---

[1] *Ibidem.*

[2] Mabika Kalanda, *La Révélation du Tiakanyi*, pp. 54-55.

CONCLUSION

Le mot *mukalenga* et l'évocation du souvenir d'une initiation dans la partie du Kasaï où T. Fourche (*Kabudianga*) et H. Morlighem (*Mampaya*) ont travaillé – et où ils ont été initiés aux enseignements des sociétés secrètes des lignages *luba*, *songé* et *kanyok* – nous avaient amené à penser et à croire que le terme *mukalenga* est un titre et qu'il n'était pas sorti par hasard de la bouche du père de V. Y. Mudimbe. Qu'il l'ait répété à son fils ne procédait ni d'un jeu (en Afrique les parents jouent avec leurs petits-enfants et non avec leurs enfants), ni d'un matraquage psychologique, mais d'une foi dont on ne peut apprécier toute l'importance que dans le contexte culturel du Kasaï qui l'avait engendré. Aussi avons-nous cru utile d'interroger *Une Bible Noire* et *La Révélation du Tiakanyi* pour répondre à la question, apparemment simple, de savoir pourquoi le père de V. Y. Mudimbe répétait à son fils qu'il est *mukalenga*.

Nos lectures nous ont permis de le savoir et d'affirmer que le terme *mukalenge* était un grade et un appel pour l'enfant de huit ans qui avait entendu et retenu ce mot.

L'appel a connu un début de concrétisation, à l'initiative du père, avec l'initiation aux enseignements des sociétés secrètes des lignages du Kasaï et qui aura duré environ deux mois. Cette courte durée n'avait probablement pas suffi pour gravir tous les échelons, tous les degrés, le dernier étant celui de *bakalenga balunda*, qui jouent différents rôles sociaux selon leurs talents, leurs dons naturels et ceux acquis au terme de l'initiation. C'est à ce moment également que l'initié se fait ouvrir la fontanelle, le creux épigastrique et l'occiput pour retrouver les qualités semblables à celles des Esprits du « ciel du sommet » que l'homme a perdues quand la terre a été chassée du « ciel du sommet ».

Bien que V. Y. Mudimbe se soit limité dans son initiation à un niveau élémentaire, il nous semble qu'il a cultivé par la suite un scepticisme, ou mieux, une opposition radicale à l'égard de cette initiation et des cultures africaines. Il est *mukalenga* par la manière dont il exprime sa liberté et assume ses choix, et *mukalenga mulunda* ou seigneur de l'amitié par sa carrière universitaire internationale et son statut d'écrivain. Il l'est aussi par l'exemplarité de son style de vie et de travail pour les Africains soucieux du développement et de la prospérité de leurs pays respectifs et de leur continent : « Pourquoi, diable, écrit-il, mon style de vie et de travail ne seraient pas utiles à d'autres milieux ? »

Caractérisé par la liberté et le sens des responsabilités qui rappellent *mutatis mutandis* les héros du théâtre de Jean-Paul Sartre – comme Oreste -, ce style de vie et de travail, comme modèle de comportement pour le développement, rencontre celui de Mabika Kalanda ; il ne s'en éloignerait apparemment qu'au niveau de la référence aux enseignements traditionnels secrets et réservés aux dirigeants des lignages dont Mabika Kalanda connaît de l'intérieur les richesses et les limites, et à partir desquels il aborde la problématique, souvent mal formulée, de l'identité culturelle. À l'heure de la mondialisation, le problème des identités et des diversités culturelles en Francophonie se retrouve au cœur des débats. Puisse l'Afrique en tirer meilleure partie !

MAKOLO MUSWASWA
Université de Kinshasa

MANIFESTE POUR UNE ONOMASTIQUE CRITIQUE BANTU

Non scimus omnes omnia

Comme « nous ne savons pas tous tout », je commencerai par un plaidoyer en faveur d'une étymologie renouvelée, historique et philosophique ou, en un mot, plus critique. J'avoue les erreurs nombreuses que j'ai commises autrefois en me fiant aux bantuistes de tout acabit dans l'interprétation de diverses catégories de noms propres : anthroponymes, toponymes, hydronymes, oronymes, titres hiérarchiques, noms d'artefacts (par ex. les *ndop* kuba), etc. Comme tout le beau monde africaniste, j'admettais sans plus que le lynényme (nom de lac) *Mai ndombe* signifiait : « Eau noire » ; que *Kimpasi*, l'initiation des Bakongo, se rendît par « lieu des souffrances » ; que les Batèkè étaient des « vendeurs » comme le déclarait leur nom, etc. Au début d'un premier éméritat (en 1985), j'ai tenté de me libérer de la clôture de l'étymologie populaire que les Allemands désignent du terme *Volksetymologie* (étymologie folklorique) et qui est basée sur des similitudes phoniques entre le terme à interpréter et un autre mot pris au sens littéral.

J'avais commis deux articles dans *Zaïre-Afrique* (n° 206, 1986 et n° 259, 1991) sur Badibanga, premier compilateur et traducteur d'un recueil de fables. À cet effet, je m'étais informé auprès de mes confrères lubaphones sur le sens de l'anthroponyme Badibanga. Unanimement, les voix populaires me répondirent : « Ils sont » (*badi*) « combien ? » (*banga*). Qui ? Des ennemis ? Des victimes d'une épidémie ? Des Blancs ? Difficile à dire ! Voilà un parfait exemple d'une étymologie populaire. Pourtant, l'étymologie philologique (scientifique, critique) n'hésitera plus à insérer Badibanga parmi la majorité des ethnonymes, signifiant tout simplement : les riverains, les habitants de tel ou tel cours d'eau, exprimé selon la langue ou le dialecte du lieu : Ba-Nzadi, Ba-Lari,

Ba-Kongo, Ase-Longo, Ba-Lungu, Ba-Sala, Ba-Nyoka, Ba-Kanza (nom du Bienheureux Isidore), Ba-Ngala, Ba-Yanzi, etc.

Le terme *Kimpasi* ne renvoie pas aux épreuves mais aux « ancêtres » (Mpasi : Mpasa ; Mampasa, etc.) dans la lignée ininterrompue desquels l'adolescent entre par le long rituel que nous pouvons rendre par un néologisme : l'ancestralisation (*cf.* naturalisation, nationalisation). D'ailleurs, les statues d'ancêtres ne manquaient jamais au *Kimpasi*.

L'onomastique critique a sa propre technique que nous ne pouvons guère décrire ici. En bref, on commencera par découvrir la toute première apparition du nom propre en question dans les sources orales ou déjà fixées dans les sources écrites. Ensuite, le chercheur... cherchera encore où le même nom se rencontrait ou se rencontre. Ainsi l'hydronyme *Kongo* (cours d'eau) se retrouve au moins une vingtaine de fois dans la bantuphonie, de l'Océan Atlantique à l'Océan Indien ; l'hydrotoponyme Kananga aussi se rencontre fréquemment mais sous diverses formes : Kinanga, Nanga ou Nèngè, désignant toutes un cours d'eau. Ainsi on constate l'unité de la bantuphonie dans sa grande variété ; un cours d'eau se dit *banga, fanga, kanga, langa, manga, nanga, sanga, tanga, yanga.*

Ainsi, bien que je ne sois nullement linguiste, j'ai pu constater plusieurs trousseaux de passe-partout onomastiques m'ouvrant l'accès à d'innombrables noms propres bantu (*cf. infra*). Néanmoins, en tant qu'historien, je collectionne aussi les étymologies populaires, car celles-ci procèdent selon certaines « règles » et comportent des stéréotypes dans lesquels un « Blanc » ignare se trouve à l'origine (soi-disant !) d'un nom. L'hydronyme Aruwimi proviendrait de *alobi nini* ? (lingala, pour : qu'a-t-il dit ?). Ainsi le décousu de nombreuses étymologies populaires nous invitera à nous mettre à la recherche du sens véridique du nom. Prenons Kin-Malebo ; Pool-Malebo. L'étymologie populaire voit dans *malebo* le pluriel de *lilebo* (borassus) lesquels effectivement étaient très nombreux dans les îles et sur les rives du Pool. Mais y avait-il aussi des borassus et dans la même abondance à Irebu (Équateur) ou à Ilebo (sur le Kasaï) ?

Comme l'étymologie populaire se heurte à de sérieuses objections, interrogeons l'étymologie critique. Elle répondra que le préfixe *Ma* n'est pas ici le pluriel de la classe *li-ma* mais le préfixe honorifique *Ma* que l'on trouve régulièrement pour désigner le Maître (de telle ou telle partie) du fleuve : Ma-Sala (Boma), Ma-sala (Mivi), Ma-Nyanga, Ma-koko (en aval et en amont du Pool), Ma-Luku, Ma-Sina et Ma-Kila (sur la rive méridionale du même Pool) et finalement Ma-Lemba, le chef de Mbanza Lemba, dans l'hinterland de la rive méridionale du fleuve (élargi en lac). Lemba (ancêtre, titre cheffal) s'est simplifié en Lema, mais aussi en Leba et Lebo. Le chef tèkè de Ntamo (Kintambo) au temps de Stanley (1881), était un ancien esclave devenu un riche commerçant en relations d'affaires avec Makitu des Besi-Ngombe, il avait été admis dans la société lemba des chefs-commerçants du bas fleuve (*nga*) du titre *lemba* (= ancêtre). Comme tel, il avait reçu en mariage une « fille » du chef de Mbanza Lemba (Lema).

Tout cela pour illustrer le fait que le *Ma* de Malebo doit se comprendre non pas comme un préfixe pluriel mais comme un titre honorifique, abréviation de *Mana* ou *Mani* (de *manda*), signifiant le riverain de l'eau d'en-bas, périphrase pour ancêtre, et comme tel : chef (*cf.* Imana). Ajoutons encore à notre « captatio benevolentiae et assensus » que l'étymologie populaire, tout en étant simpliste ou inexacte, a pu servir, dans le monde traditionnel et même colonial, comme argument juridique, permettant de trancher des litiges fonciers. Un seul cas. La toponymie Kisantu était et est interprétée par l'étymologie populaire comme le lit (ki) des saints (*santu*). Pour l'onomastique critique, cette interprétation n'a aucune valeur. Néanmoins, en 1893, elle a contribué à céder aux premiers jésuites, convaincus de son exactitude, le « jus primi occupantis » contre un missionnaire protestant suédois déjà sur place. Celui-ci dut déménager du « lieu d'en-aval » (*Sanda*) sur l'Inkisi où passerait le chemin de fer Matadi-Léopoldville mais il obtint sans peine de l'État léopoldien une autre localité, dépourvue d'importance stratégique.

Ayant justifié le thème général de ma contribution au *Liber amicorum*, j'invite le professeur Mudimbe à refaire avec moi, amateur (?) onomasticien, la promenade dans son « jardin africain », racontée dans son autobiographie intellectuelle et spirituelle, *Les Corps glorieux des mots et des êtres...*[1]. Nous nous arrêtons devant certaines fleurs d'étymologie populaire :

- p. 81 : « Très jeune, mon père me répète : vous êtes un Mukalenga. En sa traduction, il signifierait un seigneur » ;
- p. 83 : « Mukalenga, ou, au pluriel, Bakalenga. C'est une disposition. Historiquement, c'est le nom des habitants du royaume de Nkongolo, avant la venue du Seigneur Mbidi, le père civilisateur des Baluba... Les Européens, à leur venue, seront appelés Batoke. Une distinction sémantique existe [*sic*] entre *Mutoke* et *Mukalenga.* Je ne suis pas Mutoke. Mais, me dit-on, je suis Mukalenga, c'est-à-dire une rature sur la couleur et un événement. Très tôt, je m'en suis moqué ».

Cet extrait, un commentaire sur le sens « primaire » des deux termes-titres *Mutoke* (« le Blanc... de teint clair ») et Mukalenga (« le seigneur, comme Mbidi, le Maître à la peau noire »), montre que son auteur, comme tant d'autres Africains et africanistes, est resté dans le *lopango* de l'étymologie populaire. Ouvrons l'accès à l'étymologie critique du titre Mukalenga et ses variantes Mukalenge et Mukelenge. Cette élucidation n'est pas sans intérêt car nous évoquons un titre qui a fait le tour du monde, à savoir les Ba-nya-mulenge (les riverains ou les Riverains-Ancêtres).

Le Dictionnaire Tshiluba-Français (Léopoldville, 1960) des missionnaires scheutistes, Aug. De Clercq et Em. Willems, rendent *mukalenga* et ses variantes par dignitaire, chef, homme libre. Il s'agit là d'une signification dérivée. Le sens original et primordial est donné par l'étymologie critique. Celle-ci décompose le terme en mu-kalenge ; mu est le préfixe nominal des personnes et lenge (variante : ka-lenga), signifie un cours d'eau, ruisseau ou rivière.

Ce terme se rencontre fréquemment au Kasaï : Tshama-lenga (Ciama-lenga : l'esprit de la rivière) ; Dimbe-lenge ; Lenge tout court (anthroponyme), etc.

Or, *lenge (kenge, tenge, benga, menga, nenge, senge)* ou *langa (banga, vanga, manga, sanga, kanga)* signifie à travers toute la bantuphonie, un cours d'eau.

---

[1] Montréal-Paris, Humanitas-Présence Africaine, 1994.

De noms communs, ils sont devenus des noms propres (hydronymes) du fait qu'ils ont été compris comme tels par les premiers explorateurs et cartographes européens. *Mu-kalenga* signifie, en premier lieu, un homme de la rivière, un riverain.

Mais, comme dans l'imaginaire bantu, le monde des vivants-qui-mourront (*viventes morituri*) sont séparés des *mortui viventes* (les morts qui sont les vrais vivants), ces derniers sont désignés par une périphrase respectueuse : les Riverains, bien distincts des riverains sublunaires. Selon le préfixe nominal qui le précède, *ka* ou *lu*, il s'agira d'un cours d'eau (*cf.* l'hydro-toponyme Lulenga au Kivu). Au cas d'un *mu*, on comprendra : riverain (*mu* : préfixe personnel) ; comme *kwa* (Kwa-kasongo). Il ne fait guère de doute que la périphrase « Riverain » est un titre respectueux, une figure de style, pour se référer à l'Ancêtre. Il s'ensuit que ce même titre Mukalenga est donné aussi à un chef, car son pouvoir se base sur le fait qu'il est un ancêtre « ré-inventé ». Les premiers Européens ayant été pris pour des ancêtres *redivivi*, reçurent également le titre de Riverain-ancêtre. Plus tard, ce titre fut donné aussi à tout notable ou homme libre.

À présent, des étudiants universitaires se saluent de *mukelenge* !!

Les autres noms comme *mundele*, *muzungu*, *ntangu*, qui désignaient l'Européen lors de ses premiers contacts avec l'Afrique bantu, ont tous le même sens de Riverain, et de là, d'Ancêtre. C'est aussi le cas pour le titre *Mutoke*. Celui-ci a le même sens étymologique que Mukelenge : riverain. En effet, il dérive du radical bantu *-oko* qui signifie également rivière et que nous retrouvons dans le nom *ba-nkoko*, riverains, et de là, ancêtres. Que le radical -oko désigne un cours d'eau, cela se confirme dans sa présence dans de nombreux hydronymes : Boko, Moko (*cf.* Ki-mpoko sur le Pool), Poko (Ne-poko), Doko (les Ba-Doko, aux environs de Lisala), Noko (*cf.* Noqui, près de Matadi ; graphie portugaise), Nyoka (ethnonyme, les Kanyoka : les riverains, car la voyelle o est ouverte). Ajoutons aussi le nom Toko (Simão Toco, ngunza angolais, vers le milieu du siècle passé).

Le Dictionnaire De Clercq-Willems se contente de traduire Mutoke par Blanc (p. 217) dans le sens d'Européen, mais aussi pour indiquer la couleur blanche (butoke). Ici aussi comprenons le sens littéral selon l'étymologie critique : la couleur des *ancêtres* (dont ne subsistaient que quelques os ou un crâne blanchi). En kikongo et en d'autres langues bantu, la blancheur est rendue par *pemba*, *mpembe*, etc. Là aussi il y a une référence aux ancêtres, à savoir dans le mba (*mbè*, Mbè, capitale du Makoko des Batèkè) et dans les termes Be-*mba*, Ve-*mba*, Ye-*mba*, De-*mba*, Le-*mba*, et leurs variantes nombreuses, signifiant toutes ancêtres (mba), telles que Ba*mba*, La*mba*, Ka*mba*, Ta*mba*, Sa*mba*, Bi*mba*, Di*mba*, Li*mba*, Si*mba*, etc. ; Bu*mba*, Lu*mba*, Ku*mba*, Tu*mba*.

Par cette litanie de tous les « ancêtres », nous aboutissons enfin au nom Mudimbe. Ouvrons *Les Corps glorieux des mots et des êtres...* à la page 80 :

> Mon nom, Mudimbe, remonte loin dans le passé de l'histoire des langues bantoues, plus précisément, à l'instauration de l'agriculture et il désigne le cultivateur : Mu (préfixe indiquant un agent) + dim – (racine du verbe cultiver dans la plupart des langues bantoues).

De fait, dans le dictionnaire déjà cité, se trouve (p. 94) : cultiver : ku-dima et cultivateur : *mudimi* ; *tshidime*. Dans la langue kisongye : *kudima* : cultiver. Sans b ! Pourtant le nom Mu-dimbe se retrouve littéralement dans le toponyme Dimbe-Lenge, lequel selon l'étymologie critique se traduit correctement par : l'esprit (*di-mba)* de la rivière (*lenge*). Le titre de chef-ancêtre est utilisé dans la bantuphonie comme le nom du chef-lieu. Citons au Kasaï le toponyme Tshidimba, mission fondée en 1937.

Au Bas-Congo, ce même titre cheffal « Dimba » se rencontre aussi comme toponyme : Ma-dimba, dans lequel le préfixe Ma est dit honorifique. Il se rencontre dans les titres des chefs Ma-nyanga, Ma-nsala, Ma-koko, Ma-luku, Ma-sina, ayant tous le même sens : maître (car : ancêtre) d'un territoire riverain. En kikongo *dimba*, *ndimba* se réfère à une vallée (Bantley, *Dictionnary*, p. 231, p. 261) laquelle est tenue pour l'habitat d'un ancêtre, lequel se cache et se révèle dans toute source d'eau.

Dans un contexte culturel et cultuel caractérisé par l'omniprésence des ancêtres, le nom Mudimbe signifie donc ancêtre (Di-*mba*), lequel par conséquent est un seigneur, un chef. Mudimbe, un *mudimi*, cultivateur ? Je crois que ce nom convient davantage aux cultivatrices. Un indice. Ma sœur-Sœur, missionnaire, a travaillé (instruit, construit mais surtout *labouré*) durant cinquante ans au Kivu. Elle y était connue... de son seul nom bantu (mashi) de Umurima ; en tant que « femme forte », elle « agri-cultivait » avec les élèves adolescentes aux potagers et aux champs.

Nomen est omen ? Le nom est-il un présage ? En notre cas, le dicton latin serait contredit si le nom Mudimbe signifiait « agri-cultivateur » ; il est confirmé si « dès sa jeunesse » son père avait prévu en lui un Seigneur, car un Ancêtre (*Dimba*) et comme tel un Riverain (*Mukelenge* et *Mutoke* à la fois).

FRANS BONTINCK
Université de Kinshasa

QUATRIÈME PARTIE

BIBLIOGRAPHIE

ÉTUDE BIBLIOGRAPHIQUE DE L'ŒUVRE DE V. Y. MUDIMBE

I. LES ÉCRITS DE V. Y. MUDIMBE PRÉSENTATION CHRONOLOGIQUE

1. Écrits littéraires (roman, poésie)

Déchirures [poésie], Kinshasa, Éditions du Mont Noir (« Objectif 80 », n° 3), 1971, 45 p.

Entretailles précédé de *Fulgurances d'une lézarde* [poésie], Paris, Librairie Saint-Germain-des-Prés, 1973, 79 p.

Entre les eaux : Dieu, un prêtre, la révolution [roman], Paris, Présence Africaine (« Écrits »), 1973, 184 p. ; 2e éd. : Paris, Présence Africaine-F. Nathan (« Espace Sud », n° 2), 1986, 189 p. ISBN 2-7087-0475-3 (Présence Africaine), 2-09-169021-X (Nathan) [Extrait, «Les Tourments de l'Abbé », dans Cnockaert, André, *Littérature négro-africaine francophone : panorama historique et choix de textes,* Kinshasa, Centre de recherches pédagogiques, 1986, pp. 85-86].

Traduction anglaise : *Between Tides*, trad. par Stephen Becker, New York, Simon & Schuster, 1991, 160 p.

Les Fuseaux, parfois... [poésie], Paris, Librairie Saint-Germain-des-Prés (« Poésie sans frontière »), 1974, 48 p.

Le Bel immonde [récit], préf. de Jacques Howlett, Paris, Présence Africaine (« Écrits »), 1976, 196 p.

Traduction portugaise : *O belo imundo*, préf. de Jacques Howlett, trad. par Sergio Bath, Rio de Janeiro, Editora Atica, 1981 (*c.*1980), 128 p.

Traduction allemande : *Auch wir sind schmutzige Flüsse*, trad. par Peter Schunck, Francfort, Otto Lembeck Verlag, 1982, 186 p.

Traduction anglaise : *Before the Birth of the Moon*, préf. de Jacques Howlett, trad. par Marjolijn de Jager, New York, Simon & Schuster, 1989, 203 p.

«Les Fragments d'un espoir : poème » dans « Nouvelle poésie négro-africaine : la parole noire », *Poésie 1*, Paris, n° 43-44-45, janvier-juin

1976, pp. 183-186 ; repris dans Rombaut, Marc, *La Nouvelle poésie négro-africaine d'expression française*, Paris, Seghers, 1976, pp. 182-184.

« L'Enfance » [et] « Déchirures » [poèmes extraits de *Entretailles*, 1973 et de « Déchirures », 1971], dans *Présence Africaine*, Paris, n° 104, 4e trimestre 1977, pp. 100-102.

L'Écart [roman], Paris, Présence Africaine (« Écrits »), 1979, 159 p.

Traduction néerlandaise : *De afstand*, trad. par Jef Geeraerts, Antwerpen, Manteau, 1989, 143 p.

Traduction anglaise : *The Rift*, trad. par Marjolijn de Jager, Minneapolis, University of Minnesota Press, 1993 [extrait de *L'Écart*, trad. par Marjolijn de Jager dans *Callaloo*, vol. 14, n° 4, automne 1991, pp. 1017-1025].

Shaba Deux : Les Carnets de Mère Marie-Gertrude [roman], Paris, Présence Africaine, 1989, 152 p.

Traduction anglaise [extrait] : *From Shaba Deux*, trad. par Marjolijn de Jager dans *Callaloo*, vol. 14, n° 4, automne 1991, pp. 1026-1032.

2. Essais, études

Autour de « La Nation » : Leçons de civisme : Introduction, Kinshasa-Lubumbashi, Éditions du Mont Noir (« Objectif 80 »), 1972, 95 p.

Initiation au français :, Kinshasa, Centre de linguistique théorique et appliquée, Université nationale du Zaïre, Faculté des lettres, 1971, 2 vols.

Réflexions sur la vie quotidienne, Kinshasa, Éditions du Mont Noir (« Objectif 80 », « Essais », n° 1), [1972], 72 p.

Français : les structures fondamentales. I, Kinshasa, Centre de Recherches Pédagogiques, 1972.

Français : les structures fondamentales. II, Kinshasa, Centre de Recherches Pédagogiques, 1972.

Français : les structures fondamentales. III [en collab. avec P. Detienne], Kinshasa, Centre de Recherches Pédagogiques, 1973.

L'Autre Face du royaume : une introduction à la critique des langages en folie, [Lausanne], L'Âge d'Homme, 1973, 155 p.

Français : les structures fondamentales. IV [en collab. avec A. Tashdjian, M. Le Boul, et M. Pierre], Kinshasa, Centre de Recherches Pédagogiques, 1974.

Contribution à l'étude des variations du genre grammatical des mots français d'origine latine. 1. Mots à initiale vocalique, Lubumbashi, CELTA [Centre de Linguistique Théorique et Appliquée], 1975.

Procédés d'enrichissement du vocabulaire et créations de termes nouveaux dans un groupe de langues de l'Afrique Centrale [en collab. avec Mombo Lutete, Kilanga M. et Lupukisa Wasamba], Paris, UNESCO (« Documentation linguistique pour les pays en développement : cas, problèmes, solutions »), 1977, 24 p.

Carnets d'Amérique, septembre-novembre 1974 [récit de voyage], Paris, Librairie Saint-Germain-des-Prés, 1976, 202 p. [extraits : « Rencontre avec Léon-Gontran Damas. Faut-il liquider les pères ? et À l'Institut du monde noir d'Atlanta : travaux pour la "libération effective" du peuple noir américain », dans « Nouvelle Poésie négro-africaine : la parole noire », *Poésie 1*, n° 43-44-45, janvier-juin 1976, pp. 47-58 et pp. 61-72 ; « Le Point de vue de Damas » dans Cnockaert, André, *Littérature négro-africaine francophone : panorama historique et choix de textes*, Kinshasa, Centre de recherches pédagogiques, 1986, pp. 86-87.]

Air : étude sémantique, Vienne, Institut für Volkerkunde der Universität Wien (« Acta ethnologica et linguistica », n° 46, « Series generalis », n° 5), 1979, IX-454 p.

Visage de la philosophie et de la théologie contemporaines au Zaïre [signé Mudimbe, Vumbi Yoka], Bruxelles, Centre d'étude et de documentation africaines (« Cahiers du CEDAF », n° 1), 1981, 44 feuillets.

L'Odeur du père : essai sur les limites de la science et de la vie en Afrique noire, Paris, Présence Africaine (« Situations et Perspectives »), 1982, 207 p.

The Invention of Africa : Gnosis, Philosophy, and the Order of Knowledge, Bloomington, IN-Londres, Indiana University Press-James Currey, 1988, XII-241 p.

Liberty in African and Western Thought, Washington, DC, Institute for Independent Education, 1988, 7 p.

Parables and Fables : Exegesis, Textuality and Politics in Central Africa, Madison, WS., University of Wisconsin Press, 1991, XXII-238 p.

Les Corps glorieux des mots et des êtres : esquisse d'un jardin africain à la bénédictine, avant-propos de l'auteur, Montréal-Paris, Humanitas-Présence Africaine (« Circonstances »), 1994, 228 p.

The Idea of Africa, Bloomington, IN-Londres, Indiana University Press-J. Currey, 1994, XVII-234 p.

Tales of faith : religion as political performance in Central Africa, Londres ; Atlantic Highlands, NJ, Athlone Press, 1997, XIV-231 p.

3. Ouvrages ou numéros spéciaux de revues édités ou co-édités

Le Vocabulaire politique zaïrois : une étude de sociolinguistique, par V. Y. Mudimbe, Losso-Gazi, N. Y. Rubango., A. N. O. Eloko, et M. Matumele, Lubumbashi, Centre de linguistique théorique et appliquée, Université nationale du Zaïre, Faculté des lettres (« Travaux et recherches »), 1976, 118 feuillets.

Actes du colloque interafricain de Kiswishi sur les langues africaines, [établis par V. Y. Mudimbe], Lubumbashi, Centre International de Sémiologie, 1977, ronéo.

Actes de la troisième table ronde des centres de linguistique appliquée d'Afrique francophone, [établis par V. Y. Mudimbe], Lubumbashi, Centre International de Sémiologie, 1978, ronéo.

La Dépendance de l'Afrique et les moyens d'y remédier... : Actes de la 4e session du Congrès international des études africaines, Kinshasa, 12-16 décembre 1978 ; *Africa's Dependance and the Remedies*, établis par V. Y. Mudimbe, Paris, Agence de coopération culturelle et technique ; Berger-Levrault, 1980, 792 p.

The Surreptitious Speech : Présence Africaine *and the Politics of Otherness 1947-1987*, V. Y. Mudimbe (éd.), Chicago, University of Chicago Press, 1992, XXVI-463 p.

Africa and the Disciplines : the contributions of research in Africa to the social sciences and humanities, Robert H. Bates, V. Y. Mudimbe et Jean O'Barr, (éds.), Chicago, IL, Univesity of Chicago Press, 1993, XXIII-245 p.

History making in Africa, V. Y. Mudimbe and B. Jewsiewicki (éds.), n° spécial de *History and Theory*, Middletown, CT, Wesleyan University Press, vol. 32, n° 4, 1993, 125 p.

Nations, identities, culture, V. Y. Mudimbe (éd.), n° spécial de *The South Atlantic Quarterly*, Durham, NC, vol. 94, n° 4, automne 1995, pp. [981]-1206.

Nations, identities, culture, V. Y. Mudimbe (éd.) et introduction, Durham, NC, Duke University Press, 1997 (2e édition), IV-233 p.

Diaspora and immigration, V. Y. Mudimbe (éd.), n° spécial de *The South Atlantic Quarterly*, Durham, NC, vol. 98, n° 1-2, hiver-printemps 1999, 330 p.

4. Préfaces, avant-propos

Bauchau, Henry, *Le Régiment noir* [roman], préf. de Valentin Yves Mudimbe [pp. 7-11], Bruxelles, Labor, 1992, 374 p.

Buakasa, Gérard, *Réinventer l'Afrique : de la tradition à la modernité au Congo-Zaïre,* postface de V. Y. Mudimbe [pp. 311-312], Paris, L'Harmattan (« Points de vue »), 1996, 322 p.

Jewsiewicki, Bogumil, *Marx, Afrique et Occident : les pratiques africanistes de l'histoire marxiste*, avant propos de V. Y. Mudimbe, Montréal, Québec, McGill University, Centre for Developing Countries (« Monograph series », n° 19), 1985, 179 p.

Luya Laye Kelaka, *Déhiscence* [poèmes], préf. de Mudimbe Vumbi Yoka, Kinshasa, Éditions. Berceau de la plume (« Plumes d'or »), 1980, 31 p.

Luya Laye Kelaka, *Stations d'adieux* [poésie], préf. de V. Y. Mudimbe, s.l., Union des Écrivains Zaïrois, 1984, 48 p.

Meester de Ravenstein, Paul de, *Où va l'Église d'Afrique ? En marge des centenaires de l'évangélisation en Ouganda, au Zaïre, au Zimbabwe-Rhodésie, au Ghana*, préf. de V. Y. Mudimbe [pp. 9-15], Paris, Éditions. du Cerf (« Rencontres internationales », n° 18), 1980, 230 p.

Meester, Paul de, *L'Église d'Afrique, hier et aujourd'hui*, préf. de V. Y. Mudimbe [p. 7-11], Kinshasa, Éditions. Saint-Paul Afrique, 1980, 189 p.

Ngalamulume Nkongolo, Muela, *Le Campus martyr : Lubumbashi, 11-12 1990*, préf. de Bogumil Jewsiewicki et V. Y. Mudimbe [pp. 9-18], Paris, L'Harmattan (« Mémoires lieux de savoir. Archive congolaise », n° 3), 2000, 354 p.

Riva, Silvia, *Rulli di tam-tam dalla torre di Babele : storia della, letteratura del Congo-Kinshasa*, Milan, LED–Edizione Universitarie di Lettere Economia Diritto (« Il Filarete : Pubblicazioni della Facoltà di Lettere e Filosofia dell'Università degli Studi di Milano », n° 190), prefazione di V. Y. Mudimbe [pp. 11-12], 2000, 452 p.

Rubango N. Y., *Argumentation et signification : analyse socio-linguistique du vocabulaire et du discours politiques du Zaïre 1960-1965*, préf. de V. Y. Mudimbe, Lubumbashi, Centre de linguistique théorique et appliquée, Université nationale du Zaïre, [1978], 193 p.

Tshibanda Wamuela Bujitu, *De Kolwezi à Kasaji : souvenirs du lieutenant Nzinga* [roman], préf. de V. Y. Mudimbe, Kinshasa-Limete, Éditions Saint-Paul Afrique, 1980, 101 p.

Tshibanda Wamuela Bujitu, *Je ne suis pas un sorcier* [roman], préf. de V. Y. Mudimbe, Kinshasa-Limete, Éditions Saint-Paul Afrique, 1981 (réimpr 1993), 144 p.

5. Articles, contributions, communications

« Antiphysis », dans *Présence Universitaire*, Kinshasa, n° 14, 1964, pp. 53-55.

« Humanisme et négritude », dans *Présence Universitaire*, Kinshasa, n° 14, 1964, pp. 5-13.

« Pensée marxienne et socialisme de Senghor », dans *Présence Universitaire*, Kinshasa, n° 15, 1964, pp. 53-59.

« L'Afrique des Africains de Claude Wauthier », dans *Présence Universitaire*, Kinshasa, n° 19, 1965, pp. 60-61 [Compte rendu]

« Ida Harvey Kabongo, une promesse de la poésie congolaise », dans *Congo-Afrique*, Kinshasa, n° 7, août-septembre 1966, pp. 352-359.

« L'Intellectuel africain et la foi religieuse », dans *Présence Universitaire*, Kinshasa, n° 23, 1966, pp. 50-63.

« La Littérature noire et le problème du sacré », dans *Présence Universitaire*, Kinshasa, n° 23, décembre 1966, pp. 20-30.

« Orphée noir », dans *Congo-Afrique*, Kinshasa, n° 3, mars 1966, pp. 149-153.

« Notes bibliographiques : présence marxiste et catholicisme », dans *Congo-Afrique*, Kinshasa, n° 13, 1967, pp. 141-152.

« Teilhard de Chardin », dans *Présence Universitaire*, Kinshasa, n° 22, 1966, pp. 19-23.

« Chronique sur le marxisme et la religion », dans *Congo-Afrique*, Kinshasa, n° 16, juin-juillet 1967, pp. 292-306.

« Réflexions sur une bibliographie marxiste », dans *Congo-Afrique*, Kinshasa, n° 16, juin-juillet 1967.

« J. Austruy et la poésie du développement », dans *Présence Universitaire*, Kinshasa, n° 25-26, 1967, pp. 74-85.

« Physiologie de la négritude », dans *Études Congolaises*, Kinshasa, vol. 10, n° 5, septembre-octobre 1967, pp. 1-18.

« Héritage occidental et conscience nègre », dans *Congo-Afrique*, Kinshasa, n° 26, juin-juillet 1968, pp. 283-294.

« Structuralisme, événement, notion, variations et les Sciences Humaines en Afrique », dans *Cahiers économiques et sociaux*, Kinshasa, vol. 6, n° 1, 1968, pp. 3-70.

« Ésotérisme et action politique », dans *Études congolaises*, Kinshasa, vol. 12, n° 4, 1969, pp. 143-149.

« Négritude et politique », dans *Mélanges, réflexions d'hommes de culture*, Paris, Présence Africaine, 1969, pp. 276-283.

« Le Centre de linguistique théorique et appliquée », dans *Les Cahiers de littérature et linguistique appliquée*, 1970.

« La Littérature de la République démocratique du Congo », dans *L'Afrique littéraire et artistique*, Dakar-Paris, n° 11, juin 1970, pp. 14-16.

« Matérialisme historique et histoire immédiate », dans *Cahiers économiques et sociaux*, Kinshasa, vol. 8, n° 3, 1970, pp. 176-283.

« Sionisme et anti-sionisme », dans *Amitiés France-Israël*, Paris, n° 165, mai 1970.

« Un goût de la parole : le *Journal d'un animal marin* de René Depestre », dans *Présence Africaine*, Paris, n° 79, 3e trimestre 1971, pp. 85-95.

« Pour une sociologie "non-coloniale" en Afrique. Revue de l'ouvrage *Ethnie et intégration régionale au Congo : le Congo central, 1962-1966* de Laurent Monnier », dans *Genève-Afrique*, Genève, vol. 11, n° 2, 1972, pp. 77-81 [Compte rendu].

« Héritage occidental et critique des évidences », dans *Zaïre-Afrique*, Kinshasa, n° 72, 1973, p. 89-99.

« Recherches sur le vocabulaire politique », dans *Linguistique et sciences humaines*, Lubumbashi, CELTA, 1973, p. 12.

« Historischer Materialismus und Unmittelbare Geschichte », dans *Linguistique et sciences humaines*, Lubumbashi, CELTA, 1973, p. 14.

« L'Enseignement de la langue et de la culture française dans les pays partiellement francophones », dans *L'Université et la pluralité des cultures : actes du séminaire organisé par l'AUPELF à l'Université catholique de Louvain* (Louvain-la Neuve, 21-25 mai 1973), Montréal-Paris, AUPELF, 1974.

« Et Dieu, que devient-il ? », dans *Cahiers des Religions Africaines*, Kinshasa, vol. 8, n° 15, janvier 1974, pp. 135-141, repris pp. 156-163 dans *L'Odeur du père...*

« Les Intellectuels zaïrois », dans *Zaïre-Afrique*, Kinshasa, n° 88, octobre 1974, pp. 451-463.

« La Sorcellerie comme langage et comme théorie », dans *Cahiers des Religions Africaines*, Kinshasa, vol. 8, n° 16, juillet 1974, pp. 269-279 ; repris pp. 156-163 dans *L'Odeur du père...*

« Réponse à J. L. Vincke : sur quelques questions de méthode », dans Vincke, Jacques L., *Le Prix du péché : essai de psychanalyse existentielle des traditions européenne et africaine*, Kinshasa, Éditions du Mont Noir, 1973; repris pp. 183-194 dans *L'Odeur du père...*

« Interdisciplinarité », dans *Les Cahiers du CRIDE*, Kisangani, 1975.

« L'Odeur du père », dans *Revue zaïroise de psychologie et de pédagogie*, Kisangani, vol. 4, n° 1, 1975, pp. 135-149 ; repris sous le titre « Un signe, une odeur», pp. 19-35 dans *L'Odeur du père...*

« Société, enseignement et créativité », dans « Créativité et université », *La Revue de l'AUPELF*, Montréal, vol. 13, n° 2, décembre 1975, pp. 29-35 ; repris pp. 75-81 dans *L'Odeur du père...*

« Témoignage », dans *Revue des écrivains catholiques*, Paris, décembre 1975, pp. 8-10.

« Pour célébrer V. P. Bol. Variations sur quelques souvenirs », dans *Lectures Africaines*, Lubumbashi, vol. 3, fasc. 2, 1975-1976, pp. 17-28.

« Bertène Juminer ou un plaidoyer du ressentiment », dans *Lectures Africaines,* Lubumbashi, vol. 3, fasc. 2, 1975-1976, pp. 73-84.

« Coopération interuniversitaire et dialogue des cultures », dans *La Revue de l'AUPELF*, Montréal, vol. 14, n° 1, juin 1976, pp. 34-54, repris sous le titre « Coopération et dialogue des cultures », pp. 82-97, et « Universités, quel destin ? », pp. 98-103, dans *L'Odeur du père...*

« Les "Deux" littératures africaines », dans *International Seminar, Text and Context in Africa – Séminaire international, texte et contexte en Afrique : Leiden, Afrika Studiecentrum,* 20-24 septembre 1976, Leiden, Afrika Studiecentrum, 1976 ?, 6 p.

« Philosophie, idéologie, linguistique : propos rapides sur quelques limites du langage », dans *Rapport complet du Séminaire National des philosophes zaïrois*, 1-4 juin 1976, Lubumbashi, pp. 148-153.

« Des philosophes africains en mal de développement », dans *Zaïre-Afrique*, Kinshasa, n° 108, octobre 1976, pp. 453-458.

« De la satire comme témoin historique. Réflexions à propos de l'Apocoloquintose du divin Claude de Sénèque », dans *Mélanges offerts à Léopold Sédar Senghor : langues, littérature, histoire anciennes*, Dakar, Nouvelles Éditions Africaines, 1977, pp. 315-323.

« Les Éditions du Mont-Noir au Zaïre », dans *L'Afrique littéraire et artistique*, Dakar-Paris, n° 44, 2e trimestre 1977, pp. 69-72.

« Entretien avec Monseigneur Tshibangu recteur de l'Université nationale du Zaïre », dans « À travers les colloques : langues, communication, audio visuelle », *Recherche, Pédagogie et Culture*, Paris, n° 32, novembre-décembre 1977, pp. 16-17.

« Quel enseignement de la langue et de la culture française », dans *Les Relations entre les langues négro-africaines et la langue française*, Paris, C.I.L.F., 1977, pp. 510-515.

« Quel enseignement de la langue et de la culture française », dans *Recherches linguistiques,* Lubumbashi, n° 1, 1978, pp. 21-26.

« Les Rencontres internationales de Kinshasa, 8-18 décembre 1976. I : cadre, objectifs et perspectives », dans *Zaïre-Afrique*, Kinshasa, n° 113, mars 1977, pp. 171-176.

« Niam M'paya : aux sources de la philosophie africaine », dans *Hommage à Alioune Diop, fondateur de « Présence Africaine » :* [trentième anniversaire de *Présence Africaine* : 1947-1977], Rome, Éditions des Amis Italiens de *Présence Africaine*, [1977], pp. 192-201 ; repris pp. 125-134 dans *L'Odeur du père...*

« En direct des colloques : Civilisation noire et Église catholique », dans « Regard sur les littératures africaines 2 », *Recherche, pédagogie et culture*, Paris, n° 33, janvier-février 1978, pp. 39-41 [Compte rendu].

« Les Études classiques au Zaïre », dans *Zaïre-Afrique*, Kinshasa, n° 128, octobre 1978, pp. 461-470.

« In Memoriam : Léon-Gontran Damas (1912-1978) », dans *Zaïre-Afrique*, Kinshasa, n° 125, mai 1978, pp. 311-313.

« Le Latin ecclésiastique et les langues africaines », dans *Philologie et linguistique romane*, Lubumbashi, n° 4, 1978, pp. 53-68.

« Libération d'une parole africaine : notes sur quelques limites du discours scientifique », dans *Philosophie et libération*, Kinshasa, Faculté de Théologie Catholique, 1978, pp. 55-59.

« Le Pouvoir politique occidental dans les structures de l'Église en Afrique », dans *Civilisation noire et Église catholique : colloque d'Abidjan, 12-17 septembre 1977*, Paris-Dakar, Présence Africaine-Nouvelles Éditions Africaines, 1978, pp. 67-87.

« Langues africaines et langues européennes en Afrique noire : problèmes de collaboration », dans *Recherches linguistiques*, Lubumbashi, n° 1, 1978, pp. 33-39.

« Société, idéologie et littérature », dans *Notre Librairie*, Paris, n° 44, octobre-novembre 1978, pp. 5-9.

« Sur la littérature africaine », dans *Recherche, Pédagogie et Culture*, Paris, n° 33, janvier-février 1978, pp. 3-4.

« Sur la littérature africaine », dans *Le Renouveau des études françaises à l'université (fonction, contenus et méthodes)* [Deuxième rencontre mondiale des départements d'études françaises, Strasbourg, 17-23 juillet 1977], Montréal ; Paris, AUPELF, 1978, pp. 138-142.

« Le Zaïre », dans Barreteau, D. (éd.), *Inventaire des études linguistiques sur les pays d'Afrique noire d'expression française et sur Madagascar*, Paris, Conseil International de la langue française, 1978, pp. 511-531.

« Le Chant d'un africain sous les Antonins : lecture du Peruigilum Veneris », dans *Roma et Africa : Acta Omnium Gentium ac Nationum Conventus Latinus Litteris Linguaegue Fovendis*, Rome, L'Erma di Bretschneider, 1979, pp. 399-409.

« Le Christianisme vu par un Africain », dans « Religions africaines et christianisme : colloque international de Kinshasa, 9-14 janvier 1978 », *Cahiers des religions africaines*, Kinshasa, vol. 2, n° 21-22, 1979, pp. 165-176.

« Civilisation noire et Église catholique : vers une "décolonisation" du catholicisme africain ? », dans *Cahier des religions africaines*, Kinshasa, vol. 3, n° 25, janvier 1979, pp. 145-151.

« Culture et politique linguistique en Afrique noire », numéro spécial préparé par V. Y. Mudimbe et Gaston Canu, dans *Le Français moderne*, Paris, vol. 47, n° 3, juillet 1979, pp. 193-196.

« Entretien avec L.-G. Damas », dans *Hommage posthume à Léon-Gontran Damas (1928-1978)*, Paris, Présence Africaine, 1979, pp. 357-365.

« Les Études classiques au Zaïre », dans « Mosaïques », *Recherche, Pédagogie et Culture*, Paris, n° 41-42, mai-août 1979, pp. 27-30.

« L.-G. Damas », dans « L'Afrique dans l'histoire », *Recherche, Pédagogie et Culture*, Paris, n° 39, janvier-février 1979, pp. 67-68.

« Témoignage : L.-G. Damas : un nouveau dieu de l'Olympe », dans *Hommage posthume à Léon-Gontran Damas (1928-1978)*, Paris, Présence Africaine, 1979, pp. 39-43.

« La Théologie noire américaine aujourd'hui » [à propos de l'ouvrage de Bruno Chenu, *Dieu est noir : histoire, religion et théologie des noirs américains*], dans *Présence Africaine*, Paris, n° 109, 1er trimestre 1979, pp. 116-125 [reproduit aussi dans *Revue africaine de théologie*, Kinshasa, vol. 3, n° 5, 1979, pp. 99-107].

« L'Espace et le temps », dans *Actes du IVe Congrès international des Professeurs de langue et de culture française. Apprendre le français : permanences et mutations*, Paris, 1979, pp. 253-258.

« La Culture » [« La Grammaire des sciences sociales », « Les Belles-Lettres », « Aux sources d'une culture », « Conclusion : Qu'est-ce la culture zaïroise »], dans Huybrechts, A. et Mudimbe, V. Y., et al., (éds.), *Du Congo au Zaïre, 1960-1980 : essai de bilan, Bruxelles*, Centre de recherche et d'information socio-politiques, 1980, pp. 309-398.

« Ethnologie, quel nouveau souffle ? », dans *Présence Africaine*, Paris, n° 115, 3e trimestre 1980, pp. 178-187.

« Regards sur l'Église Catholique au Zaïre », dans *Cahiers des Religions Africaines*, Kinshasa, vol. 14, n° 27-28, 1980 [publié en 1981], pp. 73-81.

« L'Acculturation dans l'Afrique romaine au IIIe siècle », dans Ngindu Mushete, Alphonse, (éd.), *Combats pour un christianisme africain : mélanges en l'honneur du professeur V. Mulago*, Kinshasa, Faculté de théologie catholique, 1981, pp. 89-126.

« Sur le rapport secret du Cardinal de Lavigerie », dans *Le Centenaire de l'Église Catholique au Zaïre*, Kinshasa, 1980.

« Signes thérapeutiques et prose de la vie en Afrique noire » dans Janzen, John M. et Prins, Gwyns (éds.), *« Causality and Classification in African Medicine and Health », Social Science and Medecine. Part. B : Medical anthropology*, Oxford, Pergamon Press, vol. 15 B, n° 3, juillet 1981, pp. 195-211.

« In Memoriam : l'abbé Alexis Kagame (1912-1982) », dans « La Philosophie en Afrique », *Recherche, Pédagogie et Culture*, Paris, vol. 9, n° 56, janvier-mars 1982, pp. 74-78.

« Invisible et catégories du double dans *Valentine* de George Sand », dans *Friends of George Sand Newsletter*, Hempstead, NY, vol. 5, n° 2, 1982, pp. 57-62.

« Panorama de la pensée africaine contemporaine de langue française », dans « La Philosophie en Afrique », *Recherche, Pédagogie et Culture*, Paris, vol. 9, n° 56, janvier-mars 1982, pp. 15-29.

« La Pensée africaine contemporaine : répertoire chronologique d'ouvrages de langue française : 1954-1980 », dans « La Philosophie en Afrique », *Recherche, Pédagogie et Culture*, Paris, vol. 9, n° 56, janvier-mars 1982, pp. 68-73.

« Variations sur la patience du dialogue », dans « Recherche Pédagogie Culture a dix ans », *Recherche, Pédagogie et Culture*, Paris, vol. 10, n° 59-60, octobre-novembre-décembre 1982, pp. 28-31.

« African Philosophy as an Ideological Practice. The Case of French-Speaking Africa », dans *African Studies Review*, Los Angeles, CA, vol. 26, n° 3-4, 1983, pp. 133-154.

« An African Criticism of Christianity », dans *Genève-Afrique*, Genève, vol. 21, n° 2, 1983, pp. 91-100.

« Pour Jacques Howlett », dans *Présence Africaine*, Paris, n° 126, 2e trimestre 1983, pp. 177-179.

« Révélation et domination », dans *Bulletin de théologie africaine*, Kinshasa, vol. 5, n° 9, 1983 [Compte rendu de *Christianisme sans fétiche* de F. Eboussi-Boulaga].

« La Technique du trompe-l'œil dans les poèmes d'amour swahili », dans *David Diop, 1927-1960 : témoignages, études*, Paris, Présence Africaine, 1983, pp. 403-412.

« African Philosophy, Myth and Reality de Paulin J. Hountondji », dans *Canadian Journal of African Studies – Revue Canadienne des Études Africaines*, Montréal, vol. 19, n° 1, 1985, pp. 243-244 [Compte rendu].

« African Philosophy : An Existence De Facto », dans *Canadian Journal of African Studies – Revue Canadienne des Études Africaines*, Montréal, vol. 19, n° 2, 1985, pp. 453-457 [Compte rendu de « La Pensée africaine : recherches sur les fondements de la pensée négro-africaine » de Alassane Ndaw ; « La Philosophie morale des Wolof » de Assane Sylla ; « Contribution à l'étude des problèmes philosophiques en Afrique noire » de Amady Aly Dieng ; « Hegel, Marx, Engels et les problèmes de l'Afrique noire » de Amady Aly Dieng ; « L'Europhilosophie face à la pensée du Négro-africain » de Pathé F. Diagne].

« African Gnosis. Philosophy and the Order of Knowledge : an Introduction », dans *African Studies Review*, Los Angeles, CA, vol. 28, n° 2-3, juin-septembre 1985, pp. 149-233.

« African Literature : Myth or Reality », dans Arnold, Stephen (éd.), *African Literature Studies : The Present State – L'État présent*, Washington, DC, Three Continents Press, 1985, pp. 7-15.

« Espace exotique, espace refusé dans *The Anatomy of Melancholy* (1621) de Robert Burton », dans *Cahiers de linguistique*, vol. 11, n° 1-2, 1985, pp. 53-66.

« African Art as a Question Mark », dans *African Studies Review*, Los Angeles, CA, vol. 29, n° 1, mars 1986, pp. 3-4.

« Africanisme comme discours liminaire », dans *Canadian Journal of African Studies – Revue canadienne des études africaines*, Toronto, Ont., vol. 20, n° 1, 1986, pp. 1-4.

« Lemba : A Narrative of Social Order », dans *Culture, Medicine and Psychiatry*, Dordrecht ; Boston, vol. 10, 1986, pp. 277-282.

« On the Question of African Philosophy : The Case of French Speaking Africa », dans Mowoe, Isaac James et Bjornson, Richard, (éds.), *Africa and the West : The Legacies of Empire*, Westport, CT, Greenwood Press, 1986, pp. 89-120.

« Placide Tempels and African Philosophy », dans *Bulletin des Séances. Académie royale des Sciences d'Outre-Mer*, Bruxelles, vol. 32, n° 3, 1986, pp. 349-361.

« I as an Other. Sartre and Lévi-Strauss or an (im)-possible Dialogue on the Cogito », dans *Les Nouvelles Rationalités africaines*, Louvain-la-Neuve, vol. 2, n° 8, 1987, pp. 597-611 ; repris dans *American Journal of Semiotics*, Cambridge, MA, vol. 6, n° 1, 1988, pp. 57-68.

« Where is the Real Thing ? Psychoanalysis and African Mythical Narratives », dans « Mémoires, histoires identités », *Cahier d'Études Africaines*, Paris, vol. 25 (34), n° 107-108, 1987, pp. 311-327.

« African Theology as a Political Praxis : Vincent Mulago and the Catholic Theological Discourse : 1950-80 », dans *Présence Africaine*, Paris, n° 145, 1er trimestre 1988, pp. 86-103.

« Debate and Commentary/Débats et commentaires » [suivi de] Liminaire [« Ateliers autour du thème de la pertinence et de la signification du discours africaniste » sous la dir. de V. Y. Mudimbe], dans *Canadian Journal of African Studies – Revue Canadienne des Études Africaines*, Montréal, vol. 22, n° 2, 1988, pp. 287-333.

« Les Univers Personnels », dans *PEN International*, Londres, vol. 40, n° 2, 1990, pp. 53-54.

« Which Idea of Africa ? Herskovits' Cultural Relativism », dans *October*, Cambridge, MA, n° 55, hiver 1990, pp. 93-104

« Letters of Reference », dans *Transition*, Kampala et New York, puis Durham, NC, n° 53, 1991, pp. 62-78

« Logiques métisses : anthropologie de l'identité en Afrique et ailleurs », dans *American Anthropologist*, Menasha, Wis., vol. 93, n° 4, décembre 1991, pp. 1010-1011 [Compte rendu de l'ouvrage de Jean-Loup Amselle].

« Reprendre : Enunciations and Strategies in Contemporary African Arts », dans Vogel, Susan (éd.), *Africa Explores : 20th Century African Art*, New York, NY ; Munich, Center for African Art ; Prestel,

1991, pp. 276-287; repris dans *Reading the Contemporary : African Art from Theory to the Marketplace*, Oguibe, Olu et Enwezor, Okwui, (éds.), Londres-Cambridge, Mass., MIT Press, 1999.

« A Question of Perspective » [Contribution au dialogue, « More on African Art and Authenticity », à propos de l'article de Sidney Kasfir, « African Art and Authenticity : a text with a shadow » paru dans *African Arts*, vol. 25, n° 2, avril 1992], dans *African Arts*, Los Angeles, vol. 25, n° 4, octobre 1992, pp. 18-30 et pp. 100-103.

« Espace africain et mémoire », dans Létourneau, Jocelyn et Jewsiewicki, Bogumil, (éds.), *Constructions identitaires : questionnements théoriques et études de cas*, Actes du Célat, Québec, n° 6, mai 1992, pp. 85-98.

« Is God neutral », dans *Transition*, Kampala-New York-Durham, NC, n° 56, 1992, pp. 100-112.

« Myth, Ritual and Kingship in Buganda », dans *American Historical Review*, Washington DC, vol. 97, n° 3, juin 1992, pp. 903-904 [Compte rendu de l'ouvrage de Benjamin C. Ray].

« Reprendre : Énonciations et stratégies dans les arts africains contemporains » [trad. de l'anglais par Louis Jacob à partir de « Reprendre : Enunciations and Strategies in Contemporary African Arts »], dans Quaghebeur, Marc, sous la dir. de, et Van Balberghe, Émile (éd.), *Papier blanc, encre noire : cent ans de culture francophone en Afrique centrale [Zaïre, Rwanda, Burundi]*, tome 2, Bruxelles, Labor, 1992, pp. 491-517 [2e édition. : Kinshasa, Éditions. Saint Paul-Afrique, 1995].

« Saint Paul – Michel Foucault », dans *Transition*, Kampala-New York-Durham, NC, n° 57, 1992.

« From Primitive Art to memoriae loci », dans *Human Studies*, Dordrecht, Pays-Bas, vol. 16, n° 1-2, avril 1993, pp. 101-110.

« African Athena ? », dans « Passing » [Adrian Piper, et al.], *Transition*, Kampala-New York-Durham, NC, n° 58, 1992.

« The Power of the Greek Paradigm », dans *The South Atlantic Quarterly*, Durham, NC, vol. 92, n° 2, printemps 1993, pp. 361-385.

« Reading and Teaching Pierre Bourdieu », dans *Transition*, Kampala-New York-Durham, NC, n° 61, 1994, pp. 144-160.

Sandra Harding, (éd.), « Racial Economy : Towards a Democratic Future », dans *Transition*, Kampala-New York-Durham, NC, n° 64, 1994, pp. 68-76 [Compte rendu].

« Romanus pontifex [1454] and the Expansion of Europe », dans Hyatt, Vera Lawrence et Nettleford, Rex, (éds.), *Race, Discourse, and the*

Origin of the Americas : a New World View : [symposium held at the Smithsonian Institution, 1991], Washington, DC, Smithsonian Institution Press, 1995, pp. 58-65.

« Therapeutic Signs and the Prose of Life in Black Africa », dans *SAPINA : A Bulletin of the Society for African Philosophy in North America*, vol. 9, n° 1-2, janvier-juin 1996, pp. 85-129.

« The Idea of Luba », dans Robert, Mary Nooter, Roberts, Allen F., et Child, S. Terry, (éds.), *Memory : Luba Art and the Making of History* », New York, Museum for African Art, 1996.

« On Diversity and Meeting Worlds », dans *Lavrijsen*, Ria (éd.), *Global Encounters in the World of Art : Collisions of Tradition and Modernity [Eight lectures and discussion from « Meeting Worlds » held in Amsterdam, Netherlands, December 1997]*, Amsterdam, Koninklijk Instituut voor de Tropen – Royal Tropical Institute, 1998.

« Diaspora and immigration : introduction », dans « Diaspora and immigration », *The South Atlantic Quarterly*, Durham, NC, vol. 98, n°1-2, hiver-printemps 1999, pp. 1-8

« Race, Identity, Politics and History », dans *Journal of African History*, Londres-New York, vol. 41, n° 2, 2000, pp. 291-294 [Compte rendu de l'ouvrage de Stephen Howe, *Afrocentrism : Mythical Pasts and Imagined Home*].

6. Articles en collaboration

Mudimbe, V. Y. et Goldstein, J., « Les Zones sémio-conceptuelles des poètes nzakara », dans *Cahiers de littérature et de linguistique appliquée*, Kinshasa, n° 3-4, 1971.

Kempf, Barbara et Mudimbe, V. Y., « En direct de Dakar : Conseil International de la Langue Française : langue et développement », dans « Formation permanente, formation professionnelle », *Recherche, Pédagogie et Culture*, Paris, n° 26, novembre-décembre 1976, pp. 50-53.

Kempf, Barbara et Mudimbe, V. Y., « Langue et développement », dans *Les Relations entre les langues négro-africaines et la langue française*, Paris, C.I.L.F., 1977, pp. 503-513.

Jewsiewicki, Bogumil et Mudimbe, V. Y., « Afrique : l'écriture de l'histoire », dans « Si l'histoire m'était contée : construire la mémoire », *Le Courrier de l'UNESCO*, Paris, mars 1990, pp. 40-42.

Mudimbe, V. Y., Berrian, Albert H., Howlett, Simone, Lubin, Maurice A., Rabemananjara, Jacques, Snyder, Émile, Diawara, Manthia, Kesteloot, Lilyan, Lambert, Fernando et Moniot, Henri, « A Dialogue on *Présence Africaine* », dans Mudimbe, V. Y. (éd.), *The Surreptitious Speech : « Présence Africaine » and the Politics of Otherness 1947-1987*, Chicago, IL, University of Chicago Press, 1992, pp. 367-403.

Jewsiewicki, Bogumil et Mudimbe, V. Y., « Africans' Memories and Contemporary History of Africa », dans « History Making in Africa », *History and Theory*, Middletown, CT., vol. 32, n° 4, 1993, pp. 1-11.

Mudimbe, V. Y. et Appiah, Kwame Anthony, « The Impact of African Studies on Philosophy », dans Bates, Robert H., Mudimbe, V. Y. et O'Barr, Jean, (éds.), *Africa and the Disciplines : the Contributions of Research in Africa to the Social Sciences and Humanities,* Chicago, IL, University of Chicago Press, 1993, pp. 113-138.

Jewsiewicki, Bogumil et Mudimbe, V. Y., « La Diaspora et l'héritage culturel de l'impérialisme comme lieu de discours critique et de représentation du monde », dans *Canadian Journal of African Studies – Revue canadienne des études africaines*, Montréal, Québec, vol. 28, n° 1, 1994, pp. 89-100.

Jewsiewicki, Bogumil et Mudimbe, V. Y., « For Saïd : Why even the Critic of Imperialism Labors under Western Skies », dans *Transition*, Kampala-New York-Durham, NC, n° 63, 1994, pp 34-50.

Jewsiewicki, Bogumil et Mudimbe, V. Y., « Meeting the Challenge of Legitimacy : Post-independence Black Africa and Post-Soviet European States », dans *Daedalus*, Cambridge, MA, vol. 124, n° 3, été 1995, pp. 191-207; repris dans *SAPINA : A Bulletin of the Society for African Philosophy in North America*, vol. 8, n° 1-2, 1995, pp. 79-102.

Schnapp, Jeffrey T., Berman, Russel A., Lindenberger, Herbert et Mudimbe, V. Y., « A Roundtable Discussion on The Bernheimer Report », da ns *Stanford Humanities Review*, Stanford, CA, vol. 6, n° 1, 1998, pp. 152-171.

Golan, Daniel, Mudimbe, V. Y., Rodrique, Aron et Zipperstein, Steven J., « The Jewish Diaspora, Israel, and Jewish Identities : a dialogue », dans « Diaspora and Immigration », *The South Atlantic Quarterly*, Durham, NC, vol. 98, n° 1-2, hiver-printemps 1999, pp. 95-116.

II. ÉCRITS SUR V. Y. MUDIMBE

1. Ouvrages entièrement ou partiellement consacrés à l'œuvre de V. Y. Mudimbe

Bisanswa, Justin Kalulu, *Conflit de mémoires : V. Y. Mudimbe et la traversée des signes*, Francfort, IKO-Verlag für Interculturelle Kommunikation (« Studien zu den frankophonen Literaturen außerhalb Europas », n° 22), 2000, 306 p.

Dabla, Séwanou, *Nouvelles écritures africaines : romanciers de la seconde génération*, Paris, L'Harmattan (« Critiques littéraires »), 1986, 255 p.

Egejuru, Phanuel A. et Katrak, Ketu H., Nwanyibu : *Womanbeing and African Literature,* Trenton, NJ, Africa World Press (« ALA Annuals », n° 1), 1997, 168 p.

Harrow, Kenneth W., *Thresholds of Change in African Literature : The Emergence of a Tradition, Portsmouth*, NH-Londres, Heinemann-J. Currey, 1994, 400 p.

Jay, Salim, éd., « Romans du monde noir », n° spécial de *L'Afrique littéraire*, Paris, n° 73-74, 3e et 4e trimestre 1984, 126 p.

« Littérature et société », n° spécial de *Politique africaine*, Paris, n° 13, mars 1984, 140 p.

Makouta-Mboukou, Jean-Pierre, *Introduction à l'étude du roman négro-africain de langue française*, Yaoundé, CLE (« Points de vue », n° 2), 1970 (réimpr. 1979), 250 p.; 2e éd. Abidjan, Nouvelles Éditions Africaines, 1983, 349 p.

Makouta-Mboukou, Jean-Pierre, *Spiritualités et cultures dans la prose romanesque et la poésie négro-africaines : de l'oralité à l'écriture*, préf. de Charles Valy Diarrassouba ; avec le concours de Jean-Jacques Goma-Mabiala, Abidjan, Nouvelles Éditions Africaines (« NEA-Sup »), 1983, 247 p.

Masolo, D.A., *African Philosophy in Search of Identity*, Nairobi-Bloomington (IN)-Edinburgh, East African Educational Publishers Ltd-Indiana University Press-Edinburgh University Press, 1994, 301 p.

Mouralis, Bernard, *V. Y. Mudimbe ou le discours, l'écart et l'écriture*, Paris, Présence Africaine (« Critique littéraire »), 1988, 143 p.

Mujangi-Butolo, Kande wa Kanku, *Lecture politique de l'œuvre romanesque de l'écrivain zaïrois Mudimbe Vumbi Yoka : essai d'analyse appliquée à « Le Bel immonde »*, Kinshasa, Éditions Scientifiques Patience, 1988, 66 p. ronéo.

Ngate, Jonathan, *Francophone African Fiction : Reading a Literary Tradition*, Trenton, NJ, Africa World Press, 1988, XVI-186 p.

Nouvelle Poésie négro-africaine : la parole noire, n° spécial de *Poésie 1*, Paris, n° 43-44-45, janvier-juin 1976, 256 p. [Anthologie].

Nzabatsinda, Anthère, *Normes linguistiques et écriture africaine chez Ousmane Sembène,* Toronto, Éditions du GREF (« Theoria », n° 7), 1996, 211 p.

Paré, Joseph, *Écritures et discours dans le roman africain francophone post-colonial*, Ouagadougou, Éditions Kraal, 1997, 220 p.

Riva, Silvia, *Rulli di tam-tam dalla torre di Babele : storia della letteratura del Congo-Kinshasa*, prefazione di V. Y. Mudimbe [p. 11-12], Milan, LED–Édizione Universitarie di Lettere Economia Diritto (« Il Filarete : Pubblicazioni della Facoltà di Lettere e Filosofia de l'Università degli Studi di Milano », n° 190), 2000, 452 p.

Semujanga, Josias, *Configuration de l'énonciation interculturelle dans le roman francophone : éléments de méthode comparative*, Québec, Nuit blanche (« Cahiers du CRELIQ », « Études »), 1996, 145 p.

Salien, François, *Mélanges d'articles critiques sur le roman africain*, Bandundu, Centre d'études ethnologiques [CEEBA] (« CEEBA », « Série II », n° 94), 1985, 216 p.

2. Entretiens avec V. Y. Mudimbe

Desai, Gaurav, « V. Y. Mudimbe : A Portrait », dans *Callaloo*, Baltimore, MD, vol. 14, n° 4, automne 1991, pp. 931-943.

Gasana, Ndoba, « Entretien avec Vumbi Yoka Mudimbe », dans *Présence Africaine*, Paris, n° 146, 2e trimestre1988, pp. 219-235.

Kadima-Nzuji, Mukala et Monsengo Vantibah, « Entretien avec V. Y. Mudimbe », dans *Recherche, Pédagogie et Culture*, Paris, n° 20, 1975, pp. 28-31.

Mudimbe, V. Y., « Révolution et littérature » [propos recueillis par Marc Rombaut] dans « Nouvelle Poésie négro-africaine : la parole noire », *Poésie 1*, Paris, n° 43-44-45, janvier-juin 1976, pp. 111-116.

Rombaut, Marc, « Entretien avec V. Y. Mudimbe », dans *Clés pour le spectacle*, Bruxelles, n° 34, 1973, pp. 21-22.

Smith, Faith, « A Conversation with V. Y. Mudimbe », dans *Callaloo*, Baltimore, MD, vol. 14, n° 4, automne 1991, pp. 969-986.

3. Articles entièrement ou partiellement consacrés à l'œuvre de V. Y. Mudimbe

Abomo-Mvondo, Marie-Rose, « La Maladie ou la déstabilisation de l'ordre moral », dans Bardolph, Jacqueline (éd.), *Littérature et maladie en Afrique : Image et fonction de la maladie dans la production littéraire : Actes du colloque de l'APELA, Nice, septembre 1991*, Paris, L'Harmattan-Institut d'Études et de Recherches Interethniques et Interculturelles, Université de Nice-Sophia Antipolis, 1994, pp. 307-320.

« Aguilar, Mario I., V. Y. Mudimbe, *The Idea of Africa* », dans *Africa*, Oxford, vol. 66, n° 2, 1996, pp. 301-302 [Compte rendu].

Aire, Victor O., « Le Renouveau technique dans le roman africain : Mudimbe et Sassine », dans *Bulletin of the School of Oriental and African Studies*, Londres, vol. 48, n° 3, 1985, pp. 536-543 ; repris dans Peters, Jonathan, Mortimer, Mildred P., et Linnemann, Russel V., (éds), *Literature of Africa and the African Continuum*, Washington DC-Edmonton, Alb., Three Continents Press-African Literature Association, 1989, pp. 151-162.

Apter, Andrew, « Que Faire ? Reconsidering Inventions of Africa », dans *Critical Inquiry*, Chicago, IL, vol. 19, n° 11, automne 1992, pp. 87-104.

Assoman, Abraham, « Sur les cimes du désespoir : *Shaba deux ; Les Carnets de Mère Marie-Gertrude* de V. Y. Mudimbe », dans *Ivoir'Soir*, Abidjan, 31 juillet 1990 [Compte rendu].

Beidelman, T.O., « The Idea of Africa, by V. Y. Mudimbe », dans *The American Historical Review*, Washington DC, vol. 101, n° 3, 1996, p. 883 [Compte rendu].

Betts, Raymond F., « The Idea of Africa, by V. Y. Mudimbe », dans *The International Journal of African Historical Studies*, Boston, vol. 29, n° 31997, pp. 667-668 [Compte rendu].

Bisanswa, Justin Kalulu, « Bref propos sur la littérature du Congo-Zaïre », dans Riesz, János et Porra Véronique, Hg., *Approches francophones*, Bayreuth, Schultz & Stellmacher, 1997, pp. 7-19.

Bisanswa, Justin Kalulu, « V. Y. Mudimbe : réflexion sur les sciences humaines et sociales en Afrique », dans *Cahiers d'Études Africaines*, Paris, vol. 40 (4), n° 160, 2000, pp. 705-722.

Bokiba, André-Patient, « Discours préfaciel et poétique africaine », dans *Présence Francophone*, Worcester, MA, n° 54, 2000, pp. 22-39.

Bouygues, Claude, « Texte africain/langue de l'Autre : remarques en guise d'introduction », dans Bouygues, Claude (éd.), *Texte africain et voies/voix critiques*, Paris, L'Harmattan, 1992, pp. 7-26.

Brenner, Louis, « V. Y. Mudimbe : *Parables and Fables : exegesis, textuality, and politics in Central Africa* », dans *Bulletin of the School of Oriental and African Studies*, Londres, vol. 62, n° 3, 1999, pp. 646-647 [Compte rendu].

Broido, Sylvie et Magnier, Bernard, et al., « Sélection et commentaires, *Entre les eaux* de V. Y. Mudimbe », dans « Écrivains de langue française : Afrique noire, Maghreb, Caraïbes, Océan Indien », *Notre Librairie*, Paris, n° 82, janvier-mars 1986, p. 47 ; repris dans « Écrivains de langue française : Afrique noire, Maghreb, Caraïbes, Océan Indien », *Notre Librairie*, Paris, n° 108, janvier-mars 1992, p. 59 [Compte rendu].

Cailler Adams, Bernadette, « Interface Between Fiction and Autobiographie : *From Shaba deux* to *Les Corps glorieux...* », dans *Canadian Journal of African Studies – Revue canadienne d'études africaines*, Montréal, vol. 30, n° 3, 1996, pp. 371-386.

Cailler, Bernadette, « La Conquête de l'Amérique : Todorov, Mudimbe, Glissant, Bouraoui et "la question de l'autre" », dans *Nouvelles du Sud*, Ivry-sur-Seine, n° 1, 1985, pp. 15-29.

Cailler, Bernadette, « The Impossible Ecstasy : An Analysis of V. Y. Mudimbe's *Déchirures* », Special Issue in Memory of Josaphat Bekunuru Kubayanda, dans *Research in African Literatures*, Bloomington, IN, vol. 24, n° 4, hiver 1993, pp. 15-28.

Chavy Cooper, Danielle, « *Les Fuseaux, parfois...*, recueil de poèmes de V. Y. Mudimbe », dans Kom, Ambroise (éd.), *Dictionnaire des œuvres littéraires négro-africaines de langue française des origines à nos jours*, Paris-Sherbrooke, Québec, ACCT-Naaman, 1983, pp. 265-266 [Compte rendu].

Chevrier, Jacques, « Les Tourments d'une religieuse africaine » *[Shaba deux. Les Carnets de Mère Marie-Gertrude* de V. Y. Mudimbe], dans *Jeune Afrique*, Paris, n° 1532, 14 mai 1990, p. 58 [Compte rendu].

Cnockaert, André, « Existe-t-il des romans africains "chrétiens"? », dans *Zaïre-Afrique*, Kinshasa, vol. 24, n° 187, septembre 1984, pp. 413-423.

Coquery-Vidrovitch, Catherine, « Le Témoin et l'acteur » [à propos de *Living with Africa* de Jan Vansina et *Les Corps glorieux des mots et des êtres...* de V. Y. Mudimbe], dans *Cahier d'Études Africaines*, Paris, vol. 36, n° 3, 1996, pp. 477-488.

Cordell, Dennis D., « Words and Things and Words and Beings : Different Experiences, Different Visions of the Same Africa » [à propos de Living with Africa de Jan Vansina et *Les Corps glorieux des mots et des êtres...* de V. Y. Mudimbe], dans *Canadian Journal of African Studies – Revue canadienne d'études africaines*, Montréal, vol. 30, n° 2, 1996, pp. 257-262.

Cumpsty, John, « *Tales of Faith : Religion as Political Performance in Central Africa* de V. Y. Mudimbe », dans « French-Speaking Central Africa : Political Dynamics of Identities and Representation – Afrique Centrale francophone : Dynamiques politiques des identités et des représentations », dans *Canadian Journal of African Studies – Revue canadienne d'études africaines*, Montréal, vol. 33, n° 2-3, 1999, pp. 716-717 [Compte rendu].

Darbouze, Gilbert, « La Prostituée et le Ministre : transgression et châtiment dans *Nana* d'Émile Zola et *Le Bel immonde* de Vumbi-Yoka Mudimbe », *Excavatio : Emile Zola and Naturalism*, San Raphaël, CA, n° 13, 2000, pp. 106-111.

Delahaye, Pierre, « Culture africaine et église africaine : à propos de deux livres » [*Entre les eaux* de V. Y. Mudimbe et *Le Pauvre Christ* de Bomba de Mongo Beti], dans « La Communication dans l'enseignement.1 », *Recherche, Pédagogie et Culture*, Paris, n° 27, janvier-février 1977, pp. 61-63.

Dema, P'Fambon, « Un drame et un procès décisifs », dans *Zaïre*, Kinshasa, 21 juillet 1975, pp. 58-59 [Compte rendu de *Entre les eaux*].

Diawara, Manthia, « Reading Africa through Foucault : V. Y. Mudimbe's Reaffirmation of the Subject », dans *October*, Cambridge, MA, n° 55, hiver 1990, pp. 79-92.

Diawara, Manthia, (éd.), « V. Y. Mudimbe : A Special Section », dans *Callaloo*, Baltimore, MD, vol. 14, n° 4, automne 1991, pp. 929-1035 [voir dans cette section : Desai, Gaurav, « V. Y. Mudimbe : A Portrait », pp. 931-943 ; Jules-Rosette, Bennetta, « Speaking about Hidden Times : The Anthropology of V. Y. Mudimbe », pp. 944-960 ; Jewsiewicki, Bogumil, « The Archeology of Invention : Mudimbe and Postcolonialism », pp. 961-968 ; Smith, Faith, « A Conversation with V. Y. Mudimbe», pp. 969-986 ; Harrow, Kenneth, « *Le Bel immonde* : African Literature at the Crossing », pp. 987-997 ; Masolo, D. A., « An Archeology of African Knowledge : A Discussion of V. Y. Mudimbe », pp. 998-1011 ; Jager, Marjolijn de, « Particular Problems and Cultural Considerations in Translating V. Y. Mudimbe's *Le Bel*

Immonde and *L'Écart* », pp. 1012-1032 ; « V. Y. Mudimbe : A Selective Bibliography of Books », pp. 1033-1035].

Diouf, Mamadou, « Des voix et des objets contre des mots et des textes : dépossession, conversion et révélation », dans *Canadian Journal of African Studies/Revue canadienne d'études africaines*, Montréal, vol. 30, n° 2, 1996, pp. 236-247.

Echenim, Kester, « *Entre les eaux* : la problématique du choix », dans *Peuples noirs Peuples africains*, Paris, vol. 3, n° 14, mars-avril 1980, pp. 59-71.

Ekpo, Denis, « Schizophrénie et écriture avant-gardiste chez Mudimbe : une phénoménologie structurale de *L'Écart* », dans *Neohelicon*, Amsterdam, vol. 18, n° 1, 1991, pp. 99-116.

« *Entre les eaux* de V. Y. Mudimbe » [fiche de lecture], dans *Notre Librairie*, Paris, n° 44, octobre-novembre 1978, pp. 83-91.

Fabijancic, Ursula, « Réflexions sur la conscience raciale dans le roman africain d'expression française », dans *Neophilologus*, Groningen, vol. 81, n° 3, 1997, pp. 365-380.

Falq, Jacqueline, « *Carnets d'Amérique, journal*, récit de Vumbi-Yoka Mudimbé », dans Kom, Ambroise (éd.), *Dictionnaire des œuvres littéraires négro-africaines de langue française des origines à nos jours*, Paris-Sherbrooke, Qué., ACCT-Naaman, 1983, pp. 85-86 [Compte rendu].

Falq, Jacqueline, « *Entre les eaux*, roman de Vumbi-Yoka Mudimbé », dans Kom, Ambroise (éd.), *Dictionnaire des œuvres littéraires négro-africaines de langue française des origines à nos jours*, Paris-Sherbrooke, Qué., ACCT-Naaman, 1983, pp. 215-217 [Compte rendu].

Gable, « *The Suppreptitious Speech : "Présence Africaine" and the Politics of Otherness, 1947-1987*, V. Y. Mudimbe (éd.) », dans *American Ethnologist*, Washington DC, vol. 21, n° 4, novembre 1994, p. 964 [Compte rendu].

Gehrmann, Susanne, « Koloniale Waffen : Über die Domestizierng der Körper in Kongo und ihre De-Skription », dans Kimminich, Eva et Krülls-Hepermann, Claudia, (éds.), *Wort und Waffe*, Franckfort, Peter Lang, 2001, pp. 101-121.

Gray, Richard, « V. Y. Mudimbe, *Parables and Fables : Exegesis, Textuality and Politics in Central Africa* », dans *Journal of African History*, Londres-New York, vol. 34, n° 2, 1993, pp. 336-337 [Compte rendu].

Halen, Pierre, « V. Y. Mudimbe, jardinier de l'histoire : les mémoires d'une modernité » [à propos de *Les Corps glorieux des mots et des êtres...*], dans *Canadian Journal of African Studies – Revue canadienne d'études africaines*, Montréal, vol. 30, n° 2, 1996, pp. 248-256.

Hallen, Barry, « Some Observations about Philosophy, Postmodernism and Art in Contemporary African Studies », dans *African Studies Review*, Atlanta, GA, vol. 38, n° 1, 1995, pp. 69-80.

Harrow, Kenneth, « Mudimbe and the Power of the Word », dans Arnold, Stephen (éd.), *African Literature Studies : The Present State – L'État présent*, Washington D.C., Three Continents, 1985, pp. 91-100.

Harrow, Kenneth W., « V. Y. Mudimbe's *Entre les eaux* : the Literature of the Oxymoran », dans Peters, Jonathan, Mortimer, Mildred P., et Linnemann, Russel V., (éds.), *Literature of Africa and the African Continuum*, Washington DC-Edmonton, Alb., Three Continents Press-African Literature Association, 1989, pp. 163-175.

Harrow, Kenneth W., « Literature of the Oxymoron–The Crossed Lovers : V. Y. Mudimbe, *Le Bel immonde* », dans Harrow, Kenneth W., *Thresholds of Change in African Literature : The Emergence of a Tradition*, Portsmouth, NH ; Londres, Heinemann ; J. Currey, 1994, pp. 209-224.

Irung, Tshitambal'a Mulang, « Pourquoi cette fidélité excessive de la philosophie négro-africaine contemporaine à la philosophie occidentale ? », dans *Présence Africaine*, Paris, n° 146, 2e trimestre 1988, pp. 173-184.

Jacquemin, Jean-Pierre, « *Entre les eaux* : un roman de V. Y. Mudimbe », dans *Zaïre-Afrique*, Kinshasa, n° 81, 1974, pp. 55-58 [Compte rendu].

Jay, Salim, « *Le Bel immonde* de V. Y. Mudimbe », dans « Romans du monde noir », *L'Afrique littéraire*, Paris, n° 73-74, 3e et 4e trimestre 1984, pp. 125-126 [Compte rendu].

Jewsiewicki, Bogumil, « Le Primitivisme, le post-colonialisme, les antiquités nègres et la question nationale », dans *Cahiers d'études africaines*, Paris, vol. 31, n° 1-2, pp. 121-122, 1991 [À propos, entre autres de *Black Athena* de Martin Bernal et *The Invention of Africa* de V. Y. Mudimbe].

Jewsiewicki, Bogumil, « Debate and Commentary–Débat et commentaire : Living the Knowledge "within" and "without" Africa », dans *Canadian Journal of African Studies – Revue canadienne d'études africaines*, Montréal, vol. 30, n° 2, 1996, pp. 234-235.

Kadima-Nzuji, Mukala, « *Le Bel immonde* de V. Y. Mudimbe », dans « Regard sur les littératures africaines 2 », *Recherche, Pédagogie et Culture*, Paris, n° 33, janvier-février 1978, pp. 53-54 [Compte rendu].

Kadima-Nzuji, Mukala, « V. Y. Mudimbe », dans *Sura dji : visages et racines du Zaïre [catalogue d'exposition]*, Paris, Musée des arts décoratifs, 1982, pp. 135-137.

Kadima-Nzuji, Mukala, « V. Y. Mudimbe », dans « Littératures francophones : Afrique, Caraïbes, Océan Indien : dix-neuf classiques », *Notre Librairie*, Paris, supplément 1994, pp. 195-207.

Kadima-Nzuji, Mukala, « La République Démocratique du Congo : un demi-siècle de littérature », dans *Présence Africaine*, Paris, n° 158, 2e semestre 1998, pp. 63-79.

Kalulambi Pongo, Martin, « Création littéraire, historiographie et histoire dans *Shaba deux, Les Carnets de Mère Marie-Gertrude* de V. Y. Mudimbe », dans Halen, Pierre et Riesz, János, (éds.), *Littératures du Congo-Zaïre : Actes du colloque international de Bayreuth (22-24 juillet 1993)*, Amsterdam, Atlanta, GA : Rodopi, *Matatu* n° 13-14, 1995, pp. 267-281.

Kasereka Kavwahirehi M., « Pour une poétique de l'écart : notes sur le style philosophique de V. Y. Mudimbe », dans *Présence Africaine*, Paris, n° 159, 1er semestre 1999, pp. 157-173.

Kasereka Kavwahirehi M., « De la raison totalitaire à la raison confessante : la perception de l'autre et ses limites : à propos de l'œuvre de V. Y. Mudimbe », dans Tshibola Kalengayi, R. S., Quaghebeur, Marc, Kangomba, Jean-Claude et Vilain, Annick, (éds.), *L'Œil de l'autre* : tome B, Bruxelles-Kinshasa, Archives et Musée de la Littérature-Célibeco, 2000, pp. 513-534

Kasereka, Kavwahirehi M., « Reprendre ou des [en]jeux d'une conscience historique et politique. À propos de *Les Corps glorieux des mots et des êtres* de Valentin Yves. Mudimbe », dans *Présence Africaine*, Paris, n° 157, 1er semestre 1998, pp. 123-140.

Kawata, Ashem Tem, « *Le Bel immonde* par V. Y. Mudimbe », dans *Présence Africaine*, Paris, n° 107, 3e trimestre 1978, pp. 50-252 [Compte rendu].

Kesteloot, Lilyan, « Mudimbe bernanosien ? », dans Quaghebeur, Marc, sous la dir. de ; Van Balberghe, Émile (éd.), *Papier blanc, encre noire : cent ans de culture francophone en Afrique centrale [Zaïre, Rwanda, Burundi]* : tome 2, Bruxelles, Labor, 1992, pp. 449-456 [2e éd. : Kinshasa, Éditions. Saint Paul Afrique, 1995].

Kesteloot, Lilyan, « Mudimbe et le roman bernanosien », dans Antoine, Régis (éd.), *Carrefour de cultures : mélanges offerts à Jacqueline Leiner*, Tübingen, G. Narr, 1993, pp. 439-444.

Kinyongo, J., « Essai sur la fondation épistémologique d'une philosophie herméneutique en Afrique : le cas de la discursivité », dans *Présence Africaine*, Paris, n° 109, 1er trimestre 1979, pp. 11-28.

Lambert, Fernando, « Anthropophagie culturelle et décolonisation du texte littéraire africain », dans Mudimbe, V. Y. (éd.), *Debate and Commentary – Débats et commentaires [« Ateliers autour du thème de la pertinence et de la signification du discours africaniste »], Canadian Journal of African Studies–Revue Canadienne des Études Africaines*, Montréal, vol. 22, n° 2, 1988, pp. 291-300.

Le Carvennec, Ernest, « Les Désordres du temps dans le roman africain », dans Bessière, Jean, études réunies par, *Signes du roman, signes de la transition*, Paris, Presses Universitaires de France ; Université de Picardie, Centre d'études du roman et du romanesque, 1986, pp. 143-156.

Losa, Lovi-Kpa et Muhemedi, Kolo, « Pour une nouvelle problématique de la foi chrétienne : une lecture d'*Entre les eaux* de V. Y. Mudimbe », dans *Africanistique*, Kinshasa, n° 17, juillet 1988, pp. 1-13.

Lukasa, Menda T., « Comment lire *Entre les eaux* ? », dans *Noir sur Blanc*, Kinshasa, n° 0, septembre 1989, pp. 103-109.

MacGaffey, Wyatt, « In and Out of Africa : Two Lives, One Continent » [à propos de *Living with Africa* de Jan Vansina et *Les Corps glorieux des mots et des êtres...* de V. Y. Mudimbe], dans *Transition*, Durham, NC, n° 68, hiver 1995, pp. 133-142.

Magnier, Bernard, « *Le Bel immonde* de V. Y. Mudimbe », dans « Littérature zaïroise », *Notre Librairie*, Paris, n° 63, janvier-mars 1982, pp. 109-110 [Compte rendu].

Magnier, Bernard, « Entre les eaux de V. Y. Mudimbe», dans « Littérature zaïroise », *Notre Librairie*, Paris, n° 63, janvier-mars 1982, pp. 105-107 [Compte rendu].

Makolo Muswasa, Bertin, « La Poésie zaïroise », dans Halen, Pierre et Riesz, János, (éds.), *Littérature du Congo-Zaïre : Actes du colloque international de Bayreuth (22-24 juillet 1993), Matatu*, Amsterdam-Atlanta, GA : Rodopi, n° 13-14, 1995, pp. 51-83.

Masolo, D. A., « Tradition, Communication, Difference : Coming of Age of African Philosophy » [à propos, entre autres, de *The Invention of Africa* de V. Y. Mudimbe], dans *Research in African Literatures*,

Bloomington, Indiana Univ. Press, vol. 27, n° 1, printemps 1996, pp. 148-154.

Mbuyamba Kankolongo, « *Déchirures*, recueil de poèmes de Vumbi-Yoka Mudimbé », dans Kom, Ambroise (éd.), *Dictionnaire des œuvres littéraires négro-africaines de langue française des origines à nos jours*, Paris-Sherbrooke, Québec, ACCT-Naaman, 1983, pp. 171-172 [Compte rendu].

Mbuyamba Kankolongo, Alphonse, « *Le Bel immonde* de Vumbi-Yoka Mudimbe », dans *Zaïre-Afrique*, Kinshasa, vol. 19, n° 135, mai 1979, pp. 283-285 [Compte rendu].

Mbuyamba Kankolongo, Alphonse, « *L'Écart* de V. Y. Mudimbe : le roman de la névrose chez un intellectuel africain », dans *Zaïre-Afrique*, Kinshasa, vol. 20, n° 144, avril 1980, pp. 227-233.

Mbuyamba Kankolongo, Alphonse, « La Dimension spatiale et sa signification dans *Entre les eaux* de V. Y. Mudimbe », dans *Cahiers de l'I.S.P. / Gombe*, série B Lettres et Sciences humaines, Kinshasa-Gombe, vol. 3, fasc. 2, décembre 1982, pp. 349-358.

Mbuyamba Kankolongo, Alphonse, « Les Derniers-nés du roman zaïrois de langue française : *Les Étoiles écrasées* de Pius Ngandu Nkashama et *Shaba deux* de V. Y. Mudimbe », dans *Zaïre-Afrique*, Kinshasa, vol. 32, n° 264, avril 1992, pp. 249-251.

Mbuyamba Kankolongo, Alphonse, « Mythes et contre-mythes dans le roman zaïrois de langue française », dans Halen, Pierre et Riesz, Janos, (éds.), *Littératures du Congo-Zaïre : Actes du colloque international de Bayreuth (22-24 juillet 1993), Matatu*, Amsterdam-Atlanta, GA : Rodopi, n° 13-14, 1995, pp. 117-125.

Mianda, Gertrude, « *Shaba deux : Les Carnets de Mère Marie-Gertrude* de V. Y. Mudimbe : un roman féministe ? », dans *Canadian Journal of African Studies/Revue canadienne d'Études africaines*, Montréal, vol. 31, n° 2, 1997, pp. 342-361.

Middleton, John, « The Historian's Gaze and the Philosopher's Gaze » [à propos de *Living with Africa* de Jan Vansina et *Les Corps glorieux des mots et des êtres...* de V. Y. Mudimbe], dans *Cahiers d'Études Africaines*, Paris, vol. 36, n° 3, 1996, pp. 489-493.

Moniot, Henri, « L'Histoire à l'épreuve de l'Afrique », dans *Cahiers d'Études Africaines*, Paris, vol. 35, n° 2-3, 1995, pp. 138-139 [Compte rendu de *History Making in Africa* de V. Y. Mudimbe et B. Jewsiewicki, *Bible et pouvoir à Madagascar au XIX*e *siècle* de F. Raison-Jourde et *Le Passé africain par l'oralité* de C. H. Perrot].

Moniot, Henri, « Une ego-histoire des études africaines » [à propos de *Les Corps glorieux des mots et des êtres...*], dans *Canadian Journal of African Studies – Revue canadienne d'études africaines*, Montréal, vol. 30, n° 2, 1996, pp. 263-271.

Monnier, Laurent, « Politique africaine au miroir du roman », dans *Genève-Afrique*, Genève, vol. 24, n° 1, 1986, pp. 63-76.

Moore, Sally Falk, « *The Idea of Africa*, by V. Y. Mudimbe », dans *American Anthropologist*, Menasha, Wis., vol. 98, n° 3, 1996, p. 692 [Compte rendu].

Mouralis, Bernard, « *L'Écart* de V. Y. Mudimbe », dans « Vers un nouvel ordre éducatif ? », *Recherche, pédagogie et culture*, Paris, vol. 9, n° 49, septembre-octobre 1980, pp. 81-84 [Compte rendu].

Mouralis, Bernard, « Vincent Mudimbe et le savoir ethnologique », dans *L'Afrique littéraire*, Paris, n° 58, 1er trimestre 1981, pp. 112-125.

Mouralis, Bernard, « *L'Écart* de V. Y. Mudimbe », dans « Littérature zaïroise », *Notre Librairie*, Paris, n° 63, janvier-mars 1982, pp. 118-120 [Compte rendu].

Mouralis, Bernard, « *Le Bel immonde*, roman de Vumbi-Yoka (Valentin Yves) Mudimbé », dans Kom, Ambroise (éd.), *Dictionnaire des œuvres littéraires négro-africaines de langue française des origines à nos jours*, Paris-Sherbrooke, Québec, ACCT-Naaman, 1983, pp. 66-69 [Compte rendu].

Mouralis, Bernard, « *L'Odeur du père. Essai sur des limites de la science et de la vie en Afrique noire* de V. Y. Mudimbe », dans « Parcours d'Afrique et de l'Océan indien », *Recherche, pédagogie et culture*, Paris, n° 63, juillet-août-septembre 1983, pp. 96-100 [Compte rendu].

Mouralis, Bernard, « V. Y. Mudimbe et l'odeur du pouvoir », dans *Politique africaine*, Paris, n° 13, mars 1984, pp. 21-32.

Mouralis, Bernard, « L'Essai en Afrique francophone », dans « Littératures d'Afrique noire », *Revue de Littérature Comparée*, Paris, vol. 67 (1), n° 265, janvier-mars, 1er trimestre 1993, pp. 43-48.

Mpoyi-Buatu, Thomas, « *L'Odeur du Père* de V. Y. Mudimbe », dans *Peuples noirs Peuples africains*, Paris, vol. 5, n° 30, novembre-décembre 1982, pp. 111-117 [Compte rendu].

Mpoyi-Buatu, Thomas, « V. Y. Mudimbe ou le rêve du promontoire et le blocage dans l'ascenseur sur *L'Écart* », dans *Peuples noirs Peuples africains*, Paris, vol. 6, n° 33, mai-juin 1983, pp. 103-121.

Mukoko Mtete Nkatu, Gérard, « L'œil de l'autre dans *Shaba deux* de V. Y. Mudimbe », dans Tshibola Kalengayi, R. S., Quaghebeur, Marc, Kangomba, Jean-Claude et Vilain, Annick, (éds.), *L'Œil de l'autre* :

tome B, Bruxelles-Kinshasa, Archives et Musée de la Littérature-Célibeco, 2000, pp. 535-550.

N'Da, Pierre, « Onomastique et création littéraire : les noms et titres des chefs d'État dans le roman négro-africain », dans « Grammaire, langage et féminisme », *Présence Francophone*, Sherbrooke, Québec, n° 45, 1994, pp. 151-171.

Ndaywel è Nziem, Isidore, « La Première écriture de l'élite universitaire du Zaïre : *Présence Universitaire* (1959-1971) », dans Quaghebeur, Marc, sous la dir. de ; Van Balberghe, Émile (éd.), *Papier blanc, encre noire : cent ans de culture francophone en Afrique centrale [Zaïre, Rwanda, Burundi] :* tome 2, Bruxelles, Éditions Labor, 1992, pp. 402-431 [2e éd. : Kinshasa, Éditions Saint-Paul Afrique, 1995].

Ndaywel è Nziem, Isidore, « Quand Mudimbe et Vansina se répondent en écho pour célébrer l'Afrique : de l'africanisme à la mondialisation ? » [à propos de *Living with Africa* de Jan Vansina et *Les Corps glorieux des mots et des êtres...* de V. Y. Mudimbe], dans *Canadian Journal of African Studies – Revue canadienne d'études africaines*, Montréal, vol. 30, n° 2, 1996, pp. 272-279.

Ndinda, Joseph, « V. Y. Mudimbe et l'ordre établi : fonctionnement et remise en question de l'institué dans son œuvre romanesque », dans *LittéRéalité*, Toronto, Ont., vol. 7, n° 1-2, 1995, pp. 69-80.

Ndinda, Joseph, « Images mythiques de l'Israël dans le roman négro-africain », dans « Intertextualité et plagiat en littérature africaine », *Palabres*, Brême, vol. 1, n° 3-4, 1997, pp. 125-135.

Ngandu Nkashama, Pius, « *Entre les eaux* de V. Y. Mudimbe », dans *Forum Universitaire*, Lubumbashi, n° 4, 1973, pp. 45-69.

Nkingi, Mweze Ch., « L'Ethnocentrisme épistémologique mis à distance : approche archéologique des discours sur la gnose en Afrique », dans *Les Nouvelles rationalités africaines*, Louvain-la-Neuve, vol. 4, n° 13, janvier-mars 1989, pp. 87-102.

Ntamunoza, Mambo-Mbili, « Note de lecture sur *Entre les eaux* roman de V. Y. Mudimbe », dans *Sherbrooke*, Québec, n° 12, printemps 1976, pp. 47-52.

Ntonfo, André, « *Le Bel immonde* de V. Y. Mudimbe ou le renouveau du roman en Afrique centrale », dans Kom, Ambroise (éd.), *Littérature négro-africaine de langue française : Mélanges*, Rabat, Éditions La Porte-Librairie aux Belles Images, 1984, pp. 61-73 ; repris dans *Annales de la Faculté des Lettres et Sciences humaines de Yaoundé*, vol. 1, n° 2, 1985, pp. 99-110 et *Nouvelles du Sud*, Ivry-sur-Seine, n° 8, 1987, pp. 55-64.

Nyembwe, Ntita Tshisalasala, « Continuité et/ou rupture thématique dans deux romans de V. Y. Mudimbe : *Entre les eaux* (1973) et *Le Bel immonde* (1976) », dans *Cahiers de l'I.S.P./ Gombe*, Kinshasa-Gombe, n° 4, juin 1988, pp. 9-39.

N'Zembele, Luftatchy, « L'Avenir d'une dérision : l'ordre du discours africain (Notes en marge de deux ouvrages récents) (1e partie) », dans *Peuples noirs Peuples africains*, Paris, vol. 6, n° 31, janvier-février 1983, pp. 107-138.

N'Zembele, Luftatchy, « L'Avenir d'une dérision : l'ordre du discours africain (suite et fin) », dans *Peuples noirs Peuples africains*, Paris, vol. 6, n° 32, mars-avril 1983, pp. 100-135.

Obenga, Théophile, « L'Œuvre littéraire de Mudimbe », dans Obenga, Théophile, *Le Zaïre : civilisations traditionnelles et culture moderne*, Paris, Présence Africaine, 1977, pp. 230-234.

Owomoyela, Oyekan, « *The Surreptitious Speech : Presence Africaine and the Politics of Otherness 1974-1987* de V. Y. Mudimbe, éd. », dans *African Studies Review* , Atlanta, GA, vol. 36, n° 3, décembre 1993, pp. 154-155 [Compte rendu].

Owomoyela, Oyekan, « Deconstruction and Capitulation : African responses to European Misconstruction and Objectification », dans *Research in African Literatures*, Bloomington, IN., vol. 27, n° 2, été 1996, pp. 151-154 [Compte rendu de *African Philosophy in Search of Identity* de D. A. Masolo, *The Hermeneutics of African Philosophy* de Tsenay Serequeberhan, *The Idea of Africa* de V. Y. Mudimbe].

Pageaux, Daniel-Henri, « *L'Écart* (1979) de Vumbi-Yoka Mudimbe, nouveau roman africain, altérité impossible, écriture spéculaire », dans Bessière, Jean (éd.), *L'Autre du roman et de la fiction*, Paris, Lettres Modernes, 1996, pp. 131-138.

Peroncel-Hugoz, Jean-Pierre, « Les Métamorphoses d'une nonne africaine : *Shaba deux : Les Carnets de Mère Marie-Gertrude* de V. Y. Mudimbe », dans *Le Monde*, Paris, 20 avril 1990 [Compte rendu].

P'Fambon, Dema, « *Entre les eaux. Dieu, un prêtre, la révolution* : un drame et un procès décisifs », dans *Zaïre*, Kinshasa, n° 363, juillet 1975, pp. 58-59 [Compte rendu].

Piccione, Francesco, « Paysage et poésie dans la littérature francophone du Zaïre », dans Emina, Antonella, sous la dir. de, *Les Mots de la terre : géographie et littératures francophones*, Rome, Bulzoni Editore, 1998, pp. 71-92.

Rancourt, Jacques, « V. Y. Mudimbe : Modifier le jeu », dans *Poètes et poèmes : approches de la poésie de langue française en Afrique noire, île Maurice, Antilles françaises et Haïti depuis 1950,* Paris, Librairie Saint-Germain-des-Prés-ACCT, 1981, pp. 103-111.

Schunck, Peter, « Valentin Yves Mudimbe : critique de la société postcoloniale », dans *Französisch heute*, Francfort, vol. 16, n° 4, décembre 1985, pp. 319-329.

Semujanga, Josias, « Le Genre comme procès axiologique et esthétique : éléments pour l'enseignement du roman africain », dans *Tangence*, Rimouski, Québec, n° 49, 1995, pp. 94-111.

Semujanga, Josias, « De l'absurde comme style de vie et procès esthétique : *Shaba deux* de V. Y. Mudimbe », dans « Afrique et Antilles », *Études francophones*, Lafayette, LA, vol. 11, n° 1, été 1996, pp. 5-20.

Semujanga, Josias, « De l'autobiographie intellectuelle chez Valentin Yves Mudimbe », dans Crosta, Suzanne (éd.), *Récits de vie de l'Afrique et des Antilles : enracinement, errance, exil,* Québec, Université Laval ; GRELCA [Groupe de recherches sur les littératures de la Caraïbe], 1998, pp. 53-99.

Slaymaker, William, « Agents and Actors in African Antifoundational Aesthetics : Theory and Narrative in Appiah and Mudimbe », dans *Research in African Literatures*, Bloomington, IN, vol. 27, n° 1, été 1996, pp. 119-128.

Songolo, Aliko, « The Locus and Logos of Exile », dans Anyidoho, Kofi (éd.), *The Word Behind Bars and the Paradox of Exile*, Evanston, IL, Northwestern University Press, 1997, pp. 112-124.

Spleth, Janice, « The Dynamics of power in Mudimbe's *Before the Birth of the Moon* », dans Egejuru, Phanuel A. et Katrak, Ketu H., *Nwanyibu : Womanbeing and African literature*, Trenton, NJ, Africa World Press, 1997, pp. 69-82.

Spleth, Janice, « Narrating Ethnic Conflict in Zaïrian literature », dans *Research in African Literatures*, Bloomington, IN, vol. 29, n° 1, été 1998, pp. 103-123.

Spleth, Janis et Dehon, Claire L., « The Political alienation of the intellectuel in recent Zaïrian fiction », dans Dehon Claire L., *Africa : Literature and Politics, Studies in 20th Century Literature*, Manhattan, KS, vol. 15, n° 1, 1997, pp. 123-135.

Städtler-Djedji, Katharina, « Une archéologie du discours africain : V. Y. Mudimbe », dans Halen, Pierre et Riesz, János, (éds.), *Littératures du Congo-Zaïre : Actes du colloque international de Bayreuth (22-24 juillet 1993)*, Amsterdam-Atlanta, GA : Rodopi-Matatu, n° 13-14, 1995, pp. 257-265.

Têko-Agbo, Ambroise, « *Shaba deux : Les carnets de Mère Marie-Gertrude* de V. Y. Mudimbe », dans « Cinq ans de littératures 1991-1995 : Afrique Noire », *Notre Librairie*, Paris, n° 125, janvier-mars 1996, p. 38 [Compte rendu].

Tshibola Kalengayi, Bibiane, « Aspects de la littérature zaïroise de langue française (1945-1980)», dans Quaghebeur, Marc, sous la dir. de, et Van Balberghe, Émile (éd.), *Papier blanc, encre noire : cent ans de culture francophone en Afrique centrale [Zaïre, Rwanda, Burundi] :* tome 2, Bruxelles, Éditions Labor, 1992, pp. 537-553 [2e Éd. : Kinshasa, Éditions Saint Paul Afrique, 1995]

Tshisungu wa Tshisungu J., « La Question du missionnaire et du prêtre africain dans la pensée de V. Y. Mudimbe », dans A. Mutombo Mwana et Kalaba M. Tshisungu, *Remarques sur l'évangélisation*, Lubumbashi, Bureau diocésain de catéchèse (« Umoja », n° 8), 1987, pp. 25-29.

« Vumbi-Yoka Mudimbé » [notice], dans Rouch, Alain et Clavreuil, Gérard, *Littératures nationales d'écriture française : Afrique noire, Caraïbes, Océan Indien : Histoire littéraire et anthologie*, Paris, Bordas, 1987, pp. 486-491.

« V. Y. Mudimbe », dans Carrère, Charles et Sall, Amadou Lamine, (éds.), *Nouvelle anthologie de la poésie nègre et malgache*, Luxembourg, Éditions Simoncini, 1990.

Wake, Clive, « Mudimbe and the Dilemma of the African Priest, Journal of Religion», dans *Africa*, Leiden, vol. 19, n° 1, 1989, pp. 20-26.

Wynter, Sylvia, « Is "Development» a purely empirical concept or also teleological ? : A Perspective from "we the underdeveloped" » [à propos de Mudimbe, Fanon, Foucault et Legesse], dans Yansané, Aguibou Y., *Prospects for Recovery and Sustainable Development in Africa*, Westport, CT, Greenwood Press, 1996, pp. 299-316.

4. Travaux universitaires consacrés à l'œuvre de V. Y. Mudimbe

Badane, Geneviève, *Les Africains entre cultes ancestraux et christianisme : permanence du dilemme dans la littérature négro-africaine : le cas de six auteurs francophones* [Etienne Yanou, Cyriaque-Robert Yavoucko, René Philombé, Jean-Pierre Makouta-Mboukou, Charly-Gabriel Mbock, V. Y. Mudimbe], directeur : Robert Jouanny, Université de Paris 4, 1996 [Thèse : Doctorat d'État].

Bahimama, M., *Lecture critique des travaux réalisés sur Mudimbe V. Y. à l'ISP de Bukavu : questions de méthodes*, Bukavu, I.S.P., 1988 [Mémoire].

Bongomba, Elias Kifon, *African Witchcraft and Otherness*, Limbum, Cameroon, ILIFF School of Theology ; University of Denver, 1995, 268 p. [Thèse : PhD].

Chitour, Marie-Françoise, *Des écarts dans la littérature africaine d'expression française post-indépendant : étude de quelques cas et dérapages*, communication présentée à la Journée d'Étude, Université d'Alger, avril 1984, 30 p. ronéo.

Dabla, Séwanou, *Des Innovations dans le roman africain d'expression française, 1975-1983*, directeur : Robert Jouanny, Université de Paris XII – Val de Marne, 1984, 331 p. [Thèse : Doctorat 3e cycle] [publié sous le titre, *Nouvelles écritures africaines : romanciers de la seconde génération*, Paris, L'Harmattan, 1986, 255 p.].

Hatcher, Roberta Joan, *After Negritude and Nation : Rupture and Continuity in the Fiction of Mudimbe, Lopes, and Sony Labou Tansi*, directeur : Aliko Songolo, University of Wisconsin–Madison, 1998, 212 p. [Thèse : PhD].

Kasereka, Kavwahirehi, *L'Écriture comme poétique de l'écart : les enjeux de la citation dans l'œuvre de V. Y. Mudimbe*, directeur : Georges Jacques, Louvain-la-Neuve, Université catholique de Louvain, 1998 [Thèse].

Kayembe, Mukuna, *Littérature, collectivité et écrivain négro-africain : essai de compréhension du « Bel Immonde » de Mudimbe V. Y.*, Lubumbashi, Université de Lubumbashi, juillet 1987, 50 p. [Mémoire].

Mitifu, Faida Maramuke, *The Representation of Femininity in Zairean Novels*, directeur : Jean-Pierre Piriou, University of Georgia, 1994 [Thèse : PhD].

Mulongo, Kalonda Ba, *Le Roman zaïrois : problématique d'une écriture à la recherche de son identité,* directeur : Jean Levaillant, Université Paris 8 (« Études africaines : Littérature d'expression française »), 1987 [Thèse].

Ndoki Ngulu, Elie, *Lecture narratologique et sémantique de trois romans de V. Y. Mudimbe,* directeur : Raoul Boudreau, Université de Mocton, 1996, 341 p. [Thèse : PhD].

Semujanga, Josias, *Analyse interculturelle comparée du roman francophone* Les Têtes à Papineau *de J. Godbout et* L'Écart *de V. Y.*

Mudimbe : Essai de socio-sémiotique du lecteur, directeur : Fernando Lambert, Université Laval, 1992 [Thèse : PhD].

Siamundele, André Nzunguta, *De l'écart à la palilalie ou le croisement de deux regards : V. Y. Mudimbe et Sony Labou Tansi,* directeur : Christopher L. Miller, Yale University, 1999, 189 p. [Thèse : PhD].

Visoi, Marie-Anne, *Protean Readings [Gabriel Garcia Marquez, Italo Calvino, V. Y. Mudimbe, Assia Djebar],* directeur : Mario J. Valdes, University of Toronto, 1996, 267 p. [Thèse : PhD].

Yewah, Emmanuel Tchuisseu, *Sacrifice and Political Power : The African and Latin American Experience in Fiction [Garcia Marquez, Kourouma, Mudimbe, Sassine]*, University of Michigan, 1987, 198 p. [Thèse : PhD].

5. Documents sonores et vidéo

Challenging Tradition : Cultural Interaction in Antiquity and Bernal's Black Athena [une conférence filmée le 19-20 octobre 1990 à Temple University], Philadelphia, PA, Temple University, Dept. of Classics and African-American Studies, Office of Television Services, 1990, 6 vidéocassettes, format VHS [Bande A contient, entre autres, « Herodotus' description of Africa » par V. Y. Mudimbe]

Technology and Paradigms of African Culture [conférence de V. Y. Mudimbe enregistrée à Ithaca, New York, le 11 mars 1985], Ithaca, NY, African Students Association, Cornell University, cassette audio de 72 min.

V. Y. Mudimbe, propos recueillis par Kadima-Nzuji, adapt. de texte par Jacques Chevrier, livret de Kadima-Nzuji, musique de Prosper Nkouri et Pascal Nzonzi, Paris, CLEF, RFI, [1979], (« Archives sonores de la littérature noire », n° 6), disque 33 rpm accompagné d'un livret de 12 p. « V. Y. Mudimbe/présenté par Mukala Kadima-Nzuji » [Contient des extraits du roman *Entre les eaux* et un entretien avec l'auteur]

VIRGINIA COULON
Université Montesquieu-Bordeaux IV

TABLE DES MATIÈRES

COLLECTION
« DOCUMENTS POUR L'HISTOIRE DES FRANCOPHONIES »
(AML ÉDITIONS)

N'allez pas là-bas !
Le séjour de Charles Warlomont au Congo (1887-1888), ses écrits (journal, lettres) et leur réception par son frère Max Waller, directeur de *La Jeune Belgique*.
Par Émile Van Balberghe et Nadine Fettweis. Préface de Jean Stengers
650 pages – 2 volumes – avec une carte géographique – ISBN 2-87168-012-4

Aux pays du Fleuve et des Grands Lacs
Chocs et rencontres des cultures (de 1885 à nos jours)
Par Antoine Tshitungu Kongolo
Préface de Marc Quaghebeur
Cette anthologie rassemble, d'une part, des corpus belges axés sur l'Afrique centrale et des textes africains, d'autre part, depuis 1885 à nos jours. Le choix des textes est accompagné de notices biographiques et d'un lexique.
444 pages – ISBN 2-87168-017-5

L'Afrique centrale dans cent ans
Paul Salkin
Introduction d'Isidore Ndaywel è Nziem
160 pages – ISBN 2-87168-021-3

Des mille collines aux neuf volcans
Marie Gevers
Introduction de V. Y. Mudimbe
200 pages – ISBN 2-87168-025-6

COLLECTION « PAPIER BLANC ENCRE NOIRE »
(AML ÉDITIONS)

Cent ans de littérature francophone en Afrique centrale
Zaïre, Rwanda, Burundi
Dossier comprenant un cahier en couleurs de peintures coloniales belges et des premiers imagiers africains
80 pages

Cent ans de littérature au Zaïre. Regards croisés
Actes du colloque de Kinshasa (1er et 2 décembre 1995)
392 pages

Théâtre africain. De l'écriture dramatique au jeu scénique
Actes du colloque de Yaoundé (27-31 mai 1997) en coproduction avec l'IIT
152 pages

SÉRIE « CONGO-MEUSE »
(AML ÉDITIONS/L'HARMATTAN)

N°1 **Écrire en français en Belgique et au Congo** (1997)
N°2-3 **L'Œil de l'autre** – 2 tomes (1998-1999)
N°4-5 **Figures et paradoxes de l'Histoire au Burundi, au Congo et au Rwanda**
2 tomes (2000-2001)

COLLECTION « ARCHIVES DU FUTUR »
(ÉDITIONS LABOR)

Papier blanc, encre noire
Cent ans de culture francophone en Afrique centrale

Collectif édité sous la direction de Marc Quaghebeur,
par Émile Van Balberghe,
avec la collaboration de Nadine Fettweis et Annick Vilain
Ces ouvrages mettent en exergue les grands écrivains d'Afrique centrale, mais aussi les œuvres de fiction que les Belges ont consacrées au Zaïre, au Burundi et au Rwanda. *Barabara* de Pierre Ryckmans, *Les Mystères du Congo* de Nirep, *Le Reste du monde* d'Anna Géramys, *Shaba deux* de V. Y. Mudimbe.
690 pages – 2 volumes – 2-8040-0816-9

Le Petit Belge avait vu grand
Une littérature coloniale

Pierre Halen
Réflexion actuelle sur un passé qui a durablement imprégné les consciences. Une analyse des œuvres de Henri Cornélus, Geo Duncan, Ariane François, Daniel Gillès, Joseph-Marie Jadot, Omer Marchal, Grégoire Pessaret, Ivan Reisdorff, Albert Russo, Pierre de Vaucleroy, Pierre Ryckmans, Henri Drum, Joseph Esser.
398 pages – 2-8040-0875-4

Tabula gratulatoria

Justin Kalulu Bisanswa (Liège)
André-Patient Bokiba (Brazzaville)
Frans Bontinck (Kinshasa)
Virginia Coulon (Bordeaux)
André Djiffack (Oregon)
Charles Djungu-Simba K. (Anvers)
Sélom Komlan Gbanou (Bayreuth)
Bernard Ilunga (Lubumbashi)
Mukala Kadima-Nzuji (Brazzaville)
Martin Kalulambi Pongo (Bogota)
Alexis Karangira (Paris)
Mwenge Kasereka Kavwahirehi (Kingston)
Kaumba Lufunda Samajiku (Kinshasa)
Julien Kilanga Musinde (Lubumbashi)
Abel Kouvouama (Amiens)
Fernando Lambert (Québec)
Makolo Muswaswa (Kinshasa)
Emmanuel Matateyou (Yaoundé)
Dieudonné-C. Mbala Nkanga (Michigan)
Sylvère Mbondobari (Bayreuth)
Monsengo Vantibah Mabélé (Lubumbashi)
Bernard Mouralis (Cergy-Pontoise)
Isidore Ndaywel è Nziem (Kinshasa/Paris)
Pius Ngandu Nkashama (Baton Rouge)
Fidèle Petelo Nginamau (Kinshasa)
Marc Quaghebeur (Bruxelles)
János Riesz (Bayreuth)
Nyunda ya Rubango (Creighton)
Drocella Mwisha Rwanika (Drake)
Denyse de Saivre (Paris)
Josias Semujanga (Montréal)
Jean Sob (Yaoundé)
Katharina Städtler (Bayreuth)
Fritz Stenger (Nairobi)
Ambroise Têko-Agbo (Albertville)

Archives et Musée de la Littérature, Bruxelles
CILTADE – Centre international des langues, littératures et traditions d'Afrique au service du développement, Louvain-la-Neuve
Faculté des lettres et sciences humaines, Université Marien Ngouabi, Brazzaville
Faculté des lettres et sciences humaines, Université de Kinshasa
Faculté des lettres et sciences humaines, Université de Lubumbashi
Lehrstuhl für Romanische Literaturwissenschaft und Komparatistik, Universität Bayreuth
Palabres, Universität Bremen
Présence Africaine, Paris-Dakar

Achevé d'imprimer sur les presses de l'Imprimerie BARNÉOUD
B.P. 44 - 53960 BONCHAMP-LÈS-LAVAL
Dépôt légal : Février 2003 - N° d'imprimeur : 13824
Imprimé en France